ANDRE MIQUEL
HENRY LAURENS

DER ISLAM

EINE KULTURGESCHICHTE

Religion, Gesellschaft und Politik

ANDRE MIQUEL
HENRY LAURENS

DER ISLAM

EINE KULTURGESCHICHTE

Religion, Gesellschaft und Politik

Aus dem Französischen von
Leopold Voelker, Gehard Striebeck
und Maximilien Vogel

PALMYRA

Die Originalausgabe erschien 1968 unter dem Titel *L'Islam et sa civilisation* bei dem Verlag Librairie Armand Colin, Paris.

This publication was sponsored by His Highness Dr. Sheikh Sultan bin Mohammed Al Qassimi, Ruler of Sharjah.

Die Deutsche Bibliothek – CIP-Einheitsaufnahme
Ein Titeldatensatz für diese Publikation ist bei der Deutschen Bibliothek erhältlich.
www.dnb.ddb.de

Bei dieser Publikation handelt es sich um eine vollkommen überarbeitete und aktualisierte Neuausgabe der 1970 in der Reihe *Kindlers Kulturgeschichte* erschienenen deutschen Erstausgabe *Der Islam – Von Mohammed bis Nasser.* Die Neuausgabe des Palmyra Verlages beruht auf der 2003 erschienenen aktualisierten französischen Ausgabe (7. Auflage). Die Überarbeitung sowie die Übersetzung der aktualisierten Textteile erfolgte durch Maximilien Vogel. Die aktualisierte französische Ausgabe von 2003 verfasste André Miquel in Zusammenarbeit mit Henry Laurens.

PALMYRA VERLAG
Hauptstraße 64, 69117 Heidelberg
Telefon 06221/165409, Telefax 06221/167310
E-Mail: palmyra-verlag@t-online.de
www.palmyra-verlag.de

Lektorat: Georg Stein und Clemens Brunn
Umschlaggestaltung: Georg Stein und Uwe Schmitt
Umschlagfoto: Die Kaaba in Mekka, Nahostarchiv Heidelberg
Satz: Clemens Brunn
Druck und Bindung:
Ueberreuther Buchproduktion Korneuburg
Printed in Austria
ISBN 3-930378-57-4

Inhalt

Der Islam und seine Kultur:
Einführung in eine weltumspannende Geschichte 9

1. Unzulänglichkeiten und Vorurteile der traditionellen Geschichtsschreibung 9 · 2. Die Geltungsbereiche des Islam 15
3. Die Konstanten einer Kultur 18
4. Die vier Phasen des Islam 24

Erster Teil
Das Jahrhundert der Araber:
Von Muhammad bis zur Mitte des 8. Jahrhunderts 27

Erstes Kapitel
Die »Wiege des Islam« 28

1. Der geographische Raum 28 · 2. Der wirtschaftliche und soziale Raum 32 · 3. Die kulturelle Einheit 42

Zweites Kapitel
Muhammad und die Urgemeinde 52

1. Ein Karawanenführer wird Prophet 52 · 2. Ein religiöser Führer 59 · 3. Ein Volksführer 69

Drittes Kapitel
Die »rechtgeleiteten« Kalifen
und der Beginn der großen Eroberungen 73

1. Die Kämpfe um die Nachfolge im Kalifat 73
2. Die islamische Einheit jenseits der Gegensätze 78

Viertes Kapitel
Das Kalifat der Omayyaden in Damaskus 86

1. Die Anfänge des muslimischen Goldenen Zeitalters 86
2. Schwierigkeiten und Mißklänge 100

Zweiter Teil
Die Zeit der Begegnungen: Die arabische Tradition und das fremde Erbe (8.-11. Jahrhundert) 115

Erstes Kapitel
Größe und Illusionen des abbasidischen Kalifats in Bagdad 116

1. Kalifengestalten 116 · 2. Ineinandergreifende religiöse, politische und gesellschaftliche Konflikte 118 · 3. Die Gegensätze unter den Völkern und Provinzen 125 · 4. Die Macht der Leibgarden und die Bevormundung des Kalifats 133

Zweites Kapitel
Die Verlagerung des Islam nach Osten 135

1. Eine wahre Flut von Städten und Palästen 135
2. Der Orient an der Macht? 139

Drittes Kapitel
Unter dem Zeichen des Handels 148

1. Durchgangsraum und Übergangszeit 148 · 2. Die Mittel und Wege des Handels 154 · 3. Handelswege und -produkte 160
4. Die neue Gesellschaft 163

Viertes Kapitel
Eine Gesellschaft in Unruhe 169

1. Die Sehnsucht nach der Vergangenheit 169 · 2. Der Durst nach Wissen 172 · 3. Die Literatur und die Gesellschaft 175
4. Neuheiten, Fortschritte und synkretistische Übernahmen 178

Fünftes Kapitel
Die Erfolge in den Provinzen 185

1. Spanien und die Omayyaden 185 · 2. Das fatimidische Ägypten 191 · 3. Die Samaniden und die Wiedergeburt des Iran 194
4. Beginn der Türkenherrschaft: die Ghaznawiden 195

Dritter Teil
Die türkisch-mongolische Hegemonie
und die neuen Gesichter des Islam:
Vom 11. bis zum Ende des 18. Jahrhunderts 197

Erstes Kapitel
Der Niedergang Bagdads:
Vom 11. bis zur Mitte des 13. Jahrhunderts 198

1. Die türkischen Seldschuken als Beschützer des Kalifats 199
2. Der Druck auf den Islam im Nordosten 207
3. Die Verteidigung des Islam in seinem Zentrum 210
4. Der Islam im Westen 218

Zweites Kapitel
Mamelucken und Mongolen: Von der Mitte des
13. Jahrhunderts bis zum Anbruch des 15. Jahrhunderts 231

1. Bagdad versinkt in Bedeutungslosigkeit 231
2. Der mongolische Islam 241 · 3. Ägypten unter den Mamelucken oder die Ära der gekrönten Sklaven 251
4. Der Westen: Afrika und das Mittelmeer 261

Drittes Kapitel
Die Zeit der Osmanen 269

1. Der Aufstieg der Osmanen 270 · 2. Der Staat und die Macht 279 · 3. Vorboten des Niedergangs 283
4. Islamische Einflüsse außerhalb der osmanischen Welt 294

Viertes Kapitel
Die Bilanz einer Epoche: Verfall oder Neubeginn? 314

1. Der Islam nach zwölf Jahrhunderten 314 · 2. Der Islam und die Muslime 316 · 3. Der Islam und seine »Schulen« 335
4. Wissenschaften, Literatur und Künste 343
5. Orient und Okzident 362

Vierter Teil
Imperialismus und arabische »Renaissance«: 19.-20. Jahrhundert 369

Erstes Kapitel
Der Islam im Mittelmeerraum: Rückschläge und Erfolge (bis 1880) 370

1. Der Sieg des Imperialismus 370 · 2. Die Türkei zwischen Reformen und Tradition 375 · 3. Das neue Ägypten 382 · 4. Der Islam und die Araber 395

Zweites Kapitel
Der Aufstieg des Nationalismus: Von den achtziger Jahren bis zur Zeit nach dem Ersten Weltkrieg 403

1. Der ungebremste Vorstoß Europas 403 · 2. Der muslimische Widerstand 408 · 3. Die Entstehung des Nationalismus 415

Drittes Kapitel
Der Islam im 20. Jahrhundert: Die Entwicklungen seit dem Ende des Ersten Weltkriegs 433

1. Der Islam in der Welt 434 · 2. Das Streben nach wirtschaftlicher Unabhängigkeit 442 · 3. Aufstieg und Niedergang des Sozialismus 448 · 4. Der Islam im Zusammenleben mit anderen Kulturen 458 · 5. Der kulturelle Wandel 463 · 6. Schlußbetrachtung 473

Bibliographie 479

Transkriptionshinweis 497

Register 498

Der Islam und seine Kultur: Einführung in eine weltumspannende Geschichte

Die Geschichte des Islam umfaßt nicht weniger als vierzehn Jahrhunderte und – während ihrer ersten acht Jahrhunderte bis zum Zeitalter der Entdeckungen – fast ein Drittel der damals bekannten Welt. Wird man es dem Autor verzeihen, wenn er sie auf so wenige Seiten zusammendrängt? Mehr als sonst jemand hat er erwogen, wie vermessen ein solches Vorhaben ist. Durfte er dem Leser das dichte Geflecht dieser Geschichte vorenthalten, all ihre Namen, Fakten und Daten? Man möchte es verneinen – doch dann wäre das Buch unübersichtlich geworden.

Der eingeschlagene Weg ist vielleicht der schwierigste, dennoch der einzig mögliche. Ohne ins Detail einer Geschichte zu gehen, die von Ereignissen förmlich wimmelt und einen sehr instabilen Eindruck erweckt, wurde unter Verzicht auf die Lösung zahlreicher Probleme nur das dargestellt, was das Nachdenken über die »Bestimmung des Islam« – und damit zugleich über die »Bestimmung der Welt«, der der Islam folgt, die er übernimmt und manchmal bestimmt – unterstützen konnte.

1. Unzulänglichkeiten und Vorurteile der traditionellen Geschichtsschreibung

Trotz einiger schöner Erfolge, trotz aussichtsreicher Ansätze in der archäologischen und epigraphischen Forschung ist die Geschichte des Islam noch wenig bekannt. Schuld daran ist zunächst die Geschichte selbst: Soziale Umwälzungen, die Überfälle fremder Völker und religiöser Eifer haben einander abgelöst oder sich miteinander verbündet, um Städte zu zerstören, ihre Bibliotheken in Brand zu stecken, ihre Archive zu zerstreuen. Der Historiker wird dazu sagen, man müsse eben mit dem arbeiten, was übrigblieb. Das ist richtig – doch die Gefahr dabei ist, daß man die Geschichte auf das reduziert, was bekannt ist, oder sogar nur das Bekannteste als das Wichtigste wertet. Ein Beispiel: Wer das bedeutsame Phänomen der Islamisierung des Schwarzen Kontinents in seinen allerersten Ansätzen erforschen will, ist hierfür auf spärliche Textquellen, ja im Grunde auf einige wenige Sätze angewiesen.

Der Ehrgeiz der Völkerschaften

An der Mangelhaftigkeit unserer Quellen ist jedoch nicht nur der Zufall der Ereignisse schuld. Jede islamische Volksgruppe war, wie man sich denken kann, geneigt, den Islam aus ihrer Sicht zu betrachten. Daraus ergibt sich die Gefahr fragmentarischer Bilder, die diese oder jene Teile des Gesamtislam vernachlässigen. Die größten und anspruchsvollsten dieser Darstellungen geraten jedenfalls in Gefahr, durch die Perspektive des Autors verfälscht oder verzerrt zu werden.

Nehmen wir als Beispiel die Iranier: Sie haben eine feste historische und nationale Tradition, die Persien zum Mittelpunkt der bewohnten Welt und seine Vergangenheit zum Zentrum der Geschichte der Menschheit macht. Für manche von ihnen ist der Islam nur eine Phase dieser weltumspannenden und zugleich nationalen Geschichte. Andere, die der neuen Religion vielleicht mit größerem Eifer anhängen, sehen in ihr die höchste Vollendung, den großen Schlußakkord der Geschichte. Doch fast alle lehnen es bis zu einem gewissen Grad ab, daß die arabischen Völkerschaften die Botschaft des Islam für sich beschlagnahmen. Fast alle erheben mit der ganzen Autorität ihrer jahrhundertealten Tradition Anspruch auf einen ethnisch vielfältigen und sogar vielsprachigen Islam; darin besteht der Konflikt zwischen den Arabern und den anderen, den sogenannten *adscham*. Es ist leicht, sich die – verschleierten oder nicht verschleierten – Vorurteile in einer Literatur vorzustellen, die in einer solchen Umwelt von Streitigkeiten, ja von Kämpfen entstand.

Unsere Kenntnis großer Teile dieser Geschichte stammt aus arabisch geschriebenen Texten; auf sie soll hier daher etwas ausführlicher eingegangen werden. Viele von ihnen verdienen gewiß höchste Wertschätzung, selbst wenn die oben genannte Situation uns veranlaßt, sie wenigstens mit einiger Kritik zu lesen. Diese Vorsicht ist um so notwendiger, als »arabische Sprache« noch lange nicht »arabischer Schriftsteller« bedeutet und als die aus dem Koran entstandene Sprache, die später zum Instrument der Kommunikation und der Kultur wurde, im Gegenteil sehr oft denen diente, die ihr Monopol bestritten. In diesem Zusammenhang gibt es jedoch noch ein wichtigeres Thema: die zahlreichen Schulen des islamischen Glaubens. Das Politische und das Religiöse treffen hier unaufhörlich zusammen und imprägnieren die Werke bis auf den Grund. Wir haben es also mit voreingenommener oder apologetischer Literatur zu tun, fast möchte man sagen mit »engagierter Literatur«, wenn es diesem Ausdruck nicht im vorliegenden Zusammenhang an Nuancierung fehlte, wenn er nicht zu viel enthielte, was mit den Anschauungen unserer Autoren unvereinbar ist, die selbst unendlich vielfältig sind: Oft handelt es sich ja nur um vage Tendenzen, zögernde oder kaum angedeutete Stellungnahmen sowie um Auseinandersetzungen mit kleinsten Detailfragen, wobei sich ein breites Meinungsspektrum entfaltet, das letztlich alle Schattierungen aufweist, die sich für die Gläubigen aus dem Einfluß unzähliger Schulen ergeben können.

Gehen wir jedoch nicht zu weit. Jenseits dieser vielfältigen Nuancen stoßen wir schnell wieder auf eine tiefe Spaltung, die den Sunnismus, den Hüter der Tradition des Propheten, vom Schiismus trennt, der seinerseits diese Tradition mit Ali, dem Gefährten, Vetter und Schwiegersohn Muhammads, und seinen Nachkommen verknüpft. Wenn man diese beiden Richtungen sorgfältig beurteilt, kann man zwar gemäßigte, um Annäherung, sogar um eine Synthese bemühte Denker finden, doch im ganzen, das muß besonders betont werden, finden differenzierende Auseinandersetzungen nur innerhalb der beiden Lager statt, dies- und jenseits einer Trennungslinie, die zu den Konstanten der islamischen Geschichte und des islamischen Lebensgefühls zählt.

Es gibt keine Gattung der arabischen Literatur, in der diese Spaltung deutlicher zutage tritt, als eben die Geschichtsschreibung. Sie demonstriert eindrucksvoll die Schwierigkeiten, die daraus für eine objektive Würdigung der Phänomene des Islam entstehen. Die Mehrzahl der arabischen Historiker sympathisiert mit dem Schiismus und steht deshalb denen ablehnend gegenüber, die der Schiismus als Usurpatoren der Nachfolgerechte Alis bezeichnet: die omayyadischen Kalifen von Damaskus. So ist uns das ganze erste Jahrhundert der Geschichte des Islam, das Jahrhundert der frühen islamischen Siege, soweit es seine Führer betrifft, nur durch eine generell reservierte oder feindselige Überlieferung bekannt.

Die kulturellen Gewohnheiten

Weitere Grenzen sind einer genauen Kenntnis der islamischen Welt durch die Bedingungen eines kulturellen Umfelds gesetzt, in dem die schriftlichen Zeugnisse entstanden sind. In vielfacher Hinsicht ist die arabische Literatur, wie jede andere Literatur, die Literatur einer bestimmten Klasse, einer gebildeten und begüterten Klasse, die fast ausschließlich die Werke anregt, schreibt und sich darin spiegelt. Jedenfalls interessiert sie sich wenig für das Alltägliche; statt dessen findet sie ihre Freude an Beispielerzählungen, außergewöhnlichen Ereignissen, juristischen, religiösen oder grammatikalischen Problemen und poetischen Streitfragen. Unser Interesse am Leben der Landbevölkerung, an den Zünften der Handwerker, an Technik und vielen anderen Dingen des alltäglichen Lebens, die einen wesentlichen Teil der Geschichte bilden, bleibt unbefriedigt.

Da der Orient, insbesondere der Irak, damals als Wiege und Modell der Kultur betrachtet wird, bleibt das Gebiet des Westens, der Maghreb, in dieser Literatur allzuoft der arme Verwandte, ein Randgebiet oder, wie ein Autor es ausdrückt, der »Ärmel am Gewand« des Islam. Natürlich berichtet man von ihm, weil er immerhin zum Islam gehört und man ihn nicht mit Stillschweigen übergehen kann, aber im Verhältnis zur enormen Fülle der orientalischen Geschichte schenkt man dem Maghreb nur geringe Beachtung.

Das sind nur einige der von der literarischen Tradition genährten Vorurteile. Man könnte zum Beispiel noch darauf hinweisen, daß diese Tradition vor allem auf hervorstechende Ereignisse und Kuriositäten begierig ist. Sie befaßt sich weniger mit dem, was den Ländern gemeinsam ist, als mit dem, was sie unterscheidet, weniger mit dem Handel und den Grunderzeugnissen als mit eigenartigen Pflanzen, Nahrungsmitteln und Produkten, die nur in bestimmten Regionen vorkommen. So gerät die Darstellung überall in Gefahr, durch eine Sicht der Dinge verfälscht zu werden, die die alltägliche Leistung zugunsten einiger Berühmtheiten und Renommierstücke hintanstellt. Hieraus ergibt sich eine Folge von Verzerrungen: Eisen und Gebrauchsmetalle sind weniger bekannt als Gold und Edelsteine; die herkömmlichen Pflanzen, die zur Nahrung dienen, treten hinter den Pflanzen zurück, die neu oder selten, für Industrie oder Medizin verwendbar sind; die oft verachtete Landwirtschaft erscheint ganz bedeutungslos gegenüber dem Handwerk, das einfache Handwerk gegenüber dem Luxushandwerk, besonders der Tuchindustrie.

Ein letztes Beispiel: Die arabische Tradition unterscheidet die »vornehme« Steuer – die Grundsteuer, über die uns die Historiker und Geographen ausgiebig berichten – von der »niederen« Steuer, der die vielfältigen Geschäfte des Handels unterliegen, das heißt also von den indirekten und unpopulären Steuern, über die man schamhaft schweigt, es sei denn, daß man sie erwähnt, um ihre Höhe und die durch sie entstehenden Schäden zu übertreiben.

Sei's drum, wird man sagen: Wenigstens wissen wir, um dieses Beispiel wiederaufzunehmen, genau über die Grundsteuer Bescheid. In Wirklichkeit gilt das aber nur, wenn wir die Angaben eines Autors als gesichert anerkennen können, weil sie unmittelbar aus den Archiven seiner Zeit entnommen sind. Doch auf einen solchen Idealfall kommen sehr viele andere, in denen mit steter Regelmäßigkeit ein Schriftsteller vom anderen abschreibt.

Zahlen und Daten bleiben trotz aller Veränderungen in der Geschichte unverändert. So sehr dieses Verfahren auf manchen Gebieten dem Soziologen auch willkommen sein mag, der daran die Konstanten in Denkweisen und Kulturen studieren kann, so sehr bringt es den Historiker zur Verzweiflung, der hinter den Darstellungen von der Wirklichkeit eben die Wirklichkeit selbst erreichen möchte.

Gewiß ist dies alles etwas schwarz gemalt und im Bestreben, die Mängel durch extreme Beispiele zu veranschaulichen, stark schematisiert. Doch kann man sich auf diese Weise immerhin gewisse Tendenzen der Orientalistik erklären, die leicht geneigt ist, sich von der aus dem Osten gekommenen Tradition – ihren Vorzügen wie ihren Schwächen – verleiten zu lassen.

Zum Beispiel ist es eine Tatsache, daß die Geschichte des Islam zu oft eine Geschichte der religiösen Sekten oder der Dynastien war und daß sie wegen der schlechten Quellenlage zu lange einseitig behandelt wurde. Weil einige der wichtigsten ökonomischen und sozialen Probleme des Islam nicht zu lösen waren, wurden sie übergangen. Ebenso kann man in Frage stellen, ob bis zum 20. Jahrhundert die Geschichte Nordafrikas und sogar Spaniens die Beachtung gefunden hat, die sie aufgrund ihrer tatsächlichen, objektiven Bedeutung für die Entwicklung des Islam verdient. Gewiß nicht, wenigstens nicht, wenn man den Ertrag der Forschung über diese beiden Größen mit der Menge der wissenschaftlichen Ergebnisse zur Geschichte des Orients vergleicht, auf die der Löwenanteil der europäischen Forschung entfällt.

Eine weitere befremdende Feststellung: Man muß eingestehen, daß die westliche Forschung sich hauptsächlich für eine Richtung des Islam, nämlich den Schiismus interessierte, während der heute dominierende Islam, der Sunnismus, warten mußte, bis man ihm im 20. Jahrhundert seinen wahren und zweifellos überragenden Platz zuwies.

Lassen wir es bei diesen Beispielen bewenden. Daß die allgemeine Geschichte des Islam und die speziellere Geschichte der Länder wie der administrativen, juristischen, fiskalischen und anderen Institutionen lange Zeit sehr einseitigen oder eingeschränkten Betrachtungsweisen unterworfen waren, berechtigt uns weder dazu, die Pionierarbeit zu verachten, deren Verdienst zu ihrer Zeit hervorragend war, noch dazu, abzustreiten, daß sich ein immer stärkeres Streben nach einer erneuerten, vertieften und umfassenden Geschichtsschreibung des Islam durchsetzt. Ein weiteres Zeichen der Zeit: Die Orientalistik ist nicht länger das Monopol des Westens. Von Jahr zu Jahr spornt der Islam immer mehr seiner Anhänger dazu an, seine Vergangenheit zu entdecken, und ihre Binnenperspektive wird die Wissenschaft auf jeden Fall bereichern. Natürlich lassen die erreichten Resultate noch sehr vieles im dunkeln. Darum muß alle Arbeit über die Geschichte des Islam größte Vorsicht walten lassen und behutsam differenzierend vorgehen. Aber auch wenn in vielen Bereichen noch große Lücken klaffen, beginnt sich doch schon ein klareres Gesamtbild abzuzeichnen.

2. Die Geltungsbereiche des Islam

Handelt es sich um *den* Islam oder um mehrere »Islame«? Diese Frage hat sich im Verlauf seiner ganzen Geschichte gestellt und stellt sich noch heute. Tatsache ist, daß der Einheitsbegriff »Islam« in Wirklichkeit Richtungen, Länder und Zeitabschnitte umfaßt, die sich mitunter sehr stark voneinander unterscheiden. Doch umfaßt er sie seit jeher – über alle Unterschiede hinweg ist dies das Kennzeichen für eine tiefgehende Einheit, die es zu erforschen gilt.

Der Islam der Gemeinden und der Islam der Nationen

Die Vielfalt des Islam zeigt sich zuerst im Raum; es gibt beispielsweise einen Islam der Wüste, einen Islam der Dörfer, einen Islam der Städte. Sie zeigt sich auch in der Zeit: Es gibt den frühen Islam, den klassischen Islam, den Reformislam des 19. Jahrhunderts. Und schließlich zeigt sie sich in der Vielzahl der Glaubensrichtungen: Es gibt den Islam der Charidschiten, den Islam der Schiiten und den der Sunniten, und jeder hat noch seine Untergruppen. Vergessen wir nicht die hier wie bei jeder anderen Religion vorhandenen Unterschiede nach Ethnien, nach Gesellschafts- und Berufsgruppen, nach Kulturstufen und nach dem Verhältnis zu seinen Vorgängerreligionen.

So entstehen, im unveränderten Schatten der Minarette, verschiedene Nationen oder wenigstens homogene Kulturräume mit je eigenem Profil: das gebirgige Nordafrika als Zufluchtsland der unbeugsamen Berber und der Charidschiten; das vielgestaltige Indien, wo der Islam mit der traditionellen Religion in ständigem Dialog ist; Ägypten, wo weder die arabische Eroberung noch der schiitische oder sunnitische Islam die Rolle als Durchgangsland für den großen Welthandel gefährdet haben; die Türkei, die durch ihre Sprache und den hanafitischen Sunnismus eine festgefügte Einheit bildet; Schwarzafrika, wo der Islam oft mit animistischen Elementen durchsetzt ist; schließlich das schiitische Persien, das unermüdlich seine Eroberer betört und unerschöpflich reich an Künstlern und Beamten ist.

Glaube, Gesetz und Alltagsleben

Doch in keiner Gruppe, die sich im Lauf seiner Geschichte und unter seinem Banner herausbildete, bleibt die Geltung des Islam auf einen bestimmten Bereich beschränkt. Als wahre Lehre durchdringt er alles, als religiöse Botschaft ist er auch Prinzip der Organisation des Staates, Instrument für die Beziehungen der Herrschenden zu ihren Untertanen und der Gläubigen untereinander, Ehrenkodex für die Handelsbeziehungen und in der Kunst die Quelle von Inspiration und Verboten. Weil schließlich jeder Gläubige als einzelner, ohne die Person eines Mittlers, vor Gott verantwortlich ist, diktieren ihm diese Verhältnisse im Islam auch die Regeln des täglichen Lebens: so die Gebetszeiten im Ablauf des Tages, das rechte Verhalten in Fragen der Ernährung und der Körperpflege, ja sogar der Liebe.

Das alles ist nur das Idealbild, wird man einwenden, und es ist wohl richtig, daß die Erfordernisse des Daseins oder das Streben nach gutem Leben, hier wie sonst, manchmal stärker sind als die Pflicht, gut und der Norm gemäß zu leben. Berühmte Beispiele sind das Bankwesen und die bildliche Darstellung von Mensch und Tier, die die strenge Tradition nur mit Zurückhaltung akzeptiert. Sie sind aber in den Ländern des Islam keineswegs vernachlässigt worden, auch nicht von den Muslimen selbst, die mit Juden und Christen auf diesen Gebieten konkurrierten. Doch das sind Ausnahmen. Denn insgesamt ist die Einwirkung der Religion auf die Gesellschaft, die von ihr inspiriert und geformt wird, hier zweifellos tiefer und entscheidender als in vielen anderen menschlichen Gemeinschaften.

Man sieht, wie schwierig es ist, den Islam als Ganzes zu bestimmen. Es bietet sich natürlich an, auf der einen Seite die von Muhammad gepredigte, im Koran überlieferte religiöse Botschaft und auf der anderen den »weltlichen« Islam, wie er sich durch seine Integration in wandlungsfähige Gesellschaften und durch sein Vordringen in immer neue Räume und Kulturen historisch entwickelt hat, einander gegenüberzustellen. Doch eine solche Gegenüberstellung wäre künstlich, denn in den Augen der Gläubigen kann es hier nicht einen Bereich des Weltlichen und einen anderen Bereich des Geistlichen geben; mit einem Wort: für sie ist der Islam unteilbar.

Lassen wir also unsere allzu abstrakten Kategorien, und nehmen wir den Islam, wie ihn die Muslime selbst nehmen: als ein Ganzes. Wir werden von jetzt ab unter dem Wort »Islam« nicht nur den Glauben verstehen, den der Islam ursprünglich darstellt, sondern die Gesamtheit der Länder und Völker, deren Kultur im Lauf der Jahrhunderte durch die Herrschaft dieses Glaubens direkt oder indirekt geformt wurde; direkt durch die religiösen Bekehrungen, die dieser Glaube erzwang oder veranlaßte, durch die politischen Haltungen, die er diktierte, durch die architektonischen Formen, die er inspirierte, und indirekt durch die Folgen, die die Bildung eines großen Reiches nach sich zieht, das an einem wichtigen Schnittpunkt der Wege der Welt liegt, das für den Austausch von Waren und Gedanken offen ist und so den Gang der Geschichte wesentlich mitbestimmt.

Der Islam und seine Kultur sind nicht nur das, was die muslimische Welt im Namen des Islam denkt und tut, sondern daneben die gesamte Lebensweise nach den neuen Bedingungen, die der Islam mit sich bringt.

Der Islam ist also letztlich zu erfassen unter den vielfachen Aspekten der materiellen und geistigen Kultur aller, die sich auf ihn berufen oder berufen haben. Und wenn wir befürchten, daß er sich in seiner eigenen Unüberschaubarkeit auflöst oder seine spezielle Färbung verliert, dann können wir auch in diesem Punkt auf ihn selbst vertrauen. Obwohl mannigfaltig, veränderlich oder gar zerrissen, es genügt ihm, vielleicht mehr als jeder anderen Kultur, sich im Verhältnis zu anderen als geschlossener Block zu fühlen, um mit einem

Schlag seine Einheit wiederzugewinnen. Die Schiiten und die Sunniten beispielsweise, deren unüberbrückbarer Unterschied immer wieder betont wird, sind sich dieses Gegensatzes bewußt. Doch über alle Abweichungen hinweg verstehen sich alle zuerst als Muslime, einig in bestimmten Glaubensvorstellungen und Lebensregeln und hierin eine untrennbare Gemeinschaft, die sich von allem, was nicht Islam ist, unterscheidet.

Eben diese tiefe Verwandtschaft, dieses ebenso hartnäckige wie ungeklärte Gefühl einer Einheit, die in den Erinnerungen, den Gemeinschaften und den Landschaften verwurzelt ist, ist der Grund dafür, daß die islamische Welt alles überlebt: die Abnutzung der Kulturen, die politischen Umwälzungen und – wie heute der Fall, da die Forderung nach materiellem Fortschritt der Religion die Führungsrolle in der Gesellschaft streitig macht – den Islam selbst, der eine eigene Kultur erschuf und ihr erster Zusammenhalt war.

3. Die Konstanten einer Kultur

Im folgenden sollen die tragenden Elemente dieser Kultur umrissen werden. Sie treten übrigens ziemlich deutlich hervor: Geschichte, Raum und Geistesleben sprechen hier eine klare Sprache.

Klassik und Moderne

Zunächst stellen wir fest, daß der Islam einem Kulturtypus angehört, den man als »klassisch« bezeichnen kann. Das heißt: Sein Glanz und seine Pracht gedeihen auf einem Untergrund, wo die Massen in Stagnation und oft in Elend leben – ein Nährboden für Krankheiten, Armut und Naturkatastrophen. Unterhalb der Eliten des Militärs, der hohen Stände und der Reichen ist der Alltag der Massen von Not und Ungewißheit gekennzeichnet. Das ist der Teil der Geschichte, den wir leider kaum kennen und den die Geschichtsschreiber totschweigen, es sei denn, er macht im Toben von Schlachten und Revolten unabweisbar auf sich aufmerksam.

Hier wie sonst ist die Gewalt die unvermeidliche Kehrseite des Ruhms, und der Barbarei des aufständischen Volkes auf dem Land wie in den Basaren und Vorstädten, das nach dem Messias und nach sozialer Gerechtigkeit ruft, stehen die Schrecken der Unterdrückung gegenüber, die Blut mit Blut vergilt. Dazu kommt die Barbarei von außen, eben die typische des Barbaren, der ständig die Kultur bedroht: Das Reich des Islam, das aus dem Nomadeneinfall entstanden ist, der stabilisierte und klassische Islam, wird seinerseits durch Türken und Mongolen zur Beute Zentralasiens.

Hier wie sonst bringt die Neuzeit entscheidende Veränderungen. Im Kontakt mit dem Westen, jedoch mit einer durch die Kolonialzeit bedingten Verspätung, strebt die Kultur des moderneren Islam, die mit der Entstehung der uns bekannten Nationen zusammenfällt, nach Fortschritt, das heißt: nach höherem Lebensstandard und größerem politischen Einfluß.

Die Geschichte: die Weite des Raums und die Mobilität im Innern

Wir sagten zu Beginn, diese Geschichte sei weltumspannend. Nehmen wir das Mittelalter zum Vergleich: Während so viele Staaten Europas nur langsam Gestalt annehmen, Provinz um Provinz, manchmal Bezirk um Bezirk, breiten sich hier vor unseren Augen weltweite Reiche aus, die in wenigen Jahrzehnten durch große Reiterheere erschaffen werden: zuerst das Reich der omayyadischen Araber, das vom Indus bis zum Atlantik reichte, dann die mongolische Feudalherrschaft, die im übrigen nur einen Teil des Islam umfaßte und deren Herrschaftsgebiet sich diagonal von der Ostsee bis Südostasien und von Korea bis zum Euphrat ausdehnte, und schließlich, bis weit nach Südosteuropa hinein, das imposante Staatsgebilde der Osmanen.

Auch hier bringt die Neuzeit einen Wandel: Nationalismus, eifersüchtig überwachte Grenzen und einen gewissen Rückzug in sich selbst. Aber die Erinnerung an die große Vergangenheit des Islam läßt die Muslime auch heute nicht los. Das beweist der Gedanke der arabischen Einheit und, für den Islam als Ganzes, der emotionale und verbindende Wert der Vereinigung der Gläubigen aus aller

Welt in der Pilgerfahrt. Unendliche Weite an den Grenzen, Mobilität im Innern. Soll man wie andere auf eine gewisse Zerbrechlichkeit menschlicher Organisationen in den trockenen Klimazonen hinweisen, in denen der Islam sich ja im wesentlichen etabliert hat? Jedenfalls ist seine Geschichte von ständiger Unrast geprägt. Der Archäologe entdeckt noch heute ihre Spuren in den Städten, deren Vergangenheit sich im Gegensatz zu der unserer Städte nicht in der Vertikalen, an übereinanderlagernden Schichten, ablesen läßt, sondern in der Horizontalen, im Umkreis eines bestimmten Raums, in dem eine Stadt mehrmals ihren Standort wechselte, als ob sie auf der Suche nach sich selbst und zugleich mit sich selbst unzufrieden wäre.

Der Raum: Länder und Meere

Ein arabischer Geograph des Mittelalters faßte eines Tages den Entschluß, zwei Wüsten zu Angelpunkten seiner Beschreibung der Länder des Islam zu machen: die Wüste Arabiens und Syriens für die sogenannten arabischen Landschaften, die Wüste Persiens für die anderen. Trotz ihrer Unzulänglichkeiten – die Randgebiete der Sahara und der Steppen Zentralasiens fehlen in der Gesamtdarstellung – hob seine Darstellung eine der wesentlichen Gliederungen des muslimischen Raums hervor.

Wüste als Hindernis, Wüste als Zuflucht, aber auch Wüste als Durchgangsgebiet: Von der tropischen bis zur gemäßigten Zone hält der Islam, vom oft extremen Klima wenig begünstigt, mit seinen Einöden aus Sand und Steinen und den daran grenzenden Ländern dennoch eine besondere Ausnahmeposition am Schnittpunkt der großen Welthandelsstraßen besetzt, ein lebenswichtiges Gebiet von Durchgangswegen und Landengen.

Zu beiden Seiten dieser Passagen liegen natürlich die Meere. Mit wechselndem Glück versuchte der Islam, sich ihrer zu bemächtigen: mit größerem Glück im Orient, bis die Portugiesen kamen, dann ebenfalls während des Hochmittelalters im Mittelmeer – hier mit mehr Erfolg im Westen als im Osten –, bis ihm dieses verlorenging und der Christenheit zufiel (das Aufleuchten der osmanischen Seemacht war nur ein Strohfeuer).

Von diesem lebenswichtigen Meer, dem die Entstehung eines muslimischen Reiches wieder seine Bestimmung für Verkehr und Handel zurückgab, behält der Islam zwar stets die südlichen Küsten in Besitz, aber er bleibt auch auf diese Bereiche beschränkt. Daß Indien und Europa ihren Verkehr unmittelbar über die Meere der Südhalbkugel leiteten, genügte, um den so umgangenen Islam mit einem Schlag mehr oder weniger zu lähmen, wenigstens bis der Suezkanal den Weg über die Landenge von neuem belebte. Doch während aller Wechselfälle hat der Islam, ob er nun den anderen das Mittelmeer öffnete oder die anderen es ihm verschlossen, sein Schicksal nie ganz von diesem Meer lösen können, auf dem er es mehr als einmal herausgefordert hat.

Der Raum: die Wüsten

Die Wüsten sind, wie die Meere, nicht nur privilegierte Gebiete des Transitverkehrs. Diese zweifellos wichtige Funktion gehört nicht zu den Wesensmerkmalen der Wüste, sondern ergibt sich vielmehr rein zufällig aus ihrer Lage auf der Weltkarte. Vor allem aber ist die Wüste ein ganz bestimmter Lebensraum für Mensch und Natur.

In weiten Teilen seines Territoriums ist der Islam ein Phänomen der großen Ebenen oder wenigstens einer Landschaft ohne größere Hindernisse. Sein Gebiet bildet eine zusammenhängende, vom Irak bis nach Tunesien reichende Einheit aus Steppenländern oder Trokkengebieten mit Ausläufern und Oaseninseln, aus Ebenen und ausgedehnten Flußbecken. In den zerklüfteten Ländern, den Zufluchtsstätten alter Völker, die eifersüchtig über ihre Traditionen und Sprachen wachen – wie etwa in Armenien oder im Libanon – fühlt sich der Islam zweifellos weniger wohl, weniger seiner selbst sicher. Doch wir wollen dieses Schema nicht zu sehr verallgemeinern. Im ganzen gilt es vor allem für die ersten Jahrhunderte des Islam, wird aber heute widerlegt von Regionen wie Nordafrika, Afghanistan oder Kaschmir und widerspricht dem heute unleugbar unter sehr differenten Formen lebendigen Islam.

Ganz anders ist die Konstante der Agrarlandschaft, der die Wüste mit der immerwährenden Gegenwart des Nomaden ihren Stempel aufdrückt. Der Nomade schweift an den Grenzen des Ackerlandes entlang und ist mit den Seßhaften durch Beziehungen des Lebensbedarfs und des Handels, des Schutzes und des Konflikts verbunden. Selbst außerhalb der großen Perioden der Nomadenvorstöße haben die Konturen des bebauten Landes nicht den deutlichen Umriß, wie man ihn sonst kennt; hier sind Acker und Steppe abhängig voneinander und in einem dauernden Wechsel von Werden und Vergehen begriffen.

Diese Fluktuationen haben schon früh das Streben nach einem Gleichgewicht geweckt, das schließlich ebenso unsicher blieb wie das Verhältnis der beiden Partner selbst. Wenn die seßhaften Bauern nicht den Launen des Klimas, politischen Umwälzungen, kriegerischen Raubzügen und dem Fiskus ausgesetzt gewesen wären, so wären sie zumindest an ihren Grenzen den Folgen des unsicheren Lebens nahe der Wüste erlegen.

Auch heute noch ist die Wüste für die wirtschaftliche Unterentwicklung der islamischen Länder mitverantwortlich. Man wird gewiß auf das Öl hinweisen. Aber der ganze darauf beruhende Reichtum ist nicht enger mit der Wüste verbunden als im Mittelalter der Handel. Wie früher die Karawanenwege Anlaß gaben, Rastorte, Zisternen und Oasen anzulegen, so sind heute die Reichtümer, die das schwarze Gold nach sich zieht – die Städte, die es aus dem Boden wachsen läßt, und die Suche nach Wasser, die von diesen neuen Einrichtungen des Menschen angeregt wird –, nur vergängliche Eroberungen, der Wüste nur aufgezwungene Merkmale, Geschenke, die ihre feindselige Natur nicht verdient hat, jedenfalls nur einzelne Punkte in dieser Unendlichkeit der Not und der Einöde; Tupfen, die in der unermeßlichen Weite der Wüste im Grunde bis heute keineswegs ins Gewicht fallen.

Der Raum: die Relaisstädte

Als Raum für den Durchgangsverkehr, für Wanderung und Phantasie, mit einem Wort, als Raum der Veränderung ist die Wüste ein Ort, den man passiert, an dem man aber nicht oder kaum lebt. Hier gräbt der Handel seine Spuren ein, und manchmal läßt sich die Kultur von ihr inspirieren, aber alles wird anderswo entschieden, gelagert und geschrieben: in den Städten. Die muslimische Kultur ist in einem der seltenen städtischen Lebensbereiche Arabiens geboren, wurde im Rahmen der Stadt konzipiert und findet hier auch ihren wesentlichen Ausdruck. Als Erbe alter orientalischer und mediterraner Traditionen befruchtet und belebt der Islam zahlreiche Landschaften und schafft in einer Art von Expansionsfieber eine große Zahl von Städten, die er mit seinem Namen signiert.

Alle diese Städte sind durch unterschiedliche Aufgaben – als Karawanenstationen, Brückenköpfe, Lagerplätze oder Häfen – aufgrund ihrer besonderen Lage mit dem Handel verbunden und regen ihrerseits Produktion, Verbrauch und Handel an, begünstigen Geldverkehr, Politik, Wissenschaften und Künste. Hätte der Islam nicht mehr geschaffen als Kairo und Bagdad, diese beiden Namen würden zu seinem Ruhm genügen. Dazu kommen Fes, Kairuan, Basra und viele andere, die in seinem Schatten entstanden sind, sowie all die Städte, die er übernahm und zu Hauptstädten machte: Cordoba, Tunis, Damaskus, Buchara, Samarkand und Delhi.

Auf diese Weise zeichnen sich die herrschenden Kräfte in der Landschaft und auf der Karte des Islam ab. In der Landschaft erkennen wir zwei Welten, die nomadische und die seßhafte, in mehr oder weniger stabilem Gleichgewicht: Die Stadt als Insel und Heimstätte der seßhaften Gruppe, mit ihrer großen Einwohnerzahl, ihren festen Einrichtungen und ihrer etablierten Kultur, stellt sich der Veränderlichkeit der Wüste entgegen. Auf der Karte werden die riesigen weißen Flächen von den großen Adern des Handels gesäumt und durchkreuzt. Diese Handelswege sind mit einer dichten Kette von Punkten, dem Relais der Städte, besetzt und laufen in den großen Zentren zusammen, den grünen und lebendigen Flecken der Länder mit alter seßhafter Kultur in dem satten Streifen des Fruchtbaren Halbmonds, in den Oasen von Chorasan oder Sogdiana, in den Tälern des Nil und des Indus und in den Küstenebenen Nordafrikas.

Die Religion

Schließlich kann man nicht umhin, an die islamische Religion als eine der Konstanten der muslimischen Kultur zu erinnern, wenn auch nur mit wenigen Worten. Die Religion gab dieser Kultur den ersten Impuls, sie blieb eines ihrer Grundelemente und sicherte ihr die unveränderten Grundlagen, zumindest bis zur Neuzeit.

Gewiß kann diese Kultur wie jede andere materielle Stützen nicht entbehren, und wie jede andere wird sie bis in ihre ureigensten Strukturen, selbst bis in ihre Religion zwangsläufig von ihnen beeinflußt. Doch wenn man auch die Möglichkeit solcher Einwirkungen zugibt, so muß man doch unterstreichen, daß sie beim Islam weniger maßgebend und weniger tiefgreifend in Erscheinung treten als in anderen Gesellschaften, daß diese Kultur unter dem Schutz der Religion außergewöhnliche Fähigkeiten des Widerstands, ja sogar der Gegenwehr gegen die von unten und von außen kommenden Verlockungen bietet – Verlockungen der Infrastrukturen einerseits und der fremden Kulturen andererseits. Unter verschiedenen sozialen Systemen und verschiedenen Himmeln beweist der Islam stets eine erstaunliche Fähigkeit, über Zeiten und Räume hinweg einige unwandelbare Prinzipien festzuhalten, durch die er sich definiert und in denen er sich wiedererkennt.

4. Die vier Phasen des Islam

Der Augenblick ist gekommen, um die großen Abschnitte der islamischen Geschichte und damit dieses Buches aufzuführen. Tun wir es um der Klarheit willen ohne zu viele Nuancen. Etwaige dadurch entstehende Unschärfen können dann im Verlauf der Darstellung korrigiert werden.

Vom Anfang um das Jahr 610 bis zur Mitte des 8. Jahrhunderts reicht die Phase der Expansion, in deren Verlauf der Islam die Sache der Araber ist. Auf der Ebene der Weltgeschichte führt der Orient das Geschehen an. Dann, bis gegen 1050, bleibt der Islam räumlich stabil, kulturell hingegen gerät er in eine stürmische Auseinandersetzung mit fremden Traditionen. Persien dominiert diese Phase. Es entreißt den Arabern die Hoheit über das muslimische Erbe, macht ihnen das Monopol der Verteidigung und der Darstellung des Glaubens, der Kultur und der Sprache des Islam streitig. Der Orient beherrscht noch immer das Weltgeschehen, doch zeichnet sich zumindest auf den Meeren das Erwachen Europas ab.

Von der Mitte des 11. bis zum Ende des 18. Jahrhunderts, also für fast 800 Jahre, wird der Islam die Sache Zentralasiens, der Mongolen und vor allem der türkischen Völkerschaften. Mit der Expansion der Osmanen in Europa, der Ausbreitung des Islam in Afrika, Zentralasien, Indien und der malaiischen Welt, beginnt eine neue Zeit muslimischer Veränderungen, aber auch eine Zeit der Konfrontation mit einem zunehmend unternehmungslustigen Abendland, das die Meere beherrscht und schließlich die osmanische Expansion stoppt.

Das 19. und das 20. Jahrhundert, eine dem Leser vermutlich besser bekannte Zeit, sind eine Ära der inneren Gärung: Auf kultureller Ebene stellt sich der Islam der Konfrontation mit der Moderne, auf politischer Ebene erlangen die Völker ihre Unabhängigkeit. Von neuem treten die Araber als privilegierte, wenn nicht gar alleinige Vorkämpfer der muslimischen Welt in Erscheinung.

Während des größeren Teils dieser jüngsten Phase kommt der Impuls der Geschichte aus dem Westen, ausgelöst zunächst durch die imperialistischen Eroberungen, dann aber auch durch deren unmittelbare Auswirkungen auf das kulturelle und politische Erwachen des Islam und seine Reaktion auf diese Eroberungen. Dies alles führt zu entscheidenden Veränderungen: Die Vormachtstellung, die Europa zumindest während des ganzen 19. Jahrhunderts innehat, wird besonders seit dem Zweiten Weltkrieg, der für die bisher kolonialisierte Welt des Islam die Befreiung vom Westen bringt, immer mehr angefochten. Doch inzwischen sind beide, das Abendland und der Islam, ihrerseits in eine Auseinandersetzung verwickelt, die über sie hinausgeht und vielleicht die Zukunft beherrschen wird: die Auseinandersetzung zwischen den reichen Nationen und den armen der sogenannten Dritten Welt.

Dieser Islam, mit dessen Geschichte wir uns im folgenden etwas eingehender beschäftigen werden, muß von innen her gesehen, beschrieben und verstanden werden, nicht als ein mehr oder weniger bekannter Bestandteil unseres westlichen Horizonts. Zu diesem Zweck und in diesem Sinn seien einige Präzisierungen vorausgeschickt: Die Geschichte des Islam hat ihren eigenen Anfang, ihre eigene Zeitrechnung (die Hedschra, das Exil des Propheten in Medina), also ihre Daten, die man ihr nicht nehmen sollte. Sie wurden, zumindest für das Mittelalter, neben denen, die ihnen in unserem Kalender entsprechen, beibehalten.

Wir werden auch versuchen, diese Geschichte global zu erfassen und den Islam als ein Ganzes zu behandeln, das letztlich nicht auf eine seiner Nationen oder einen bestimmten Zeitabschnitt reduziert werden kann – als ein Ganzes, das in die große Bewegung der Welt eingebunden ist.

Doch bevor der Autor diese Geschichte zu erzählen beginnt, kann er nicht umhin, an den Mann zu erinnern, der sie eigentlich hätte erzählen sollen und der es unbestreitbar besser gemacht hätte: Maurice Lombard. Seine Kenntnisse des Islam waren zu umfassend und fruchtbar, als daß man dieses Buch ohne Skrupel schreiben könnte. So möge dieses Werk, das ihm so viel verdankt und das unter seiner Feder weit weniger unvollkommen geworden wäre, seinem Andenken gewidmet sein.

Erster Teil

Das Jahrhundert der Araber: Von Muhammad bis zur Mitte des 8. Jahrhunderts

Erstes Kapitel

Die »Wiege des Islam«

Das Arabien des 7. Jahrhunderts ist ein unwirtliches, isoliertes, fast vollkommen von Wüste bedecktes Stück Erde. Seinen hartnäckigen Bewohnern ist es trotz allem gelungen, aus ihm den Schauplatz, das Kernstück eines Systems internationaler und interkontinentaler Wirtschaftsbeziehungen zu machen, eine lebendige Quelle sozialer und kultureller Entwicklungen, aus der die von Muhammad verkündigte Religion ihre Nahrung ziehen wird.

1. Der geographische Raum

Die drei Arabien

Arabien ist eine »Insel«, wie die Araber selbst sagen. Ob vom Meer, von Wüste, von Flüssen oder von Gebirgen umgeben, ob von allen oder nur auf einigen Seiten – die *dschazira* versteht sich als ein von den anderen Ländern abgeschnittenes Land. Das lokale, auf die Arabische Halbinsel angewandte Vokabular zeigt, daß ihre Bewohner sich als »Besitzer« eines Subkontinents betrachten, der ihnen gehört.

Es ist ihre Insel, dieses *dschazirat al-arab*: Von Asien und Afrika ist sie durch das Meer getrennt, von den alten Ländern Mesopotamiens und des östlichen Mittelmeeres durch die feindselige Wüste.

Wir haben es also mit einer einheitlichen Landschaft zu tun, die als Zufluchtsstätte verstanden und empfunden wird. Geographisch gesehen gibt es jedoch nicht nur ein Arabien, sondern drei. Im Westen, entlang dem Roten Meer, erhebt sich der Hedschas, eine Gebirgs-»Barriere« aus metamorphem oder vulkanischem Urgestein, die stellenweise bis zu 2600 Meter hoch ist. Über diese Steilwand hinaus steigt das vielfältiger werdende Relief weiter an bis auf über 3000 Meter Höhe. Dies ist unser zweites Arabien, das »Glückliche Arabien«, das Land des Südens oder das »Land zur Rechten«, wie die Araber, nach Osten schauend, es nennen: der Jemen. Das Hochplateau über dem Golf von Aden setzt sich im Nordosten fort, wo sich die Wellen des Indischen Ozeans am Fuß 1000 bis 2000 Meter hoher Bergkämme und Plateaus brechen, in den weiten Regionen von Hadramaut und Dhufar und, über 3000 Meter hoch, in Oman und Hadschar.

Zwischen den senkrecht zueinander stehenden Schenkeln dieser beiden gebirgigen Arabien liegt das dritte, das der »Hochebene«: der Nadschd. Hier hat die Natur wahrhaft gewaltige Gesteins- und Sandablagerungen aufgehäuft: es bietet sich das Bild einer riesigen, allmählich nach Syrien, zum Irak und zum Persischen Golf hin abfallenden Tafel. Nach Osten beherrschen die 500 000 Quadratkilometer des »roten« und des »leeren« Landes (Dahna, Rub al-Khali) die Landschaft: ein von Sand bedecktes Gebiet von der Größe Frankreichs. Im Westen liegen felsige Landstriche, durchzogen von Hügelketten und Kämmen, dann, weiter im Norden, siegt wieder die Wüste: die 70 000 Quadratkilometer der Nafud auf halbem Weg zwischen dem Golf von Aqaba und Kuwait. Überall also finden wir unwirtliches Gebiet, dürre, wüstenähnliche Zonen, mit vereinzelten Wasserstellen und Oasen. Doch oft schlummern in der sagenhaften Tiefe dieser unfruchtbaren Ablagerungen – in der Nähe des Persischen Golfs sind sie mehrere Kilometer tief – wie zum Ausgleich für ihre geizige Kargheit außerordentliche Weltreserven an schwarzem Gold: ein nützliches und zugleich gefährliches Geschenk, wie wir sehen werden.

Das Klima

Wie die Höhenunterschiede unterteilen auch die klimatischen Verhältnisse das riesige Arabien. Auf der Weltkarte gehört die in der Mitte, genau zwischen Mekka und Medina, vom Wendekreis des Krebses geteilte Halbinsel zur tropischen Zone. Doch die Höhe und besonders die Wüste sorgen wieder für entscheidende klimatische Abweichungen. Im Süden, der feuchter und nebliger ist und dessen höchste Gipfel manchmal mit Schnee bedeckt sind, können zwei Gebiete nicht zur tropischen Zone gerechnet werden: der Hedschas, wo die Feuchtigkeit sich auf die Küste beschränkt, und vor allem das steppen- oder wüstenähnliche Landesinnere mit seinen wütenden Sandstürmen, die den regelmäßig vom Roten Meer her wehenden Winden oder den Monsunwinden des Indischen Ozeans ganz und gar nicht gleichen.

Doch trotz aller Unterschiede gibt es eine fundamentale Einheitlichkeit: Die beiden typischen Merkmale trockener Klimazonen – spärliche Niederschläge und starke Temperaturschwankungen – kennzeichnen bis zu einem gewissen Grad die gesamte Arabische Halbinsel. Während Arabien geographisch eine Halbinsel ist, gehört es klimatisch eindeutig zur Wüste. Überall herrscht Trockenheit: Meist bleibt das Mittel der jährlichen Niederschläge unter 150 Millimetern, und überall wird der Regen als Wohltat empfunden.

Nach Monaten, manchmal nach Jahren der Dürre, entreißt ein Wolkenbruch dem Boden brutal ganze Beete wilder Blumen. Dann stellt sich die Hitze wieder ein, glühend am Tag, erstickend im Sommer. Aber weit mehr als die Hitze geben die Temperaturunterschiede zwischen Tag und Nacht und zwischen den Jahreszeiten der Region ihr Gepräge: das Gemeinsame sind gerade die starken Gegensätze. Wenn die Temperaturen im Mittel nicht als extrem bezeichnet werden können, dann nur – wenigstens gilt das für das gesamte Innere des Landes – aufgrund eines zufälligen Durchschnitts zwischen weit auseinanderliegenden Maximal- und Minimalwerten, der im ganzen ebenso unbeständig ist wie der Frühling und der Herbst, deren Milde nur wenige Tage dauert. Unbeständig ist auch das Wasser. Auf einer Fläche, die viermal so groß ist wie Frankreich, gibt es nur einen einzigen, kaum 100 Kilometer langen Fluß, der nicht versiegt, und er liegt im Südosten, in der sowieso den Monsunen ausgesetzten Zone. Anderswo, wo geschlossene Beckenlandschaften vorherrschen, sind die Flüsse ebenso vergänglich wie die Blumen. Die Flußtäler (*wadi*, Mehrzahl *awdiya*), die sich nur selten mit reißenden Bächen füllen, werden zu Sümpfen, wo sich das Wasser im Sand oder in dem bereits angesammelten Schwemmland verliert: auf das Übermaß folgt die Vergeudung. Der wahre Segen Arabiens sind die Brunnen (*bi'r*, Mehrzahl *abar*), die zum Teil mehrere zehn Meter tief sind; andere, in den Tälern oder besonders auf den Schuttkegeln, sind nur einfache, zwei bis drei Meter tiefe Löcher, die immer wieder vom Sand zugeschüttet, von den unermüdlichen Beduinen aber immer wieder entdeckt werden; sie sind noch mitten in der Rub al-Khali zu finden. In den günstig gelegenen Zonen ermöglichen die Brunnen eine systematische Bewässerung und damit die Anlage von Kulturen sowie das seßhafte Leben in den Oasen, deren schönster Schmuck die Palme ist. Sonst tragen einfache, sumpfige Wasserstellen und Gewitter zur Erhaltung der elementaren Lebensformen der Wüste bei: Tamariskensträucher und Dornbüsche, wilde Trüffeln und Gräser, eine mannigfaltige Flora, die dort, wo Mensch und Haustiere sie nicht mehr betreten, von den drei Gebietern der arabischen Dichtung beherrscht wird, die hoch über den übrigen Bewohnern der Wüste stehen: dem Löwen (der, wie der Strauß, heute verschwunden ist), der Gazelle und dem Geier.

Die Faktoren der Isolierung: Meere und Wüsten

Die Wüste drückt Arabien nicht nur ihren Stempel auf, sondern schneidet es auch, wie dargelegt, auf der einzigen nicht vom Meer umgebenen Seite von Mesopotamien und den Ländern des östlichen Mittelmeerraums ab. Der Reisende, der vom Sinai zur Mündung von Euphrat und Tigris gelangen will, hat nur die Wahl zwischen dem Sand der Wüste Nafud und einer langen Küstenschiffahrt, auf der ihn infolge des stark erwärmten Meeres bald wechselnde Strömungen, bald Untiefen und unwirtliche Inseln, Sandbänke, Lava- oder Salzriffe bedrohen und wo ihm, von Aden abgesehen, nur wenige Buchten Schutz bieten – Buchten, die entweder schlecht vor dem offenen Meer geschützt, vom Landesinnern aus unzugänglich oder nicht genügend tief sind, sofern sie nicht gar alle diese Unzulänglichkeiten in sich vereinen. Tückisch wie die Wüste mit ihren Sandstürmen, ihrem Durst und dem Treibsand ist auch das Meer mit seinen Orkanen. Es hat seine »Launen«, wie ein arabischer Geograph sagt, und das gilt besonders für die orientalischen Meere – das Rote Meer, den Indischen Ozean und den Persischen Golf, deren Routen Namen markieren, die als Schiffsfriedhöfe bekannt sind.

2. Der wirtschaftliche und soziale Raum

Die »Kultur der Wüste«: das Kamel, das Gras, der Raubzug

Abgesehen vom seßhaften Süden nimmt, wie wir gesehen haben, die Wüste den größten Teil der Arabischen Halbinsel ein, jener Raum, in dem die Nomaden umherstreifen, die man hier Beduinen (von *badiya*, »Steppe«) nennt oder mit ihrem Volksnamen als Araber (*a'rab*) bezeichnet, wobei zu bemerken ist, daß die zweite Bezeichnung sich allmählich auf alle Bewohner der inneren Hochebenen und dann auf die Gesamtheit der Bevölkerung der Halbinsel ausgedehnt hat.

Die harten Realitäten des Lebens in der Wüste decken sich nicht mit dem Bild, das sich die romantische Vorstellung von ihnen macht, sei es in der arabischen Dichtung oder in unserer. Das Aufschlagen der Zelte, der gemeinsame Ritt auf dem Kamelrücken, in der schaukelnden Sänfte, die den Frauen Schutz bietet, die ewig wechselnden Lagerplätze, in denen der Dichter das beste Symbol für die Trennung der Liebenden sieht – diese ganze Atmosphäre wird abseits von den Verklärungen durch die Kunst von keinem anderen Gesetz als dem ständigen Hunger beherrscht. Denn diese Welt lebt von wenig, und die Genügsamkeit ist ihre Haupttugend. Die Nahrung der Beduinen besteht hauptsächlich aus Rohkost und Milchprodukten. Fleisch – Hammel, Kamel oder Wild – wird nur gegessen, wenn man Gäste bewirtet oder hohe Festtage begeht.

Überall ist das Überleben an die Fortbewegung und daher an das Mittel dieser Fortbewegung gebunden: an das Kamel, genauer, an das einhöckrige Dromedar. Dieses Tier mit den zahlreichen, von der Mannigfaltigkeit seiner Verwendungsmöglichkeiten zeugenden Namen ist ein Glücksfall für den Nomaden; es vermag an einem einzigen Tag Entfernungen von 300 Kilometern zurückzulegen und Lasten bis zu 300 und gar 400 Kilogramm zu tragen. Das arabische Dromedar, vor allem die in der Literatur überschwenglich gepriesene Dromedarstute (*naqa*), ist ein Synonym für das Leben überhaupt: Sie liefert den Beduinen die Milch, das Fleisch, das Leder und die Wolle (*wabar*), aus der man Kleidung macht, den Mist, den man als Brennstoff verwendet, und schließlich, in Fällen äußerster Not, mit ihrem Urin das Getränk zur letzten Rettung.

Das Dromedar, das in der Geschichte der gezähmten Tiere relativ spät auftritt – etwa ein Jahrtausend nach dem zweihöckrigen Kamel Zentralasiens –, kommt als Reit- oder Lasttier in Arabien erst zwischen dem 16. und dem 13. Jahrhundert v. Chr. vor. Doch seine außerordentliche Anpassungsfähigkeit an die klimatischen Bedingungen der Trocken- oder Wüstenzonen hat ihm rasch einen privilegierten Platz in der bereits vorhandenen gezähmten Tierwelt verschafft: gegenüber den Schafen und Ziegen, was Ernährung und Bekleidung, gegenüber den Eseln und Wildeseln, was den Transport betrifft. Schließlich hat das Dromedar die Benutzung des Pferdes außerhalb der Gebirgsregionen ermöglicht, denn in den Trokkenzonen ist das edle Tier, das Roß der Schlachten und des Ruhms, das man niemals ißt, vom mitgeschleppten Wasser und Kornfutter abhängig. Es ist ein Luxusreisender.

Alle, Menschen, Kamele und andere Tiere, sind ihrerseits wieder abhängig vom »Gras, das so vergänglich ist«. Die große Herausforderung ist die Suche nach Weideland. Das bedeutet auch im günstigsten Fall, daß man ständig den Ort wechseln muß, um in jeder Jahreszeit zu den nicht versiegten Wasserstellen und den dazugehörigen Weideplätzen zu gelangen. Jede Gruppe besitzt ein angestammtes Gebiet, innerhalb dessen Grenzen sie ständig umherzieht. Ein in diesem Maß an die Segnungen des Himmels gebundenes Leben setzt eine Ausrüstung voraus, die man als »kriegsmäßig« bezeichnen muß; der Hausrat des Beduinen beschränkt sich auf das allernotwendigste Gerät, dessen wesentliche Bestandteile Eimer und Schlauch sind, auf das Zelt aus Ziegenfell, schattenspendend im Sommer, im Winter Schutz gegen Kälte bietend, und auf eine immer gleichbleibende Bekleidung – Mantel und Kopfschleier –, die ständig, unabhängig von den Umständen und selbst von den Jahreszeiten, getragen wird.

Unter diesen Bedingungen kann der Nomade überleben, doch die Natur macht ihm manchmal auch dieses elementare Recht streitig. Wenn eine Veränderung des Rhythmus der Jahreszeiten oder eine Verschärfung der Trockenheit das empfindliche Gleichgewicht zwischen dem Hirten, dem Landstrich, auf dem er sich bewegt, und dem Unterhalt, den er ihm abgewinnt, stört, dann treibt ihn die Not auf das Gebiet des Nachbarn. Dies ist dann die »Razzia« (*ghazwa*), ein blitzartiger Überfall, der vom Kamelrücken aus ausgeführt wird, um das Pferd für den Endspurt zu schonen. Obwohl der Überfall in der Regel dem Raub von Vieh und Kamelen dient und Menschen dabei im allgemeinen nicht ums Leben kommen, kann er in den schlimmsten Fällen doch zum offenen Konflikt ausarten, der mit Blutvergießen und mit der Entführung von Kindern und Frauen endet, die dann als Sklaven verkauft oder gegen Lösegeld eingetauscht werden. Man muß sich darüber klar sein: Ungeachtet der großen Worte der Dichter und der immer wieder als Kriegsgrund vorgeschobenen Gruppenehre sind Raubzüge und Überfälle häufig nur die Folgeerscheinungen einer auf völlige Unsicherheit gegründeten Wirtschaft.

In diesem System wird der seßhafte Bewohner der Oasen oder der Wüstenränder – halb aus freien Stücken, halb weil man ihm diese Rolle aufzwingt – zum Lieferanten des dringendsten Bedarfs: Getreide, Datteln, Waffen und vor allem Bekleidung. Als Gegenleistung gewährt ihm der Beduine Schutz gegen Überfälle der anderen Nomaden. Das gleiche Übereinkommen regelt den Durchzug der Handelskarawanen, die der Beduine während der ganzen Reise durch sein Gebiet führt und begleitet.

Außerdem wird damit oft ein Tauschhandel verbunden, bei dem der Nomade Schlachtvieh, Kamele oder Pferde liefert. Der Tausch von Dienstleistungen – in diesem Fall die Gewährung von Schutz im Tausch gegen Rohprodukte – hat schließlich die gleiche Ursache wie die Raubüberfälle auf das Gebiet des Nachbarn: Beides beruht auf der Unmöglichkeit, in der Wüste vollkommen unabhängig zu leben, selbst wenn man die entsprechenden Mittel und Fähigkeiten dazu hat.

Damit das Gesellschafts- und Wirtschaftssystem der Beduinen funktionieren kann, bedarf es der Präsenz der Seßhaften und der Karawanenhändler, obwohl beide sowohl im Lebensraum als auch im Wertesystem der Nomaden ursprünglich nur als Randfiguren auftreten; denn die Mobilität des Lebens in der Wüste braucht den festen Halt der landwirtschaftlichen und städtischen Einrichtungen. Man sollte also statt von einer relativen Isolierung des Beduinen eher von einem subtilen Gleichgewicht auf dem Gebiet des Tauschhandels sprechen, bei dem der Nomade den Bauern und den Händler unter Druck hält – unter einem Druck, der stark genug ist, um das zu bekommen, was er wünscht, und nachgiebig genug, um die, ohne die er selbst nicht überleben könnte, nicht aus dem wirtschaftlichen Kreislauf auszustoßen.

Das Wertesystem trägt gewiß zur Erhaltung dieses Gleichgewichts bei, denn der Seßhafte sieht im Grunde seine beste Verteidigung im Grundbesitz, der dem Beduinen ein Greuel ist. Doch läßt sich die Stabilität des Gefüges nur aus dem Geflecht der Beziehungen erklären, das dieses System bildet und unter dem Druck der Not die verschiedenen Teile zusammenhält.

Dieses Kräftespiel ist so komplex, daß Störungen des Gleichgewichts nicht selten sind, ob zwischen Nomaden und Bauern oder zwischen Nomaden und Händlern. Dann kommt es, abgesehen von bewaffneten Kämpfen, zu Umwälzungen wie der Seßhaftwerdung von Beduinen oder der Rückbildung von kultiviertem Land in Wüste. Wenn dieses komplexe System nicht durch die Anarchie individueller Initiativen gefährdet werden soll, so muß es durch die Bildung größerer Gruppierungen gesichert werden; der Zusammenschluß der Menschen, schon durch die Schwierigkeiten des Lebens in der Wüste geboten, ist auch im Bereich der Beziehungen notwendig, die die außerhalb der Wüste lebenden Gesellschaften mit denen der Wüste unterhalten.

Die Basis der arabischen Organisation ist daher im ländlichen wie im städtischen Bereich der Stamm.

Stammesverbände ohne Einheit

Unser Vokabular ist wenig geeignet, den Reichtum an Ausdrücken wiederzugeben, mit denen die Araber die menschlichen Gemeinschaften bezeichnen; »Stamm«, »Sippe« und »Klan« sind bestenfalls Annäherungen, die weit hinter einem äußerst komplizierten Sachverhalt zurückbleiben. Zwei Tatsachen stehen fest. Erstens: Der Stamm – der Begriff soll trotz der angeführten Vorbehalte beibehalten werden – ist auf kultureller Ebene die Grundeinheit. Er vereinigt alle von einem gemeinsamen Vorfahren abstammenden Individuen. Zu den Wesensmerkmalen des Stammes gehört die variable Größe. Sie variiert nicht nur von Stamm zu Stamm, sondern verändert sich auch im Lauf der historischen Entwicklung, wenn ein Stamm in einem größeren Verband aufgeht oder sich in mehrere kleine Einheiten spaltet. Zweitens: Die Familie ist auf sozialer Ebene die Keimzelle des Stammes, gleichgültig, wie groß er ist. Sie umfaßt unter der Autorität eines einzigen Individuums als Großfamilie alle männlichen Nachkommen und deren Kleinfamilien. Gegründet auf das zweifache Prinzip des Vaterrechts und der Erstgeburt, bildet die Familiengruppe eine ökonomische Einheit, die ihre eigenen Zelte besitzt, ihre eigenen Herden, die der Obhut der Kinder anvertraut werden, und – nicht zuletzt – ihre eigenen Frauen, die sie je nach Tradition oder wirtschaftlichen und politischen Erfordernissen aufnimmt oder abgibt, um mit anderen Familien Bündnisse zu schließen.

In diesem System, das die männliche Verwandtschaft in aufsteigender Linie privilegiert, ist der Vater für jeden einzelnen bis hin zu dem Mann, der in den lebenden Generationen am höchsten steht, die alleinige Respektsperson. Doch er verkörpert die Familienautorität nicht allein, sondern die Sitte sichert daneben seinem Bruder, dem Onkel väterlicherseits, einen hervorragenden Platz in der Hierarchie zu, besonders wenn er älter als der Vater ist und darum aufgrund des Erstgeburtsrechts in der Großfamilie den Vorrang vor ihm hat. Die Frau hingegen, sei sie nun Schwester, Mutter oder Gattin, besitzt nur die Bedeutung, die sich aus ihrer Stellung, ihrer moralischen Autorität in der Familie und ihrer Fruchtbarkeit ergibt. Im übrigen bleibt sie eine Person zweiten Ranges, besonders was die Entscheidungen der Gruppe, deren kulturelles Leben und deren Geschichte angeht. Bedeutung kommt nur der Stammeslinie zu, der Linie der Männer: auf sie allein gründet sich der Ruhm, die Stammesehre und der Name des Beduinen.

Die Frau, die nur ein Mittel ist, für Nachkommenschaft zu sorgen oder Beziehungen nach außen, zu anderen Gruppen, anzuknüpfen, soll diese Welt der Männer so wenig wie möglich stören; sie wird als notwendiges Übel oder als Hindernis angesehen, das es zu beseitigen gilt. Entweder beschränkt man ihren Einfluß, indem man die Tochter des Onkels väterlicherseits heiratet, so daß durch die Ehefrau die männliche Linie der Familie nicht unterbrochen wird. Oder man legt die Existenz von Frauen in der Stammeslinie zu seinem Vorteil aus: Indem man sich einer doppelt edlen Herkunft vom Vater *und* von der Mutter her rühmt, beabsichtigt man nicht so sehr, der Frau zuzugestehen, was ihr gebührt, als vielmehr über sie hinweg an die Linie des Großvaters mütterlicherseits anzuknüpfen – gemäß dem Grundsatz, daß zwei Mannesstämme mehr wert sind als einer.

Vielleicht kann diese Denkweise auch erklären, warum es in der arabischen Sprache eine eigene Bezeichnung für den Onkel mütterlicherseits gibt; kaum jedenfalls läßt sich dies als Überbleibsel aus Zeiten eines hypothetischen Matriarchats verstehen. Wie sollten sich solche Relikte in einer gänzlich vom Vaterrecht beherrschten Gesellschaft erhalten haben? Die besondere Hervorhebung dieses Onkels entspringt der zwingenden Sorge um den Mannesstamm an der einzigen Stelle der Ahnenreihe, an der aus biologischen Gründen nicht verhindert werden kann, daß das weibliche Element ins Spiel kommt – auch hier also der übersteigerte Anspruch der Männerherrschaft. Und diese Sichtweise herrscht nicht nur in den Aufnahmefamilien der Frauen vor, sondern auch in ihren Herkunftsfamilien; denn stellvertretend für die Männer der Herkunftsfamilie wird der Bruder einer weggegebenen Frau in deren neuer Familie daran erinnern, daß sich durch sie ein Mannesstamm mit einem anderen verbindet.

Die Vereinigung solcher Familien, die sich manchmal in »totemistischer« Weise auf das Andenken des gemeinsamen Ahnherrn berufen, bildet den Stamm. Der Stamm ist der moralischen Autorität eines *sayyid*, der durch eine Art *consensus omnium* bestimmt wird, unterstellt. Dabei spielen die Chefs der großen Familien offensichtlich eine entscheidende Rolle. Anerkannt wird die Autorität dieses »Verehrungswürdigen« (*scheich*) und des Rates, der ihm zur Seite steht, nur soweit, wie alle diese Männer sich den beiden Grundgesetzen des Brauchs und der geltenden Werte fügen. Der Brauch (*sunna*) schreibt zunächst vor, daß Entscheidungen nicht aufgezwungen, sondern nur nahegelegt werden und alles andere eine Frage des Prestiges und der Autorität ist. Ortswechsel, Kriege, Bündnisse oder Festlichkeiten geschehen im Einklang mit den großen Wortführern des Stammes, und der *sayyid* ist sowohl das Echo als auch der Ratgeber seines Volkes. Seine Aufgabe wird schwierig, wenn es auch nur im geringsten gilt, die Volksmeinung zu beeinflussen oder gegen sie aufzutreten – auch dann, wenn diese Volksmeinung geteilt ist. Im Strafrecht zum Beispiel soll der *sayyid* zwischen strenger Anwendung der Vergeltung oder Zahlung von Blutgeld (*diya*) entscheiden, eine Praxis, die wohl zur allmählichen Einschränkung der Blutrache führen kann, aber dem herrschenden Ehrenkodex als fauler Ausweg erscheint.

Weil er über keinerlei äußere Machtmittel verfügt, muß der *sayyid* in schwierigen Situationen versuchen, seine Autorität zu untermauern, indem er seinem Volk die von ihm anerkannten Werte in mustergültiger Weise vorlebt. Blachère schreibt dazu: »Dies gelingt nur durch eine gewisse demagogische Fähigkeit und ein prahlerisches Großtun sowie durch persönlichen Einfluß und ein stattliches Äußeres, durch Mut und Energie, Ernst und Gesetztheit, Weisheit und Scharfblick, schließlich durch eine Form der Geduld, den *hilm*, der eine bizarre Mischung von Seelengröße und durchtriebener Verschlagenheit darstellt.«

Eine Gruppe, deren politische Organisation in solchem Maß begrenzt ist, findet ihren Zusammenhalt weniger in Institutionen als vielmehr in Leidenschaften und Gefühlen, und diese werden durch das Klanbewußtsein (*asabiya*) auf einen Nenner gebracht. Es macht der Gruppe durch das Gefühl gemeinsamer Zukunft und durch die Erinnerung an gemeinsame Ruhmestaten ihre Eigenart bewußt. Im Verein mit den gesellschaftlichen und wirtschaftlichen Zwängen bindet die *asabiya* auch die Gruppen an den Klan, die zu seinem Umfeld gehören: die Verbündeten, die Nachbarn und die Schutzbefohlenen, deren Schutz einer mehr oder weniger verschleierten Unterwerfung gleichkommt. Selbst die freigelassenen, zu Schutzbefohlenen gewordenen Sklaven werden aufgefordert, der Ehre und dem Namen des Klans ihres früheren Herrn dauerhaften Bestand zu sichern.

Allein jedoch könnte das Gefühl der Zugehörigkeit nicht den Zusammenhalt des Klans begründen. Die *asabiya*, das Ideal des Klans, ist nur der kulturelle Ausdruck eines viel stärkeren Zwanges. Jeder einzelne kann nämlich nur überleben, wenn er fest innerhalb der Gruppe bleibt. In einem System, das so streng »Leben« und »Leben in Gemeinschaft« gleichsetzt, gewinnt nicht der Stamm die Kraft des Zusammenhalts aus seinen Gliedern, sondern die Glieder gewinnen ihren Zusammenhalt aus der Existenz des Stammes. Außerhalb der Gruppe gibt es in der Tat kein Heil. Wie soll der einzelne ohne sie, die das gemeinschaftliche Weideland besitzt, seine Herden ernähren, wie seine Erzeugnisse austauschen, seine Töchter verheiraten? Und wie soll er ohne die anderen Zugang zu den

Brunnen finden oder zu den heiligen Stätten, wo man sich der Gunst der Götter versichern kann? Der Einzelgänger wird hier als Räuber und als Ausgeschlossener angesehen. Doch nur selten gibt es jemanden, der so eindeutig im Konflikt mit dem Stammessystem lebt. Ebenso haben am anderen Ende der Kette der sozialen Gliederung die großen Stammesverbände keinen Bestand. Mit der Zeit erlischt in ihnen das Gruppengefühl. Sie können sich nur solange halten, wie an der Spitze eines der verbündeten Stämme ein *sayyid* steht, der klug genug ist, um auch über die Grenzen des eigenen Stammes hinaus nicht als Führer, sondern als Schiedsrichter aufzutreten.

Nur das aus den Zwängen des geographischen Umfelds entstandene Stammessystem ermöglicht es dem Beduinen, die Mittel und den Rahmen einer Existenz zu finden. Es verhindert, daß die Menschen sich außerhalb jeder Gruppe oder in der Öde zu großer Gruppen verlieren, und bietet ihnen einen mittelgroßen Rahmen der Existenz, in dem sie ihre Persönlichkeit beweisen und zugleich die Anforderungen eines Lebens in Gemeinschaft erfüllen können. Der beduinische Individualismus, der sich aus Stolz, reizbarem Ehrgefühl und Undiszipliniertheit zusammensetzt, entspricht genau dem Verhaltensmuster, mit dem die Gruppe ihrerseits in Beziehung zu anderen Gruppen ihre Geltung behauptet. So wird der Mensch zum Spiegelbild des Klans und der Klan zum Spiegelbild des Menschen, was die Festigkeit ihrer gegenseitigen Bindungen erklärt. Wir aber müssen begreifen, daß Arabien mit seinem Gemeinschaftsgefühl auf der Ebene des Klans und nur des Klans zwangsläufig wie ein Mosaik nebeneinander lebender Völker erscheinen muß. Diejenige Einigkeit, die ihm immer und am meisten gefehlt hat, ist die politische.

Das Leben oberhalb der Stammesebene: Heiligtümer und Märkte

Die Religion des alten Arabien ist ebenso zersplittert wie seine Bevölkerung. Sie beruht auf dem Animismus und unterwirft die Menschen einer Fülle von Mächten, den *dschinns*, die sie beschützen oder verführen und ihre Taten und Gedanken inspirieren. Manchmal wird dem *dschinn* ein bestimmter Aufenthaltsort zugesprochen: ein Stein, ein Gewässer, ein Baum, ein Tier, eine Flur oder eine Wettererscheinung. Jeder Stamm hat seine heiligen Orte und Zeiten, die ihm Anlaß zu Opfern und Waschungen, zum Wahrsagen und Zaubern geben. Doch manchmal zeigt sich tieferes Empfinden. Dann verehrt der Stamm über den *dschinns*, die ihre besondere Stellung behalten, echte Götter. Zunächst erhalten sie nur einen Namen, doch in dem Maße, wie der Stern der Gruppe steigt, nehmen sie immer deutlichere Gestalt an. Das ursprünglich einfache Heiligtum kann dann ein Versammlungsort der Stämme werden. Die Geschichte Mekkas hat zweifellos mit dem Ruhm seines Tempels begonnen, als die frühen Kulte, die die Quelle Zemzem und mehrere Steine – darunter den berühmten Schwarzen Stein – verehrten, nach und nach die Träger einer neuen Religion wurden, die sich weiter ausbreiten sollte und einige der großen astralen Gottheiten in sich eingliederte. Wäre aber die Inthronisierung solcher Götter an der Spitze des eine Unzahl von Göttern umfassenden arabischen Pantheons nur an das politische Gewicht bestimmter Stämme gebunden gewesen, dann könnte man angesichts der Unbeständigkeit der Konföderation die Existenz großer Heiligtümer nur schwer erklären. Tatsächlich sind es vielmehr die wirtschaftlichen Zwänge, die begreiflich machen, warum bestimmte Orte als Heiligtümer auserkoren wurden oder zumindest warum einige von ihnen sich zu Städten entwickelten.

Aus sozialer Sicht ist die Stadt nur ein seßhaft gewordener Stamm. Mekka zum Beispiel entspricht dem Stamm der Quraischiten und ihre verschiedenen Viertel, besonders ihre Täler, dessen Klanen. Es kommt sogar vor, daß in der Stadt gewisse Merkmale des Wüstenlebens noch stärker hervortreten. Zum Beispiel verstärken die nun ortsgebundenen Behausungen die Isolierung der Frau. Die Stadtbewohnerin ist viel weniger frei als die Beduinin. Die reiche Witwe Chadidscha, die spätere erste Ehefrau des Propheten, ist eine vielleicht durch ihren Stand als Witwe bedingte Ausnahme. Im übrigen wird die Stadt genau wie der Stamm von einem Rat regiert, auch wenn sich keiner der Führer durch ein besonderes Ansehen von den anderen abzuheben scheint und das Gemeinwesen eher an eine Oligarchie erinnert. Doch obwohl der Stamm das gesellschaftliche Gerüst und der kulturelle Bezugspunkt der arabischen Stadt bleibt, entwickelt sie zwangsläufig stadtspezifische Merkmale. Es kommt zu einer gewissen Individualisierung des Eigentums, besonders des unbeweglichen, und es entwickelt sich eine neue, nun territoriale Definition von »Gemeinschaft«. Vor allem erzwingt die Stadt eine eigene, der Wüste unbekannte Art der Tätigkeit: An die Stelle des begrenzten Tauschs tritt der Handel.

Während vieler Jahrhunderte belebte längs der Karawanenstraßen ein blühender Wohlstand die Städte der Arabischen Halbinsel, besonders im »Glücklichen Arabien«, aber auch in den Oasen der Wüste: in Chaibar, Taima, Nadschran und vielen anderen. Dazu kamen die großen Warenmärkte, die in der arabischen Literatur lebendig geblieben sind und vielleicht noch mehr als die Städte den Austausch von Produkten und Ideen zwischen Beduinen und Seßhaften ermöglicht haben.

Von allen Regionen des Landes ist der Hedschas durch seine Lage in besonderer Weise für den Handel bestimmt. Hier, am privilegierten Schnittpunkt der Karawanenstraßen, entwickeln sich Taif, Yathrib (Medina) und vor allem Mekka, aus dem Tatkraft und Findigkeit der Quraischiten eine der reichsten Städte der Arabischen Halbinsel machen werden. Mit klarem Verstand erkannte man in der Stadt, daß ihre »Lage« bei weitem die Nachteile ihres »Standorts« ausglich; daß ihr dürrer und von der Wüste bedrängter Boden für die Handelsbeziehungen von vier Ländergruppen, die als die reichsten der Zeit galten, von vitalem Interesse war: für das Reich des Negus auf der anderen Seite des Roten Meeres; für die Länder des von Byzanz beherrschten Mittelmeeres im Nordwesten; für Ktesiphon und das sassanidische Mesopotamien im Osten, am Ende der zentralen Straße durch die Wüste; und schließlich ganz in der Nähe für die seßhafte Bevölkerung des Jemen, der über den Indischen Ozean hinweg den Weg nach Indien und China öffnete.

Mekka hat es fertiggebracht, ohne Flotte zunächst mit den Beduinen und dann mit den weiter entfernten Staaten oder ihren Vertretern am Ort ein bewundernswert organisiertes System der Einfuhr und des Umschlags von Waren aufzubauen. Unaufhörlich strömen die Waren durch die Lagerhäuser der Aristokratie von Mekka: Gold, Elfenbein und Sklaven aus Afrika, Gewürze und Duftstoffe aus dem »Glücklichen Arabien« samt den über diese Region vermittelten Spezereien und Stoffen aus Fernost, außerdem Tuche und Waffen, Getreide, Früchte und Öle aus dem Mittelmeerbecken. Die Erträge verdoppeln manchmal das in den Import, den Transit und die Begleittruppen der Waren investierte Kapital, regen auf der Basis des byzantinischen Golddenars und der sassanidischen Silberdrachme einen starken Geldumlauf an und schaffen schließlich den in der Gesellschaft dieser Zeit neuen Typ des Millionärs, einen Typ, der zweifellos Kaufmann ist, daneben aber auch gleichermaßen Spekulant und Wucherer.

Man kann am Beispiel Mekkas ermessen, welche für die Zukunft Arabiens entscheidende Entwicklung in Gang kommt: Über die Städte als Knotenpunkte der Religion und des Handels vollziehen sich Umgruppierungen und Veränderungen, die die Trennung in Stämme abschwächen und darüber hinaus die arabische Welt wieder in den Kreislauf der internationalen Wirtschaft einfügen: Der natürlichen Bastion der Einsamkeit kommt plötzlich eine Schlüsselrolle in den Marktstrategien ihrer Zeit zu. Aber wann genau begann diese Zeit? Wenn Mekka die Tatsache besonders gut veranschaulicht, daß die Weltgeschichte in Arabien ihren Weg durch die Städte nimmt, so galt diese Tatsache auch schon vor Mekkas Blütezeit, die wohl erst im 6. Jahrhundert n. Chr. begann, und die herausragende Rolle, die der Hedschas kurz vor der Entstehung des Islam spielt, rührt wohl daher, daß er es verstanden hat, im günstigen Augenblick an eine unterbrochene oder zumindest gefährdete Entwicklung anzuknüpfen.

3. Die kulturelle Einheit

Konstanten der Geschichte: der Handel

Davor war es das »Glückliche Arabien«, das die erwähnte Rolle für das Handelsleben spielte, und zwar – mit wechselndem Erfolg – während der gesamten vorislamischen Geschichte, einer Geschichte, die wir, wenn überhaupt, höchstens bis zum ersten Jahrtausend v. Chr. zurückverfolgen können, über die aber bekannt ist, daß ihr zwei bedeutende Ereignisse vorausgegangen sind: die Zähmung des Dromedars und, vielleicht zu Beginn des zweiten Jahrtausends, die Erfindung der alphabetischen Schrift. Danach beginnt im ersten Jahrtausend v. Chr. die Periode der sogenannten Königreiche Südarabiens, deren ständige Kämpfe ebenso verwickelt sind wie ihre immer wieder in Frage gestellte Chronologie: die Königreiche Ma'in, Qataban, Hadramaut und vor allem das vom Nimbus seiner legendären Herrscherin umgebene Königreich von Saba, dem es gelungen sein soll, das Gebiet von Marib durch ein System von Staudämmen in ein immer schattiges Paradies zu verwandeln, für dessen Durchquerung ein Reiter, wie die Araber erzählen, mehr als vier Wochen brauchte. Diese Königreiche hatten bereits Handelsbeziehungen zu sehr vielen Völkern: zu den aufeinanderfolgenden Beherrschern des Nahen Ostens, den Assyrern und Persern, den Ägyptern und Griechen – allesamt Völker, mit denen die Araber durch die Jahrhunderte in einem Verhältnis der Unterwerfung oder Abhängigkeit lebten, mit denen sie Bündnisse knüpften oder gegen die sie Aufstände organisierten. Sie hatten aber auch Beziehungen zu Händlern aus Indien und zu den Äthiopiern aus dem Königreich Aksum, das von Südarabern auf afrikanischem Boden gegründet worden war.

Dieses erste Goldene Zeitalter des arabischen Handels endet um das zweite Jahrhundert v. Chr. aus zwei Gründen: 1. Die Schiffahrt im Roten Meer nimmt zu und bringt die Karawanenführer um einen großen Teil des traditionellen Handelsverkehrs. 2. Unruhen erschüttern wieder einmal Südarabien und verhelfen in Saba einer neuen Dynastie an die Macht, die im 4. Jahrhundert n. Chr. das ganze Gebiet beherrschen wird; aber nicht ohne Schwierigkeiten, denn sie muß kämpfen, immerzu kämpfen – gegen die benachbarten Königreiche, dann gegen einen mächtigen, von Hadramaut ins Leben gerufenen Staatenbund und schließlich gegen die ersten bewaffneten Einfälle der Aksumiten.

Die Zeit zwischen dem 2. Jahrhundert v. Chr. und dem 4. Jahrhundert n. Chr. ist von der Gegenwart der Römer im Orient geprägt. Wenn auch der internationale Handel in Arabien seine Rechte noch behauptete, so ist doch offenbar die frühere Stetigkeit dahin. Bedeutende Ereignisse geben der arabischen Welt ein neues Gesicht. Die Arabische Halbinsel ist Gelenk und Bindeglied zwischen den großen Reichen, die sich die Kontrolle über den Schnittpunkt der Welthandelsstraßen sichern wollen. Das ist der Grund für den – übrigens folgenlosen – Feldzug der Legionen des Aelius Gallus im Jahr 24 v. Chr. bis zum Jemen, für die Unternehmungen der Sassaniden im Norden und in Oman sowie schließlich auch für die Einfälle der Äthiopier; eine unerwünschte Spätfolge der Auswanderung von Südarabern ans afrikanische Ufer des Roten Meeres.

Für die Geschichte der Arabischen Halbinsel ergeben sich daraus entscheidende Konsequenzen. Rom ist bemüht, den arabischen Limes zu halten, weil weitere Eroberungen unmöglich scheinen, und seine Konkurrenten in Ktesiphon verschaffen den Endpunkten der Karawanenstraßen nach Norden immer größere wirtschaftliche und politische Bedeutung. Das Geschick der Halbinsel verlagert sich auf die Stadtstaaten und Metropolen, auf Petra und Bosra, sogar nach Palmyra, die alle drei zu neuen Zentren des Handels und der Kultur werden. In ihnen treffen die arabischen Einflüsse auf fremde Kulturen, vor allem auf die aramäische und die hellenistische.

Von nun an werden die Beziehungen Arabiens zu den Völkern des Nordens integrierender Bestandteil seiner Geschichte, die nicht mehr nur durch die Ereignisse auf der Arabischen Halbinsel selbst gestaltet, sondern auch von über ihre nördlichen Grenzen kommenden Impulsen beeinflußt wird. Gewöhnlich werden der Abstieg Roms und die politisch unsicheren Verhältnisse in Südarabien in gleichem Maß herangezogen, um den Verfall des so lange bestehenden Handels im 4. und 5. Jahrhundert zu erklären. Es trifft auch zu, daß die ersten Risse in den Staudämmen von Marib eher die Anzeichen als die Ursache einer inneren Zersetzung sind, die unter verändertem Klima einen Rückgang des seßhaften Lebens bewirkte. Doch man weiß keine Erklärung, warum sich der Handel im gleichen Südarabien während des 6. und 7. Jahrhunderts von neuem ausdehnt, obwohl die allgemeine Lage sich weiter verschlechtert. Der Wohlstand in Mekka ist exemplarisch für diesen ungeklärten Vorgang.

Tatsache ist, daß diese Prosperität damit zusammenfällt, daß die autochthonen Mächte Südarabiens endgültig untergehen, daß äthiopische und dann persische Truppen den Jemen besetzen und daß die großen Staudämme brechen. Man wird gewiß einwenden, der kommerzielle Wohlstand habe seinen Platz außerhalb der Unruhezonen gefunden, eben in Mekka, das der Legende nach nur einen einzigen – und zudem noch erfolglosen – Raubüberfall der Aksumiten erlebt hat. Wenn man aber auf diese Weise den Aufschwung Mekkas nur mit der weiter im Süden herrschenden Anarchie in Zusammenhang bringt, dann ist damit immer noch nicht erklärt, warum dieser Aufschwung erst vom Ende des 6. Jahrhunderts an stattfindet, obwohl die Phase der Unruhen im Jemen viel früher begann. Der wahre Grund ist darin zu suchen, daß inzwischen Byzanz in Erscheinung getreten ist und das schwache Rom auf den Handelsmärkten abgelöst hat; Byzanz – das heißt nicht das Byzantinische Reich, sondern Konstantinopel selbst, die Stadt Justinians (527-565), die Hauptstadt der Welt, die enorme Mengen von Luxusgütern über Arabien importierte.

Der Wohlstand Mekkas bleibt bestehen, weil der von den Quraischiten betriebene Handel die Krisen des Nahen Ostens nach dem Tod Justinians und die Eroberung Syriens und Ägyptens durch die Sassaniden am Anfang des 7. Jahrhunderts überdauert. Damit ist erwiesen, daß die Händler des Hedschas es verstanden haben, sich den neuen Bedingungen der internationalen Situation anzupassen, die sich aus der erbitterten Rivalität zwischen Byzanz und Ktesiphon ergab.

Im Süden ist der Jemen soeben in den sassanidischen Machtbereich geraten und verliert eine Zeitlang seine Bedeutung. Äthiopien hat den Jemen an Persien verloren, wendet sich von ihm ab und verlegt die Wege für den Absatz seiner Waren weiter nach Norden, besonders in das verbündete Byzanz. Weil die Sassaniden zu ihrem Vorteil einen Teil des Seehandels mit Indien über den Persischen Golf geleitet haben, muß der Jemen, der schon immer sowohl selbst Gewürze produzierte als auch Produkte des Fernen Ostens weiterleitete, zusehen, wie sein Transithandel abnimmt oder ganz erliegt. Obwohl sich Südarabien noch selbst mit Waren aus Indien versorgt, exportiert es hauptsächlich seine eigenen Güter, während der Hedschas zur neuen Drehscheibe des Handels geworden ist.

Auch im Norden haben sich die Dinge geändert. Hier bestimmt ebenfalls die Rivalität zwischen Byzanz und Persien die Geschichte der christlich-arabischen Fürstentümer, Pufferstaaten am Rand der Wüste: Die Lachmiden beherrschen einen Randstaat an der Grenze Mesopotamiens. Ihre Geschichte geht mindestens bis ins 4. Jahrhundert zurück und erreicht ihren Höhepunkt im 6. Jahrhundert. Zur gleichen Zeit sind die Ghassaniden ihre Nachbarn und Feinde. Seit der Zeit um 500 sind sie zwischen dem mittleren Euphrat und dem Süden von Damaskus ansässig. Diese beiden Königreiche sind die oft unbequemen Verbündeten von Ktesiphon beziehungsweise Konstantinopel und liegen ständig miteinander im Streit. Zwischen ihnen bemüht sich das nur wenig bekannte Königreich Kinda um eine Politik des Ausgleichs. Es erliegt im 6. Jahrhundert den Lachmiden, doch immerhin bildete es den vor der Zeit des Islam dauerhaftesten Verband arabischer Stämme, der jemals unter einem einzigen Führer vereinigt war.

In diesem Wirrwarr von Interessen decken sich nur selten die lokalen Ambitionen mit denen der beiden großen Schutzmächte. Um die Stabilität der Handelsbeziehungen zu sichern, war eine Organisation unentbehrlich, die auf allen Ebenen die Bedingungen des Geleitschutzes, die Verträge über den Durchzug von Karawanen, ihre ungefähren Reisetermine und die möglichen Umschlagplätze aushandeln konnte. Das war Mekkas triumphale Leistung: Es bot einen Platz für diese Organisation und ermöglichte es drei großen Reichen, daß sie trotz trennender Rivalitäten Handel treiben konnten.

Konstanten der Geschichte: die Wanderungen

Die Araber bilden den südlichen Zweig der semitischen Völker, deren ursprüngliche Heimat unbekannt ist. Die Genealogien, die sie sich beilegen, spiegeln die fundamentale Trennung zwischen Südarabien und dem Rest der Arabischen Halbinsel wider. Mit dem Sammelnamen Jemeniten bezeichnet man die Nachkommen Qahtans, des Ahnherrn der Südaraber, während die Nordaraber als Nachkommen Adnans gelten. Heftige Feindschaft trennt diese beiden Gruppen, die sich gegenseitig an Scharfsinn überbieten, um ihre Stammväter aus der biblischen Geschichte und besonders aus den Nachkommen Sems herzuleiten. Ismael bildet den krönenden Schlußstein der Reihe.

Diese Spaltung gehört zu den Grundgegebenheiten der kulturellen und politischen Geschichte der Arabischen Halbinsel. Sie ist im Volksbewußtsein verwurzelt, wird von den Gebildeten lebhaft diskutiert und beflügelt den Stolz der Dichter. Schon vor Muhammad spielt sie in der arabischen Geschichte eine Rolle, aber auch noch lange nach ihm wird der von den islamischen Eroberern exportierte

Streit zwischen Jemeniten und Nordarabern immer wieder ausbrechen, Hunderte von Meilen von seinem Ursprungsland entfernt. Im übrigen scheint diese Unterscheidung in Arabien selbst, wenigstens in historischer Zeit, mehr emotionale Gewalt über die Gemüter als reale Macht besessen zu haben. Denn ohne Rücksicht auf die behauptete Abstammung zeigt die Landkarte, daß beide Gruppen beliebig über die ganze Arabische Halbinsel verstreut sind, Nachkommen Qahtans im Norden, Nachkommen Adnans im Süden.

Wenn die arabische Tradition der gegenwärtigen territorialen Situation einer Gruppe die Erinnerung an eine verlorene Heimat gegenüberstellt, bezieht sie sich auf Stammeswanderungen, die wohl tatsächlich stattgefunden haben. Man muß die Einzelheiten, die von den Arabern berichtet werden, unbestätigt stehen lassen und kann keinesfalls sicher sein, wie groß die Zahl der beteiligten Menschen war oder wie die Ortsveränderungen vor sich gingen, ob es Infiltrationen oder gewaltsame Angriffe waren, ob sie begrenzte Folgen oder Kettenreaktionen hervorriefen. Wenigstens in bestimmten Fällen können wir aber die Überlieferung der doppelten Bewegung von Norden nach Süden und von Süden nach Norden bestätigen und präzisieren. Zu Beginn unserer Zeitrechnung erfolgt eine Wanderung von der Mitte der Arabischen Halbinsel zum Jemen hin, während im 6. Jahrhundert umgekehrt eine Vertreibung aus den durch Invasion und Zerstörung geschwächten südlichen Regionen Stammesgruppen nach Norden bringt, die dann ihrerseits andere Gruppen vertreiben, so daß die Schockwelle erst sehr weit entfernt, am Rand des Irak und Syriens, abklingt. Das geschieht, genau ein Jahrhundert bevor das Paradebeispiel beduinischer Mobilität, der Islam, seinen Siegeszug antritt. Inzwischen ebnen die erwähnten Veränderungen ihm den Weg. In der extremen Form von Stammeswanderungen oder in der gewohnten Form von Karawanen, Pilgerfahrten und Warenmärkten bereitet die Mobilität – eine der Konstanten in Lebensraum und Geschichte der Nomaden – den Boden, aus dem Religion und Einheit zugleich erwachsen werden.

In diesem Zusammenhang muß der Prophet des Islam genannt werden. Denn der historische Erfolg der Lehre Muhammads, dessen Gründe wir anschließend untersuchen, setzt voraus, daß seine Verkündigung auch begriffen werden konnte. Bevor wir wissen können, warum ihr gefolgt wurde, müssen wir ermitteln, wie sie verstanden wurde.

Als er die Größe des einen Gottes pries, das Jüngste Gericht ankündigte und das Andenken der Propheten beschwor, predigte Muhammad nicht in der Wüste. Er wandte sich an die Städte, zunächst seine eigene, aber indirekt auch an alle, die ihre Händler und Vertreter auf den Markt und zur Pilgerfahrt nach Mekka schickten.

Nun war die Situation in der Wüste, die kaum von christlichen und gar nicht von jüdischen Einflüssen berührt war, anders als in den Städten, in denen bedeutende christliche und jüdische Gemeinden wohnten, besonders im Jemen und im Hedschas. Im ersten dieser beiden Gebiete waren im 6. Jahrhundert Judaismus und Christentum nacheinander als offizielle Religionen eingeführt worden, das zweite bekam durch Karawanen, die aus den syrisch-mesopotamischen, mit Klöstern und Heiligtümern dicht besetzten Grenzgebieten kamen, Kunde von christlichen Berichten und Ideen, und die Legende schrieb dem jungen Muhammad später eine Begegnung mit einem christlichen Mönch aus Bosra zu.

Vielleicht blieb dies alles eher Anlaß zum Geschichtenerzählen als zu religiöser Meditation, aber durch diese Kontakte waren die Geister, wenn auch nicht die Herzen, nicht unvorbereitet, als der Prophet später einige dieser jüdisch-christlichen Themen aufgriff, um seine Lehre zu veranschaulichen.

Und wenn auch die Präsenz des jüdisch-christlichen Monotheismus die alte arabische Religion im Grunde nicht verdrängt, so trägt sie vielleicht dazu bei, örtlich das Auftreten einer sublimeren Religionsform zu begünstigen. Zu jener Zeit ist es fast überall, zumindest in den Städten, üblich, daß man nur noch eine beschränkte Zahl von großen Gottheiten bevorzugt. Die Grundlage hierfür bildet die Dreiheit von Venus, Mond und Sonne, die einzeln oder vereint unter verschiedenen Benennungen erscheinen. Der Hedschas, genauer Mekka, geht noch weiter und stellt über seine Fassung der Grunddreiheit (Uzza-Manat-Allat) eine höchste Gottheit, den Gott (Allah) an sich, als dessen Wohnsitz *bait allah*, der Tempel der Kaaba, gilt.

Ob sich in dieser Tendenz etwas wirklich Neues zeigt oder ob darin alte Kulte fortleben – die, hier wie sonst im semitischen Raum, höchsten Göttern geweiht waren, welche aber allmählich zugunsten einer größeren Zahl von spezialisierten, greifbaren und dem Gläubigen nahen Gottheiten außer Mode gekommen waren –, fest steht jedenfalls, daß jene Tendenz kurz vor der Entstehung des Islam in den Städten lebendig ist und von den beiden großen monotheistischen Religionen der Zeit Nahrung erhält. Ob neu oder erneuert, das Streben nach einem höchsten Gott und Schöpfer drückt sich innerhalb des alten arabischen Glaubens sicherlich nur in einer ziemlich vagen Religiosität aus. Aber diese Religiosität existiert, und Mekka kennt heilige Persönlichkeiten, die Askese und Gebet üben und sich auf Abrahams Glauben an einen einzigen Gott berufen – eine Präfiguration des Islam, der genau zur rechten Zeit auf der Bildfläche erscheint.

Das Arabische: eine überregionale Literatursprache

Damit die Botschaft des Koran, die zunächst für die Araber bestimmt war, verstanden werden kann, muß die Sprache der ganzen Arabischen Halbinsel einigermaßen einheitlich sein. Die Wanderungen und der Tauschhandel haben einem Auseinanderleben der Stämme aufgrund ihrer unterschiedlichen Dialekte maßgeblich entgegengearbeitet und, mit großer Breitenwirkung, die Schranke aufgehoben, die innerhalb des Südsemitischen das eigentliche Arabisch vom Südarabischen trennt. Einige Hauptzüge dieser Entwicklung: Das südarabische Alphabet war früher einmal in den Norden gelangt, wo es verschiedene Veränderungen erfahren hatte. Vom 6. Jahrhundert an machte es dem Alphabet Platz, das später zur arabischen Schrift wird. Sie hat zwei Formen, eine Monumentalschrift und eine runde Kursivschrift, die aus der aramäischen Zeichenschrift abgeleitet ist. Bei diesem Prozeß müssen die Nabatäer von Petra zu ihrer Zeit eine entscheidende Rolle gespielt haben.

Außerdem führt der Handel dazu, daß das in den Zentralregionen der Arabischen Halbinsel, vor allem im Hedschas, gesprochene Arabisch sich immer weiter ausbreitet und sogar im Innern des Jemen regelmäßig gebraucht oder zumindest verstanden wird. Am Vorabend der Entstehung des Islam steht das Südarabische, als die Schriftsprache und als die Sprache der amtlichen Urkunden, auf eigenem Grund und Boden in Konkurrenz mit dem Arabischen, das vielleicht immer mehr vor allem von den Kaufleuten gesprochen und gewiß immer besser verstanden wird – in jedem Fall so gut, daß die Deputationen, die Muhammad und die Leute des Südens austauschen, es anscheinend bei ihren Begegnungen benutzen.

Auf vergleichbare Weise, aber in noch stärkerem Maße, gewinnt das Arabische im Norden Einfluß, wo das Aramäische schon seit langem vor ihm zurücktreten mußte, sich auf offizielle Funktionen beschränkt und dem Arabischen das weite Gebiet der gesprochenen Sprache überläßt. Aber vielleicht noch viel wichtiger ist die Ausbreitung des Arabischen als Träger gemeinsamer Kultur im Zentrum und im Norden. Die Arabische Halbinsel hat erlebt, wie aus den mittleren Regionen des Landes entstand, was R. Blachère eine poetische *koiné*, eine überregionale Literatursprache nennt, die allmählich die Dialektschranken überwand. Diese *koiné* setzt sich seit dem 6. Jahrhundert n. Chr. durch: Sie ist lebendiger als die Amtssprache und edler als die Dialekte. Bevor sie durch den Koran zur Quelle des klassischen Arabisch wird, formt sie die Araber nach den Prinzipien und Idealen der Wüste.

Aber auf große Taten, Ehre, *virtus* (*muruwwa*), Stolz und Gastfreundschaft, Leidenschaft in Liebe oder Zorn – auf alle diese Themen des Dichters kommt es im Grunde weniger an als darauf, daß man seine Sprechweise allgemein willkommen heißt. Wie die Sprache nimmt auch das beduinische Ideal die Grenzlinie zwischen Stadt und Wüste nicht zur Kenntnis. Obwohl die Stadt sich wirtschaftlich und gesellschaftlich von der strengen Welt des Nomadentums unterscheidet, hält sie an ihrer Kultur und vor allem an ihrem Wertesystem fest, das zwar ungeschliffen und manchmal widerspruchsvoll erscheinen mag, aber das reine Profitstreben stets ausgeschlossen hat. Aus diesem Widerspruch zwischen hohem Ideal und den Realitäten von Handel und Wucher, die das tägliche Brot Mekkas sind, wird auch der Islam seinen Vorteil ziehen.

So sieht Arabien am Vorabend des Islam aus, werden die sagen, die seine Entstehung allein dem Genie Muhammads zusprechen. Nein, so sieht Arabien in der Erwartung des Islam aus, werden die anderen einwenden, die das Kommen Muhammads in der Lage der Dinge bereits vorgezeichnet sehen. Die Wahrheit liegt zweifellos in der Mitte: Ohne Muhammad wären die Bestrebungen einer bestimmten arabischen Gemeinschaft nicht zum Islam geworden, und ohne eine bestimmte arabische Gemeinschaft hätte Muhammad vielleicht den Islam gepredigt, aber er wäre nicht sein Prophet geworden.

Die Umwelt des aufkommenden Islam ist von der Existenz der Städte, dem künftigen Rahmen für die Verkündigung des Propheten, geprägt und von der Aktivität einer Oberschicht von Kaufleuten, die die Quelle für große Profite und soziale Spannungen ist, aber auch von fremden Einflüssen, die die Menschen auf neue religiöse Inhalte vorbereiten, und schließlich von der Isolierung und dem Niedergang Südarabiens, wodurch in den anderen Gebieten der Arabischen Halbinsel die Entstehung gemeinsamer Gesinnungen begünstigt wird. Weil der Prophet des Islam eben ein Mann wie Muhammad, aber auch ein Kind dieser Umwelt war, darum konnte er sein persönliches Schicksal, sein Land und seine Botschaft zu einer Einheit machen. Der Islam wird mindestens zwei Aufgaben, zu denen sich Arabien von früher her berufen fühlt, in größtem Ausmaß verwirklichen: 1. das trotz der Härten von Klima und Natur unbezwingbare Streben nach den alten Ländern des Mittelmeerraums und Mesopotamiens und 2. die Einheit, die sich aus der geographischen Lage, noch mehr aber aus der gemeinsamen Kultur ergibt und aufgrund gleicher Sprache instinktiv gefühlt wird.

Zweites Kapitel

Muhammad und die Urgemeinde

Im Lauf von nur zwanzig Jahren wird sich Muhammad, ein Einwohner Mekkas, durch die Umstände begünstigt und kraft seines Genies, zum Rang des Propheten einer neuen Religion aufschwingen und vor allem eine weltliche Bewegung begründen, deren Ansturm das Gesicht der Alten Welt völlig verändern wird.

1. Ein Karawanenführer wird Prophet

Die Offenbarung, die Hedschra und die Pilgerfahrt

Das für die neue Offenbarung erwählte Kind kommt um 570 im quraischitischen Klan der Banu Haschim zur Welt. Die ersten fünf Jahre seines Lebens verbringt es bei Pflegeeltern in der Wüste. Die Überlieferung sagt, daß er arm war, wie Jesus. Als seine Mutter stirbt, erbt er nur eine Sklavin, einige Schafe und fünf Kamele. Der Großvater nimmt ihn in sein Haus auf, danach sein Onkel väterlicherseits, Abu Talib, dessen Sohn Ali einer seiner ersten Schüler sein wird. Damals ist er erst sieben Jahre alt, doch hat er bereits die Zeichen seiner Prädestination empfangen. Denn im Augenblick der Empfängnis des Kindes hat sich das Licht Gottes auf seinen Vater gesenkt, und seine Mutter ist wie Maria von gewissen Spuren der Mutterschaft verschont geblieben. Er selbst kommt in übernatürlichem Lichtschein auf die Welt, der die Sterne verwirrt und die Palmenhaine in Brand setzt. Der Satan greift ein, aber in der Wüste öffnen zwei Engel die Brust Muhammads, entfernen das Zeichen des Teufels und markieren seine Schultern mit dem Zeichen der Prophetie. Vor den Gefahren der Jugend wird er von Gott bewahrt. Er führt das Leben eines Schafhirten und wird mit 29 Jahren im Dienst der reichen Witwe Chadidscha Karawanenführer. Sie ist mindestens zehn Jahre älter als er und heiratet ihn. Aus dieser glücklichen Verbindung geht seine Tochter Fatima hervor, die heißgeliebte, die später mit Ali verheiratet war. In diesen Jahren wird Muhammad zum erstenmal von Offenbarungserlebnissen berührt. Er versinkt in Meditationen, zieht sich in die Einsamkeit zurück, wandert in der Umgebung von Mekka umher, erlebt Visionen und Auditionen und dann, nach einer Pause von mindestens zwei Monaten, »die Nacht« mit ihren Versuchungen des Wahnsinns und des Selbstmords. Schließlich erlebt er um das Jahr 612 auf dem Berg Hira in der »gesegneten« Nacht vom 26. zum 27. Ramadan die höchste Erleuchtung, die Erscheinung, die ihm trotz seiner Beteuerungen, daß er zu gering dafür sei, befiehlt: »Predige den Namen deines Herrn!« Die Offenbarungen wiederholen sich, werden übermächtig, und Muhammad fürchtet diese Anfälle, die ihn erschöpfen; er prüft sich und verhüllt sein Gesicht, als Gott sich ihm naht. Er hört den Befehl: »Du Mensch, der du dich in deinem Mantel versteckst, mach dich auf! Predige! Rühme vor aller Welt die Macht deines Gottes! Mache deine Kleider rein!«

Nach und nach gewinnt er Gewißheit, von wem die Befehle, die er erhält, kommen, und beginnt, sie einer kleinen Zahl enger Freunde mitzuteilen, zuerst Chadidscha, seiner ersten Vertrauten, die unerschütterlich zu ihm hält, und dann den vier Männern, die später Kalifen werden: Ali, Othman und vor allem Omar und Abu Bakr. Omar bleibt lange Zeit sein erbitterter Gegner und bekehrt sich erst im Jahr 616, dann aber werden seine Tatkraft und seine moralische Autorität für den noch jungen Islam die entscheidenden Trümpfe werden. Entscheidend ist auch, daß Abu Bakr, einer der ersten, die für die neue Lehre gewonnen werden, die junge Gemeinde unterstützt. Sie wird zum großen Teil von seinem Vermögen leben, und das Beispiel, das er als großer Kaufmann durch seine Bekehrung gibt, wird längere Zeit wertvoller sein als die Verkündigungen Muhammads. Denn der Prophet, der bescheiden geboren und trotz des gesellschaftlichen Aufstiegs, den er Chadidscha verdankt, auch bescheiden geblieben ist, erreicht, abgesehen vom Kreis der engen Freunde, zunächst nur die kleinen Leute, die Handwerker, Arbeiter und Sklaven, die Christen und die Anhänger des jüdischen Glaubens, kurz die Verachteten und Ausgebeuteten am Rand der in Mekka herrschenden Oligarchie.

Der Zorn der quraischitischen Aristokratie richtet sich vor allem gegen die Zusammensetzung der ersten muslimischen Gemeinde; in ihren Augen sind diese Leute entweder Habenichtse oder Verräter. Im übrigen vermag die rein religiöse Verkündigung Muhammads die Fundamente der Stadt nicht zu erschüttern. Sie wird nur von einem Thema beherrscht, von der Strafe, die die Araber wegen ihres Götzendienstes, den der Eine, der Großmütige, verurteilt, ebenso wie die durch Gottes Zorn untergegangenen Völker treffen wird. Es geht nicht darum, den Gesellschaftsaufbau oder den Kultus zu verändern. Wenn Muhammad auch oft allein oder mit seinen Getreuen betet, so mischt er sich doch ebenfalls unter seine heidnischen Landsleute bei ihren Andachtsübungen an der Kaaba, am Schwarzen Stein und an der Quelle Zemzem. So erweitert er gelegentlich den Zuhörerkreis seiner Verkündigung und zeigt damit, daß man an ein bestehendes Ritual anknüpfen kann, wenn man sich in dem neuen Ziel einig ist, es allein auf Gott zu beziehen.

Da die Feindseligkeit der Quraischiten nicht nachläßt, muß die kleine Gemeinde ins Exil gehen. 615 flüchtet eine erste Gruppe von Gläubigen nach Abessinien, während Muhammad in Arabien selbst Beistand sucht. Als er in Taif abgewiesen wird, wendet er sich an Medina (Yathrib), wo eine große jüdische Gemeinde und zwei arabische Stämme jemenitischer Herkunft Seite an Seite leben. Nachdem ein Vertrag abgeschlossen ist, verlassen Muhammad und seine Anhänger Mekka. Dieses Exil, die Hedschra, wird etwa siebzehn Jahre später zum Beginn der islamischen Zeitrechnung gemacht.

Es handelt sich in der Tat um eine entscheidende Wendung. Denn Muhammad wird von einem einfachen Prediger zum Führer einer neuen Vereinigung, in der sich die Bande des Stammes lockern werden. Wenn die Emigranten aus Mekka und die Verbündeten aus Medina durch ihren Treuevertrag unter Muhammad auch nicht jede Bindung an die Stammesgruppen, aus denen sie herkommen, abbrechen, so ordnen sie sie doch einer neuen unter, der Verbundenheit im gemeinsamen Glauben, der von einem einzigen und unbestrittenen Führer repräsentiert wird. Dieser Führer gewinnt an Selbstbewußtsein; er besitzt jetzt die Selbstsicherheit, die ihm der Nimbus geschehener Wunder verleiht, wozu vor allem die Erlebnisse der Nächte während der letzten Jahre in Mekka gehören, in denen er in Verzückung über Jerusalem getragen und bis in den Siebten Himmel entrückt worden ist. Als Chadidscha 620 stirbt, entscheidet er sich für die Vielehe, festigt durch seine Heiraten die bestehenden Beziehungen und knüpft neue an: seine Stellung zur Ehe wird zum Musterfall, besonders im Koran. Nach seiner Weisung und nach seinem Beispiel organisiert sich die Gemeinde, neue Sitten entstehen, die später Ausgangspunkte des Rechts und des Rituals werden.

Und schon erringt der Islam in ersten Kämpfen seine entscheidenden Siege. Muhammad ist vom starren Widerstand der Juden enttäuscht, darum ändert er, bevor er sie durch Vertreibung oder mit dem Schwert aus dem Weg räumt, die Richtung des Gebets (*qibla*): Mekka tritt an die Stelle Jerusalems. Das ist zweifach symbolisch: Der Islam lehnt es entschieden ab, sich auf irgendein jüdisch-christliches Erbe zurückführen zu lassen oder zu vergessen, daß er eines Tages zu dem Heiligtum zurückkehren wird, von dem er ausgegangen ist – ein Selbstbewußtsein, das die Bewohner von Mekka um so mehr beunruhigt, als der Islam nun zu Taten übergeht. Die Rache, ein überkommener beduinischer Brauch, der in der Idee des Heiligen Kriegs gegen den Götzendienst erneuert wird, und der Wunsch, die Versorgung der Gemeinschaft in Medina zu verbessern und ihre beiden Parteien, die Eingesessenen und die Immigranten, zusammenzuschweißen, erklären die Überfälle auf die Karawanen der Quraischiten.

Die junge Gemeinde erlebt ihr Valmy – bei Badr im Jahr 2/624 – und Rückschläge bei Uhud. Die Belagerung von Medina, die die Mekkaner aufgeben müssen, bringt die Wende zum Guten. Lange Verhandlungen führen zu einem Waffenstillstand, den Muhammad nützt, um im Norden die jüdische Oase Chaibar zu unterwerfen, mit christlichen Stämmen und Klanen Verträge abzuschließen und eine Kampftruppe ans Rote Meer zu schicken, die aber von den Byzantinern besiegt wird. Im Jahr 8/630 nützen die Truppen aus Medina eine günstige Situation, um sich Mekkas ohne Schwertstreich zu bemächtigen. Der Prophet betritt die Kaaba, zerstört die Götzenbilder und nimmt die Huldigungen der Stadt entgegen, die zwar nicht den neuen Glauben annimmt, aber überzeugt ist, so für ihre Karawanen den Frieden zu sichern.

Von diesem Zeitpunkt an nimmt die große Geschichte des Islam ihren Lauf. Ihr Weg führt offensichtlich über die Einheit Arabiens. Der in Medina begründeten Macht Muhammads unterwerfen sich Taif und dann immer mehr Stämme, vom Nadschd bis an die Grenzen des Jemen. Außerdem nimmt man auch die alten Ziele im Norden wieder ins Visier. Ein Heer, das unter dem Befehl des Propheten ohne Kampf bis zum Golf von Aqaba gelangt war, wird schließlich von der Hitze besiegt, kann sich aber noch aus der Affäre ziehen. Hier zeigen sich schon die Wege der künftigen Expansion.

Im Jahr 10/632 unternimmt Muhammad, dessen Kräfte nachlassen, die Pilgerfahrt nach Mekka, legt sie durch sein Tun als Ritual für die Zukunft fest und verlangt in verschiedenen Ansprachen, die später unter dem Titel *Predigt des Abschieds* neu geordnet werden, von den versammelten Gläubigen eine allgemeine Anerkennung seiner Sendung. Dann kehrt er nach Medina zurück, bittet seine Glaubensbrüder um Vergebung, wartet in Ruhe auf sein Ende und findet es in den Armen Aischas, seiner achtzehnjährigen Gattin. Die sonst in kleinsten Dingen so getreuen Berichte haben das genaue Datum seines Todes nicht festgehalten.

Die sozialen und kulturellen Bedingungen der Verkündigung

Wie bei jedem überragenden Menschen stellt sich auch bei Muhammad seit langem die Frage, welche Rolle die Persönlichkeit spielt und welche die geschichtliche Situation. Die muslimische Überlieferung preist offensichtlich die Prädestination des Propheten, aber sie gibt von ihm ein bewegendes, viel echteres und weniger idealisiertes Bild, als man erwartet. Wie Gott ihn durch den Koran sagen läßt, ist er nur ein Mensch, ein schwaches Werkzeug voller Zweifel und Ängste; um so deutlicher treten seine großen Tugenden hervor.

Die in den Augen des Historikers am wenigsten umstrittene dieser Tugenden ist sein Erfolg. Wie genial Muhammad auch gewesen sein mag, er tritt zu einem Zeitpunkt auf, da die traditionelle Gesellschaft im Umbruch ist, vor allem in den Städten, in denen sich eine Klasse von Handwerkern und Sklaven bildet, die von der Oligarchie der Kaufleute ausgebeutet wird und wohl erkennt, was für ein Widerspruch zwischen den allgemein gültigen Idealen und der Wirklichkeit der sozialen Unterschiede besteht – ein Widerspruch, der durch die Ausbreitung der Geldwirtschaft noch verstärkt wird. Diese Spannungen allein erklären jedoch nicht die Tatsache, daß der Erfolg Muhammads die Städte und ihr Hinterland weit hinter sich gelassen und nach und nach die Wüste erobert hat, denn gerade die Beduinen, die sich sehr zurückhalten und vom neuen Glauben viel weniger durchdrungen sind, werden die ersten großen Triumphe des Islam sicherstellen.

Hier kommen weit mehr die Konstanten und die ökonomischen Strukturen des Lebens in der Wüste zum Tragen. In gewissem Sinn hatte das durch die Initiative der städtischen Kaufleute entstandene Karawanensystem den uralten Trieb zu Beutezügen, eines der beduinischen Wesensmerkmale, eingedämmt, indem es den Brauch der für den Schutz der Karawanen erzwungenen Abgaben anerkannte. Doch die *ghazwa*, die »Razzia«, wurde auch weiter ausgeübt, besonders zwischen den Stammesgruppen. Von nun an wird der Islam diesem Brauch einen viel weiteren Anwendungsbereich eröffnen und der ewigen Sehnsucht des Nomaden nach den reichen Ländern entgegenkommen. Die Expansion richtet sich zuerst gegen die jüdischen Oasen des Innern, dann gegen den Fruchtbaren Halbmond und schließlich gegen den Orient und das Mittelmeer.

Von den beiden traditionellen Lebensformen im alten Arabien, der seßhaften des Südens und der beduinischen der Mitte und des Nordens, wird also die letztere, vom Verfall des Jemen begünstigt, zum Motor der Expansion. Kulturell erklärt sich der Erfolg des Islam zweifellos dadurch, daß er eine Antwort auf die latente religiöse Unruhe bietet, aber ebenso durch sein tiefes Einverständnis mit einer Tradition, die vor ihm gültig war, auch wenn er sie umgestaltet. Wir achten zunächst auf die »nationale« Form dieser Tradition: Im Gegensatz zum Judentum und zum Christentum, die dem Araber fremd und die darum in seinem Gebiet isoliert geblieben sind, ist der Islam ein Sproß Arabiens und spricht seine Sprache; die Einheit, die er bietet, muß nicht mehr von außen aufgezwungen werden, sie wird aus Instinkt bejaht. Die zweite Form der Tradition, die »literarische«, ist entsprechend zu beurteilen: Der Koran bedient sich nicht irgendeines gesprochenen Dialekts, sondern einer dichterischen Sprache, die über die Stammesgrenzen hinaus verwendet wird. Er hält sich damit nicht nur an den Hauptnenner möglicher Verständigung, sondern wird sich vielmehr als eine Kraft der Veredlung erweisen, die jedem, der den Text des Koran rezitiert, zuteil wird – nicht nur durch die Benutzung seiner Sprache, der das traditionell große Ansehen der Dichtung zugute kommt, sondern vor allem durch die Verklärung dieser Sprache in einer einmaligen, da göttlichen Form. Mehr noch: Bevor sie zum Keim späterer literarischer Formen wird, wird die Unnachahmbarkeit (*idschaz*) des Koran als ungeteilter, anderen unzugänglicher Besitz der ganzen Gemeinschaft zum Stifter der Einheit.

Menschengemachte Geschichte oder göttliche Vorsehung?

Der Islam gleicht besser als eine Revolution die Widersprüche aus, unter denen die arabische Gesellschaft des 7. Jahrhunderts leidet. Er setzt der Religion, der Gleichheit, der Einheit und dem höheren Wohlstand neue Ziele, aber er bricht deswegen mit keiner der alten Gewohnheiten der Arabischen Halbinsel, insbesondere nicht mit der »Razzia«. Letztere wird sich zur Eroberung auswachsen und es als solche möglich machen, daß die sozialen Spannungen überwunden werden. Sie bietet ohne Unterschied den Armen wie allen anderen, wenn sie nur ihren Mann stehen, die Chance, in den eroberten Ländern die neuen Herren eines neuen Feudalismus zu werden. Auch hier wird man kämpfen, »um zu Ehren zu kommen und sein Glück zu machen«. All diesen ererbten oder neuen, mehr oder weniger klar empfundenen Tendenzen und Bestrebungen wird der Islam Ausdruck verleihen. Gewiß kann man damit nicht die Macht solcher Mysterien wie Glaube, Prophetie oder Apostolat und viele andere Einstellungen erklären, deren unbewußtes Wirken sich stets den Blicken entzieht, doch wird man, wenn man nicht zu unbefangen die göttliche Vorsehung ins Spiel bringt, wenigstens verstehen, warum diesen Mysterien Erfolg beschieden war.

Zweifellos sind folgende Gesichtspunkte festzuhalten: Die Geschichte des Islam wird nicht im Himmel und nicht außerhalb der

Menschheit geschrieben. Als weltweites Phänomen muß der Islam nicht nur in seinen religiösen Formen studiert werden, sondern ebensosehr im Zusammenhang seiner Wirtschaft, seines Gemeinschafts- und Alltagslebens und seiner profanen Kultur. Jedenfalls drückt er – und nur er, insofern er ein religiöses Phänomen ist – der Kultur, die man nach ihm benannt hat, seinen unverkennbaren Stempel auf. Seine Geschichte wimmelt mehr als jede andere von Ereignissen, denen wohl kaum etwas anderes zugrunde liegt als religiöse oder religiös-philosophische Interessen. Auch wenn man diesen Standpunkt nicht teilt, wird man doch einräumen müssen, daß die Phänomene der islamischen Geschichte bis in die Neuzeit hinein mit einer erstaunlichen Kontinuität religiöse Züge annehmen oder religiös begründet werden. Darum muß die Kenntnis des Islam jedem Studium seiner Geschichte vorausgehen.

2. Ein religiöser Führer

Muhammad, das »Siegel der Propheten«: Kontinuität und Abschluß der Offenbarung

In erster Linie ist der Islam eine Geschichte der Offenbarung. Weit vor ihm hat sie begonnen, aber dennoch findet sie erst in ihm die höchste Gestalt, die klarste und vollständigste, die vollendete und darum letzte Ausprägung. Muhammad, der als letzter gekommene Prophet, ist das »Siegel der Propheten«; für immer beschließt er ihre Reihe. Vor ihm beherrschen Abraham, Moses und Jesus den Gang der Offenbarung. Vor allem Jesus wird besonders in Ehren gehalten: Er ist im Besitz des Geistes, der Erleuchtung und Heiligkeit spendet; er ist der neue Adam, den eine dem Herrn geweihte Jungfrau geboren hat; er ist dem Tod, dem der Hohe Rat der Juden ihn ausliefern wollte, entronnen; Gott hat ihn am Kreuz mit einem andern Menschen ausgetauscht und zu sich erhoben. Auf der Grundlage des Koran werden die Exegeten dieses Thema zum Messianismus hin entwickeln: Am Ende der Zeiten wird Jesus zur Erde zurückkehren, um den Antichrist (*ad-dadschdschal*) zu töten und ein Reich der Gerechtigkeit zu bringen.

Doch wie groß die Propheten auch seien, sie bleiben wie Muhammad Menschen, einfache Boten Gottes, Verkünder (*nadhir*) der Wahrheit Gottes und der Strafen für ihre Verleugner. Und weil sie nur Menschen unter Menschen sind, stoßen sie auf die Feindschaft des Unglaubens unter ihren Mitmenschen. So wird das Strafgericht, das wegen der Botschaft des Propheten aufgeschoben war, nur noch schneller kommen. Jedesmal ist die Predigt die letzte Gelegenheit zum Heil, und die Geschichte des göttlichen Wortes ist unlösbar mit Strafgerichten verbunden: Noah und die Flut des Verderbens, Lot und der Feuerregen, Hud, der Prophet Südarabiens, und der Sturm der Vernichtung; sobald Muhammad sein Werk beginnt, weist er beschwörend auf all diese Zeichen hin.

Wenn die Offenbarung mit dieser letzten Warnung abgeschlossen ist, wird der Islam die Wahrheit im Zweifelsfall folgerichtig immer auf die von seinem Propheten ein für allemal aufgestellten Prinzipien zurückführen; die Rückkehr zu den Quellen, ob sie nun tatsächlich praktiziert oder nur vorgeschützt wird, wird immer die grundlegende Vorgehensweise der muslimischen Orthodoxie sein. Umgekehrt wird das schismatische Denken der Schiiten sich weigern, die Lehre anzuerkennen, daß Gott nun endgültig schweige, oder zuzugeben, daß man sich ausschließlich an den offenbaren und buchstäblichen Sinn (*zahir*) des heiligen Textes zu halten habe. Die schiitische Richtung wird durch die allegorische oder symbolische Interpretation des verborgenen Sinns (*batin*) die normale Offenbarung des Koran fortsetzen. Die Folgen für die politische Geschichte des Islam werden sich später zeigen.

Die Erneuerung des reinen Glaubens

Gegenüber der *dschahiliya* (Unwissenheit, Heidentum, aber auch »Barbarei«) der alten Araber oder der fremden Völker versteht sich die neue Religion als Akt der Unterwerfung (*islam*) unter Allah, den Herrn der Welt und des Lebens. Er ist zunächst der Gott, der Vergeltung übt: Am Tag des Jüngsten Gerichts, ja schon nach dem Tod, werden die Seelen der Bösen, ohne daß jemand für sie Fürsprache einlegen kann, durch den Blick auf die im Himmel geführten Schuldkonten den Preis für ihre Sünden bezahlen. Doch Allah ist voll Erbarmen und Mitleid, wenn der Mensch nur einigermaßen Reue zeigt. Die Haupteigenschaft Gottes ist die Gnade, die der Gläubige in jedem Augenblick seines Lebens anruft mit der Gebetsformel (*basmala*): »Im Namen Allahs, des Wohltäters und Erbarmers!«

Der Koran und die Überlieferung fügen zu diesen Gottesbezeichnungen siebenundneunzig weitere hinzu – mit dem Namen Allah selbst sind es also hundert Namen –, um unter vielfachen Variationen die Ewigkeit, die Allmacht und Allwissenheit, vor allem aber die Einheit Gottes, das zentrale Dogma des muslimischen Glaubens, zu benennen, das der Stein des Anstoßes für die Auseinandersetzung mit dem Christentum ist: »Gott ist nicht gezeugt worden, ebensowenig wie er gezeugt hat.« Jesus selbst klagt sein Volk an, weil es ihn vergöttlicht hat.

Jedoch sind auch die Christen und Juden Inhaber der Schrift, »Völker des Buches« (*ahl al-kitab*), und Muhammad hoffte eine Zeitlang, daß sie sich einmal zu der Botschaft bekennen würden, die sich als Fortsetzung der ihrigen anbot. Aber die Christen beharrten auf ihrer Lehre, und die Juden leisteten politisch Widerstand. Ihre Kritik war für bestimmte Zauderer in der muslimischen Gemeinde gefährlich. All das zog einen Wechsel der Sichtweise nach sich, der durch die Einführung Mekkas statt Jerusalems als Richtpunkt des Gebets praktische Folgen zeitigte. Von nun an gelten Christen und Juden als Verfälscher der Schrift; sogar ihren Wortlaut haben sie gefälscht, um in ihrem Irrglauben den klaren Sinn der Botschaft von der göttlichen Einheit und Allgegenwart zu verwischen. Sie haben ihre Chance vertan und sind auf halbem Weg zum wahren Glauben stehengeblieben. Darum werden sie zwar geduldet, sogar beschützt, aber immer ein wenig wie Gläubige zweiten Ranges behandelt. Diese Einschätzung wird ihre soziale Stellung prägen.

Nach den Fehlern des Judentums und des Christentums ist mit dem Islam also endlich ein kompromißloser Monotheismus begründet worden. Bleibendes Merkmal, vielleicht sogar die grundsätzliche Definition der muslimischen Orthodoxie, wird die Abscheu vor dem Polytheismus sein, dem *schirk*, also der »Einverleibung« anderer Wirklichkeiten in das göttliche Wesen; und die Gefahr, dies zu tun und Gott Eigenschaften zuzuschreiben, belastet das Gewissen der Gläubigen. Denn eigentlich ist Allah unerkennbar, nicht zu beschreiben; man kann nicht sagen: »Er ist dieses oder jenes«, sondern nur: »Er ist.« Zwischen einem Gott, der in seine unergründliche Transzendenz eingeschlossen ist, und dem Menschen, der sein Diener (*abd*) ist, kann es keinen Vermittler geben; der Tempel wird zum »leeren Haus des allgegenwärtigen Gottes«. Für den Muslim, der die Last des Geheimnisses aushalten muß und nicht darauf hoffen kann, daß es aufgeklärt wird, ist der Glaube (*iman*) alleinige Tugend und Richtschnur.

Ein so hoch gesteigerter Anspruch kann sich auf die Dauer nicht halten. Im Islam wird, wie in anderen Religionen, eine große Zahl von Heiligen den leeren Raum zwischen Gott und Mensch ausfüllen. Das sind allerdings nur regional begrenzte Phänomene der Volksfrömmigkeit, die als Entstellung des rechten Glaubens gelten. Doch nicht nur der Glaube stößt auf solche Grenzen: Auf ihre Weise sucht auch die Vernunft den Problemen der Transzendenz und Allmacht Gottes zu genügen. Im unentwirrbaren Streit um Freiheit oder Unfreiheit des menschlichen Willens wird sich die muslimische Orthodoxie unermüdlich anstrengen, jeder Seite des Problems gerecht zu werden.

Der Koran und seine Sprache

Die ganze Offenbarung, die Gott durch den Erzengel Gabriel als Mittler auf seinen Propheten herabkommen (*tanzil*) ließ, ist im Koran niedergelegt. *Quran* heißt »vorlesen«, »rezitieren«. Der heilige Text, die Wiedergabe eines himmlischen Urtyps, ist in 114 Suren (*sure*, Mehrzahl *suwar*) eingeteilt, die sich wiederum in Verse (*ayar*, wörtlich: Zeichen, Wunder) gliedern. Die Verse und Suren sind übrigens nicht gleich lang. Im ganzen verläuft die Textanordnung des Koran umgekehrt zur Zeitfolge der geschilderten Inhalte. Die umfangreichsten Suren, in denen Muhammad als Oberhaupt der muslimischen Gemeinde Weisungen erteilt und Prophezeiungen verkündet, stehen am Anfang des Buches, bis auf eine Ausnahme: der Text beginnt mit einer kurzen Sure von sieben Versen, der »Öffnenden« (*fatiha*), die für die Muslime etwa die Bedeutung des christlichen »Vaterunsers« hat und die so oft wie möglich rezitiert werden soll. Alle anderen kurzen Suren stehen am Ende des Buches. Im Geheimnis ihres Rhythmus und Tones sind sie musterhaft für die Pracht des Koran. Der Zauber ihres Klangs ist so groß, daß Gott selbst eingreifen mußte, um seinen Propheten zu verteidigen, als man ihn beschuldigte, er sei ein Wahrsager oder ein besessener Dichter.

Wenn der Himmel sich öffnet,
die Planeten zerstieben,
die Meere über die Ufer fluten
und die Grabsteine fallen,
dann wird jeder Mensch hören,
was er erworben
für sich oder gegen sich.

Der Erfolg der Verkündigung ist möglicherweise auf die Einzigartigkeit solcher Zeilen zurückzuführen, aber die Wirkung des Koran beschränkt sich nicht auf diesen Erfolg. Über das religiöse Phänomen hinaus wird das gesamte kulturelle Leben des arabischen Mittelalters durch die Entstehung dieses großen Textes geprägt. Der Koran heiligt nicht nur eine Religion, sondern auch eine Sprache: die arabische, und zwar in dreifacher Hinsicht.

Als Träger der Offenbarung wird das Arabische zur unantastbaren göttlichen Manifestation. Daraus erklärt sich, daß der Islam lange zögerte, die Übersetzung des Koran in »barbarische Sprachen« zuzulassen, und ebenso, daß er bestrebt ist, die Schrift, das Vokabular und die Sprachgestalt des Arabischen für immer festzulegen. Von Natur aus ist das klassische Arabisch noch konservativer als die anderen semitischen Sprachen, und dazu ist es noch durch strenge Verbote vor Veränderungen geschützt. Darum überdauerte es die Jahrhunderte – wenigstens bis heute – ohne Konzessionen oder größere Krisen.

Doch diese Sprache ist nicht nur Ausdruck eines Glaubens, sie ist die Seele eines Volkes. Denn dadurch, daß Gott die Araber aus der Hörigkeit befreit, die bisher die Offenbarung an eine fremde, vor allem die jüdische Sprache band, und ihnen den Zugang zu dieser Offenbarung im Gebrauch der eigenen Sprache öffnet, versöhnt er sie mit der Wahrheit und läßt sie sich selbst finden. So wird der Koran ein nationales und religiöses Ereignis.

Das hatte aber andere und größere Folgen, als Muhammad voraussah. Denn wenn die Araber sich aufgrund ihrer durch die Offenbarung sanktionierten Sprache einen Sonderstatus unter den Völkern zuschrieben, so widersprach das dem Sinn des Koran. Gewiß stützte sich die mündliche Verkündigung auf ein Volk, von dem sie sich die Sprache lieh und dem sie so gestattete, seinen eigenen Gebrauch davon zu machen, aber das geschah weder aufgrund eines besonderen, von Gott gewährten Vorrechts noch für immer. Die Offenbarung hatte weder die Araber noch ihre Sprache als solche auserwählt. Gott hatte sie erwählt, weil diese Sprache am meisten geeignet schien, die Botschaft vom einzigen Gott zum Ausdruck zu bringen. Darum erhielt das Arabische als klarste Sprache dieselbe weltweite Bestimmung wie die Botschaft, die es verkünden sollte, und darum waren die arabischen Völker aufgerufen, sich mittels ihrer Sprache in alle Richtungen der Welt auszubreiten und in der gesamten gläubigen Menschheit aufzugehen. Wenn das Arabische anfangs auch nur eine nationale und einer bestimmten Völkerfamilie eigene Sprache ist, so findet es sich doch aufgrund seiner Eigenschaften wie seiner weltweiten Bestimmung durch den Koran zur vollkommensten Sprache der Menschheit erhöht. »Erhabene Weise und Erleuchtung, frei von aller Verworrenheit«, gemeinsamer Schatz über den Völkern: das wird, wenigstens für eine gewisse Zeit, seine Rolle in der internationalen Kultur des muslimischen Mittelalters sein.

Weiterhin und spezieller wirkte der Koran auf die arabische Literatur. Die als Ausdruck eines Glaubens, eines Volkes und einer Kultur geheiligte Sprache war kein Dialekt, etwa der des Hedschas oder einer anderen Gegend, sondern eine überregionale Literatursprache von hohem Ansehen. Mit seinem alles dominierenden Vorbildcharakter begründet und befestigt der Koran die Trennung der gesprochenen von der geschriebenen Sprache, der Dialekte von der Gelehrtensprache, der Volkspoesie von der offiziellen Literatur. Diese zentrale Trennung wird sich im Lauf der Jahrhunderte bis zur heutigen Krise steigern.

Der Koran sanktioniert also die Existenz mehrerer Sprachebenen in der Gesellschaft. Aber er prägt auch die Sprache, die er selbst benutzt, nämlich die rein literarische Hochsprache. Der Koran ist zwar in Prosa geschrieben, doch er gebraucht Rhythmen, Assonanzen und oft sogar Reime, verwendet also Techniken, die eigentlich der Lyrik zugehören. Die Übung, ihn auswendig zu lernen und zu rezitieren, prägt dem Gedächtnis diese Sprache so sehr ein, daß die arabische Prosa in ihrer ganzen Geschichte mehr oder weniger ihren Stempel trägt. In einer Umwelt, die in der Poesie das bevorzugte Ausdrucksmittel sieht, bleibt der Prosa nur die Wahl zwischen zwei Wegen: entweder Prosa zu bleiben, das heißt einfaches technisches Mittel, um etwas darzulegen, als Aussage über einen außerliterarischen Gegenstand, oder, wenn sie danach strebt, sich höher zu entwickeln, bestimmte Gewänder der Poesie anzulegen. Daher hat die arabische Prosa kein eigenes Profil gewonnen. Nach erfolglosen Versuchen in der Vergangenheit gelang es in einem mühevollen Prozeß erst in der Neuzeit, eine wirklich unabhängige literarische Prosa zu schaffen.

Die fünf Säulen des Glaubens

So wie der Islam sich aus dem Koran entwickelt oder daraus von der Tradition abgeleitet wird, ruht er auf fünf »Säulen« (*arkan*). Das Glaubensbekenntnis (*schahada*, das Zeugnis) ist der eigentliche Akt der Bekehrung zum Islam: »Es gibt keinen Gott außer Allah, und Muhammad ist der Abgesandte Allahs«, dieser Spruch, der in den schwierigsten Lebensumständen gebetet wird, findet im Zeugnis des Märtyrers seinen höchsten Ausdruck.

Das Gebet (*salat*), dem die rituellen Waschungen vorausgehen, wird fünfmal am Tag verrichtet: bei Tagesanbruch, am Mittag, am Nachmittag, bei Sonnenuntergang und zu Beginn der Nacht. Das gemeinsame Gebet ist für alle Tage empfohlen und für den Freitag vorgeschrieben. Man versammelt sich dazu in der Moschee (*masdschid*); dort wendet man sich dem *mihrab* zu, einer geschmückten Nische, die die Richtung (*qibla*) nach Mekka anzeigt. Der *imam* (Vorsteher), der vor die Versammlung der Gläubigen tritt, ist nur der Leiter des gemeinsamen Gebets, in keiner Weise Priester. Das Hauptstück der Zusammenkunft am Freitag ist die Predigt (*chutba*), die von der Kanzel (*minbar*) herab gehalten wird.

Das Fasten (*saum*) wird vom Koran ausdrücklich als eine Fortsetzung des jüdischen und christlichen Gesetzes definiert. Doch um es von seinen Vorformen zu unterscheiden, hat Muhammad ein besonderes Datum dafür festgesetzt, den Ramadan, den Monat der Offenbarung, der schon von den alten Arabern heilig gehalten wurde. Nebenbei sei auf eine Besonderheit des Kalenders hingewiesen:

Im Jahr 10/632 distanzierte sich der Prophet von den Bräuchen des heidnischen Arabien: Er hob den Schaltmonat auf, der alle zwei oder drei Jahre die Differenz zwischen dem Sonnenkalender und dem Kalender der zwölf Monate zu je 29 oder 30 Tagen ausglich. Deshalb gleitet der Termin für den Ramadan, »das Feuer des Himmels«, regelmäßig durch die Reihe der Monate und vermehrt als unbeweglicher Fixpunkt im Jahreskreis die Unbequemlichkeiten des Fastens, das ohnehin die tägliche Arbeitsleistung mindert und damit den Ablauf des täglichen Lebens und sogar die Wirtschaft ganzer Völker durcheinanderbringt. Trotz allem wird an diesem Brauch festgehalten, denn er ist eine der höchsten geistlichen und kollektiven Ausdrucksformen des Islam; er schafft eine Zusammengehörigkeit, die am Ende des Fastens durch eine der am höchsten in Ehren gehaltenen Feierlichkeiten des Islam, den *id as-saghir*, das »kleine Fest«, unterstrichen wird.

Dieses Fest steht in noch höherem Ansehen als das »große Fest« (*id al-kabir*), das durch die zweite bedeutende Form der Vereinigung der Gläubigen so großes Ansehen gewinnt: durch die Pilgerfahrt (*hadschdsch*) zu den heiligen Stätten Mekkas, die jedem Muslim, der Kraft und Geld dazu hat, auferlegt ist. An den heiligen Stätten und mit den heiligen Riten, die man vom heidnischen Arabien geerbt und für die Anbetung des einzigen Gottes umgestaltet hat, vereint der *hadschdsch* vom 7. bis 13. des Monats *Dhu l-hidschdscha*, des letzten Monats des muslimischen Jahres, die Pilger aus der ganzen Welt. Im Mittelpunkt ihrer Verehrung steht die auf einem rechtwinkligen Grundriß errichtete Kaaba. Sie wird alljährlich mit einem neuen Brokatumhang geschmückt. Der Schwarze Stein ist in eine Ecke der Umfassungsmauer eingelassen; innerhalb der Umfriedung, an ihrer Seite, findet man die Quelle Zemzem und den Stein Abrahams, auf den der Patriarch einst stieg, um den First des Tempels auszubessern. Das ganze Gebiet Mekkas ist tabu (*haram*), und die Pilger, die es betreten wollen, legen an festgelegten Stationen ihrer Reise das Gewand der Heiligung (*ihram*) an, zwei Bahnen Stoff, die keine Naht aufweisen. Einheitliche Bekleidung, gemeinsame Teilnahme an den Riten, Gleichheit der Verbote, sexueller wie anderer: So bildet sich hier, über Nationen und Sprachen hinweg, das Gefühl einer wahren Gemeinschaft.

Das Almosen (*sadaqa*, *zakat*) kann als religiös umgedeutete Wiederbelebung der traditionellen heidnisch-arabischen Tugenden – der Freigebigkeit und der Gastfreundschaft – verstanden werden. Nach Auffassung des Islam wie anderer Religionen besitzen die Armen einen Anspruch an die Reichen, die sich, indem sie einen Teil ihres Besitzes den Bedürftigen und den Sklaven, den Waisen und den Reisenden spenden, von diesem Anspruch befreien und ihr Hab und Gut »reinigen« sollen. Diese Verpflichtung zum Spenden ist zum Teil ins freiwillige Ermessen des einzelnen gestellt und zum Teil in Form von Abgaben des Gläubigen zugunsten des Gemeinwohls institutionalisiert. Im Gegensatz zu den äußeren Einnahmequellen – der Kriegsbeute, den beschlagnahmten Gütern, der von Juden und Christen erhobenen Kopfsteuer – ist das gesetzlich festgelegte Almosen das von der Gemeinschaft für sie selbst aufgebrachte Opfer.

Dies sind die Pfeiler oder Wahrzeichen (*schaair*) des Islam. Manchmal wird noch der *dschihad* dazugezählt, die »Anstrengung« für das Reich Gottes, eine persönliche Anstrengung um der Ehre willen oder aus Askese, häufiger noch eine Anstrengung für das höchste Ideal der Gemeinschaft: den Kampf für die Verbreitung und die Verteidigung des Islam.

Eine Religion für den Alltag

Die Tradition (*hadith*) hat die Vorschriften des Koran und das Beispiel, den Brauch (*sunna*), des Propheten fortleben lassen und dadurch den Islam zu einem aktiven Glauben gemacht, der in das Leben des Individuums und der Gemeinschaft einbezogen ist und Religion und Alltag, Soziales und Politisches eng verbindet.

Wie andere Religionen hat auch der Islam das Problem des rechten Verhältnisses von Glauben und Tun erkannt und behandelt. Gewiß hat er seine Quietisten, seine Lauen und seine Pharisäer, doch in der Regel gilt, daß nur Glaube (*iman*) und gute Absicht (*niya*) die Werke des Gläubigen, die zu verrichten unerläßlich bleibt, mit Leben erfüllen können – eine Verbindung von Ideellem und Materiellem, die auch auf die andere Welt übertragen wird, in der die sinnlichen Freuden für die Auserwählten mit den Seligkeiten, dem Frieden, dem Segen und, vielleicht, mit der Schau Gottes einhergehen.

In diesem Sinne regelt die muslimische Ethik auch das praktische Leben des einzelnen und der Gemeinschaft. In der Einheit des Glaubens, der alles Verhalten beeinflussen soll, fordert sie sowohl das Streben nach geistiger Askese als auch den Einsatz für das Gemeinwohl. Die Askese verbietet mancherlei, besonders den Genuß von Schweinefleisch und von Blut, und der Koran schränkt auch den Genuß alkoholischer Getränke stark ein. Das Streben nach dem Wohlergehen möglichst vieler bildet sich zu einer optimistischen Gemeinschaftsmoral aus, deren Hauptgedanke ist, daß Gott schon für das Leben dieser Welt das materielle Wohlergehen seines Volkes fordert, das aber nur verwirklicht werden kann, wenn das Wohlergehen der einzelnen nicht von Selbstsucht und Unmaß bestimmt wird. So entstehen Grundsätze für soziale Gerechtigkeit, wenn nicht Gleichheit.

Zwei Beispiele mögen die Tragweite dieser Ethik für die Zeit, in der sie verkündet wurde, aufzeigen. Der Koran hat sich um die Situation der Frau gekümmert. Gewiß, er erlaubt vier Ehefrauen, aber er empfiehlt die Einehe jedem Mann, der fürchtet, er könne »nicht gerecht sein«. Er schreibt der Frau strenge Sittsamkeit vor, worauf der Gebrauch des Schleiers zurückgeht, aber er schützt die Ehefrauen gegen die Mißstände und Folgen der Verstoßung. Zugunsten der Frauen stößt er sogar die bisher gültigen Regeln der Erbfolge um. Vielleicht noch mehr tut er für die Frau, indem er sie mit voller Gleichberechtigung an den Glaubenspflichten teilnehmen läßt – selbst an der Pilgerfahrt, sofern sie sich von einem Verwandten begleiten lassen kann. Definitiv, wenn auch etwas herablassend, sichert der Koran die Würde der Frau und ihr Recht auf Wohlergehen.

Auf wirtschaftlichem Gebiet verdammt der in einer Kaufmannsstadt entstandene Koran keineswegs Handel, Eigentum oder Lohnarbeit, sondern nur den Mißbrauch wirtschaftlicher Tüchtigkeit in der *riba* – ursprünglich wohl die Verdoppelung einer fälligen und nicht zurückgezahlten Schuld, später das Darlehengeben gegen Zinsen sowie Wucher oder übermäßiger Gewinn.

In beiden angeführten Fällen hat die muslimische Tradition zu Ergebnissen geführt, die sich ziemlich weit von den Grundsätzen des Koran entfernt haben. Während sie den Frauen durch übersteigerte Strenge Freiheiten und Rechte beschnitten hat, hat sie sich auf wirtschaftlichem Gebiet erstaunlich geschmeidig gezeigt, fähig, die ursprünglichen Vorschriften den wohlverstandenen wirtschaftlichen Notwendigkeiten anzupassen. Doch welche Richtung die Entwicklung auch nehmen mag, die wahren Ideale des Islam – in diesem Fall die soziale Gerechtigkeit und das rechte wirtschaftliche Maß – muß man an seinem Ursprung suchen: ein Postulat, das die reformistische und modernistische Bewegung, wenn ihre Zeit kommt, nicht vergessen wird.

3. Ein Volksführer

Die neue Gemeinde

Rechte und Pflichten, Glaube und gesellschaftliche Gebote begründen die Gemeinde (*umma*) der Gläubigen. So gibt es eine muslimische Zeit, der die Feste des Jahresablaufs nach dem Kalender der Hedschra und die täglichen Gebete ihren Rhythmus aufprägen; ein muslimisches Gebiet (die *dar al-islam*), das durch den Sieg der Waffen und auf Kosten des fremden Nachbarn, im »Land der Eroberung« (*dar al-harb*) immer größer werden soll; eine muslimische Tracht, zu der die Kopfbedeckung, das weite Gewand und, nicht zu vergessen, der Schleier der Frau gehören; schließlich muslimische Bräuche: Speiseverbote, Eheriten, Gebetshaltungen und Friedhöfe, die nach dem Willen der Orthodoxie ebenso schmucklos wie der Glaube sein sollen. Dies alles ist selbstverständlich vom Glauben durchdrungen, dem letzten Grund so vieler Gebräuche, dem stärksten, ja einzigen Fundament der Gemeinde außerhalb aller Gruppierungen nach Stamm, Volk, Gesellschaft und Sprache. »Die Gläubigen sind Brüder«, erklärt der Koran, und die Tradition erinnert gern daran, daß derjenige, der zum erstenmal öffentlich zum Gebet gerufen hat, Bilal, ein schwarzer Sklave aus Abessinien war.

Der frühe Gegensatz zwischen Islam und Arabismus

Aber auch dieses Bekenntnis zur Gleichheit ist nur ein Ideal. Später nämlich wird der Islam seinen Triumph mit dem der siegreichen

Araber gleichsetzen, die die bevorzugten Träger der göttlichen Botschaft sind. Die gesamte Geschichte der Beziehungen zu den unterworfenen Völkern wird sich um die faktische oder rechtliche Anerkennung der Oberherrschaft der Araber drehen. Fast automatisch erkennen diese Völker die faktische an und lehnen die rechtliche ab. Obwohl sie das Spiel der religiösen und sprachlichen Einheit mitmachen und der arabischen Literatur sogar einige ihrer großen Pioniere schenken, weigern sie sich stets, unter dem Deckmantel religiöser Unterwerfung die Vorherrschaft der Araber als Völkergruppe zu akzeptieren. Sie stützen sich oft auf dauerhafte regionale oder nationale Traditionen, bleiben unerschütterlich in ihrer Treue zur universalistischen und alle Ethnien umfassenden Berufung des Islam und setzen dem nichtreligiösen Erbe der Araber eine Vorform von Patriotismus oder Nationalismus entgegen, die man als *schuubiya* bezeichnet.

Diesen Völkern gegenüber stehen die, die sich als Abkömmlinge der Arabischen Halbinsel bezeichnen und um so mehr die reine Tradition, den Arabismus (die *uruba*), betonen. Doch im Sinne eines streng interpretierten Islam muß eine solche Ethik zwangsläufig für die Araber selbst ernsthafte Probleme aufwerfen. Denn die Tugenden, die sie rühmt – zum Beispiel in der Dichtung, die selbst nach dem Aufkommen des Islam rein profan geblieben ist –, sind die heidnischen Tugenden des traditionellen Arabien. Der Islam hat mit mehr oder weniger Erfolg einige verdammt, besonders die, die sich auf die Ehre des Klans beziehen. Manche von ihnen hat er umgeformt, andere vergeistigt, zum Beispiel die Freigebigkeit. Doch trotz des Argwohns, den der Koran und nach ihm die orthodoxe Tradition gegen das vorislamische Arabien hegten, mußten die Araber, konfrontiert mit anderen Völkern, die in ihrer Vergangenheit und Tradition gefestigt waren, eine eigene Kultur nachweisen. Die Tugenden und die tradierten Kriegs- und Ruhmestaten der heidnischen Halbinsel überdauern also; ihre Tradition wird von den Autoren eifersüchtig gehütet und in der Erinnerung als das Erbe festgehalten, in dem die Araber ihr Wesen erkennen. Das Heidentum (*dschahiliya*) wird so zu ihrem Altertum, zum Hort ihrer Tugenden, die aber, etwa wie ein Körper ohne Seele, auf ihre Läuterung durch den Islam warten.

Während also für Nichtaraber der Islam und der Arabismus in gewissem Sinn unvereinbar sind, neigen die Araber dazu, die Religion als die höchste Form des ihnen eigentümlichen Wesens zu betrachten. Diese Interpretation nimmt sich gegenüber dem Ideal eines universalen und kollektiven Islam ihre besondere Freiheit heraus, ist aber dennoch im Lauf der Geschichte eine der Konstanten des arabischen Bewußtseins geworden und für das irdische Imperium des Islam eine Quelle zahlreicher Schwierigkeiten.

Das Schicksal der Gemeinde nach Muhammad

Weder der Koran noch Muhammad hatten das Leben der Gemeinde fest geordnet. Für den Aufbau eines Staates in Medina lagen nur die Entscheidungen vor, die der Prophet von Fall zu Fall für eine Gemeinde unter seiner alleinigen Führung getroffen hatte. Man hatte nichts dafür getan, die Gewalten im Staat zu unterscheiden oder an Amtsträger zu delegieren. Wenn es sich als nötig erwies, ließ sich der Prophet in einer seiner Funktionen, besonders bei der Predigt und bei der Leitung des Gebets, durch einen seiner Gefährten vertreten; das waren aber spontane, aus dem Augenblick entspringende Handlungen. Nach dem Tod des Propheten wurden seine Entscheidungen – oder was man dafür hielt – auf die neuen Gegebenheiten angewendet oder ausgedehnt. Den größten Verdienst an diesem Werk haben die muslimischen Rechtsgelehrten. Natürlich waren die meisten Situationen, die der islamische Staat neu kennenlernte, als er über die Stadtgröße hinauswuchs und die Dimensionen eines Reiches annahm, nicht vorauszusehen.

Das schwerste aller Probleme stellte die Nachfolge des Propheten; der Versuch, es zu lösen, führte in der Gemeinschaft der Gläubigen zu den noch heute bestehenden Spaltungen. Auch hier hatte Muhammad nichts im voraus bestimmt, und die Geschichte schweigt über die Gründe. Es ist wenig wahrscheinlich, daß der Prophet deswegen keinen Nachfolger bestimmte, weil er seine Stunde noch nicht für gekommen hielt; der Stellenwert des Abschiedsthemas bei der letzten Pilgerfahrt besagt deutlich das Gegenteil. War er der Ansicht, daß mit der Verkündung des Wortes Gottes die Hauptsache getan war und daß aus diesem Samen alles andere erwachsen würde? Hat er die Kräfte, die seine Gemeinde zusammenhielten, überschätzt? Oder hat er vielmehr um die bereits entstehenden oder wiederaufbrechenden Gegensätze gewußt und es im voraus aufgegeben, das Unvereinbare zu vereinen? Sein Tod ließ jedenfalls die Gemeinde ratlos und angesichts zweier sehr schwieriger Probleme ohne Weisung zurück.

Zunächst ging es darum zu ermitteln, ob die Grundlagen des Islam ein für allemal festgelegt waren oder ob vielmehr der Geist Muhammads Muhammad selbst überlebte. Die muslimische Orthodoxie sammelt alles, was von Muhammad überliefert ist (*hadith*), um alle Verhaltensweisen des Propheten in bestimmten Situationen schriftlich niederzulegen, als Muster und als Leitbild für die neu entstehenden Fälle. Im Gegensatz dazu meinen die Schiiten, der göttliche Funke sei in den »Angehörigen der Familie« lebendig geblieben, das heißt in Ali, dem Vetter und Schwiegersohn des Propheten, wie in seinen Nachkommen.

So wuchs sich das Problem der Nachfolge Muhammads auf Erden plötzlich zu einem Problem der geistigen Nachfolge aus. Eine Partei sah im Kalifen (*chalifa*) nur den »Vertreter«, der als würdigster Nachfolger den Auftrag erhielt, die ein für allemal bekannten Gedanken des Propheten lebendig zu halten und anzuwenden. Dagegen wandte die andere Partei ein, daß Autorität, Recht, Gerechtigkeit und alle anderen Zeichen der Macht nicht von ihrer Quelle abgetrennt werden dürften, einer Quelle, die durch die Nachkommen Alis beständig lebendig bleibe; diese müßten folglich die Führer (*imam*) der Gemeinde sein. Damit wurde das Prinzip der Wahl des Nachfolgers durch das dynastische Prinzip ersetzt.

Dies sind, in aller Kürze, die beiden Wege, die dem Islam in dem Augenblick offenstehen, als er sich nach dem Tod seines Propheten anschickt, die Welt zu erobern. Zwischen diesen beiden Extremen entfaltet sich ein ganzes Spektrum äußerst vielfältiger und nuancierter Lehrmeinungen, und es kommt zu einer außergewöhnlichen Zersplitterung der ursprünglichen Gemeinde. Dennoch geschieht das Wunder des Islam: Im Verhältnis zu den anderen Völkern und Religionen versteht er sich als weltweiter Entwurf, und er überwindet nicht nur die inneren Spannungen, sondern drückt sogar der Kultur, die seinen Namen trägt, einen einmaligen Stempel auf.

Drittes Kapitel

Die »rechtgeleiteten« Kalifen und der Beginn der großen Eroberungen

Es dauert nur knapp dreißig Jahre, bis die islamische Gemeinschaft über die Grenzen Arabiens hinauswächst und sich neuen Zielen zuwendet. Das größte dieser Ziele ist zweifellos die Eroberung, die die Eckpfeiler zu einem Reich im Orient und am Mittelmeer absteckt. Zu diesem Wagnis der Expansion in Länder ältester Kultur braucht der Islam Führer. Nicht weniger als vier wird die Gemeinschaft hervorbringen, von denen drei ermordet werden. Es kommt zu Gewalttaten, zu Zwist und Bruderkriegen, dennoch wird der Islam inmitten solcher Ereignisse von seinem eigenen Schwung fortgerissen, nimmt schärfere geistige Konturen an und legt die Fundamente zu seiner weltlichen Macht.

1. Die Kämpfe um die Nachfolge im Kalifat

Seit jener Zeit ist das Ineinandergreifen von Religion und Politik ein Hauptmerkmal des Islam. Die meisten der großen geistigen Strömungen, die ihn tragen, haben ihren Ursprung in den Kämpfen um die Nachfolge des Kalifen. Jetzt schon, da eine Fülle von Lehrmeinungen entsteht, die sich bis ins Feinste unterscheiden, zeichnet sich eine andere Konstante des Islam ab: Es gibt keine oberste Institution, die offiziell oder nach dem Willen der Mehrheit ermächtigt wäre, das göttliche Gesetz auszulegen. Und in erster Linie verstehen sich die Muslime nicht als Sunniten, Schiiten oder Charidschiten, sondern eben als Muslime, die jenseits aller Unterschiede der Lehre durch die Grundpflichten eines gemeinsamen Glaubens vereint sind.

Von Medina nach Damaskus

Der erste der vier Kalifen, die die Tradition als *rachidun* (rechtgeleitet, inspiriert) bezeichnet, war Abu Bakr, der Vater Aischas, der Lieblingsgattin des Propheten. Die gewaltige Stimme des zweiten Kalifen Omar, die den Tumult übertönte, hatte die Gemeinde überredet, diesen Gefährten der ersten Tage, dem Muhammad vor seinem Ende die Leitung des Gebets anvertraut hatte, als Nachfolger einzusetzen. Unter diesem Kalifat (10/632-12/634) sichert der Islam seine Herrschaft in Arabien, vor allem in dessen Zentrum, und verstärkt die Einfälle in die Grenzgebiete Syriens und des Irak.

Sobald die Ausgangsbasis gesichert ist, bricht der Sturm los: In zehn Jahren trägt Omar, von Abu Bakr ausdrücklich zum Nachfolger bestimmt, den Islam bis ins Herz der antiken Kulturen. Dem Fall von Damaskus (14/635) folgt eine Kette von Siegen, mit denen die dem Gegner überall an Zahl unterlegenen Araber die alten Mächte stürzen: Im Jahr 15/636 schlägt am Yarmuk dem byzantinischen Syrien die Stunde, im Jahr 14 oder 16 bei Qadisija dem sassanidischen Irak, 18-19 oder 21 bei Nehavend dem Iran, im Jahr 19 bei Heliopolis Ägypten und der Cyrenaika. Diese eroberten Länder werden ihrerseits dann nach und nach die Ausgangspunkte weiterer Eroberungen. Armenien, Tripolitanien und Kirman werden im Handstreich genommen und öffnen die Wege nach Kleinasien, Nordafrika und Indien.

Als Omar 23/644 vom Dolchstoß eines christlichen Sklaven getroffen wird und stirbt, ist die Expansion in vollem Gang. Othman, der dritte Kalif, der von einem durch den sterbenden Omar eingesetzten Rat von sechs Weisen zum Nachfolger bestimmt wird, braucht seinen Reitern nur die Zügel freizugeben. Doch der Vormarsch erfolgt von nun an auch zu Wasser, von den Häfen des östlichen Mittelmeeres aus, besonders von Alexandria: Die Flotten des Islam bieten den traditionellen Lebensformen, den Werften und den Seeleuten

Ägyptens und Syrien-Palästinas neue Chancen und den Arabern selbst eine neue Berufung. Kinder der Wüste entpuppen sich als Matrosen und Flottenchefs; Nomaden verwandeln sich mit der gleichen Leichtigkeit in Seefahrer, mit der sich einige Jahrhunderte später die Türken, ebenfalls Nomaden, zum Meer hinwenden.

Aber schon ziehen dunkle Wolken auf: die plötzliche Expansion des muslimischen Staates, die in der Verwaltung und vor allem im Finanzwesen der Improvisation einen großen Spielraum läßt; die schlechte Verwaltung der Staatsfinanzen, die durch die wachsenden Ausgaben für die militärischen Operationen und durch Unregelmäßigkeiten der Einkünfte belastet sind, da sie hauptsächlich aus dem Gold und der Beute der Überfälle unterhalten werden; ferner eine gewisse Vetternwirtschaft, viel Schwäche und Unentschlossenheit und schließlich ehrgeizige Intrigen: all das kommt zusammen und erschwert die Aufgabe des Kalifen. Die Idee, daß die von Ali repräsentierte nächste Verwandtschaft des Propheten einen legitimen Anspruch auf das Kalifat habe, gewinnt ständig an Boden. Komplotte werden geschmiedet. Othman wird im Jahr 35/656 in seinem Haus in Medina überfallen und mit Säbelhieben getötet.

Das ist die entscheidende Wende, das Vorspiel zu den großen Spaltungen. In den folgenden Wirren, in denen die politische und religiöse Einheit des Islam zerfällt, stehen sich drei Machtgruppen gegenüber. Ali wird nach schwierigen Verhandlungen mit dem Kalifat betraut, stößt aber auf den Widerstand verdrängter Prätendenten, die die von Ehrgeiz und von Haß gegen Ali verzehrte Aischa unterstützt. Dieser Gegner entledigt sich der neue Kalif in der sogenannten »Kamelschlacht« (36/656) im unteren Irak. Doch dann muß er sich gegen Muawiya wenden, den Gouverneur Syriens, Oberhaupt des Klans der Omayyaden und ein Verwandter des ermordeten Kalifen Othman. Bei Siffin (37/657) scheint sich das Waffenglück für Ali zu entscheiden, aber er zögert und nimmt den Waffenstillstand an, den sein Gegner ihm anbietet. Muawiya kann auf diese Weise Syrien behalten und seine Macht sogar auf Ägypten ausdehnen, da nun die Legitimität des Kalifen endgültig in Mißkredit geraten ist. Gegen Ali, der die Angelegenheit zu leicht nimmt, wie auch gegen den Usurpator erheben sich zum erstenmal Gruppen, die das Schisma ausrufen: die Charidschiten, die aus der durch die Vereinbarung von Siffin aufgezwungenen Ordnung ausscheren. Sie sind zu keinerlei Kompromissen bereit, und einer von ihnen ermordet Ali (40/661).

Ohne ernsthaften Widerstand bemächtigt sich nun Muawiya des Kalifats, weil er sich auf eine kriegsgewohnte Armee und reiche, gut verwaltete Provinzen stützen kann. Nicht die Legitimität, sondern der Erfolg entscheidet, an die Stelle des *consensus omnium* tritt die dynastische Ordnung, und die Beschäftigung mit geistlichen Fragen tritt hinter den Zwängen der Politik zurück. Ein Zeichen der Zeit: Der neue Machthaber beschränkt die heiligen Städte Arabiens auf ihre religiöse Funktion und bleibt in seiner Stammburg Damaskus, die sich zu einer der wichtigsten Städte der Welt entwickelt.

Die großen Spaltungen der muslimischen Gemeinde: Sunniten, Schiiten, Charidschiten

Es sei noch einmal darauf hingewiesen, daß in diesen Kämpfen um das Kalifat die großen Richtungen des Islam Gestalt annahmen. Trotz ihrer großen Zahl suchen die muslimischen Sekten im Grunde nichts anderes als die jeweils bis in unendlich feine Nuancen verschiedene Antwort auf die immer gleiche Grundfrage, wie nach Muhammad das Wesen der Offenbarung bestimmt werden kann.

Die eine Richtung sieht die Offenbarung als ein für allemal geschehene Tat Gottes und das Leben des Propheten als ein für allemal gegebenes Vorbild für die Menschen an. Darum kann es für sie nur ein Leben geben, das wie im ursprünglichen Islam durch den Glauben inspiriert ist. Das Oberhaupt der Gemeinde ist nur der Nachfolger (Kalif) Muhammads, der den Auftrag hat, über die Anwendung des Gesetzes und über die Regeln zu wachen, die sich daraus für das persönliche und gemeinschaftliche Leben ergeben. Der Kalif gilt als der Würdigste, weil er der beste Gläubige ist, und wird ohne jedes soziale oder ethnische Vorurteil gewählt, »wäre er auch ein schwarzer Sklave«. Er wird aufgrund einmütiger Zustimmung (*idschma*) eingesetzt, die er in Form eines Huldigungsvorgangs empfängt, und ist *primus inter pares*, in aller Strenge den Verpflichtungen der Prinzipien unterworfen, die er verkörpert; er wird folglich abgesetzt, wenn er ihnen, sei es im privaten oder öffentlichen Bereich, nicht nachkommt.

Diese »harte Linie« kennzeichnet die Charidschiten, die in gewissem Sinn die Puritaner des Islam und in ihrer ganzen Lebensführung leidenschaftlich und doktrinär, mutig und fordernd sind. Nach dem »Verrat« von Siffin bekämpfen sie unermüdlich – bis auf sehr seltene Fälle – die entstandene Machtverteilung. Ihre Geschichte ist mit Heroismus und Blut geschrieben. Die Radikalität ihrer Lehre und die Unterdrückung, die sie erleiden, seit Ali sie bei Nahrawan (38/658) vernichtend schlug, erklären die geringe Zahl ihrer heutigen Anhänger. Es sind nur einige Tausend, die meisten in Afrika, vor allem im Mzab, und auf der Insel Djerba.

Die andere Richtung, die radikalen Schiiten, stellen sich das Oberhaupt (*imam*) der Gemeinde als einen Führer vor, der durch ein ausdrücklich zugunsten der Nachkommen Alis erlassenes göttliches Dekret bestimmt und von Gott geleitet wird. Der Gehorsam gegenüber dem Gesetz verschmilzt hier mit der Treue gegenüber einem Menschen, der die Quelle des Gesetzes ist und es nicht nur vollzieht, sondern der auch von der Gnade des Geistes erfüllt ist, ja sogar als Person eine Erscheinung des göttlichen Wesens selbst ist. Nach dieser Lehrmeinung kann man sich nicht vorstellen, daß der Tod über eine Person, die so offensichtlich dem göttlichem Wesen entstammt, Gewalt hat. Der Glaube an den verborgenen Imam, die Erwartung seiner Rückkehr, die Hoffnung auf einen Messias, den Mahdi, sind folgerichtige Weiterentwicklungen des Schiismus. Es versteht sich von selbst, daß er mindestens in seinen extremen Formen keinen anderen Nachfolger für legitim ansah als Ali und seine Nachkommen, zuerst natürlich die, die von Fatima, der Tochter des Propheten, abstammten, aber auch solche außerhalb dieser Linie. Eine besonders radikale Gruppe behauptete sogar, der Engel, der die Offenbarung des Koran auf Ali übertragen sollte, habe einen Fehler gemacht und sich ganz einfach in der Person des Empfängers geirrt.

Zwischen diesen beiden extremen Positionen steht in einer Stufung aller nur möglichen Übergänge die Menge der Muslime: gemäßigte Schiiten und vor allem Sunniten, die »Orthodoxen« des Islam, die sich um die Einheit der Gemeinschaft bemühen, die die eingeführte Ordnung respektieren und in ihren theologischen und politischen Positionen instinktives Mißtrauen gegen alle Extreme hegen. Positiver formuliert: Der Sunnismus fordert den Ausgleich zwischen dem Koran, der Nachahmung des Propheten – der *sunna*, die dieser Lehre den Namen gegeben hat – und der Zustimmung der Gemeinde; einen Ausgleich, der, politisch ausgedrückt, den Sunnismus zum politischen Realismus führt, der vom Legitimismus der Aliden ebensoweit entfernt ist wie vom aufrührerischen Partikularismus der Charidschiten und der am Ende der gemäßigten Mittelposition die Vormachtstellung im Islam sichert.

2. Die islamische Einheit jenseits der Gegensätze

Die Fixierung des Koran und die othmanische »Vulgata«

Was sie auch immer sind, ob Sunniten, Charidschiten oder Schiiten, und ganz gleich, welche Interpretationen sie dem Wortlaut des Koran geben – alle Muslime finden sich um den geheiligten Text zusammen. Schon sehr früh regte sich das Bedürfnis, seinen ganzen Inhalt vor den Veränderungen durch die Zeit und vor den Schwächen der Erinnerung zu retten und aufzuzeichnen, alle die Fragmente zusammenzustellen, die beim Tod Muhammads überall verstreut und auf verschiedenen Materialien, Lederfetzen, Tonscherben, Kamelknochen oder Palmblättern, aufgeschrieben worden waren. Dem Kalifen Othman gebührt das Verdienst, in die bis dahin vorliegenden Fassungen einige Ordnung gebracht zu haben. Trotz der verschiedenen Interessen der Klane und trotz der Selbstverliebtheit der Schreiber hat sich allmählich und wie zwangsläufig die von Othman gewählte Lesart durchgesetzt.

Dieser Lesart mangelt es zweifellos wegen der Art, wie sie den Stoff ordnet, an innerem Zusammenhang. Die Anordnung steht zur Chronologie der Offenbarung in deutlichem Gegensatz; sie ist auch unsicher, denn im Zweifelsfall entscheidet man sich gegen den geschriebenen Text und verläßt sich auf das mündliche Zeugnis dessen, der selbst gehört hat, wie der Prophet den fraglichen Vers gesprochen hat. Das ebnet Willkür, Ehrgeiz und ärgerlichen, weil sinnentstellenden Literarisierungsversuchen die Bahn, doch ändert es nichts daran, daß die Fassung Othmans der Erinnerung entsprach, die die Gemeinde von ihrem Propheten und seiner Unterweisung bewahrte.

So erklärt es sich, daß die Masse der Muslime, die Othmans Fassung insgesamt für zuverlässig hielt und sich der Dringlichkeit des Ganzen bewußt war, jene Version akzeptierte, die trotz aller Widerstände allmählich die koranische »Vulgata« werden sollte. Dieser Grundtext hat eine lange Geschichte mit einer Reihe von Änderungen und Verbesserungen durchgemacht, und dabei sind neue Disziplinen und eine neue Schrift entstanden. Lexikographie und Grammatik entstehen aus dem Bestreben, den Sinn, die Worte und die Sprache des Koran zu sichern, und gehen Hand in Hand mit der Kalligraphie und mit der Textwissenschaft, die nach und nach aus den Lösungen der Grundprobleme beim Entschlüsseln des Textes erwächst. Zu diesen Lösungen gehört die Einführung der diakritischen Zeichen, um bestimmte Konsonanten zu unterscheiden, die teilweise bereits in der zweiten Hälfte des 1./7. Jahrhunderts abgeschlossen ist, ebenso die langsamer erreichte Aufzeichnung der Vokale, die seit Mitte des 3./9. Jahrhunderts von der Mehrheit der Muslime gebilligt wird, aber noch um das Jahr 1000 auf gewisse Widerstände stößt. So kam es, daß die eigentliche »Vulgata« erst mit der Druckfassung endgültig festgelegt wurde. Nach einer längeren Periode des Zögerns scheint der im Jahr 1342/1923 in Kairo herausgegebene Koran sich als einzige Norm des Islam durchzusetzen.

Die Erfolge des Eroberungskriegs und das Ende des antiken Kolonialismus

Für die ersten Erfolge der muslimischen Expansionszeit war zweifellos ein taktisches Moment ausschlaggebend. Die Überraschung muß gewaltig gewesen sein, weil sie von einer Seite kam, von der man sie nicht erwartete, zumindest nicht mit diesem Schwung, diesem Ungestüm von entfesselter, triumphierender Leidenschaft des nomadischen Eroberers, der die klassischen Heere der Zeit überrannte, die streng organisiert, hierarchisch gegliedert und an nach Regeln ablaufende Auseinandersetzungen mit traditionellen Gegnern gewöhnt waren. Doch bleiben wir noch kurz bei der Taktik. Byzantiner und Sassaniden sind nicht in einem einmaligen Ansturm besiegt worden; das Überraschungsmoment kann nicht alles erklären. Die Art und Weise, in der die Stoßwelle jeweils innehielt und dann wieder losrollte, beweist offensichtlich echtes militärisches Genie, das auf der eingeübten Taktik der Überfälle basierte. Von den eroberten Positionen breitet man sich allmählich in die angrenzenden Gebiete aus und unternimmt gleichzeitig weit ausholende kurzfristige, aber immer von neuem wiederholte Einfälle als Vorspiele zur endgültigen Invasion. So wurde Tunesien vor der endgültigen Eroberung zunächst durch Überfälle von Tripolitanien aus geschwächt, ebenso das ferne Chorasan vom unterworfenen Susiana aus.

Solche hartnäckige Ausdauer, die die traditionellen Reiserouten unsicher machte, mußte schließlich die alten Reiche zersetzen. Sie isolierte die Städte und verbreitete die Furcht vor einem überall auftauchenden und unbesiegbaren Gegner. Militärisch erwies sich das Genie der großen arabischen Heerführer daran, daß sie den beduinischen Expansionsdrang in feste Bahnen lenkten. Es ist gewiß nicht nötig, diesen Drang durch einen sehr fraglichen plötzlichen Klimawechsel zu erklären, der die Nomaden immer weiter über Arabien hinausgetrieben haben soll. Der anhaltende Erfolg, der Anreiz der in Aussicht stehenden Beute und natürlich, zumindest für einige, die religiöse Begeisterung würden genügen, die erstaunliche militärische Überlegenheit des Islam gegenüber jahrhundertealten Kulturen zu erklären, die sich auf solide Grundlagen und auf mächtige Städte stützen konnten.

Wenn man sich allerdings nur an diese Gründe hielte, könnte man nicht begreifen, wie es den Arabern gelang, die Länder zu halten, die sie erobert hatten. Im Grunde kommt der Erfolg des Islam wohl daher, daß er weithin einer bestimmten Sehnsucht der Bevölkerung entsprach. Für die Bevölkerung des Byzantinischen Reiches, das das Erbe von einem Jahrtausend griechisch-römischer Kolonialgeschichte angetreten hatte, muß der Islam eine wahre Befreiung gewesen sein, besonders in den ländlichen Gebieten. Sie wurden von der städtischen Aristokratie ausgebeutet, sie lebten am Rande der von verschiedenen Völkern und Kulturen bevölkerten Städte, die in den Augen der Massen Symbole einer fremden, dem Land aufgezwungenen Lebensweise waren. Die alten nationalen Traditionen waren stets lebendig geblieben und fühlten sich nun durch den religiösen Widerstand gestärkt. Denn die verschiedenen Antworten, die von den Häresien und den Kirchen des Ostens auf die Frage nach der Natur Christi gegeben wurden, strebten alle danach, die Einheit des göttlichen Wesens im Sohn oder im Vater zu betonen, im Gegensatz zu den in Konstantinopel amtlich proklamierten Dogmen, und die Subtilitäten der christlichen Orthodoxie konnten bei der Masse der Bevölkerung des Reiches in den Ruch westlichen Heidentums geraten. Der Islam gab auf die Grundfragen nach Gott und dem Glauben eine einfache Antwort; darum wurde er keineswegs als fremde Religion, sondern als Erbe und Verteidiger der orientalischen Auffassung vom göttlichen Wesen empfunden.

Dieser drangsalierten Bevölkerung, die von Steuern erdrückt wurde – um so mehr als ihre Länder gerade die Last des Kriegs zwischen Byzanz und Ktesiphon getragen hatten –, erschienen die Araber gewiß nicht als Fremde oder als Barbaren. Sie waren seit langem auf den Märkten als Karawanenführer und noch mehr als Hirten am Rand der Wüste bekannt, aus der sie lange vor dem Islam, besonders in Syrien, tief in das Innere des Landes eingedrungen waren, und unterhielten zur lokalen Bevölkerung sehr viele traditionelle Beziehungen. Diese Kontakte, die außerhalb der Städte nicht nur die Händler und die Karawanenführer, sondern auch die notleidenden Massen zusammenführten, sind sicherlich ebenso zu beurteilen wie die Beziehungen, die zwischen den Barbaren und der Bevölkerung des Römischen Reiches entstanden. Auch im Orient wurden diese Begegnungen von Volk zu Volk durch die sozialen Spannungen zwischen den Massen und der Oberschicht begünstigt, durch das Streben nach Gleichberechtigung, durch ein Gefühl der Verwandtschaft des Elends gegenüber Wucher und Reichtum. All diese Tendenzen finden in der koranischen Verkündung der allgemeinen Gerechtigkeit die Erfüllung ihrer Sehnsucht.

Auch im Irak und in Persien haben soziale Konflikte eine Rolle gespielt. Im sassanidischen Staat, der so tief in der lokalen Geschichte verwurzelt war, ging es nicht um die nationale Frage. Wenn Ktesiphon den Arabern trotz seiner Pferde, seiner Elefanten und seines Goldes so rasch erlag, dann offenbar nur, weil sich die sassanidische Gesellschaft in einer tiefen Krise befand. Die Ausdehnung des Handels gründete sich auf die ungeheuren Geldreserven, die auf Kosten von Byzanz und des Westens angesammelt wurden, sowie auf die Kontrolle der Straßen in den Fernen Osten und zu dem am Indischen Ozean gelegenen Teil Afrikas. Dieser Handel zog einen Aufschwung der Städte nach sich, andererseits aber auch den Niedergang des Landadels und die Verarmung der städtischen Massen, für die im 6. Jahrhundert die Verbreitung der Sekte des Masdakismus ein beredtes Zeugnis ablegt. Der Staat der Sassaniden war zudem durch dynastische Krisen erschüttert, durch Jahrhunderte des Kampfes mit Rom und Byzanz erschöpft und in voller Auflösung begriffen, als er sich den Angriffen der Nomaden ergab.

Der erste Entwurf zu einem muslimischen Staat

Von den Schwächen des Gegners unterstützt, hält der beduinische Elan fast ein ganzes Jahrhundert an. Durch Zuzug neuer Mitkämpfer, die von der Arabischen Halbinsel kommen, wird die im wesentlichen arabisch gebliebene Armee verstärkt. Krieg und Rekrutierung erhalten sich so aus sich selbst und legen wirtschaftlich schon ein künftiges Lebensgesetz des Omayyadenreiches fest: den »extensiven« Sieg, der immer weiter getragen wird, soweit nur die Staatsverwaltung mithalten kann.

Der Boden, die sicherste Form der Beute, wurde der Masse der Eroberer auf regulärem Weg vorenthalten. In Form von Schenkungen fiel er zunächst an die Verwandten und Günstlinge des Kalifen; Vetternwirtschaft nennt es die Überlieferung, besonders im Fall Othmans, aber es ging weit mehr darum, dem Kalifen als dem Symbol des entstehenden Staates eine Hausmacht zu schaffen. Was die übrigen Ländereien betrifft, so machte die traditionelle beduinische Praxis der völligen Aufteilung unter die Sieger bald einer Regelung nach öffentlichem Recht Platz, die davon ausging, daß diese Güter im Namen des ganzen Islam erobert worden waren, der sie aber nichtsdestoweniger ihren traditionellen Besitzern gegen Zahlung einer Abgabe an den Staatsschatz überließ.

So demonstrierte das Kalifat, daß die Verteilung des Gewinns aus der Eroberung nicht den einzelnen oder den Stämmen zustand, sondern der Gemeinschaft der Gläubigen, deren Interessen der Staat vertrat. Man ließ die byzantinische oder sassanidische Steuerverwaltung im wesentlichen bestehen und bemühte sich vor allem darum, aus den eingegangenen Steuern ein Heeresbudget zu bilden, wobei die Einführung des Soldes die staatliche Entlohnung der Krieger festlegte.

Die Schaffung einer neuen, wenn auch noch rudimentären Zentralverwaltung verrät – verglichen mit der traditionellen beduinischen Anarchie, auch mit den neuen Ambitionen der Provinzgouverneure in ihren jeweiligen Lehnsländern – einen gewissen Sinn für die Einheit und die Vorrechte des Staates. In dieser Entwicklung, die unter den omayyadischen und abbasidischen Herrschern schnell fortschreitet, muß der Kalif natürlich einen besonderen Rang einnehmen. Selbst wenn das öffentliche Verhalten des Führers der Gemeinde noch etwas von der Einfachheit der ersten Tage des Islam hat, so ist das Prinzip, das er verkörpert, dennoch im Begriff, allmählich seine Bedeutung zu verändern. In den Augen der besiegten Völker wird der Nachfolger des Propheten allmählich der Erbe der klassischen Monarchie orientalischer Art. Die Machtkämpfe, die die Geschichte des Islam nach Muhammad kennzeichnen, setzen sicherlich die alten Stammesgegensätze fort, aber es besteht doch ein wesentlicher Unterschied. Damit, daß sie über Arabien hinauswächst, ändert die Macht ihre Vorzeichen. Zuvor war Macht eine Art Überlegenheit, die eine bestimmte Gruppe im engen Rahmen ihrer Beziehungen zu anderen Gruppen für sich beanspruchen konnte, weil sie ein großes Ansehen genoß. Jetzt soll Macht nach den Bedürfnissen eines Reiches geformt werden: sie soll universell und absolut sein. Die Eroberung und ihr Echo bei den Völkern des alten Orients sowie die gleichzeitige Einführung des dynastischen Prinzips in den rivalisierenden Klanen der Aliden und der von Muawiya angeführten Othmaniden bringen das Streben des Islam zum Ausdruck, sich dem Rahmen anzupassen, in dem er sich in Zukunft entfalten wird.

Der Beginn der kulturellen Vermischung

Die große Wandlung, die nun einsetzt, berührt nicht nur die geopolitische Ordnung. Die Eroberer, die am Anfang junge Männer waren, treffen auf alte Kulturländer, die stark genug sind, den Angriff zu überstehen und sogar die Ideale der neuen Herren zu bestreiten, wenigstens die profanen. Darauf reagieren die Araber, indem sie ihr eigenes Erbe immer mehr in den Vordergrund stellen. Andererseits konnten die Beduinen die mit ihnen konkurrierenden

Traditionen um so weniger überwinden, als deren Anhänger immer zahlreicher zur neuen Religion übertraten, so daß diese Religion nicht mehr das ausschließliche Eigentum der Arabischen Halbinsel war. Dem Islam gelingt es weder, die älteren Traditionen, schon gar nicht die immer noch lebenskräftigen darunter, ganz zu verdrängen, noch kann er das Entstehen synkretistischer Mischformen verhindern, die ihn immer stärker prägen.

Doch es gelingt ihm – und das ist wesentlich –, sie in seiner eigenen Sprache auszudrücken, die überall, bei den Massen wie bei der Elite, im Gebrauch ist und durch die eindrucksvolle Größe des Heiligen, mit dem sie verschmilzt, gefördert wird; ebenso durch die Verwaltung, die das Arabische allmählich an die Stelle des bisher gebrauchten Griechisch und Pahlevi treten läßt, und schließlich durch die spezifischen Vorzüge der arabischen Sprache als solcher. Im Gegensatz zur Situation andernorts, etwa im Norden, wo die Eindringlinge auf alte seßhafte Völker stießen, paßt sich hier der höher Zivilisierte auf den so vitalen Gebieten von Religion und Sprache kulturell dem weniger Zivilisierten an, nicht umgekehrt. Durch die arabische Sprache und durch den Islam fanden die Araber zu den fremden Kulturen, und diese Kulturen konnten weiterbestehen.

Das sind die Grundlagen für die künftigen Symbiosen in Ägypten, Syrien, Mesopotamien, im Iran und in Spanien.

Omar – ein exemplarisches Schicksal

Die frühe muslimische Geschichte wird von der außergewöhnlichen Erscheinung des zweiten Kalifen beherrscht, dem Symbol für die großen Ereignisse dieser Zeit. Es geschieht gewissermaßen alles durch die Person Omars: der Elan der Eroberungen, die Landschenkungen, die Entstehung neuer Städte sowie der Verwaltung, der organisierten Armee und der Behörden, die Regelung der Pilgerfahrt, die Wahl der Hedschra als Anfang einer neuen Zeitrechnung, die Festlegung des Status der nichtmuslimischen Bevölkerung, die Festigung der Zentralgewalt und die Einführung des Titels »Befehlshaber der Gläubigen« (*amir-al-mu'minin*) gleichzeitig mit dem Titel »Kalif«, ein Anzeichen für die neue Machtausrichtung. Zu nennen wären schließlich auch noch zahlreiche andere Initiativen, durch die der Islam sich zu einer geordneten und gegliederten Gesellschaft ausbaut. Das Erstaunliche ist nicht, daß Omar unmittelbar zu diesen Neuerungen beigetragen hat, die vermutlich, wenn auch langsamer, auch ohne ihn zustande gekommen wären, sondern daß ein schlichter Bürger Mekkas, der sozial nicht an der Leistung und dem Ansehen der Kaufmannsoligarchie teilhatte, in wenigen Jahren und unter allgemeiner Anerkennung zum Führer eines Weltreiches aufstieg.

Zweifellos schreibt die muslimische Überlieferung die großen Qualitäten, mit denen sie Omar belegt, zu Recht der Kraft des Glaubens zu. Denn sicherlich verleiht der Islam in seiner ganzen impulsiven Frische diesem Leben seinen Sinn. Omar steht dem neuen Glauben zuerst ablehnend gegenüber. Er bekehrt sich erst zum Islam, als er dem Zauber einer zufällig gehörten Koran-Lesung erliegt, und zeichnet sich wie Abu Bakr, aber mit ungleich größerem Ruhm, durch unvergleichliche Treue zum Islam und zu seinem Propheten aus. Er ist vielleicht der einzige, dessen Aufstieg zum Kalifat durch große eigene Verdienste von der Gemeinde mit solcher Selbstverständlichkeit angenommen wird. Er ist der große Mann in der Tradition der Sunniten und Charidschiten; der Schiismus aber wird ihm im Grunde niemals verzeihen, daß er durch seine großen Vorzüge die Legitimität Alis in Frage gestellt hat.

Eine unvoreingenommene Geschichtsschreibung hat ihn von der Beschuldigung, er habe die Bibliothek von Alexandria zerstört, freigesprochen. Sie hat es ihm als Verdienst angerechnet, wie human und tolerant sich die Einnahme von Jerusalem vollzog, und sie sieht in ihm den untadeligen Nachfolger Muhammads, den Bewahrer der traditionellen, durch den Islam geläuterten Tugenden Arabiens. Er ist das wichtigste Bindeglied zwischen der Ära der Gläubigen und der Ära der Politiker, die 40/661 mit dem Kalifat der Omayyaden beginnt.

Viertes Kapitel

Das Kalifat der Omayyaden in Damaskus

Eine zählebige Tradition datiert den weltlichen Höhepunkt des Islam in die Regierungszeit der ersten Kalifen von Bagdad, die im Jahr 749 beginnt. Doch den Historiker interessieren die hundert Jahre davor – auch wenn er sie nicht gut kennt – nicht weniger. Schon unter dem Kalifat von Damaskus wächst die militärische, wirtschaftliche und kulturelle Macht des Islam. Auf zahlreichen Gebieten säen die Omayyaden, und die Abbasiden ernten.

1. Die Anfänge des muslimischen Goldenen Zeitalters

Die Nachfolge Alexanders und Roms

Die Omayyaden errichten eines der eindrucksvollsten Reiche der Geschichte. Durch sie wird der Islam im frühen Mittelalter zum Nachfolger der großen Reiche der Antike. Territorial umfaßt er – von Griechenland und Kleinasien abgesehen – die Nachfolgestaaten des Alexanderreiches und den größten Teil der römischen Eroberungen im Süden. Diese Tatsache hat unübersehbare Folgen: Zum erstenmal sind die beiden Machtbereiche zwischen Spanien und der Mündung des Indus unter einer Herrschaft vereinigt, zu einem Wirtschaftsgebiet verschmolzen, einer Kultur offen.

Die Eroberungen erfolgen mit blitzartiger Geschwindigkeit: Als Muawiya alleiniger Führer des Islam wird (40/661), haben die arabischen Heere schon die Länder der antiken Geschichte erreicht oder fest in Besitz genommen, im Osten Gedrosien, Arachosien und Baktrien, im Norden den Kaukasus und Armenien, im Süden Nubien und schließlich im Westen das römische Afrika, das heutige Tunesien. Bis zum Jahr 700 konzentriert sich der Islam im wesentlichen darauf, seine Eroberungen zu sichern, indem er dort festen Fuß faßt, wo er vorher nur Kriegszüge durchgeführt hat, und nun Lager errichtet sowie Städte gründet. Wenn man von den zu Wasser und zu Land gegen Konstantinopel geführten Feldzügen absieht, breitet er sich territorial nur in Nordafrika weiter aus, wo er bis nach Marokko vorstößt.

Am Anfang des 8. Jahrhunderts erfolgt eine neue Eroberungswelle. Im Osten werden der Indus und der Amudarja (Oxus) überschritten und die muslimischen Provinzen Sind und Ma wara annahr, »das Land jenseits des Flusses«, das heißt Transoxanien, gegründet. Im Westen nützt eine Truppe von 6000 Mann, meistens Berber, die Streitigkeiten im westgotischen Spanien aus und überquert unter der Führung von Tariq die Meerenge, die den Namen des Eroberers erhält: Dschebel Tariq, Gibraltar. Das Heer des Königs Roderich wird im Jahr 92/711 am Fluß Barbate vernichtet. Den Eindringlingen, deren Reihen durch neue, von Musa Ibn Nusair, dem mißtrauischen Feldherrn Tariqs, herangeführte Kontingente verstärkt werden, öffnet sich die ganze Iberische Halbinsel.

Die nächste Eroberungswelle geht von Transoxanien und Spanien aus, aber sie führt nicht überall zum Erfolg. Durch seinen Sieg über die Chinesen an den Ufern des Flusses Talas (133/751) festigt der Islam seine Kontrolle über die alten Steppenrouten Zentralasiens, aber am andern Ende des Reiches kommt es im Jahr 114/732 zur Niederlage von Poitiers. Die Muslime ziehen sich nach Septimanien zurück, wo sie sich mit Billigung der Provenzalen noch eine Zeitlang behaupten können, doch 142/759 wird Pippin der Jüngere sie endgültig aus Narbonne vertreiben.

Damit hatten die Muslime ihre Herrschaft vom Atlantik bis nach Indien und vom Aralsee bis zur Sahara ausgedehnt. Und wiederum fragt sich der Historiker, wie und warum es möglich war, daß in der kurzen Zeit etwa eines Jahrhunderts ein Reich entstehen konnte, das größer als das Alexanders und mindestens ebensogroß wie das Römische war und das jedenfalls weiter als beide nach Zentralasien und Nordafrika vorstieß. Der Erfolg hatte sicherlich weithin seinen Grund in dem Krisenzustand, der in den alten Ländern herrschte. Hinzu kam das Durchhaltevermögen der Beduinen, das der Islam für seine Ziele zu nutzen wußte, als er die Nomaden zuerst in die fruchtbaren Grenzgebiete der Wüste, dann nach Libyen und in die Sahara führte. Der Vorstoß endete schließlich da, wo die Schwierigkeiten des rauhen Gebirgsklimas beginnen: am Pamir, am Kaukasus, in Armenien und in den Berbergebieten; aber auch da, wo man auf andere Nomaden stieß, deren Lebensweise und Vieh besser an die örtlichen Verhältnisse angepaßt waren, beispielsweise bei den Turkvölkern in Zentralasien. Und schließlich endet er dort, wo man auf ebenso junge und ehrgeizige Kräfte stößt: im Westen, der vom Aufstieg der Karolinger geprägt ist. Bereits in der Mitte des omayyadischen Jahrhunderts weichen die Araber zurück und werden in ihrem Eroberungselan von den Berbern abgelöst, die besonders in Spanien erfolgreich sind. Später treten dann die Turkvölker und nach ihnen die Mongolen auf den Plan. Sobald also die Eroberer seßhaft werden und in Städten leben, tauchen aus Wüsten und kargen Gebirgsländern andere Völker auf, übernehmen die Führung des Islam, tragen ihn über die Grenzen hinaus, innerhalb deren er Wurzeln geschlagen hat, führen ihn manchmal auch in Kämpfe, die er verliert, und irgendwann freunden sie sich selbst mit der Seßhaftigkeit und dem Synkretismus der Städte an.

Zu jener Zeit haben noch die Araber das Sagen. Ihre Eroberung unterscheidet sich zum Beispiel von der mongolischen Schrekkensherrschaft durch die Behandlung, die sie den unterworfenen Völkern zuteil werden lassen. Im Prinzip wird die Bekehrung nur denjenigen Völkern aufgezwungen, die kein Offenbarungsbuch kennen. In der Praxis betrachtet der Islam nicht nur die Juden und die Christen als Völker des Buches (*ahl al-kitab*), sondern auch die Parsen, die Buddhisten und viele andere. Für diese Toleranz hatten die Eroberer ihre Gründe, nämlich ihre zahlenmäßige Unterlegenheit, die es ihnen ratsam erscheinen ließ, auf diese Weise unter den Unterworfenen den Frieden zu bewahren, ferner auch fiskalische Hintergründe, denn nur gegen die Zahlung einer besonderen Steuer, der *dschizya*, durfte der geschützte Untertan (*dhimmi*) seine Religion weiter ausüben und sich der Gerichtshoheit der Führer seiner Gemeinschaft, sprich der Rabbiner oder der Bischöfe, unterstellen.

Ebensowenig hat die Eroberung anfangs das Leben der Seßhaften verändert. Im schlimmsten Fall brachten die Feldzüge nur neue Herren. Die Formen des Gewerbes und anderer städtischer Lebensweisen in der Abbasidenzeit zeigen, daß sie die Eroberung ohne bemerkenswerte Krise überstanden haben, obwohl der muslimische Staat seinen byzantinischen oder sassanidischen Vorgänger bereits verdrängt hatte.

Ein wichtigeres und auch neueres Phänomen ist die Besiedlung der eroberten Gebiete durch arabische Stämme. Sie verlassen die Arabische Halbinsel und lassen sich dort nieder, wo der Zug der Eroberungen sie gerade hintreibt, wo sie ein günstiges Siedlungsgebiet vorfinden und wo ihnen keine anderen, verfeindeten Auswanderergruppen in die Quere kommen. Mit ihren Sitten nehmen sie auch die alten Gegensätze zwischen Nord- und Südarabern, zwischen den Nachkommen Adnans und denen Qahtans, bis in die fernen Winkel Chorasans oder Spaniens mit. Durch neue, aus dem Streit um die Nachfolge des Propheten geborene Gegensätze verschärft, brechen die endlosen Streitigkeiten von neuem aus und machen, sobald die Zentralmacht schwächer wird, aus jeder Provinz einen Hort der Intrigen und Konflikte. Auch die politische Instabilität, eine der Konstanten Arabiens, wird ins gesamte Reich hinausgetragen.

Doch zur selben Zeit und wie zum Ausgleich geben dieselben Araber diesem Reich die tiefere Einheit. Über die Gegensätze hinweg, die Länder, Städte und Stadtviertel spalten, breitet sich allmählich die eine Sprache aus. Wie der Zug der Eroberungen beschränkt sich das Arabische territorial zunächst auf die Randgebiete der Wüste: den Fruchtbaren Halbmond, Ägypten, Tripolitanien und Tunesien, ohne die Grenze der Gebirge und der Küsten zu überschreiten. Hier leisten lange Zeit – oder auf Dauer – die Idiome Widerstand, die in Land und Tradition besonders lebendig und tief verwurzelt sind: iranische und Berberdialekte und im ägyptischen Flachland – allerdings in geringerem Maße – das Koptische. Doch auch außerhalb der Hauptgebiete gibt es zahlreiche Grüppchen und Sprachinseln, von denen sich eine Art Mittelarabisch ausbreitet, das stark mit Dialekt- und Fremdbestandteilen durchsetzt ist und darum ein ausgezeichnetes Instrument für den Handelsverkehr bietet, oder aber auch das reinere und kunstvollere klassische Arabisch, das für die abbasidische Kultur das sicherste Unterpfand der Einheit bedeutet. Ein Zeichen der Zeit ist der Untergang der alten Kolonialsprachen, des Griechischen im östlichen Mittelmeerraum und des Lateinischen in Nordafrika.

Wird die arabische Sprache zum neuen Merkmal dieses Reiches, so stellt der durch die junge *lingua franca* geförderte Handel die schönste Erbschaft dar, die der Islam antreten konnte. Aber er übernimmt sie nicht nur, er mehrt sie, denn er eröffnet ihr ein viel weiteres Feld, indem er die Grenze, die vorher Politik und Handel der byzantinischen und der sassanidischen Welt trennte, aufhebt und dem internationalen Verkehr einen Teil des barbarischen Westens erschließt. Und dazu kommt die Bürgschaft der religiösen Ethik: Zusätzlich zu den irdischen Privilegien, die das heidnische Arabien dem großen Kaufherrn eingeräumt hat, erteilt ihm der Islam den offiziellen Segen und verspricht ihm, wenn er gerecht ist, einen hervorragenden Platz im Paradies.

Schließlich ist noch das unerläßliche Instrument des Handels zu beachten: das Geld. Der fünfte omayyadische Kalif, Abd al-Malik (65-86/685-705), macht hier der Fremdherrschaft ein Ende, indem er auch auf diesem Gebiet Tradition und Neuerung glücklich verbindet. Byzantinischer Golddenar und sassanidischer Silberderem (Drachme) des alten oder nach der Eroberung leicht veränderten Typs werden nach und nach durch Dinar beziehungsweise Dirham ersetzt.

Die Namen erinnern noch an das Vergangene, aber Prägung und Aufschrift sind arabisch, und das Gewicht wird neu festgesetzt: 2,97 Gramm für den Dirham, 4,25 Gramm für den Dinar; dabei wird das Silber im Verhältnis eins zu zehn zum Gold bewertet. Es ist eine stabile Währung, denn der Dinar hat zu dieser Zeit einen Feingehalt von 96 bis 98 Prozent. Es ist aber auch eine realistische Währung, denn die alten Zahlungsgewohnheiten werden nicht umgestoßen, sondern in ein neues System eingepaßt: Mit der Einführung von Dinar und Dirham tritt eine einheitliche Reichswährung mit zwei Metallen an die Stelle zweier konkurrierender Parallelwährungen, die jeweils auf einem Metall basierten. Wie das Geld paßten sich auch die Produkte und Routen den durch die Eroberung geschaffenen Bedingungen mehr an, als daß sie sich veränderten. Obwohl wir die alten Zentren des Handwerks und der Landwirtschaft dieser Zeit nur wenig kennen, können wir doch annehmen, daß sie bei ihrer Tradition blieben: Stoffe, Papyrus und Weizen kamen aus Ägypten, Waffen, Getreide und Öle aus Syrien, Luxustuche und Perlen aus der Susiana und Persien (Fars). Nur selten wurden die Absatzwege durch die Eroberungen beeinträchtigt, wie zum Beispiel für das syrische Öl, das dem Kriegsschauplatz Kleinasien zu nahe lag, oder für den Weizen Ägyptens, der über die Städte des Hedschas statt über Konstantinopel geleitet wurde. Meistens paßten sich die Handelswege den Bedürfnissen der Städte an, die der Islam auch hier in den Randgebieten der Wüste aus dem Boden stampfte oder ausbaute: Kairuan, al-Fustat (das spätere Kairo), Basra und Kufa im Irak und vor allem die Hauptstadt Damaskus.

Stärker noch als zu Land war die Kontinuität zu Wasser, doch hier mit Unterschieden und Veränderungen, die sich verstärken, je näher man vom Indischen Ozean her zum Mittelmeer kommt. Im Osten geht der Handel im wesentlichen noch zu Fuß vonstatten. Der Persische Golf kann im Wettbewerb mit der antiken Karawanenstraße Zentralasiens nicht bestehen, denn die Eroberer haben sich ihre Kontrolle gesichert, und Sindbad der Seefahrer wird erst später geboren, nach der Gründung der riesigen Metropolen des abbasidischen Irak, Bagdad und Samarra. Im Westen hat das Meer unstreitig größere Bedeutung; wieder einmal nimmt das Mittelmeer denjenigen in Beschlag, der es berührt. Die Araber stoßen hier vorübergehend auf die Waldreserven des Libanon und des Taurus, auf die syrischen und ägyptischen Werften für Kriegsschiffe und auf die Schiffsbaukunst der alten Küstenvölker. Bei den Arabern selbst wachsen seemännische Begabungen heran, wie jener Busr Ibn Abi Artat, der zehn Jahre vor der Hedschra geboren wurde und mit anderen zusammen Syrien und Ägypten erobert, zum energischen Gouverneur des Hedschas und des unteren Irak wird und als Admiral seine Flotte bis an die Stadtmauern von Konstantinopel führt.

Doch diese spektakulären und wiederholten Überfälle bleiben jeweils ohne Folge, und die Besetzung der Inseln erweist sich als schwierig; selbst Zypern, die allernächste Insel, kann nie ganz der byzantinischen Kontrolle entzogen werden, von Kreta ganz zu schweigen. Als die Überraschung verwunden ist, behauptet allein Konstantinopel, später mit Venedig im Rücken, seine Präsenz im östlichen Mittelmeer. Mit ihm sind die syrischen und die ägyptischen Häfen, Alexandria an der Spitze, durch Raub und Tausch, sei es auch nur von Gefangenen, verbunden. Auf lange Sicht sammelt die muslimische Marine, die sich durch derartige Zusammenstöße an den Seekrieg gewöhnt, die Erfahrungen, die sie später im Westen für die auf sich genommenen Anstrengungen entschädigen. Wenn auch feststand, daß das östliche Mittelmeer nie ein muslimisches Meer werden sollte, so verstand es der Islam immerhin, die in den Häfen der Levante erlernte Technik in den Westen zu übertragen, um hier dauerhaftere Erfolge zu erzielen. Die um 75/694 erfolgte Ansiedlung koptischer Familien in Tunis, die dort die neue Marinewerft übernehmen, kündigt die Eroberung Maltas und die anschließende Eroberung Siziliens an, der künftigen Perle des Islam im Mittelmeer.

Das Räderwerk des Staates

Das durch die Eroberung geschaffene Reich besiegelt die arabische Vorherrschaft. An der Spitze der Pyramide steht der Kalif, der Nachfolger des Propheten und alleinige Herrscher. Als die Einfachheit der ersten Jahre des Islam allmählich schwindet, entsteht in Damaskus ein prächtiger Hof, an dem sich an der Verfeinerung der Etikette und des Hofzeremoniells bereits deutlich die Züge einer Monarchie orientalischen Stils abzeichnen. Von einem Ende des Reiches bis zum andern wird die Macht des Kalifen über viele Stufen bis in die Dörfer hinunter weitergegeben. Das wichtigste Glied in dieser Übertragung der Macht ist der Provinzgouverneur, der aus einer großen arabischen Familie stammt und direkt von Damaskus eingesetzt wird, von wo er, wenn er Vertrauen verdient, fast uneingeschränkte Machtbefugnisse erhält. Diesem Typus des gestrengen Dieners hat die Geschichte in al-Hadschdschadsch, dem berühmten Gouverneur des Irak, ein Denkmal gesetzt. Als Städtegründer und großer Feldherr, unermüdlicher Gesetzgeber und einer, der jede Revolte unerbittlich niederschlägt, betritt er fast allein und unangemeldet die Moschee von Kufa, das in vollem Aufruhr ist, gibt sich zu erkennen und ruft: »Ich sehe hier Köpfe, die reif zum Fallen sind! Ich sehe bereits das Blut über die Turbane und über die Bärte fließen. Iraker! Gott ist mein Zeuge, daß ich nicht zu denen gehöre, die sich wie Feigen betasten lassen! Der Fürst der Gläubigen, Abd al-Malik, hat seinen Köcher ausgeleert, um seine Pfeile zu prüfen, und er hat keinen gefunden, der bitterer und härter wäre als ich!«

So viel Entschlossenheit, Treue, auch Brutalität trägt unerwartete Früchte. Das Reich hält trotz der Rivalität der Klane, der Sekten und der Provinzen zusammen. Im übrigen hat die Verwaltung der Eroberer sich gehütet, die hergebrachten Strukturen tiefgreifend zu verändern. Sie setzte sich über die Verwaltung der Vorgänger und behielt, wenigstens am Anfang, deren Sprache – Persisch, Griechisch, Koptisch – bei, manchmal auch die höheren Ämter (*diwan*) in der Kanzlei-, Heeres- und Steuerverwaltung auf Provinzebene.

Das schon unter Omar fest geordnete Heer verändert sich kaum in der Bewaffnung, die, von den Belagerungsmaschinen abgesehen, rudimentär bleibt, erheblich aber in seiner Zusammensetzung. Wenn auch in den Registern die Fiktion einer ausschließlich arabischen und nach Stämmen eingeteilten Truppe aufrechterhalten wird, wenn auch, im ganzen gesehen, die Araber noch die große Mehrheit der Truppen stellen, so gilt dies trotz allem mehr für die Etappe als für die Front.

Hier werden die, die ursprünglich als Invasoren aufgetreten waren, immer mehr von ihren Schutzbefohlenen (*mawali*), von nichtarabischen Muslimen oder von nichtmuslimischen Grenzbewohnern unterstützt, die durch Steuerbefreiung wie durch die Aussicht auf Kriegsbeute angelockt werden. Iranier, Armenier, Berber – die letzteren, wie berichtet, bei den in Spanien einfallenden Truppen in der Überzahl – ersetzen immer mehr die wegbleibenden Freiwilligen aus den arabischen Stämmen. Schon erscheinen Soldaten und Söldner, die die Araber ablösen und bald ganz verdrängen. Diese sind kriegsmüde, durch das Stadtleben verwöhnt und lassen sich mit ihren Familien und dem Stammesgefolge in den Lagerstädten Ägyptens und des Irak oder in den Militärbezirken (*dschund*, Mehrzahl *adschnad*) Syriens und Palästinas nieder.

In der Steuergesetzgebung unterscheidet die islamische Theorie wie wir »Abgaben« und »Steuern« im engeren Sinn. Der Muslim hatte gemäß der reinen Lehre nur die erstere in Form des Almosens (*zakat*, *sadaqa*) zu leisten, das, wie bereits geschildert, eine der fünf Säulen seines Glaubens bildet und das üblicherweise ein Zehntel (*uschr*, Zehnter) des Einkommens aus Grundbesitz oder anderem Erwerb beträgt. Der geschützte Nichtmuslim (*dhimmi*) zahlte Grundsteuer (*charadsch*) und Kopfsteuer (*dschizya*), letztere als Gegenleistung für die ihm gewährte religiöse Freiheit.

Theoretisch wird eine bestimmte Art von Einkommen also nicht besteuert, nämlich das nicht aus Grundbesitz gewonnene Einkommen der Nichtmuslime. Der muslimische Staat konnte sich diesen Einnahmeausfall nicht leisten und war gezwungen, die Lehre nicht zu genau zu nehmen, die den Handel privilegierte und ohne Umstände ihren Widerwillen bestimmten Steuern gegenüber ausdrückte. Das waren die Steuern auf Handelskapital, auf Miet-, Schutz- oder Gebrauchsrechte und die Wegegelder und Zölle. Letztere waren den Puritanern um so anstößiger, als sie die Waren unabhängig von der Religion des Besitzers belegten und nicht nur an den Grenzen des Reiches, sondern auch im Innern, von Provinz zu Provinz und von Stadt zu Stadt, erhoben wurden. Damit dienten sie nicht mehr dem Interesse der als unteilbar geltenden Gemeinschaft, sondern nur noch den Eigeninteressen dieses oder jenes ihrer Teile.

Der Islam mußte also seine hohe Warte verlassen und wieder einmal mit den Realitäten einen Ausgleich suchen, insbesondere mit jenen Traditionen, die ihm die Steuersysteme seiner Vorgänger hinterlassen hatten. Die Grundsteuer, der Zehnte und die Kopfsteuer waren für die alten Einwohner von Byzanz und Ktesiphon selbstverständlich keine Überraschung. Auch die Art der Einziehung wurde den jeweils vorgefundenen Verhältnissen angepaßt und gliederte sich in Steuerpacht und direkte Steuerverwaltung. Im Vergleich zu den früheren Reichen läßt sich sicherlich eine Zunahme der Handelssteuern und allgemein eine Komplizierung des Steuersystems verzeichnen. Dadurch verstärkte sich jedoch nur ein Trend, der schon im antiken Orient zu beobachten war, als Länder wie Ägypten als »Paradies des Fiskus« galten.

Eines ist sicher: Der Handel zwischen Asien und dem Mittelmeerraum, für den das Einziehen von Zöllen und Wegegeldern längst zum Alltag gehörte, sollte nicht merklich unter den Unannehmlichkeiten zahlreicher Steuern leiden, weil diese durch die Schaffung eines riesigen, in idealer Weise an der Kreuzung der Weltstraßen gelegenen Reiches ausgeglichen wurden. Hingegen werden die mit dem Grundbesitz verbundenen Rechte und Pflichten zu einem wirklich bedrohlichen Problem für die Einkünfte des Staates, aber auch für die logistischen Bedürfnisse der Armee und die Grundlagen des neuen islamischen Gemeinwesens.

Syrische Pracht

Die schönsten Kleinode des muslimischen Mittelalters sind seine Städte. Das Ideal des Lebens in der Gemeinschaft, in dem Moschee und Kanzel eine bedeutende Rolle spielen, und die Notwendigkeit, die eroberten Länder besetzt zu halten, wie auch das Verlangen nach Ruhm machen die Gründung von Städten zu einem Hauptfaktor dieser Geschichte. Der Islam errichtet sie damals mit Vorliebe an den Rändern der Wüste, weitab vom Meer, das noch nicht unterworfen ist, wenn auch gerade in diesem Bereich das neue Tunis für die nächsten Expansionen die Richtung weist.

Fünf Städte ragen aus der Zahl der anderen hervor. Manche sind schon unmittelbar vorher entstanden, erleben aber unter dem Kalifat der Omayyaden ihren Aufstieg und Ruhm: Kairuan (50/670), al-Fustat, das spätere Kairo (22/634), Basra und Kufa, die Städte am mittleren und am unteren Euphrat (17/638), und Wasit, »die Mittlerin«, die auf halbem Weg zwischen ihren irakischen Schwesterstädten gegründet wurde, um sie zu überwachen. Alle weisen sie die gleichen Züge auf: Es sind Lagerstädte, in denen Truppen ihren Standort bekommen und die Stämme sich nach Stadtvierteln gruppieren; Städte, die meistens in Randgebieten erbaut werden und ältere Siedlungen übernehmen, bis sie ihrerseits am gleichen Platz oder weiter weg durch neue Städte abgelöst werden.

Die Ansiedlungen im Irak, die im Zuge der Eroberung und dann zur Befriedung des Landes entstanden waren, gehen sehr schnell wieder unter. Basra bildet die Ausnahme, weil es vom lebhaften Handel des Persischen Golfs gerettet wird. Al-Fustat, die Nachfolgerin des ägyptischen Babylon, fällt zugunsten des fatimidischen Kairo, al-Qahira, dem Vergessen anheim. Kairuan schließlich, der Wachtposten in der Wüste, wird von anderen Siedlungen umringt und bedrängt. Rings um diese Stadt, besonders auf der nach dem Meer gelegenen Seite, dem sich die Zukunft Tunesiens mehr und mehr zuwendet, wächst eine Gruppe fürstlicher Residenzen – zwischen 800 und 950 nicht weniger als fünf – aus dem Boden, die sich zu Städten entwickeln. Dabei bleiben sie manchmal mit der ursprünglichen Kernstadt verbunden, nehmen ihr jedoch die Rolle als Hauptstadt und ziehen Einwohner wie Gewerbe ab.

Eine weitere Konstante des arabischen Mittelalters ist zu vermerken: Die Stadt ist nie mit ihrer Lage zufrieden. Eigentlich entgeht nur die Hauptstadt, das verjüngte und vergrößerte alte Damaskus, solchen Launen, denn diese Stadt kann sich in keiner Weise über ihre neuen Herren beklagen. Seit dem ersten Jahrhundert des Islam entfaltet sich hier glanzvoll eine seiner großen Errungenschaften, die Verschmelzung der Künste. Sie strahlt auf in der Leistung der Architekten und Künstler, mit der die Wünsche der neuen Gemeinschaft erfüllt werden.

Das Jahrhundert der Omayyaden steht unter dem Wahrzeichen der großen Moscheen: in Kairuan, al-Fustat und Jerusalem, in Medina, Basra und Kufa, doch vor allem in Damaskus, wo der sechste Kalif der Dynastie, al-Walid I., das Vorbild aller weiteren errichtet. Hier kann man die Entwicklung ablesen, die sich in etwa einem Jahrhundert seit der ersten primitiven Urform, dem *temenos*, der einfach auf ebenem Boden abgesteckt und mit Rohrgeflecht unter dem Schatten von Palmen umzäunt wurde, vollzogen hat. Gewiß, zu den ersten Erfolgen seiner Kunst, die mit den Moscheen der Omayyaden beginnt, trägt der Islam wenig bei, er lebt vielmehr von dem, was er vor allem von Byzanz, aber auch von Persien entlehnt, besonders für den Felsendom, die »Omar-Moschee« in Jerusalem, wo er »das Mosaik, die Leihgabe aus Byzanz, im Geist der sassanidischen Stuckornamente verwendet«. Selbst wenn er wie in Damaskus nur den Rumpf des vorherigen Heiligtums, die Umfassungsmauer, verwendet, stammt das, was er neu baut, von den Kunsthandwerkern am Ort oder von Fremden, kommt aus ihren Techniken und Traditionen: Die Marmorverkleidungen und Mosaiken, die Kuppeln, Arkaden und Schiffe beginnen mit dem Islam nur eine neue Stufe ihrer Entwicklung. Die Anlage des ganzen Bauwerks und seine freitägliche Benutzung zum gemeinsamen Gebet mit der Predigt (*chutba*) des Kalifen zeigen zur Genüge, daß man nicht ganz mit gewissen orientalischen Traditionen gebrochen hat, die im Tempel und seinem Zeremoniell die Palastaudienzen fortsetzen.

Und dennoch sollte man sich nicht täuschen lassen – es handelt sich bei der Moschee doch nur um ein muslimisches Bethaus und um nichts anderes. Daran erinnern die Nische (*mihrab*), die die Richtung nach Mekka und damit die neue geistige Orientierung des Gebäudes anzeigt, und die Brunnen im Hof für die rituellen Waschungen. Die Ausschmückung mit Pflanzen- oder Schriftmustern, mit geometrischen oder architektonischen Ornamenten läßt schon die Abneigung des Islam gegen Darstellungen lebender Wesen als einer Form des Götzendiensts erkennen. Die Minarette mit den Muezzins schließlich, die sie regelmäßig betreten, sind vielleicht die typischsten Merkmale jeder muslimischen Stadt. Wenn man auch schematisch das viereckige Minarett des syrischen und mediterranen Islam, das Säle, Fenster und Stockwerke hat, dem der östlichen Gebiete, das rund oder vieleckig, fensterlos und säulenartig gebaut ist, gegenüberstellt, wenn man in den Minaretten auch je nach Standort alte Überbleibsel von Wacht- oder Kirchtürmen, von Leuchttürmen oder einfachen Schmuckbauten sieht, deren ursprüngliche Bedeutung nur allmählich, manchmal nie in Vergessenheit gerät, so drückt dennoch der Islam ihnen seinen einmaligen Stempel auf und verleiht ihnen einen neuen Sinn, der die Erinnerung an die frühere Verwendung auslöscht oder verwischt. Dieser Sinn kommt in dem Ruf zum Gebet (*adhan*) zum Ausdruck, in der Stimme, die zunächst von den Terrassen ertönt, allmählich die Minarette erklimmt und aus ihnen das dreifache Symbol des Raums, der Zeit und des Kults der Muslime macht.

Nicht nur die Moschee ist Zeuge des öffentlichen Lebens, auch der Bau von Palästen kommt in der omayyadischen Zeit zur Blüte. Als unermüdliche Bauherren umgeben die Kalifen, vor allem al-Walid I., Hischam und al-Walid II., das Gebiet um Damaskus mit einem Gürtel von Schlössern. Man hat bis heute mehrere Dutzend gezählt, und fast alle liegen zur Wüste hin, in Transjordanien oder im Gebiet von Palmyra. Diese Fürstenresidenzen fügen sich in einen weitaus größeren Komplex von zahllosen Landgütern ein, die auf früheren römischen oder byzantinischen Besitzungen oder auf dem Gelände alter Forts der arabischen Grenzbefestigungen angelegt sind – jener *castella*, an die die Ortsbezeichnung »al-Qastal« überall erinnert. Der Politik Othmans, ihres fernen Verwandten und Vorgängers, getreu, streben die omayyadischen Kalifen danach, die

Nomaden seßhaft zu machen, indem sie gewisse Gebiete zu eigenem Gebrauch übernehmen oder sie den emigrierten arabischen Stämmen in Erbpacht geben. Sie machen die Randgebiete der Wüste durch Bewässerung fruchtbar und verschaffen sich eine Art von Domänengut mit einem Zentrum aus zahlreichen festen Bauten.

Ähnliche Kontinuitäten wie bei der Nutzung des Landes gibt es auch in der Pflege der bildenden Künste. Mehr noch als beim Bau der Moscheen der Fall, bei dem die neue Religion der Architektur ihre Ansprüche und der Ornamentik ihre Zurückhaltung aufzwingt, findet der Islam im Bereich der Kunst ein geschlossenes Erbe vor, das er fast ohne Hemmungen übernehmen kann. Skulpturen, Fresken und Mosaiken oder die seltenen Reste omayyadischer Privatbauten bezeugen Freiheit und Reichtum in der Darstellung von Menschen und Tieren. Man wird darauf hinweisen, daß diese Mauern die spezifischen Kunstvorstellungen der neuen Herren widerspiegeln, vor allem die Poesie der Einsamkeit, in der man lange Zeit den einzigen Grund für ihre Errichtung gesehen hat. Aber es besteht kein Zweifel, daß die Bauten der Steppe ökonomisch und kulturell eher syrisch als muslimisch geprägt sind, denn sie sind so stark in der Tradition verwurzelt, daß man manchmal zögert, sie insgesamt oder teilweise dem Islam zuzuschreiben. Das anspruchsvollste, vielleicht das am buntesten zusammengesetzte Bauwerk unter allen, Mschatta, das heute verloren vierzig Kilometer östlich vom Roten Meer liegt, gibt auch das hartnäckigste Rätsel auf.

Dieser allgemeine Synkretismus ist in der Literatur weniger ausgeprägt. Gewiß sichert auch hier das omayyadische Jahrhundert durch die Rolle, die es dem städtischen Leben zuweist, und durch die wachsende Bedeutung, die die Bekehrten als Erben alter Kulturen erlangen, den Übergang in die Zukunft, und es besteht kein Zweifel, daß der Grundstein zur künftigen abbasidischen Kultur in den letzten zwei oder drei Jahrzehnten des Kalifats von Damaskus gelegt wurde. Doch in der Literatur geschehen die Begegnungen nicht so unmittelbar, und die Reifeprozesse vollziehen sich langsamer. Der Grund hierfür ist einfach: Er ist in der Tatsache zu sehen, daß die arabische Sprache und die Ideale, die in ihr zum Ausdruck kommen, von dem Schwung der Eroberung profitieren, durch die sie sich ausbreiten können. Während die neuen Herren zum Beispiel in der Architektur noch viel zu lernen haben, kann sich ihre

Sprache, bedingt durch den Siegeszug des Islam, sowohl in der profanen als auch in der religiösen Literatur schnell etablieren.

Daß die Zeit der Begegnung, das heißt des Gegensatzes und des Streits, noch nicht gekommen ist, geht daraus hervor, daß sowohl der neue Staat den geschützten Untertanen die Nutzung ihrer Ländereien überläßt, als auch die von der Arabischen Halbinsel gekommene Kultur deren Glauben und deren Traditionen toleriert. Die »Nationen« leben so Seite an Seite, ohne gegenseitige Einmischung. Das kommt besonders darin zum Ausdruck, daß es Byzanz ist und nicht der Islam, mit dem die verschiedenen Formen der Christenheit in Kontakt oder Konflikt leben – wie das Beispiel des berühmten heiligen Johannes von Damaskus zeigt.

Im Jahrhundert der Omayyaden ist durchaus die Dichtung die herausragende Ausdrucksform des arabischen Geisteslebens. Sie ist zunächst archaischen Ursprungs oder archaisierend und steht in der Tradition der großen vorislamischen Sänger wie Imru al-Qais oder Antara, der im Lauf der Jahrhunderte der ritterliche Held des berühmten *Antar-Romans* wird. Diese poetische Strömung nimmt die alten Themen der Prahl- und Streitsucht der Stämme wieder auf, trägt sie in die städtischen Zentren und gibt ihnen ein politisches Gepräge, ohne dabei die Themen der Klage und der Liebe zu vergessen. Hier heißen die Sänger Dhu ar-Rumma, Dscharir, al-Farazdaq und al-Akhtal; letzterer ist Angehöriger eines christlichen Stammes, der seinem Glauben treu bleibt. Daneben gibt es eine neuere Dichtung, zu deren wichtigsten Vertretern Umar Ibn Abi Rabi'a gehört. Diese Dichtung, die in den Städten des Hedschas bei den großen Menschenansammlungen der Pilgerfahrt entstanden ist, besingt das mondäne Leben und die Liebesabenteuer. Es ist eine Dichtung der Lebensfreude, in der aber die Frau, die im allgemeinen von hohem Stand ist, noch nicht, wie später in der »Dichtung der Männer« der Abbasidenzeit, zum Objekt erniedrigt wird, etwa als Sklavin oder Kurtisane. Hier ist die Frau in ihrem Handeln frei, sie widerspricht, verweigert sich und erweist ihre Gunst nur dem, der sie verdient – ein Beweis dafür, daß im ersten Jahrhundert des Islam und besonders in den heiligen Städten Arabiens, wo die kulturellen Gewohnheiten Handel und Verkehr fördern, die Frau noch ein wichtiges Glied der Gesellschaft ist und noch von den überstrengen Verboten verschont bleibt, die ihr bald die Kodifizierung des Rechts und die von der Lehre geforderten Bräuche auferlegen werden.

2. Schwierigkeiten und Mißklänge

Die Unbeständigkeit des Staatswesens

Wie groß und stark das omayyadische Reich auch ist, so zeigen doch die ständigen Krisen, die es erschüttern, deutlich, daß die Araber, als sie ihre Halbinsel verließen, die Neigung der Stämme zu politischer Unbeständigkeit mitgenommen haben. Manche der großen Kalifen, Muawiya und Abd al-Malik an der Spitze, versuchten zwar, die dynastischen Interessen durch Ausschluß der Seitenlinien zugunsten der direkten Nachkommen zum Regierungsprinzip zu machen. Aber es war vergeblich: Die Mehrheit der Muslime blieb unfähig, den Staat vom Status quo zu unterscheiden und in einer Dynastie etwas anderes als einen jederzeit anfechtbaren Erfolg einer Stammesgruppe zu sehen. Besonders gut läßt die Überlieferung dies am Beispiel des al-Hadschdschadsch erkennen, den sie verurteilte, weil er auf Provinzebene die Autorität einer geeinten Macht repräsentierte und, seinem Jahrhundert voraus, die lokalen Gegensätze verachtete.

Im übrigen wirkt sich diese ewige Stammesstreitsucht nicht nur außerhalb des Klans der Omayyaden aus. Auch in seiner Mitte kommt es zu Spaltungen, zunächst zwischen den Nachkommen Muawiyas (Sufyaniden) und al-Hakams (marwanidische Kalifen), aber auch bei den letzteren wiederum zwischen Söhnen, Onkeln, Brüdern oder Vettern. Die ursprüngliche Unbeständigkeit der Stämme, die sich mehr und mehr zu politischen Schutzverbänden wandelten, verschlimmerte sich in dem Maß, wie die Macht durch die Eroberungen wuchs. Sie vor allem liefert, im Gewand religiöser Opposition, den Grund zum Streit zwischen dem schiitischen Irak und dem »orthodoxen« Syrien, zu den omayyadenfeindlichen Bewegungen in Arabien und Ägypten und zu den Rivalitäten zwischen den Provinzen; so im Irak, so im Streit zwischen Basra und Kufa, der später von der klassischen Literatur anschaulich festgehalten wird, so in Syrien im alten Konflikt zwischen Nord- und Südarabern, die jetzt Qaisiten und Jemeniten heißen. Die Kalifen ihrerseits betreiben eine Politik des Ausgleichs. Den energischsten und klügsten – Muawiya, Abd al-Malik, dem frommen Omar II. Ibn Abd al-Aziz – gelingt es manchmal, durch Gewalt, List oder Uneigennützigkeit, die Unversöhnlichen zu versöhnen, doch diese Machtspiele führen schließlich zu einem Kräfteverschleiß und zum Untergang der Herrschenden; allein in den letzten sieben Jahren der Dynastie lösen vier Kalifen einander ab.

Die Krisen in Bodenpolitik und Verwaltung

Auf recht schematische Weise wurde bereits die islamische Steuertheorie erläutert. Sie stieß rasch auf den Widerstand der Tatsachen. Die Bekehrung der Bewohner der unterworfenen Länder schien dem muslimischen Staat bald gefährlicher als ihr Verbleib beim alten Glauben. Wenn sie zum Islam übertrat, wurde die Bevölkerung von der Tributpflicht befreit. Der Fiskus verlor sowohl die Einnahmen aus der Kopfsteuer (*dschizya*) als auch bei der Bodenbesteuerung die Differenz zwischen der Grundsteuer (*charadsch*) und dem Almosenzehnten, der einzigen Abgabe, die von den Muslimen eingetrieben werden konnte. Die Streichung der Kopfsteuer konnte der Staat den Konvertiten kaum verweigern, aber er hatte keine Bedenken zu bestimmen, daß die Aufteilung der Ländereien nach der Art ihrer Besteuerung (Grundsteuer oder Zehnt) unveränderlich war und nicht mehr von der Religionszugehörigkeit ihrer Besitzer abhing. Man schuf so in der Praxis zwei Kategorien Muslime, die Araber und die Masse der den verschiedenen Stämmen als Schutzbefohlene (*mawali*) angegliederten Konvertiten. Die Spaltungen in der Bevölkerung im Verein mit der Ungerechtigkeit in der Besteuerung lösten Proteste und Revolten aus, die das Gleichheitsideal des Islam anmahnten und den omayyadenfeindlichen Bewegungen Auftrieb gaben.

Dieselbe Ungleichheit ist in den in arabischem Besitz befindlichen Ländereien anzutreffen. Wenn man den auf der Arabischen Halbinsel gelegenen Grundbesitz ausnimmt, kann es sich bei diesen Ländereien theoretisch nur um Gemeingut handeln. Denn für den Islam fällt jedes Territorium, das der Krieg durch den Tod der Eigentümer oder durch ihre Flucht herrenlos macht, dem gemeinsamen und unteilbaren Besitz (*fay*) der Gemeinschaft zu. Sie verteilt die Nutzung (*iqta*) von Grundstückskomplexen (*daia*), und die Nutznießer müssen dafür den Zehnten zahlen. Diese Nutznießer aber wohnen meistens in der Stadt und lassen den Boden von Pächtern bewirtschaften, die durch einen Pachtvertrag (*muzaraa*) gebunden sind.

Für die Bauern war dieses System nicht besser und nicht schlechter als ein anderes. Es bestätigte einmal mehr, daß der Islam das Erbe von Byzanz antrat. Doch sein Manko war, daß es den Bauern im Vergleich zu den grundsteuerpflichtigen Landbesitzern unmittelbar benachteiligte. Wenn man schon aufgrund der Tatsache, daß es keine massive Flucht in das Pachtsystem gab, davon ausgehen kann, daß die Abgaben der Pacht ebensohoch waren wie die Grundsteuer, so hatte doch der Besitzer eines mit Grundsteuer belasteten Landes zumindest den Vorteil, auf eigene Rechnung zu wirtschaften.

Doch es geht nicht allein um die stete Frage nach der Freiheit des Bauern. Denn wenngleich Grundsteuer und Pacht dem weitaus günstigeren System des Zehnten in gleicher Weise nachstanden, so wurde doch diese Ungleichheit keineswegs in beiden Fällen gleich stark empfunden. Auf der Ebene sozialer Gerechtigkeit konnte man den Landbesitzer, der grundsteuerpflichtig war und seine Abgaben direkt an den Fiskus entrichtete, nicht mit dem Pächter vergleichen, der zwar in Form der Pacht einen etwa gleichgroßen Ertragsanteil ablieferte, aber an den Inhaber der Domäne. Das war eine schreiende Ungerechtigkeit, weil dieser Inhaber selbst nur den Zehnten an den Fiskus zahlte und so einen ansehnlichen Gewinn aus der Arbeit des Bauern zog. Im Pachtsystem, durch das offenkundig ein Landadel geschaffen werden sollte, ging die Bewirtschaftung des Bodens mit einer Ausbeutung des Menschen einher. Was Abgaben, Einkommen, Arbeitspensum und -technik angeht, war die Situation der Bauern damals gewiß überall gleich, aber das erwähnte Besteuerungssystem ersetzte diese Gleichheit durch eine rechtliche Schieflage, bei der wieder einmal die sozialen und die ethnischen Unterschiede zusammenfielen.

Diese Ungleichheiten waren zwar institutionell sanktioniert, aber um so schwerer zu ertragen, weil sie oft mit jeder auch nur scheinbaren Legalität brachen und rein willkürlich waren. Schon während und auch nach der Eroberung gingen etliche Nutznießer dazu über, die ihnen zur Nutzung überlassenen Ländereien als ihr Eigentum zu betrachten. Doch noch schlimmer war, daß in den Gegenden, die abgelegen oder schwer zugänglich waren oder wo die Autorität der Gouverneure nur unvollständig Fuß gefaßt hatte, die Eroberer und manchmal auch die eingesessenen Adligen es verstanden hatten, sich die Ländereien der Einheimischen anzueignen, obwohl die Abtretung eines Grundstücks juristisch nicht gerechtfertigt war. Wenn sie dies aber nicht durchsetzen konnten, dann zwangen sie die in Schwierigkeiten geratenen Bauern in ein Schutzsystem, das ihr Eigentumsrecht in ein Pachtverhältnis, ja in halbe Leibeigenschaft – zumindest in wirtschaftlicher Hinsicht – verwandelte. Das bot eine weitere Quelle für Spannungen und bedeutete weniger Einnahmen für den Fiskus.

Obwohl für diesen Zeitabschnitt nur wenige Einzelheiten bekannt sind, kann man aus allem, was wir wissen, schließen, daß in den Ländern des Islam das Grundrecht unbeständig und der Besitz von Grund und Boden *de facto* oder *de jure* eine unsichere Sache war. Darum führt die Frage des Grundbesitzes zu zahlreichen Krisen: zu Krisen des Bodenrechts, aber auch zu Finanzkrisen, die auf die schwankenden Steuereinnahmen aus den Ländereien zurückzuführen sind, sowie zu sozialen und institutionellen Krisen, da der Staat der Hauptverbraucher der Steuermittel ist. Zunächst ist das Heer als bedeutender Träger des öffentlichen Lebens bedroht; denn die Araber werden auf den konzessionierten Ländereien seßhaft – die Möglichkeiten, Land zu verteilen, versiegen, die Grundbesitzer verwenden die für Kriegsoperationen der Gemeinschaft bestimmten Gelder, die an den Fiskus abzuführen wären, für sich selbst. Im Heer, das mehr und mehr vom Sold lebt, werden die wichtigen Stellungen bald nicht mehr von Arabern besetzt, sondern von Konvertiten, Ausländern und Söldnern.

Das Nachlassen des kriegerischen Schwunges, der vom Glauben und vom Gewinn der Eroberungen getragen war, erklärt – zusammen mit äußeren Widerständen –, daß seit dem Ende des Kalifats der Omayyaden die Expansion zum Stillstand kam, besonders in Kleinasien, jenem vorzüglichen Versuchsobjekt vor den Augen von Byzanz. Hier liegt das unsichere und unruhige Gebiet der *Thughur*, der befestigten Grenzorte, ein Gebiet, das immer wieder verloren, zurückerobert und umkämpft wird, mit den alten Städten Miletene, Samosate, Mopsuestia, Adana und Tarsus, die im Hinterland von den »Schutzstädten« (*al-Awasim*) Bambysia, Cyrrhus und Antiochia gedeckt werden.

Die Zivilverwaltung hat Schwierigkeiten anderer Art. Die Beamten der Schreibstuben waren Einheimische, die von byzantinischen und sassanidischen Traditionen geprägt waren und Griechisch, Iranisch oder Koptisch sprachen. Die Eroberung änderte diese Verhältnisse kaum, außer auf den höchsten Stufen der Beamtenhierarchie. Abd al-Malik war anscheinend der erste, der, wie im Münzwesen so auch hier, die Arabisierung anstrebte. Mit welchem Erfolg? Soweit man urteilen kann, trug diese Politik in den Ländern mit starkem arabischem Einfluß ihre Früchte, vor allem in Ägypten, im Irak und in Syrien, weniger im Iran und in den weiter entfernten Regionen. Erst am Ende des Kalifats der Omayyaden konnte das Arabische in den Schreibstuben Chorasans eingeführt werden.

Eins ist sicher: Ein sprachlich einheitlicher und leistungsfähiger Verwaltungsapparat konnte erst entstehen, als sich das Arabische so weit verbreitet hatte, daß man die Anordnungen der Verwaltung allgemein verstand und das unentbehrliche, arabisch sprechende Personal unter den Konvertiten oder den geschützten Untertanen angeworben werden konnte. Daß eine gemeinsame Sprache und eine zusammenhängende Verwaltung geschaffen wurden, ist einer der beachtlichsten Erfolge des Kalifats der Abbasiden, doch auch in diesem Fall kommt dem Kalifat von Damaskus das Verdienst zu, die Politik der Zukunft eingeleitet zu haben.

Die Bedeutung der Städte

Dieser Reichssprache bereiten die Omayyadenkalifen, die in großem Stil die arabischen Traditionen sammeln und bewahren, trotz vieler Schwierigkeiten den Weg zum Ruhm. Sie regen die systematische Sammlung des Erbes der Arabischen Halbinsel in einer Masse von Dokumenten an, aus der nach und nach die großen Disziplinen des arabischen Geisteslebens erwachsen: die Exegese und die Textforschung des Koran, die Erörterung der tradierten Aussprüche Muhammads (*hadith*), die Geschichtsschreibung, die Rechtswissenschaft, die Lexikographie, die Grammatik und, nicht zu vergessen, die Sammlung der Werke der alten arabischen Poesie. Die Prosa gilt damals als bloßes Hilfsmittel, als getreue Dienerin der mündlichen Überlieferung, deren Zweck es ist, das Gesagte schriftlich festzuhalten. Auf diesem Gebiet beginnt die stilistische Formung erst in den letzten Jahrzehnten des Kalifats, als in der Geschichte des muslimischen Geistes die wichtige Figur des *katib* auftritt. Dieser Mann der Schreibstube, ein Nichtaraber, Konvertit oder geschützter Untertan, der »Schreiber« (wir würden in moderner Verwaltungssprache richtiger sagen: der Sachbearbeiter) wird bemerkenswerte Kenntnisse in der Sprache der neuen Gemeinschaft mit seinen eigenen literarischen Traditionen vereinen. Aus dieser Begegnung, die von der omayyadischen Ära eingeleitet und dann vom Kalifat der Abbasiden intensiviert wird, wird die große arabische Prosa entstehen, das bewundernswürdige und universale Ausdrucksmittel, in dem das Bemühen um einen gehobenen Stil und das Bemühen, die Sprache den neuen Bedürfnissen anzupassen, ineinanderwirken.

Wie sehr die Kultur der Araber auch vom Beduinen- und Nomadentum geprägt war, in der Omayyadenzeit ist sie durchaus eine Kultur der Städte geworden. Die Stadt ist zum Beispiel der Ort, wo die überlieferten Sprichwörter der Wüste zitiert, wiederholt und niedergeschrieben werden, und alle arabischen Ausdrucksformen, sogar die Poesie, die arabischste Ausdrucksform von allen, widmet sich den Themen des Stadtlebens. Ebenso verrät die Lebensweise der Sieger den Bruch, der sich in der Auffassung vom Arabertum vollzieht. Wenn dieses die herrschende Regel bleibt, dann als Quelle einer Kultur, die bemüht ist, ihre Originalität gegenüber den fremden Traditionen der eroberten Länder zu verteidigen. Doch das Erbe der Wüste zu bewahren heißt nicht, nach Beduinenart zu leben. Seit dieser Zeit bewirken die Existenz und der Geschmack der städtischen Welt, daß man den Nomaden ein wenig als Tölpel ansieht, der gerade gut genug für die Rolle eines Informanten ist. Er gilt allenfalls als ein wertvolles Überbleibsel einer Kultur, aber nicht als nachahmenswertes Beispiel.

Hüten wir uns jedoch, in dieser oder jener Richtung zu schematisieren. Der Araber der Omayyadenzeit nähert sich schließlich der

Stadt nur bis zur Hälfte des Weges. Er bleibt zwischen der gerühmten Wüste, die er hinter sich gelassen hat, und der wunderbaren, aber gefürchteten Stadt stehen. Hischam in seinem Schloß Rusafa, Suleiman in der kleinen Stadt ar-Ramla in Palästina, Abd al-Aziz Ibn Marwan in seiner Vorstadtresidenz Hulwan, nur zwei Schritte außerhalb von al-Fustat – sie alle sind Zeugen für das latente Mißtrauen, das die Kalifen aus ihrer Hauptstadt und die Gouverneure aus der Stadt ihrer Präfektur treibt. Schon damals gelten die Städte als das Beste und das Schlimmste zugleich; sie sind die Schmelztiegel, in denen die künftige islamische Gemeinde ethnisch verschmilzt, sie sind aber auch Kessel, die stets zum Überkochen bereit sind. Feuersbrünste und Revolten sind kennzeichnend für die Geschichte von Damaskus.

Wie sollen wir diese Erscheinungen deuten? Die traditionelle arabische Geschichtsschreibung sieht in ihnen Entladungen politisch-religiöser Spannungen, doch es ist unwahrscheinlich, daß sie nicht aus den gleichen Ursachen gespeist wurden, die hier wie sonst Elend und Verzweiflung von Menschen nähren. Trotz der schlechten Quellenlage wird deutlich, daß diese für die damaligen Zeiten unverhältnismäßig großen Ballungszentren einen beachtlichen Teil der untätigen Bevölkerung beherbergen: Notleidende und Gesindel aller Art, aber auch wichtige Persönlichkeiten des Staates oder reiche Großgrundbesitzer, die in der Stadt wohnen und von einem Troß von Verwandten, Freunden, Kunden und Dienstboten umgeben sind. Solche Gruppen zu ernähren ist um so schwieriger, als das Land wegen der schweren Steuerlasten Regimenter verelendeter Bauern in die nahen Städte schwemmt. Die Landflucht erreicht ein solches Ausmaß, daß Kalif Omar II. oder der Gouverneur al-Hadschdschadsch den Zustrom voll Sorge verbieten. Doch vergeblich – was der Fiskus begann, vollenden die Katastrophen: Eine chronische Dürre läßt das Land veröden und überlastet die Städte, wo die ohnehin fast ständig drohende Gefahr der Hungersnot durch Hamsterei und Spekulation noch vergrößert wird. Besonders betroffen sind die großen Städte des Hedschas: Als heilige Stätten des siegreichen Islam ziehen Mekka, Medina und Taif Menschenmassen an, die sie kaum noch versorgen können. Seit dem zweiten Nachfolger des Propheten, Omar, kann das umliegende Land den gestellten Anforderungen nicht mehr nachkommen: Man muß die Versorgung mit Weizen aus Ägypten staatlich regeln und in Eile neue Wasservorräte suchen.

Hinzu kommt das chronische Übel der Krankheiten und Seuchen, die in manchen Fällen besonders verheerend sind. Wir wissen von der Pest im Jahr 740, die aus China kam. Die arabischen Texte nennen vor allem die »Pest von Emmaus«, vermutlich eine Beulenpest, die im sehr trockenen Jahr 18/639 ausbricht und anscheinend 25 000 Menschen dahinrafft. Natürlich ereignet sich dies noch in der Zeit vor dem Kalifat von Damaskus, aber auch während der Herrschaft der Omayyaden muß eine ständige Seuchengefahr bestanden haben, zumindest scheinen das die arabischen Annalen zu bestätigen – und zwar nicht nur durch das, was sie sagen, sondern gerade auch durch das, was sie *nicht* sagen. Bezeichnend sind zum Beispiel die Angaben über die von den Seuchen dezimierten Bevölkerungsgruppen. Obwohl die Texte neben der Gesamtzahl der Opfer nur die Namen der großen Männer des Islam nennen, die dabei ums Leben kamen, traf die Geißel der Seuchen sicher nicht nur Muslime. Nach dem Namen, den man der Pest des Jahres 18 gegeben hat, scheint die Krankheit vor allem unter der alteingesessenen Bevölkerung zu wüten – und weniger unter den Eroberern, die sich während der genannten Epidemie übrigens in ihrem Lager al-Dschabya südlich von Damaskus verschanzen. Die Pest war also ursprünglich ein einheimisches Phänomen, speziell von Syrien und Palästina; Ägypten und der Irak werden in diesem Zusammenhang nur selten erwähnt.

Auch in anderer Hinsicht ist das Schweigen der Historiker sehr beredt: Befremdend erscheint ihnen nicht die Emmaus-Pest an sich, sondern deren Heftigkeit, die manche Stämme in die Randgebiete der Wüste zurückdrängt, andere zur Eroberung Ägyptens antreibt und die muslimische Gemeinde dazu veranlaßt, sich zu fragen, was wohl den Zorn des Himmels hervorgerufen hat. Bei alledem richtet sich die Aufmerksamkeit vor allem auf das Übermaß des Übels und nicht auf dessen Ursache. Davon abgesehen ist dieses Übel angesichts des allgegenwärtigen, gleichsam naturgegebenen Unheils nichts Ungewöhnliches, nichts, was zum Beispiel die Eroberungszüge zum Stillstand bringen könnte. Gewiß fordert es Menschenleben, besonders unter den zusammengepferchten und unterernährten Bewohnern der Städte, doch es führt nicht zu einem Aderlaß, der sich mit der großen Schwarzen Pest des 14. Jahrhunderts vergleichen ließe.

Zwar beschleunigt der Schwarze Tod des 14. Jahrhunderts den Rückgang der Bevölkerung eher, als daß er ihn verursacht, denn er geht zunächst auf die wachsende Differenz zwischen den zur Verfügung stehenden Nahrungsmitteln und der Zahl der zu ernährenden Menschen zurück. Dennoch wirkt sich die Seuche angesichts einer Bevölkerungszahl, die bedeutend höher liegt als die 23 Millionen, die man für das Gebiet des Islam (ohne Spanien) im 7. und 8. Jahrhundert angenommen hat, verheerend aus. Vielleicht hat letzten Endes der relativ harmlose Verlauf der Seuchen – und auch der Hungersnöte – in der Zeit der Omayyaden seinen Grund in der für das frühe Mittelalter typischen geringeren Bevölkerungszahl, die, wo die biologische Widerstandskraft fehlt, dem Ausmaß des Unheils eine Grenze setzt.

Es ist also eine menschenarme Zeit, was zweifellos in weltweitem Umfang gilt. Richtiger wäre es jedoch, von einer Zeit zu sprechen, in der die Menschen ungleichmäßig verteilt sind, von einer Zeit, in der das Gleichgewicht zwischen Stadt und Land gestört ist. Einen Beleg hierfür liefert die Literatur, in der zahllose Beamte (*katib*) und Kaufleute (*tadschir*), also Städter, vorkommen, aber kaum von Bauern die Rede ist, es sei denn, daß sie durch ihre Aufstände in die Geschichte eingehen. Ein weiterer Beleg ist in der Tatsache zu sehen, daß manche Ländereien von Fronarbeitern überschwemmt werden. Je mehr Menschen in die Städte flüchten, um so stärker wird der Druck der Städte auf das Umland, und um so größer wird ihre Abhängigkeit von der Gesundheit des Landes, das durch sie aber verkümmert. Diese Mängel, die in den traditionellen Ackerbaugebieten noch verdeckt sind, treten offen hervor, sobald es sich darum handelt, genügend Hände für die Bodenbewirtschaftung zu finden. Der untere Irak ist dafür ein berühmtes Beispiel: Innerhalb von wenigen Jahrzehnten entstehen mindestens drei neue Städte, die versorgt werden müssen. Und was für Städte! Um Basra, Kufa und Wasit zu helfen, soll die Batiha, das Sumpfgebiet zwischen Euphrat und Tigris, wie schon zuvor unter den Sassaniden, trockengelegt werden. Es ergeben sich unzählige Schwierigkeiten: mit den Bauern, mit dem Erwerbsdrang der Grundbesitzer, mit der Selbstherrlichkeit der Gouverneure, besonders von al-Hadschdschadsch.

Man muß so schnell wie möglich die aus dem unteren Tal des Indus deportierte Bevölkerung zur Hilfe heranziehen, die Zott (Dschat, »Zigeuner«), die mit ihren Büffeln eintreffen. Noch weiter südlich, am Schatt al-Arab, setzt man zur Entkrustung des salzhaltigen Bodens die in Arbeitslagern zusammengepferchten schwarzen Sklaven ein, die Zandsch, Leidensgenossen eines halb leibeigenen Bauernstandes – auch der Acker hat seine Söldner.

Die Spaltungen der Gemeinde

Unzufriedene, Intriganten, Enterbte überall: Mit der Herrschaft über das Reich hinterlassen die Omayyaden ihren abbasidischen Nachfolgern die gewaltige Last der Forderungen, der es selbst erlegen ist.

Zunächst sind dies Forderungen nach Gerechtigkeit und Wohlstand. Auf sie werden wir nur zurückkommen, um die religiöse Einfärbung dieser – natürlich gegen die Omayyaden gerichteten – Berufung auf den ursprünglichen Islam zu verdeutlichen. Die Omayyaden werden beschuldigt, den Islam entstellt zu haben. Wenn man von der Lage der geschützten Untertanen absieht, die hin und wieder der Drangsalierung durch einen glaubenseifrigen Herrscher ausgesetzt sind, so wie etwa die Christen unter Yazid II. zum Tragen besonderer Kleidung und zur äußeren Einschränkung ihres Kultus gezwungen werden, dann sind es vor allem die Charidschiten und die Schiiten, die das Kalifat der Omayyaden erschüttern. Im Lauf der Jahre gehen erstere zum offenen Aufstand über: in Basra, in der Batiha, in Fars und in Kirman. In den Jahren 56-72/684-692 halten sie Oman, Hadramaut, den Jemen und die Höhen des Hedschas besetzt. Zu einer neuen Revolte kommt es 130/747; sie führt zur Einnahme Mekkas. Im Jahr 76/696 steigen sie aus Hochmesopotamien herab, verbreiten im Irak Schrecken, halten eine Zeitlang sogar al-Hadschdschadsch in Schach und ziehen sich dann 127/745 – geschlagen – auf dem gleichen Weg zurück. Schließlich sind sie fast überall besiegt und lassen fast überall Märtyrer und zähe Restgruppen zurück: die Sufriten, die Azraqiten und vor allem die Ibaditen, die noch eine gewichtige Rolle in Nordafrika spielen werden.

Bedeutender sind die Revolten der Schiiten – und mit den schiitischen Märtyrern gewinnt das Thema der »Passion« endgültig seinen

Platz im Islam. Der größte von ihnen, der *schahid par excellence*, ist Husain, der zweite Sohn Alis. Im Vertrauen auf die Bevölkerung von Kufa versucht er sich des Kalifats zu bemächtigen (61/680), wird aber unter Kalif Yazid I., den die Schiiten verabscheuen, bei Kerbela besiegt. Dort, unweit von Nadschaf, wo sein Vater ruht, wird sein enthaupteter Leichnam begraben. Aufgrund dieser beiden Heiligtümer wird diese Region zu einer Hochburg der Schiiten. Ein weiterer Märtyrer ist Zaid, ein Enkel jenes Husain, der 122/740 ebenfalls in Kufa ermordet und noch über seinen Tod hinaus verfolgt wird. Aus seinem Blut, aus seinem Namen, aus der Odyssee seines Leichnams – der ausgegraben und zerstückelt wird, dessen Rumpf man an Ort und Stelle zur Schau stellt und dessen Kopf man nach Damaskus, Mekka und Medina schickt – und schließlich aus dem Martyrium seines Sohnes Yahya, der im Jahr 125/743 getötet wird, wird der Zaidismus geboren.

Diese beiden Gestalten haben in der Geschichte des entstehenden Schiismus zweifellos am meisten Aufsehen erregt; sie sind aber nicht die einzigen, so wie es auch noch andere und weniger gewaltsame Formen dieser Bewegung gibt. Der erste Sohn Alis, Hasan, versucht eine Zeitlang, die Anerkennung als Kalif zu erreichen, beugt sich jedoch 40/661 den Umständen und begnügt sich damit, seine Tage in Medina zu beschließen. Im übrigen gibt es schon in dieser Anfangsphase innerhalb des Schiismus mehrere Richtungen: Es gibt fast so viele schiitische Sekten, wie es Nachkommen Alis gibt. Einige berufen sich auf die Abstammung von Hasan und Husain, aber sie können sich nicht auf ein einheitliches System der Präferenzen und der Ausschließungen in der Nachfolge Alis einigen, auch nicht auf den Modus, nach dem der Imam seine Nachfolger ernennen soll. Wir finden diese nun endgültig konstituierten Parteien in der Zeit der Abbasiden wieder. Andere Gruppen, wie die Kaisaniten, dehnen ihre Wahl auf einen Sohn Alis namens Muhammad aus, der der »Sohn der Hanafitin« heißt, weil nicht Fatima seine Mutter ist. Wieder andere begünstigen schließlich Abd Allah Ibn Muawiya (er hat nichts mit dem Kalifen gleichen Namens zu tun), den Nachkommen eines Bruders von Ali; doch hier handelt es sich nur um eine kurzlebige Bewegung, die durch den Tod ihres Helden und die Niederlage seiner Getreuen im Jahr 129/747 endet.

Vielfältig sind die religiösen Wirren, vielfältig aber auch die Unruhen auf der Ebene der Klane und der Provinzen. Ein einziges, jedoch spektakuläres Beispiel sei angeführt: Im Jahr 60/680 weigert sich Abd Allah, der Sohn Zubairs – Gefährte und Vetter des Propheten und Neffe Chadidschas –, Yazid I. anzuerkennen. Er wiegelt Arabien auf, nimmt den Titel Kalif an, gewinnt Anhänger bis nach Ägypten und in den Irak, bevor er 73/693 unterliegt. Mekka wird nach einer Belagerung von sechs Monaten eingenommen; inzwischen hatte im Verlauf einer ersten Belagerung die Kaaba gebrannt, und der Schwarze Stein war in drei Stücke zersprungen.

Nichts beleuchtet diese Spaltungen der muslimischen Gemeinschaft besser als die Pilgerfahrt des Jahres 68/688, bei der man einen Führer der Charidschiten, einen Vertreter des Kalifen Abd al-Malik, den Gegenkalifen Abd Allah und den Sohn der Hanafitin, also alle politisch-religiösen Bestrebungen der Zeit, an einem Ort versammelt sieht. Damit nicht genug: Ein weiteres Problem für Damaskus sind die Unabhängigkeitsbestrebungen verschiedener Volksgruppen. Im Westen kommt es zu Unruhen. Nordafrika leistet unter dem Einfluß lokaler Führer, besonders der legendären Kahina, der »Wahrsagerin« aus dem Aurasgebirge, bis zum Jahr 74/693 Widerstand. Dann tritt Ruhe ein, denn die Berber sind dabei, Spanien zu erobern. Doch von 122/740 an zeigt sich die Verbindung von nationalen Bestrebungen und religiösen Wirren, charidschitischen wie schiitischen, noch stärker – auf Jahrhunderte wird das ein Hauptzug der Geschichte des Maghreb sein. Auch im Osten herrscht Unruhe. Fast überall fühlen sich die iranischen Konvertiten (*mawali*), die bereit sind, den Islam zu verfechten und Arabisch zu sprechen, schlecht belohnt, von dem weit entfernten Syrien verachtet und der Mitsprache beraubt, auf die ihnen ihre Religion und ihre Fähigkeiten ein Recht geben.

Vom Iran nimmt auch die Sezession der Abbasiden ihren Ausgang, die zum Sturz des Kalifats von Damaskus führen wird. Der Aufstand der Abbasiden ist keineswegs die erste Erhebung gegen dieses Kalifat, auch nicht die erste, deren Akteure so bunt zusammengewürfelt sind. Schon zwischen 64/684 und 67/687 hatte ein Agitator namens Muchtar – um nur ihn zu erwähnen – arabische Stammesfürsten, iranische *mawali*, Schiiten und sogar Sklaven unter seiner Fahne vereinigt.

Die neuen Prätendenten waren geschickter; sie verstanden es, der Abrechnung zwischen zwei Klanen den Anschein der Legitimität zu verleihen. Da es offiziell immer um die Nachfolge des Propheten ging, machten die Abbasiden den Omayyaden gegenüber geltend, daß sie selbst über ihren Vorfahren Abbas, der ein Onkel Muhammads war, zur Verwandtschaft des Propheten gehörten. Gleichzeitig taten sie, als ob sie lediglich das Prinzip der rechtmäßigen Nachfolge gewissenhaft befolgen wollten, und nährten so bei den Aliden den Glauben, sie seien nur um die Wiederherstellung ihres Rechts bemüht; so gewannen sie unter den Schiiten, Kaisaniten und anderen zahlreiche Anhänger, die jederzeit bereit waren, sich zu erheben. Dazu kamen die Enterbten, die nichts zu verlieren hatten und auf eine Rückkehr zur Gerechtigkeit des ursprünglichen Islam hofften, außerdem die ultrakonservativen Kreise, die sich von der Verweltlichung des omayyadischen Staates vor den Kopf gestoßen fühlten und ebenfalls eine solche Rückkehr anstrebten, und schließlich, als Krone und Rahmen der ganzen Bewegung, die Iranier, die bestrebt waren, die Ungleichheit unter den Volksgruppen zu beseitigen oder zu ihrem Vorteil zu ändern.

Bezeichnenderweise nimmt die Revolte auf iranischem Boden, in Chorasan, endgültige Gestalt an, dank dem Geschick eines schiitischen Agitators namens Abu Muslim. Die schwarze Fahne der Bewegung entfaltend, bemächtigt er sich 130/747 bis 748 der Stadt Marw (Merv) und entsendet von dort seine Generäle zum Sturm auf das omayyadische Reich. Es dauert nur zwei Jahre, bis der letzte Vertreter der syrischen Dynastie unter den Streichen seiner Verfolger, die ihn bis nach Oberägypten hetzen, fällt. Der erste abbasidische Kalif besteigt 132/749 den Thron und beginnt seine Regierung damit, daß er achtzig omayyadische Fürsten umbringen läßt; ein einziger kann entkommen, er gründet später das Emirat von Cordoba.

Damit stehen wir an der Schwelle zu einer neuen Geschichte: der Geschichte Bagdads. Nachdem Damaskus in Vergessenheit geraten ist, triumphieren mit der Verlagerung des Islam nach Osten auf lange Zeit andere Sitten. Für den Islam beginnt jetzt eine Periode, in der die arabische Tradition, die bisher allein geherrscht hat, nicht mehr unumstritten ist. Wird sie untergehen, oder werden die fremden Einflüsse sie bereichern? Das hängt davon ab, in welchem Zustand und in welchem Geist sie sich der Auseinandersetzung stellt. Das Kalifat von Damaskus war schon allein dadurch von entscheidender Bedeutung, daß während seines Bestehens die Arabische Halbinsel ihr Erbe sammeln und gestalten konnte. Von jetzt an war dieses Erbe reif für eine Entwicklung, aus der es zwar vielleicht weniger rein, jedenfalls aber reicher und mächtiger hervorgehen würde: Es wird eine Weltkultur und bleibt nicht mehr auf ein kleines Gebiet der Erde beschränkt.

Was wir nun miterleben, ist in der Tat Weltgeschichte. Gewiß, es war nach einer Zeit der Geburtswehen unumgänglich, daß sich das Zentrum des Reiches nach Osten an den Schnittpunkt der großen Welthandelswege verlagerte, damit der klassische, facettenreiche Islam des 8. und des 9. Jahrhunderts, diese Kultur der Begegnungen, entstehen konnte. Die geographische Lage ist in der Tat außergewöhnlich: auf der einen Seite der Ferne Osten, das Gebiet des Handels, des Buddhismus und der großen Reiche, und auf der anderen Seite ein Europa, das im Entstehen begriffen und von starkem Lebenswillen erfüllt ist – zwei in sich abgeschlossene Welten, jede in ihre eigenen Kämpfe verstrickt, und zwischen ihnen der Islam mit seinen Soldaten, seinen Händlern und seinen Gelehrten, ein Islam, der von dieser Mittellage lebt, jedoch auch austeilt und zurückgibt. Den Osten beginnt er selbst zu durchdringen, auf den Westen, wo Europa durch ihn allmählich den Weg zum Welthandel wiederfindet, übt er großen Einfluß aus. Es gibt keinen Zweifel, die Welt dreht sich nun nach der Uhr Bagdads.

Zweiter Teil

Die Zeit der Begegnungen: Die arabische Tradition und das fremde Erbe (8.-11. Jahrhundert)

Erstes Kapitel

Größe und Illusionen des abbasidischen Kalifats in Bagdad

Bis zur Hälfte des 5./11. Jahrhunderts erlebt das Kalifat von Bagdad, das auf dem omayyadischen Erbe aufbaut und durch neue, vor allem persische Einflüsse bereichert wird, eine kulturelle Blüte, die noch heute als ein Höhepunkt der islamischen Geschichte gilt. Doch schon nach wenigen Jahrzehnten werden Städte, Handel und Geistesleben wieder von den altbekannten Krisen heimgesucht. Es sind politische und finanzielle Krisen, aber auch solche, die den Gesellschaftsbau, das Zusammenleben der Völker und die Religion betreffen.

Im 4./10. Jahrhundert läutet die Proklamation der beiden rivalisierenden Kalifate in Kairo und in Cordoba das Ende der muslimischen Einheit ein, während der Machtzuwachs der Leibgarden im Irak die Abhängigkeit des Kalifats von neuen Kräften ankündigt, die bald die Herren über die Geschicke des Islam werden: die Türken.

1. Kalifengestalten

Nach der Überlieferung gehören zu den großen Kalifen dieser Zeit zunächst al-Mansur (136-158/754-775), der eigentliche Begründer des Kalifats und seiner Hauptstadt, Harun ar-Raschid (170-193/786-809), der nachts durch die Stadt wandernde Herrscher aus *Tausend-*

undeiner Nacht, der zu einer Art Karl der Große des Orients stilisiert worden ist, und schließlich al-Mamun (198-218/813-833), der aufgeklärte Beschützer der Gelehrten und Künstler: drei lange Regierungen, drei Perioden der Stabilität, in denen sich die militärischen, administrativen und intellektuellen Tugenden des neuen Reiches verkörpern.

Doch es gibt andere, vielleicht weniger vollkommene Gestalten, deren Verdienst jedoch in den Augen der Historiker um so heller leuchtet, weil sie die lange Nacht des politischen Niedergangs durchbrechen, in die nach einem knappen Jahrhundert die abbasidische Macht versinkt. Es tritt al-Mutawakil auf (232-247/847-861), der unerbittliche Verteidiger des Sunnismus, dann al-Mutamid (256-279/870-892), dessen Bruder al-Muwaffaq als eigentlicher Regent auf fast allen Gebieten die Disziplin wiederherstellt und die lokalen Dynastien, die er nicht unterwerfen kann, an die Vormacht des Kalifen erinnert, und schließlich al-Mutadid, der von 279-289/892-902 auf blutige Weise das Werk seines Vaters al-Muwaffaq fortsetzt.

Und es gibt noch zahlreiche andere, die in die Geschichte eingegangen wären, wenn sie Erfolg gehabt hätten. Gewiß, in der langen Reihe der Kalifen finden sich auch wankelmütige Despoten, Schwächlinge, Wüstlinge und Versager, Marionetten, wetterwendische Opportunisten und Kinderkalifen, doch selbst in den dunkelsten Stunden begegnen wir zum Beispiel der Tatkraft und politischen Geschicklichkeit eines al-Qahir (320-322/932-934), der umfassenden Bildung eines ar-Radi (322-329/934-940), dem Fürstenstolz eines al-Qadir (381-422/991-1031) oder eines al-Qaim (422-467/1031-1075), die im gleichen Moment, da man sie der Macht beraubt, auf ihre Vorrechte pochen.

Als Mischlinge und Söhne von Ausländerinnen oder Sklavinnen, die der Laune fürstlicher Leidenschaften ihr Leben verdankten, mitten in Machtkämpfen aufwuchsen und durch Intrigen an die Macht gelangten, waren diese Kalifen von Kindheit an und gleichsam von Natur aus auf ihr Amt als Führer einer Gemeinschaft vorbereitet, die von nun an von einem unendlich vielfältigen Gemisch aus verschiedenen Völkern und verschiedenen politischen und geistigen Strömungen getragen wurde; auf ein Amt, das offensichtlich das subtile Talent eines Vermittlers erforderte, aber auch Mut und gründliche Bildung, ein Amt, das, anders ausgedrückt, voraussetzte, daß man »im Serail aufgezogen« und auf den Beruf des Fürsten vorbereitet wurde.

Und sie waren echte Fürsten in allem: in ihrem Leben, das sie zum Verdruß ihrer Schatzmeister prunkvoll führten; in ihrem Verhältnis zum Tod, den sie ohne Maß über andere verhängten und selbst zu ertragen wußten, wenn er sie, oft grausam, ereilte; in den Freuden des Geistes (ein Nachkomme al-Mutawakils, Ibn al-Mutazz, »der Kalif eines Tages«, ist einer der größten Dichter und Kritiker der arabischen Literatur, und ausnahmslos alle Herrscher waren Gönner und Förderer der Gelehrtenkreise); und schließlich in ihrem Verhältnis zur Macht; denn wenn sich hier auch nicht alle als Fürsten zu verhalten wußten, so wußten sie zumindest alle, daß sie es waren, und alle bemühten sich so lange und so weit wie möglich, an ihren unantastbaren Rechten formal festzuhalten, auch wenn ihnen die reale Macht schon längst entglitten war. Der abbasidische Herrscher bleibt im Weltlichen wie im Geistlichen der einzige Führer der Gemeinschaft, er bleibt der Erbe des Kalifenamtes (*chilafa*) als Nachfolger des Propheten. Darum wird sein Name in allen Ländern seines Herrschaftsgebiets in der Predigt (*chutba*) jedes Gebetsgottesdienstes angerufen.

Wenn im ganzen das Kalifat sehr bald verfiel, so sollte man dafür als Grund nicht oder nur mit Vorbehalt ein Versagen der Herrscher angeben. Diese waren eindeutig vor eine unlösbare Aufgabe gestellt und allzu vielen Konflikten ausgesetzt. Nicht die Träger des Amtes haben versagt, sondern das Amt hat sich seinen Trägern entzogen.

2. Ineinandergreifende religiöse, politische und gesellschaftliche Konflikte

Sunniten und Schiiten, Kalifat und Imamat

Die größte Gefahr für das Kalifat ist wieder einmal der stets andauernde Streit um die Nachfolge des Propheten und die Leitung der Gemeinde. Da die Bewegung der Charidschiten nur noch in kleinen, isolierten Gruppen fortlebt, wird dieser Streit im wesentlichen zwischen Schiiten und Sunniten ausgetragen.

Der Sunnismus, der in der Abbasidenzeit allmählich seine endgültige Gestalt annimmt, bemüht sich aus Prinzip um politischen Realismus. Ihm kommt es vor allem darauf an, daß die Gemeinschaft fortbesteht und richtig geleitet wird. Die Orthodoxen denken nicht daran, das Omayyadenkalifat zu verleugnen, dessen Andenken besonders in Syrien lebendig ist und das in der Gestalt seines Begründers Muawiya im Urteil mancher Sunniten sogar das unerreichte Vorbild für den Staat der Gemeinschaft verkörpert. Aber um der Einheit willen haben sich die Orthodoxen den Abbasidenherrschern angeschlossen. Allmählich entwickeln sich die auch heute noch anerkannten vier Rechtsschulen (*madhahib*), die neben rituellen Geboten auch die Normen für das öffentliche und das private Recht festlegen. In der Reihenfolge ihres Entstehens sind dies: der Malikismus (nach Malik Ibn Anas, gestorben 179/795), der Hanafismus (nach Abu Hanifa, gestorben 150/767), der Schafiismus (nach asch-Schafii, gestorben 204/820) sowie der Hanbalismus (nach Ibn Hanbal, gestorben 241/855), der am strengsten an der Überlieferung festhält. Alle diese Schulen gelten in gleicher Weise als »orthodox«, und jedem ihrer Führer wird vom sunnitischen Islam der Titel »Imam« zuerkannt.

Dem Sunnismus steht der Schiismus gegenüber. Er vereinigt die Anhänger der Familie Alis, zu der inzwischen allerdings nur noch die direkten Nachkommen Alis und Fatimas, der Tochter des Propheten, gerechnet werden. Im wesentlichen stellt der Schiismus der historischen Realität des Omayyaden- und Abbasidenkalifats eine ideelle Ordnung für die Nachfolge des Propheten entgegen, nämlich die dynastische Legitimität der alidischen Imame, die nach göttlichem Dekret eingesetzt oder von einem lebenden Imam ausdrücklich nominiert sind. Die Treue zum Imam als dem Bewahrer der geheimen Erleuchtungen, die von Muhammad an Ali und von diesem an seine Nachkommen weitergegeben wurden, ist das Glaubensprinzip der Schiiten, das zu den fünf traditionellen Säulen der muslimischen Religion hinzukommt. In dieser Grundfrage sind sich alle Schiiten einig, strittig ist hingegen, wer als rechtmäßiger Nachfolger gilt und wer nicht. Ohne auf die verwirrende Vielfalt der schiitischen Lehrmeinungen zu dieser Frage einzugehen, sollen hier nur die drei Hauptrichtungen des Schiismus vorgestellt werden:

Die Zaiditen, die sich schon unter den Omayyaden ausgezeichnet hatten, weichen vom Sunnismus nur hinsichtlich ihrer Treue zum Imam ab. Nach dem Tod ihres Namensgebers erklärten sie mit ihm die Reihe der erblichen Imame für abgeschlossen und kehrten zu dem Prinzip zurück, den Führer der Gemeinde durch freie Wahl zu bestimmen – sicherlich ein Zugeständnis an den sunnitischen Islam, das aber rein theoretisch blieb. Denn in Wirklichkeit behält der Zaidismus das Imamat jedem Nachkommen Alis und Fatimas vor, der sich seiner würdig erweist – intellektuell durch Vertrautheit mit der schiitischen Tradition, moralisch durch persönliche Qualitäten und politisch dadurch, daß er die Macht mit Waffengewalt an sich bringt.

Seine besondere Prägung erhält der Schiismus durch zwei andere, weit bedeutendere Gruppen, die Zwölferschiiten und die Ismailiten. Für diese ist der Imam ein duldender Mensch, ein leidender Glaubenszeuge. Der Blick ist weltverneinend auf die Passion gerichtet, die aus den Erinnerungen an das Martyrium Alis schöpft und in die Flucht aus dem Elend der Menschen und der Zeit mündet. Ein Imam ist aus der Reihe der Träger des Imamats verschwunden und hat sich der Welt entzogen. Es ist »der verborgene Imam«. Seine Rückkehr wird am Ende der Zeiten erwartet, dann wird die Herrschaft Gottes auf Erden errichtet. Dem »Richter«, der Zentralgestalt der muslimischen Apokalypse, die auch der Sunnismus, doch anscheinend nur verschwommen, kennt, verleiht der Schiismus das Aussehen seiner Imame und einen Namen, der allein ihm zusteht: Mahdi, der von Gott Erleuchtete.

Für die Zwölferschiiten oder Imamiten, die dem persischen Schiismus seine spezifische Färbung verleihen, endet die alidische Linie mit dem zwölften Imam, Muhammad, der 260/874 verschwand. Die Ismailiten stimmen mit den Zwölferschiiten bis zum sechsten Imam Dschafar überein, hinsichtlich seiner Nachkommen differieren sie aber von ihnen. Dem siebten Imam der Zwölferschia-Reihe, Musa, ziehen sie Ismail vor, einen anderen Sohn Dschafars, dessen Tod (145/762) sie bestreiten. Die Linie der sichtbaren Aliden hört für sie mit diesem siebten Imam auf. Nach ihm nennen sie sich Ismailiten oder Siebenerschia (*sab'iyya* von *sab'a* = sieben).

Der Schiismus erweist sich also im Vergleich zum Sunnismus als Religion der Passion und des Mysteriums. Um den bedrohten Glauben zu retten, ist der Gläubige ermächtigt, ja angewiesen, ihn unter den äußeren Erscheinungsformen des offiziellen Glaubens des Landes, in dem er sich befindet, geheimzuhalten (*taquiya* = verbergen). Mit dem Schiismus steigt der Islam auch in die Tiefen der Geheimbünde und der Initiationserlebnisse hinab. Besonders die Ismailiten entwickeln eine Geheimlehre, die auf dem verschlüsselten Sinn (*batin*) des Koran aufbaut. Sie ist uns aus der Sammlung von Texten bekannt, die von einer Geheimgesellschaft, den »Brüdern der Lauterkeit«, stammen. Der ismailitische Schiismus ist von der Gnosis durchdrungen, betrachtet den Imam als unmittelbar von Gott erleuchtet und sieht in den heiligen Texten – im Koran, aber auch in den Texten anderer Religionen – nur die Mittel, um durch Allegorese zu einer zeitlosen Wahrheit vorzudringen, deren höchste Inkarnation der Mahdi sein wird.

Diese Glaubensrichtung ist ziemlich weit vom Sunnismus entfernt und lebt fast an den Grenzen des Islam. Während die muslimische »Orthodoxie« die Offenbarung für abgeschlossen hält, betrachtet der Ismailismus Muhammad nur als ein Glied in der Reihe der Propheten, als deren Krönung der Mahdi gilt. Außerdem weicht der sunnitische Islam von diesem extremen Schiismus, der sich auf die absolute Treue zu einer Person gründet, darin ab, daß er seinem Wesen nach auf die Gemeinschaft zielt und sich der Macht eines einzelnen entzieht, wie außergewöhnlich dieser auch sei. Für die »Orthodoxen« gilt allein die einmütige Zustimmung (*idschma*) der Gläubigen, die sie entweder aus den klaren Aussagen des Koran ableiten oder – wenn der heilige Text schweigt – in der einmütigen Auslegung der Weisen (*ulama*) empfangen, die analog (*qiyas*) dem koranischen Vorbild urteilen oder, falls dies nicht möglich ist, die Interessen der Gemeinde abwägen.

Doch nicht jeder darf die ehrenvolle Aufgabe eines *mudschtahid* übernehmen und Gesetze formulieren oder auslegen (*idschtihad* = das Bemühen). Der Sunnismus war so sehr auf Einmütigkeit bedacht und gegenüber jeder subjektiven Beurteilung (*ray*) der Lehre durch einzelne so mißtrauisch, daß er seit dem 3./9. Jahrhundert »die Tore zum *idschtihad* für geschlossen« erklärte. Der sunnitische Glaube hat den Gründern der vier erwähnten Lehrrichtungen den Titel *mudschtahid* zuerkannt, aber ansonsten ging er davon aus, daß alle juristischen Fälle, die die Gemeinde beschäftigen konnten, schon einmal vorgekommen seien, und machte die getreue Nachahmung (*taqlid*) der Alten und der Gelehrten zur Glaubensgrundlage.

Diese Einstellung hat vielleicht negative Folgen für die Forschung und die Wissenschaft, aber es ist eine – im übrigen Ausnahmen und Präzisierungen duldende – in sich schlüssige Einstellung, und sie hat dem Sunnismus in den meisten Ländern des Islam zum Sieg verholfen. Dem turbulenten und uneinigen Schiismus, dessen Gelehrte beim *idschtihad* im Namen des verborgenen Imams sprechen und daher fanatischen Eifer hervorrufen, stellt der Sunnismus ein vielleicht ebenso vielfältiges System entgegen, dessen verschiedene Strömungen aber durch ihr strenges Bekenntnis zur Gemeinschaft zusammengehalten werden. Wenn Schiismus und Sunnismus sich jeweils als wahrer, seinem Ursprung getreuer Islam verstehen, so muß man anerkennen, daß das sunnitische Denken in hervorragender Weise diesem Glauben eines seiner unanfechtbaren Fundamente erhalten hat – die Gemeinschaft der Gläubigen, die sich um ihren Kalifen schart und als alleinige Trägerin des islamischen Lebens und Geistes auftritt.

Der politische Niedergang und der geistige Widerstand des Kalifats

Der Sieg des Sunnismus, der sich vom 5./11. Jahrhundert an abzeichnet, resultiert aus den Kämpfen um Politik und Lehre, die seit den ersten Jahrzehnten des Kalifats der Abbasiden ausgetragen werden. Unter diesem Kalifat kommen viele Spaltungen auf. Kaum eine der religiösen Bewegungen versäumt es damals, die Interessen der Klane, die Gegensätze der Völkergruppen und die sozialen Spannungen auszunutzen, um zu politischer Macht zu gelangen.

Wir halten nur die wichtigsten Entwicklungen fest. Es entstehen charidschitische Königreiche: das der ibaditischen Rustemiden (Ibaditen) von Tiaret (160-296/776-908) und das der sufritischen Midrariden von Sidschilmasa im marokkanischen Oasengebiet von Tafilalt (von 155/771 bis zum 4./10. Jahrhundert), die sich beide auf die nach Unabhängigkeit strebenden Berber stützen. Die Zaiditen siegen in Tabaristan in den Bergen südlich des Kaspischen Meeres und behaupten sich hier bis zum Anfang des 12. Jahrhunderts. Noch stärker sind sie im Jemen, wo sie um 900 eine Herrschaft errichten, die inmitten einer Region mit einer außergewöhnlich bewegten Geschichte bis 1962 fortbestehen sollte. Schließlich wird in Marokko von den Idrisiden das älteste zaiditische Emirat gegründet. Idris, ein Nachkomme Hasans, des Sohnes Alis, der aus Arabien entkommen ist, legt um 172/789 im Gebiet von Volubilis den Grundstein zu einem Königreich, dessen Hauptstadt Fes wird. Die Lehren der Zwölferschia finden im 4./10. Jahrhundert ihre besten Verteidiger in den Hamdaniden, den Fürsten von Mossul und Aleppo, und den Buyiden, den Herren des Irak und der iranischen Hochebene, die außerdem auch die offiziellen Beschützer des Kalifats sind.

Aber die größten Erfolge erlebt die ismailitische Bewegung. Wenn man von der syrischen Erhebung unter Zikrawaih (289-294/902-907) absieht, teilt sich die Anhängerschaft des Ismailismus im wesentlichen in zwei Lager. Eine strenge Geheimsekte sind die Qarmaten. Sie berufen sich auf einen »revolutionären Terrorismus«, und ein Initiationsritus begründet die Mitgliedschaft. Sie halten sich strikt an die Lehre vom verborgenen Imam, die in Muhammad, dem Sohn Ismails, jenen Mahdi sieht, dessen Rückkehr man erwartet. Zutiefst in den Volksmassen verwurzelt, deren soziale Sehnsüchte diese Sekte ausnutzt, entfaltet sie sich zunächst im Irak und gründet dann in Bahrain, an der arabischen Küste des Persischen Golfs, einen Staat ihrer Gemeinschaft, dessen Anhänger in der ersten Hälfte des 4./10. Jahrhunderts eine Reihe von aufsehenerregenden Angriffen gegen den Irak, gegen Hochmesopotamien und Arabien unternehmen. Letzterem rauben sie den Schwarzen Stein, den sie erst 340/951 zurückgeben.

Die andere Sekte, die Fatimiden, verweigert dem Sohn Ismails, Muhammad, die Anerkennung als Mahdi. Sie nimmt an, daß auf ihn eine ganze Reihe von verborgenen Imamen folgt, aus deren Mitte zur rechten Stunde der wahre Mahdi hervorgehen wird. Bis dahin versuchen die Fatimiden, um die geheime Person des Imams ein schützendes Dunkel zu weben. Sie unterscheiden zwischen dem »ständigen« Imam, das heißt dem echten Nachkommen Alis und Fatimas, und dem »bewahrenden« Imam, der von diesem als dessen »Schleier« und zugleich als dessen Repräsentation und Stimme in der Welt eingesetzt wird. Solch feine Differenzierungen nützt die ismailitische Propaganda aus, um die Berber der Kabylei zugunsten eines gewissen Ubaid Allah, der die Titel Kalif und Mahdi annimmt, zum Aufstand aufzuhetzen. Fast der ganze Maghreb, Tripolitanien und seit 358/969 Ägypten fallen unter die Herrschaft der Fatimiden.

Ungeachtet der unterschiedlichen politischen und religiösen Überzeugungen der Qarmaten und Fatimiden, die zu wechselseitiger Beeinflussung, häufiger aber noch zu Rivalitäten führten, haben ihre unbestreitbaren Erfolge Anlaß gegeben, das 4./10. Jahrhundert das »ismailitische Jahrhundert« zu nennen. Diese Bezeichnung ist sicherlich richtig, doch die turbulente Geschichte der ismailitischen Bewegung sollte uns nicht dazu verleiten, die Bedeutung des Sunnismus und seiner höchsten Institution, des Kalifats der Abbasiden, zu vergessen. Obwohl es religiös angefochten wird und seine politische Macht abnimmt, bleibt es eine machtvolle Quelle des geistigen Zusammenhalts, die für die Gesamtheit des Islam so bedeutend ist, daß nichts Geringeres als der Einfall der Mongolen und die Eroberung Bagdads im Jahr 656/1258 eintreten mußte, um ihr ein Ende zu bereiten.

Denn der Sunnismus – dessen systematische Erforschung von der europäischen Orientalistik zu lange vernachlässigt worden ist – setzt sich energisch zur Wehr. Den schiitischen und vor allem den ismailitischen Propagandisten (*du'at*, Einzahl *da'i*) stellt er seine eigenen Prediger (*wu'az*, Einzahl *waiz*) und Erzähler (*qussas*, Einzahl *qass*) erbaulicher Geschichten entgegen. An vorderster Front setzen sich die Hanbaliten für den Sunnismus ein. Auch sie sind in der einfachen Bevölkerung der Städte fest verwurzelt, besonders in Bagdad, und sie sind stark genug, um jeden Angriff auf die legitime Ordnung der Gemeinschaft zu vereiteln, indem sie zum Aufstand aufrufen.

Nach und nach ziehen sie das Kalifat, das sie unablässig unterstützen, auf ihre Seite. Die Herrscher von Bagdad hatten zunächst am Schiismus, dem sie weitgehend ihren Aufstieg verdankten, Gefallen gefunden; allerdings wollten sie sich seiner mehr bedienen als seine Erwartungen erfüllen. Darum distanzierten sie sich um so schneller von ihm, als sich die Enttäuschung der Schiiten zur geheimbündlerischen und fanatischen Opposition auswuchs und als Reaktion hierauf der Widerstand der »Orthodoxie« feste Formen annahm. Der schiitischen Anmaßung hatte zwar schon al-Mutawakil (232-247/847-861) Einhalt geboten, doch nach ihm wird das Kalifat wieder wankelmütig und zögert noch etwa hundert Jahre.

Erst um 950 klären sich die Fronten: Alles deutet darauf hin, daß der Verfall der politischen Macht des Kalifats einen tiefgreifenden, noch heftigeren Protest auslöst, der von den unermüdlichen Hanbaliten angeheizt wird. 409/1019, dann 433/1042 und 444/1052 erklären die Kalifen al-Qadir und al-Qaim ein hanbalitisch geprägtes Glaubensbekenntnis für allgemein verbindlich.

Darum sollte der im folgenden geschilderte Verfall der weltlichen Macht des Kalifats keine falschen Vorstellungen über seine Widerstandsfähigkeit als Symbol erwecken. Als höchste Inkarnation der Gemeinschaft bleibt der Kalif in den Augen der muslimischen Mehrheit – trotz aller Spaltungen – der Oberbefehlshaber der Gläubigen (*amir al-mu'minin*), der Schiedsrichter *par excellence*. Im Fortbestehen des Kalifenamts, wenn auch nur als Symbol, zeigt sich, daß das islamische Bewußtsein sich letztlich weigert, die Tatsachen als unabänderlich anzuerkennen, und am großen Traum von der Einheit festhält.

3. Die Gegensätze unter den Völkern und Provinzen

Die Stunde des Iran

Nicht nur die religiösen Stürme erschüttern das Kalifat. Die alten, durch die Eroberung unterworfenen Völker behaupten sich überall, weil sie im Schutz ihrer rauhen Heimat lebenskräftig geblieben sind und an ihrer Sprache festhalten. Nur die Kopten verschwinden, wenigstens als Sprachgruppe; seit dem 4./10. Jahrhundert scheint sich ihr Idiom auf den liturgischen und wissenschaftlichen Gebrauch zu beschränken. Viel zäher ist der Widerstand der Berber, der Kurden und der Armenier. Ihre Sprachen bleiben im Alltagsgebrauch erhalten, und auch wenn in den Städten das Arabische als Sprache des Kulturlebens und des Handels vorherrschen mag, werden die alten Sprachgewohnheiten hiervon so wenig beeinträchtigt, daß sie die Jahrhunderte unbeschadet überdauern.

Die damals bereits in Erscheinung tretenden Türken nehmen eine besondere Stellung ein. Vorläufig begegnet man ihnen nur als Sklaven oder Söldnern, und man kann sie in dieser Zeit noch nicht als Nation betrachten. Doch sie beginnen, in ihrer Funktion als Leibgarden auf das Kalifat Druck auszuüben. So zieht sich al-Mutasim 221/836 unter anderem, um Zusammenstöße seiner türkischen Garde mit der Bevölkerung Bagdads zu vermeiden, in die neue Hauptstadt Samarra zurück, die etwa hundert Kilometer weiter im Nordwesten liegt.

Doch vor allem ist diese Phase die große Zeit des Iran. Mit der Verlegung des Kalifats von Damaskus nach Bagdad gelangt auch das arabische Kulturgut in den Schmelztiegel Mesopotamien, wo es nicht nur mit den örtlichen Traditionen zusammentrifft, sondern auch mit dem aus alten Manuskripten wiedererstandenen Erbe Griechenlands und vor allem mit dem Erbe Persiens, das auch mit indischen Elementen durchsetzt ist. Bei der Entstehung der neuen synkretistischen Kultur des Islam spielen all diese Einflüsse eine Rolle, und die größte spielt – neben dem arabischen Vermächtnis – die persische Tradition. Persien belebt nicht nur die Begegnung der verschiedenen Kulturen, es ist auch in den Köpfen lebendig, denen die iranische Vergangenheit und Religion nicht aus dem Sinn kommt: der Parsismus, der Feuerkult und die noch glimmenden Herde des Manichäismus und Mazdaismus. Persien lebt im Mund von Tausenden, die weiterhin seine Sprache sprechen, eine Sprache, die so gegenwärtig und lebendig ist, daß zwischen ihr und dem Arabischen ein ständiger Austausch der Wörter und Begriffe stattfindet. Auf persischen Einfluß gehen schließlich auch manche Veränderungen in Staat und Verwaltung zurück.

Das macht den wesentlichen Unterschied zwischen dem Iran und den andern nichtarabischen Kulturen aus: Die iranische Kultur verschanzt sich nicht in ihrem Stammland, wo sie – gegen äußere Einflüsse abgeschottet – überleben könnte, sondern sie steigt vom iranischen Hochland in die Ebenen mit ihren Städten hinab, für die sich die Eroberer in erster Linie interessieren und die zu Hochburgen der neuen Religion und der neuen Sprache geworden sind. Sie lehnt es ab, sich zu isolieren, und sucht die Auseinandersetzung, folgt dem Islam bis in seine sichersten Zentren, so daß aus der Begegnung zwischen zwei bisher räumlich begrenzten Kulturlandschaften, dem persischen und dem arabischen Erbe, eine Weltkultur erwächst.

Der Islam hat die partikularistischen Bestrebungen in seinem Herrschaftsgebiet nicht erstickt. Selbst in den am stärksten arabisierten Gebieten wie Syrien und Ägypten kann die sprachliche Einheit das alte Bestreben der Regionen, auf ihrer Eigenart zu beharren und sich von ihren Nachbarn abzugrenzen, nur überdecken. In jeder Provinz gibt es eine oder mehrere einheimische oder zugewanderte Familien, mit denen die übergeordnete Autorität des Gouverneurs oder des Herrschers rechnen muß – Geschlechter wie die Mikaliden von Nisabur, die Barididen von Basra, die Madharaiden von Ägypten und viele andere. Gewiß findet sich meist ein *modus vivendi* zwischen dem Staat, dem die Garnison, die Postverwaltung und der Fiskus unterstehen, und den örtlichen Honoratioren, denen die Stadtverwaltung überlassen wird. Doch deren Ambitionen reichen oft über die Grenzen ihrer Stadt hinaus. Die Barididen von Basra (4./10. Jahrhundert) waren mächtig und reich genug, um sich die Steuerpacht in Susiana zu sichern, ein Heer zu unterhalten, sich die Wesirwürde anzueignen und den Kalifen vorübergehend aus Bagdad zu vertreiben. Manchmal erhebt sich das ganze Gebiet unter der Führung der herrschenden Lokaldynastie und macht sich selbständig; so in Aserbaidschan und Dailam, den Gebirgsregionen südwestlich des Kaspischen Meeres, in denen – begünstigt durch die topographischen Gegebenheiten – ein Mosaik von Fürstentümern entsteht.

Welche Form diese Bewegungen auch annehmen, in jeder Stadt, jeder Region und jedem Land können ehrgeizige Männer jeglicher Couleur, seien es Einheimische oder Fremde, Vertreter des Kalifen oder örtliche Führer, zum geeigneten Zeitpunkt die herrschenden Rivalitäten zwischen den Klanen, den Religionsgemeinschaften oder den Völkern ausnutzen, um sich eine Hausmacht zu schaffen und – in offenem Bruch mit Bagdad oder unter dessen nomineller Schutzherrschaft – Kleinstaaten entstehen oder wiedererstehen zu lassen.

Im Westen: das muslimische Mittelmeer und das sudanesische Gold

Nichts ist unbeständiger als die politische Karte des muslimischen Reiches unter den Abbasiden. Im Westen entzieht sich Spanien von Anfang an der Macht des neuen Kalifats. Im Jahr 138/756 gründet ein Omayyade, der sich gerettet hat, in Cordoba ein Emirat, das bis um das Jahr 1000 einen unvergleichlichen Glanz ausstrahlt; sein Herrscher nimmt sogar den höchsten Titel »Kalif« an (315/928). Auf der anderen Seite der Straße von Gibraltar bringen die Abgesandten der Charidschiten mit Hilfe der aufsässigen Berber Dynastien an die Macht und stürzen sie wieder; so die erwähnten Rustemiden von Tiaret und die Midrariden von Sidschilmasa. Einen Sonderfall stellen die Idrisiden von Fes dar, die dem Sunnismus treu bleiben, obwohl sie Aliden sind. Zu nennen sind außerdem im 3./9. Jahrhundert die Banu Ifren von Tlemcen, die zwischen Charidschismus und »Orthodoxie« schwanken, und vor allem die Aghlabiden im Gebiet des heutigen Tunesien, die das Amt des Gouverneurs ab 184/800 innerhalb ihrer Familie weitervererben und zu Vasallen Bagdads werden.

Mit ihnen beginnt für das arabische Ifriqiya, das alte römische Afrika, ein Jahrhundert des Glanzes. Überall zeigt sich die Tüchtigkeit der Aghlabiden. Durch Bewässerung gewinnen sie neues Land für den Ackerbau. Sie stampfen unzählige Paläste, Festungen und Moscheen aus dem Boden, darunter diejenigen von Sfax und von Sus, und erneuern die Moscheen von Kairuan und von Tunis – die berühmte Zaituna – von Grund auf. Mit seiner Kunst, seiner Technik und seinem Ideenreichtum erweckt der tunesische Islam ein altes Erbe zu neuem Leben, in dem sich römische und christliche Einflüsse mit syrischen, mesopotamischen und ägyptischen Elementen verbinden. Außerdem strebt er, wie Karthago, danach, auch das Meer zu erobern. Seine Ambitionen im Mittelmeer bezeugen die entlang der Küste gebauten *ribat*, befestigte Lager, in denen freiwillige Soldaten militärische mit religiösen Übungen verbinden, um sich auf den Heiligen Krieg (*dschihad*) vorzubereiten, ehe sie sich auf den in der Werft von Tunis gebauten Flotten einschiffen – ein Defensivkrieg gegen die Seeüberfälle der Byzantiner, aber zugleich auch ein Offensivkrieg gegen die Ungläubigen an den westlichen Küsten des Mittelmeeres.

Sieht man einmal von den Normanneneinfällen ab, kann man sagen, daß der Islam hier im Westen – anders als im östlichen Mittelmeer – eine Zeitlang zur alles dominierenden Seemacht wird. Nachdem Sizilien (212/827) besetzt und Malta (255/869) eingenommen ist, haben die Schiffe des Islam freie Fahrt. Bari fällt (226/840), das Umland von Neapel und Rom wird verwüstet, Sardinien und Korsika werden angelaufen, Nizza, Marseille und Arles geplündert, selbst Venedig wird bedroht, und wenige Zeit später (323/934) wird Genua erobert. Das Felsennest La Harde-Freinet in der Provence wird 281/894 für fast ein Jahrhundert zum Stützpunkt für Raubzüge, die sich bis in die Schweiz erstrecken – ein Triumph der Berbertradition der Streifzüge und Raubüberfälle, im Westen fortgesetzt durch die Erfolge der Flotten der die Balearen erobernden Herrscher von Cordoba, aber auch ein Triumph der Handelsstützpunkte und des Kulturaustausches, exemplarisch verkörpert durch das leuchtende Beispiel Sizilien.

Für den muslimischen Westen ist das 4./10. Jahrhundert die Ära der Auseinandersetzungen zwischen den Kalifaten von Cordoba und Kairuan, die beide Verbündete unter den Berbern finden. Dabei stehen die Zeniten von Oran und Marokko auf seiten der Omayyaden, die Ziriden von Kairuan als Nachfolger der verdrängten Aghlabiden auf seiten der Fatimiden. Der Kampf konzentriert sich besonders auf den Westen Nordafrikas, wo die Idrisiden die Last des Kriegs zu tragen haben. Im wesentlichen spiegelt dieser Kampf das Ringen um die Vorherrschaft zwischen Sunniten und Schiiten wider, auch wenn sich immer wieder aufsässige Stämme auf die Lehre der Charidschiten berufen, die zum Beispiel auch bei der vom Aurasgebirge ausgehenden Revolte (332-336/943-947) von Abu Yazid, des »Mannes auf dem Esel«, eine entscheidende Rolle spielt.

Doch hinter dem religiösen Streit verbergen sich handfeste Interessen: Es geht um die Kontrolle über die nördlichen Endpunkte der Routen durch die Sahara, auf denen das Gold und die Sklaven aus dem Sudan ins Land strömen. Sogar die Herrscher Bagdads schalten sich in diesen Konflikt ein. Als Mittelspersonen dienen ihnen dabei Berber – etwa die Hammadiden des Zentralmaghreb, die in der ersten Hälfte des 5./11. Jahrhunderts anscheinend eine klassische Politik der Balance zwischen dem Irak und Ägypten betreiben – oder Händler, wie die Kaufherren aus Basra, Kufa und Bagdad, von deren Anwesenheit in Sidschilmasa um 340/951 der Geograph Ibn Hauqal berichtet.

Sidschilmasa wurde von den Midrariden gegründet, deren Führer eine Zeitlang zum Sunnismus zurückkehren und sich mit dem Titel »Kalifen« schmücken. Im Jahr 347/958 wird die Stadt von Dschauhar, dem großen fatimidischen General, erobert, fällt aber wieder an die Midrariden zurück. Sie werden bald von anderen Berbern, den Banu Chazrun, verdrängt, die die Stadt im Namen der Omayyaden von Cordoba verwalten, bevor sie sich für unabhängig erklären. So bietet Sidschilmasa ein anschauliches Beispiel, an dem man die verschiedenen Interessen der Berber und der Ausländer, die sich damals den muslimischen Westen teilen, studieren kann.

Die Kontinuität der ägyptischen Kultur und der Kampf um Syrien

Am Ende des 3./9. Jahrhunderts beginnt Ägypten, vom Kalifat in Bagdad unabhängig zu werden. Der aus der Leibgarde von Samarra stammende Ibn Tulun, Nachkomme eines türkischen Sklaven, arbeitet sich in Ägypten empor und sichert sich nach und nach erst die Kontrolle über Fiskus und Armee, um dann die gesamte Macht an sich zu reißen. Dem Namen nach ist er Vasall des abbasidischen Kalifen, aber er unterhält ein starkes Heer aus türkischen und schwarzen Sklaven, mit dem er sich Syriens bemächtigt. Er gründet die Dynastie der Tuluniden, die sich allerdings nicht sehr lange behaupten kann. Gegen 323/935 wird sie von den Ichschididen, Nachkommen von Honoratioren aus dem fernen Ferghana, abgelöst. Unter ihnen ist ein hochbegabter Minister und General, der abessinische Eunuch Kafur, der wahre Herr des Landes. Die Ichschididen kämpfen mit wechselndem Glück gegen die Hamdaniden, die Nordsyrien beherrschen. Doch 358/969 fällt Ägypten in die Hände von Eindringlingen aus dem Westen: den von Dschauhar herangeführten Fatimiden. Das schiitische Kalifat von Kairo stößt nach Arabien vor, schickt seine Boten bis nach Indien und erreicht sogar eine Zeitlang die Anerkennung durch einige irakische Städte.

Das sind freilich nur Achtungserfolge. Die politische Macht der Fatimiden bleibt im wesentlichen auf Ägypten beschränkt. Im nahe gelegenen Syrien, das ständig durch die Qarmaten von Bahrain und die von Bagdad aus angreifenden Turkstämme bedroht wird, fassen sie nie wirklich Fuß, zumal im Norden ein neuer, weitaus gefährlicherer Feind auftaucht: Byzanz hat in der zweiten Hälfte des 4./10. Jahrhunderts das untere Orontestal mit Antiochia eingenommen und den Fatimiden die nur noch nominell bestehende Lehnsherrschaft über das in Anarchie versinkende Aleppo streitig gemacht. Als Schauplatz dieser Kämpfe bestätigt der Vordere Orient, daß er ein Land der Begegnungen ist, der Begegnung der Waffen, aber auch des Handels und des Geistes. Offen für die Vorstöße des Ostens und des Westens, die hier zusammentreffen, sind Ägypten und Syrien Drehscheiben, an denen verschiedene Zeiten und unterschiedliche Räume miteinander im Austausch stehen. Ägypten gelingt es dabei am besten, seine Eigenart zu bewahren. Fest verankert in seinem reichen Erbe, paßt es sich allen Einflüssen an, ohne sich selbst aufzugeben; und so verschmelzen Mittelmeer, Afrika und Rotes Meer, der Islam des Ostens und des Westens, miteinander im ägyptischen Tiegel.

Der Orient: die Kontrolle über die alten Handelsstraßen Asiens

Im Osten, in den Gebieten am oberen Tigris und Euphrat, gelingt es den Abbasiden nicht, das alte, von den Omayyaden übernommene Territorium in seinen Grenzen zu erhalten, und mit den Feldzügen Harun ar-Raschids endet die erste Phase der Vorstöße des Islam gegen Byzanz.

Von da an ist das Gebiet der Grenzmarken (Tughur) – eingeklemmt zwischen seinen Nachbarn, einem verweichlichten und launischen Kalifat und dem wieder aufblühenden Byzanz – einem wechselhaften politischen Schicksal ausgesetzt. Staatengebilde zerfallen oder profitieren von dieser Zwischenposition; so etwa Armenien, das vorübergehend seine Unabhängigkeit gewinnt, ehe es in der ersten Hälfte des 11. Jahrhunderts wieder an Byzanz fällt. Die Unsicherheit der Lage begünstigt natürlich den Ehrgeiz. Im 4./10. Jahrhundert beherrschen die beiden Zweige der arabischen Dynastie der Hamdaniden Mossul und Aleppo und tragen hier fast allein die Last des Kriegs. Ihr bedeutendster Vertreter, Saif ad-Daula, Krieger und Mäzen, ein Freund der Künste, baut Paläste, verschönert die Städte und beruft die Dichter Mutanabbi und den Philosophen Farabi an seinen Hof. Doch die Mühe ist vergeblich. Nach seinem Tod (356/967) stürzt alles unter den Angriffen der Byzantiner und Fatimiden zusammen.

Auch im Iran ist die territoriale Einheit gefährdet. Zu Beginn des 3./9. Jahrhunderts etabliert sich in Chorasan eine Dynastie von Gouverneuren, die Tahiriden, die sich bald zu Herren der östlichen Grenzmarken, mit Ausnahme des Indusgebiets, machen. Aber es ist ein Erfolg ohne Zukunft, denn gegen Ende des Jahrhunderts geht die Macht an die Saffariden über, eine zu Räubern entartete Handwerkerfamilie, während sich weiter im Osten, in Indien, die Fürstentümer Multan und al-Mansura behaupten, die später von der qarmatischen Häresie erfaßt werden.

Im 4./10. Jahrhundert kommt es zu einer neuen und in gewisser Hinsicht einfacheren Verteilung der Macht im Osten des islamischen Herrschaftsgebiets. Adlige Iranier, die Samaniden, beginnen von ihrem Stützpunkt Transoxanien aus, die Saffariden zu verdrängen, und erreichen ihr Ziel mit dem Anbruch des Jahrhunderts. Dem neuen Staat, der alle östlichen Randgebiete bis zu den indischen Grenzen umfaßt, wo sich die Saffariden als Vasallen halten konnten, widersetzen sich die aus Dailam kommenden Buyiden; die Angehörigen dieser Dynastie teilen sich die iranische Hochebene, Fars (Persis), Chuzistan (Susiana) und den Irak. Die Rivalität zwischen Samaniden und Buyiden beherrscht im 4./10. Jahrhundert die Geschichte des muslimischen Orients, bis schließlich die türkischen Leibgarden die Früchte der Zwietracht ernten. Im Jahr 383/999 stürzt ein Gouverneur der Samaniden namens Mahmud seine Herren und gründet am Endpunkt der aus Indien kommenden Handelsstraßen Ghazna als neue Hauptstadt. Nach dieser Stadt erhält die neue Dynastie den Namen Ghaznawiden; sie breitet sich bis an Indus und Ganges aus. Ein Zeichen der Zeit ist es, daß Mahmud sich offiziell als Sunnit und als treuer Untertan des Kalifats zu erkennen gibt, freilich als ein Untertan mit seltsamen Beschützerallüren.

Die Glaubenskämpfe zwischen der toleranten und lauen Orthodoxie der Samaniden, dem Zwölferschiismus der Buyiden und dem militanten Sunnismus der Türken überdecken lediglich andere Konflikte, in deren Zentrum wie im Westen die Endpunkte der großen Handelswege stehen. Hierzu gehören etwa die russischen Flüsse, die es ermöglichen, Byzanz im Norden zu umgehen und die Erzeugnisse Mittel- und Osteuropas über die Steppen am Kaspischen Meer und am Aralsee zu befördern, sowie die vielleicht noch wichtigere alte Seidenstraße, auf der bei Chorasan die Produkte Chinas ins Land kommen – eine Route, die zwar im Seeweg vom Fernen Osten zum Persischen Golf einen Konkurrenten hat, die aber mehr Tradition besitzt und verglichen mit den Gefahren des Meeres sicherer ist.

4. Die Macht der Leibgarden und die Bevormundung des Kalifats

An seinen Grenzen bedrängt und auf die Zentralregionen des Reiches beschränkt, sieht sich das Kalifat der Abbasiden schließlich auch im Irak selbst durch die Leibgarden aller wirklichen Macht beraubt. Der Ablauf der Ereignisse ist klassisch: die Samaniden von Buchara, die Omayyaden von Cordoba und die Fatimiden von Kairo werden nacheinander dasselbe Schicksal erleiden. In Bagdad beginnt diese Entwicklung damit, daß Garden aus europäischen, afrikanischen und türkischen Sklaven (*ghilman*, Singular *ghulam*) aufgestellt werden, die seit al-Mutasim immer häufiger und in immer höherer Stellung innerhalb des Machtapparats begegnen.

Sicher war es ein guter Gedanke, ein unmittelbar an die Person des Kalifen gebundenes Berufsheer aufzustellen, das ihn von den »nationalen« Kontingenten unabhängig machte – von den arabischen, aber vor allem von den chorasanischen, die seinerzeit den Erfolg der Abbasiden gesichert hatten. Die Folgen waren aber im voraus klar: Die Machthungrigen schwärmen in die Provinzen aus, wo sie, wie Ibn Tulun, die Teilung des Reiches vorantreiben; die Habgier der Soldateska wird immer größer und führt zur Krise der öffentlichen Finanzen sowie zu Umwälzungen im System des Grundeigentums; und schließlich wird der Staatsapparat entmachtet – angefangen beim Kalifen. Wie in anderen Reichen geht auch hier das Ende einer Regierung mit Mord und Herrschersturz einher. »Täglich tötet ihr einen Kalifen, und täglich proklamiert ihr einen neuen!« ruft eine mahnende Stimme den Türken zu.

Eine entscheidende Wendung in dieser unruhigen und blutigen Entwicklung tritt 324/936 ein, als das Amt des Hausmeiers endgültig Gestalt annimmt – hier heißt er »Großemir« (*amir al-umara*), und er ist der unbestrittene Herr über den Staatsapparat. Die Garden wetteifern um diesen Titel, aber auch Außenstehende begehren ihn. Von den Hamdaniden aus Mossul fällt er 334/945 den Buyiden zu. Sie führen einen Titel ein, der ihre offizielle Rolle als Beschützer des Kalifen symbolisiert: »der Arm des Staates«, wie auch ihr größter Fürst Adud ad-Daula (366-372/977-983) genannt wurde.

So wird nun die sunnitische Autorität von einem Zwölferschiiten beschützt! Das Kalifat scheint ein Widerspruch in sich zu werden. Doch hüten sich die Buyiden, auch wenn sie die reale Macht übernehmen und die schiitischen Studien eifrig fördern, offen vom Verfall des Kalifats oder von einer Verurteilung des Sunnismus zu sprechen. Sie scheinen vielmehr eine Art »Kondominium« zweier Mächte anzustreben, ein offizielles Zusammenleben der beiden Hauptrichtungen des Islam. Ist das ernst gemeint oder Berechnung? Wie dem auch sei, der erwähnte »Widerspruch in sich« ist nicht nur für die Buyiden von Vorteil. Denn dadurch, daß das Kalifat dieser letzten Prüfung nicht erliegt, beweist es, vom aufblühenden Sunnismus, seiner Lehre und seinem Kampfgeist getragen, daß politische Schwäche und geistige Ausstrahlung nicht in eins zu setzen sind. Gewiß, die weltliche Macht verfällt, doch das Kalifat als Symbol bleibt. Der Islam der Gemeinschaft sieht sich ohne Einschränkung im Kalifat verkörpert. Ebenso versteht sich die muslimische Welt in wirtschaftlicher Hinsicht als ein riesiger Produktions- und Absatzmarkt, der ohne Schwierigkeit alle Provinzgrenzen überschreitet.

Zweites Kapitel

Die Verlagerung des Islam nach Osten

Mit der Übersiedlung nach Bagdad wählt das Kalifat seinen Sitz in einem Umfeld antiker Traditionen, die dem islamischen Staat bisher unbekannte Züge verleihen. Diese bedeutende Stadt, in der ein mächtiger Herrscher regiert und die städtische Tradition des Orients pulsiert, wird von unzähligen anderen Städten nachgeahmt und abgelöst. Darum ist es zweckmäßig, einer Darstellung der Begegnung von islamischem Staat und Orient einen Überblick über die Charakteristika der Städte vorauszuschikken, die zu den typischsten Bestandteilen sowohl der islamischen als auch der orientalischen Kultur gehören und beiden als wichtigste Basis dienen.

1. Eine wahre Flut von Städten und Palästen

Der Aufstieg des Staates der Abbasiden und später seine Zersplitterung in einzelne Fürstentümer lösen eine intensive Bautätigkeit aus. Freilich sind diese Bauwerke oft so kurzlebig wie die Regierungen, unter denen sie errichtet wurden. Ein arabischer Schriftsteller schreibt: »Das ganze Unglück des Palastes liegt darin, daß das Werk eines Königs dem Untergang geweiht ist, sobald er stirbt.« Doch ob sie Bestand haben oder nicht – überall schießen Städte und Residenzen nach dem Vorbild Bagdads aus dem Boden.

Über allen erstrahlt die Stadt des Heils (*Madinat as-Salam*), die neue, am westlichen Ufer des Tigris gegründete mesopotamische Hauptstadt. Sie liegt an einem traditionellen Kreuzungspunkt von Handelsrouten, wo der Tigris, als wollte er den Verkehr und die unbegrenzte Versorgung mit Trinkwasser erleichtern, dem Euphrat ganz nahe kommt und es ermöglicht, die Landschaft mit einem Netz von Kanälen zu überziehen – fern den Sümpfen weiter abwärts mit ihrer Feuchtigkeit und ihren Moskitos. Diese Stadt übernimmt die Nachfolge Babylons, Seleukias und Ktesiphons. Der unvermeidliche Rohziegel ist ihr Baumaterial; ihr runder Grundriß nimmt antike orientalische Formen wieder auf, die in Mesopotamien wie auch in Syrien bekannt sind. Es ist eine Stadt mit einem mächtigen Verwaltungs- und Überwachungssystem, ja fast ein Ort entschlossenen Mißtrauens, der dem Volk die Hauptstadt und der Hauptstadt den Kalifen vorenthält.

Ein Graben von etwa 20 Metern Breite umgibt die Stadt, und eine ganze Reihe von Wällen und Mauern teilen sie in konzentrische Zonen, die durch ein System von Toren gegeneinander abgeschlossen werden können. Im Zentrum liegt der Palastkomplex mit der Residenz des Kalifen, den Unterkünften des Hofes und dem Sitz der Polizeibehörden, mit der großen Moschee und den Amtsgebäuden. Das Ganze ist gut geschützt; denn in der inneren Umfriedung wohnen nur Beamte, Wächter und treue Anhänger des Kalifen, die nach Volksgruppen aufgeteilt sind und nach Belieben isoliert werden können. Die nach Zünften aufgeteilten Märkte liegen weit vom Zentrum entfernt an den zwei etwa 2,5 Kilometer langen Straßen, die von den vier Toren ausgehen und die Stadt in vier gleiche Viertel teilen. Die Händler wohnen nicht in der Stadt, sondern außerhalb, ebenso wie das Gros der Truppen, und bald verlegt Kalif al-Mansur auch die Märkte aus der Stadt hinaus und richtet sie in der südlichen Vorstadt al-Karch ein.

Die Stadt wächst ins Riesenhafte und streckt ihre Fangarme nach allen Seiten aus. Immer neue Paläste und Handwerksbetriebe bringt sie bald auch auf dem Ostufer hervor, wo sich von nun an die eigentliche Geschichte Bagdads abspielen wird. In den Jahren 151/768 bis 320/932 werden mindestens zehn neue Paläste gebaut, darunter die Residenz von al-Muqtadir (295-320/908-932) mit ihrem künstlichen Garten und seinen mechanischen Spielwerken, seinen Bäumen aus Edelmetallen und seinem Quecksilberbecken mit vier vergoldeten Schiffen. Der unerhörte Luxus dieser »paradiesischen« Lustschlösser hebt sich scharf ab vom unsagbaren Elend in den Armenvierteln, vom Staub und Rauch und Schweiß der Vorstädte. Um alledem zu entfliehen, zieht der Kalif al-Mutadid von Palast zu Palast; er errichtet deren drei innerhalb von zehn Jahren.

Überall Städte

Dieses Entstehen und Vergehen von Städten im Islam ist einmalig. Aus dem Nichts wachsen sie ins Unermeßliche: so Bagdad, so Kairuan und so Kairo, wo zunächst die ersten abbasidischen Gouverneure, dann Ibn Tulun und nach ihm die Fatimiden neben der Stadt al-Fustat aus der ersten Zeit der Eroberung jeweils eine neue Stadt bauen: nämlich al-Askar, al-Qatai, al-Qahira. Weitere Beispiele sind die spanische Omayyadenhauptstadt Cordoba, deren vorgelagerte Paläste selbst zum Kern neuer Stadtteile werden, oder Palermo, um dessen Altstadt ein Viertel nach dem anderen entsteht. An anderen Stellen wächst das Wohngebiet einer alten Stadt mit der Lagerstadt der Eroberer zusammen: so im Nordosten in Merv, Balch (Baktrien), Buchara und Samarkand oder in Nordafrika im Falle der Doppelstadt Fes.

Es kommt schließlich auch vor, daß eine Stadt zugunsten einer anderen, die ihr den Rang streitig macht, in die Bedeutungslosigkeit versinkt. Ein berühmtes Beispiel hierfür ist das Wechselspiel zwischen Bagdad und Samarra: Samarra wird für ein halbes Jahrhundert zur Hauptstadt und stellt Bagdad, das es seiner Kalifen, seiner Fürsten und natürlich eines Teils seiner Händler beraubt, ganz in den Schatten, um selbst eine Zeit der Pracht zu erleben. Zeugen dieser Zeit sind die große Moschee mit ihrem schneckenförmig gedrehten Minarett (der islamischen Abwandlung der alten babylonischen Tempeltürme), das riesige Truppenlager, das Hippodrom und natürlich eine Fülle von Palästen, von denen allein al-Mutawakil 24 erbaut oder wiedererrichtet. Auch hier explodiert die Stadt und wächst, diesmal in westlicher Richtung, über den Tigris hinaus.

Als später al-Mutamid 279/892 Samarra aufgibt, um nach Bagdad zurückzukehren, verödet die verlassene Stadt, die zu einem leeren Gerippe, einer Art Pompeji des Orients wird. Im 4./10. Jahrhundert durchwandert ein Geograph ihre Hauptstraße, ohne zwischen Häusern, »die scheinbar erst gestern verlassen worden sind«, auch nur einem Menschen zu begegnen.

Eine vollständige Liste der Städte, die – dauerhaft oder vorübergehend – eine ähnliche Blüte erleben, wäre zu lang; es können nur einige Hauptlinien der damaligen Entwicklung skizziert werden. Im Orient setzt der Islam die Tradition der sassanidischen oder byzantinischen Städte fort, erneuert sie oder entwickelt sie weiter. Im Westen schafft er in Gebieten, die seit dem Niedergang Roms und seit den Invasionen in tiefen Schlaf verfallen waren, aus dem Nichts oder aus kümmerlichen Ansiedlungen pulsierende Zentren kraftvollen Stadtlebens, so etwa im Fall von Fes, wo »in der ländlichen Gesellschaft der Berber eine städtische Kultur orientalischen Typs« entsteht.

Die orientalischen Einflüsse gelangen immer weiter nach Westen. Nacheinander geben Kairuan, Tiaret, Fes und Cordoba den westlichen Küsten des Mittelmeeres ein neues Gesicht, auch wenn sich die antiken Bautraditionen – Häuser mit Innenhof, Thermen und Brunnen – wie in allen anderen Regionen, die an das griechischrömische Meer angrenzen, erhalten haben und immer wieder durchscheinen. Ob es Städte an den großen mesopotamischen Strömen sind, Oasenstädte an den Karawanenstraßen Zentralasiens, Manufakturstädte in Susiana oder im ägyptischen Delta, Hafenstädte am Mittelmeer oder am Persischen Golf, Relaisstädte an den südlichen Endpunkten der Straßen durch die Sahara – alle profitieren sie vom Handel und noch mehr vom starken Verkehr der Menschen, der Waren und der Ideen, der die islamische Welt von damals belebt. Für ihre Zeit sind diese Städte außerordentlich groß. Man schätzt die Einwohnerzahl von Cordoba auf 300 000, die von Samarkand und Kairo auf 500 000 und die von Bagdad auf mindestens anderthalb Millionen.

Eine extreme Anfälligkeit für Katastrophen ist die Folge. Die Städte werden immer wieder von Epidemien, Hungersnöten (allein in Bagdad gibt es fünf zwischen 307/919 und 337/948), Überschwemmungen, Feuersbrünsten und Aufständen heimgesucht. Unablässig müssen Brücken, Kaimauern, Märkte, Moscheen, Kanäle, oft ganze Vorstädte instand gesetzt werden. Zu den wichtigsten Gründen für die häufigen Standortverlagerungen der orientalischen Städte gehört sicher auch das Zusammenspiel von Katastrophen und unkontrolliertem Wachstum.

2. Der Orient an der Macht?

Der Aufstieg der Abbasiden bedeutet nicht den vollständigen Niedergang Arabiens, seiner führenden Persönlichkeiten oder seines Erbes. Die amtliche Sprache der Gemeinschaft ist das Arabische, das unter den Abbasiden eine Zeit der Blüte erlebt. In Bagdad regiert eine Dynastie arabischer Abstammung, und die Alternative zwischen Sunnismus und Schiismus, vor die auch die neuen Anhänger des Islam gestellt sind, entwickelte sich ursprünglich in einer arabischen Gemeinschaft. Neu ist, daß man von nun an den Arabern den alleinigen Besitz des Islam und der Staatsgewalt streitig macht. Folglich gewinnen zum Beispiel die Schutzbefohlenen (*mawali*), besonders die persischen, in amtlichen Stellungen großen Einfluß, und altorientalische Traditionen leben bis in die höchsten Verwaltungsämter hinein wieder auf.

Der Kalif als Erbe orientalischer Gewaltherrschaft

Schon die Omayyaden hatten begonnen, ein Hofzeremoniell zu entwickeln. Doch die Überfeinerung des abbasidischen Hofes, an dem manche Traditionen der Sassanidenzeit – und mit ihnen die vieler anderer Zeitabschnitte – wiederaufleben, läßt diese ersten Ansätze weit hinter sich. Vom Volk abgesondert und nur an den Tagen feierlicher Auftritte sichtbar, beschränkt sich der Kalif zunächst auf den unmittelbaren Umgang mit seinen Vertrauten, mit Verwandten, Freunden und hohen Staatspersonen. Wenn er eine amtliche Audienz gewährt, zeigt er sich in großem Pomp und nur auf seinem Thron, umgeben von den Würdenträgern. Der Wesir, der Kammerherr und der Polizeipräfekt von Bagdad, die Führer der Truppen und der Wachen, der Großkadi, der jüdische Exilarch und der nestorianische Katholikos sind nur einige der Zierden des prunkvollen Hofes, der traditionell mit Prinzen von Geblüt, Höflingen, Offizieren der Garde, Wachen, Dienern, Künstlern und Spaßmachern ausgestattet ist. Und in dieser Welt herrscht eine strenge, persisch geprägte Etikette, die Rang, Anrede, Uniform und Zeremoniell festlegt. Es ist ein Zeichen der Zeit, daß man vor dem Herrscher den Boden küßt, ein Brauch, der den Puritanern des Islam ebenso anstößig erscheinen mußte wie den makedonischen Haudegen die Tatsache, daß Alexander der Große die Sitten Asiens übernahm.

Weitere Verstöße gegen die alten Werte der Araber und das Gebot der Zurückhaltung der frühen Tage des Islam sind die prunkvollen Gewänder und Kopfbedeckungen, die Ehrenzeichen wie beispielsweise die Krone, die Amtstitel, die kulinarischen Genüsse, die zunehmende Verwendung kostbarer Stoffe, besonders der Seide, die der Prophet einst verworfen hatte und die dem Gesetz stets bedenklich erschienen. Der Islam schmückt sich in seiner höchsten weltlichen Erscheinungsform mit dem Luxus des Orients und nähert sich den alten Traditionen Asiens, für die ihm das sassanidische Persien – um nur dieses zu nennen – das unmittelbare Vorbild liefert.

Hüten wir uns aber vor übertriebenen Gleichsetzungen. Wenngleich der Kalif wie seine orientalischen Vorgänger Autokrat ist, so unterscheidet er sich dennoch von ihnen. Seine Macht ist weder auf die Vergöttlichung des Herrschers noch auf die Hierarchie in sich geschlossener Standesgruppen gegründet, wie sie traditionsgemäß Klerus und Adel darstellen. Der Kalif bleibt das Symbol einer die Gleichheit liebenden Religion, die derartige soziale Unterschiede nicht kennt – oder sich wenigstens weigert, sie anzuerkennen – und die jeden Übergriff auf die Transzendenz Gottes verabscheut. Daraus folgt, daß der Kalif seine Macht, sein Ansehen und seinen Luxus nur durch seine Stellung als erster Diener eines allen Gläubigen gemeinsamen Gesetzes rechtfertigen kann.

Hieraus ergeben sich auch die Merkmale der Autorität im Islam des Mittelalters. Das Gesetz steht über allen und zuerst über dem Kalifen, und es bleibt unter der Obhut der gelehrten Weisen (*ulama*) der Gemeinschaft – und das heißt der *muslimischen*, nicht mehr allein den Arabern vorbehaltenen Gemeinschaft –, die allein in der Lage sind, das Gesetz unter Beachtung des Gemeinwohls und, soweit möglich, entsprechend dem Vorbild des ursprünglichen Islam auszulegen. Es ist nur von geringer Bedeutung, daß diese *fuqaha*, wie sie genannt werden, diese Spezialisten für die Anwendung des theologischen Gesetzes auf die Gegebenheiten des öffentlichen oder des privaten Rechts, die Anleihen billigen mußten, die der islamische Staat bei fremden Überlieferungen gemacht hat. Fakt bleibt, daß die Autorität des Herrschers nicht auf der alleinigen Willkür eines etwa mit besonderer Erleuchtung begnadeten Führers beruht.

Die gleichen Schlußfolgerungen gelten für die Ausübung der Macht, die durch den Kalifen an die Zentralverwaltung oder an die Provinzen delegiert wird. Auch hier unterscheidet sich der islamische Staat von seinen Vorgängern, denn der Herrschende ist nur der höchste Verwalter der Autorität, nicht aber ihre Quelle (ausgenommen im Idealstaat der Schiiten). Selbst wenn ältere, fremde Traditionen in den Staatsapparat übernommen werden, werden sie in einer neuen, islamischen Umwelt neu interpretiert, die an der Definition festhält, daß der Kalif oder der »Emir der Gläubigen« der schlichte Nachfolger des Propheten und der Bewahrer seiner Gemeinschaft ist.

Das Wesirat: die Barmakiden und ihre Nachfolger

Für die Leser von *Tausendundeiner Nacht* ist das Urbild des Wesirs der Barmakide Dschafar, der ständige Begleiter des Kalifen Harun ar-Raschid. Doch das Bild, das die Legende entwirft, ist ungenau, denn nicht jeder Wesir war so mächtig wie Dschafar, und andere wiederum waren wesentlich mächtiger als die Barmakiden. In Wirklichkeit handelt es sich beim Wesirat um ein Amt, das sich weiterentwickelt, und seine Geschichte pendelt zwischen zwei Polen hin und her: zwischen dem einfachen Amt eines Leiters der Verwaltungsbehörden und dem Amt eines echten Stellvertreters des Kalifen, der alle Vollmachten, auch die militärischen, in sich vereinigt und die Politik des Staates lenkt.

Die große Zeit des Wesirats waren die ersten drei Jahrzehnte des 4./10. Jahrhunderts, in deren Verlauf sich Persönlichkeiten wie Ibn al-Furat und Ali Ibn Isa hervortaten. Doch immer blieb das Amt durch die grundlegende Ambivalenz seiner Definition charakterisiert: Stellvertreter oder nur Befehlsvollstrecker, Politiker oder Verwaltungsbeamter? Außerdem wechselte es ständig von einer Hand in die andere: Unter al-Muqtadir (296-320/908-932) gab es innerhalb von vierzehn jeweils ein Jahr dauernden Amtsperioden elf Wesire.

Gründe für diesen häufigen Wechsel waren die Launen des Fürsten, die Intrigen am Hof, die finanziellen und religiösen Streitigkeiten, oft auch die zu hohe Stellung des Wesirs, der gleich einem Fouquet des Orients Reichtümer und Anhänger gewann, worin der Kalif eine Gefahr für sein eigenes Ansehen und für den Staat sah. Dies alles erklärt, warum es Zerwürfnisse und Entlassungen gab, die oft mit Hinrichtungen endeten. Musterbeispiel sind in diesem Fall tatsächlich die Barmakiden, die aus Balch (Baktrien) stammten, wo ihre Vorfahren Wächter eines buddhistischen Heiligtums waren. Sie machten aus dem Wesirat ein wahres Familienunternehmen, so daß der argwöhnische Harun ar-Raschid, der in zunehmendem Maße selbst die Regierungsgeschäfte in die Hand nahm, auf das Glück seiner Diener eifersüchtig und durch ihr Sympathisieren mit den Aliden beunruhigt wurde – mit der Folge, daß er sich ihrer 187/803 entledigte.

Insgesamt haftet dem Wesirat etwas Widerspruchsvolles an. Einerseits ist es eine feste Institution im Rahmen des Kalifats, andererseits aber auch so veränderlich, daß es ganz verschiedene Aufgabenbereiche einschließt. Sein Wesen wurde erst nachträglich, im 5./11. Jahrhundert, theoretisch bestimmt. In mancher Hinsicht scheint das Wesirat aus der Praxis entstanden zu sein, und sowohl der Titel als auch der Begriff »Wesir« finden nur langsam in die Gewohnheiten des Staatswesens Eingang.

Nicht länger haltbar ist die These, daß das Wesirat nur der Abklatsch eines früheren sassanidischen Amtes ist. Träfe dies zu, könnte man kaum erklären, warum eine so tief in der Praxis des iranischen Staates verankerte Tradition so lange brauchte, um sich im Nachfolgestaat zu entfalten. Wenn auch das Wesirat bestimmte Züge von älteren Vorbildern übernimmt – von iranischen, aber auch hellenistischen, byzantinischen und sogar indischen –, so zeigt es dennoch einen arabischen Grundton, und sei es nur in der Bezeichnung *wesir*, für die es Vorläufer im Koran gibt.

Es handelt sich also um ein Amt, in dem mehrere Traditionen zusammenfließen und das erst nach und nach feste Gestalt annimmt.

Sein einziges beständiges Merkmal, das zugleich erklärt, warum dieses Amt sich lange Zeit so schwer definieren läßt und warum seine Inhaber in bunter Folge wechseln, ist, daß es seinem Wesen nach stets widerrufbar ist. Selbst als das Wesirat im vollen Sinn ein Staatsamt und sein Inhaber zum echten Vertreter des Kalifen wird, bleibt der Wesir dennoch gewissermaßen ein »persönlicher Diener« des Herrschers. Der Kalif will stets um seine Zustimmung gebeten sein, und allein in seinem Namen kann der Wesir handeln. Dieses ganz persönliche Verhältnis zwischen den beiden Gewalten, dem Kalifat und dem Wesirat, bedingt, daß menschliche Spannungen großes Gewicht bekommen können und daß darum der Wesir je nach Belieben abberufen wird.

Die Beamten als tüchtige Fachleute und kulturelle Vorbilder

Wie bei unseren heutigen Ministerien ändern sich im Laufe der Zeit auch Zahl und Größe der obersten Verwaltungsbehörden (*diwan*, Mehrzahl *dawawin*) der Abbasiden. Die wichtigsten und beständigsten sind die Verwaltungen der Grundsteuer (*charadsch*), des Staatsschatzes, des Heeres und der Staatskanzlei. Etwas am Rande liegt die Justiz, weil der reinen Lehre gemäß sowohl der Richter (*qadi*) als auch der Herrscher über das Gesetz (*scharia*) wachen, ihm aber zugleich selbst unterliegen. Der Kadi erscheint daher auf den verschiedenen Stufen der Macht, in der Hauptstadt wie in der Provinz, als Beisitzer und Ratgeber in Rechtsfragen der jeweiligen Autorität. Aus dem Bemühen, die Verwaltung in diesem Bereich wie in anderen zu zentralisieren, entstand zu Beginn der Abbasidenzeit – und möglicherweise wieder einmal unter iranischem Einfluß – in Bagdad das Amt des Großkadis, der im Namen des Kalifen oder auch des Wesirs alle Richter ernannte oder absetzte. Sie wurden so den lokalen Einflüssen entzogen, um nur der Macht des Herrschers zu dienen. Wenn Streit, Machtmißbrauch, Rechtsunsicherheit oder Rechtsverweigerung vorlag, hatte der Herrscher das Recht, diese Ausnahmefälle vor dem »Tribunal für Mißbräuche« (*mazalim*) zu entscheiden – einer ihm vorbehaltenen Gerichtsbarkeit, die entweder vom Kalifen selbst oder von seinem Stellvertreter, dem Wesir, ausgeübt wurde und die vielleicht ebenfalls sassanidischen Ursprungs war.

Die Verwaltung der Provinzen war, soweit man dies beurteilen kann, geteilt: Der Oberbefehl über die Truppen lag bei einem Gouverneur (*amir*), die zivile Gewalt, besonders das Finanzwesen, bei einem Präfekten (*amil*); beide unterstanden direkt der Regierung in Bagdad.

Diese zentralisierte, bürokratische, papierverschwendende Verwaltung, die – wenigstens während der Glanzzeit dieses Amtes – ganz in den Händen des Wesirs liegt, versucht so gut wie irgend möglich den Zusammenhalt des Reiches zu sichern. Sie wird hierbei durch eine bemerkenswerte, von Byzanz und vom Iran übernommene Behörde unterstützt: die Post (*barid*). In einem festen System von etwa tausend Poststellen finden die amtlichen Anordnungen und auch die Nachrichten über die Gouverneure, Präfekten und Beamten, über die Situation in den Provinzen und über die Lage an den Grenzen ihren Weg von einem Ende der islamischen Welt bis zum andern. Neben dem obersten Leiter des Postdienstes steht der Leiter des Informationsdienstes, der speziell mit der Überwachung der Zentralverwaltung einschließlich des Wesirs beauftragt ist.

Von unten bis oben und bis zum Wesir hinauf, der oft durch ihre Schule gegangen ist, gewährleisten die Schreibstuben das Funktionieren dieser gewaltigen Maschine. Der *katib* ist eigentlich der Sachbearbeiter, der jede amtliche Entscheidung in gutes und möglichst elegantes, ja blumiges Arabisch übersetzen soll. Es reicht allerdings nicht, wenn der *katib* ein guter Grammatiker und Stilist ist, er muß auch über gründliche Kenntnisse im Rechtswesen und in der Vermessungskunst verfügen, die zur Veranlagung der Steuern erforderlich sind. Eine weitere Spezialisierung ohne diese dreifache Grundausbildung ist nicht statthaft.

Die meisten Beamten sind Iranier, einige andere sind nestorianische Christen, und die Anschauungen und Traditionen, die sie mitbringen, stellen das muslimische Gewissen vor manches schwierige Problem. Man bestreitet ihnen manchmal den Anspruch, mehr zu sein als tüchtige Fachleute – sie hätten zu gehorchen und Befehle auszuführen und sonst nichts. So denkt zum Beispiel der große Schriftsteller Dschahiz. Er sieht in der iranischen Art und in dem Odium von Ungläubigkeit, die diese Perser in den Machtapparat tragen, eine Gefahr für den Islam, selbst für den aufgeklärten, den er verteidigt.

Andere Theoretiker beurteilen diese Helfer des Staates hingegen als die besten Vorbilder für eine neue Kultur. Dabei heben sie entweder, wie Ibn Qutaiba, hervor, daß diese Kultur arabisch geprägt sei, und beziehen den Iran, nicht aber Griechenland, in eine Gesamtschau der Geschichte ein, deren Schlußstein Arabien und seine Botschaft setzen. Oder sie schreiben, wie Qudama, dem *katib* eine fast enzyklopädische Bildung zu, die nicht nur den Rahmen seines Berufs weit überschreitet, sondern auch die engen Grenzen sprengt, die die Verfechter eines strengen Islam der profanen Kultur setzen wollen.

Jenseits aller Theorien über den vollkommenen »Schreiber« steht eins auf jeden Fall fest: Die ganze Politik der öffentlichen Beamten zielt darauf ab, der Vielfalt des nach Gleichheit strebenden Islam eine einheitliche Sprache zu geben: das Arabische. Selbst wenn sie einem gewissen von nichtislamischen oder nichtarabischen Traditionen ererbten kulturellen »Nationalismus« (*schuubija*) treu blieben, haben die Beamten loyal die Sache des Kalifats und die Geltung des muslimischen Rechts vertreten, und ihre Übersetzungen aus dem Persischen waren die ersten Beispiele einer arabischsprachigen Prosaliteratur. So ist dem iranischen *katib* Ibn al-Muqaffa das Buch *Kalila und Dimna* zu verdanken, die arabische Übersetzung einer persischen Version der indischen Fabeln von Bidpai. Allein schon dieser Weg über verschiedene Sprachen hat symbolische Bedeutung.

Die Wende zur Militärherrschaft (4./10. Jahrhundert)

Die große Zeit des Wesirats geht 324/936 zu Ende, als das Amt des Großemirs (*amir al-umara*) geschaffen wird, der als höchster Beamter im Staat den Kalifen vertritt. Der militärische Titel ist für die Zeit typisch. In einem Reich, in dem Bagdad – wenn überhaupt – nur noch über den Irak direkt herrscht, schwindet die zivile Autorität vor der Macht der Leibgarden, was die Buyiden 334/945 auszunutzen wissen werden.

Natürlich ist das keine neue Entwicklung: Schon zur Zeit Samarras war der Wesir nur noch eine Marionette, weil die türkische

Soldateska Kalifen und Minister nach Belieben ein- und absetzte. Doch erst im 4./10. Jahrhundert entsteht aus dem Machtstreben der Militärs das Amt des Großemirs, das sich im folgenden Jahrhundert endgültig etabliert. Die großen Kaufleute und die Beamten werden entmachtet. Eine auf Grundbesitz gestützte Offizierskaste kommt nach oben, und wegen der Veränderungen in der Armee geraten die Kriegs- und die Finanzpolitik in eine schwere Krise.

Aus der Armee des Glaubens wird eine Berufsarmee – so wäre der Ablauf einer Entwicklung zusammenzufassen, die die Beduinen in die Wüste zurückführt und sie zunächst durch die Chorasaner, die Säulen des Sieges über die Omayyaden, ersetzt und dann, ab dem 3./9. Jahrhundert, durch die türkischen, berberischen, slawischen, schwarzen, dailamitischen und kurdischen Söldner. Diese Entwicklung erklärt sich nicht nur aus den bereits erwähnten politischen Motiven, sondern auch aus technischen Notwendigkeiten. So waren etwa für die Zwecke der immer wichtiger werdenden schweren Reiterei die beschränkten Mittel und die behelfsmäßige Ausrüstung der ersten Freiwilligen völlig unzureichend.

Eine Armee, die um so anspruchsvoller wird, je größer ihr Einfluß auf die zentrale Macht ist, fordert immer höheren Sold. Von Krise zu Krise steigt der Preis für die Ergebenheit; um so mehr geht dem Staatsschatz und dem Kalifen der Atem aus. Um die Raffgier der Söldner zu befriedigen, muß man an sicherere Werte denken. Doch die bisher geübte Praxis der Bodenschenkungen (*iqta*) gelangt aufgrund der Endlichkeit des Staatsbesitzes, der wie Schafsleder zusammenschrumpft, an ihre Grenzen. Anderswo sind alle in Frage kommenden Ländereien in festen Händen, und die Enteignung der Besitzer kann keineswegs ohne Gefahr rechtlich legitimiert oder systematisch betrieben werden. Und jenseits der Staatsgrenzen ist jede Aussicht auf Landgewinn verbaut, weil die Eroberungen zum Stillstand gekommen sind.

Man mußte also eine andere Lösung finden, und man fand sie: Die Soldaten ließen sich fortan nicht mehr Ländereien, sondern die Grundsteuer der privaten Landgüter zuweisen, wodurch das Wort *iqta* eine neue Bedeutung gewann. Dies mußte freilich zum Ausverkauf und zur Verarmung des Staates selbst sowie zur Ausbeutung der Grundbesitzer durch eine Klasse führen, die vor allem rasch bares Geld einnehmen wollte, und das selbst um den Preis des Ruins der Landwirtschaft – ein Vorspiel, das die Verschuldung und Enteignung des alteingesessenen Bauerntums nach sich ziehen wird. All dies zeichnet sich bereits in der Zeit der Omayyaden ab; die Entwicklung beschleunigt sich aber im 4./10. Jahrhundert in hohem Maße. Mit dem Auftauchen der Seldschuken wird das Goldene Zeitalter des Systems der Militärherrschaft eingeleitet.

Der »Schwertadel« siegt also über den »Geldadel«. Die Krise, in die das Kalifat der Abbasiden stürzt, deckt sich weitgehend mit dem politischen Zusammenbruch des Kaufmannsstandes zugunsten einer Grundbesitz hamsternden Militärkaste. Die letzten Gründe für diese Veränderung sind auch heute noch nicht durchschaubar. Denn schließlich geschieht der Aufstieg der Feudalherrschaft, der sich hier keineswegs wie im Okzident durch ein regressives, ländliches Wirtschaftssystem erklären läßt, inmitten einer expansiven Handelswirtschaft, die tatsächlich erst im 5./11. Jahrhundert verfällt, und zwar möglicherweise nur infolge des allgemeinen Systems der Militärherrschaft.

Für diese Zeit müssen wir also den Widerspruch einer zugleich finanzstarken und doch politisch schwachen Kaufmannschaft als Tatsache hinnehmen. Vielleicht läßt sich aber an diesem Punkt die Krise des Kalifats genauer bestimmen: die Schwierigkeiten des Staates entstehen weniger aus dem Wirtschaftssystem im allgemeinen als aus der anhaltenden Finanzkrise; denn die Differenz zwischen den Einkünften aus den Provinzen, die wegen der gleichbleibenden Landfläche und den beschränkten technischen Mitteln kaum schwanken, und den ständig wachsenden Belastungen, gerade auch was den Heeresetat betrifft, wird immer größer. Diese an Gold, Waren und Menschen reiche muslimische Welt hatte alle Mittel, zu leben und gut zu leben, nur vielleicht nicht die Mittel für ein Heer.

Drittes Kapitel

Unter dem Zeichen des Handels

Politische Zersplitterung, hartnäckiger lokaler Partikularismus und alte fiskalische Traditionen der Länder des Mittelmeerraums und des Orients sind die Ursachen für zahlreiche Steuern, Zölle, Tor- und Wegeabgaben. Doch hierdurch entstehen noch keine unüberwindbaren Grenzen. Was Verwaltung und Politik nicht vermögen, gelingt dem Handel: Er schafft sich einen der größten Wirtschaftsräume, die die Menschheit je gekannt hat, und vergrößert ihn sogar noch. Nachdem die Eroberungen abgeklungen sind, löst der Händler den Soldaten ab und stößt sogar noch weiter vor als er.

1. Durchgangsraum und Übergangszeit

Trotz einiger Erfolge der Forschung ist die Geschichte des Handels im Orient während des Mittelalters immer noch wenig bekannt. So ist zum Beispiel nicht zu erkennen, welchen Umfang der Warenverkehr durchschnittlich hatte, wie die Preisbewegungen und die Wechselwirkungen zwischen Produktion und Umsatz waren. Sind unsere Quellen zu spärlich, oder sind die in ihnen enthaltenen Angaben, die ein Autor beim anderen abschreibt, ohne sie zu überprüfen oder auf den neuesten Stand zu bringen, zu unsicher? Oder hat die große Tradition der arabischen Literatur – und ihr folgend die

Orientalistik – diese Fragen allzuoft vernachlässigt? Dies alles spielt wohl mit; jedenfalls muß man vorsichtig sein.

Eins wenigstens ist sicher: daß die muslimische Welt des 3./9. und 4./10. Jahrhunderts auch im Welthandel die großen Reiche der Antike zugleich ablöst und in ihre Fußstapfen tritt. Die Erzeugnisse des Bodens und des Handwerks bleiben die gleichen, und der Handel räumt weiterhin den von der städtischen Aristokratie begehrten Luxuswaren einen wichtigen Platz ein. Doch obwohl diese Welt in manchen Zügen noch an die Vergangenheit erinnert, deutet vieles auf einen Wandel hin: Die Intensivierung des Warenverkehrs, die neue Schlüsselstellung des Handels, die Schaffung eines Wirtschaftsraums, der die alten Reiche des Orients und des Okzidents umfaßt, die zunehmende Mobilität der Waren, aber auch der Menschen, Pflanzen und Tiere – all dies dokumentiert, daß der Islam räumlich wie zeitlich den Weg in eine neue Welt eröffnet.

Das Herrschaftsgebiet des Islam ist eine »Region der Landbrükken und Meerengen« (Maurice Lombard) – zwischen Atlantik und Mittelmeer, Mittelmeer und Rotem Meer, Mittelmeer und Persischem Golf, Schwarzem Meer und Kaspischem Meer –, ein Gebiet, in dem die »Inseln« der Städte durch uralte Handelswege miteinander verbunden sind und das sich daher besonders gut für den Transitverkehr eignet. Über die von ihr beherrschten oder kontrollierten Land- und Meerengen bringt die islamische Welt, die weiter als ihre Vorgänger in der Antike zur Sahara, zu den Straßen des Sudan, zu den Unterläufen der russischen Ströme und den Steppen Asiens vordringt, die beiden großen Wirtschaftsgebiete des Fernen Ostens und des Mittelmeerraums miteinander in Verbindung.

In diesem gewaltigen Verkehrsraum läßt der Islam nur eine der Stadtinseln unberührt: Byzanz, das ihm besonders das östliche Mittelmeer und die direkten Zugänge zu den großen Ebenen und Wäldern Europas streitig macht, das aber nicht verhindern kann, daß es mit der Welt des Islam in Berührung kommt – sei es durch Krieg oder durch Handel, durch religiöse Auseinandersetzungen oder durch die Entwicklung von Kulturwerten, die mit denen der Muslime oft identisch sind.

Wer verkehrt auf diesen Durchgangsstraßen? Zunächst natürlich die Menschen; vor allem Händler, gut ausgestattet mit muslimischen Münzen, die man später noch in Mainz und an den Küsten der Ostsee findet; Kriegsgefangene, die von Byzanz und den Herren des Islam in den Mittelmeerhäfen ausgetauscht werden; Studenten und Gelehrte, die »die Wissenschaft suchen«, diesmal in westöstlicher Richtung, da man im Irak die Quelle der Weisheit vermutet; schließlich auch Sklaven, die als Mittel gegen den chronischen Menschenmangel aus Zentralasien, Afrika und dem slawischen Teil Europas herangeschafft werden, damit der Islam – damals vermutlich 30 bis 50 Millionen Menschen – als Weltreich bestehen kann. Die Zwangsarbeit in Landwirtschaft und Bergbau, der große Bedarf an Dienstpersonal und schließlich das Heer ziehen riesige Menschenmassen an. Allein die Tuluniden verfügen über eine Truppe von 24 000 türkischen Sklaven und 42 000 Afrikanern, die Omayyaden von Cordoba über 10 000 Slawen, und als die Zandsch, die schwarzen Sklaven des unteren Irak, 15 Jahre lang revoltieren, muß die gesamte Armee des Kalifen mobilisiert werden, um sie zu besiegen (270/883).

Auf diesen Straßen ziehen mit den Menschen die Tiere: vor allem das Dromedar und das Trampeltier Zentralasiens. Das Dromedar breitet sich bis in den äußersten Westen aus, das Trampeltier bis in die nordkaukasischen Steppen des Iran. Während der Abbasidenzeit beginnen oder intensivieren sich jedoch auch die »Wanderungen« mancher anderer Tiere.

Zunächst und ganz besonders ist das Pferd zu nennen: Das zentralasiatische Pferd kommt nach China und Osteuropa; das iranische wird nach Indien exportiert; das Berberpferd Numidiens liefert die Ahnen der spanischen Zucht; die syrische Rasse schließlich, das bis hin zur Römerzeit zurückreichende Produkt aus Kreuzungen von Berberpferden mit iranischen, bringt auf den Weiden des Nadschd das »arabische« Pferd hervor, das in die Länder des Mittelmeeres und nach Indien exportiert wird. Außerhalb der Gebiete mit natürlichen Weideflächen zieht die Ausbreitung des Pferdes den Anbau der Luzerne nach sich, die von Persien nach Mesopotamien, Ägypten und Andalusien gelangt.

Der Hammel wird in Spanien heimisch, wo die maghrebinische Art eingeführt wird, die später die berühmten Merinoschafe hervorbringt; auch Zuchtmethoden und Organisationsformen der Hirten werden damals übernommen – der Ursprung der großen Weidewirtschaft der Meseta.

Am Rand sei schließlich noch der Büffel erwähnt, der den ersten Wanderungen der aus Indien deportierten »Zigeuner« (Zott) zunächst in den unteren Irak und dann – im Anschluß an die »Zigeuner«-Aufstände (besonders unter al-Mamun in den Jahren 198-218/813-833) – nach Nordsyrien und in die Sümpfe des Orontes folgt.

Garten- und Feldpflanzen

Diese Wanderung der Menschen und der Tiere berührt auch die außerhalb des Islam liegenden Länder, besonders im Westen, aber sie verändert das Gesicht des Westens nicht wesentlich. An den Nordufern des Mittelmeeres »kommt alles, was auf zwei oder vier Beinen läuft, hauptsächlich aus dem Norden und aus dem Gebirge« (E. Le Roy Ladurie).

Hingegen gibt es viele Pflanzen, die auf den traditionellen Wegen aus dem Süden und dem Orient nach Europa gelangen. »In den Zaubergärten des *Rosenromans*« wie im klassischen Gemüsegarten des mediterranen Südens »kommen die Pflanzen aus den Ländern der Sarazenen«. In der Abbasidenzeit sind sie bereits in den Gärten Spaniens und Siziliens heimisch geworden, und von dort aus dringen sie später weiter Richtung Norden vor.

Einige Beispiele: Die Aprikosen- und Pflaumenbäume von Damaskus und Jerusalem, die Artischocke, »diese von den Arabern verbesserte Distelblüte«, die Salatpflanzen, der Blumenkohl, die Petersilie, die rote Rübe, der Fenchel, der Sellerie, die Melone, der Kürbis, die Aubergine und, nicht zuletzt, die Blumen: die weiße Rose von Damaskus, Rosensträucher aus Indien und viele andere. Überall treten »die genetischen Einflüsse der griechisch-arabischen Welt und der Iberischen wie Italienischen Halbinseln als maßgeblich prägend, dauerhaft sowie unentwirrbar gemischt« hervor; Einflüsse, die oft älter sind als die Expansion des Islam, die jedoch durch diese erneuert, verstärkt und weitergetragen werden. So ist es auch bei den Ölbaumpflanzungen und den Weinbergen Spaniens, die vieles dem Maghreb und der Levante zu verdanken haben.

Zu erwähnen sind abschließend die gängigen Nutzpflanzen, zunächst der Weizen: der levantinische Weizen Süditaliens und der Hartweizen des Maghreb, den die Berber in Spanien einführen. Der Reis aus Indien wird in weit auseinanderliegenden Gebieten mit tief gelegenen, warmen, sumpfigen oder bewässerbaren Böden heimisch, so in der jordanischen Senke, in den Oasen Ägyptens, in Südmarokko und im Tal des Guadalquivir. Die Hirse gelangt aus dem Innern Afrikas nach Oberägypten, in die Oasen Libyens und des Maghreb. Die Dattelpalme verbreitet sich in Kilikien, Spanien und in der westlichen Sahara. Das Zuckerrohr schließlich, das die Sassaniden im 6. Jahrhundert aus Indien in Susiana einführten, dringt weiter nach Ägypten, Syrien, Marokko, Südspanien und Sizilien vor. Doch ändert sich im Bereich der Nutzpflanzen durch die muslimische Eroberung trotz einiger Neuerungen eigentlich wenig: Im Orient und im Mittelmeerraum ernährte man sich auch schon vor dem Islam hauptsächlich von Weizen und Gerste, den Früchten der damals üblichen Wechselwirtschaft, und auch die drei Erfindungen des antiken Mesopotamien – die Hacke, der räderlose Pflug und das Wasserrad – werden schon lange allgemein gebraucht. Im ganzen gesehen wird die Gartenkultur verfeinert und erneuert, der Akkerbau jedoch verharrt in hartnäckigem Traditionalismus.

Einige technische Neuerungen

Auch die handwerklichen Produktionstechniken »wandern«, wie am Beispiel einiger Erzeugnisse gezeigt werden kann. Ein Neuankömmling ist die Baumwolle. Im 6. Jahrhundert wird sie in Turkestan angebaut, im 7. dringt sie nach Obermesopotamien vor, wo sie das aus dem Flachs gewonnene Leinen verdrängt, dann erobert sie sehr schnell Sizilien, Nordsyrien, die Oase von Damaskus und die jordanische Tiefebene. In Ägypten kann sie sich noch nicht gegen das Leinen durchsetzen, doch dringt sie in den Süden Tunesiens und Marokkos und darüber hinaus nach Spanien und Sizilien vor und gelangt auch nach Kreta und Zypern, wo sie aber erst viel später, in der Periode der Kreuzzüge, systematisch angebaut wird.

Ein weiteres Produkt des tuchverarbeitenden Handwerks ist die Seide. Von China aus gelangt sie nach Armenien und an die Küsten des Kaspischen Meeres, wird aber durch die Trennung der Wirtschaftsbereiche von Byzanz und Ktesiphon in ihrer weiteren Ausbreitung gehemmt. Die muslimische Eroberung ebnet ihr den Weg in alle anbaugünstigen Regionen des Mittelmeerraums, nach Südsyrien, Zypern, Südtunesien, Sizilien und Spanien. Auch wenn aus China weiterhin Seidenstoffe bezogen werden, geht die Einfuhr von Rohseide zurück, und die muslimische Welt wird trotz ihres gewaltigen Eigenbedarfs für Byzanz zum Hauptlieferanten.

Dieser Siegeszug der Baumwolle und der Seide führt zur Entwicklung neuer Verarbeitungsweisen (Webstuhl und Wirkmaschine) und verändert die Verwendung der Farbstoffe von Grund auf. In Mesopotamien, Syrien, Libyen, Südtunesien und Südmarokko verdrängt das Indigo den Färberwaid oder die Pastellfarbe. Das Kermes aus Armenien und Spanien und das indische »Brasilholz« laufen dem Krapprot und dem Purpurrot den Rang ab. Der Safran ist jetzt überall zu finden.

Ein letztes Beispiel ist das Aufkommen des Papiers. Vor der Zeit der Abbasiden konkurrieren der ägyptische Papyrus und das Pergament miteinander. Das chinesische Papier aus Hanf oder aus Flachs ist damals nur durch einige wenige Importe der Sassanidenzeit bekannt. Doch sobald sich der Islam erst einmal an den Endpunkten der Straßen in Turkestan festgesetzt hat, nimmt die Verbreitung des Papiers rasch zu, und um 800 wird in Bagdad eine Papiermanufaktur für den Bedarf der Verwaltung gegründet. Von hier aus erobert das neue Produkt Syrien, Sizilien und Andalusien und verdrängt im 3./9. Jahrhundert den Papyrus in seinem ägyptischen Stammland. Durch spätere Exporte nach Byzanz und Rom gelangt das Papier nach Italien und Südwestfrankreich, wo im 14. Jahrhundert die ersten Manufakturen entstehen.

Islam, Orient, Okzident

Man könnte sich jetzt dem eigentlichen Thema, dem Handel in der Abbasidenzeit, zuwenden, das bisher nur gestreift wurde. Doch gilt es zu bedenken, daß die eben beschriebenen Wanderbewegungen und Verschiebungen nicht nur etwas über die Produktionsweisen oder Handelsgewohnheiten einer bestimmten Zeit aussagen. Sie zeigen uns darüber hinaus, daß die Entwicklungen dieser Zeit im Kontext der Weltgeschichte zu betrachten sind, und veranlassen uns, kurz eine wesentliche Frage zu berühren: Hat der Islam, als er in den Raum der Begegnungen zwischen Orient und Okzident vordrang, den Okzident aus dem traditionellen Wirtschaftskreislauf ausgeschlossen, oder war das Gegenteil der Fall?

Für die erste Auffassung steht die berühmte These J. Pirennes, gegen sie spricht die Gesamtanalyse von Maurice Lombard, gegen die ohne Zweifel viel weniger einzuwenden ist als gegen erstere. Die demographische und wirtschaftliche Wiederbelebung Europas um das Jahr 1000 läßt sich gewiß nicht ausschließlich durch den Zustrom von orientalischem Gold in ein erschlafftes und barbarisches Abendland erklären. Dieses Erklärungsmodell ist zu einfach, es verleitet dazu, den Umfang dieses Handels zu überschätzen. Auch wird es der tatsächlichen Bedeutung von Byzanz nicht gerecht, das als wichtiges Korrektiv mitberücksichtigt werden muß.

Vielmehr scheinen die Übertragung des abbasidischen Geschäftsfiebers auf Europa, der strahlende Glanz Siziliens und die spanischen und orientalischen Kontakte zu den jüdischen Kaufleuten Europas dem Handel im Okzident Auftrieb zu geben. Bereits in der zweiten Hälfte des 4./10. Jahrhunderts, als die Machtergreifung der Fatimiden in Kairo einen bedeutenden Teil des Orienthandels ans Mittelmeer und ans Rote Meer zurückverlagert, liest man in den damaligen geographischen Werken der Araber die Namen Neapel, Gaeta, Amalfi und Venedig, deren große Zeit sich ankündigt.

2. Die Mittel und Wege des Handels

Die Rolle der Städte

Der ganze Handel der Abbasidenzeit beruht auf dem engen Netz der neugegründeten oder neubelebten Städte des Islam, die den Kaufleuten Hafeneinrichtungen und Karawanenstationen bieten. Zu diesem Netz gehören die Häfen des Mittelmeeres: Almeria, eine der wenigen islamischen Neugründungen im Süden Spaniens, Palermo, Tunis, Alexandria, Tyrus, Akko und Tripolis in Syrien; ferner die Häfen des Roten Meeres: al-Qulzum, das alte Klysma, an der Mündung des alten Nilkanals, al-Dschar und Dschidda, die Häfen von Medina und Mekka, und vor allem Aden, die große Durchgangsstation nach Indien; schließlich die Häfen des Persischen Golfs und des Indischen Ozeans: Basra am schiffbaren Schatt al-Arab, Siraf, das große persische Warenlager, Suhar und später Maskat an der Spitze Arabiens sowie Daybul an der Mündung des Indus.

Die Karawanenstationen sind so überaus zahlreich, daß man nur die größten aufzählen kann: Nul Lamta an der Atlantikküste Südmarokkos und Sidschilmasa im Tafilalt, beides Endpunkte der Handelsstraßen durch die Sahara; weiter im Osten die Oasen Südalgeriens und des Fessan, Kairuan, Mekka und Medina, Damaskus, Homs und Aleppo; die Stützpunkte der alten Straße nach Zentralasien: Hamadhan (Ekbatana) und ar-Rayy in der Nähe des heutigen Teheran; die Städte des Nordostens: Herat, Nisabur und Balch (Baktrien); schließlich die großen Oasen Sogdiens und der Grenzgebiete Turkestans: Buchara, Samarkand, al-Tschatasch, das spätere Taschkent, und Chodschand.

Für die Flußschiffahrt waren von Bedeutung: Sevilla am Guadalquivir, Mossul am Tigris, al-Anhar am Euphrat und al-Mansura am Indus. Nicht vergessen darf man die von den arabischen Geographen *amsar* (Einzahl: *misr*) genannten Großstädte, die manchmal eine der genannten Aufgaben mit ihrer eigentlichen Rolle als Mittelpunkte von Produktion und Verbrauch verbinden. Der Geograph Muqaddasi zählt kurz vor dem Jahr 1000 die siebzehn Metropolen des Islam auf: Cordoba, Kairuan, Kairo, Damaskus, Mossul, Bagdad, Mekka, Zabid in Südarabien, al-Mansura, as-Siradschan im alten Karmanien (Kirman), Schiras und al-Ahwaz (die riesigen Warenlager der Persis und Susianas), Hamadhan, Ardabil in Aserbaidschan, Schahrastan an der Südostecke des Kaspischen Meeres, Nisabur und Samarkand.

Diese Städte beherbergen gefestigte Gemeinschaften, deren Mitglieder sich auf eine gemeinsame Konfession oder eine gemeinsame Volkszugehörigkeit berufen. Das kann für den Handel durchaus Vorteile bringen, denn jede Gemeinschaft stellt ihren Mitgliedern ein großes Netz von Geschäftspartnern und Geldgebern zur Verfügung, das über die ganze muslimische Welt gespannt ist.

Bekannte Gemeinschaften bilden zum Beispiel die syrischen Christen, die Armenier und die Juden. Man darf aber nicht annehmen, daß es eine starre Aufteilung der Zuständigkeitsbereiche gegeben hätte, daß zum Beispiel der einen oder andern Gemeinschaft das Monopol bestimmter Handelswege oder Waren vorbehalten gewesen sei, so wie man lange annahm, daß das Bankwesen ausschließlich eine Domäne der Juden gewesen sei. Der Handel ist weit davon entfernt, ein Vorrecht der Minderheiten zu sein. Die Muslime nehmen im Wettbewerb einen bedeutenden Rang ein; und das gilt nicht nur für Minderheiten, zum Beispiel die Charidschiten, die in den Karawanenverkehr Nordafrikas eingreifen, sondern für alle Muslime, ob Sunniten oder Schiiten, Araber oder Perser, die schon vor dem Islam mit dem Handel vertraut waren und die von ihrer Religion, selbst in ihren »orthodoxesten« Formen, dazu ermuntert werden, Handel zu treiben.

Wollte man hier Unterschiede aufzeigen, so wären es eher soziale als konfessionelle Unterschiede: zwischen dem kleinen verachteten Ladeninhaber des Basars und dem Großkaufmann – dem Reeder, dem Spekulanten oder dem auf »vornehme« Waren, zum Beispiel Tuche, spezialisierten Fachhändler. Andere Merkmale einer Klassifizierung könnte man in der historischen Entwicklung suchen; denn wenn hier auch keine Anzeichen für Monopole vorliegen, so kann man doch wechselnde Übergewichte feststellen, was den jeweiligen Einfluß betrifft.

Am beständigsten bleibt die Lage im Osten, am Persischen Golf und am Indischen Ozean, und zwar zum Vorteil der Perser, vor allem im 4./10. Jahrhundert. Der Westen, insbesondere der Mittelmeerraum, ist hingegen dadurch geprägt, daß nicht genau festgelegt ist, welche Gemeinschaft für den Großhandel zuständig ist und welche sich mit dem Basargeschäft begnügen muß. Vor der muslimischen Eroberung haben die Christen des Orients, die »Syrer«, den Handel von Ost nach West in der Hand. Als der Islam aufkommt und vor allem während der Abbasidenzeit, werden sie von den Juden abgelöst, die nun überall zur Stelle sind und den Handel beherrschen, diesmal von West nach Ost, und deren unternehmerische Fähigkeiten durch die muslimische Toleranz freigesetzt werden. Die Christen werden auf den Kleinhandel zurückgeworfen, behaupten sich aber dennoch auf den Handelsstraßen Ägyptens, Syriens, Mesopotamiens und Zentralasiens. Die Jakobiten und vor allem die Nestorianer, die bis nach China hin anzutreffen sind, stützen sich auf ganze Ketten von Klöstern, die zahlreiche Aufgaben zugleich erfüllen: Sie sind Hotels oder Bankfilialen und dienen – in Armenien und in Oberägypten – zur Kastration und zur Ausbildung von Sklaven.

Nach dem Jahr 1000 beginnt die große Wende: Die in Europa verfolgten Juden werden nun auch im Orient angefeindet, besonders im fatimidischen Ägypten, wo sie oft in den höchsten Ämtern sitzen und durch ihre Zahl und Position Neid und Eifersucht erregen. Darum müssen sie an den Küsten des Mittelmeerraums und der Levante neuen Kaufleuten weichen, die früher gewissermaßen ihre Schüler waren: einerseits den italienischen Bankiers und Kaufleuten und andererseits den vertriebenen Armeniern, die besonders im Byzantinischen Reich, in Nordsyrien und im fatimidischen Ägypten des 5./11. Jahrhunderts aktiv sind, wo sie den Durchgangsverkehr sichern.

Diese und viele andere Gemeinschaften haben ihre eigenen Sprachen, von denen natürlich die Handelsbeziehungen profitieren: die traditionellen Sprachen der Perser und der Berber, das Aramäische der jüdischen Gemeinden Andalusiens, das Altsyrische der nestorianischen Missionare in Zentralasien und China, und der romanische Dialekt, der sich in Spanien aus dem Lateinischen entwickelt hat und zu einer Vorläuferform der iberischen Sprachen wird. Überall jedoch behält das Arabische in seinen Dialekten und seiner klassischen Form den Vorrang, und zwar nicht nur auf dem gesamten Gebiet des Reiches, sondern auch noch darüber hinaus: in den muslimischen Kolonien am Indischen Ozean, in China – vor allem in Kanton –, in Südrußland und sogar in Byzanz.

Schließlich bringt der Handel neue Mischsprachen hervor. Sie entstehen aus der Symbiose des Arabischen mit den Sprachen der Nachbarvölker des Reiches: mit dem Suaheli der afrikanischen Küsten am Indischen Ozean, dem Azer der sudanesischen Handelskontore, dem Sogdischen der türkischen Grenzmarken, der *lingua franca* des Mittelmeerraums. Nur auf der Landkarte nehmen diese Sprachen eine Randposition ein; in Wirklichkeit fungieren sie als Schmelztiegel, in denen zahlreiche – und nicht nur kaufmännische – Fachausdrükke neu gebildet, umgeformt und weitergegeben werden.

Arabische, persische, sogar lateinische oder griechische Wörter, die durch die orientalische Aussprache umgeformt wurden, kommen über die romanischen Sprachen auch ins Deutsche: zum Beispiel Algebra, Alkohol, Aprikose, Artischocke, Elixier, kalfatern, Safran, Schach, Tarif, Zenit, Zero, Ziffer.

Übernommene oder neue Formen des Handels?

Das muslimische Reich, das auf vielen Gebieten die Nachfolge der klassischen Antike antritt, übernimmt von ihr auch die meisten seiner Handelspraktiken: die Kaufmannsvereinigungen oder Kommanditgesellschaften, die Spekulationsgeschäfte und das Geldverleihen auf Zinsen – das Verbot der Zinswirtschaft kann durch gewisse Buchhaltungstricks umgangen werden –, den bargeldlosen Überweisungsverkehr mit Wechseln, Nachtragszahlung (*schakk*) oder Verrechnung. All das ist im Vergleich zur Antike nicht neu. Nur das Tempo der Transaktionen wird beschleunigt, und der Umfang des Warenverkehrs wächst ständig, wie man in den Seefahrerberichten nachlesen kann, die Sindbad den Seefahrer vorwegnehmen, oder bei einem Geographen wie Ibn Hauqal, der behauptet, er habe einen Schuldschein über 42 000 Golddinare gesehen, der zugunsten eines Händlers aus Sidschilmasa ausgestellt gewesen sei.

Auch bei den Steuern und Zöllen hat sich nicht viel geändert. Sie treffen sowohl die muslimischen als auch die anderen Kaufleute, nur zahlen erstere im allgemeinen die Hälfte, und das nicht nur an den Grenzen des islamischen Gebietes, sondern auch im Innern, im Verkehr von Stadt zu Stadt. Jede Stadt hat ihren Zollhof (*funduq*), das obligatorische und gebührenpflichtige Durchgangslager zwischen dem Grossisten und dem Einzelhändler des Basars. Amtliche Stellen greifen also in den Handelsverkehr ein, ebenso wie auf höherer Ebene der Staat. Die islamische Lehre lehnt solche Einmischungen zwar ab, man läßt dem Handel seine Freiheit, aber die Praxis unter dem Zwang des Alltags ist anders. Vorräte werden angelegt, die bei Hungersnöten billig verkauft werden. Der Staat beteiligt sich an der Produktion, vor allem durch staatseigene Webereien (*tiraz*) und, vor allem im Ägypten der Fatimiden, auch durch sein Monopol auf Holz, Eisen, Alaun und Pech.

Dieser ganze Handel beruht auf den beiden mittlerweile etablierten Währungen des Islam, der Silberdrachme und dem Golddinar. Erstere wird im lokal begrenzten Verkehr benutzt; in Spanien hat sie allerdings – zumindest eine Zeitlang – sogar eine Vorrangstellung, ebenso im Iran, wo auf diese Weise die Tradition des einmetalligen Geldes der Sassaniden überlebt. Doch alle Transaktionen auf lange Sicht oder auf große Entfernung bedienen sich der Goldmünze, des muslimischen Dinar und auch des byzantinischen *solidus*, der ihm auf manchen ausländischen Märkten den Rang streitig macht. Auf der Basis des Goldes entwickelt sich so ein Dreiecksverkehr, der an unseren Maßstäben gemessen sicherlich bescheiden bleibt: Europa, der finanzschwächste der drei Partner, erhält vom islamischen Reich für verkaufte Waren Gold, ein Teil davon fließt für Einfuhren nach Byzanz, und Byzanz importiert wiederum Waren aus der islamischen Welt, und zwar mehr als es dorthin exportiert. Dennoch wird das Gold in der islamischen Welt immer knapper. Selbst wenn der Umfang ihrer Ausfuhren nach Konstantinopel das Defizit der Handelsbilanz mit dem Westen deckt, kann hierdurch der Goldabfluß zu anderen Handelspartnern an den russischen Flüssen, im türkischen Asien und in Indien doch nicht ausgeglichen werden. Um überleben zu können, ist die islamische Welt deshalb darauf angewiesen, sich stets neues Gold zu beschaffen. Daraus ergibt sich die gegenüber allen anderen Wegen des damaligen Handels herausragende Bedeutung der Handelsstraßen, die diesen Nachschub sichern.

3. Handelswege und -produkte

Karawanen und Schiffe

Die Gründung Bagdads und Samarras hat den Seehandel mit dem Fernen Osten nicht ins Leben gerufen, aber sie hat ihm den entscheidenden Anstoß gegeben. Damals dringen die muslimischen Händler bis nach Korea vor und gründen in Kanton und an der Westküste Indiens rührige Kolonien, während umgekehrt die schweren chinesischen Dschunken bis nach Siraf gelangen, dem großen Umschlagplatz am Persischen Golf. Gegen Ende des 3./9. Jahrhunderts tritt eine entscheidende Wendung ein. Die von Massakern an muslimischen Händlern begleitete Revolte Huang-Tschaos führt zu einem Rückzug aus den fernöstlichen Meeren, zumindest jedenfalls zu größerer Zurückhaltung. Ab jetzt wird die malaiische Halbinsel zum äußersten Punkt der muslimischen Schiffahrt nach Osten sowie zum neuen Handelszentrum, und das Wissen über die östlichen Meere, das um die Mitte des 3./9. Jahrhunderts noch frisch und authentisch war, wird verschwommen, stereotyp und widersprüchlich. Zu dieser Zeit wendet sich die arabische Geographie, die bisher einen großen Teil ihres Interesses den fremden Meeren widmete, in ihren größten Vertretern Ibn Hauqal und Muqaddasi speziell den Karawanen- und Marschwegen zu, während die Machtergreifung der Fatimiden in Kairo dazu führt, daß ein großer Teil des Welthandels auf die Achse zwischen Mittelmeer und Rotem Meer verlagert wird.

Auf den Meeren herrscht das Schiff mit kleiner Tonnage vor. Es ist aus Teakholz und Kokosfasern gebaut. Die Kokosfasern liefern die Seile, die es möglich machen, die Planken des Rumpfes zusammenzufügen, ohne sie zu nageln, und das hintere Ruder als Steuer handzuhaben. »Man gebe mir einen Kokosbaum, und ich mache ein Schiff«, ruft ein zeitgenössischer Autor aus. Das Holz der Kokospalme wird auch für den Rumpf, die Masten und die Rahen verwendet, ihre Blätter für das Tuch der Segel; ihre Nüsse dienen als Ladung – damit ist das Schiff fertig. Es ist ein kleines und sehr zerbrechliches Schiff. Die Fugen und die Löcher für die Seile werden mit Walfett abgedichtet, aber dennoch dringt das Wasser bis zu einem als »üblich« bezeichneten Stand ein. Darüber flattert das dreieckige Segel, das das Mittelmeer erobern sollte. Dort erhält es die Bezeichnung »lateinisches« Segel und bestückt den anderen Schiffstyp dieser Zeit: das Schiff, das nicht mehr »genäht« ist, wie die Berichte es ausdrücken, sondern verzapft und genagelt.

Überall ist Seeschiffahrt zugleich Küstenschiffahrt, zum Beispiel im Roten Meer, an den Ostküsten Afrikas und vom Persischen Golf bis zur Südspitze Indiens. Doch auf der Route von der arabischen Küste nach Indien, von Ceylon nach Malaysia und von Annam nach Kanton schlägt man den direkten Kurs ein und verläßt sich dabei auf die Monsune, auf die ersten Portulane (Segelhandbücher) und die Beobachtung der Sterne, vor allem der Magellanschen Wolken, die den Südkurs anzeigen. Im Mittelmeer ermöglicht der Besitz der Inseln, zumindest ihrer Küsten (Balearen, Sardinien, Sizilien, Malta, Kreta – von 210/825 bis 350/961 – und zeitweise auch Zypern), mit größerer Sicherheit und unabhängig von Byzanz lange Seereisen nach Westen zu unternehmen. Überall gibt es Häfen, Bojen und Leuchttürme, oft einfache Pfahlgerüste mit Feuern, wie innerhalb des Persischen Golfs, überall aber auch Piraten: indische Seeräuber im Osten, vor allem auf der Insel Sokotra, dem Räubernest am Horn von Afrika, sowie christliche Piraten im Mittelmeer.

Zu Lande sind die Handelswege fast ausschließlich Wüstenstraßen, auf denen allerdings nur Trag- und keine Fuhrlasten befördert werden können. Die römische Straße und der Wagen werden von der Karawanenstraße und dem Tragtier, vor allem dem Kamel, abgelöst. Die Karawane ist eine Welt in Bewegung. Sie kann bis zu 6000 Kamele zählen, und ihre Nutzlast kommt dann der eines sehr großen Seglers gleich, doch die meisten Karawanen sind sehr viel kleiner. Alle nutzen die Karawansereien oder Chans, große viereckige Höfe, die umfriedet und befestigt sind und Gemeinschaftsunterkünfte bieten. Manchmal werden auch staatliche Anlagen genutzt, wie die Post, deren Stützpunkte – alle gleichen Typs – im Durchschnitt 40 Kilometer voneinander entfernt sind. Die Routen folgen den Zisternen. Die Flüsse werden nach Möglichkeit an den Furten durchquert. Manchmal nützt man aber auch Steinbrücken oder Fähren, zur Not auch große, aufgeblasene Lederschläuche. Die »wandernde Straße« der Flüsse, im Okzident Hauptader des Handelsverkehrs, ist hier nur ein Hindernis. Wo es Wasserläufe gibt, dienen sie bestenfalls als Ergänzung des alles dominierenden Landwegs: so im Tal des Guadalquivir, am Nil oder in der Flußlandschaft Mesopotamiens. Um das Bild zu vervollständigen, muß man auch diejenigen nennen, die um den wandernden Reichtum herumstreichen: plündernde Beduinen, unbotmäßige Stämme, aufsässige Bergbewohner, hungernde Bauern, Gesetzlose und Berufsbanditen.

Im Zentrum des Handelsnetzes liegen Bagdad, Samarra, Kairo, Cordoba und die anderen großen Städte des Islam. Sie produzieren, verbrauchen und treiben Handel – untereinander und mit dem Ausland. Da es unmöglich ist, die Einzelheiten dieses Systems zu beschreiben, manchmal auch nur zu erkennen, begnügen wir uns damit, wie Maurice Lombard vier »Hauptachsen« dieses Handels zu unterscheiden.

Im Nordosten führt die traditionelle Straße durch den Iran nach China oder Nordindien. Über sie kommen aus Turkestan Sklaven, Waffen, Felle und Filz, aus China Seidenstoffe, Papier und Porzellanwaren, Bisam aus Tibet, Sklaven und Kaschmirwolle aus Indien, während die islamische Welt vor allem Geld exportiert.

Im Südosten führen die Routen zu den asiatischen oder afrikanischen Küsten am Indischen Ozean. Hier versorgt sich die muslimische Welt, die kleinere Fertigwaren liefert, mit Luxusprodukten, wie Gewürzen, Duftstoffen, Ambra, Elfenbein, Schildpatt, Perlen, Edelsteinen, mit Nutz- und Edelhölzern, ferner mit Rohmetallen und Metallfabrikaten (wie Zinn vom Malaiischen Archipel und Waffen aus Indien) und schließlich und vor allem mit Gold und Sklaven, die in den afrikanischen Kontoren verkauft werden, in Mogadischu, Barawa, Lamu, Melinde, Mombasa, Sansibar, Kilwa und Sofala, von wo aus sich der Islam über die Transportwege für Sklaven und Traglasten im Hinterland ausbreitet.

Im Südwesten längs der großen Straßen durch die Sahara überwiegt der Export von Salz, Datteln und allerlei Beiladungen nach dem großen Stützpunkt von Audagost, dem Knotenpunkt des Handels mit Ghana, das in Überfülle Gold und Sklaven liefert. Dieses Gold passiert übrigens ähnlich wie zwischen Spanien und Europa im 16. und 17. Jahrhundert fast ohne Aufenthalt den Maghreb und gelangt von dort zu den großen Märkten und Prägestätten der Städte im Okzident und Orient.

Im Nordwesten geht der Handel in drei Richtungen. Nach Konstantinopel werden Stoffe (speziell Seidenstoffe), Fertigwaren und vor allem Edelprodukte befördert, die die islamische Welt zunächst selbst importiert und dann gegen Luxuswaren, Brokate und gemünztes Gold an das Byzantinische Reich weiterverkauft. Südrußland handelt aus den Steppen am Kaspischen Meer über die muslimischen Kolonien an der unteren Wolga oder über islamisierte Bulgaren am Zusammenfluß von Wolga und Kama gegen bares Geld mit Sklaven (*saqaliba* = Slawen) aus Ost- und Mitteleuropa sowie mit Produkten der Waldwirtschaft – Holz, Honig und Pelzen. Der gleiche Warenverkehr geht nach dem äußersten Westen, dessen häufig in den Händen jüdischer Kaufleute liegender Handel drei Hauptwegen folgt: dem Weg nach Mitteleuropa und Südrußland, dem Weg über die Alpenpässe nach Italien und dem Weg über Maas- und Rhonetal nach Spanien.

4. Die neue Gesellschaft

Die Lage der Bauern

Auf der untersten Stufe der Gesellschaft rangieren die Bauern, über die man wenig weiß und die in den Quellen meist verächtlich übergangen werden. Es sind Sklaven, Tagelöhner oder kleine Grundeigentümer. Sie bilden eine Welt für sich, die stets dem Untergang nahe ist, vom Fiskus und den Städten bedrängt und von den Reichen und Mächtigen – erst den Kaufleuten und später den Soldaten – zu unrechtmäßigen Abgaben gezwungen wird. Diesen Geißeln entrinnt man nur durch Tod, Flucht, Raub oder Revolte. Die Aufstände der Zott und der Zandsch und der große Aufstand von Babak in der ersten Hälfte des 3./9. Jahrhunderts sind hierfür nur besonders augenfällige Beispiele. Die Bauern, die außer in der unmittelbaren Nähe der großen Städte nur von dem leben, was sie selbst herstellen, und durch den wachsenden Druck der zu Grundbesitzern gewordenen Soldaten immer mehr in die Isolation getrieben werden, sind auf die Versorgung mit Wasser angewiesen, das letztlich die Quelle des Lebens ist, aber – zum Schrecken der Präfekten – auch zum Anlaß für Revolten werden kann. Die Wasserknappheit erklärt auch, warum der Orient schon sehr früh eine künstlich bewässerte Landwirtschaft entwickelte, deren Techniken lange vor dem Islam nach Europa gelangten. Aber trotz dieser uralten Tradition des Ackerbaus bleibt für den ländlichen Raum des Orients ein Merkmal auch weiterhin kennzeichnend: das Nomadentum. Ob Karawanenführer oder Viehzüchter, der Nomade prägt durch sein Dasein und besonders durch seine Mobilität die Randgebiete des Ackerlandes, dessen Grenzen genauso unbeständig sind wie das Leben der Umherziehenden.

Das Bild der Städte

Der Islam hat zahllose Städte hervorgebracht, und denen, die er übernahm, hat er sein typisches Gepräge gegeben: durch seine Bauten, die Moscheen, aber auch durch einen viel lebendigeren und freieren Städtebau, der schrittweise den regelmäßigen, quadratischen Grundriß der antiken Städte verwischt. Im ganzen gruppiert sich die Stadt jetzt um die Hauptmoschee (*dschami*), die auf der Kreuzung der alten Hauptstraßen errichtet wird. Enge Gäßchen mit fensterlosen, nach den Innenhöfen hin offenen Häusern und die Ladengassen der Basare prägen das Gesicht der muslimischen Stadt. Aber ein beachtlicher Teil ihres Lebens spielt sich in den Vorstädten und an den Toren ab, am Ankunftspunkt der Karawanen, wo die großen Märkte und die Friedhöfe liegen. Wie seine antiken Vorgänger hat der Islam die Städte mit den Wundern des Wassers geschmückt: Brunnen und Bäder sind Lebensnerv der Stadt. Aber die Bewässerung allein kann die Probleme der Stadt – Übervölkerung, Elend, Straßenraub – nicht lösen. Für den Erhalt der öffentlichen Ordnung sorgen zwei Amtspersonen: der Richter (*qadi*) und der *muhtasib*, der Aufseher über Märkte und Sitten. Dazu kommen aber auch, zweifellos nach alten byzantinischen und sassanidischen Vorbildern, örtliche Organisationen, die ein Mittelding zwischen städtischer Miliz, Sportvereinigung und lokalpatriotischer Bewegung darstellen. Sie sind Stützen der Ordnung, aber ebenso auch die Seele des Widerstands der Provinz gegenüber der Zentralmacht.

Die Städte sind von brodelndem Leben erfüllt, stets zum Aufruhr bereit, aber produktiv und fleißig. Das Handwerk, auf dem ein großer Teil des muslimischen Handels beruht, wird in staatlichen oder privaten Werkstätten ausgeübt. Es ist in Innungen organisiert, über deren Tun und Treiben wir im einzelnen ebensowenig wissen wie über die Bedeutung und die Methoden der offiziellen Kontrolle. Bestimmte Fakten sind uns jedoch bekannt: Weil die verschiedenen handwerklichen Tätigkeiten nach Straßen und Stadtvierteln aufgeteilt werden, tragen die Innungen zur strengen Aufgliederung der Stadt bei, fördern die Abgrenzungsmentalität und erleichtern den Propagandisten jeglicher Couleur ihre Arbeit. Besonders der Ismailismus (Ismailiten, Siebenerschiiten), der neben anderen ursprünglichen Lebensformen die Handarbeit preist, profitiert von diesen Verhältnissen. Andererseits ermöglicht diese Organisation des Handwerks die Überwachung der Monopole und der Preise. Gewiß variieren sie von Stadt zu Stadt, doch im ganzen scheint die muslimische Welt eine gewisse Stabilität gehabt zu haben; erst im 3./9. Jahrhundert führen der Aufschwung des Handels und der verstärkte Geldumlauf zu einer empfindlichen Teuerung, auf die jedoch wieder eine Periode der Preisstabilität folgt.

Es seien einige Anhaltspunkte gegeben: In Bagdad beträgt in guten Jahren der Mindestlohn eines Handarbeiters drei Dinar pro Monat oder eine Drachme pro Tag. Das entspricht dem Wert einer täglichen Brotration von zwei Kilogramm; der Facharbeiter verdient das Vierfache. Nach einer von dem Geographen Ibn Hauqal gegebenen Übersicht über die Gehälter der samanidischen Beamten in Chorasan gegen Ende des 4./10. Jahrhunderts, die unsere Ortsklassen vorwegnimmt, betrugen die Grundbezüge des Präfekten, des Richters oder des Postdirektors 300 Drachmen für vier Monate, konnten jedoch, der Ortsklasse entsprechend, auf 200 Drachmen absinken oder auf 3000 Drachmen ansteigen.

Das Ansehen des Kaufmanns

Ob sein politischer Einfluß im Zenit steht oder ob er, bedingt durch den Machtzuwachs der Soldaten, wieder abnimmt – der Großkaufmann bleibt während der gesamten Abbasidenzeit der Dreh- und Angelpunkt der städtischen Gesellschaft. Er steht weit über dem kleinen Volk der Suks: den Einzelhändlern und den Handwerkern, die nur ihre eigenen Erzeugnisse verkaufen und deren Arbeitstechniken manchmal viel älter sind als der Islam. In dieser Welt von kleinsten und allerkleinsten Läden, die sich niemals ganz der Macht unterwirft und stets für Hunger, Epidemien und Aufstände anfällig ist, gilt eine stillschweigend anerkannte Rangordnung, die den einzelnen Berufsgruppen je nach Ansehen und Sauberkeit vorschreibt, in welcher Entfernung zur Zentralmoschee ihre Läden und Werkstätten liegen müssen. Parfümverkäufer, Buchhändler und Goldschmiede werden am nächsten an die Moschee herangelassen, Schmiede, Lederarbeiter und Gerber soweit wie möglich an den Rand der Stadt verbannt.

Der Großkaufmann steht, vor allem wenn er mit Luxustextilien und -stoffen handelt, nicht auf der obersten Stufe der Ladenbesitzerhierarchie, sondern außerhalb. Dieser Kaufmannstypus läßt sich mit wenigen Strichen umreißen: Seine Handelsbeziehungen reichen bis in den Fernen Osten, nach Ostafrika und in die Steppen Asiens; er ist reich, hat ein prächtig eingerichtetes Haus und zahlreiche Diener; er leiht dem Staat Geld, erhält manchmal die Steuerpacht und beteiligt sich um seines Ansehens willen an der Erhaltung öffentlicher Gebäude; er unterstützt die Schriftsteller und Künstler wie ein Fürst, ist gebildet, sogar kultiviert, und übernimmt – wenn auch noch zögernd – das indische Zahlensystem mit der Null und neun Ziffern, das bei den Gelehrten so erfolgreich ist, daß man es fortan das »arabische« nennt. Dieser gesellschaftlich geachtete und literarisch gefeierte Großkaufmann (*tschadir*), dessen Tätigkeit auch den strengen Gläubigen nicht als anstößig gilt, ist neben dem Beamten (*katib*) einer der wichtigsten politischen Akteure in der abbasidischen Gesellschaft – zumindest in der Zeit vor den Militärregierungen. Natürlich hat die Medaille im Gegentypus des Neureichen ihre Kehrseite; um das Jahr 1000 schenkt der große Prosaist Hamadhani der arabischen Literatur ihren »Trimalchio«.

Die Gesellschaft und das Reich

Haben wir es wirklich mit einer neuen »Gesellschaft« zu tun? Die Bezeichnung »Gesellschaft« bedarf einer Richtigstellung. Die Gesellschaft ist zweifellos neu für den Islam, das Kind Arabiens, das sein Aussehen verändert, als es die Wüste gegen die Stadt, das Beduinentum gegen die seßhaften Einrichtungen der großen Metropolen, die geschlossene Kultur der Arabischen Halbinsel gegen die Konfrontation mit fremden Traditionen tauscht. Doch der alte Orient, über den der neue Islam herrscht, wechselt wohl den Herrn, behält aber durchaus seine alten Gewohnheiten bei oder erneuert sie. Wie in der hellenistischen und der römischen Epoche ist auch unter dem muslimischen Banner das Leben der Gesellschaft identisch mit dem Verkehr, dem Handel und der Stadtkultur, die dem in seiner Entwicklung stagnierenden Landleben mehr oder weniger aufgepfropft werden. So finden die großen Reiche der Antike im Islam ihre Fortsetzung und strahlen nochmals einen letzten Glanz aus.

Dieser Neuling oder, wenn man so will, dieser Nachkömmling ist im Grunde mit den gleichen Fehlern wie seine Vorgänger behaftet. Und wenn auch die Kaufmannsgesellschaft der großen abbasidischen Ära, wie man behauptet hat, mehr aus politischen und finanziellen als im strengen Sinne aus ökonomischen Gründen schon vor dem endgültigen Schock der Invasionen der Turkvölker und der Mongolen zerfällt, so ist dennoch festzustellen, daß die muslimische Welt ein Riese auf tönernen Füßen ist.

Gewiß, diese Welt ist groß, sehr groß; nur das mongolische Reich wird sie an Weite übertreffen. Das islamische Reich des 10. Jahrhunderts umfaßt vom Indus bis Spanien, von Zentralasien bis an die Grenzen Nubiens ein Gebiet, das etwa zwölfmal so groß ist wie das heutige Frankreich. Doch es handelt sich um Länder ohne einheitlichen Charakter. Von den geographischen und ethnischen Unterschieden ganz abgesehen, ist das muslimische Reich auch politisch und wirtschaftlich ein Körper mit mehreren Köpfen – wie Cordoba, Kairuan, Kairo, Mekka, Damaskus, Bagdad und Buchara.

Dieses Reich ist sehr groß, aber auch sehr menschlich. Dieser Riese ist gewiß von anderer Natur als seine Vorgänger. Dennoch zerbricht der ursprünglich durch den Islam gewährleistete Zusammenhalt an den üblichen Schwächen und Zwängen menschlicher Gesellschaften. Die Religion und die auf der Religion beruhende Ethik mußten, hier wie sonst, dem Verlangen nach möglichst freiem Leben und möglichst großem Reichtum Zugeständnisse machen. Doch hierzu fehlte der muslimischen Gesellschaft ein grundsätzlich neues, revolutionäres Organisationsprinzip, das in einer allen gemeinsamen politischen Ordnung die lokalen Unterschiede ausgleichen könnte.

Eine weitere, nicht weniger ernste Schwierigkeit: Das Reich tritt auf der Stelle. Nachdem seine Expansion zum Stillstand gekommen ist, dienen die Grenzgarnisonen (*ribat*) viel mehr dazu, den bereits erworbenen Reichtum zu schützen als ihn durch neue Eroberungen zu mehren. Gewiß wird man einwenden, wenn zu große Ausdehnung von Übel ist, dann hätten weitere Eroberungen als eine Flucht nach vorne die Schwierigkeiten nur vergrößert. Trotzdem deutet das Erlahmen der Expansion auf eine Krise, auf eine Erschöpfungsphase hin: Das Reich richtet sich in der Zufriedenheit und der Ängstlichkeit des Wohlversorgten ein.

Noch gefährlicher ist auf lange Sicht, daß der Reichtum des Islam aus Transithandel und Spekulation erwächst. Diese riesige Gesellschaft produziert nicht soviel wie sie braucht; ihre Landwirtschaft verharrt im Gewohnten und bleibt von den oft spärlichen Wasserreserven abhängig, während fast überall Verbrauch und Export im Verhältnis zur Produktion zu hoch sind. Außerdem ist die Produktion zu einseitig, zu stark auf bestimmte Luxuserzeugnisse ausgerichtet, vor allem aber in mehr als einem Sektor zu dürftig: Es gibt nicht genug Holz für Hausbau, Tischlerhandwerk und Schiffswerften; auch der Bedarf an bestimmten Metallen, angefangen beim Eisen, kann gar nicht gedeckt werden. Deshalb ist der Staat nicht selten gezwungen, in diese wichtigen Wirtschaftszweige einzugreifen.

Im Innern und auch in seinen Beziehungen zum Ausland lebt der Islam – das muß immer wieder betont werden – letztlich vom Handel. Darin liegen seine Größe wie seine Schwächen begründet. Sobald Politik oder Krieg die Koordinaten dieses Handels ändern, sobald am Himmel des Welthandels neue Mächte aufsteigen, wie der Okzident, kommt das ganze Gebäude ins Wanken.

Doch wie seine Vorgänger bricht auch dieses Reich nicht zusammen, ohne auf dem anderen Gebiet des Austausches – der Kultur – einen Glanz zu entfalten, der bis heute nicht erloschen ist.

Viertes Kapitel

Eine Gesellschaft in Unruhe

Höherentwicklung, Kontroversen, Sehnsucht nach der Vergangenheit: mit diesen drei Begriffen läßt sich die muslimische Gedankenwelt der Abbasidenzeit charakterisieren. Auch das muslimische Denken ist keine geschlossene Welt: Das Fremde, der stete Begleiter des Islam, dringt in sie ein, beeinflußt sie, gerät mit ihr in Widerstreit, bereitet sich aber auch darauf vor – besonders im Abendland –, sie zu beerben.

1. Die Sehnsucht nach der Vergangenheit

Der Verfall der Geschichtsschreibung

Der klassische Islam wird von der Vorstellung vom verlorenen Paradies beherrscht, von der tiefen Überzeugung, daß seine Vollkommenheit in den Anfängen liegt und daß jeder Schritt nur soweit richtig ist, als er sich dem ursprünglichen Modell nähert. Hieraus erklärt sich in der Rechtslehre wie in der Geschichtswissenschaft der Erfolg der Methode des *isnad*, der Kette der Bürgen, die es ermöglicht, auf der Spur der mündlichen, der unmittelbar erlebten Tradition bis zu einem Gewährsmann, bis zu einem höchsten Garanten der Wahrheit zurückzugehen, einem Zeitgenossen des Propheten und, wann immer möglich, natürlich bis zum Propheten selbst.

Die arabische Geschichtsschreibung ist, vor allem in Medina, aus der frommen Sorge entstanden, den Bestand der Erinnerungen an die Zeit des Anfangs als heiligen und unantastbaren Schatz zu sammeln. Allmählich führen jedoch die Erfahrungen des Islam und seine Berührung mit fremdem Leben dazu, den ursprünglichen Rahmen zu erweitern. So entstehen die Annalen des Kalifats. Sie werden durch einen Ausblick auf die Vergangenheit der fremden Nationen ergänzt, in deren Mittelpunkt große Gestalten wie die biblischen Patriarchen, Alexander, Zenobia und Chosroes stehen. Das ist der Geist, den die große, schiitisch geprägte arabische Universalgeschichtsschreibung atmet, zu deren Vertretern Männer wie Tabari und Masudi (gestorben 310/923 beziehungsweise 345/956) gehören. Objektivität, Eklektizismus und ihr weiter Gesichtskreis hindern diese Autoren allerdings nicht daran, den Islam als das alles entscheidende Ereignis anzusehen, mit dem die Menschheit endlich mündig geworden sei.

So entsteht eine ureigene und von allem fremden Einfluß unberührte, vom Vorsehungsglauben bestimmte Geschichtstradition, die ihre Vorläufer in der Antike hatte, etwa in Polybios' Geschichtsschreibung des Römischen Reiches.

Die Großgemeinschaft und die kleinen Gruppen

Die Geschichtsschreibung und die moralisierende Reflexion, die jene zum Beispiel bei Ibn Miskawaih (gestorben 421/1030) begleitet, sind gewissermaßen nur die literarischen Formen der Sehnsucht nach einer vollkommenen, aber für immer entschwundenen Vergangenheit. Doch es gibt noch andere Formen dieser Sehnsucht. Da die neue Gemeinschaft förmlich explodiert, sucht sich das Ideal der Einheit einen Ersatz in einem geeigneteren, begrenzteren Rahmen. Das 4./10. Jahrhundert ist auch in dieser Hinsicht die Zeit eines entscheidenden Wandels in der muslimischen Gesellschaft. In diesem Jahrhundert kommt nicht nur der Ismailismus (Ismailiten) mit seinen geheimen Weihen zur Blüte, es erscheinen nicht nur von neuem starke nationale Bewegungen, vor allem im Iran, es zeigt sich auch ein neuer Aufschwung der Mystik. Ihre in Wolle (*suf*, daher der Name *sufis*) gekleideten Anhänger, die bisher die Askese als einzelne übten, sammeln sich in kleinen Gruppen um einen Lehrer. Der Geograph Muqaddasi beschreibt eine der ersten dieser Gruppen, der er bei einer Reise in die Gegend südwestlich von Damaskus begegnet ist: Sie hätten Gewänder aus grobem Wollstoff getragen und sich von Eicheln ernährt.

Zur selben Zeit entwickeln sich die uns noch wenig bekannten Gruppen der *fityan* (wörtlich: junge Leute) zu einer echten Institution. Sie bilden Vereinigungen zu gegenseitiger Hilfe und gemeinschaftlichem Leben und haben einen Ehrenkodex, dessen Name (*futuwwa*: die Eigenschaft der *fityan*) und dessen ritterlicher, freigebiger und selbstloser Geist sich auf das arabische Erbe berufen, dessen Wirkungsbereich jedoch zunächst nur das alte sassanidische Gebiet umfaßt. Diese Vereinigungen sind in einem System regelmäßiger Zusammenkünfte mit besonderem Ritual und besonderer Tracht organisiert und vermehren sich unter dem einfachen Volk, da sie der Sehnsucht und den Träumen einer bestimmten städtischen Volksschicht ein Zuhause bieten – nämlich den »Habenichtsen« (*ayyarun*), den Anhängern einer radikalen, auf die Enteignung der Reichen gerichteten Moral. Außerhalb jeder Bindung an Konfession, Beruf oder Stamm knüpfen die *fityan* von Stadt zu Stadt das Netz eines neuartigen Verbandes, und ihre Führer, die manchmal die wahren Herren der Städte und wirkliche Standespersonen sind, verhandeln mit den amtlichen Autoritäten wie mit ihresgleichen. Später versuchen die staatliche Politik und die Philosophie der mystischen Bruderschaften mit unterschiedlichem Erfolg, die Bewegung zu ihren Gunsten zu instrumentalisieren. Aber einstweilen ist sie in der muslimischen Gesellschaft nur eine von vielen Antworten auf das instinktive Bedürfnis nach Einheit. In dem zu weit ausgedehnten Herrschaftsgebiet des Islam, dem die Geschichte mit den großen Ausmaßen zugleich die Schwächen eines jeden Weltreichs verlieh, bringt die korporative oder religiöse Vereinigung der *fityan*, ihre Ritterlichkeit sowie ihr Nationalgefühl, innerhalb der einen Gemeinschaft, und ohne deren Rahmen zu verlassen, zahlreiche Sondergemeinschaften hervor, die im Vergleich zu dieser als unmittelbarer erlebt werden und von größerem Einfluß sind.

2. Der Durst nach Wissen

Neue Verbreitungswege des Denkens

Ägyptischer Papyrus, chinesisches Papier und Pergament sind Basis eines lebhaften Buchhandels. Als wertvollster Zeuge nennt uns der Katalog (*fihrist*) des Ibn an-Nadim, eines Buchhändlers des ausgehenden 4./10. Jahrhunderts, die Titel der damals in Bagdad im Umlauf befindlichen Werke. Dieser Katalog stellt für uns eine unerschöpfliche Fundgrube dar; bedauerlicherweise kennen wir aber von diesen einstmals lebendigen Büchern allzuoft nur noch die Titel. Werden wir eines Tages über die Höhe der »Auflagen« oder die Zahl der verkauften Exemplare mehr wissen? Zweifellos war das Material teuer, und daher war auch das Buch ein kostspieliger und seltener Besitz, ausgenommen die zumindest dem gebildeten Publikum sehr bekannten Werke: Gedichtbände, populäre Schriften, Fabeln und selbstverständlich Ausgaben des Koran. Eine wichtige Rolle spielen die Bibliotheken. Der Geograph Muqaddasi, auch hier ein unermüdlicher Beobachter, beschreibt die Bibliothek von Schiras: Es gibt Fachpersonal, Register und Kontrollen, die Bücher werden nach Sachgebieten geordnet, nichts fehlt, was zur strengen Ordnung einer öffentlichen Bücherei gehört – eine übermäßig strenge Ordnung; denn die Pforte zur Kultur ist eng, der Zutritt bleibt den Honoratioren vorbehalten.

Das einfache Volk hält sich anderswo schadlos – an den Erzählungen, Gedichten oder Gleichnissen, die im Freien, am Rastort oder zu Hause, besonders abends, vorgetragen werden. Auf tieferer Stufe, unterhalb der Gesprächsebene der besagten Honoratioren, pflegt auch die volkstümliche Literatur den *samar*, das »Palaver«. Es wird auch noch fortgesetzt, wenn die Stadt schon schläft, und macht so aus der muslimischen Kultur in vielfacher Hinsicht eine Kultur der Nacht. Vertraute Freunde sind um den Kalifen versammelt, Gebildete um einen Dichter oder Plauderer; Gelehrte sind mit Studenten und Schülern zusammen; arme Teufel lauschen dem Vortrag eines Erzählers – die arabische Literatur ist eine Literatur der Gesprächsrunde, und wenigstens einige ihrer größten Werke bewahren die Erinnerung an die Umstände, unter denen sie entstanden sind, so das *Buch der Lieder* des Abu l-Faradsch al-Isfahani, eine Literaturkritik in Form von Gesprächen und Erinnerungen, oder die berühmten *maqamat* (Makamen, von *maqama*, soviel wie »Sitzung», »Zusammenkunft«) des Hamadhani, eines Meisters der rhythmischen und assonierenden Prosa.

Und *Tausendundeine Nacht*? Gewiß, diese Sammlung ist eines der schönsten Exempel volkstümlichen Erzählens, doch bei weitem nicht das einzige: Man muß auch das arabische Heldengedicht des *Antar-Romans*, die Berichte über den Krieg an den Grenzen, die Seefahrtsgeschichten und schließlich eine umfangreiche Trivialliteratur erwähnen, hauptsächlich in Form von Almanachen – für die uns mit dem *Kalender von Cordoba* ein Beispiel erhalten geblieben ist. Hier wie in anderen Gesellschaften bildet diese Literatur ein lebendiges Ganzes von verschwenderischer Fülle, und es ist bedauerlich, daß die literarische Tradition jener Zeit, da sie diese Literatur nicht als einen Teil ihrer selbst anerkannte, sich nicht die Mühe machte, sie sogleich dauerhaft schriftlich festzuhalten. Das geschah, wenn überhaupt, erst sehr viel später.

Arabische und fremde Wissenschaften

Bagdad ist der Sammelpunkt alter Kulturen: Mathematik, Astronomie und Medizin aus Indien treffen auf die Ethik der Könige aus dem Iran und auf das Wissen der Griechen – Pythagoras, Hippokrates, Platon, Galen, Ptolemäus, Plotin, Porphyrios, Proklos und viele andere, die sich schließlich alle unter der Fahne des unbestrittenen Meisters Aristoteles vereinigen. Bei dieser Begegnung der Kulturen gibt es auffällige Lücken: Es fehlen die nichtdidaktischen griechischen Werke, die lateinische Literatur, die gelehrte Geschichtsschreibung, der Geograph Strabon, und selbst Platon ist meist nur indirekt über seine Nachfolger bekannt. Übrigens war die neuplatonische Tradition im Orient schon vor dem Erscheinen der Araber lebendig. Der sassanidische Iran besaß in Gondesapur in Mesopotamien eine berühmte Schule, vor allem für Medizin, die in erster Linie auf dem Werk syrischsprachiger Nestorianer beruhte, der großen Übermittler griechischer Literatur. Auch hier übernimmt der abbasidische Islam ein Erbe und macht es wieder fruchtbar. Im

Gefolge von Hunain Ibn Ishaq und Tuabit Ibn Qurra vermittelt eine neue Schule von Übersetzern einen großen Teil des hellenistischen Vermächtnisses vom Griechischen über das Altsyrische ins Arabische, und in der ersten Hälfte des 3./9. Jahrhunderts ermutigt und organisiert der große Kalif al-Mamun diese Bemühungen und gründet in Bagdad das für diese Zeit maßgebende Institut, den *bait al-hikma*, der sich besonders durch astronomische Arbeiten auszeichnen wird.

Das arabische Erbe hingegen, das manchmal von den neu übernommenen Methoden der Forschung und der Disputation profitiert, gründet auf der Verteidigung und der Veranschaulichung des Glaubens. Aus dem Koran, aus seinen vorschriftsmäßig festgelegten Lesarten, aus der Exegese (der Historiker Tabari ist auch in dieser Disziplin Meister), aus der vor allem von Buchari und Muslim gesammelten Überlieferung (*hadith*) wird die Theologie (*kalam*) erarbeitet. Bei den Mutaziliten, zu denen der große Schriftsteller Dschahiz gehört, ist sie zunächst rationalistisch: Zwar bedienen sie sich der von den Griechen übernommenen Kenntnisse und Methoden, um den Islam zu verteidigen, aber dennoch behalten sie sich vor, über die Dogmen zu diskutieren und den Glauben mit den Forderungen der Forschung in Einklang zu bringen. Die zu erwartende Unruhe macht sich bald bemerkbar; der strenge Sunnismus reagiert: In der ersten Hälfte des 4./10. Jahrhunderts erreichen Aschari und Maturidi die später »legalisierte« Versöhnung zwischen dem Rationalismus der Mutaziliten und der Buchstabentreue der Konservativen.

Auch die Mystik hat ihren Ursprung außerhalb der »Orthodoxie«, da sie in ihren Anfängen trotz erster Ansätze zur Bildung von Zirkeln hauptsächlich die Sache einzelner Individuen ist, die der Staat schlecht kontrollieren kann: 309/922 mußte al-Halladsch – einer ihrer mustergültigsten Vorkämpfer, der wie Jesus ausrief: »Ich bin die Wahrheit!« – am Galgen sterben. Erst später kann der Islam solche Bestrebungen eingliedern, indem er ihnen eine feste Lehre und eine Organisation in geregelten Bruderschaften gibt. Zunächst stehen die mystischen Bewegungen unter dem fremden Einfluß hinduistischer und vor allem christlicher Anachoreten, wie es Muqaddasi im Libanon beobachtet hat.

Um so weniger Vorbehalte und Zurückhaltung gibt es beim Studium der Sprache und in der Begeisterung für sie. Selbst in profaner Form, selbst unter der Feder von Ausländern bleibt das Arabische das einst zum Gefäß des Heiligen erwählte Wort, der Spiegel, in dem sich der Islam jenseits aller Schulen und Nationen einmütig betrachtet. Leidenschaftlich katalogisieren Philologen wie Chalil, die in der Lexikographie und Metrik führend sind, die Wörter und Rhythmen der Sprache, während Sibawaih und Kisai, die Vertreter der rivalisierenden Schulen von Basra und Kufa, die Grammatik kodifizieren.

Vergessen wir nicht die Poesie, die Krone des Ganzen. Selbst als sie sich, vor allem im Irak, neue Themen und neue Versmaße erschließt, bleibt sie der höchste Ausdruck der Sprache, in dem das Arabische instinktiv seine Vorbilder sucht: in den Werken von Baschschar Ibn Burd, Ibn al-Mutazz, Abu l-Atahiya und vor allem von Abu Nuwas, der den Alkohol und die unerlaubte Liebe besingt. Manchmal wird der Vers auch bewußt verwendet, um das Arabische zu glorifizieren: eine klassische oder neoklassische Strömung, die aus dem Wissen der Philologen schöpft, hält dem alten Arabien die Treue, seinen den neuen Umständen angepaßten oder nicht angepaßten Themen, seinen Rhythmen und seinem Wortschatz, der um so höher geschätzt wird, als er manchmal fast dem Vergessen anheimzufallen droht. Hier sind die herausragenden Namen Abu Tamman, Buhturi und Ibn al-Mutazz, dessen Kunst somit zwei Gesichter hat, des weiteren ist vor allem Mutanabbi zu nennen und schließlich, ein wenig am Rand, der pessimistische und streitlustige Abu l-Ala al-Maarri.

3. Die Literatur und die Gesellschaft

Die Kultur des Geistes als Weg zum sozialen Aufstieg

Rationalisten und Konservative, solche, die für die arabische Reinheit und solche, die für die Aufgeschlossenheit gegenüber dem Fremden eintreten – in einem Punkt sind sie sich alle einig: Die Kultur des Geistes (*adab*) ist unentbehrlich. Ob man unter diesem Begriff einen bestimmten Lebensstil, eine Ethik im weiteren Sinn oder noch allgemeiner das Wissen als solches versteht, der *adib*, der Ehrenmann dieser Zeit, kann, selbst wenn er von ganz unten kommt, durch den Adel des Geistes bis zum Rang der traditionellen Aristokratien des Blutes und des Standes aufsteigen. Doch für diesen Drang, zur Elite zu gehören, gibt es durchaus handfeste Gründe: Wer einen leeren Magen hat, hat auch einen leeren Kopf, und umgekehrt soll das Wissen, sobald man es erworben hat, vor allem etwas einbringen: gesellschaftliche Macht und Geld. Es ist dies ein pragmatisches, auf Erreichbares ausgerichtetes Ideal; das Streben nach Wissen hat unbestreitbar einen bourgeoisen Zug. Auch in dieser Gesellschaft geht die ernsthafte Bewunderung der Wissenschaft und ihrer selbstlosen Vertreter mit ganz praktischen Zielen Hand in Hand.

So erklärt es sich, daß das poetische und literarische Schaffen auf Nachahmung (*intihal*) beschränkt bleibt. Das Genie fühlt sich weniger dazu berufen, neue Wege zu suchen, als das Spiel mit vorgegebenen Regeln und Themen, in dem sich die Eingeweihten auskennen, besser als andere zu meistern.

Die Aufgabe der Prosa

Die arabische Prosa wird vor allem nach persischen Vorbildern und von den Beamten entwickelt, von Ibn al-Muqaffa, dem Übersetzer der bereits erwähnten Fabeln von *Kalila und Dimna*, von Abd al-Hamid am Ende der Omayyadenzeit, von Sahl Ibn Harun und von vielen anderen. Nach diesen Anfängen findet die Prosa im 3./9. Jahrhundert in Dschahiz und Ibn Qutaiba zwei ihrer größten Meister. Mit ihnen wird das vollkommene Gleichgewicht zwischen einer geschmeidigen, eleganten und klaren Sprache und einem Denken erreicht, das auch noch in seinen raffiniertesten Formen um klaren Ausdruck bemüht ist. Doch sehr bald verliert die Prosa diese Zielsetzung aus den Augen.

Einerseits wird sie zur reinen Fachliteratur ohne stilistische Ambitionen, beschränkt sich darauf, ein einfaches Mittel zur Erläuterung eines bestimmten Themas zu sein. Den überwiegenden Teil der arabischen Prosa bilden Werke der Exegese, der Apologetik, der Philologie, des Rechts, der Geschichte oder der Wissenschaft.

Sobald die Prosa andererseits danach strebt, sich um ihrer selbst willen zu vervollkommnen, stolpert sie, durch das ihr weit überlegene Vorbild der Lyrik verleitet, in die Fallen des *l'art pour l'art*. Dann wird der literarische Ausdruck durch Assonanzen, Rhythmen und Wiederholungen allmählich verdorben – wie in den bereits erwähnten berühmten Makamen (*maqamat*) des Hamadhani der Fall, der von seinen Zeitgenossen Ende des 4./10. Jahrhunderts den Beinamen »das Wunder« erhielt. Erst sehr viel später findet der Modernismus wieder den Weg zu einer lebendigen Prosa.

Das neue Denken und der Stellenwert des Arabischen

In gewissem Sinn läßt sich der Streit um die wahre Gelehrsamkeit, soweit er den klassischen Islam angeht, auf eine Alternative zurückführen: offene Kultur oder geschlossene Kultur? Die Zählebigkeit der alten nationalen Traditionen selbst bei den Muslimen, die aufrichtige Anhänger des Arabischen sind, sowie die Rolle Griechenlands und des Iran sind Ursachen zahlreicher Kontroversen. Die eine Partei, mit Dschahiz an der Spitze, zieht gegen die überall gegenwärtige Kultur des Iran zu Felde, weil sie in ihr eine Gefahr für das arabische Erbe und den Islam sieht, akzeptiert aber, sobald die Stellung des Islam und des Arabischen gefestigt ist, das griechische Denken als Vorbild für eine kritische Auseinandersetzung mit der Welt. Die andere Partei, zu der Gelehrte wie Ibn Qutaiba gehören, vertritt eine Position, die man als »militant« bezeichnen kann. Den Iran betrachtet sie als Teil der muslimischen Gesellschaft, und die iranische Vergangenheit gehört ihrer Auffassung nach zu einer Universalgeschichte, deren Schlußstein der Islam bildet; aber Griechenland und die griechische Philosophie lehnt sie ab, weil sie eine Gefahr für den Glauben darstellten.

Zur gleichen Zeit, da im theologisch-juristischen Denken erarbeitet wird, was wir oben nach muslimischer Tradition »die Schließung der Pforten der persönlichen Interpretation (*idschtihad*)« nannten, setzen aufrichtig Gläubige für die Gebildeten die Normen und Themen der gesamten Wissenschaften fest. Das bedeutet für das profane Wissen etwa die gleiche Einschränkung wie die nun abgeschlossene Interpretation der Offenbarung für die religiöse Erkenntnis. Die Kultur des Wissens (*adab*) wird damit auf Kompilationen, Anthologien und Neuausgaben eingeengt, und ihr Inhalt wird unermüdlich von einem Schriftsteller an den anderen weitergegeben. Die bedeutendsten unter ihnen sind Tanuchi, Thaalibi und, in seinem Denken eigenständiger, Abu Hayyan at-Tauhidi.

4. Neuheiten, Fortschritte und synkretistische Übernahmen

Philosophische Spekulationen im Bereich des Islam

Die Philosophie der Muslime ist zunächst eine muslimische Philosophie. Eine Binsenweisheit? Vielleicht! Doch anfangs war das alles andere als selbstverständlich. In einer durch den Islam geprägten Gesellschaft kann man, wie in jeder anderen Gesellschaft, vorgeben, daß man der Vernunft und dem Glauben nur ihre jeweiligen Geltungsbereiche vorbehalten will, oder man kann sogar der ersteren den Vorzug geben, wie es der um 313/925 gestorbene Razi (Razes) tat, der die Offenbarungsreligionen und ihre Propheten in scharfen Tönen kritisierte und statt dessen der antiken, auf Sokrates und Platon beruhenden Weisheit das Wort redete. Doch die heftigen Reaktionen, die eine solche Einstellung in allen geistigen Kreisen des Islam auslöste, beweisen, wie wenig Anhänger sie hatte. Und in der Tat mußte die Philosophie ihre Position anders bestimmen; was sie tat, indem sie den Islam zu einer ihrer Prämissen machte.

Kindi, der älteste und am meisten bewunderte dieser Denker – die Überlieferung nennt ihn den »Philosophen der Araber« –, hatte als erster den Weg zu einer muslimischen Philosophie aufgezeigt, indem er die mutazilitische Theologie und gewisse Theorien aus der »Theologie« des Aristoteles und aus dem Plotinismus miteinander verband. Nach ihm versuchte Farabi (gestorben 339/950), Platons *Staat* und *Gesetze* sowie die gesamte aristotelische Philosophie mit den mutazilitischen und imamitischen Thesen zu einer geschlossenen Lehre zu vereinigen. Doch war es dem ebenfalls von Mutazilismus und Schiismus beeinflußten Avicenna (Ibn Sina, gestorben 428/1037) vorbehalten, im Ausgang von Farabi und auf der Grundlage seiner eigenen Lektüre das größte philosophische System jener Zeit auszuarbeiten, in dem Aristoteles und die muslimische Religion, deren Überlegenheit allerdings außer Frage ist, fast ebenbürtig nebeneinanderstehen.

Diese Philosophie sah sich – aus Vorsicht oder aus Überzeugung – als eine Dienerin des Islam, aber dennoch blieb sie ihm immer suspekt. Obwohl sie ebenso wie er Sorge trug, das Wesen, wenn schon nicht die Seinsweisen des Absoluten der Diskussion zu entziehen, fiel es ihr schwer, die Dogmen der Offenbarung mit dem Rationalismus des Aristoteles und den kosmogonischen oder moralischen Anschauungen des Neuplatonismus zu versöhnen. Da sie ständig auf Widerspruch stieß und Ärgernis erregte, wenn es um so heikle Probleme wie die Einheit der Schöpfung, das Weiterleben von Körper und Seele oder die Arten göttlichen Handelns ging, blieb sie in den Augen fast aller Gläubigen, vor allem der Sunniten, etwas Fremdes und Gefährliches. Ihre Anhänger, die »Philosophen« (*falasifa*, Singular *failasuf*), waren der Ketzerei verdächtig, und manchmal wurden sie – so etwa von Ibn Qutaiba – aus ähnlichen Haßgefühlen heraus mit den *zanadiqa* (Singular *zindiq*), den »Manichäern«, auf die gleiche Stufe gestellt sowie ganz allgemein mit allen, die verdächtig waren, gefährliche Neuerungen im Glauben einzuführen.

Es ist dies eine Philosophie, die ebenso von Abhängigkeit gekennzeichnet ist wie sie auch unbestreitbar eigene Größe aufweist. Obwohl sie ein Kind des Islam ist, das von ihm gewisse Voraussetzungen und auch seine spezifischen Kontroversen übernommen hat, wächst sie doch über ihn hinaus. Sie wird zum weltphilosophischen Vermittler zwischen Griechenland, dessen Erbe sie antritt und mit dessen Denken sich der Islam somit auseinanderzusetzen gezwungen ist, und dem Abendland, dessen Gedankenwelt sie einige Zeit später neu beleben wird.

Exakte und angewandte Wissenschaften

Keiner unter den Denkern dieser Zeit, sei er muslimisch oder andersgläubig, trennt die Philosophie von der wissenschaftlichen Praxis. Schon allein aufgrund des Glanzes, der von den angewandten Wissenschaften ausgeht, ist es gerechtfertigt, die Abbasidenzeit als eine Zeit der Renaissance zu bezeichnen. Wer in der Abbasidenzeit von Wissenschaft spricht, meint damit die Verbindung abstrakter Forschung mit praktischer Anwendung, die Vertiefung des Wissens und seine didaktische Aufbereitung sowie schließlich auch die Achtung vor dem fremden Erbe – dem iranischen, dem mesopotamischen und vor allem dem griechischen – und insbesondere vor dem Geist dieses Erbes, der gegebenenfalls dazu anspornt, die Erkenntnisse der alten Vorbilder in Frage zu stellen.

Die Schätze dieses Wissens müssen gesichtet werden: In den mathematischen Wissenschaften, zu deren Ruhm neben anderen Chwarizmi, Battani (Albatenius) und Buzdschani (Abu l-Wafa) beitragen, geht es um die Algebra, die Weitergabe des sogenannten arabischen Zahlensystems, die Entdeckung von Sinus und Tangens, die Neigung der Ekliptik, die Messung des Erdumfangs. In der Chemie, vertreten durch Dschabir (Geber) und seine Schüler, stehen die Anwendung der Destillation und die Frage nach der Bestimmung mehrerer Stoffe, zum Beispiel des Alkohols und der Schwefelsäure, im Mittelpunkt. In der Optik führt Ibn al-Haytham (Alhazen) seine Forschungen durch. Im Bereich der Medizin untersucht Razi die Pocken und andere Krankheiten; das vor allem im Iran bekannte Krankenhaus (*bimaristan*) breitet sich in den Städten des Orients aus, bevor es im Anschluß an die Kreuzzüge Europa erobert, und schließlich werden ein Arzneibuch und eine Lehre der Medizin, deren Hauptstück der *Kanon* Avicennas ist, allgemein anerkannt. In der Geographie werden die Arbeiten des Marinos von Tyros und des Ptolemäus wiederentdeckt sowie deren Theorien auf den neuesten Stand gebracht; und durch das Institut des *bait al-hikma* wird ein neuer Weltatlas erstellt, woraus sich eine eigenständige Wissenschaft entwickelt, die zunächst, wie bei Ibn Churdadhbeh, mit der administrativen Erfassung des Reiches verbunden ist, dann aber ihre eigene Lehre und Methode ausarbeitet – dank der Leistungen von Balchi, Istachri und vor allem von Ibn Hauqal und Muqaddasi in der zweiten Hälfte des 4./10. Jahrhunderts.

Man müßte noch die Botaniker, Agronomen und Mineralogen nennen sowie die Vertreter jener Disziplinen, die nur uns unaufgeklärt oder phantastisch zu sein scheinen: Falknerei, Astrologie, Alchimie, Traumdeutung und Physiognomik. Bei alledem spielt Arabien selbst eine bedeutende Rolle: Seine Sprache und seine Religion sind mit der Forschung der Gelehrten und den Fragen der Philosophen untrennbar verbunden, und der Beitrag des arabischen Erbes zu Astronomie, Botanik und Geographie – insbesondere in Form von Erfahrungswissen – ist nicht zu unterschätzen.

Zum Schluß sei, als Musterbeispiel des Gelehrten, Biruni (Aliboron) erwähnt, der auf fast allen Gebieten Herausragendes leistete und zugleich gläubiger Muslim und ein großer, auf arabisch und persisch schreibender Schriftsteller war – kurz, eine Gestalt von universalem Format, ein symbolhafter Stellvertreter für all jene bemerkenswerten Gelehrten, die auch unsere Lehrer sind – was wir schon daran erkennen können, daß wir noch heute Wörter wie »Algebra« und »Alkohol« benutzen, die aus ihrer Sprache stammen, und daß wir denen, die diese Ausdrücke prägten, lateinische Namen gegeben haben.

Ästhetik und Nützlichkeit

Der Palast und die Moschee beherrschen weiterhin die architektonische Landschaft des Islam. Aber die syrische Tradition beginnt jetzt zu verblassen. Im Land der emigrierten Omayyaden, in Spanien, ist sie aus guten Gründen noch lebendig; je weiter man aber nach Osten kommt, desto mehr macht sie persischen und mesopotamischen Einflüssen Platz. Das Modell der antiken Zikkurat, die an der Moschee von Samarra zum schraubenförmigen Minarett geworden ist, wandert zusammen mit bestimmten Schmuckmotiven bis nach Kairo, wo sie die Moschee Ibn Tuluns kennzeichnet, und die aus dem Iran übernommenen Fenster mit ihren metallischen Reflexen schmücken in Kairuan die neuen Räume der Moschee. In den Palästen von Samarra und im Schloß von Uchaidir, das tief in der Wüste steht und übrigens genauso geheimnisvoll ist, wie es Mschatta in der Zeit der Omayyaden war, triumphiert der Geist des Iran. Ein Baukomplex von Ehrenhöfen und herrlichen Sälen mit Gewölben hält den Monarchen von den Blicken des Volkes fern und übersteigert seine Größe mit System ins Kolossale: Mit der großen Moschee von Samarra und ihrer Fläche von 38 000 Quadratmetern hat auch der Islam sein Beauvais – anders als im Fall der französischen Kathedrale wurde hier der Bau freilich vollendet.

Orientalische Traditionen bestimmen auch das Material: Der Backstein herrscht vor, unter den Tuluniden dringt er für kurze Zeit sogar nach Ägypten ein, in die klassische mediterrane Domäne des Quadersteins. Das liegt daran, daß Backsteine glasiert, mit Stuck überzogen, emailliert oder sogar roh jedes Farbenspiel ermöglichen und sie sich leicht aneinanderfügen und bearbeiten lassen. Aus Backstein baut der Iran seine Bogen in Kleeblattform und seine Kuppeln, das Gurtgewölbe, das selbst Spanien und dann im 6./12. Jahrhundert den Maghreb erobert, sowie die oft durch Meißelarbeiten ausgeschmückte Trompenkuppel, das orientalische Gegenstück zur byzantinischen Zwickelkuppel. Die Aufteilung der Trompen in eine Vielzahl immer tieferer Nischen verleiht den Moscheen Persiens den Zauber von Tropfsteinhöhlen. Schließlich ist die iranische Baukunst noch im Mausoleum präsent, dem Kern der künftigen Grabmoschee, und im runden Nadelminarett aus einem Guß, dem – bald klassischen – Pendant zum »mediterranen« viereckigen Stufenminarett.

Diese beherrschenden Formen erschöpfen natürlich nicht alle Möglichkeiten. Von einem Land zum andern können aus den wechselseitigen Beiträgen der verschiedensten Traditionen unzählige Variationen entstehen. Soll man also bestreiten, daß es eine muslimische Kunst gibt? Im Lauf der Jahrhunderte lernt es der Islam, sich gewissermaßen selbst zu ernähren. Eigenständigkeit entwickelt er vor allem in der Kunst des Ornaments, die in Stuck, Fayence, Marmor oder Teakholz ausgeführt wird. Hauptsächlich finden hierbei geometrische Muster Verwendung, und zwar entweder reine oder nach Themen der Epigraphik oder der Tierdarstellung stilisierte. In der Kunst sind der Islam und die endlos wiederholte und niemals zu einem Abschluß gelangende Arabeske ein und dasselbe. Ist der Grund hierfür die bereits erwähnte Abneigung gegen jede Form der bildlichen Darstellung, da sie des Götzendienstes verdächtig ist? Dies ist sicherlich die traditionelle Erklärung, doch bedarf sie der Nuancierung.

Man muß auch hier wieder zwischen profaner und sakraler Architektur sowie zwischen Okzident und Orient unterscheiden; dafür legen die späteren gegenständlichen Werke der persischen Miniaturmalerei Zeugnis ab. Ebensowenig wie es den Gesetzeslehrern gelang, Darlehen gegen Zinsen zu verbieten, hätte man die Künstler zu abstrakter Darstellung zwingen können, wenn der allgemeine

Geschmack nicht ohnehin in diese Richtung tendiert hätte. Vielmehr gab es eine tiefe und geheime Vorliebe für das Abstrakte, deren Ursprung wir nie werden ergründen können, die in der Flüchtigkeit des Ornaments ein bestimmtes, dem Islam – oder einem gewissen Teil des Orients? – angeborenes Empfinden ausgedrückt fand, ein Wissen um die Hinfälligkeit und Unvollkommenheit einer Welt, die in jedem Augenblick nur durch die tätige und unfehlbare Fürsorge ihres Schöpfers am Leben erhalten wird.

Wie dem auch sei, das abstrakte Ornament verschönert auch die Gebrauchsgegenstände: Einlegearbeiten, Elfenbeinschnitzereien, Gold- und Silberwaren sind wenigstens bei den Reichen der Schmuck des Alltags. Im einzelnen sei auf die damaszierten Waffen verwiesen, in deren Herstellung Cordoba mit Syrien konkurriert; auf die Textilwaren, bei denen – von den Teppichen abgesehen, über die wir für diese Zeit nur wenig wissen – zumindest die Stoffe von Damiette, Susiana und Spanien oft mit Gold, Silber und Seide durchwirkt sind; auf die Lederarbeiten, für die unser Sprachgebrauch – Cordobaleder, Maroquinleder – noch heute zeugt; und schließlich auf die vor allem in Samarra heimische Töpferei, die ihre Erzeugnisse wie ihre Muster bis nach Ägypten und Spanien exportiert: Sie sind weiß mit blauem Dekor und Metallglanz oder in Anlehnung an chinesische Steingutware der Tang-Zeit polychrom (G. Marçais). Als ungewöhnlich sei vermerkt, daß die Technik des Zellenschmelzes in der Kunst der Steppenvölker zwar Byzanz erobert hat, aber nicht die islamische Welt.

Zum Schluß einige Worte über die Musik: Hier begegnet die alte arabische Tradition der Sängerinnen den persischen Neuerungen, durch die vor allem die Zahl der »Tonarten« von acht auf achtzehn erhöht wird, und den theoretischen Forschungen, in denen sich alle Mathematikerphilosophen dieser Zeit auszeichnen. Diese Musik basiert auf dem Gesang, das Instrument dient nur zur Begleitung; sie ist monodisch und kennt keine Harmonien, ihre melodische Einlinigkeit wird durch Händeklatschen oder Schlaginstrumente betont. Bei den Berufsmusikern wird sie von Koloraturen unterbrochen, die man »Verzierungen« nennt. Hauptinstrument der Begleitung ist die Laute, meistens mit vier Saiten. Im Islam spielt sie für Musiktheorie wie Praxis die gleiche Rolle wie die Leier in der Antike.

Überall also begegnen wir übernommenem Erbe, aber ebenso unbestreitbar Originalem, einer Vielfalt von Variationen, aber auch durchgehender Einheit. Bilanzierend kann man nun entweder dasjenige hervorheben, was den Islam von der Welt, in der er sich einen Platz geschaffen hat, trennt, oder das, was ihn mit ihr verbindet. Als Kinder des 20. Jahrhunderts wollen wir die zweite Möglichkeit wählen. Natürlich bewahrt der Islam stets etwas, was man nicht auf anderes zurückführen kann. Doch hat er sich nach beiden Seiten, nach Osten und nach Westen hin, entwickelt und ist in Ländern heimisch geworden, wo die Begegnung mit fremden Einflüssen oder ihre Aufnahme schon lange gang und gäbe war – sowohl an den Flüssen Babylons und auf der Hochebene des Iran als auch an den Küsten des Mittelmeeres. Mehr noch: Er hat die Tradition Alexanders und Roms wiederaufgenommen und erweitert, er hat die beiden Seiten seiner Umwelt zu einem einzigen Gebiet vereint und eine Synthese auf einer höheren Stufe ermöglicht. Als er noch weiter vorstieß, hat er die Tore seiner Länder nicht verschlossen; seine Händler, seine Techniken und seine Ideen sind ihm gefolgt und haben durch friedlichen Tausch ähnliche Erfolge für den Islam erzielt wie andere durch das Führen von Kriegen.

Bereits im Hochmittelalter gehören der Okzident, noch repräsentiert durch Byzanz, und der Orient trotz aller kriegerischer Auseinandersetzungen der gleichen Welt an: Der Monarch, der auf Erden die theokratische Ordnung repräsentiert, der Philosoph, der das griechische Denken im Schatten Gottes fruchtbar machen will, der angesehene Bürger, der mit einem profanen Wissen in Form von Formeln, Legenden und Wundern ausgestattet ist – gehören sie nur zum Islam oder nicht ebensosehr zu Byzanz und bald auch zum Abendland des Mittelalters?

Fünftes Kapitel

Die Erfolge in den Provinzen

Einheit in der Vielfalt ist das Kennzeichen dieser Zeit; die Kultur des Islam ist ein Mosaik von muslimischen Kulturen. Mehr oder weniger weit von Bagdad entfernt, in Cordoba, in Kairo und in Samarkand, entstehen Mächte, Gesellschaften und Kulturen, die für sich eine Sonderstellung beanspruchen. Geographisch liegen sie am Rand des arabischen Reiches, doch zumindest zwei von ihnen sind in gewisser Hinsicht ihrer Zeit voraus. Aus ihrer Geschichte kann man bereits das Erwachen Europas und die kommende Invasion aus Zentralasien ablesen.

1. Spanien und die Omayyaden

Cordoba, die Rivalin Bagdads und Kairos

Der Omayyade Abd ar-Rahman entrinnt dem Massenmord an seiner Dynastie in Syrien und gründet 138/756 das Emirat von Cordoba. An der Spitze des neuen Staates steht eine Reihe bedeutender Fürsten, die jeweils lange Zeit regieren – ein Zeichen für eine in anderen Dynastien unbekannte Stabilität. In Cordoba regieren bis 356/976 insgesamt nur neun Herrscher, am längsten der große Abd ar-Rahman III. (300-350/912-961), der den Titel Kalif annimmt. Die Dynastie entfaltet ihre Macht sowohl zu Lande, wo sie sich den Heiligen Krieg (*dschihad*) gegen die christlichen Königreiche im Norden zur Aufgabe macht, als auch zur See; sie besetzt die Balearen, baut Häfen – Almeria im Mittelmeer und Alcacer do Sal im

Westen – und veranlaßt das Abenteuer von acht jungen Männern aus Lissabon, die im 4./10. Jahrhundert bis nach Madeira und zu den Kanarischen Inseln vorstoßen. Doch ihr Hauptinteresse gilt den Verkehrswegen des Goldes in Nordafrika, die sie den Fatimiden und deren Vasallen streitig macht. Die Häfen werden überfallen, Ceuta und Tanger eingenommen, und um 290/903 wird im Auftrag der Omayyaden die Stadt Oran gegründet.

Außerdem stärken die Omayyaden ihre Macht durch den Städtebau. Abgesehen von Murcia und den beiden genannten Hafenstädten entstehen keine nennenswerten neuen Städte. Aber die alten Zentren werden vom Islam neu belebt: Toledo, Sevilla und vor allem Cordoba, das von Palästen umgeben ist, welche selbst wieder zu Zentren neuer Städte werden. Ein Beispiel dafür ist die Madinat az-Zahra Abd ar-Rahmans III.

Das Kalifat stützt sich auf eine Verwaltung nach abbasidischem Muster und auf eine starke Währung. Abd ar-Rahman III. nimmt die Prägung von Goldmünzen wieder auf, die hier seit 106/724 unterbrochen war. So gelangt das Kalifat von Cordoba zu hohem Ansehen. Es wird von Kairo und Bagdad anerkannt, und mit Konstantinopel verhandelt es durch seine Botschafter wie mit seinesgleichen. Schließlich ist dieses Kalifat auch eines der bevölkerungsreichsten Länder des Westens: Es hat um 800 n. Chr. 3,5 Millionen Einwohner und zwei Jahrhunderte später fast doppelt so viele (Schätzung von J.-C. Russell).

Die Verschiedenheit und Ruhelosigkeit der Völkergruppen

Die Machtentfaltung der Omayyaden ist um so erstaunlicher, als sie sich auf einem Boden voller Spannungen und Revolten vollzieht. Denn es gibt mehrere Spanien: das der ursprünglichen Spanier, gleich ob sie zum Islam übergetreten (*muwalladun*) sind oder nicht, das der Christen, die Mozaraber genannt werden, das der Juden, die in allen Städten vertreten sind – und dazu kommt die zugezogene Bevölkerung, zu der hauptsächlich Berber, in geringerem Umfang auch Araber und selbstverständlich schwarze und slawische Sklaven gehören. Die ethnischen Verschiedenheiten spiegeln sich, hier wie überall, im sozialen Gefälle wider. An der Spitze der Pyramide steht die Aristokratie der arabischen Großgrundbesitzer, der Würdenträger unter den *muwalladun* und der jüdischen Großkaufleute. Ganz unten lebt die einfache Stadtbevölkerung, meistens Mozaraber, und das Volk auf dem Land: in den Ebenen meist Araber, in den Bergen oder auf der Meseta meist Berber.

Der Streit unter den arabischen Klanen wird durch die Konkurrenz der örtlichen Schutzbefohlenen noch verschärft. Hinzu kommen nationalistische Bestrebungen der Konvertiten und die religiös bedingte Unbotmäßigkeit der Christen. Die Zentralregierung ist damit beschäftigt, die Städte im Zaum zu halten, vor allem Toledo, und sogar Cordoba. Als dort 202/818 eine Revolte niedergeschlagen wird, werden Hunderte der Bewohner in die Verbannung getrieben. Einige gründen in Fes ein ganzes neues Stadtviertel, andere entreißen Konstantinopel die Insel Kreta: Rings um die neue Stadt Kandia entsteht ein Ableger der Wirtschaft und der Kultur Spaniens, bis die Insel von Byzanz wiedererobert wird. Ein weitaus gefährlicherer Aufstand, der fast vierzig Jahre lang den Charakter eines echten Nationalkriegs annimmt, wird von Umar Ibn-Hafsun angeführt, der von seiner Festung Bobastro aus ganz Südspanien beherrscht und erst im Jahr 306/918 bezwungen wird.

Und zusätzlich wird das Land auch noch von außen bedrängt: Die Fatimiden lassen durch ihre sizilianischen Verbündeten Almeria plündern (343/954); die Normannen verwüsten das Küstengebiet von Lissabon bis zum Kap Trafalgar (229-230/844), erobern Sevilla, kehren zweimal wieder zurück und besetzen Algeciras und die portugiesischen Küsten. Auch die christlichen Königreiche im Norden bleiben bedrohlich, denn trotz spektakulärer Raubzüge – einer führte sogar zur Einnahme von Santiago de Compostela (387/997) – ist der Islam nie über den Duero und das Gebiet von Huesca, Lerida und Tarragona hinaus vorgedrungen.

Das Reich stirbt. Die Palastgarden, die sich auf neue berberische Kontingente stützen, kommen am Ende des 4./10. Jahrhunderts zur Macht. Nach dem Tod des großen »Hausmeiers« al-Mansur (Almansor) streiten sich mehrere Parteien (*ta'ifa*, Plural *tawa'if*) – die andalusische, die slawische und die berberische – um die Macht, und das Reich zerfällt in zahlreiche Fürstentümer.

Orient und Okzident, Islam und Spanien verschmelzen miteinander und verleihen der andalusischen Kultur ihre Eigenart innerhalb der muslimischen Welt. Das Herz der Halbinsel ist unbestreitbar das Tal des Guadalquivir, das damals ganz Spanien seinen Namen (al-Andalus) gibt und das als Verkehrsweg für die Erzeugnisse des Landes dient – für Oliven, Rosinen und Wein (hier paßt sich der Islam den Traditionen des Landes an) und vor allem für Gemüse und Früchte aus den Tälern und aus der Levante, den wichtigsten Durchgangsstationen der Kulturpflanzen auf ihrer Wanderung vom Orient nach Europa. Diese alte Kultur des Gartenbaus wird bereits vor ihrer großen Zeit im 11. und 12. Jahrhundert in einer wahren Flut von landwirtschaftlichen Almanachen und Abhandlungen dokumentiert. Rohrzucker, die Dattelpalmen von Elche, Flachs und Baumwolle runden das Bild ab, und in der Industrie werden Seide und Erze bearbeitet, Kupfer, Blei, Eisen, Quecksilber und vor allem Silber, dessen reiches Vorkommen die lange Tradition der Münzprägung aus nur einem – dem »weißen« – Metall erklärt.

Ebenso wie das übrige islamische Gebiet ist auch Spanien ein Land des Handels und des Austauschs. Es exportiert fast überallhin Öl, Webwaren und Waffen, es importiert Weizen aus Nordafrika und Sklaven aus Europa. Dieser Sklavenhandel begründet den Reichtum der jüdischen Kaufleute von Verdun im Norden, dem großen Zentrum für den Verkauf und die Kastration von Sklaven, bis nach Arles und Narbonne im Süden des heutigen Frankreich, von wo aus man die Iberische Halbinsel oder, über das Meer hinweg, Tunis und die Häfen der Levante erreicht.

Viel größere Bedeutung als dem Handel kommt aber dem geistigen Austausch und dem Zusammenleben der Kulturen zu. Trotz der Konflikte, die es ausstehen mußte, hat sich Spanien, wie jedes Land, in dem unterschiedliche Bevölkerungsgruppen zusammenwohnen, um einen Ausgleich innerhalb dieser Vielfalt bemüht. Die Omayyaden verdanken ihren Erfolg vor allem der Tatsache, daß sie nur den Schiedsrichter spielen und die Aufstände, selbst wenn sie sie brutal niederschlagen, lediglich als politische Zwischenfälle werten. Sie hüten sich wohl, ethnische oder konfessionelle Ursachen ins Spiel zu bringen. So ist es möglich, daß die Juden einen Minister stellen, daß die Christen Konzilien abhalten, daß sie weiterhin die iberischen Sprachen pflegen und den Dialog mit ihren Glaubensgenossen jenseits der Nordgrenze fortsetzen können.

Der andalusische Islam ist zwar in der Lage, sich hinter eine einzige Schule, derjenigen von Malik, zu stellen, doch wagt er es nicht – und seine Herrscher wachen darüber –, sich intolerant zu gebärden oder auch nur die Kritik zum Schweigen zu bringen, die er – wie übrigens auch die Juden, die Christen oder andere Lehrer des Islam – von seiten des großen Gelehrten, Juristen und Theologen Ibn Hazm erfährt. Noch weniger gelingt es den Malikiten, die offiziell geförderte Arbeit der Philosophen und der Wissenschaftler zu behindern. Mit Hilfe der prachtvollen Bibliothek von Cordoba bereiten der Neuplatoniker Ibn Masarra und der Mediziner Zahrawi die Übertragung des griechisch-arabischen Denkens ins christliche Abendland vor.

Das Zusammenwachsen der Räume in den Geisteswissenschaften ist in vollem Gang. Neben dem Malikismus, der seinen Ursprung in Medina hat, ist die arabische Tradition durch den Philologen al-Qali vertreten, der eigentlich aus dem Irak stammt – jenem Irak, dessen Auffassungen sich, vor allem in der Verwaltung, aber auch etwa in der Musik, immer mehr durchsetzen. Beispiele hierfür sind der Sänger Ziryab aus Bagdad und die umfassende literarische Bildung des Ibn Abd Rabbih, der seinen Zeitgenossen vornehmlich orientalisches Wissen vermittelt.

Und welche Rolle spielt Spanien? Es lebt in der Dichtung fort. Ibn Chuhaid, Ibn Zaidun und viele andere rühmen den Zauber seiner Städte, seine Blumen und seine Frauen. Sie prägen die Tradition eines höfischen Minnesangs, für den das Universalgenie Ibn Hazm mit seinem *Halsband der Taube* die klassischen Motive liefert. Doch vor allem zeigt sich die Eigenart Spaniens in einer originellen, strophisch gegliederten Gedichtform, dem *muwaschschah*, für das – neben dem literarischen Arabisch – in Form einer Zueignungsstrophe auch die romanische Landessprache verwendet werden kann. In der arabischen Literatur ist diese Gedichtform ein Unikum: eine Blume ganz eigener Art, eine spanische Kreuzung, die bald von den Troubadouren jenseits der Berge gepflegt werden wird.

Die damaligen Gärten der Paläste sind uns weniger bekannt als der Garten der Poesie. Aber das Zusammenspiel von Pflanzen und

Wasser wird sich wohl kaum von dem unterschieden haben, das bis heute in der Alhambra von Granada zu sehen ist. Sicherlich hatte schon die Madinat az-Zahra über die griechisch-römische und die abbasidische Tradition die Gartenformen des iranischen Orients kennengelernt und sich zu eigen gemacht. Doch dessen Erbe zeigt sich nicht nur in der Schönheit der Gärten; in allen Künsten verfeinert Spanien, was es aus Mesopotamien und Persien, aus Byzanz und aus dem fatimidischen Ägypten übernommen hat. Elfenbeinschnitzereien und Lederarbeiten, Webereien und Keramiken aus al-Andalus stellen die christlichen Fürstentümer im Norden vor eine kulturelle Herausforderung. Das Symbol des Reiches, seines Ruhmes und seiner Kultur ist die große Moschee von Cordoba, an der alle auf den Begründer der Dynastie folgenden omayyadischen Herrscher ohne Unterlaß arbeiten. Neunzehn Schiffe und ein Wald von Säulen machen sie zu einem der großartigsten Bauwerke des Islam. Auch diese Moschee ist ein Schmelztiegel der Traditionen: Der syrische Einfluß zeigt sich in den Giebeldächern, im Mittelschiff, das breiter ist als die Seitenschiffe, und im viereckigen Minarett; der byzantinische in den Mosaikarbeiten und – über Tunesien vermittelt – in den durchbrochenen Kuppeln; typisch iranisch sind die in mehrere kreisförmige Wölbungen gegliederten Rundbogen, und von den Römern werden die Säulen der alten Bauwerke und der Wechsel zwischen Steinquadern und Backsteinen übernommen. Das Ganze ist ein Werk von eindrucksvoller Originalität. Der überstilisierte Rundbogen ist im westgotischen Spanien verbreitet, aber auch im Orient bekannt; doch nicht er, sondern das System der in Paaren übereinandergestellten Bogen lenkt die Aufmerksamkeit der Besucher auf sich. Handelt es sich hier um ein Abbild der Doppelarkaden der römischen Aquädukte? Vielleicht. Dennoch ist die Verwendung eines so weit hergeholten Vorbilds innerhalb des geschlossenen Raums einer Moschee, den man so ins Endlose erweitert, ein Glücksgriff und eine Bereicherung, die der Moschee von Cordoba kein anderes Bauwerk des Islam streitig machen dürfte.

2. Das fatimidische Ägypten

Im Gegensatz zu Spanien ist das fatimidische Ägypten nicht in militärische Auseinandersetzungen mit Europa verwickelt, wenigstens nicht auf seinem Gebiet. Die Flottenunternehmungen seiner Vasallen im fernen Tunesien und im fernen Sizilien und die Operationen gegen Byzanz an der Nordgrenze Syriens haben auf lange Sicht weniger Bedeutung als die friedliche Durchdringung Ägyptens durch die Kaufleute aus dem Westen.

Sieg und Mißerfolge des Schiismus

Die ismailitischen Fatimiden kommen aus dem östlichen Maghreb und gründen in Kairo ein neues Kalifat, das von den Schiiten fast überall mit großer Hoffnung begrüßt wird. Auffallend aber ist das Mißverhältnis zwischen dem Erfolg der ismailitischen Propaganda im 4./10. Jahrhundert und der geringen Wirkung der fatimidischen Politik, sobald diese an Ort und Stelle zu Taten überzugehen versucht. Trotz der bis nach Indien ausgesandten Missionare (*du'at*), trotz der neuen Al-Azhar-Moschee, einem Zentrum von starker Ausstrahlung, verzeichnen die Fatimiden kaum einen anderen politischen Erfolg, als die heiligen Stätten Arabiens und die manchmal recht widerspenstigen Vasallen in Tunesien und Sizilien unter ihrer Kontrolle zu haben. Im Osten aber beginnen die ernsthaften Schwierigkeiten schon in Syrien, das theoretisch als erobert gilt, aber niemals unterworfen wurde.

Von allen Gründen, die für diese Mißerfolge angeführt werden, trifft wohl am ehesten der Hinweis auf die Widerstandsfähigkeit der Mehrheit des Islam zu, der Sunniten, vor allem in Syrien, aber auch in Ägypten selbst. Die schiitische Herrschaft bleibt in der Gesamtgeschichte des Landes und vor dem Hintergrund eines tief verwurzelten Sunnismus ein Zwischenspiel ohne Folgen.

Das neue Kalifat tut übrigens nichts, um all diesen Enttäuschungen, die es auch seinen eigenen Anhängern bereitet, vorzubeugen. Die historischen Fakten zeigen deutlich, daß der angeblich revolutionäre Ismailismus der Fatimiden an den bestehenden gesellschaftlichen und wirtschaftlichen Verhältnissen festhielt und die negativen Tendenzen sogar noch verschärfte: Er vertiefte die Kluft zwischen den arbeitenden Massen in Stadt und Land und dem Pomp des aufs äußerste zentralisierten Staates, der in seiner Steuerpolitik unbeugsam hart war und in seinem Luxus vermessener als jemals das Kalifat von Bagdad. Das Volk, das immer wieder Hungersnöten ausgesetzt war, sah die Schlösser, und es sah die Berge von Leckereien, die sich reich dotierte Beamte, deren Garderobe zweimal im Jahr von Grund auf erneuert wurde, immer wieder offerieren ließen.

Dazu kamen die Ausschreitungen der Leibgarden und die Exzesse der förmlich zu Halbgöttern erhobenen Kalifen. Al-Hakim, der Verfolger der Christen und Zerstörer des Heiligen Grabes, in dem aufgrund seiner Überspanntheit so mancher Gläubige einen Heiligen sah, verschwand im Jahr 411/1021 eines Nachts auf geheimnisvolle Weise. Er wurde zur Zentralfigur einer Mythologie, der wir etwas später bei den Drusen wiederbegegnen werden.

Ägypten als Schnittpunkt der Handelswege

Und dennoch bestätigen die Kalifen von Kairo trotz ihrer Maßlosigkeit und ihrer Schwächen mehr noch als ihre Vorgänger die herausragende Rolle Ägyptens als Land der Begegnungen. Beweis dafür ist zunächst die fast nie in Frage gestellte Toleranz. Der Bau von Kirchen, der den Klöstern gewährte Schutz, jüdische oder christliche Wesire und hohe Beamte sind Zeugnisse für die offizielle Politik der Toleranz.

Man kann einwenden, daß die Unzufriedenheit des Volkes das Gegenteil belege. Man muß aber in Erwägung ziehen, daß der Protest ebensogut rein sozialer Natur sein konnte und sich weniger gegen das Prinzip als gegen die Exzesse einer Politik richtete, die zwar den Sunnismus kurz hielt, die aber den Minderheiten eindeutig einen Zugang zum Wohlstand ermöglichte.

Besonderen Schutz genießen die Gelehrten (Ibn al-Haytham, der Astronom Ibn Yunus), die das fatimidische Mäzenatentum an seine Bibliotheken holte. Die Literatur zeichnet sich durch einige Besonderheiten aus: durch die Beschäftigung mit der vorislamischen Vergangenheit Ägyptens, durch den Beginn der historischen Topographie (*khitat*), schließlich durch die rege volkstümliche Tradition des Märchens, die einen beachtlichen Beitrag zur Sammlung von *Tausendundeine Nacht* leistet. In der bildenden Kunst beweist Ägypten sein besonderes Talent zur Harmonisierung der Stilarten. Wie im Bau der frühen Al-Azhar-Moschee bringt es auch jetzt die lokalen Traditionen, vor allem die koptischen und tulunidischen, mit den Traditionen des Maghreb in Einklang. Sie alle sind übrigens Sammelbecken und Vermittler anderer Einflüsse, römischer, byzantinischer und orientalischer. Die so entstehende neue Kunst strahlt auf den Westen zurück und gelangt auch nach Nordwestafrika, Sizilien und sogar Spanien.

Dies alles setzt natürlich den Handel voraus. Ägypten, die ideale Landenge, löst hierin zumindest zum Teil das erschöpfte Bagdad ab. In gewissem Sinn war den Fatimiden der politische Mißerfolg im Osten von Nutzen, da er sie zwang, einen Teil des Handels, der über den Persischen Golf, den Irak und Konstantinopel ging, in ihr Gebiet, das heißt zum Roten Meer, umzuleiten. Die Wiedereingliederung Ägyptens in den Verkehr mit Indien war ein entscheidender Wendepunkt in der Geschichte des Welthandels. Er fand in der ägyptischen Schirmherrschaft über die heiligen Stätten Arabiens symbolischen Ausdruck und wirkte sich materiell aus, indem er die alten Karawanenstraßen neu belebte, die die Häfen des Roten Meeres mit den Umschlagplätzen am Nil verbanden.

Am anderen Ende dieses Handelsstroms, am Mittelmeer, zögert Europa nicht, die gebotene Chance zu nützen. Die Venezianer, die in Ägypten die Webwaren des Deltas, den Alaun und natürlich die aus Fernost kommenden Erzeugnisse kaufen, sind nur zu glücklich, die byzantinischen Zölle umgehen zu können, und liefern dem fatimidischen Staat die strategisch wichtigen Güter wie Pech, Eisen und Holz, auf die er im eigenen Land das Monopol hat. Im übrigen macht Venedig dieses Geschäft nicht allein; in Kairo, wo die Armenier allmählich die Juden ablösen, haben Gaeta, Neapel und vor allem Amalfi ihre Vertreter. Und weiter im Norden entstehen bereits die Häfen der Lombardei, Genua und Pisa, die durch die über das Meer vorgetragenen Angriffe der Muslime herausgefordert werden und zunächst in der Verteidigung, dann im Gegenangriff Geschmack an maritimen Unternehmungen finden. Italien ist zwar bei weitem nicht der einzige Handelspartner des fatimidischen Ägypten, aber seine Rolle weist in die Zukunft. Die Kontrolle über die orientalischen Routen, an denen Europa so großes Interesse zeigt, bleibt bis hin zur Zeit der Portugiesen und Osmanen einer der Hauptfaktoren des ägyptischen Erfolgs.

3. Die Samaniden und die Wiedergeburt des Iran

In den nordöstlichen Grenzgebieten der muslimischen Welt herrschten die Samaniden, die Vasallen der Kalifen im fernen Bagdad, direkt oder durch eigene Vasallen über ein Reich, das sich von den Grenzen Indiens bis zum Kaspischen Meer erstreckte. Wenn sie auch nicht bis in das Herz des alten Persien vordrangen, wo sich verschiedene Mitglieder der Buyiden hielten, so gelang es ihnen als Iraniern zumindest, aus Chorasan eine Zufluchtsstätte für die alten nationalen Traditionen zu machen, die durch die arabische Eroberung nie ausgerottet werden konnten.

Sozial, wirtschaftlich und in mancher Hinsicht auch kulturell unterscheiden sich die samanidischen Länder nicht von den übrigen Gebieten unter islamischer Herrschaft. Die einflußreichen Gesellschaftsgruppen sind die gleichen: Zwar gibt es einen Landadel, der sich aus alteingesessenen Junkern (*dihqan*) zusammensetzt, doch wie überall sonst wird das gesellschaftliche Gefüge von Kaufleuten und Leibgarden, vor allem türkischen, beherrscht.

Im wesentlichen beruhte der Reichtum natürlich auf dem Handel. Die Samaniden waren in einer idealen geographischen Position für den Handel mit Zentralasien und auch mit Rußland, sie errichteten als einflußreiche Zwischenhändler wertvoller Waren, Pelze und vor allem Sklaven einen großartigen Staat, dessen Ausstrahlung – wenigstens durch seine Münzen – bis nach Mainz reichte. Es entstehen riesige und glanzvolle Städte: Nisabur, Merv, Balch und vor allem Samarkand und Buchara; Oasenstädte, die auch im Hinterland den Zauber ihrer Wasserspiele und Gärten entfalten. In einem geradezu hymnischen Ton besingt der Geograph Ibn Hauqal die Alleen, die Aussichtstürme, die Gartenhäuschen und den Wind, der auf den Wasserflächen spielt und die zu allerlei Tierformen zugeschnittenen Zypressenhecken belebt. Schriftsteller und Gelehrte finden jede erdenkliche Förderung, unter vielen anderen etwa der große Prosaist Hamadhani, die Geographen Dschaihani und Balchi sowie der junge Avicenna.

Doch an erster Stelle ist es die Renaissance der persischen Literatur, die die Zeit der Samaniden prägt. Niemals hatte sich ihre Pflege ganz verloren, vor allem hatte man nie aufgehört, Werke aus dem Arabischen ins Iranische und aus dem Iranischen ins Arabische zu übersetzen. Doch das Persische gewinnt jetzt an Raum, ohne das Arabische zu verdrängen. Ein Name beherrscht diese Renaissance: Firdausi, dessen im Jahr 400/1010 vollendetes Buch der Könige (*Schahname*) zum Nationalepos wird. In 60 000 prunkvollen und schwärmerischen Versen besingt es die vorislamische Vergangenheit des Iran. Aber bereits hier tauchen die Zeichen einer anderen Zeit auf. Firdausi wollte sein Werk einem Türken, dem Eroberer Mahmud von Ghazna, widmen, und der Kampf zwischen dem Iran und dem Turan, der Nomadenwelt Zentralasiens, ist eines der Hauptthemen des *Schahname*.

4. Beginn der Türkenherrschaft: die Ghaznawiden

Am Ende des 4./10. Jahrhunderts steigt aus der Mitte der türkischen, im Sold der Samaniden stehenden Garden die Dynastie der Ghaznawiden auf, so benannt nach ihrer Hauptstadt Ghazna. Zunächst waren sie Vasallen der Regierung von Buchara, aber im Jahr 389/999 verdrängten sie ihre Herren endgültig. Die Geschichte der Dynastie gipfelt in der überragenden Gestalt Mahmuds (389-421/999-1030), mit dem die Herrschaft der Türken begann.

Im Urteil der Geschichte ist er zunächst ein Vorläufer von Dschingis Khan und Tamerlan und neben ihnen einer der größten Heerführer der Nomaden Asiens. Seinen Kriegern, die ebenso unermüdlich sind wie er, öffnet er die Tore Indiens. Im Verlauf eines Vierteljahrhunderts unternimmt er siebzehn von Schrecken und Plünderung begleitete Feldzüge, die den Eroberer jedesmal zwingen, mit Gold und Tausenden von Sklaven zu seinen Stützpunkten in Afghanistan zurückzukehren, um sich für neue Angriffe zu rüsten.

Jetzt ist Indien nicht mehr wie früher zusammen mit den Ländern am unteren Indus eine Provinz von vielen, die zudem weit abgelegen ist. Vielmehr entwickelt es sich förmlich zu einem neuen muslimischen Kontinent. Mahmud hat den Pandschab unterworfen und ist bis nach Benares (Varanasi) ins Gangesbecken vorgestoßen. Er hat den Rahmen für die großen Invasionen der Zukunft abgesteckt.

Kann ein so unermüdlicher Eroberer auch kulturelle Ziele verfolgen? Mahmud zeigte, soweit die Kriegführung es zuließ, durchaus auch geistige Interessen. Er förderte die arabische und die persische Literatur, hatte selbst persische Bildung genossen und ermöglichte es dem großen Biruni, der ihm nach Indien folgte, ein bedeutendes Werk über dieses Land zu schreiben. Seine Architekten entwarfen einen neuen, sehr erfolgreichen Baustil, der abbasidische und chorasanische Einflüsse vermengte. Doch vor allem durch seine politisch-religiösen Entscheidungen leitete Mahmud, sei es aus Überzeugung oder aus Berechnung, eine neue Ära ein: Überall tritt sein Sunnismus als militanter Vorkämpfer des Kalifen von Bagdad auf.

War er der treue Vasall oder der souveräne Schutzherr Bagdads? Wären ihm nicht die Buyiden im Weg gewesen, so hätte Mahmud, der auch nach Westen vorstieß, wohl auch nach dem Kalifat gegriffen. Auf jeden Fall demonstrierte er den Türken, daß der Sunnismus die Grundlage der künftigen Politik bilden mußte und daß diese Politik ihre Ziele nicht mehr durch die Intrigen irgendwelcher Prätorianergarden erreichen konnte, sondern nur durch eine von großen, schlagkräftigen Armeen getragene Expansion. Auf den Trümmern von Mahmuds Reich brechen die Seldschuken zur Eroberung Bagdads auf.

Dritter Teil

Die türkisch-mongolische Hegemonie und die neuen Gesichter des Islam: Vom 11. bis zum Ende des 18. Jahrhunderts

Erstes Kapitel

Der Niedergang Bagdads: Vom 11. bis zur Mitte des 13. Jahrhunderts

Schon lange vor dem 11. Jahrhundert traten, wie wir sahen, die türkischen Völker in den muslimischen Gebieten in Erscheinung. Doch erst mit dem Einbruch der Seldschuken kommt der Präsenz Zentralasiens eine neue Bedeutung und wirkliches Gewicht zu. Von jetzt an sind die Türken nicht mehr Söldner oder Sklaven, sondern Eroberer, die in großer Zahl auftreten. Damit beginnt eine neue Ära des Islam. Es ist sein Schicksal, daß er immer wieder neu von jungen Nomadenvölkern voller Lebenskraft übernommen und weitergetragen wird. Nach der arabischen Eroberungswelle des 7. Jahrhunderts erscheinen jetzt die Reiterheere aus der Steppe oder, um mit dem iranischen Heldengedicht zu sprechen, die Turanier. Und die Geschichte wiederholt sich: Die seßhaft und zivilisiert gewordenen Völker verfallen in Apathie oder Zwietracht und rufen einen Nachbarn zu Hilfe, der nur darauf gewartet hat. Auch hier kommen die Fremden nicht nur aus eigenem Antrieb. Doch sobald das Tor einmal geöffnet ist, folgen Scharen auf Scharen, erst türkische und später mongolische Völkerschaften.

Markiert dies eine Phase des Verfalls? Gewiß, am Weg der Nomaden liegen viele zerstörte Städte, Äcker werden wieder zur Steppe, und zahllose Menschen werden niedergemetzelt. Doch auf diesen Ruinen entstehen neue Länder, Reiche und Kulturen. Mehr noch: Der Islam erlebt in der türkisch-mongolischen Zeit eine ähnliche Expansion wie im ersten Jahrhundert der Hedschra. Selbst wenn dabei die politischen Ziele den Eifer des reinen Glaubens überlagern, triumphiert am Ende dennoch der Islam. Seine neuen Anhänger aus dem Orient tragen ihn in Europa bis vor die Tore Wiens und im Osten über die riesige Landfläche Asiens oder über die Meere bis nach China und zu den Sundainseln, während im äußersten Westen andere Nomaden, die Berber, den Verlust Siziliens und dann Spaniens durch die Islamisierung der Sudanzone ausgleichen. Und diese Ausbreitung bereichert den Islam. In seinem Schatten entstehen neue Schulen, und Nationen werden geboren oder wiedergeboren: die Türkei, Afghanistan, Marokko, der Iran.

Zu den neuen Trägern der muslimischen Geschichte muß man neben den Türken, Mongolen und Berbern nun auch die Europäer zählen. Die Kreuzzüge, Konstantinopel und das Reich der Osmanen bestimmen das umfassende Geschehen, das den Raum des Mittelmeeres wieder einmal durch Krieg und durch Handel gestaltet. In diesem – manchmal wirren – Kräftespiel der großen Geschichte vermissen wir nur die Araber. In dieser Zeit beschränkt sich ihre Rolle meist auf die des Zuschauers. Und dennoch bereiten sie sich gerade so auf die Zukunft vor: Die arabische Sprache und Kultur verharrt in stolzer, verschlossener Abwehr; aber gerade dadurch überlebt sie unversehrt die Jahrhunderte und wappnet sich für ihre Erneuerung, die ihr nach 1800 gelingt.

1. Die türkischen Seldschuken als Beschützer des Kalifats

Um 1050 reicht die durch den buyidischen Protektor ausgeübte Gewalt des Kalifen kaum über den unmittelbaren Umkreis der Hauptstadt hinaus. Doch die Idee vom Kalifat als der legalen und einenden Autorität des Islam ist nicht erloschen. Juristen und Theoretiker verteidigen sie unaufhörlich *de jure*, während die Hanbaliten sie *de facto* laut auf der Straße fordern. Der Kalif al-Qaim ist der buyidischen Vormundschaft überdrüssig und ruft, von dieser Massenbewegung getragen, den Seldschukenführer Tughrilbeg zu Hilfe. Dieser zieht 477/1055 in Bagdad ein und macht sich zum Herrscher über den Iran, den Irak und Syrien: Ein neues Reich ist geboren.

Der Aufstieg der Seldschuken

Der Aufstieg der Seldschuken hat etwas Märchenhaftes. Wie die der verwandten Türken und der Mongolen beginnt ihre Geschichte in der unsteten Welt der Steppe. Im Raum zwischen Nordchina und den russischen Flüssen lebt eine Unmenge nomadischer Gruppen. Mal tun sie sich zu verheerenden Raubzügen gegen die seßhaften Völker der Grenzgebiete zusammen, die sie manchmal, und sei es auch nur für kurze Zeit, verdrängen, mal entzweien sie Stammesrivalitäten oder der Kampf um die Weideplätze. Die Machtverhältnisse zwischen den einzelnen Gruppen und der mehr oder weniger starke Widerstand der stabilen Kulturen, vor allem Chinas und des Islam, bestimmen ihre endlosen Wanderungen, die Störungen des Gleichgewichts, ihr Zurückweichen in die Steppe oder ihr Vorrücken in die kultivierten Zonen und schließlich ihre Beziehungen zu den seßhaften Nachbarn. Als die Turkvölker in Choresm und am Syrdarja mit dem Islam in Berührung kommen, sehen sie in der Bekehrung einen Schutz gegen Raubzüge und bieten ihre Dienste an – sei es zur Verteidigung des Islam gegen die ungläubig gebliebenen Nomaden oder auch zum Kampf innerhalb der islamischen Welt für diese oder jene Partei. So nehmen die Samaniden diejenigen in Scharen auf, von denen sie später selbst verdrängt werden sollten: die Qarachaniden, die seit dem Ende des 10. Jahrhunderts das Gebiet vom zentralasiatischen Transoxanien bis nach Kaschgar bevölkern, und die bereits erwähnten ghaznawidischen Söldner.

Zwischen Samaniden und Qarachaniden und – als die Samaniden verschwunden waren – zwischen Qarachaniden und Ghaznawiden verstanden es die Seldschuken, ein Zweig der türkischen Oghusen (Ghuzz), so geschickt zu lavieren, daß sie bald gefürchtet, bald unentbehrlich waren. Am Ende des 10. Jahrhunderts lebten sie als Neubekehrte am Unterlauf des Syrdarja. Von dort gelangten sie nach Transoxanien. Der große Mahmud von Ghazna holte sie über den Oxus (den Amudaja), wohl um sie dem Einfluß der Qarachaniden zu entziehen und um sie besser überwachen zu können, aber seine Rechnung ging nicht auf. Kaum waren sie in Chorasan heimisch geworden, überfielen die Seldschuken die iranische Hochebene und Aserbaidschan und drängten schließlich die bei Dandanaqan (431/1040) besiegten Ghaznawiden nach Osten zurück. Nachdem sie so endgültig die Herren von Chorasan geworden waren, stießen sie nach Armenien, Kleinasien und dem Irak vor. Als Tughrilbeg 447/1055 in Bagdad einzog, konnte er mit gutem Recht behaupten, daß sein von nun an als das der Turkmenen bezeichnete Volk sich aus einer einfachen Horde zu einer Weltmacht entwickelt hatte. Diesem Triumph folgten weitere: Syrien wurde den Fatimiden entrissen; die Qarachaniden wurden zu Vasallen gemacht; Byzanz wurde bei Mantzikert (463/1071) besiegt, wo es zum erstenmal erleben mußte, daß ein Kaiser in Gefangenschaft geriet.

Die Kalifen und die Sultane

Der große Verlierer in diesem Wandel ist allem Anschein nach das Kalifat. Zwar profitiert es vom Sieg über die Buyiden, mit dem auch die antischiitische Reaktion siegt, die ihre Hoffnung auf das Kalifat setzt; aber die türkischen Völker werden zu einem noch viel mächtigeren Vormund. Bis 485/1092 wird die Geschichte des Mittleren Ostens von den großen Gestalten Tughrilbeg, Alp Arslan, Malik Schah und dem Wesir Nizam al-Mulk beherrscht. Der Titel des neuen Herrn lautet »Sultan«, was »Autorität« bedeutet. So tritt neben die geistliche Macht des Kalifen die reale politische Macht.

Doch das ist nur die halbe Wahrheit. Denn das Kalifat stützt sich auf eine mächtige, der Glaubenslehre dienende Literatur, in der sich vor allem der Wesir Ibn Hubaira auszeichnet, sowie auf das fortwährend von der hanbalitischen Lehre aufgestachelte Volk, und es findet sich nie mit dieser Verteilung der Macht ab. Gegen Ende des 12. Jahrhunderts nutzt der Kalif an-Nasir den Verfall der Seldschukenmacht aus. Er vermag das Joch der Sultane abzuschütteln und dem Kalifat eine neue Struktur zu geben, indem er aus der Bruderschaft der *fityan* eine staatliche Institution macht, und es gelingt ihm, die Idee eines Islam durchzusetzen, der zahlreiche Richtungen umfaßt und doch unter dem Zeichen des Kalifats geeint ist. Auch unter der Macht der Seldschuken bleibt in den Augen der meisten Muslime der Befehlshaber der Gläubigen der Führer, in dessen Person sich die muslimische Gemeinschaft symbolisch vereint sieht. Ihn zu entmachten – dazu bedarf es des Einfalls der Mongolen.

Die Armee an der Macht

Eine Gestalt beherrscht die seldschukische Gesellschaft: der Soldat. Sein Aufstieg zeichnet sich, wie wir gesehen haben, bereits sehr viel früher ab, doch erst der türkische Sieg vollendet ihn. An der Spitze der neuen militärischen Hierarchie mit den offiziellen Emblemen von Pfeil und Bogen steht der Feldherr und Oberbefehlshaber, der einen höheren Rang als ein Staatschef innehat. Sei es aus Klugheit oder aus Unfähigkeit: Tughrilbeg, Alp Arslan und Malik Schah überlassen die Verwaltung den Zivilisten und beschränken sich darauf, hierfür die besten Männer auszuwählen. So kann Nizam al-Mulk, ein Chorasaner, im Reich viele Grundzüge der traditionsreichen iranischen Verwaltungspraxis bewahren, die bei allem Wechsel unter den Herren des Islam stets bestehen bleiben. Nachdem erst einmal der Schock der Eroberung überstanden ist, ändert sich am Bild des Orients nur wenig. Abgesehen davon, daß die Turkmenen in Aserbaidschan einfallen, bleiben die Völkergruppen in ihren alten Siedlungsräumen, und überall, wo Ordnung herrscht, behauptet der Handel sein Recht, höchstens verlagert sich der Verkehr hie und da auf andere Routen. So verliert etwa der Seeweg durch den Persischen Golf über den großen Zwischenhafen Siraf zugunsten der Landwege über Kirman an Bedeutung.

Doch zurück zum Heer, das dem seldschukischen Staat seine charakteristischen Züge verleiht. Noch mehr als die Reiterei, die nur einen Teil des Heeres ausmacht, ist es eine bestimmte Taktik, die seine Siege sowie den von ihm ausgehenden Schrecken und die Überraschung des Gegners erklärt: die Taktik der Störmanöver, bei der die gegnerischen Linien nicht im einmaligen Sturm überrumpelt werden, sondern bei der ein Hagel von Pfeilen mit Kampfpausen und Phasen vorgetäuschter Flucht abwechselt. Diese unerschrokkenen Krieger, die die Autorität eines Führers nur anerkennen, solange sie dieser mit Blick auf einen klar definierten Raubzug hin vereint, setzt der Sultan an den Grenzen ein, besonders gegen Byzanz, und nimmt auch damit eine etablierte Tradition des Islam wieder auf. Unter seiner Führung wird im Seldschukenstaat die Politik der Schenkungen geübt; die Bodenschenkung (*iqta*) wird zu einer festen Institution, aber sie wird klug dosiert und kontrolliert, so daß sie der Staatsmacht eine weitaus festere Grundlage gibt als etwa unser Lehnswesen.

Der Triumph der »Orthodoxie«

Ein weiterer Nutznießer des Sieges der Seldschuken ist die »Orthodoxie«, genauer gesagt der Sunnismus, der nun die im vorangegangenen Jahrhundert begonnene Erneuerung vollendet. Gewiß, die neuen Herrscher kümmern sich wenig um religiöse Theorie, sondern mehr um Politik und Eroberung, und der von ihnen praktizierte Islam hat keineswegs all die alten Anschauungen und den Schamanismus ihrer Vorfahren ausgerottet, doch gleicht er diese Schwäche durch seine Vitalität und sein Bemühen um die rechte Form des Glaubens aus. Schon beginnt sich das vorherrschende Merkmal des türkischen Islam abzuzeichnen: Wenn der seldschukische Sieg auch dem gesamten Sunnismus und vor allem den Hanbaliten und Schafiiten zugute kommt, so bleiben die Türken ihrerseits doch die Erben des Werks, das die Missionare der samanidischen Staaten einst begonnen hatten. Als Vorläufer der Osmanen geben sie den Hanafiten den Vorzug.

Der Krieg gegen die Byzantiner, die dem nichtsunnitischen Islam bereiteten Schwierigkeiten, der gegen die neue Sekte der Assassinen geführte Kampf, die Philosophie eines Ghazali, der Aufschwung der sich in mächtigen Bünden organisierenden Sufis – das alles sind nur die auffälligsten Zeichen für die Machtentfaltung der »Orthodoxie«. Von viel größerer und tiefgreifenderer Bedeutung sind die Treue des einfachen Volkes zum Sunnismus und die Rolle der Theoretiker und vor allem der Richter, die unter der Autorität des stets vom Kalifen ernannten Großkadis zu einer der wichtigsten Stützen des geistlichen Herrschers im Widerstand gegen die Sultane werden. Ebenso deutlich zeigt sich der Einfluß des Sunnismus in den öffentlichen oder privaten Stiftungen. Zu dieser Zeit gewinnt mit Billigung oder Beteiligung der Behörden die Praxis des *waqf*, die Verwendung von Gütern der Toten Hand für religiöse oder gemeinnützige Stiftungen, allgemeine Verbreitung.

So zahlreich auch die Brücken, Karawansereien oder Klöster jener Zeit sind, alle Bauten, die im Staat der Seldschuken entstehen, verblassen vor den Moscheen und insbesondere den Moscheeschulen, den »Kollegs« (*madrasa*). An sich ist die Medrese mit ihren besoldeten Lehrern und Stipendiaten, die sie beherbergt, keine Neuerung. Schon die Ghaznawiden kannten sie und, nach dem Zeugnis des Geographen Muqaddasi, ebenso die letzten Samaniden. Die Seldschuken machen auch hier aus der Idee ein System. Das riesige Netz der *madaris* erstreckt sich über den ganzen Staat und ermöglicht die Ausbildung seiner Beamten, Richter und Theologen im Geist eines sehr strengen Sunnismus. Das Zentrum dieses Systems bildet die 459/1067 in Bagdad eröffnete Nizamiyya des Nizam al-Mulk, die das offizielle Gegenstück zur Al-Azhar-Moschee des fatimidischen Ägypten darstellt.

Zerfall des Reiches und Fortbestehen der Kultur

Türkisch, militärisch und sunnitisch – das ist das Bild des seldschukischen Staates. Doch dieser Staat war nicht nur auf militärische und politische Erfolge gegründet. Die kulturelle Bilanz der seldschukischen Zeit werden wir später im Gesamtüberblick über die türkisch-mongolische Ära ziehen. Hier sei nur das Wesentliche festgehalten: Indem die Seldschuken die arabischen und persischen Traditionen respektierten und neue – diesmal türkische – Ausdrucksformen und architektonische Ideen in die so entstandene Mischkultur aufnahmen, wurden sie nicht einfach nur zu einem weiteren Beförderer der Kultur des Islam. Sie haben diese Kultur vielmehr mit neuem Leben erfüllt und sogar weiterentwickelt, so daß man mit Fug und Recht von einer wirklich neuen muslimischen Kultur sprechen kann.

Die von den Seldschuken hervorgebrachte Kultur übersteht den Untergang ihres Reiches. Doch woran genau geht es zugrunde? Zunächst an seiner zu großen Ausdehnung, die das erneute Erstarken des Partikularismus fördert. Beliebige Beispiele dafür bilden das christliche Georgien unter David II., der 515/1121 die Seldschuken aus Tiflis vertreibt, die Schabankara, Verwandte der Kurden, und die mazyaditischen Araber mit ihrer 495/1102 in der Nähe der Ruinen von Babylon gegründeten Hauptstadt al-Hilla. Das letzte Beispiel zeigt, daß die Macht des Sultans schon vor den Toren Bagdads angefochten wird. Auch muß man von den Schwächen der seldschukischen Hierarchie sprechen; denn zur Renitenz der Stämme und zur Aufsässigkeit der Gouverneure gesellt sich, besonders nach dem Tod Malik Schahs (485/1092), das Treiben der *atabeg*, der Vormunde. Nach türkischer Sitte werden sie den minderjährigen Söhnen der Sultane zur Seite gestellt, und sie intrigieren unaufhörlich, sei es für ihren Schützling oder zum eigenen Vorteil.

Alle diese Ursachen für den Zerfall werden, abgesehen von den durch die Kreuzzüge ausgelösten Unruhen, durch einen allgemeineren Umstand verstärkt: durch die energiegeladene Mobilität der Türken. Man muß die Formen der türkischen Expansion vor allem in Kleinasien untersuchen – und nicht so sehr im dekadenten Irak, der in der Anarchie und im Elend der fremden Invasionen dahinsiecht, oder in Kirman, wo neue Anstürme der Ghuzz (Oghusen) den ersten Vorstoß der Seldschuken ablösen, den selbst das Meer nicht hatte aufhalten können; sie hatten sogar Uman an der gegenüberliegenden Küste unterworfen.

Das Sultanat der Rum-Seldschuken

Nachdem die Schlacht von Mantzikert ihnen die Tore zum byzantinischen Anatolien geöffnet hat, dringen die Turkmenen, besonders aus Aserbaidschan, immer weiter vor und stürzen sich in den Krieg, der allein ihre Leidenschaften fesseln kann. Unterstützt werden sie von machthungrigen Intriganten und einigen christlichen Bevölkerungsgruppen, die mit Konstantinopel ständig im Streit liegen. Auf diese Weise entsteht der erste Staat der Seldschuken in Kleinasien. Unter der Autorität von Sulaiman Ibn Qutulmisch (gestorben 479/1086) kontrolliert dieser Staat aufgrund von Verträgen oder aus eigener Macht von der Hauptstadt Nizäa (Iznik) aus den größten Teil der anatolischen Hochebene. Den Nachfolgern Sulaimans widersetzt sich im Nordosten eine andere turkmenische Dynastie mit Sebaste als Zentrum: Ihr Gründer ist der legendenumrankte Danischmend (gestorben 497/1104), der bald zur Hauptfigur eines Heldengedichts und zum vollkommenen Vorbild des neuen Vorkämpfers für den Glauben (*ghazi*) wird.

Die Ankunft der Kreuzfahrer, die die Schlachten bei Dorylea (490/1097) und bei Antiochia (491/1098) gewinnen, drängt die Türken nach Zentralanatolien zurück. Kilikien, wo im 12. Jahrhundert ein Teil des armenischen Volkes nach seiner Vertreibung durch die Seldschuken das Königreich Kleinarmenien gründet, und die Kreuzfahrerstaaten Antiochia und Edessa trennen das türkische Gebiet von Syrien ab.

Von jetzt an sind die Türken innerhalb ihrer Grenzen eingeschlossen und werden in Anatolien seßhaft; das »Sultanat der Seldschuken von Rum« – wie die Muslime diese vorher zu Byzanz gehörende Region nennen – gewinnt feste Gestalt und vergrößert sich, als die rivalisierende Dynastie in Sebaste fällt und 573/1187 ihr Gebiet ganz in Besitz genommen wird. Mit diesem neuen Staat setzt sich das Streben nach Stetigkeit, nach einer Bindung an ein bestimmtes Territorium, durch.

Die Nachfolger Sulaimans, die großen Sultane Kilidsch Arslan, Kaikaus und Ala ad-Din Kaiqubad brechen keineswegs völlig mit der kriegerischen Tradition der Turkmenen, die gerade von Danischmend so hervorragend verkörpert wurde; aber diese Tradition geht jetzt mit politischer Planung und dem Aufbau des Staates Hand in Hand. Im Osten gewinnen die Rum-Seldschuken die Oberherrschaft über andere turkmenische Fürsten, besonders über die Artuqiden des oberen Tigristales (Diyarbakir); im Westen halten sie den zweiten Kreuzzug von ihrem Territorium fern und stoppen die Feldzüge des byzantinischen Kaisers Manuel Komnenos, der bei Myriokephalos in Phrygien geschlagen wird (572/1176). Eine Zeitlang weichen sie dem Ansturm des dritten Kreuzzugs, als Friedrich Barbarossa sich ihrer neuen Hauptstadt Konya (Ikonion) bemächtigt, aber sie erheben sich wieder und bringen im Norden und Süden die unentbehrlichen Zugänge zum Meer in ihren Besitz.

Zusammen mit dem Nachbarstaat Kleinarmenien beleben diese wichtigen Verbindungen zu den Seewegen den Handel mit Rußland, Konstantinopel, Italien und Ägypten. Vor allem aber profitiert das Rum-Sultanat vom Zustrom iranischer Emigranten, die massenweise aus ihren Ländern vertrieben werden und nun den neuen Staat durch ihre kulturellen Bräuche und ihre Erfahrungen auf dem Gebiet der Verwaltung bereichern. Der Staat Konya, der sich zum neuen Beschützer der Tradition Persiens aufschwingt, der straff regiert und gut verteidigt wird, der fleißig und reich ist, kann sich offenkundig großer Erfolge rühmen.

Sicherlich nicht der geringste davon ist, daß ein unruhiges und außerordentlich kriegerisches Volk einen geordneten Staat aufbaut, der sich durch die eigenen Sitten und das übernommene Erbe von der übrigen turkmenischen Welt abhebt. Doch diese Welt hat ihre bewegte Geschichte noch lange nicht beendet. Aus dem weiten Raum des nomadischen Asiens preschen neue, immer wildere Horden nach Westen vor, die immer weniger imstande sind, sich in den anatolischen Rahmen einzupassen. Der türkische Staat Kleinasiens ist gewissermaßen zu früh entstanden; er hat den großen Sturm der Mongolen nicht abgewartet. Aber als dem Vorläufer des erfolgreichen Osmanischen Reiches kommt ihm immerhin das Verdienst zu, der künftigen Türkei ihren Platz auf der Weltkarte geschaffen zu haben.

2. Der Druck auf den Islam im Nordosten

Im Gegensatz zu Vorderasien, wo die Seldschuken ihren Staat auf die Verbindung türkischer Hegemonie mit dem Sunnismus gründen, wird zum Gebiet des Iran und nach Zentralasien hin das Bild immer unklarer; entweder die eine oder die andere Komponente dieser Verbindung verblaßt oder verschwindet. In Afghanistan gewinnt der Sunnismus die Oberhand, doch hier haben die Iranier die Macht. Sonst herrschen die türkischen Völker, aber sie kümmern sich kaum um den Sunnismus oder den Islam überhaupt.

Afghanistan und Indien unter den Ghuriden

Im Bergland von Ghur, dem Zentrum des heutigen Staates Afghanistan, bleiben die Türken vor allem Söldner. Sie dienen hier einer iranischen Dynastie, die zunächst Vasall der Ghaznawiden ist, sie aber 569/1173 endgültig vertreibt. In mehr als einer Hinsicht übernehmen die Ghuriden lediglich das Erbe ihrer Vorgänger. Wie diese sind sie Sunniten und bauen Medresen, und ebenso unterhalten sie

Höflichkeitsbeziehungen zum Kalifen von Bagdad, sie stoßen aber auch nach Süden und Westen vor.

Von 571/1186 an erscheinen sie unter Muizz ad-Din in Indien, vertreiben den letzten Ghaznawiden aus Lahore (582/1186) und setzen fast überall türkische Gouverneure ein, die *de facto* bald zu souveränen Herrschern werden – ein Vorläufermodell des künftigen Sultanats von Delhi. Unter einem von ihnen, dem 607/1210 verstorbenen Qutb ad-Din Aibak, erhält das Land mit der Moschee von Delhi und ihrem berühmten Minarett, dem Qutb Minar, dessen erstes Stockwerk damals vollendet wird, seine ältesten muslimischen Bauwerke. Trotz der Bedeutung der fremden, vor allem der afghanischen Vorbilder findet Indien in den Bauelementen, die es von seinen Tempeln übernimmt, nun zu eigenem Ausdruck. Die auf Pfeilern ruhende Kuppel und bestimmte Blumenmotive in der Ausschmückung sind der erste indische Beitrag zu neuen Typen der muslimischen Architektur.

Im Westen ihres Landes ereilt die Ghuriden schließlich ihr Schicksal. Sie erschöpfen ihre Kräfte im Kampf um Chorasan – erst gegen die Seldschuken, dann gegen deren choresmische Nachfolger, die kurz vor der mongolischen Invasion das gesamte ghuridische Herrschaftsgebiet, mit Ausnahme von Indien, in Besitz nehmen. Doch vor ihrem Untergang hatten die Ghuriden trotz der ständigen Kämpfe zwischen ihren afghanischen Untertanen und ihren türkischen Söldnern, Gelegenheit gehabt, ein ziemlich reges literarisches Schaffen in persischer Sprache zu fördern und in der großartigen Landschaft ihrer Berge einzigartige Bauwerke zu errichten, so zum Beispiel in ihrer ersten, in der ersten Hälfte des 12. Jahrhunderts gegründeten Hauptstadt Firuzkuh das Minarett von Dscham, das ein Ghuride im Mittelpunkt seiner Staaten stolz als den »Turm des Ruhms« aufrichtete.

Iran, Chorasan und Choresm

Die überragende Gestalt in der Geschichte des seldschukischen Iran ist Sandschar, einer der Söhne des Malik Schah. Auch er gilt als Kriegsheld, aber er kämpft gegen die zentralasiatischen Stämme, die seine Nordgrenzen bedrohen und vor denen er Persien und dessen

Tradition retten will. Doch es gelingt ihm nicht; er kann nicht verhindern, daß zwei neue Mächte erstehen. Eine davon sind die Qara-Qytai. Diese aus dem Osten gekommenen Mongolen sind schon längst von China beeinflußt, aber viel stärker noch vom nestorianischen Christentum, das sich seit dem Ende der Sassanidenzeit in Zentralasien ausgebreitet hat. Jedenfalls sind sie so wenig islamisiert, daß das Abendland ihre Erfolge mit denen des Priesters Johannes gleichsetzt, des Vorkämpfers der Christenheit gegen den Islam. Sie nutzen die Schwäche der Seldschuken aus, unterwerfen das Gebiet der Qarachaniden und stoßen bis nach Transoxanien vor.

Die zweite Gruppe, die auf den Spuren der Seldschuken nach Südwesten aufbricht, sind Türken aus Choresm. Ende des 12. und Anfang des 13. Jahrhunderts verdrängen sie die Nachfolger Sandschars, breiten sich aus und unterwerfen ihrer Herrschaft ein riesiges Territorium, das vom Kaukasus bis zum Persischen Golf und von den Grenzen des Irak bis nach Afghanistan und zum Syrdarja reicht. Sie überqueren auch diesen Strom, werfen die Qara-Qytai nach Nordosten zurück und erobern ihre Hauptstadt Otrar.

Diese Völkerbewegungen, die sich endlos fortsetzen, rufen immer neue Bewegungen hervor. Nur die Iranier, die nach Anatolien gelangt sind, bilden eine Ausnahme, weil sie sich assimilieren können. Alle anderen aber sträuben sich dagegen, sich auf einen bestimmten Siedlungsraum festzulegen; so die neuen turkmenischen Horden, die in Afghanistan, in Kirman und auch in Anatolien erscheinen; so auch die Choresmier, deren Reich nur dem Namen nach besteht – sie durchstreifen es wie eine riesige Rennbahn und plündern überall. Doch werden sie bald selbst Opfer des großen Mongolensturms, den ihr letzter Herrscher (Schah) Dschalal ad-Din Manguberti in verzweifeltem Kampf vom Indus bis nach Isfahan abzuwehren sucht.

Auch die Schlacht von Erzindschan (628/1230), in der die Vorstöße der Mongolen nach Westen durch den Sultan von Rum abgewiesen werden, kann die Seldschuken nicht mehr retten. Ihr Staatswesen zerfällt immer mehr und mit ihm der Sunnismus, einer seiner Hauptpfeiler. In den Wirren der Jahre nach 1200 gerät auch die »Orthodoxie« ins Wanken. Ebensowenig wie sich die in die islamische Welt einfallenden unsteten Horden der Mongolen in einen geordneten Staat einfügen, zeigen sie eine Neigung für den Sunnismus, der sich *de jure* wie *de facto* zum Verteidiger eines solchen Staates macht. Am Vorabend des mongolischen Einbruchs durchdringen die alten schamanistischen und nestorianischen Glaubensvorstellungen Zentralasiens zusammen mit dem mehr oder weniger messianischen Schiismus des Iran die muslimische Welt bis nach Anatolien hinein – mit Ausnahme von Syrien und Ägypten, die sowohl die Bastionen des islamischen Widerstands gegen die Kreuzfahrer als auch die Bastionen des Sunnismus innerhalb des Islam sind.

3. Die Verteidigung des Islam in seinem Zentrum

Verglichen mit der verworrenen Geschichte des übrigen muslimischen Orients, bietet die Geschichte Syriens und Ägyptens das ziemlich einfache Bild zweier Länder, die sich treu zum Sunnismus bekennen, sich zum gleichen Kampf gegen den Feind aus dem Okzident verpflichtet fühlen und eine Schlüsselstellung an den Straßen des großen Welthandels innehaben. Sie sind in einer Schicksalsgemeinschaft verbunden, die durch ihre Vereinigung unter Salah ad-Din (Saladin), einer der größten Herrscherpersönlichkeiten, die der Islam jemals hervorgebracht hat, besiegelt wird.

Zengiden und Ayyubiden

Gegen die christlichen Herren von Antiochia und Edessa erhebt sich eine Familie von *atabegs*, die Zengiden von Mossul, Nachkommen von türkischen Sklaven im Dienst der Seldschuken. Unter Zengi, dem Begründer der Dynastie, und dann unter seinem Sohn und Nachfolger Nur ad-Din (gestorben 596/1174) entreißen sie den Kreuzfahrern die Grafschaft Edessa, verwüsten das Fürstentum Antiochia, kämpfen gegen das Königreich Jerusalem und festigen ihre Macht über ein Territorium, das von Mossul bis nach Damaskus und Ägypten reicht.

Doch in Ägypten werden sie von ihren kurdischen Vasallen, den Ayyubiden abgelöst, die durch Saladin berühmt geworden sind. Diese gelangen um die Mitte des 6./12. Jahrhunderts nach Ägypten, als sie von Umstürzlern im untergehenden fatimidischen Kalifat zu Hilfe gerufen werden. Der armenische Wesir Badr al-Dschamali (gestorben 487/1094), der Kairo befestigt und als Schutzwall Ägyptens das Land gegen die Seldschuken befriedet und reorganisiert hatte, konnte das Kalifat der Fatimiden nicht mehr retten. Saladin versetzte dem fatimidischen Regime schließlich den Gnadenstoß, indem er das Land zum Gehorsam gegen den Kalifen von Bagdad verpflichtete (567/1171). Auf diese Weise setzte er den Sunnismus wieder als offizielle Glaubenslehre ein, dem Ägypten unter dem oberflächlichen Schiismus seiner gescheiterten Herren im Grunde immer treu geblieben war. Im übrigen verfuhr Saladin, obwohl er das Kalifat als Institution aufrichtig respektierte, nach Gutdünken. Er besiegte die Zengiden und vertrieb sie aus Syrien, ging als Held aus dem Kampf gegen die Kreuzritter hervor, denen er 583/1187 Jerusalem wieder entriß, und starb, vom ganzen Volk verehrt, 589/1193 in Damaskus. Er hatte die politische Einheit des syrisch-ägyptischen Staates wiederhergestellt und aus den beiden Ländern für immer Hochburgen des Sunnismus gemacht.

Außerdem erweiterte er deren Einfluß auch weit über ihre Grenzen hinaus, immer im Bestreben, der »Orthodoxie« zum Sieg zu verhelfen, sich für den Fall der Niederlage Zufluchtsländer zu sichern und jene Handelsstraßen unter Kontrolle zu halten, die für jede im Nahen Osten errichtete Herrschaft schon immer lebenswichtig waren. Vielleicht ist das Auftauchen von ayyubidischen Truppen in Tripolitanien an den Grenzen Tunesiens, das zahlreiche Kontakte zum normannischen Sizilien und zu den italienischen Häfen (Pisa und Genua) unterhielt, ein Anzeichen für Ambitionen im Mittelmeer. Entscheidender jedoch ist Saladins Vorstoß zum Roten Meer. Er interessiert sich vor allem für das Land südlich des Hedschas – der unter seinen Scherifen (*scherif*, Mehrzahl *aschraf* oder *schurafa*, Nachkommen des Propheten aus der Linie Hasans, des Sohnes von Ali und Fatima) so gut es geht eine Politik der Balance zwischen den Mächten der damaligen Welt verfolgt –, für den Jemen und insbesondere für dessen Hafen Aden, der 569/1174 erobert wird. In diesem Mosaik von Dynastien, Ethnien und Sekten schafft die Machtergreifung der ayyubidischen Fürsten und ihrer Nachfolger, der Rasuliden, früherer Söldner, neues Leben. Die Palmenhaine und Äcker dehnen sich aus, und die Medresen schießen geradezu aus dem Boden.

Der syrisch-ägyptische Staat

Der von Saladin begründete Staat vereinigt seldschukische, zengidische und in Ägypten außerdem fatimidische Traditionen. Die Länder, aus denen er besteht, können als »eine halbfeudale Familienföderation« (C. Cahen) bezeichnet werden, die auf eine breite, stufenweise vom Herrscher ausgehende Delegation der Macht und der Apanagen gegründet ist. Im zivilen Bereich ist der ayyubidische Staat nach der Ära des großzügigen Saladin sehr sparsam: Er kontrolliert streng die Einkommen einschließlich der Apanagen und hält die Währung stabil. Im Mittelpunkt steht jedoch das Heer, dessen finanzielle Basis durch das traditionelle System der Bodenschenkungen (*iqta*) gesichert ist, dessen Nutznießer als Gegenleistung für das von der Verwaltung festgesetzte Grundeinkommen eine bestimmte Anzahl von Soldaten zu unterhalten haben. Dieses System ist vielleicht stärker verstaatlicht als jemals vor den Ayyubiden, zumindest in der türkischen Welt, auch gibt es hier und dort örtliche Verschiedenheiten, aber es ist auf jeden Fall ein System, das überall die Präsenz des militärischen Apparates stärkt und das zeigt, daß das ayyubidische Regime, wie vor ihm das zengidische, in der politischen Tradition der türkischen Ära verwurzelt ist.

Das Land und das Meer

Auch wirtschaftlich scheint sich in den Traditionen Syriens und Ägyptens nichts geändert zu haben. Syrien ist vor allem bekannt durch die Vielfalt seiner landwirtschaftlichen Produkte und seiner Handwerkszentren in Damaskus und Aleppo, in denen Kupfer, Seide, Glas und Leder verarbeitet werden, während Ägypten nach wie vor vom Anbau von Palmen, Getreide, Zuckerrohr, Gemüse und Hanf in den Niederungen des Nils und des Deltas geprägt ist. Manchmal – wie beim Zuckerrohr – liegt der Anbau in den Händen des Staates, der nach ägyptischem Brauch einzelne Wirtschaftszweige kontrolliert. Dem entspricht in der Industrie die Beteiligung der Regierung an der Textilproduktion und das Staatsmonopol für bestimmte Grunderzeugnisse wie Holz und Eisen.

In gewissem Sinn neu ist allerdings das Wiederaufleben der syrisch-ägyptischen Wirtschaft, die von der Politik der Koexistenz profitiert, die die Nachfolger Saladins, Malik al-Adil und Malik al-Kamil (589-635/1193-1238), den Kreuzrittern gegenüber betreiben. Obwohl der vereinbarte Waffenstillstand öfters gebrochen wird und andere Zwischenfälle vorkommen, bleiben doch die Verbindungswege zwischen Syrien und Ägypten über Palästina gesichert. Die Beziehungen zum großen Mittelmeerhandel erfahren damals einen bedeutenden Auftrieb. Die muslimische Welt tritt jetzt in einen ständigen Austausch mit ganz Europa, der sich über Katalonien oder die Provence, noch mehr aber über Pisa, Venedig und Genua vollzieht, deren Kaufleute hierbei die Führung übernehmen. Sie sind ebenso in den Häfen der Kreuzfahrer, zum Beispiel in Akko, aktiv wie in den Häfen, die zur islamischen Welt gehören, in Alexandria, Damiette, Latakia, und auch in den Städten des Landesinnern, in Damaskus, Aleppo und Kairo.

Die Europäer sind die wahren Herren über den Seehandel im Mittelmeer – trotz aller Bemühungen Saladins um eine Flotte, die wirklich als Flotte hätte gelten können. Dagegen ist der Handel im Roten Meer eine Angelegenheit muslimischer oder indischer Kaufleute. Saladin, dessen Politik im Jemen bereits erwähnt wurde, machte dies den Kreuzfahrern deutlich, indem er den Unternehmungen Renaud de Châtillons an den Küsten dieses Meeres ein Ende setzte. In dieser Zeit beginnt der Aufschwung des afrikanischen Hafens Aidhab, der durch Karawanenstraßen mit den Handelsplätzen am Nil, Assuan und Qus, verbunden war. Es zeigt sich – von den Fatimiden bis zu den Ayyubiden und später bis zu den Mamelucken – die strategische Bedeutung einer Straße, die bis zum 16. Jahrhundert von vitalem Interesse bleibt.

Der Sieg des Sunnismus

Wirtschaftliche Stabilität, politische und militärische Strahlkraft, Freigebigkeit der Fürsten – all das erklärt die ungewöhnliche geistige Blüte, die in den zengidischen und ayyubidischen Staaten, besonders in Syrien, zutage tritt.

Es ist nicht verwunderlich, daß in einem an großen Ereignissen reichen Jahrhundert die Literatur von der Geschichtsschreibung beherrscht wird. Einen besonderen Platz nehmen die Biographien ein: traditionelle Viten von Ärzten, die wir Ibn Abi Usaibia verdanken; abenteuerliche, oft auch schwülstige Berichte, wie zum Beispiel den über die Eroberungen Saladins aus der Feder von Imad ad-Din al-Isfahani; schließlich Originalschöpfungen wie die Autobiographie von Usama Ibn Munqidh, dem Prototyp jener muslimischen Fürsten, die mit den Kreuzfahrern bald kriegerisch-herausfordernd, bald ritterlich-achtungsvoll verbunden sind.

Ein weiterer Zweig dieser Literatur sind juristische und religiöse Werke. Sie entstehen in einer Atmosphäre, die von der sunnitischen Offensive geprägt ist und von den Entwicklungen, Reaktionen und Vorbehalten, die sie vor allem im Lager der monistischen Theosophie auslöst – zum Beispiel bei Suhrawardi, dessen Anschauungen auf dem Erleuchtungsgedanken beruhen, oder bei Ibn Arabi, dessen Lehre zum Pantheismus neigt, auch bei Ibn al-Farid, dem wohl größten mystischen Dichter arabischer Sprache.

Im übrigen handelt es sich hier um extreme und daher suspekte Formen des Sufismus. Der weitaus größte Teil dieser Bewegung söhnt sich mit der offiziellen »Orthodoxie« aus und wird von ihr mit Gunstbezeugungen überhäuft. Auch hier schießen zusammen mit den Moscheen, Medresen und Krankenhäusern fast überall auch Klöster aus dem Boden. Es ist ein militanter Sunnismus, getreu der Tradition seiner seldschukischen Vorgänger; wie Nizam al-Mulk schafft Saladin die für widerrechtlich erklärten Steuern (*mukus*) ab. Aber es ist auch ein umsichtiger Sunnismus: Die Ayyubiden binden die Juristen enger an die Entscheidungen des Staates, sie unterstellen die gesamte sufitische Bewegung einem einzigen, offiziell bestallten Oberhaupt und sichern sich so die Kontrolle über die »Lehrmeinungen«, deren Anklang bei den Massen beträchtlich bleibt.

Insgesamt ist dieser Sunnismus stark genug, um auch großzügig und tolerant zu sein. Zengiden und Ayyubiden stellen ihre persönlichen Neigungen zurück, sie führen als Neuerung eine Zusammenarbeit der vier Schulen an den Gerichten und in den Medresen ein. Die Toleranz geht so weit, daß manches Erbe aus dem heidnischen

Altertum übernommen wird, so die Heilkunst, die die große abbasidische Tradition fortsetzt und sich wie diese auf die öffentlichen Krankenhäuser (*bimaristan*) stützt. Das anschaulichste Zeugnis ist das Krankenhaus von Damaskus, das die Berichte vor unseren Augen förmlich wiedererstehen lassen – mit seiner administrativen Organisation, seiner Krankenkartei, seiner Abteilung für Nervenkranke und der knappen Zeiteinteilung seiner Ärzte, die versuchen müssen, tägliche Krankenhausvisite, Lehrtätigkeit und Privatpraxis unter einen Hut zu bringen.

Dieser Sunnismus zeigt aber auch Nachsicht gegenüber den Ismailiten Syriens, die es bisher mit den Kreuzfahrern hielten und die nun um des Friedens willen nicht zusammen mit diesen am dritten Kreuzzug teilnehmen. Er übt schließlich Toleranz gegenüber den Juden und Großmut und Einsicht gegenüber den Christen, was, wenn man bedenkt, daß die Christenheit zur Zeit der Kreuzzüge dem Islam zunächst nur das feindliche Gesicht des Invasoren zeigt, um so erstaunlicher ist.

Die Kreuzzüge im Urteil des Islam

Es ist eine Tatsache, daß der ayyubidische Islam den Argwohn, den er aufgrund der Kreuzzüge mit Recht gegen das Christentum hegen konnte, nicht auf alle Anhänger dieser Religion übertrug. In Ägypten beispielsweise erlebten die Kopten, die im übrigen größte Anhänglichkeit gegenüber der Vergangenheit und den Traditionen ihres Landes bewiesen, eine regelrechte geistige Wiedergeburt, ganz im Gegensatz zu den Armeniern, mit denen es aber nicht aus Gründen religiöser Diskriminierung abwärts ging, sondern weil sie gesellschaftlich und politisch zu sehr an das überlebte fatimidische Regime gebunden waren.

Sogar in dem geschlossenen Gebiet Syrien scheinen die Ayyubiden damals nicht allzu streng vorgegangen zu sein. Nach der Eroberung von Jerusalem war es ihre erste Sorge, die Juden zur Rückkehr einzuladen. Den Christen, die selbst als Ausländer toleriert wurden, solange sie nicht die Muslime zu bekehren suchten, rechneten es die Ayyubiden nur übel an, wenn sie im Kreuzzug den Feind unterstützten. Extreme Fälle dieser Art bildeten die libanesischen Maroniten, die in den von den Kreuzfahrern besetzten Gebieten lebten und der Autorität Roms unterstanden, und vor allem Kleinarmenien. Für beide sollte die unter den Mamelucken vollendete muslimische Wiedereroberung schwerwiegende Folgen haben, ernste für die Maroniten, die in großer Zahl aus dem Küstengebiet in die Berge vertrieben wurden, katastrophale für die Armenier, die mit dem christlichen Westen und dann mit den Mongolen verbündet waren – ihr Königreich Kilikien wird im 14. Jahrhundert aufgelöst.

Anderen Christen gegenüber blieben die Ayyubiden großzügig; besonders gegenüber den Christen griechischer Konfession, die von den Kreuzfahrern, die sich damit in den muslimischen Ländern Sympathien verschaffen wollten, schlecht behandelt und gedemütigt worden waren. Die Kreuzfahrer hätten sich an der ayyubidischen Großzügigkeit ein Beispiel nehmen können, statt dessen feierten sie die Eroberung von Jerusalem mit einem Blutbad und behandelten die Muslime in ihren Gebieten als Bürger zweiter Klasse, wenn nicht gar als erklärte Feinde.

Wenn man die Haltung des Islam gegenüber sich selbst betrachtet, das heißt gegenüber der Pflicht zum Heiligen Krieg (*dschihad*), den ihm die Kreuzzüge aufzwangen, so muß man festhalten, daß die Muslime sich weder massiv zu einer gemeinsamen Abwehr zusammenschlossen noch in ihrer Feindschaft gegenüber den Kreuzrittern einig waren. Die Last des Kriegs fiel fast ausschließlich auf Ägypten und Syrien, aber auch der Ruhm: Denn die Ayyubiden zogen nicht nur aus dem blühenden Handel mit dem Westen, der auch während der militärischen Operationen weiterging, Gewinn, sondern viel mehr noch aus dem Ruhm, den ihnen jeder Sieg über den Westen einbrachte. Diese Erfolge mußten auf den Sunnismus zurückstrahlen; denn er war untrennbar mit dieser Politik verbunden, die sowohl der politischen Größe als auch dem Geist des Islam entsprach. So verkörpert der mächtige syrisch-ägyptische Schulterschluß um den Mittelpunkt der »Orthodoxie« im Grunde das Glück der endlich verwirklichten Rückkehr zu einem siegreichen, einigen und reinen Islam, zum Islam des Ursprungs. Dadurch wird verständlich, daß die militärische Wirkung der Kreuzzüge in der muslimischen Religion keine größere Unruhe auslöste und daß die Anwesenheit der Kreuzfahrer keineswegs neue Formen des Islam hervorrief, sondern ihn vielmehr zur Glorifizierung des längst Bekannten antrieb, das den Islam, über den Sunnismus und den Krieg, unauslöschlich mit seinen ersten und größten Erfolgen verband.

Es bleibt noch ein Wort über die Wechselbeziehungen zwischen Orient und Okzident während der Kreuzzüge zu sagen – jenes viel umstrittene, oft verkannte Thema. Über die Technik des Kriegswesens weiß man überhaupt nichts, besonders auch, was die Frage nach dem gegenseitigen Einfluß militärischer Bau- und Konstruktionsweisen angeht. Und wie steht es auf anderen Gebieten? Wir haben vom Handel gesprochen, aber es bleibt zu erforschen, ob er, wie zu erwarten wäre, auch andere – weniger materielle – Beziehungen nach sich zog.

Doch kann man getrost behaupten, daß sich im großen Bereich der Institutionen und Kulturen keine der beiden Welten durch den Kontakt mit der anderen wirklich gewandelt hat. Der Kreuzzugsgedanke war den Muslimen um so weniger verständlich, als weder die Lage der Christen in den islamischen Gebieten noch die der Pilger im Heiligen Land in ihren Augen die Intervention des Abendlandes rechtfertigen konnte, das von da an (wie Byzanz schon lange vor ihm) die Züge eines traditionellen Feindes annahm. Für die Europäer wiederum stellten die Kreuzzüge – zumindest unter rein religiösem Aspekt –, ebenso wie die christliche Wiedereroberung Spaniens und Siziliens, den Höhepunkt eines langen, schon in der ersten Zeit der islamischen Expansion begonnenen Vergeltungsprozesses dar; allerdings beweist gerade das Beispiel Siziliens und Spaniens, wie wir sehen werden, daß die neuen Besatzer sich für bestimmte Seiten der muslimischen Kultur überaus aufgeschlossen zeigen konnten. Trotzdem steht fest, daß die Kreuzfahrer an der Levante stets als Fremde im Land lebten; sie waren in ihren alten Gewohnheiten befangen und fast ganz von der Umwelt isoliert. Die großen Kulturströmungen zwischen Orient und Okzident nehmen ihren Weg im wesentlichen durch den westlichen Teil des Mittelmeerbeckens. Die Kreuzzüge haben also weder – wie C. Cahen betont – eine entscheidende Vermittlerrolle zwischen dem lateinischen und dem arabischen Mittelmeerraum gespielt, noch sind sie ein fernes »Vorspiel« des neuzeitlichen politischen und kulturellen Einflusses des Westens auf die Levante gewesen.

4. Der Islam im Westen

Wie im Osten die Türken, so sind im Westen die Berber wenigstens eine Zeitlang für die politische Einheit des Islam von entscheidender Bedeutung; sie tragen ihn weiter nach Süden ins schwarze Afrika, haben aber Mühe, den Vorstoß der Christen aufzuhalten.

Sizilien: verloren oder gewonnen?

Die christliche Offensive beginnt hier wesentlich früher als im Osten. Byzanz hatte die Muslime bereits aus Süditalien und Kreta vertrieben und schickte sich gerade an, die Ostküste Siziliens zurückzuerobern, als die Normannen auf den Plan traten, die Sizilien um 478/1085 endgültig unter ihre Herrschaft brachten und fünf Jahre später Malta besetzten. Die äußersten Randgebiete Südeuropas entgehen der geschichtlichen Prägung durch den Islam und auch seinem Handel. In Konkurrenz mit Venedig und mit den Häfen Süditaliens, die sich der muslimischen Präsenz auf Sizilien angepaßt hatten, dringen die Normannen auf dem befreiten Meer weiter vor und nutzen das reiche und sichere Sizilien als Stützpunkt auf ihrem Weg zum Orient der Kreuzzüge und als Vorposten gegen die Piraten, die von hier aus sogar in ihren tunesischen Schlupfwinkeln aufgestöbert werden.

Nachdem die Normannen auf ihren Raubzügen bis nach Alexandria vorgestoßen sind (550/1155), schlägt den Kaufleuten von Pisa und Genua die Stunde. In geringerem Maße gilt das auch für die Händler der Provence, des Languedoc und Kataloniens, die den Korsaren der muslimischen Balearen ausgesetzt waren.

Als in Sizilien die islamische durch die normannische Herrschaft abgelöst wird, erlebt es eine Blüte seiner Kultur, die vor allem durch den normannischen Frieden und die Weitsicht seiner Herrscher gefördert wird. Wenn diese große Insel, was die Übermittlung muslimischer Wissenschaft an den Westen angeht, auch eine geringere Rolle als Spanien spielen sollte, so kommt es hier doch zu zahlreichen einzigartigen Vermischungen zwischen den beiden Kulturkreisen. Die Könige lesen und schreiben arabisch, der muslimische und der christliche Kalender werden, zumindest an den amtlichen Stellen, gleichzeitig verwendet, und muslimische Künstler beteiligen sich an der Deckenmalerei der Palastkapelle von Palermo – in diesen Gemälden erscheint, mit byzantinischen Motiven angereichert, die Tradition von Samarra wieder, die entweder direkt oder über Ägypten und Tunis nach Sizilien gelangt war. Schließlich sind die Geographie und der Atlas des Idrisi, das sogenannte *Buch des Königs Roger*, nicht zu vergessen; sie sind auf arabisch geschrieben, beziehen aber als erste Werke der muslimischen Wissenschaft Europa weitgehend mit ein.

Das geteilte Spanien

Vom Zerfall des muslimischen Spanien nach dem Tod des »Hausmeiers« al-Mansur (392/1002) war bereits die Rede. Wir übergehen die ununterbrochenen Kämpfe, die sich nun die verfeindeten Duodezfürsten liefern, jene *reyes de taifas* (*muluk at-tawaif*), die das Land in zahllose unbeständige und chaotische Kleinstaaten aufteilen. Der Nutzen, den ihre Feinde daraus ziehen, ist eindeutig: 478/1085 hält der König von Kastilien, Alfons VI., Einzug in Toledo, das der Islam nie wieder zurückerobern wird.

Gegenüber einer zu neuer Tatkraft erwachten Christenheit kann das muslimische Spanien sein Heil nur noch von außen erwarten, vom nahen Maghreb, dem es so oft sein Gesetz und seinen Einfluß aufgezwungen hat und von dessen Stärke von nun an sein Überleben abhängen wird.

Das verwüstete Nordafrika

Als um 1050 die ziridischen Vasallen in Tunesien zu kühn werden – sie hatten sogar den Schiismus verworfen –, entschließen sich die Fatimiden Ägyptens, sie in die Knie zu zwingen. Sie schicken einen in Oberägypten ansässigen wilden arabischen Stamm nach Westen, die Banu Hilal, die in großer Zahl im Maghreb einfallen. Das ist der Beginn einer langen Folge von Invasionen, denn auf die Banu Hilal folgen die Sulaim und andere. Diese arabischen Nomaden ziehen durch die nördliche Sahara nach Westen und erreichen Südmarokko.

Die politische Karte Nordafrikas wird durch diesen Vormarsch und seine Auswirkungen völlig verändert: Die Königreiche der seßhaften oder halbseßhaften Berber werden in die Städte oder an die Küste abgedrängt – die Ziriden nach Mahdiya, wo sie sich im Kampf gegen die Normannen Siziliens als Seefahrer und Piraten bewähren, und die Hammadiden verlassen ihre Hauptstadt, die Bergfestung al-Qala nordwestlich von Msila, und ziehen sich nach Bougie (Bejaia) zurück. Die Karte der Bevölkerungsstruktur und der Sprachen wird ebenfalls verändert, und zwar um so markanter, je weiter man von Westen nach Osten kommt. Nach den Arabern aus der ersten Zeit der Eroberung, die sich in den Städten festgesetzt haben, treten nun nomadische Araber auf den Plan, die zwischen ihren Sommer- und Winterquartieren auf den Hochebenen des Binnenlandes beziehungsweise in den Randgebieten der Sahara hin- und herziehen, sich allenthalben den Schutz, den sie gewähren, bezahlen lassen und den Gebrauch der arabischen Sprache weit verbreiten.

Das schlimmste ist, daß diese Invasion die Auflösung des Wirtschaftsgefüges besiegelt, das schon in der Zeit der Krisen und der Anarchie unter den letzten Ziriden schwer gelitten hatte. Ob nun Ibn Chaldun offensichtlich übertreibt, wenn er die Banu Hilal für die Katastrophe verantwortlich macht, oder ob man ihre Bedeutung heute zu gering einschätzt: der östliche Maghreb erleidet jedenfalls im 11. Jahrhundert das Schicksal, daß sein altes Bewässerungssystem zerstört und seine Äcker wieder zu Steppe werden.

Der Gegenschlag des Islam: die Almoraviden

Im zerrissenen Spanien und im von Nomaden überschwemmten Nordafrika stellen nun andere Nomaden, die Berber, die Einheit des Islam wieder her. Ihre Expansion unterscheidet sich von der der Türken und der Banu Hilal durch die entscheidende Rolle, die dabei die religiösen Vorstellungen spielen. In gewissem Sinne ist sie ein »Kreuzzug« des Islam.

Die Invasion der Berber hat ihren Ursprung in der westlichen Sahara im Gebiet von Niger und Senegal, wo sich unter dem Oberbefehl Ibn Yasins Gruppen kriegerischer Berber in befestigten Klöstern auf den Heiligen Krieg vorbereiten; diese »Leute der *ribat*«, die *murabitun*, werden den Almoraviden ihren Namen geben. Sie erproben sich zunächst im Kampf gegen benachbarte Berberstämme, die sie unterwerfen und ihren Truppen eingliedern, sowie gegen die schwarzen Afrikaner; um 1076 besiegen sie das Königreich Ghana.

Ihr strenger, fanatischer Malikismus weist ihnen auch den Weg nach Norden, in den Maghreb, den sie von seinen Irrlehren reinigen wollen. Der im Kampf gefallene Ibn Yasin wird bald durch Yusif Ibn Taschfin ersetzt, der um 453/1061 die neue Hauptstadt Marrakesch gründet. Vom Maghreb aus erweitern die Almoraviden ihre Herrschaft bis zum heutigen Mittelalgerien. Dort stoßen sie auf die Hammadiden von Bougie, die selbst mit den Ziriden vom Mahdiya in Konflikt stehen, dann auf die Banu Chorasan, die neuen Herren von Tunis, und auf zahlreiche Stadtfürstentümer, die während der Anarchie der Invasionszeit entstanden sind. Als sie von den spanischen Fürsten zu Hilfe gerufen werden, überqueren die Almoraviden im Jahr 479/1086 die Straße von Gibraltar, überrennen bei Zallaqa das Heer Alfons VI. und stellen die politische Einheit des muslimischen Spanien wieder her, dessen Grenze vom Tajo zum Ebro verläuft und um das Gebiet des christlichen Toledo einen Bogen macht. Die Almoraviden gingen bei dieser ersten Begegnung mit der andalusischen Kultur nicht gerade zimperlich vor, und das muslimische Spanien wurde von seinen Rettern übel zugerichtet.

Doch hat es jene Invasoren seinerseits erobert, und zwar sehr rasch. Die in Spanien herrschende angenehme Lebensart nimmt dem Puritanismus der Almoravidenführer sehr schnell die Strenge. In Marrakesch wie in Cordoba geben sie sich dem Luxus und der Ausschweifung hin und werden zur Zielscheibe der fanatischen malikitischen Gelehrten, die bei der Masse des Volkes größten Einfluß haben. Von ihren Untertanen isoliert, erschöpfen sich die Almoraviden in dynastischen Machtkämpfen, die in diesem stark vom Mutterrecht geprägten Milieu der Berber von den Fürstenmüttern angestiftet werden. Weniger als ein halbes Jahrhundert nach dem Tod Ibn Taschfins (500/1106) ist das Regime, das er begründet hat, bereits in Zerfall begriffen.

Unter den seßhaft gewordenen Berbern des marokkanischen Berglands war bereits ein neuer Vorkämpfer des Islam in Erscheinung getreten: Ibn Tumart. Er war aus dem Orient zurückgekehrt, wohin er wie viele andere gegangen war, um »die Weisheit zu suchen«, und er entflammte seine Zuhörer durch eine Lehre, die ihre Kraft mehr oder weniger aus allen geistigen Strömungen des Islam zog. Er predigte vor allem die Rückkehr zu den Quellen des Dogmas und die absolute Einheit Gottes (vom Namen *al-muwahhid*, dem Bekenner solcher Einheit, stammt unser Name »Almohade«). Ibn Tumart leugnete schließlich die Autorität der bereits gegründeten Schulen und griff, um sein von den verschiedenen Richtungen des Sunnismus inspiriertes Credo zu verteidigen, auf ein Glaubenselement zurück, dessen Wurzeln im Schiismus liegen: die Gestalt des Mahdi, der als einziger Interpret des Gesetzes und der Überlieferung gilt. In ihrer Reichweite und ihrem Neuerungseifer wandte sich seine Lehre gegen den gesamten traditionellen Islam, angefangen beim Malikismus.

Der Anfangserfolg Ibn Tumarts ist daraus zu erklären, daß er für seine Predigt und seine theoretischen Schriften gern das Berberische benutzte. Um 515/1121 erklärte er sich selbst zum Mahdi, kündigte den Heiligen Krieg an und organisierte seinen Staat. Dessen Hierarchie soll die Besinnung auf den frühen Islam und auf die Hauptprinzipien des Gesetzes, der Einmütigkeit der Gemeinde und der Nachfolge des Propheten, widerspiegeln. An ihrer Spitze steht der Mahdi; er wird vom Rat der Zehn unterstützt, welcher gemeinsam mit ihm die Staatsgeschäfte führt und aus dem die Stellvertreter des Mahdis im Heer und bei der Leitung des Gebetes stammen. Die Basis bildet die Versammlung der Gläubigen, das almohadische Volk und seine Vertretung, der Rat der Fünfzig, der die Mitglieder des Rates der Zehn und vierzig Vertreter der Stämme umfaßt.

Nach dem Tod Ibn Tumarts (524/1130) beginnt sein Lieblingsschüler Abd al-Mumin, sein Herrschaftsgebiet vom Bergland aus allmählich nach Norden und nach Süden auszudehnen. Im Jahr 541/1147 ist er in Marrakesch. Vier Jahre später zerstört er im Osten das hammadidische Königreich von Bougie; 555/1160 schließlich beherrscht er ganz Nordafrika bis zur Küste der Syrten. Bereits 539/

1145 hatte er begonnen, das almoravidische Spanien unter seine Autorität zu bringen. Ein neues muslimisches Reich war entstanden, diesmal im Westen, ein Reich, das für seinen Herrn den Kalifentitel beanspruchte – seinen Rivalen in Bagdad und in Kairo zum Trotz.

Dieses Reich bestand nach dem Tod Abd al-Mumins (558/1163) noch ein Dreivierteljahrhundert. Ab 1236 brach es nach und nach auseinander. Es war bereits seit langem unterhöhlt und wurde nur durch die Tatkraft seiner Fürsten zusammengehalten. Von 580/1184-633/1237 machte sich ein Berbergeschlecht, die Banu Ghaniya, zum Verfechter der Rechte der Almoraviden. Von den Balearen aus, ihrer Basis für Überfälle auf christliche Schiffe, landeten sie in Bougie. Sie verbündeten sich mit den nomadischen Arabern und den aus Ägypten gekommenen Türken und verwüsteten Nordafrika von Tripolitanien bis nach Südmarokko in einer Folge von Invasionen, die an die verheerenden Einfälle der Banu Hilal erinnerten. Zahlreiche bis dahin verschont gebliebene Städte des Zentralmaghreb verschwanden von der Landkarte.

Der Krieg erschöpfte die Almohaden, deren Hof in zwei Lager gespalten war: auf der einen Seite die Verfechter der reinen Überlieferung Ibn Tumarts, auf der anderen diejenigen, die sich der Umwandlung der Dynastie in eine Erbmonarchie zugunsten der Nachkommen Abd al-Mumins anpaßten. Außerdem waren die Christen Spaniens mehr denn je zum Kampf entschlossen. Nachdem sie in der Schlacht von Alarcos zurückgeschlagen worden waren, vernichteten die Krieger aus Kastilien, Leon, Aragon und Navarra die Muslime 609/1212 bei Las Navas de Tolosa, und 633/1236 ging Cordoba, das so lange das Symbol des spanischen Islam gewesen war, für immer verloren.

Der unbezwingbare Sunnismus

Abgesehen von der Anwesenheit der Türken Saladins in Tripolitanien und der Anerkennung des Kalifen von Bagdad durch die Almoraviden ist es politisch für den westlichen Islam kennzeichnend, daß er außerhalb jeder Bindung an die übrige muslimische Welt ein Eigenleben führt. Diese Selbständigkeit verhindert jedoch nicht, daß auf kultureller Ebene die Entwicklungen in Ost und West recht ähnlich verlaufen.

Zunächst hat im Westen wie im Osten der Sunnismus gesiegt, nur mit dem Unterschied, daß ihn im Westen die Berber und nicht die Türken oder die Kurden verteidigten und daß der Malikismus aus diesem Sieg großen Nutzen zog. Wie im Osten stützte sich dieser Sunnismus auf den militanten Puritanismus der Gelehrten. Abgesehen von ihrer offiziellen Funktion unter den Almoraviden, hörten sie auch später nicht auf, die wachsamen Hüter der Lehre zu sein. Im übrigen brach die almohadische Dynastie im Jahr 627/1230 selbst mit dem Credo Ibn Tumarts – ein Beweis dafür, daß das Kalifat von Marrakesch es ebensowenig wie sein früherer Rivale in Kairo vermochte, den traditionellen Sunnismus zu bezwingen, an dem die muslimischen Massen hartnäckig festhielten. Ebenso wie im Osten geht die Erneuerung der »Orthodoxie« mit der des Sufismus Hand in Hand, der hier um so stärker verbreitet ist, als er ähnlich wie die Bruderschaften volkstümlichere, konkretere und vielfältigere Formen des Glaubens propagiert. Aus dem Wort *murabit*, dessen politische und historische Färbung in »Almoravide« nachklingt, entstand in unseren Sprachen auch die Neubildung »Marabut« als Bezeichnung für alle diejenigen, aus denen das öffentliche Bewußtsein die Heiligen des westlichen Islam gemacht hat: die Eroberer, die Begründer von Orden und Dynastien, die großen Ahnen und Stammesführer, aber auch umgedeutete alte Gottheiten, Eremiten, Erleuchtete und Wundertäter, deren weiße Gräber überall in der maghrebinischen Landschaft verstreut sind.

Noch mehr als im Osten lehnt der Sunnismus schließlich den Kompromiß mit der Ketzerei oder Gottlosigkeit im Westen ab. Unter seinem Druck verschwindet der Schiismus aus Marokko und aus dem Zentralmaghreb. Die Charidschiten werden zur Auswanderung und zur defensiven Umgruppierung gezwungen; zu dieser Zeit richten sie sich endgültig in ihrem Rückzugsgebiet auf der Hochebene des Mzab ein, wo sie eine Schlüsselstellung im Handelsverkehr durch die Sahara einnehmen. Der gleiche kämpferische Elan beseelt den Sunnismus in der Verteidigung des Islam gegen die Feinde von außen, und ebenso wie der Kriegseifer der Turkmenen Kleinasiens entscheidend den ersten Kreuzzug mit ausgelöst hat, so bewirkt auch die zu dieser Zeit einsetzende almoravidische Expansion, daß die christlichen Königreiche in ihrer Entschlossenheit zur Gegenwehr erstarken. In beiden Fällen ist die Wechselwirkung die gleiche: Das Erwachen des Islam durch den Sunnismus löst auch das christliche Erwachen aus. Der einzige Unterschied besteht darin, daß dem »Kreuzzug« in Spanien unter dem Namen *reconquista* dauerhafter Erfolg beschieden ist.

Die Staatsordnung

Mehr noch als die Almoraviden haben ihre Nachfolger, die Almohaden, Zeit gehabt, ihrem Staat eine zentralisierte Verwaltung zu geben, den *makhzen*, in dem sich außer den Verwaltungstraditionen Andalusiens, dem Erbe der Almoraviden und der Omayyaden Spaniens bestimmte Neuerungen finden, die den Eigenheiten der Berber Rechnung tragen. Aufsehenerregend unter den Maßnahmen des *makhzen* ist die Vermessung ganz Nordafrikas zum Zweck der Steuerveranlagung.

Die almoravidische und die almohadische Ordnung hatten auch für den Handel günstige Folgen. Der Seehandel entglitt der islamischen Welt zwar immer mehr, aber der Verkehr zwischen der Sudanzone und der Iberischen Halbinsel wurde durch die Vereinigung des gesamten Maghreb mit Spanien wesentlich erleichtert. Außerdem wirkte sich dieser wirtschaftliche Aufschwung auch auf die Städte aus, die die Praxis der frommen Stiftungen (hier *habus* genannt) um einige ihrer prächtigsten Bauten bereicherte. Die Moschee von Tlemcen, die Kutubiya von Marrakesch, der Hasanturm von Rabat und die Giralda von Sevilla bezeugen die Entwicklung eines neuen Stils und einer neuen Ornamentik, die für den muslimischen Westen stets charakteristisch bleiben werden und das Zusammenspiel von militärischer Macht und geistiger Blüte spiegeln.

Spanien als Mittler der Kultur: die Philosophie

Während Spanien seine politischen Herren wechselt, setzt es seine kulturellen Traditionen bruchlos fort: Es »erobert« seine aufeinanderfolgenden Eroberer und gewinnt sogar den nahen Maghreb. Spanien tritt damals das Erbe der zuvor im Orient entstandenen großen Bewegung des Denkens an, die sich hier weiterentwickelt, zu eigenständigen Formen entfaltet und, mit ihrem erwähnten sizilianischen Abenteuer, überdies den großen Prozeß der Weitergabe dieses Schatzes an das nun zur Aufnahme reife Abendland einleitet.

Die Kühnheit des spanisch-muslimischen Denkens, die manchmal den Zorn der Gelehrten erregt und zu Bücherverbrennungen führt, hat ihren berühmtesten Vertreter in Ibn Tufail, dem Autor eines großen Romans, in dem die Einsamkeit des Philosophen und die Freiheit seines Denkens gepriesen werden. Aber für die Zukunft des westlichen Denkens spielt der Aristotelismus die entscheidende Rolle. Er wird vermittelt durch Ibn Badschdscha (Avempace), vor allem aber durch den Juden Maimonides – der seine ersten dreißig Jahre in Spanien und im Maghreb verbracht hat und 601/1204 im Orient stirbt – sowie durch den 595/1198 gestorbenen Ibn Ruschd (Averroes). Averroes ist zweifellos vor allem ein muslimischer Denker, der sich bemüht, seine Philosophie mit dem Islam in Einklang zu bringen, genauer, mit dessen Gesetz in der malikitischen Form. Doch der Okzident sollte aus dieser Bemühung insbesondere die Lehre ziehen, daß es möglich ist, die Philosophie als eine selbständige Wissenschaft zu begründen, ohne den Glauben zu gefährden.

Spanien als Mittler der Kultur: die Wissenschaften

Die gleiche Blüte erlebt die Wissenschaft. Sie gibt sich nicht damit zufrieden, ihre traditionelle Rolle als Vermittlerin des Orients an den Okzident zu übernehmen, sondern entwickelt selbständige Formen. In der spanischen Geographie – und an der Grenze zur Literatur im engeren Sinn – führt Ibn Dschubair die Gattung des Reisetagebuchs (*rihla*) ein, der eine große Zukunft beschieden sein sollte. Auf dem Gebiet der Medizin ist neben Ghafiqi, einem Pionier der modernen Augenheilkunde, vor allem Ibn Zuhr zu nennen (gestorben 557/1162), der große Ahnherr einer ganzen Dynastie von Gelehrten. Er sammelt die Überlieferung seiner Vorgänger, vor allem Galens, und bereichert sie durch die Systematisierung der klinischen Beobachtung; er entdeckt den Herzbeutelabszeß, kennt den Luftröhrenschnitt und die künstliche Ernährung. Dank der hebräischen und dann der lateinischen Übersetzung seiner Werke wird er neben Avicenna zu einem der Lehrer der abendländischen Medizin; uns ist er unter dem Namen Avenzoar bekannt. Botanik und Pharmazie, die eng miteinander verbunden sind, werden von einem andern Ghafiqi, vielleicht einem Sohn des vorgenannten, und von Ibn al-Baitar vertreten, der seine Ausbildung in Spanien erhält und zum Botanisieren bis nach Kleinasien reist; er unterzieht die Behauptungen seiner griechischen und arabischen Vorgänger einer konkreten und umfassenden Prüfung, die ihm während eines Aufenthalts im ayyubidischen Ägypten den offiziellen Titel »Fürst der Pflanzenkenner« einbringt.

Des weiteren kommt es in Spanien, am Schnittpunkt der Traditionen des mediterranen Altertums und des Orients, zu einem wahren Boom der agronomischen Literatur oder, richtiger gesagt, der »Enzyklopädien der Landwirtschaft«. Fürsten und Gelehrte legen eine große Zahl von Gärten an und verfassen aufgrund ihrer Lektüre und Erfahrung eine Vielzahl von Büchern. Beispiele sind die Werke von Ibn al-Awwam und vor allem von Ibn Bassal, dem anschaulichsten und vielleicht originellsten Vertreter seines Fachs.

Alle interessieren sich sehr für das Angenehme und das Besondere und studieren die neuen Pflanzenarten: Reis, Zuckerrohr und Palme, Textil- und Färberpflanzen, vor allem aber die zahlreichen nach dem Westen vordringenden Gemüsesorten. Damals entsteht das Modell des »Königlichen Botanischen Gartens«, der erst fünf Jahrhunderte später in das christliche Südeuropa gelangt, während Toledo und Sevilla ihn bereits im 5./11. Jahrhundert besitzen.

Man sieht, der Garten ist eine Sache der Aristokraten des Standes und des Geistes. Und es ist nur allzu wahr, daß diese Literatur, obwohl sie aus gutem Grund der Praxis dient, sich manchmal hochmütig von den Bauern distanziert. Trotzdem werden diese Werke, sobald man im Mittelalter zu übersetzen beginnt, nicht ins Lateinische, die Gelehrtensprache, sondern ins Kastilische, die lebendige Sprache, übertragen.

Spanien und der Okzident: die Dichtkunst

Kann man von Spanien als einem »Vermittler« der arabischen Poesie sprechen? Kaum, denn der Beitrag der Iberischen Halbinsel geht hier durchaus über die einfache Weitergabe oder Erweiterung des vom Orient Empfangenen hinaus. Wir haben bereits gesehen, wieweit die Gattung des *muwaschschah* in ihren Formen und selbst in ihrer Sprache von der Tradition der klassischen arabischen Poesie entfernt war. Sie blüht noch in der Almoravidenzeit, wird jedoch mit Ibn Quzman und einer Reihe anderer Dichter durch eine neue Form der Literatur abgelöst, den *zadschal*, der grundsätzlich für den Dialekt und das Romanische aufnahmebereit ist.

Die alte Streitfrage, ob die Kunst der Troubadoure bei dieser Dichtung Anleihen gemacht hat, ist bekannt. Das Problem ist vielschichtig und außerdem mit der Frage nach anderen Einflüssen verknüpft, die weniger klar und bedeutend sind: mit dem Einfluß der örtlichen romanischen Poesie auf die »hispano-arabische Lyrik« oder bestimmter islamischer Modelle auf die *chansons de geste*, die altfranzösischen Heldenlieder. Insgesamt kann man heute kaum ernsthaft bestreiten, daß die Poetik des muslimischen Spanien – und in geringerem Maße die Poetik Siziliens – die romanische Welt, wenn schon nicht zum Gebrauch des Reimes, so doch zu verschiedenen Modellen der poetischen Struktur und der Anordnung von Strophen angeregt hat. Schwieriger ist die Frage, wieweit bestimmte Themen übernommen wurden, besonders Themen der Liebesdichtung, und woher die Bezeichnung »Troubadour« kommt, die eine neuere Studie von einem arabischen Wort ableiten will, das die untrennbar mit der Rezitation verbundene musikalische Begleitung bezeichnet. Wie dem auch sei, diese Einflüsse reichen in die Zeit vor den Troubadouren zurück, die hier nur ein Erbe übernehmen. Die Einflüsse bleiben formal und berühren nicht die eigenständigen Wurzeln dieser Poesie.

Die Anfänge des Islam in Schwarzafrika

Die Anstrengungen des westlichen Islam im Norden sollten nicht vergessen lassen, daß die Almoraviden auch den Grundstein für die islamische Expansion in Schwarzafrika gelegt haben. Bei dieser Expansion spielt der Krieg nur eine zufällige, vorübergehende Rolle; entscheidend ist ihre friedliche und dauerhafte Form, die übrigens schon lange vor den Almoraviden am Werk war: der Handel.

Wer die Anfänge des Islam in Schwarzafrika erforschen will, muß sich mit Vorsicht wappnen. Sie sind uns meist nur aus arabischen Texten bekannt, deren Aussagen aus zweiter Hand stammen. Eine weitere Schwierigkeit besteht darin, daß die afrikanischen Königreiche in diesen Texten nur ungenaue Konturen annehmen und genaue Zuordnungen oft schwierig sind.

Unter diesen Vorbehalten kann man mehrere Phasen der beginnenden Islamisierung unterscheiden. Ghana ist vom Vorstoß der Almoraviden unmittelbar betroffen; aber das Volk und der König bleiben heidnisch, nur die Dolmetscher und einige Beamte kommen mit dem Islam in Berührung. Diese Trennung spiegelt sich auch in der Anlage der Hauptstadt: Der Stadtteil mit der Residenz des Königs bleibt von der muslimischen Siedlung mit ihren zwölf Moscheen isoliert. Offensichtlich hat der Islam mehr Erfolg, wenn er die Oberhäupter für sich gewinnt, obwohl zum Beispiel die Islamisierung der senegalesischen Takrur (Tukulor) im 11. Jahrhundert nicht auf die Massen überzugreifen scheint. Die gleiche Situation zeigt sich in Mali. Im Königreich Songhay konnte der Islam wegen der in Gao (Kaw-Kaw) ansässigen Händler tiefer ins Volk eindringen. Zumindest wird uns das durch Stelen aus dem 12. und 13. Jahrhundert bezeugt. Gao war eine Doppelstadt, aus einer heidnischen und einer muslimischen Hälfte, die von einem konvertierten König regiert wurden.

Weiter im Osten schließlich, in Kanem-Bornu im Gebiet des Tschadsees, scheinen bestimmte Indizien größere Fortschritte bei der Islamisierung anzuzeigen, die dort vielleicht durch die Handelsbeziehungen mit Tunesien und den Ländern am Nil, darunter Ägypten, begünstigt wurden. Einen besonderen Zeugen hierfür stellt die Gesandtschaft dar, die, wie Ibn Chaldun berichtet, um die Mitte des 13. Jahrhunderts nach Tunis geschickt wurde und ein staunenerregendes Tier mitbrachte – eine Giraffe. Weitere Zeugen sind die Historiker Maqrizi – er berichtet, daß die Leute von Kanem-Bornu im 13. Jahrhundert eifrige Malakiten wurden – und schließlich jener Stammesführer, der im 12. Jahrhundert zwei Pilgerfahrten nach Mekka unternahm und jedesmal in Kairo 300 Sklaven zurückließ.

Das alles sind nur spärliche und allzu fragmentarische Daten. Doch sie erlauben immerhin zwei Schlußfolgerungen: Wir können annehmen, daß der Islam, obwohl er bereits nach Schwarzafrika eindringt, noch nicht die Kraft der folgenden Jahrhunderte erreicht hat; wir sehen aber auch, daß die Islamisierung bereits den Aufstieg einer führenden Klasse erleichtert, das Ansehen des Königs steigert, die staatlichen und die Verwaltungsstrukturen festigt und die Entwicklung der Städte und mit ihnen des Handels vorantreibt. Allein an diesen Merkmalen kann man erkennen, daß die Kultur des Islam, wenn sie in andere Zonen vorstößt, ihrer Berufung immer treu bleibt.

Zweites Kapitel

Mamelucken und Mongolen: Von der Mitte des 13. Jahrhunderts bis zum Anbruch des 15. Jahrhunderts

Die Entstehung des riesigen, von Osteuropa bis nach China reichenden Mongolenreiches gehört eigentlich nicht zur muslimischen Geschichte, außer insofern sie eine schwere Bedrohung für sie darstellte. Als sich der Islam, zum Teil völlig verändert, endlich von dieser fürchterlichen Erschütterung der Weltgeschichte erholt, fühlt er sich um den großen Traum von der Einheit betrogen; denn er ist nun in zwei einander fast fremde Lager gespalten, die dies- und jenseits des verwüsteten Mesopotamien liegen, und beide sind ihrerseits dem in die Ferne gerückten und politisch isolierten Abendland entfremdet. Natürlich können aus dieser umfassenden Geschichtsperiode nur diejenigen Länder und Ereignisse herausgehoben werden, die für das Schicksal des Islam von unmittelbarem Interesse sind. Dazu muß jedoch zunächst der neue territoriale Rahmen abgesteckt werden, in dem sich diese Geschichte abspielt.

1. Bagdad versinkt in Bedeutungslosigkeit

Wir haben gesehen, daß die alte mesopotamische Hauptstadt trotz ihres Niedergangs einer der wichtigsten Orientierungspunkte des muslimischen Bewußtseins blieb. Doch von nun an spielt Bagdad, auch wenn es nicht von der Landkarte verschwindet, als Motor der Geschichte keine Rolle mehr.

Die Wellen der mongolischen Invasion

Die mongolische Invasion erfolgt in mehreren Wellen. Jede überrollt ein weiteres Gebiet der Länder des Islam. Die erste Welle wird von Dschingis Khan (gestorben 1227) ausgelöst. Er sammelt das mongolische Volk um sich und führt es siegreich nach Nordchina, bis an den Kaukasus und zur Wolga. Ihm folgt Ügedai: Korea wird erobert und Osteuropa bis nach Polen, Ungarn und zur Adria hin mit Schrecken überzogen; der Iran wird um 628/1231 dem letzten choresmischen Führer, Dschalal ad-Din Manguberti, entrissen.

Den dritten Vorstoß leitet Kubilai ein. Dieses Mal geht es um ganz China. Kubilai zielt auf Japan, Südostasien und schließlich auf Bagdad, das Hülägü, der Bruder Kubilais, im Jahr 656/1258 verwüstet. Der Kalif und seine Familie werden massakriert, Mord und Plünderung dauern eine Woche; danach gibt es keine Hauptstadt des Islam mehr, und der Islam selbst scheint dem Untergang geweiht. Denn die Mongolen stürmen weiter und besetzen 658/1260 Damaskus. Zum Glück eilen die Mamelucken aus Ägypten herbei und verjagen die Eindringlinge aus dem Land.

Der letzte und schrecklichste Ansturm – wenn eine Steigerung überhaupt noch möglich war – wird von Tamerlan (Timur-Leng) angeführt; die Siegeszüge dieses Eroberers von Zentralrußland nach Nordindien und dann noch einmal in den Jahren 1380 bis 1400 nach Syrien kann man an seinen Spuren ablesen: an den Schädelpyramiden, mit denen er seinen Weg markiert.

Die Länder des Islam unter dem Ansturm der Mongolen

Wie ein so gewalttätiger Herrscher den Islam und seine Kultur so leicht überrennen konnte, bleibt für immer ein Rätsel. Wie kam es zu diesem ungeheuerlichen Erfolg? Sicherlich muß man auf die außergewöhnlichen militärischen Fähigkeiten der mongolischen Führer hinweisen, auf die unglaubliche Ausdauer ihrer Truppen und vielleicht auch auf bestimmte nomadische Taktiken, jene Beweglichkeit und Kampflist, durch die schon die Turkvölker gesiegt hatten.

Doch diese Gründe sind nicht entscheidend. Allein die Schlacht von Ain Dschalut, aus der die Mamelucken als Sieger hervorgingen, genügte, um den Mythos der mongolischen Unbesiegbarkeit zu zerstören. Einer der Hauptgründe für diese Unbesiegbarkeit ist vielmehr das Entsetzen, der Tod in unfaßbarem Ausmaß, der Tod voller Grausamkeit, den diese geheimnisvollen, aus noch weiterer Ferne als die Türken ins Land gekommenen Eroberer mit sich bringen. Schon dieses lähmende, tödliche Entsetzen, das die Eroberer überall auslösen, reicht aus, um ihre Gegner irrezumachen und manche Völker, die dem blutigen Wüten der Eindringlinge zu entrinnen hoffen, zu ihren Erfüllungsgehilfen werden zu lassen.

Doch all diese Erklärungen betreffen nur den direkten Ablauf der Ereignisse selbst und gelten ähnlich auch für das Massaker, das die Choresmier 1219 unter den Kaufleuten Zentralasiens anrichteten und das den ersten Raubzug Dschingis Khans gegen die Länder des Islam ausgelöst hat. Zur Ergründung der tieferen Ursachen dieses Erfolgs muß man indes weiter zurückgehen und die Situation Asiens nach den Türkeneinfällen betrachten, die, vor allem nach dem letzten Ansturm, mit dem die Choresmier aus Asien gekommen waren, viel leeren Raum hinter sich gelassen hatten, der andere anlocken konnte. Die Choresmier haben keineswegs, wie die Seldschuken, einen funktionierenden Staat geschaffen, sondern im ganzen Osten der islamischen Welt nur Unsicherheit verbreitet.

Das wußten die gut unterrichteten Mongolen sehr genau, schon seit Dschingis Khan, dessen kriegerische Ziele durchaus auch Handelsinteressen berücksichtigten. Zu den großen Zielen seiner Regierungszeit gehörte von Anfang an die Kontrolle über die Seidenstraße. Doch obwohl die Ost-West-Achse des mongolischen Vorstoßes sich anfangs mehr oder weniger mit dieser Straße deckte, folgte die Expansion später ihrem eigenen Gesetz. Die Mongolen vergaßen ihre ursprünglichen Ziele um so eher, als sie im Eifer der Eroberung in alle vier Himmelsrichtungen vorwärts drangen, ohne auf Widerstand zu stoßen, und ihre Anführer allmählich darauf hoffen konnten, ein Weltreich zu errichten, und zwar das größte, das die Menschheit je gekannt hat.

Angesichts dieser Tatsachen erhebt sich – auch was den Islam betrifft – eher die Frage, warum ein solcher Ansturm nicht alles überrollt hat. Der Schwung dieser großen Menschenbewegungen verliert sich, sobald die nomadische Expansion fern von ihren Ausgangspunkten und fern von der zentralen Autorität das Stadium der Zersplitterung und Erschöpfung erreicht, jener ersten Symptome für die Bereitschaft, seßhaft zu werden. All dies dauert in diesem Fall allerdings nicht weniger als zwei Jahrhunderte – von Dschingis Khan bis Tamerlan.

Die ersten Wellen der mongolischen Expansion in die Länder des Islam haben natürlich nicht dazu geführt, daß die Nomaden über Nacht ihre anarchische Tradition aufgegeben hätten. Tief verwurzelt, wie sie war, hat sie die Bildung neuer Staaten so sehr erschwert, daß die Invasionswelle wieder ins Rollen kommt: Um die Ordnung wiederherzustellen, bricht Tamerlan aus seiner transoxanischen Heimat zu mörderischen Feldzügen auf.

Doch zwischenzeitlich hat eine Veränderung stattgefunden: Der neue Eroberer, halb Türke, halb Mongole, führt jetzt einen regelrechten Kreuzzug im Namen des streng »orthodoxen« Islam. Es ist dies ein Islam von mongolischer Wildheit, ein Islam, der schließlich siegt – aber um welchen Preis! Außer viele Tote zu hinterlassen, erreichen die Feldzüge Tamerlans nur, daß sich die Kluft zwischen den beiden Welten des Islam vertieft.

Daß ein Tamerlan sich anderthalb Jahrhunderte nach der ersten mongolischen Invasion zum Verfechter des Islam macht, spricht für die außergewöhnliche Kraft dieser Religion: für ihre regenerative Kraft nach den düsteren Jahren der Massaker, aber vielleicht mehr noch für ihre Widerstandskraft gegenüber der religiösen Gleichgültigkeit, ja oft sogar der offenen Feindseligkeit der Mongolen. Doch dieser ausgesprochen zählebige Islam ist der Islam der iranischen Welt, einer Welt, die militärisch und kulturell fast allein die Wucht des Ansturms und dann die Last der Seßhaftwerdung und Assimilierung der Mongolen trägt. Abgeschnitten von den Arabern, die von der Invasion fast ganz verschont bleiben, erhält sich dieser Islam aus eigener Kraft und ist schließlich so kraftvoll und unabhängig, daß er auf die Dauer sogar den Schock des Sunnismus Tamerlans verarbeitet, um schließlich die eigenständigen Formen eines nationalen Schiismus zu entwickeln.

Unter der Oberhoheit des Kaisers, des höchsten Khans, der in Peking Hof hält, sind die mongolischen Länder seinen fürstlichen Vertretern, den Khanen oder Ilkhanen, anvertraut, wobei Indien und Kleinasien nur lose in dieses System eingebunden sind.

Das mongolische Herrschaftsgebiet innerhalb der islamischen Welt umfaßt zunächst das von Hülägü begründete Ilkhanat Persien, das von Aserbaidschan aus regiert wird (zuerst von Täbris und dann von Sultaniya aus, der neuen Stadt 300 Kilometer südöstlich von Täbris). Auf dem Höhepunkt ihrer Macht kontrollieren die Ilkhane ein Gebiet, das sich von den Niederungen des Indus bis zum Amudarja und vom Euphrat bis nach Georgien erstreckt und außerdem das Protektorat über Kleinasien und das kilikische Königreich Kleinarmenien einschließt.

Nach Zentralasien hin erstreckt sich das Khanat von Tschaghatai von Afghanistan bis zum Altaigebirge, wo es an die östliche Grenze des dritten Khanats stößt, an das Khanat Qyptschaq, genannt das Khanat der Goldenen Horde. Tschaghatais Hauptstadt ist Sarai an der unteren Wolga – wiederum eine neue Stadt oder besser gesagt zwei, die sich unter dem gleichen Namen ablösen, in jedem Fall der Sitz einer Macht, deren westliches Gebiet einen riesigen Teil des heutigen Rußland einnimmt.

Diese Aufteilung des mongolischen Gebiets in drei große Reiche verhindert weder, daß es zu Konflikten zwischen den Nachfolgestaaten kommt – besonders zwischen dem Ilkhanat Persien und dem Khanat der Goldenen Horde –, noch das Wiedererstehen kleiner mongolischer und nichtmongolischer Dynastien innerhalb ihrer Grenzen. Durch die Massaker, die Tamerlan gegen Ende des 14. Jahrhunderts verübt, wird die politische Landschaft, die zur Zersplitterung neigte, in gewissem Sinn wieder übersichtlicher. Unter der Oberherrschaft der Timuriden entsteht nun von der Hauptstadt Samarkand aus ein großes Reich, das das frühere Khanat Persien und zum Teil auch das Khanat von Tschaghatai umfaßt. Auf ihren Raubzügen stoßen sie sogar bis nach Moskau, Kleinasien und Indien vor.

Kleinasien während der Mongolenzeit

In Kleinasien wird die Geschichte der nachmongolischen Zeit eingeleitet. Es machte den Ilkhanen Persiens keine Mühe, ihr Protektorat über den Staat der Rum-Seldschuken zu errichten, der durch den Einfall turkmenischer Banden allmählich zerstört worden war. Dadurch wurde Anatolien eine Zeitlang in die Wirtschaft und den Handel des neuen Reiches eingegliedert und vor allem eng an Persien gebunden, dessen Traditionen schon im Seldschukensultanat aufgeblüht waren. Von allen Bauwerken, die für die damalige Größe Konyas zeugen, wird das Grabmal eines Iraniers, des Dschalal ad-Din ar-Rumi (gestorben 672/1273), am meisten verehrt. In der Übergangszeit zwischen den Seldschuken und den Mongolen schuf er die hervorragendsten Werke mystischer Poesie in persischer Sprache und gründete den Orden der Mawlawi – der »tanzenden Derwische« –, die dem kollektiven religiösen Erleben eine seiner berühmtesten Ausdrucksformen gaben.

Die *pax mongolica* war jedoch eine unsichere Sache. Die Lehnsherren waren zu begierig auf die Einnahmequellen des Landes, die Unruhe der Turkmenen war zu groß. Die inneren Streitigkeiten und die Intrigen mit den Mamelucken in Ägypten erregten den Zorn der Ilkhane, die dem Land ihre eigene Finanzverwaltung aufzwangen und es dann am Beginn des 14. Jahrhunderts einfach zu einer Provinz ihres Herrschaftsbereichs machten. Allerdings zu spät; denn sie wurden, besonders in den Grenzgebieten, mit den aufsässigen Anatoliern nicht mehr fertig. Während der Niedergang der Ilkhane sich immer deutlicher abzeichnete, wurden die Anatolier immer stärker, um so mehr als sie immer neuen Zulauf von Turkmenenscharen erhielten, die von den Mongolen vertrieben oder von den Anatoliern herbeigeholt worden waren.

So entsteht in Anatolien eine Unzahl von Fürstentümern. Einige von ihnen durchquert der große Reisende Ibn Battuta um 733/1332. Den Historiker interessieren vor allem zwei von ihnen: das der Qaramaniden, die seit dem Ende des 13. Jahrhunderts im Nordwesten des Taurus ansässig sind, und das der Osmanen, mit denen die moderne Türkei ihren Anfang nimmt.

Bis hin zu Tamerlan wird die Geschichte Anatoliens im wesentlichen von der Machtentfaltung dieser beiden Häuser bestimmt.

Die Qaramaniden stoßen nach Konya vor, und die Osmanen erobern von ihrer ursprünglichen Bastion Nordphrygien aus die Küstengebiete des Marmarameeres mit Nizäa, Nikomedia und Brussa (Bursa); letzteres wird die neue Hauptstadt. Während sie schon dabei sind, nach Europa vorzudringen, betreiben sie die Einigung Anatoliens und machen sich zu Herren der Qaramaniden. Der Einfall Tamerlans, des Siegers von Ankara (804/1402), ruft wieder den turkmenischen Partikularismus auf den Plan und führt zu einem erneuten Erstarken der Qaramaniden, scheint also die Pläne der Osmanen endgültig zu vereiteln. Wenn wir später auf die Anfänge der Osmanen zurückkommen, wird sich zeigen, daß sie in Wirklichkeit nur vorübergehend aufgehalten wurden.

Die Geburtsstunde der Türkei

Doch halten wir uns zunächst an ein bedeutenderes Faktum: Während der Mongolenherrschaft entsteht in einem langen und schwierigen Prozeß eine neue Türkei – die Türkei der Türken im engeren Sinne, die den ersten türkischen Staat, den der Seldschuken, ablöst. In Anatolien, wo die Türken aus den Quellen ihrer Geschichte immer wieder neue Kraft schöpfen, nimmt bereits eine nationale Tradition Gestalt an, wenn auch noch kein geeinter Staat.

Neben Persisch und Arabisch, der Sprache der Religion wie der diplomatischen Beziehungen, wird in der inneren Verwaltung der Fürstentümer Türkisch gesprochen. Es dringt auch in die Lyrik vor. Damals, unter den letzten Seldschuken, entsteht das Heldenepos Danischmends, und im 14. Jahrhundert geht das Türkische in die große Dichtung Ahmedis (gestorben 815/1413) ein.

Aber das Erstaunliche an dieser literarischen Bewegung im 13. und 14. Jahrhundert ist ihre Nähe zum Volk. Diese Nähe drückt sich zunächst in der lebendigen, aus dem Alltag schöpfenden Sprache aus, die nicht wie im Arabischen die gelehrte oder archaische Sprache der Gebildeten und geschlossener Zirkel ist.

Auch die Themen dieser Literatur sind volksnah, wie die Märchen, die Heiligenviten, die Volkspredigt und die in einfachen Metren geschriebene Poesie beweisen. Sogar die Mystik trägt dazu bei, die Fundamente für das Werden des Volkes zu legen. Neben den Mawlawi und vielen anderen Sekten entstehen nun die Bektaschi. Sie sind wesentlich aufgeschlossener für die Mischformen einer volkstümlichen Frömmigkeit, die weder mit dem Schiismus noch mit manchen althergebrachten christlichen Traditionen gebrochen hat.

Solche Kräfte bringen eine Dichtung hervor, die in Betonung und Versmaß dem volkstümlichen Ausdruck näherkommt und doch in allen Schichten verstanden und geschätzt wird. In der Nachfolge des Sufi Ahmed Yesewi aus Turkestan (12. Jahrhundert), des Mitbegründers der Volksdichtung in türkischer Sprache, zeichnet sich vor allem Yunus Emre (13.-14. Jahrhundert) aus, während die Sekte der Hurufi ihren großen Sänger in Nesimi (gestorben 820/1417-1418) hat, der persisch, arabisch und türkisch gebildet ist und dessen Gedichte überall verbreitet sind und großen Erfolg haben.

Diese Literatur drückt sich natürlich nur in Dialekten aus, aber offenbar haben diese Sprachverschiedenheiten, die sekundärer Art sind und darum mehr einzelne Laute und Wörter als die Formenbildung betreffen, die Verständigungsmöglichkeiten im türkischen Volk damals kaum beeinträchtigt. Außerdem verschwindet eine große Anzahl dieser Unterschiede in der Schrift, die nach wie vor arabisch ist und die reichen Nuancen der türkischen Vokale nicht wiedergeben kann. Aber aufgrund der glücklichen Politik der Osmanen beginnt bereits eine weniger künstliche sprachliche Einheit Anatoliens Gestalt anzunehmen: Das Türkische ließ sich zwar nicht total vereinheitlichen, aber die von den Osmanen gepflegte Varietät wurde zum Maßstab für richtiges Sprechen und Schreiben. Nicht zufällig sucht die Geschichtsforschung den Ursprung der sogenannten Osmanli-Literatur im 13. Jahrhundert, in den bescheidenen Anfängen der Osmanen.

Indien und die Expansion des Islam

Unter der Herrschaft der Afghanen und der Turkvölker, die den Subkontinent lange Zeit mit Erfolg gegen die mongolische Invasion verteidigen, scheint Indien am Rand des Islam zu leben. Doch hüten wir uns vor Vereinfachungen. Denn Indien ist für sich allein schon eine eigene islamische Welt, ebenso vielschichtig und fast so weitläufig wie sein Nachbar im Nordosten.

Die Eroberung des Landesinnern und der Mongoleneinfall

Trotz aller Unbeständigkeit in der zentralen und der provinzialen Machtausübung setzt der Islam seine Expansion siegreich fort, indem er die Hindufürsten in die Knie zwingt und dem Druck der Mongolen an den Grenzen standhält. Vom Sultanat in Delhi gehen die stärksten Anstöße zur Eroberung aus. Seine bedeutendsten Vertreter sind: Schams ad-Din Iletmisch (gestorben 633/1236), Ala ad-Din Chaldschi (715/1315) und Muhammad Ibn Tughluq (752/1351). Unter ihren Dynastien erweitert und festigt der Islam seine direkte Herrschaft über die Länder nördlich des Vindhyagebirges, über das Tal des Ganges und Bengalen, dehnt seine Kriege bis in den äußersten Süden des Subkontinents aus und zwingt dem größeren Teil des Dekkan seine Schutzherrschaft auf. Um 734/1333 beschreibt Ibn Battuta, der offenbar überall herumgereist ist, den wahrhaft kaiserlichen Glanz des Sultanats von Delhi.

Dieses gewaltige, allzu große Reich wird von inneren Kriegen und dem Widerstand der indischen Fürsten zerrissen. Auch hier taucht Tamerlan in einer Welt auf, die gerade dabei ist, in Anarchie abzugleiten. Er zieht über die traditionellen Paßstraßen des Nordwestens, plündert Delhi (801/1398), und als er sich mit Beute beladen wieder zurückzieht und das Land seinen Heerführern überläßt, ist die Anarchie noch größer als zuvor.

Indien und der Islam

Die muslimische Macht über weite Teile des indischen Subkontinents liegt zunächst in den Händen einer regierenden Schicht weniger entfernter Nachkommen der arabischen Eroberer, vor allem jedoch der Türken und der Afghanen, aber auch neubekehrter Hindus, die manchmal in die höchsten Ränge der Verwaltung aufsteigen.

Unter dem Schock der islamischen Eroberung suchen die verelendeten, unterdrückten und geschundenen Volksmassen ihr Heil in der Besinnung auf die traditionellen indischen Werte, im Hinduismus, der sich schon lange vor Errichtung des Sultanats von Delhi über das ganze Land verbreitet hat. Diese Religion ist synkretistisch und allumfassend und bietet einem ganzen Volk eine Zuflucht. Obwohl der Hinduismus zunehmend in festen Formen erstarrt, leistet er außerordentlich starken Widerstand und geht sogar zum Angriff über; er vermag selbst den Buddhismus in sich aufzunehmen, doch stellt er sich ihm auch entgegen und wirft ihn bis nach Bengalen zurück. Dadurch entsteht ein Vakuum, das sich der Islam zunutze macht. Gerade in Bengalen, das vom traditionellen Zentrum des muslimischen Indien, dem Industal und dem Pandschab, so weit entfernt ist, haben die Verfolgungen der Buddhisten, besonders die im 12. Jahrhundert, entscheidend zur Verwurzelung des Islam beigetragen. Schon damals zeichnet sich in den beiden islamischen Kerngebieten des Nordwestens und des Nordostens der im 20. Jahrhundert vorübergehend bestehende zweigeteilte Staat Pakistan ab.

Dennoch gibt es, über diese Konfrontationen hinweg, auch wechselseitige Einflüsse. Gewiß, auch hier bündelt der Sunnismus die muslimischen Widerstandskräfte angesichts des äußeren Feindes, der Mongolen. Doch dieser Zusammenhalt des indischen Islam hindert ihn nicht – sieht man einmal von kleinen schiitischen Minderheiten ab –, für Landeseinflüsse offen zu sein, die ihm eine unleugbare Eigenständigkeit innerhalb des Islam verleihen. All dies wird zwar erst viel später deutlich, ebenso wie umgekehrt manche Einflüsse des Islam auf die Sitten des Landes; dennoch wird in der Zeit des Sultanats von Delhi der Rahmen für den Dialog zwischen Indien und dem Islam abgesteckt.

Das westliche System und die lokalen Traditionen

Die Beziehungen der Sultane zu den von ihnen regierten Ländern sind mehr wirtschaftlicher und politischer als religiöser Natur, es sind fast die Beziehungen zwischen Herren und Sklaven: auf der einen Seite der unerhörte Prunk Delhis und der Provinzhauptstädte, auf der anderen Seite die Massen, deren Lage schon geschildert wurde. Verwalten heißt für die muslimischen Machthaber, das Höchstmögliche aus den arbeitenden Schichten des Volkes herauszupressen.

Sind das ortsübliche Methoden, oder sind sie aus dem Westen übernommen? Die Debatte hierüber ist noch nicht abgeschlossen.

Vermutlich spielt beides eine Rolle. Daß die Bauern und Handwerker ausgebeutet werden und daß die Kontrolle über Steuern und Militär in den eroberten Ländern vorzugsweise auf Lehnsherren übertragen wird, das haben das iranisch-türkische und das indische System schon vor der Zeit des Sultanats gemeinsam. Aber bestimmte Verwaltungsmethoden wie die Praxis des *iqta*, in der doppelten Form der Landschenkung und der Steuerpacht, verraten westlichen Einfluß.

Zu gegenseitiger Beeinflussung kommt es gleichfalls zwischen den Bevölkerungsgruppen. Außer der türkisch-afghanischen Kriegeraristokratie kommen aus dem Westen auch die Iranier, die durch die mongolische Invasion vertrieben worden sind. Aber ihr Zustrom gefährdet, selbst wenn er stark und kontinuierlich erfolgt sein sollte, nicht die Grundstruktur der indischen Bevölkerung, zumal er nicht die Masse, sondern nur gewisse Berufsgruppen berührt. Sicher beeinflussen die Iranier die Kultur; so erlebt zum Beispiel die in persischer Sprache geschriebene Literatur mit den lyrischen und historischen Werken Amir-i Chosraus (gestorben 725/1325) zu dieser Zeit eine Blüte. Aber der iranische Einfluß berührt nicht alle Gebiete. Vor allem die Architektur bleibt, zumindest was ihre oberflächlichen Formen angeht, in den Händen der Handwerker Delhis. Durch sie breitet sich der Stil der Hauptstadt bis in den Dekkan aus, wird dabei aber durch die Traditionen der Provinzen umgestaltet.

2. Der mongolische Islam

Kann man überhaupt von einem mongolischen Islam sprechen? Zuerst weniger, denn der muslimische Glaube ist für die neuen Herren nur eine Religion unter anderen. Nach und nach zeigt sich jedoch, daß sich der Islam nicht nur in den traditionell muslimischen Gebieten halten kann, sondern durch den Vormarsch der Nomaden sogar in neue Länder vordringt, wobei dieser Siegeszug vielerorts dazu führt, daß er sich – zumindest in manchen Punkten – weiterentwickelt. Und das betrifft nicht nur den Islam als Religion. Auch die islamische Kultur wird durch die Umwälzungen in der Mongolenzeit stark verändert und manchmal sogar neu belebt.

Der Islam in Gefahr?

Und dennoch: Die Gefahr, in die der Islam geriet, war groß. Am Anfang hatten die Eroberer keinerlei Interesse am Islam, und allein schon die Massaker, denen so viele Gläubige zum Opfer fielen, hätten genügt, den Islam in einigen Gegenden erlöschen zu lassen. Schließlich rettete ihn, nachdem der erste Schock überstanden war, die Haltung des Eroberers in religiösen Fragen. Hätten die fremden Horden das Land nicht nur mit Angst und Schrecken überzogen, sondern auch einen eigenen Glauben durchsetzen wollen, dann wäre das Schicksal des Islam im Orient vielleicht ein anderes gewesen.

Der Widerstand in den alten Ländern

Zu seinem Glück kam dem Islam die Haltung der Mongolen in religiösen Fragen zugute. War es Toleranz oder Gleichgültigkeit? Am ehesten wohl war es Berechnung. Die Mongolen strebten vor allem nach politischem Erfolg. Sie stellten den Reichsgedanken über die religiösen Ziele, und ihre Einstellung zu den Glaubensgemeinschaften richtete sich danach, ob sie sie als nützlich, als gefährlich oder neutral einstuften.

Anders als in China, wo es die Mongolen mit drei großen Religionen zu tun bekamen, verhielt sich die Situation im Westen wesentlich einfacher. Da der Islam nicht zu unterdrücken war, mußte man ihn in Kauf nehmen. Das war um so leichter, als kein anderes Bekenntnis ihm den Rang einer Massenreligion streitig machen konnte. Wenn man regieren wollte, mußte man sich seiner bedienen oder ihm wenigstens Schonung angedeihen lassen. So gesehen führte am Islam also kein Weg vorbei.

Man könnte sagen, die Islamisierung der Mongolen, die bereits am Ende des 13. Jahrhunderts anfing, sei aufgrund der schon zuvor stattgefundenen Islamisierung ihrer turkmenischen Vorgänger leichter gewesen; aber das wäre nur eine oberflächliche Erklärung, die nur die äußeren Mittel der Islamisierung, nicht ihre tieferen Gründe erfaßt, nämlich das Eigengewicht des Islam und seine Wirkung auf den politischen Realismus der Eroberer.

Die Blüte des Nestorianismus im mongolischen Herrschaftsgebiet Persiens und Chinas, die franziskanischen Missionare, die es bereisten, die Phantastereien westlicher Diplomatie und die Gesandtschaften, die zwischen dem Abendland und dem »Königreich des Priesters Johannes« ausgetauscht wurden, sollten uns nicht täuschen: Es handelt sich nur um Erscheinungen an der Oberfläche, um politische Versuche ohne Tiefenwirkung. Genauso wie die Mongolen China unterwerfen, ohne die alten nationalen Religionen zu beseitigen, die sie schließlich sogar stärken, zieht auch der Islam aus der Eroberung Nutzen: Er gewinnt neue Formen hinzu und erobert neue Gebiete.

Der Sunnismus und der Schiismus

Die zum Islam bekehrten Mongolen entschieden sich niemals offen für die eine oder die andere Richtung. Vielmehr wählten seit der Bekehrung Ghazans, des sechsten Nachfolgers Hülägüs (694-703/1295-1304), alle Ilkhane jeweils den Weg, der ihnen für die Verwirklichung ihrer Absichten am günstigsten erschien, sowohl in der Innenpolitik als auch in der Außenpolitik, besonders in ihren Beziehungen zu den sunnitischen Mamelucken Ägyptens. Wenn die Ilkhane das Verhältnis zu Kairo entspannen wollten – was nur sehr selten geschah –, dann tendierten sie zum Sunnismus, hüteten sich aber, den Schiismus ernstlich zu behindern. Denn sie wußten nur zu gut, daß in ihrem Verhältnis zu den Mamelucken grundsätzlich die Feindschaft überwog und der Schiismus das beste Mittel war, um sich von Kairo abzugrenzen. Darum schützten sie ihn, bezeigten ihm Wohlwollen und machten ihn manchmal zum offiziellen Bekenntnis.

Doch welchen Schiismus? Das hing vor allem von innenpolitischen Erwägungen ab. Die Mongolen konnten gewisse, für die Sicherheit des Staates äußerst gefährliche Formen des Ismailismus nicht so schnell vergessen. Diese religiösen Tendenzen werden später zu erläutern sein. Zuvor muß jedoch einiges über die Sekte der Assassinen gesagt werden. Es ist mehr als zweifelhaft, ob man diese extremistischen Ismailiten, die sich selbst Nizariten nannten, wirklich im wörtlichen Sinn als *haschischin* (Haschischraucher) bezeichnen kann und ob diese Bezeichnung etwas anderes als ein bloßes Schimpfwort ist, das nicht zwingend auf halluzinatorische Erfahrungen mit indischem Hanf hinweist. Unbestreitbar ist dagegen die Macht dieser Sekte, die 483/1090 von ihrem Gründer Hasan as-Sabbah in seinem Schlupfwinkel Alamut im Herzen des Elbrusgebirges angesiedelt wurde, von wo aus sie die Seldschuken bedrohte und überall, von Syrien bis nach Persien, Verschwörungen anzettelte und Schrekken verbreitete. Zu den Opfern dieser fanatisierten Mörder rechnet man zwei abbasidische Kalifen und den großen Nizam al-Mulk. Diese Praktiken erklären, warum das von *haschischin* abgeleitete Wort *assassin* im Französischen schon sehr früh die Bedeutung »Mörder« angenommen hat.

Nachdem Alamut von den Mongolen erobert (654/1256) und die ismailitische Macht gebrochen war, profitierte der Imamismus der Zwölferschia von der Politik der Ilkhane Persiens. Seine offizielle Anerkennung durch Chudabanda (703-716/1304-1316) blieb in der Geschichte der Mongolen zwar ein Einzelfall, aber dennoch ist sie kennzeichnend für eine allgemeine Entwicklung. Die Ilkhane waren mit der Ausbreitung des imamitischen Schiismus in der Lehre und im Volk einverstanden. Das ist deutlich an der Unterstützung zu erkennen, die sie dem großen Gelehrten Nasir ad-Din at-Tusi, dem Theoretiker der Zwölferschia, gewährten. Das Wiedererstarken des irakischen und iranischen Schiismus unter den Ilkhanen läßt sich nicht zuletzt daran ablesen, daß Tamerlan, der sich zum Sunnismus bekannte, ihre Länder durchzog und den Schiismus dabei offensichtlich nicht gefährden konnte, denn kaum ein Jahrhundert nach Tamerlan stützten sich die Safawiden, deren Anfänge in die Mongolenzeit zurückgehen, ebenfalls auf das imamitische Bekenntnis und machten es zur offiziellen Religion des von ihnen geeinten Persien.

Allerdings führte diese Entwicklung auch zu einer größeren Kluft zwischen dem Islam dieser Region und der islamischen Welt westlich von Mesopotamien. Die Expansion des Schiismus begann schon vor der Zeit der Mongolen und wurde durch die Mongolen gefördert und später durch die Safawiden sanktioniert. Der Schiismus sichert dem Iran eine besondere Position, während er nach Westen hin allmählich verebbt und in Ägypten dem siegreichen und fast allein mächtigen Sunnismus das Feld überläßt.

Ebensowenig wie die mongolischen Invasoren den Islam in ihrem Herrschaftsgebiet gefährdeten, behinderten sie die Expansion des Islam nach Innerasien, die sich mindestens schon seit der Samanidenzeit abzuzeichnen begonnen hatte. Auch hier setzten die Mongolen bei ihrem Streben nach politischem Erfolg auf den Islam, um sich die Herrschaft über Völker zu sichern, die ihn noch nicht kannten oder nicht zu seinen Anhängern gehörten. Das war besonders in Rußland der Fall. Sicher ist, daß damals vom Kaspischen Meer bis zum Altaigebirge die Umrisse des späteren muslimischen und asiatischen Rußland sichtbar wurden.

Anders lagen die Dinge in China. Hier war der Islam nicht die Religion der Eroberer, sondern er war – neben dem Buddhismus, dem Christentum und den landestypischen Religionen – nur eine von vielen Glaubensrichtungen, die von den Khanen toleriert und anerkannt wurden. Für den Islam warben in China zunächst die Kaufleute, die in Zünften zusammengeschlossen waren. Als große Geldverleiher waren sie tonangebend in den Häfen, an der Küste und an den großen Flüssen, wo mit dem wachsenden Bedarf des geeinten und gefestigten Riesenreiches auch der Verkehr und der Großhandel mit fernen Ländern wuchs. Auf den Hochebenen Zentralasiens war die Situation ähnlich. Doch hier war der Islam, der von China aus eindrang – obwohl nicht zu bestreiten ist, daß auch die Kaufleute ihn zu verbreiten geholfen haben –, die Domäne der iranischen Beamten, die von den Khanen, vor allem Kubilai, in die Verwaltung des Landes berufen wurden. Dieser Einfluß ist nicht zu unterschätzen; jedenfalls war er so stark, daß manche muslimische Kreise sich eines spürbar persisch gefärbten Idioms bedienten.

Schließlich gab es die politischen und militärischen Fähigkeiten gewisser hochgestellter Persönlichkeiten des Reiches, deren Einfluß als Provinzgouverneure in manchen Gegenden entscheidend war, vor allem in Yünnan, Schensi und Kansu.

Diese Erfolge erscheinen angesichts des unendlich großen China natürlich winzig, doch in dieser riesigen Bevölkerungsmasse bestimmen sie immerhin das Schicksal von einigen Millionen Menschen.

Funktioniert das mongolische Staatsleben eher nach dem Muster eines muslimischen oder eher nach dem eines zentralasiatischen Gemeinwesens? Abgesehen von bestimmten äußeren Formen der Macht, folgt die mongolische Verwaltung vielleicht etwas mehr den muslimischen Praktiken. Die große Veränderung – die weder die äußeren Formen der Machtausübung noch die Verwaltungspraktiken betrifft, sondern das theoretische Fundament der Macht erschüttert – ist der Untergang des Kalifats. Wir haben gesehen, in welch hohem Maß das Kalifat, trotz seiner Schwächen, die Quelle der Einheit und die Gewähr für das Gedeihen des Islam blieb. Jetzt gab es keinen Kalifen mehr. Die Mamelucken konnten wohl die abbasidischen Marionetten, die den Massakern von Bagdad entronnen waren und von ihnen in Kairo eingesetzt wurden, mit dem Titel Kalif begrüßen – die islamische Gemeinschaft aber glaubte nicht mehr an ihre Autorität.

Man kann sich nur schwer vorstellen, wie sich diese neue Situation auf das allgemeine muslimische Bewußtsein niederschlug. Der Schock war fürchterlich, die Gemeinschaft verlor eine Zeitlang ihren Halt. Auch wenn Theoretiker und Reformer immer wieder mit Nachdruck die Wiederherstellung des Kalifats forderten, wußte die Masse der Gläubigen doch genau, daß sie nun ohne Kalifen leben mußte, mit anderen Worten: daß sie dem Zufall ausgeliefert war.

Diese Sehnsucht nach der Vergangenheit war den Mongolen jedoch offensichtlich gleichgültig. Sie konzentrierten sich ausschließlich auf gegenwärtige, irdische Ziele. Wenn sie sich zu einer Religion bekannten, betrachteten sie diese als Mittel zum Zweck und versuchten, ihre Erfolge möglichst als Ausdruck göttlichen Willens hinzustellen. So verfuhr zum Beispiel Ghazan, der sich Herrscher »im Auftrag des Himmels« nennen ließ. Doch die Titulatur konnte den Islam weder irreführen noch vergessen lassen, daß diese Macht, im Gegensatz zu der Macht des Kalifen, ihren Ursprung nur in sich selbst hatte.

Aber ohnehin war die Beschäftigung mit solchen Fragen für die Mongolen eher nebensächlich. Hätten sie sich näher damit auseinandergesetzt, wären sie fortwährend in Konflikt mit der Lehre des Islam geraten, die mit dem Sturz des Kalifats, mit der Gewalt der

Eindringlinge und mit ihren Kompromissen gegenüber anderen Religionen nicht vereinbar war. Letztlich war es den Mongolen unmöglich, einer Gemeinschaft, deren Seele sie zerstört hatten, einen neuen geistigen Zusammenhalt zu geben, und vermutlich strebten sie das auch gar nicht an.

Die Verwaltung: Übernommenes und Neuerungen

Von der Nomadenzeit bis hin zum Reich von Peking hat der mongolische Staatsbegriff offenbar eine tiefgreifende Entwicklung durchgemacht; er bewahrte dabei jedoch bestimmte Züge und Vorstellungen des alten Klanregimes. Die unterworfenen Völker wurden zum Schmelztiegel mehrerer Traditionen, die sich nicht immer klar unterscheiden lassen. Der Islam seinerseits übernahm Elemente aus Zentralasien und China und hat sie mit iranischem und iranisch-türkischem Erbe verschmolzen.

Nur einige Beispiele: Mongolisch war die Gewohnheit, das Land als kollektives und unteilbares Erbe des Klanstaates zu betrachten, ebenso die Wahl des Führers durch die Versammlung der Fürsten sowie bestimmte Attribute oder äußere Zeichen der Macht, die am besten bekannt wurden, weil sie ganz neu waren und darum die Phantasie ansprachen, vor allem das Brustschild aus Metall, das Wahrzeichen der amtlichen Macht. Chinesisch waren dagegen bestimmte fiskalische Methoden und die Idee, das Papiergeld einzuführen, was allerdings mißglückte.

In anderen Fällen ist die Herkunft weniger klar. Der mongolische Post- und Spionagedienst ist wegen seiner Perfektion berühmt geworden, aber die Institution selbst ist im Iran uralt. Das Dokumentensiegel ist hier ebenfalls seit der *tughra* der Seldschuken bekannt, einer Art »graphisches Emblem«, das noch die Osmanen benutzen. Schließlich wurde das ursprüngliche System der Besoldung durch Geld oder Naturalien aus dem Staatsbesitz allmählich durch die unmittelbare Überlassung des Bodens an die Soldaten ersetzt, mit andern Worten: durch die Praxis des *iqta*.

Wir stellen also fest, daß der Islam zunächst in Gefahr gerät, schließlich aber siegt; daß neue Verwaltungsmethoden eingeführt werden, aber daß sie das Wiederaufleben der alten nicht verhindern können. Jedesmal schließt sich die durch den mongolischen Ansturm geschlagene Bresche wieder, das Alte dringt wieder an die Oberfläche und »schluckt« den Eroberer. Was aber geschieht mit den Menschen?

Die Türken

Die Invasion hinterläßt auf der Landkarte große weiße Flecken: verwüstete Städte, zerstörte Bewässerungsanlagen und – wie zum Beispiel in Choresm – versteppte Äcker. Ganze Dörfer samt ihren Eliten wurden ausgelöscht: erst durch Massaker, später durch die systematische Ausbeutung der Völker.

Um so erstaunlicher, daß diese selbst überlebt haben. Selbst wenn sie schattenhaft werden und sich verlieren, gehen sie auf jeden Fall nicht in der Masse der Mongolen unter. Die mongolischen Eindringlinge vermochten die Bevölkerungsstruktur eines Landes niemals merklich zu verändern, so wie es die Türken zumindest in Anatolien und in Aserbaidschan getan hatten. Unterm Strich sind es auch die Türken, die von den Invasionen Dschingis Khans, Hülägüs und Tamerlans profitieren, insofern sie immer neue Menschenscharen aufnehmen, die von den Mongolen vertrieben oder mitgerissen werden. Ethnisch gesehen setzt sich die Erfolgsgeschichte der Türken während der Wirren des Mongolensturms also fort, und zwar so kontinuierlich und so selbstsicher, daß der Ausdruck »Tataren« – der andere Name für die Mongolen – bald nur noch, wie auf der Krim, vollkommen muslimisch und türkisch gewordene Völkergruppen bezeichnet.

Die Grenzen des Friedens

Das gefestigte mongolische Reich, das über einen Teil des islamischen Gebiets mit Europa in engem Kontakt steht, treibt einen regen Handel. Die drei Haupthandelsstraßen nach Osten führen (nach R.-S. Lopez) erstens über die Krim, Südrußland und Turkestan, zweitens über Trapezunt, Täbris, Chorasan und Turkestan und drittens über Ayas, den Hafen des kilikischen Königreiches Kleinarmenien, das von den Mongolen abhängig ist, durch den Irak, den Persischen Golf (wo jetzt Hormuz der große Hafen ist) und den Indischen Ozean. Der Islam knüpft damals wieder an die Tradition der Abbasidenzeit an, und Teile der islamischen Welt werden wieder zu wichtigen Umschlagplätzen des Welthandels. Neben Ägypten, das von den Mamelucken beherrscht wird, ist das Sultanat Delhi auf der Höhe seiner Pracht.

Handelsbeziehungen werden geknüpft, Machtkämpfe finden statt, der kulturelle Austausch weitet sich aus: Der Venezianer Marco Polo war in China, der Marokkaner Ibn Battuta bei der Goldenen Horde und in Indien, die Abgesandten der mongolischen Höfe waren beim Papst und bei den Königen Frankreichs und Englands. Sie alle sind Zeugen für die Begegnungen, die unter der *pax mongolica* in der Alten Welt möglich waren. Aber die Bedeutung dieses Friedens darf man nicht überschätzen: Über den Umfang der Begegnungen wissen wir nur, was aus den offenkundig übertriebenen Darstellungen überwältigter und prahlerischer Berichterstatter hervorgeht. In dem von inneren Wirren heimgesuchten mongolischen Großreich waren die Straßen keineswegs immer sicher, und China, das 1368 durch die nationale Dynastie der Ming befreit wurde, zog sich auf sich selbst zurück und ließ den Handel mit dem Westen fallen. Die *pax mongolica* währte also nur knapp hundert Jahre: von der Zeit Marco Polos (er war in China von 1275 bis 1291) bis zur Mitte des 14. Jahrhunderts.

Die Künste und Wissenschaften: iranisch-türkischer Aufschwung

Ebensowenig wie die mongolische Invasion der Bevölkerung der eroberten Länder ihren Stempel aufdrücken kann, gefährdet sie ihre Sprachen und Kulturen. Im Gegenteil: Sie trägt oft zu deren Erneuerung bei und wirkt so zugunsten anderer, der Perser und der Türken.

Im Vorhergehenden war bereits vom iranischen Einfluß auf die mongolische Gesellschaft im Herzen Chinas die Rede, zwar nur flüchtig, aber doch so ausführlich, daß man an diesem Beispiel ermessen kann, wie stark dieser Einfluß in größerer Nähe seines Ursprungs sein konnte. Es seien hier nur die herausragenden Namen bedeutender Persönlichkeiten des Kulturlebens genannt: in der Geschichtsschreibung sind dies Dschuwaini, Wassaf und der bekehrte Jude Raschid ad-Din, der Wesir des Ilkhans Ghazan; in der Dichtkunst der virtuose, rätselhafte Hafiz (gestorben gegen 792/1390) und der vielleicht noch berühmtere Sadi, der 691/1292 fast hundertjährig starb, dessen Werk aber erst fünfzig Jahre nach seinem Tod gesammelt und gewürdigt wurde. Der Ruhm dieser beiden großen persischen Poeten beschränkt sich nicht auf den Iran, er verbreitet sich zu dieser Zeit ebensosehr, wenn nicht noch mehr, in Indien und der Türkei.

Auch die iranische Kunst lebt weiter: Von der Moschee in Yezd bis zu den späteren Bauwerken der Timuriden in Samarkand pflegt Persien seine Tradition der Moschee mit den zum Hof hin offenen Kuppelhallen (*iwan*), den blauen Fayencen, dem üppigen Schmuck der Nischen und Säulen. Doch ist die iranische Tradition stets auch zur Erneuerung und Begegnung bereit, was die unter den Nachfolgern Tamerlans aufkommende glatte oder gerippte Zwiebelkuppel beweist. Wir wissen nicht, ob sie eine persische Erfindung ist oder ob sie fremde Ideen oder Motive aufnimmt. Bekannter als die Moschee und für uns zugänglicher sind die Miniaturen mit ihren lebensvollen Landschaften, den Menschen- und Tierdarstellungen. Diese außerordentliche Blüte der Miniatur ist das Ergebnis der Begegnung persischer und chinesischer Traditionen. Bereits damals, vor dem großen Meister Bihzad im 15. und 16. Jahrhundert, werden ihr Muster, ihre Komposition und ihre Farben zum unverlierbaren Bestandteil der Weltkultur.

Der Iran lebt weiter, die Türkei entsteht. In Kleinasien hatten sich ihre von der Schutzherrschaft der Ilkhane mehr oder weniger unabhängigen Anfänge abgezeichnet. Selbst im Schatten der Mongolen, in den Staaten Tschaghatais und der Goldenen Horde, profitiert die turksprachige Literatur von der neuen Ordnung. Damals tritt sie in das Stadium ihrer schriftlichen Fixierung ein und bereitet unter den Nachfolgern Tamerlans die Blüte der sogenannten Tschaghatai-

Literatur vor, des östlichen Gegenstücks zur westlichen Osmanli-Literatur.

Und was ist mit den Arabern? Von der arabischen Literatur soll am Ende dieses Teils im Rahmen einer Bilanz der Entwicklung von Wissenschaft und Kunst in der türkisch-mongolischen Zeit noch berichtet werden. Jetzt genügt ein Hinweis: In der Zeit von der Einnahme Bagdads durch Hülägü bis zum Tod Tamerlans entsteht fast die gesamte arabischsprachige Literatur westlich von Mesopotamien. Auf mongolischem Boden gibt es nur einige wenige Werke aus der Rechtslehre und Theologie, sonst herrscht absolutes Schweigen. Verschwunden ist Choresm, die Heimstätte des Arabismus mitten unter den Turkvölkern. Ausgeblutet sind Städte wie Hamadhan und Isfahan, die einige der größten Autoren der arabischen Literatur hervorgebracht hatten. Die Literatur ist also eine *tabula rasa*, frei für die Türken und Perser; das Arabische aber verliert für immer seine Monopolstellung in der Kultur, die es geschaffen hat.

3. Ägypten unter den Mamelucken oder die Ära der gekrönten Sklaven

Westlich von Mesopotamien gerät die mongolische Expansion ins Stocken. Sie trifft dort auf den Widerstand der ägyptischen Mamelucken, die einen mächtigen und reichen Staat begründet haben, den Islam verteidigen und, ohne es zu wollen, vielleicht auch die Retter Europas sind.

Unerbittliche Krieger

In gewissem Sinn ist allerdings auch der Sieg der Mamelucken eigentlich ein asiatischer Sieg. Obwohl sie selbst kurdischer Herkunft waren, hatten die Ayyubiden gegen Ende ihrer Herrschaft nicht verhindern können, daß die adlige Führungsschicht immer mehr von Türken unterwandert wurde. Als in der ersten Hälfte des 13. Jahrhunderts systematisch Sklaven aus Zentralasien rekrutiert wurden, beschleunigte sich diese Entwicklung noch. Die dem mongolischen

Terror gerade Entronnenen – geschulte, ungestüme Krieger – zeigten sehr bald einen bedrohlichen Drang, ihre Kasernen zu verlassen. Ab der Mitte des Jahrhunderts waren sie die Herren Ägyptens.

Man unterscheidet zwei Dynastien der Mamelucken, und zwar nach dem etwas willkürlich gewählten Kriterium ihrer Herkunftsregion: die Bahriten aus den Steppen von Qyptschaq und die tscherkessischen Burdschiten. Beide bringen sehr bedeutende Führer hervor, allesamt freigelassene und dann gekrönte Sklaven: Baybars, der Romanheld (658-676/1260-1277), Qalawun (678-689/1279-1290), an-Nasir I. (698-741/1299-1341), Barquq (784-801/1382-1399), Qaitbey (873-902/1468-1495). Die letztgenannten Daten führen uns bereits über die chronologischen Grenzen dieses Kapitels hinaus, unmittelbar bis zur Ankunft der Osmanen in Ägypten. Das ist aber verzeihlich, denn über dreihundert Jahre und die lange Reihe der Sultane hinweg bildet die Ära der Mameluckenherrschaft eine geschlossene Einheit, so daß man sich über diese rein formale Gliederung hinwegsetzen muß.

Die erste Konstante in dieser großen Einheit ist der stete, unablässige Krieg. Wenn sie ihn nicht provozieren, dann halten die Mamelucken ihn mit Leidenschaft in Gang. Allein Baybars unternimmt 38 Feldzüge. Wir nennen nur die bedeutendsten Gegner. An erster Stelle steht der Kampf gegen die Kreuzfahrer. Im Jahr 647/1249 wird Ludwig der Heilige gefangengenommen, die christlichen Stützpunkte, vor allem an den Küsten, werden erobert und zerstört, 666/1268 fällt Antiochia, 688/1289 Tripolis und schließlich 690/1291 Akko. Damit findet die Okkupation auf dem Festland ihr Ende; sie bleibt fortan auf Zypern und Rhodos beschränkt.

Gleichzeitig mit den Kreuzfahrern werden ihre zufälligen Bundesgenossen, die Mongolen, bekämpft. Im Jahr 658/1260 werden sie bei Ain Dschalut geschlagen, aber sie kehren wiederholt zurück und verwüsten Syrien, das zu einer Bastion der Mamelucken wird: eine von Raubzügen heimgesuchte und hinter der glänzenden Fassade ihrer Städte oft in Anarchie versinkende Bastion, die sich gleichwohl – gestärkt durch die Eroberung des weiter nördlich liegenden Kleinarmenien, eines Vasallen der Ilkhane – dennoch als Bollwerk bewährt. In Syrien formiert sich jedenfalls (um Ibn Taimiya) der sunnitische Widerstand gegen die Eindringlinge, und in Syrien wurde ungewollt vielleicht auch Europa gerettet, das von einer Allianz mit den Mongolen träumte. Dennoch darf man die Bedeutung der Mamelucken nicht überschätzen. Sie haben die Wucht des asiatischen Ansturms nicht allein ausgehalten. Sie haben ihm aber, falls dieses sein Ziel war, den Zutritt zum Mittelmeer verwehrt.

Bleibt noch ein Wort über Kleinasien zu sagen. Die Mamelucken sehen, wie ihnen dort allmählich ein neuer Gegner erwächst: die osmanische Macht. Es kommt zu einem Zusammenstoß der beiden großen Reiche; der Ausgang des Kampfes bleibt vorerst offen. Fünfundzwanzig Jahre bevor die Geschichte (und die Artillerie) zugunsten der Osmanen entscheidet, wird durch den Frieden zwischen Qaitbey und Bayazid II. (896/1491) das Gleichgewicht der beiden Mächte noch einmal festgeschrieben.

Schlachten, Diplomatie, Handel

Das politische Programm der Mamelucken, selbst der ambitioniertesten unter ihnen, bleibt jedoch nicht auf das Führen von Kriegen beschränkt. Diese gehen mit intensiver Diplomatie einher, und Kriege und Diplomatie zusammen treffen sich, über die lange Dauer der Dynastie hinweg zusammengefaßt, in dem großen Ziel, den Handel des mameluckischen Ägypten auszuweiten.

Zunächst muß Syrien gehalten und darüber hinaus dafür gesorgt werden, daß die Mongolen friedlich bleiben. Dafür setzen sich Qalawun und an-Nasir I. ein. Dann werden die Länder am Roten Meer unter Druck gesetzt. Die Mamelucken unternehmen Feldzüge im Jemen und machen sich zum Beschützer der heiligen Stätten; als Symbol dafür wird alljährlich eine Prunksänfte, der *mahmal*, nach Mekka geschickt. In den Ländern am oberen Nil wird Krieg geführt. Die Errichtung einer mameluckischen Schutzherrschaft über diese Länder zieht ab dem 14. Jahrhundert einen verstärkten Zustrom ägyptischer Einwanderer nach sich, treibt die Islamisierung Nubiens und Eritreas voran und schwächt die Stellung des koptischen Christentums in Äthiopien.

Im Mittelmeerraum schließlich werden Beziehungen zu Tunesien und verschiedenen Staaten des christlichen Westens gepflegt, und es wird der Versuch unternommen, das Hindernis Persien zu umgehen und auf dem Seeweg direkt zum Kaukasus und nach Zentralasien zu gelangen. Das ist der Grund für das gute Einvernehmen der Mamelucken mit Byzanz, mit den genuesischen Kolonien am Schwarzen Meer und mit der Goldenen Horde, deren Rivalität mit den Ilkhanen sie zu einem wertvollen Partner macht.

Zweifellos liegt Konsequenz und sogar Größe in der Politik der Mamelucken, die im Jemen und vor allem in Nubien zwar die mehr oder weniger vorangetriebenen Projekte der Fatimiden und der Ayyubiden fortsetzen, aber viel weiter gehen als diese und die Ägypten viel entschlossener auf seine naturgegebene Berufung zur See- und Handelsmacht hin ausrichten.

Allerdings behauptet Ägypten seine Stellung vor allem auf den östlichen Meeren, die nicht, wie das Mittelmeer, maßgeblich von der Christenheit beherrscht werden. Dabei kontrolliert es zudem weniger die Meere selbst als die Küstenländer. Die Tüchtigkeit der Mamelucken zu Lande, die letztlich auch auf ihre knappen Holz- und Eisenressourcen sowie das Fehlen einer stimmigen Seemachtspolitik zurückzuführen ist, ist gewissermaßen die Konsequenz aus der erdrückenden Überlegenheit des Westens auf dem Meer. Einem echten und nachhaltigen militärischen Einsatz der Mameluckenstreitkräfte auf den Meeren stellen sich also große Hindernisse entgegen. Gewiß wäre es falsch, sich ein mameluckisches Regime ohne Flotte vorzustellen, vor allem auf dem Roten Meer. Doch es ist nicht zu bestreiten, daß die Zentralfigur auf den Meeren der Kaufmann ist. Wie zu erwarten, spiegelt sich diese Situation im kulturellen System wider. Diese von einer Kriegerkaste beherrschte Gesellschaft behandelt den »Ruderer« nur mit Herablassung und verteilt die Rollen gemäß ihrer Rangordnung der Werte: dem Soldaten das Land, dem Matrosen das Meer.

Wie dem auch sei, lange Zeit herrscht in Ägypten jedenfalls ein reger Handelsverkehr. In die Suks und die Karawansereien (*chan*) strömen Waren aus Kairo, Damaskus und Aleppo, das nach dem Untergang Kleinarmeniens die Gunst der Stunde nützt, um sich vor allem dessen Anteil am Seidenhandel zu sichern. Auch in den Häfen macht sich neues Leben bemerkbar. An der afrikanischen Küste des Roten Meeres verliert Aidhab zugunsten von Sawakin an Bedeutung, das auf halbem Weg zwischen dem Golf von Suez und Aden liegt; hierin manifestiert sich abermals der mameluckische »Drang nach dem Süden«. Außer den drei ägyptischen Häfen am Mittelmeer,

Alexandria, Damiette und Rosette, profitiert besonders Beirut mit seinen bedeutenden Holz- und Erzressourcen vom allgemeinen Ruin der umliegenden Hafenstädte, den die Mamelucken durch ihre Zerstörungen im Kampf gegen die Kreuzfahrer bewirkt haben.

Das Ende der Mameluckenherrschaft ist bekannt. Gerade in den beiden Gebieten intensiven Handels, in denen sie die Mongolen in Schach gehalten hatten – an den Küsten des Mittelmeeres und auf den Seewegen im Indischen Ozean –, finden die Mamelucken schließlich ihre Meister: die Osmanen und die Portugiesen. Das geschieht freilich in einer völlig veränderten Situation. Zwischen Europa und dem Fernen Osten ist ein durchgehender Seeweg entdeckt worden. Um den Niedergang der Mamelucken zu erklären, kann man sicherlich auf die Last der Kriege hinweisen, auf die Verwüstungen durch die Mongolen und Timuriden und nicht zuletzt auf die Abtrennung vom Maghreb, der traditionellen Durchgangsstation für den Goldhandel, in den sich nun das geschäftstüchtige Europa immer stärker einschaltet. Aber wer könnte bestreiten, daß das Ende des mameluckischen Ägypten letztlich in den weltweiten Zusammenhang der großen Entdeckungen und des Anbruchs einer neuen Epoche der Weltgeschichte einzuordnen ist?

Die Regierungsform der Mamelucken

Mit den Mamelucken wechseln Ägypten und Syrien ihre Herren, kaum aber die Herrschaftsform. Wieder werden die Massen von einer Militäraristokratie ausgebeutet, deren Härte um nichts hinter der ihrer mongolischen Nachbarn in Mesopotamien und Persien zurückbleibt. Sonst hält sich das Regime in Ägypten an die Verwaltungsmethoden des Landes. Der Staat behält sich bestimmte Monopole vor, greift in die Preisbildung ein und kontrolliert streng das System des *iqta*.

Dieses eiserne Regiment sichert dem Reich in seinen guten Tagen einen unerschütterlichen Zusammenhalt, selbst im Heer. Die Staatsmaschine funktioniert reibungslos. Bis hin zur Zeit Tamerlans verfügt das Regime über einen hervorragenden Postdienst, der mit Pferden, Brieftauben und optischen Signalen arbeitet; er ist ein Ruhmesblatt des Reiches. Einem streng hierarchisch aufgebauten Beamtenheer vermittelt man nicht nur den Sinn für Macht, sondern auch das geistige Rüstzeug für die Machtausübung. In Ägypten floriert in allen Wissenschaften eine reiche und anspruchsvolle Literatur zum Gebrauch für den vollkommenen Staatsdiener; besonders Nuwari, Ibn Fadl Allah al-Umari und Qalqaschandi zeichnen sich auf diesem Gebiet aus. An der Spitze der Hierarchie steht der Sultan, der mehr oder weniger zufällig aus der Truppe der Mamelucken aufsteigt. Manchmal gelangt er aufgrund seiner Verdienste oder seines Alters an die Macht, oft durch eine Laune seiner Gefährten, niemals ohne ihre Zustimmung. Diese militärischen Oligarchen bilden eine seltsame Kaste! Anfangs erneuert sie sich regelmäßig durch den offiziell organisierten Ankauf von Sklaven aus den Steppen Innerasiens und des Kaukasus. Diesen Fremden, die in den Kasernen von Kairo ausgebildet und dann dem Heer oder dem öffentlichen Dienst zugeteilt werden, stehen alle Wege offen, sogar zur höchsten Macht. Denn die Bezeichnung Dynastie darf uns nicht täuschen: Das Prinzip der Abstammung ist in einem solchen System nur Nebensache; letztlich zählt nur die Zustimmung der Kaste.

Auch die Worte »Kaste« und »Oligarchie« treffen den Sachverhalt nur ungenau. Zwar verachten diese Militärs den »Zivilisten«, den man soviel wie möglich benutzt und ausbeutet, aber diese Verachtung gründet sich nicht auf Standesdünkel; für Sklaven, die oft zu Außergewöhnlichem bestimmt sind, zählt allein der Ruhm und der persönliche Einsatz, der mit Reichtum und Macht, für die Tüchtigsten oder Glücklichsten sogar mit dem Thron belohnt wird.

Jedenfalls ist die Herrschaft der Mamelucken ein staunenswertes Phänomen, dessen Glanz zwar nicht auf die im Schatten der Geschichte ihren Alltag lebenden ägyptischen Massen zurückstrahlt, um so mehr aber auf Ägypten selbst, dessen Warenlager überquellen und das auf der internationalen Bühne größtes Ansehen erlangt. Darum muß man nochmals betonen, daß das mameluckische Regime keines natürlichen Todes starb.

Entschiedene Verfechter des Sunnismus

Die Sultane von Kairo nahmen die den Massakern von Bagdad entronnenen Abbasiden in ihre Hauptstadt auf. Obwohl sie weiterhin offiziell als Kalifen anerkannt wurden, waren sie nur Marionetten; ihre Funktion blieb in der Hauptsache rein gesellschaftlicher Natur, und ihre Autorität wurde nur von fernen Fürsten, zum Beispiel in Indien, anerkannt. Aber auch wenn sie die reale Macht für sich beanspruchten, machten die Mamelucken – genau wie vor ihnen die Seldschuken – die Kalifen zu den einzigen legalen Repräsentanten der muslimischen Gemeinschaft.

In ihrem Schatten gedieh der Sunnismus trotz einiger Nachteile, die er in Kauf nehmen mußte, ausgezeichnet: Die Mamelucken förderten und verteidigten ihn nachdrücklich. Als wahre Erben der alten seldschukischen und ayyubidischen Traditionen bauten sie Ägypten und Syrien zu Hochburgen des Sunnismus aus (und das sind sie bis heute geblieben). Sie unternahmen im allgemeinen nichts gegen die Zentren der Schiiten in Syrien und im Libanon, aber sie unterbanden deren politische Bemühungen und Bekehrungsversuche und waren, wenn es ihnen angebracht schien, auch gegenüber den christlichen Minderheiten intolerant.

Im übrigen erweist sich während der Mameluckenzeit die unerschütterliche Lebenskraft der vier sunnitischen Rechtsschulen, besonders durch die Figur des großen Ibn Taimiya (gestorben 728/1328). Er ist der bedeutende Theoretiker, Missionar und Mann der Tat; er erneuert den Hanbalismus, der die bedingungslose Rückkehr zur Tradition des Propheten fordert, und er bringt die Normen des Glaubens und der Vernunft in Einklang – eine Konzeption, die sich bis in den modernen Reformismus hinein auswirkt.

Schließlich setzt auch die Mystik ihren Weg fort und gewinnt an Boden. Sie wird von zahlreichen Bruderschaften getragen, die alle ihre besondere Regel (*tariqa*) haben. Von der strengen sunnitischen Orthodoxie wird der Sufismus mit Argwohn betrachtet und manchmal verurteilt, aber er findet Anklang bei den Massen und genießt oft durch Stiftungen (*waqf*) den erklärten und tatkräftigen Schutz der Staatsmacht. Darum kann man die mameluckische Zeit mit Recht das »Goldene Zeitalter« des Sufismus nennen; denn als Gegenbild zum *faqih*, dem Theoretiker des Gesetzes, nimmt im Volksbewußtsein der *faqir* endgültig Gestalt an, die Figur des »Armen«, der sich von der Welt abgewandt hat, um unmittelbar zu den Geheimnissen und Reichtümern des Heils vorzudringen.

Während der mameluckischen Zeit übernehmen und erneuern Ägypten und Syrien so vieles aus dem muslimischen Erbe, daß man von einer mameluckischen Kultur oder zumindest von einer mameluckischen Phase der islamischen Kultur sprechen muß.

Man könnte dagegen einwenden, daß das Literaturschaffen dieser Zeit sich auf das Sammeln und Zusammentragen beschränkt. Das trifft zu, aber der Umfang dieser Werke und die Umsicht ihrer Autoren sichern ihnen ihre Originalität, selbst im Rahmen der gesamten arabischen Literatur, die doch auf eine lange Tradition derartiger Kompilationen zurückblicken kann.

Wir haben oben von den mit enzyklopädischem Wissen ausgestatteten Beamten berichtet. Jetzt sei die Rede von den wichtigsten Wissenschaftlern, die hier nach ihren jeweiligen Fachgebieten aufgezählt werden sollen – ein zugegebenermaßen etwas künstliches Unterfangen, weil ihr ungeheures Wissen alle Grenzen zwischen den einzelnen Disziplinen sprengt. Für die Geographie nennen wir Abu l-Fida, für die Lexikographie Ibn Mansur, den Verfasser eines imposanten Wörterbuchs, das noch heute für grundlegend gehalten wird, für die Geschichte die *Viten* von Ibn Challikan und Dhahabi, für die Universalgeschichte Ibn Kathir, für die Lokalgeschichte, hier die ägyptische, Maqrizi; hinzu kommt, ganz am Schluß der mameluckischen Periode, Suyuti (gestorben 911/1505), der in allen Disziplinen beschlagen ist und nach ernstzunehmenden Schätzungen 561 Schriften verfaßt hat.

Aber der markanteste Zug der Mameluckenzeit ist, daß sie die gelehrte und die unterhaltende Literatur gleichrangig nebeneinander stellt. In der Geschichtsschreibung entwickelt Ibn Iyas, der noch den Aufstieg der Osmanen erlebt, mit Erfolg eine Grenzform zwischen Chronik und Journal. In Ägypten und Syrien begegnen wir außerdem einer mächtigen Volksliteratur. Gewiß ist es schwierig, in diesem dichten Gewebe, zu dem jede Nation und jede Epoche beiträgt, den Ursprung und die Entwicklung der zahllosen Motive und Figuren – Antara, Goha der »Einfältige«, der Kalif al-Hakim nebst vielen anderen – zu erkennen. Wir besitzen aber wenigstens für Ägypten genügend sichere Anhaltspunkte, um die Rolle dieses Landes bei der Entstehung oder Niederschrift von Werken zu bestimmen, zum Beispiel bei den Romanen von Baybars oder Saif Ibn Dhi Yasan und bei bedeutenden Teilen von *Tausendundeiner Nacht*.

So läßt sich auch nicht übersehen, daß das Schattenspiel, bevor es bei den Türken einen Höhepunkt erreichte, im mameluckischen Ägypten einen beachtlichen Rang und in Ibn Danyal einen seiner Meister hatte.

Abschließend sei erwähnt, daß die Mamelucken mit großem Schwung, ja mit Überschwang das architektonische Erscheinungsbild der Städte – Aleppo, Damaskus und vor allem Kairo – verwandelt haben. Die Reihe der öffentlichen Gebäude zeigt die Blüte einer Kunst, die offenbar die bekannten Motive und Formen variiert, sie aber in unbestreitbar anderem Geist behandelt, stets auf der Suche nach Neuem, oft anmutig, manchmal manieristisch. An den Alltagsgegenständen, den Balkonen der Häuser oder den Minaretten der Grabmoscheen der Sultane, die eine geglückte Verbindung aller erdenklichen geometrischen Formen darstellen, kann man erkennen, daß sich der mameluckische Stil – verglichen zum Beispiel mit dem Stil der Timuriden – eigentlich weniger durch den Prunk des Dekorativen als vielmehr durch das lustvolle Spiel der Linien auszeichnet, das aus dieser Kunst eine der filigransten Ausdrucksformen eines muslimischen Barockstils macht.

Die Auswirkungen des Handels am Indischen Ozean

Den erwähnten Druck Ägyptens auf Nubien und die Länder am Roten Meer weiten die Kaufleute aus; sie stärken den Islam in seinen traditionellen Überseekolonien und bereiten vor allem in Südostasien das Terrain für die künftigen Expansionen vor. Die Araber allerdings tragen diesen Vorstoß nicht allein; eine große Rolle spielen auch andere Völker, zum Beispiel Indien auf den Sundainseln.

In dieser Zeit ist Äthiopien, das in den Träumen Europas zu einem zweiten Königreich des Priesters Johannes wurde, dem Druck des Islam ausgesetzt. Von den Küstenländern aus dringt der Islam gegen das Hochland, das Rückzugsgebiet der ostafrikanischen Christen, vor. Die Folge ist eine lange Geschichte von Kämpfen und Vasallenbündnissen, in deren Verlauf sich auf islamischer Seite das Königreich Ifat auszeichnet. Im Süden Äthiopiens, an der afrikanischen Küste des Indischen Ozeans, entstehen mehrere Handelskontore, die durch den Handel mit Gold, Sklaven, Elfenbein und Gewürzen reich werden. Die Stadt Kilwa gewinnt durch ihren Reichtum eine Art Vormachtstellung, die bis nach Sofala und Melinde reicht, aber Sansibar noch nicht erfaßt. Am Ende des 14. Jahrhunderts beginnt Mombasa seinen Aufstieg.

In diesen Handelskontoren zeigt die muslimische Kultur zwei Gesichter. Zum Ozean hin entsteht eindeutig eine Mischkultur, die sogar für chinesische und besonders indische Einflüsse offen ist. Hier ist der uns bekannte Islam beheimatet, der Islam der Städte. Seine Kennzeichen sind die Geldwirtschaft, eine Reihe eindrucksvoller Bauten wie die Moschee von Kilwa, die später sogar die Portugiesen bewundern werden, ein reges Geistesleben, vor allem in Mogadischu, und schließlich ein florierender Handel, der durch den Aufschwung des Suaheli, der »Sprache der Küsten« – eine Mischung aus Arabisch, Persisch und Bantu – noch gefördert wird. In diesen Städten sind der Islam und die weltliche Seite seiner Kultur Sache einer Minderheit: der arabischen, persischen und indischen Kaufleute.

Das schwarzafrikanische Element wird mehr oder weniger unterdrückt, dafür gewinnt es aber im Landesinnern seine volle Bedeutung zurück. Selbst wenn man mit aller Vorsicht, die angesichts einer kaum bekannten Geschichte geboten ist, von Einflüssen der Handelskontore auf bestimmte Formen der Bantugesellschaften sprechen kann (vor allem auf das ebenso geheimnisvolle wie berühmte Königreich Monomotapa), überwiegen dennoch, je weiter man ins Innere vordringt, mehr und mehr die traditionellen Kulturen, die vom Animismus und von der Tauschwirtschaft geprägt sind. Im ganzen bleibt der mit dem Handel eingeführte Islam ein – freilich mächtiges – Phänomen der Küstengebiete.

Die Anfänge des Islam im malaiischen und indonesischen Raum

Man nimmt zu Recht an, daß der Islam mit den muslimischen Kaufleuten nach Südostasien gelangt ist. Er etabliert sich aber zunächst nur in winzigen, weit verstreuten Stützpunkten, während die Gesamtheit des Archipels unter traditionellen indischen Einflüssen bleibt, die ihrerseits alte, noch immer lebendige lokale Kulturen überlagern.

Diese Verhältnisse ändern sich mit den anhaltenden Handelsbeziehungen in der mameluckischen Zeit und mit den neuen Wellen der indischen Emigration, die vom 14. Jahrhundert an stärker werden. Vom Zusammenspiel der verschiedenen Einflüsse zeugen die damaligen Grabinschriften, für die neben malaiischen und indischen Sprachen auch das Arabische verwendet wurde. Auf der Ostseite Sumatras und an den malaiischen Küsten entstehen mächtige Kolonien, aus denen sich die ersten muslimischen Staaten entwickeln, zum Beispiel das Sultanat Atjeh (Aceh) im Norden der großen Insel mit seinem Hafen Samudra (später Pasai), einem aktiven muslimischen Zentrum und Kontrollposten am Nordausgang der Meerenge.

4. Der Westen: Afrika und das Mittelmeer

In Spanien ist der muslimische Westen politisch isoliert und wachsendem christlichem Druck ausgesetzt; er hält dort nur noch eine Art Brückenkopf. Ansonsten ist der Islam hier und weiter östlich an die Südküste des Mittelmeeres gefesselt. Und dennoch wird er, mit seinem Rückhalt in Afrika, wo seine Botschaft immer mehr Anhänger gewinnt, durch die Blüte seines Handels, die Ausstrahlung seiner Künste und seine tiefe geistige Verwurzelung beweisen, daß diese Gebiete, auf die er von nun an beschränkt bleibt, ihm für immer gehören und daß man sie ihm nicht streitig machen kann.

Spanien und Nordafrika

Betrachten wir die großen Konturen der politischen Karte im 13. und 14. Jahrhundert. Auf den Trümmern des Almohadenreichs haben sich vier Staaten konstituiert: im Osten der Staat der Hafsiden mit Tunis als Hauptstadt, in der Mitte das berberische Königreich der Abd al-Wadiden mit Tlemcen als Zentrum, im Westen der Staat der Meriniden von Fes, ebenfalls Berber, schließlich auf der anderen Seite des Meeres das nasridische Fürstentum Granada, die letzte Bastion des muslimischen Spanien.

Hinter diesem schematischen Aufriß verbirgt sich eine äußerst bewegte politische und militärische Geschichte. Die Nasriden betreiben eine zwar notwendige, aber gefährliche Schaukelpolitik zwischen Christen und Meriniden. Letztere halten, mit oder ohne Einverständnis der Nasriden, an der Tradition des Heiligen Kriegs (*dschihad*) gegen die Ungläubigen jenseits der Straße von Gibraltar fest. Doch die Mühe ist umsonst: Der Staat Granada wird von den Kämpfen der Klane, darunter der Klan der Abencerragen, erschüttert und schrumpft immer mehr zusammen. Schon zeichnet sich der letzte Akt dieses Schauspiels ab, und nach der Einnahme von Granada (897/1492) in der Zeit der katholischen Könige Ferdinand und Isabella fällt der Vorhang über die politische Geschichte des muslimischen Spanien.

Während der iberische Islam verschwindet, nehmen an den beiden äußeren Enden des Maghreb – zu beiden Seiten der unruhigen und unsicheren Mittelregion, des vom Osten und vom Westen bedrohten Staates der Abd al-Wadiden – zwei Nationen Gestalt an: zum einen Tunesien, das stärker arabisiert und durch das Meer dem direkten Verkehr mit der christlichen Welt weit geöffnet ist, zum anderen Marokko, in dem das berberische Element vorherrscht, und das durch das Königreich Granada von solchen Beziehungen abgeriegelt wird.

Die gemeinsame Geschichte der nordafrikanischen Staaten

Die politischen Konflikte zwischen den vier Staaten des muslimischen Westens sind in vielerlei Hinsicht nur der Preis für ihre günstige Lage an einem wesentlichen – und traditionsreichen – Schnittpunkt der internationalen Handelswege. Zwischen der christlichen Welt, die das Mittelmeer beherrscht, und Schwarzafrika, das das Gold liefert, wollen alle Mächte der Zeit – direkt oder über Vasallen – die nördlichen Endpunkte der Karawanenwege durch die Sahara, zum Beispiel in Sidschilmasa oder Biskra, sowie die Häfen des Mittelmeeres kontrollieren. Um Ceuta zum Beispiel streiten sich die Nasriden und die Meriniden, um Oran die Meriniden und die Abd al-Wadiden, um Bougie (Bejaia) die Abd al-Wadiden und die Hafsiden.

Alle diese Staaten sind bereits einem verschärften Druck durch die Christen ausgesetzt. Der Kreuzzug Ludwigs des Heiligen (668/1270) und die Besetzung der Insel Djerba durch die Sizilianer (683/1284) sind nur die auffälligsten Anzeichen des europäischen Drucks, der durch Überfälle auf die Küstenstädte und durch Klauseln in den Handelsverträgen von Jahr zu Jahr stärker die Geschichte Nordafrikas bestimmt.

Im übrigen war diese Tendenz im westlichen Maghreb weniger ausgeprägt, weil die islamische Welt sich durch die Aufrechterhaltung des spanischen Brückenkopfs gegen diesen Druck wehren konnte. Unter diesem Gesichtspunkt ist es symptomatisch, daß sich der europäische Expansionsdrang in der Phase, die uns hier beschäftigt, weniger an der Mittelmeerküste Marokkos und Westalgeriens bemerkbar macht, die dem Königreich Granada gegenüberliegen, als vielmehr auf der Seite Afrikas, die durch das Fortschreiten der *reconquista* erschlossen worden ist, nämlich im Atlantischen Ozean. Der kastilische Überfall auf Sala (658/1260), der Fall von Cadiz (660/1262), die Niederlage der marokkanischen Flotte in der Straße von Gibraltar (690/1291) und die entstehenden Seeverbindungen zwischen den europäischen Mittelmeerländern und den Ländern an Atlantik und Nordsee – das alles steht in unmittelbarem Zusammenhang.

Und dennoch können die Christen, und zwar genauer gesagt die Portugiesen, erst im 15. Jahrhundert, also in der Endphase der *reconquista*, entscheidende Erfolge sowohl an der Atlantikküste als auch an der marokkanischen und westalgerischen Mittelmeerküste verbuchen und zur Umsegelung Afrikas ansetzen. Noch übt die Christenheit auf den äußersten Westen des Islam nur sporadischen Druck aus – nicht zu vergleichen jedenfalls mit der Situation an der ostalgerischen und tunesischen Küste, wo dieser Druck mit voller Wucht zu spüren ist. Die Genuesen, die im 13. und 14. Jahrhundert auf der Suche nach dem »geheimnisvollen Dorado des Senegal« die afrikanischen Ränder des Atlantiks erforschen, bleiben allerdings friedliche Kaufleute.

Überall hat sich der islamische Einfluß auf den Meeren verändert und mit ihm die Kräfteverteilung im Mittelmeer. Als Beherrscher des Meeres, genauer des westlichen Mittelmeeres, wurden die Muslime von den Freibeutern der wiedererwachenden Christenheit beneidet und bekämpft, aber nun werden die entmachteten Herrscher ihrerseits zu Korsaren, zu »Barbaresken«, wie man sie bald nennen wird.

Handel und kulturelle Verschmelzungen

Ob kriegerisch oder friedlich, ein intensiver Austausch von Waren, Menschen und Ideen prägt den Islam im Westen. Die Hauptrolle spielen dabei die Tunesier und vor allem die spanischen Muslime aus Granada und den anderen von der *reconquista* eingeschlossenen Gebieten. Sie sind die Vermittler der aus der Sahara und dem Maghreb kommenden Erzeugnisse. In noch größerem Umfang geben sie die Methoden des Ackerbaus und der Viehzucht (vor allem der Schafzucht), der Wissenschaften und der Künste des Islam an die Christenheit weiter. Noch lange nachdem das muslimische Spanien als politische Realität zu bestehen aufgehört hat, geht diese Einwirkung weiter.

In entgegengesetzter Richtung setzt der Exodus ein. Ähnliche Migrationsbewegungen gab es schon früher, aber sie werden jetzt durch die Ereignisse verstärkt: Die innen- und außenpolitische Unsicherheit im muslimischen Teil Spaniens treibt viele Menschen aus ihrer Heimat in den Maghreb oder in den Orient; es ist das frühe Vorspiel zur Vertreibung der »Mauren« unter Philipp III. (1609). Seit dem 13. Jahrhundert entsteht eine regelrechte Diaspora: Spanien verliert seine besten Köpfe – wie Ibn Arabi und Ibn al-Baitar, die dann in Ägypten unter den Ayyubiden zu Berühmtheiten werden, und nach ihnen noch viele andere, die während der Mameluckenherrschaft bis in den Orient gelangen oder unterwegs eine neue Heimat finden, zum Beispiel bei den Hafsiden. In Tunis geht aus einer dieser Emigrantenfamilien der große Historiker Ibn Chaldun hervor.

Man sieht also, daß es überall, im christlichen Spanien wie in den muslimischen Gebieten, durch die Logik des Handels und die Wechselfälle der Politik zu einer anhaltenden Verschmelzung verschiedenster Einflüsse kommt. Daraus erwächst jene Kultur, die in Abgrenzung zu allen anderen Kulturen, die im Schatten des Islam maghrebinische und spanische Elemente miteinander verbanden, als die spanisch-maurische bezeichnet wird – eine der reichsten in einer langen Geschichte, die sogar das Verschwinden ihrer politischen Grundlagen überlebt hat. Es stimmt zwar, daß diese Kultur im Maghreb, wo sie bis heute unverändert weitertradiert wird, ziemlich schnell erstarrte, aber in Spanien, insbesondere im wiedereroberten Sevilla, das die Könige von Kastilien im 14. Jahrhundert zu ihrer Lieblingsresidenz machten, entfalteten die muslimischen Künstler, die Künstler des Alkazar und andere, die ganze Fülle ihrer Talente.

Wenn auch ein Ibn Chaldun schon genügt hätte, diese Kultur berühmt zu machen, so erreicht sie ihren höchsten Glanz doch in der Kunst. In Tlemcen, in Chella und in Fes findet man in den Moscheen, den Gräbern und den Medresen, die der Sunnismus, insbesondere der malikitische, überall aufblühen läßt, in zahlreichen örtlichen Variationen die gleiche vielseitige Verwendung von Intarsien in Holz und Fayence, die gleiche Fülle der geometrischen Ornamente und den gleichen Wechsel zwischen der Weite der Außenräume und der Stille der Innenräume und Höfe.

Doch zu ihrer höchsten Entfaltung gelangt die spanisch-maurische Kunst im Königreich Granada; so in Malaga und natürlich vor allem in Granada selbst, das durch den Palacio del Generalife und die Alhambra hervorsticht. Das Kernstück des spanisch-maurischen Baustils ist der Garten, um ihn herum werden die Gebäude angelegt.

Ein weiteres Merkmal dieser Kunst ist das Prinzip der Abwechslung, das man fast um jeden Preis, aber dennoch mit sicherem Stilgefühl ins Werk zu setzen versucht. Es ist eine Kunst der systematischen Kontraste, die endlos variiert werden, des Gegensatzes zwischen der Masse der Dächer und Mauern und den Durchbrüchen der Arkaden, Fenster und Kolonnaden, zwischen den glatten Oberflächen und den wuchernden Reliefs, besonders an den Decken, zwischen den einfarbigen Flächen der Wände und der Vegetation einerseits und der Üppigkeit der Keramik und der gemalten Ornamente andererseits, zwischen Schatten und Licht, zwischen Sonne und Wasser, zwischen dem abgeschlossenen Garten und der weiten Landschaft Granadas, die stets aus den hohen Sälen und den Erkern und durch die Arkaden der durchbrochenen Wände zu sehen ist.

Es ist eine nervöse, eine grazile, eine zerbrechliche Kunst. Erst als Karl V. innerhalb der Umfriedung der Alhambra seinen Palast, einen monumentalen Steinbau, errichten läßt, wird die unglaubliche Leichtigkeit der muslimischen Alhambra, eines Ziegelbaus, offensichtlich, und es ist ein Wunder, daß sie erhalten geblieben ist.

Diese spanisch-maurische Kunst ist ebenso preziös wie die überfeinerte und dekadente Kultur, die sie verkörpert. Wenn sie über die nasridischen Grenzen in das katholische Spanien ausstrahlt, so geschieht dies gegen ihren Willen. Ganz wie ihre ummauerten Städte ist sie in defensiver Haltung gegenüber einer Christenheit abgekapselt, von der sie fast nichts mehr aufnimmt. Sie lebt von der Erinnerung an ein Erbe, dem sie in Granada und sogar im Maghreb ihren letzten Ausdruck verleiht.

Die jugendliche Lebenskraft findet sich woanders – in Spanien und in den Volksmassen jenseits des Meeres. In Nordafrika setzt sich der Islam gegen den christlichen Ansturm energisch zur Wehr. Im Bewußtsein des Volkes verankert und gestützt auf die Institution der *zawiya* (die zugleich Kloster, Mausoleum, Schule und Gasthof ist), leistet er während des ganzen 15. Jahrhunderts Widerstand, bevor er sich, wenigstens in Marokko, in den neuen politischen Formen einrichtet, die sich aus der Lage der Dinge ergeben. Doch man täusche sich auch hier nicht: Sobald sich der Islam vom Schock der Eroberungen erholt hat und sich in seinen lebendigen Quellen neu begreift, findet er zu sich selbst zurück – als Religion.

Schwarzafrika: ein neuer Islam im Aufbruch

Mit der Ausnahme Malis ist die Geschichte des afrikanischen Islam während der Zeit von 1250 bis 1400 nur wenig bekannt. Aber so wenig wir auch wissen, es ist deutlich zu erkennen, daß der Islam an Einfluß gewinnt.

Etwa von 1349 bis 1385 kommen Missionare aus Mali und bringen Schrift und Religion der Araber nach Kano ins Land der Haussa, eines der späteren Zentren des Islam in Nigeria. Weiter östlich erlebt das Königreich Kanem-Bornu, das durch die Kämpfe mit seinen Nachbarn erschöpft ist, von der Mitte des 13. bis zum Beginn des 14. Jahrhunderts eine Phase weitgehender Stagnation, unterhält aber noch Beziehungen zu den mameluckischen Sultanen in Kairo. Im Westen werden die Einwohner von Senegal nur oberflächlich vom Islam berührt, aber doch mehr als die Tukulor und die Wolof, die sich erst viel später in großer Zahl bekehren.

Mali bestimmt in dieser Zeit die Geschichte am stärksten. Sein Name wird bis in den Westen berühmt, wo Rabelais ihn später erwähnt. Die arabischen Länder lernen dieses Land natürlich viel gründlicher kennen: Eine Gesandtschaft bringt den Meriniden das anscheinend traditionelle Geschenk einer Giraffe, Ibn Battuta besucht Mali in den Jahren 753-754/1352-1353, schließlich liefern uns Ibn Chaldun und Ibn Fadl Allah al-Umari wertvolle Informationen über dieses Land.

Wie bereits erwähnt, drangen Missionare aus Mali ins Land der Haussa vor, aber Mali kennt auch andere Formen der Expansion. Von seinen Stammgebieten um Bamako dehnt es seine Macht im Osten weit in die Wüste hinein aus, und im Westen reicht sein Herrschaftsgebiet, nachdem es Ghana unterworfen hat, bis zum Atlantik. In den Jahren 724-725/1324-1325 geraten die Songhay unter seine Oberherrschaft, bis die neue Dynastie der Sonni um 1337 das Land befreit und den Aufstieg der Songhay im 15. Jahrhundert vorbereitet.

Zunächst bleibt der Islam eine Sache der Stammesfürsten und Könige. Berühmt geworden ist Kanku-Musa, der König von Mali, ein Malikit, der arabisch spricht und sich auf einer Pilgerfahrt als überaus prunksüchtig erweist. Umari zufolge soll das von ihm mitgeführte Gold einen Sturz des Goldkurses in Kairo verursacht haben, der mehrere Jahre lang anhält. Im allgemeinen tastet der Islam die herkömmlichen Gesellschaftsstrukturen nicht an, er stärkt sie vielmehr; vor allem in Mali hebt er das Prestige des Königs, der nach wie vor eine Art Klanchef bleibt. Der Islam greift auch die überlieferte Stellung der Magie und des Animismus nicht an, sondern beläßt dem Volk seine alten Glaubensbräuche.

Die Verbreitung des islamischen Glaubens in der Bevölkerung geht letztlich vom Handel aus, der auch den Hintergrund für politische Streitigkeiten bildet: für die Konflikte in Kanem-Bornu, der Drehscheibe für die Verbindungen zum Nil, und im Königreich Songhay, das die Umschlagplätze der Wüste und die Salzminen der Zentralsahara unter Kontrolle hält.

Diesem Handel verdanken auch die Städte ihren Aufschwung, so Djenne und in besonderem Maß Timbuktu und Gao, wo sich jetzt zahlreiche Händler oder Missionare des Maghreb und Ägyptens ansiedeln. Von hier aus werden Nutzpflanzen, neue Getreidesorten und neue Tierarten (arabische Pferde und Hausgeflügel) verbreitet, aber auch neue Kulturformen, wie die muslimische Religion, die arabische Sprache, arabische Poesie und Bautechniken. Die Moschee von Gao mit der zinnengekrönten Terrasse und dem pyramidenförmigen Minarett ahmt sichtlich Vorbilder aus dem Norden und aus der algerischen Sahara nach; sie markiert den Beginn einer langen Tradition, die dem zu weiterer Expansion reifen afrikanischen Islam noch viele ähnliche Denkmäler schenken wird.

Drittes Kapitel

Die Zeit der Osmanen

Mit dem Aufstieg der Türken beginnt eine neue Periode der islamischen Geschichte. Die Seldschuken und letzten Endes auch die Mongolen haben diesen Aufstieg vorbereitet. Ab jetzt wird ein neues Reich, das wesentlich stabiler als seine Vorgänger ist, den türkischen und sunnitischen Islam zu einer festen Einheit fügen. Mit einem Schlag entstehen für den Islam wie für das türkische Volk neue Aufgaben. Weit entfernt von ihrem ursprünglichen Herkunftsgebiet in Zentralasien, überschreiten die Türken die Meerengen zum Westen, sie werden zur Seemacht und zu einem der Hauptakteure im Kräftespiel der europäischen Mächte.

Allzulange wird die abendländische Geschichtsschreibung dieses Volk allein aus der Sicht Europas beurteilen, meistens falsch. Zwischen der »Geißel Gottes« und dem »kranken Mann am Bosporus« bleibt viel Platz für die weitaus reichere historische Wahrheit, die die Forscher aus den Hunderttausenden von in den Archiven der Hohen Pforte gesammelten Schriftstücken erarbeiten. Hinter dem panischen Schrecken, den das junge Reich im geteilten Europa verbreitet, hinter dem nachtragenden Groll, den die damals unterworfenen Völker in Erinnerung an die mit dem Untergang des alten Reiches einhergehenden Erschütterungen hegen, erscheint vor dem Auge des Historikers allmählich das eindrucksvolle Bauwerk eines Staates, der lange Zeit zugleich Großartigstes und Schrecklichstes in sich vereinte, der bald unglaublich rückständig, bald ganz dem Neuen aufgeschlossen, ja sogar seiner Zeit weit voraus war.

Es entstand also ein neuer Staat. Der volle Umfang der osmanischen Leistung läßt sich nur begreifen, wenn man sich vor Augen hält, daß mit ihm auch eine geeignete Verwaltung entstehen mußte, auf die sich der neue Staat stützen konnte. Der Erfolg des Osmanischen Reiches ist nicht nur auf seine Waffen, sondern auch auf seine Politik der Nationalitäten gegründet.

Kleinasien, die Wiege der Osmanen

Die Anfänge der osmanischen Macht in einem Fürstentum (*beylik*) Kleinasiens wurden schon skizziert. Die Osmanen (oder Osmanli) sind Abkömmlinge eines Stammes der Oghusen und haben ihren Namen von einem ihrer ersten Führer, dem im ersten Viertel des 14. Jahrhunderts verstorbenen Othman (Osman). Unter seinen Nachkommen Orchan (gestorben 1359), Murad I. (1359-1389) und Bayazid I. (1389-1402) – alles Männer von großem Talent und politischer Klugheit – erlebt der osmanische Staat seinen ersten Aufschwung.

Glück und eigene Tüchtigkeit machen sie zu Herren der Küsten am Marmarameer in der Nähe ihrer Hauptstadt Brussa (Bursa). Aber ihr Genie beweisen sie darin, daß sie die Vorteile der geographischen Lage erfassen und in dem nur einige Taulängen entfernten Europa ein neues Betätigungsfeld für die *ghazi* (Glaubenskämpfer) erkennen. Um europäische Städte zu erobern, bedienen sich die Osmanen aller Mittel. Die Rivalitäten zwischen den politischen Gruppen des Rumpfreiches von Byzanz oder zwischen Byzanz und seinen Nachbarn, Bündnisfall oder Vertragsbruch, ja selbst Erdbeben – alles war ihnen ein willkommener Anlaß, um anzugreifen und zu unterwerfen. Adrianopel wird erobert (1362); unter dem Namen Edirne wird es zum Brückenkopf des Islam jenseits des Bosporus. Und mit den großen Schlachten auf dem Amselfeld (1389) und von Nikopolis (1396) beginnt die Besetzung von Serbien, Bosnien, Bulgarien und Teilen von Griechenland, gegen Ende des 14. Jahrhunderts ist sie vollendet.

Ihre Geschicklichkeit beweisen die Türken auch durch einen weiteren Schachzug: Während sie in Europa eindringen, lassen sie sich von den rekrutierten Europäern – oder von dem in den letzten Zügen liegenden Byzanz – bei der Unterwerfung Kleinasiens helfen. Gewitzt und auf mehreren Registern zugleich spielend, erobern die Osmanen den einen Kontinent mit Hilfe des anderen. Durch Kriege, Bündnisse und Heiraten haben sie am Ende des 14. Jahrhunderts fast ganz Anatolien unter ihre Herrschaft gebracht.

Hier zeigen sich bereits die tieferen Gründe für den osmanischen Erfolg. Entscheidender als die Vorteile der günstigen historischen Situation, die Vorzüge der Persönlichkeit der Führer und ihrer militärischen Tüchtigkeit sind das planvolle Vorgehen bei der Eroberung, die unmittelbar nach ihr einsetzende staatliche Verwaltung, die Sorgfalt, die auf die Organisation des Heeres und des Handwerks verwandt wird, das Ineinandergreifen der politischen, religiösen und militärischen Einrichtungen, das den Staat zu einem geschlossenen Ganzen macht, sowie die Behandlung der unterworfenen Völker. Überall ist der unleugbare Pragmatismus der Osmanen am Werk, der sich auch in einem klugen Verhalten gegenüber Byzanz bestätigt: Aus strategischen Erwägungen oder aufgrund der internationalen Lage ziehen sie es offenkundig vor, nichts zu unternehmen, bis sich eine passende Gelegenheit dazu bietet.

Die gegen Tamerlan verlorene Schlacht von Ankara (804/1403) beraubt den Staat seines Oberhauptes, Bayazids I., der in Gefangenschaft gerät. Dadurch gewinnen die turkmenischen Stämme Anatoliens ihre Selbständigkeit wieder. Das von den Türken unterworfene Europa dagegen – ist es zu ermattet oder mit seinem Los zufrieden? – rührt sich nicht, und nach überstandener Krise können die Osmanen ihre Pläne weiterspinnen.

Die Krise des 15. Jahrhunderts und ihre Folgen

Mehmed I., der dritte Sohn Bayazids I., sucht zunächst die dynastische Krise zu lösen, und zwar ganz in der zupackenden Weise seines Vaters. Mit Waffengewalt oder Mord entledigt er sich seiner Brüder. Dann zeichnet er für seinen Sohn und Nachfolger Murad II. (1421-1451) die Wege der osmanischen Politik vor.

Das angestrebte Ziel dieser Politik ist nicht neu: die Besitzerweiterung auf beiden Kontinenten. Nach dem Abzug Tamerlans wird dessen Politik der »Balkanisierung« Anatoliens und der Wiedererrichtung der traditionellen turkmenischen Fürstentümer strikt bekämpft. Fünfundzwanzig Jahre nach der Schlacht von Ankara ist die westliche Hälfte Kleinasiens wieder osmanisch. In Europa wird der von den Ungarn angeführte Kreuzzug bei Varna (1444) aufgehalten. Die Türken festigen ihren Besitz, runden ihn mit der Peloponnes ab und tauchen in Albanien und vor den Mauern Belgrads auf. Neu sind die Mittel und der Geist dieser Politik; man hat über die früheren Niederlagen nachgedacht. Zuerst wird der »Geist der *ghazi*« neu geweckt und das türkische Volk neu motiviert: Man ruft die große Vergangenheit des Oghusenvolkes wach und macht die Eroberung zum höchsten politischen Prinzip. Es gibt aber verschiedene Arten von Eroberung; denn gute Muslime können ihre Glaubensbrüder weder einfach unterwerfen, wie es hier in Anatolien geschehen sollte, noch sie, wie es Bayazid praktizierte, als Ungläubige betrachten. Mit viel größerem Fingerspitzengefühl wird Anatolien zum zweitenmal und damit endgültig unter osmanische Herrschaft gebracht. Die Osmanen betreiben die Vereinigung als ein ehrgeiziges Projekt, an dem nun das ganze türkische Volk, nicht nur eine seiner Familien teilnimmt.

Dadurch kommen die Türken dem Vorwurf zuvor, daß sie »vereuropäisierten« und dem Westen den Vorzug gäben – ein Vorwurf, dem sich die ersten Sultane ausgesetzt hatten. Andererseits waren die Osmanen zu kluge Politiker, um nicht zu sehen, daß ihr Staat auf die Christen Europas angewiesen war und sie also an sich binden mußte. So entsteht die ständig umstrittene Institution der *devschirme*, der Aushebung christlicher Kinder in den Provinzen. War das eine Barbarei, deren Echo noch auf den Brücken der Drina widerhallt? Sicherlich war es eine grausame Maßnahme, denn man stahl die Kinder und zwang sie, zum Islam überzutreten, um sie in die Tradition des »Geistes der *ghazi*« einzureihen. Doch war die Sklaverei damals allgemein üblich (auch in den slawischen Ländern), und diese Kinder wurden ausgebildet, um am Hof oder im Heer zu dienen; sie stiegen oft in beneidenswerte und außergewöhnliche Stellungen auf, deren Glanz und Vorteile auch ihren Familien, mit denen sie in Verbindung bleiben durften, zugute kamen.

Jedenfalls wird diese Institution für die Osmanen zu einem unbestreitbaren politischen Erfolg, der schließlich eine radikale Veränderung im Staatswesen bewirkt: Die neue Verwaltung entgleitet immer mehr den Händen der alten anatolischen Aristokratie. Die aus dem Volk geholten Beamten werden persönliches Eigentum des Sultans, seine eigentlichen und unmittelbaren Sklaven. Zweifellos ist das eine paradoxe und kaum erklärbare Neuerung. Wie war eine Politik, die muslimisch sein wollte, vereinbar mit der systematischen Rekrutierung muslimischer Sklaven? Daß es sie jedoch gab, ist nicht von der Hand zu weisen, und diese Tatsache ist nur ein Beweis mehr für den Pragmatismus der ersten Osmanen. Der Staat ist Sache des Sultans und gleichzeitig die seiner Untertanen geworden, die unmittelbar an seine Person gebunden sind. Damit ist der Rahmen geschaffen, der es diesem Staat ermöglicht, ein Reich zu werden.

Das Reich: Ziele in Europa und im Mittelmeer

Mehmed II. (1451-1481), Bayazid II. (1481-1512), Selim I. (1512-1520) und Sulaiman II. (Soliman der Prächtige bei den Europäern, Suliman der Gesetzgeber bei den Türken, 1520-1566) – sie machen das Reich innerhalb eines Jahrhunderts zur größten Macht Asiens und zum Rivalen der größten christlichen Mächte.

Der osmanische Vorstoß konzentriert sich auf den Raum des Mittelmeeres. Nichts weist auf irgendein Heimweh nach dem Ursprungsland Zentralasien hin. Nachdem die verschiedenen turkmenischen Fürstentümer Mittel- und Ostanatoliens verschwunden sind – vor allem die Fürstentümer des Weißen Widders und des Schwarzen Widders zwischen Obermesopotamien und Aserbaidschan –, begnügen sich die Osmanen damit, das neue Persien der Safawiden, das in der Schlacht bei Tschaldiran (1514) vernichtend geschlagen wird, am Überqueren der östlichen Gebirgsschranken zu hindern. Sie besetzen Mesopotamien (Bagdad fällt 1534) und vollenden damit ihre Politik des »Containments«.

Im Norden des Mittelmeeres richtet sich der Ansturm gegen Europa und seine mit Weizen und Pferden gesegneten Ebenen. 1453 fällt Konstantinopel und wird unter dem Namen Istanbul die neue Hauptstadt des Reiches, 1467 endet der albanische Widerstand mit dem Tod seiner Galionsfigur Skanderbeg (Georg Kastriota). 1475 wird das Khanat der Krimtataren Protektorat, 1521 wird Belgrad eingenommen, 1526 werden die Ungarn bei Mohacs geschlagen, und ihr Land wird für die nächsten anderthalb Jahrhunderte besetzt, 1529 schließlich wird Wien belagert. Man darf aber diese glänzende Reihe osmanischer Erfolge nicht aufzählen, ohne die diplomatischen Interventionen zu erwähnen, die sie möglich gemacht und abgesichert haben, in erster Linie das Bündnis mit Franz I. gegen Karl V.

Nach Süden hin öffnet der Sieg bei Mardsch Dabiqs über die Mamelucken (1516) die Tore Syriens. Ein Jahr später zieht Selim in Kairo ein. Während des folgenden halben Jahrhunderts wird der türkische Vorstoß nach Nordafrika wesentlich von den Korsaren unterstützt, zum Beispiel vom berühmten Chair ad-Din »Barbarossa« an den Küsten Algeriens. Mit Ausnahme Marokkos kommt der ganze Maghreb unter die Oberhoheit des Ostens.

Bald werden auch die Inseln angegriffen: 1462 wird Lesbos den Genuesen entrissen, 1470 Euböa den Venezianern und 1522 Rhodos den Johannitern; damit ist das Ägäische Meer osmanisch. Mühsam, aber erfolgreich geht die Expansion auf Kosten Venedigs weiter. 1570/1571 wird Zypern eingenommen, und 1645 beginnt die Eroberung Kretas. Und überall vervielfacht die Flotte der Türken und Barbaresken die Wirkung der Überfälle; ein Jahr lang wird Otranto besetzt (1480), selbst Nizza wird geplündert (1543).

Glück und Unglück der Flotte

Diese Politik bedurfte entsprechender Machtmittel, und die Osmanen haben sich hartnäckig und unermüdlich darum bemüht. Bis zum Ende des 19. Jahrhunderts folgen in der Geschichte ihrer Flotte den Katastrophen immer neue – langsame oder aufsehenerregende – Wiederaufrüstungen. Sie waren nur möglich aufgrund der entschlossenen Politik der Sultane, aufgrund der Erfahrungen der alten Küstenvölker und aufgrund der beachtlichen Waldbestände – dank der Besitzungen in Europa waren es die größten, die die islamische Seefahrt je zur Verfügung hatte.

Zum Unglück der Osmanen gab es im Mittelmeerraum zu viele Gegenspieler, die es verstanden, an der Macht zu bleiben. Die Seeschlacht bei Lepanto war ein Triumph der kampfentschlossenen Christenheit der Renaissancezeit (1571). Viel später wurde die türkische Flotte bei Navarino durch die englische, französische und russische Flotte (1827) geschlagen. Das sind nur zwei Beispiele für die unzähligen Rückschläge der Osmanen zu Wasser. Können sie allein hinreichend erklären, warum das Reich der Osmanen niemals die Vorherrschaft auf dem Meer erlangte, auch nicht, als der zum Admiral (*kapudan-pascha*) aufgerückte Chair ad-Din die türkische Flotte gegen den Genuesen Andrea Doria zum Sieg führte?

Man wird auf weitere, zeitspezifische Umstände hinweisen: auf die Unfähigkeit der Führung, den mangelnden Kampfgeist der zwangsrekrutierten Besatzungen, die verspätete Modernisierung. Doch es gibt tiefere Gründe für dieses Scheitern: ob Rudergaleeren oder Segelgaleonen – die osmanische Flotte war vor allem ein Instrument des Kampfes, nicht des Handels.

War dies Bequemlichkeit oder angesichts der sehr starken Handelsflotten von Venedig, Genua und Florenz, um nur diese zu erwähnen, ein grundsätzlicher Verzicht? Jedenfalls treibt das Reich meistens über fremde Mittelsmänner Handel. Selbst in dem lebenswichtigen Raum des Schwarzen Meeres, der Ägäis und Ägyptens rüstet es nur eine sehr bescheidene Handelsflotte aus, die es zudem der Fürsorge seiner griechischen Untertanen überlassen muß. Von allen Krankheiten, an denen das Osmanische Reich litt, war die »maritime Atemlähmung« die hartnäckigste und schwerste, sowohl im Mittelmeer als auch im Indischen Ozean.

Vom Heer der »ghazi« zum Heer der Janitscharen

Das Heer, wichtigstes Machtinstrument der osmanischen Herrscher und Gegenstand all ihrer Fürsorge, erhält im 16. Jahrhundert seine endgültige Form. Zum Teil baut es auf vergangenen Traditionen auf: Die von der Zentralgewalt abhängigen Truppen, die Janitscharen und die Spezialeinheiten, werden über ein Soldsystem versorgt, in den Provinzen aber werden die Soldaten – und zwar genauer gesagt die Reiter – von den *sipahis* gestellt, den Inhabern einer Steuerpacht, *timar* genannt, die teils auf byzantinische Praktiken, teils auf den Brauch des *iqta* zurückgeht. Außerdem gibt es irreguläre Truppen, die zumindest bis zum 16. Jahrhundert einen nicht unbeträchtlichen Teil des Heeres stellen.

Das Heereswesen ist fest an religiöse und moralische Autoritäten gebunden. Dafür zeugen die Janitscharen, die dem Derwischorden der Bektaschi angeschlossen sind, aber auch der hohe Rang der beiden »*qadi* der Armee«, die einen Sitz im Rat des Fürsten haben. Aufgrund der strengen Führung ist die gesamte Truppe tapfer und ausdauernd. Ihr Vorbild ist natürlich das Elitekorps der Janitscharen, deren Reihen durch das System der *devschirme* regelmäßig aufgefüllt werden – christliche Kinder, die gewaltsam rekrutiert, im Geist des Islam und der türkischen Sitten erzogen und dann kaserniert werden, stellen die besten Soldaten des Reiches und sind unmittelbar an die Person des Sultans gebunden. Die Janitscharen sind die Garde dieser *Grande Armée* – eine Garde, die allerdings nur aus Fußtruppen besteht, aber vor allem eine Garde, die von besonderem religiösen Eifer beseelt und von typischen Männerfreundschaften geprägt ist (die Janitscharen dürfen nicht heiraten).

Nach den Angaben des 16. Jahrhunderts zu urteilen, ist die Armee sehr groß; sie umfaßt 20 000 Irreguläre, 35 000 *timar*-Pächter (nach anderen Schätzungen allein in Europa 60 000 nebst 80 000 Pferden) und unter Soliman 20 000 Janitscharen. Technisch ist diese Armee ihrer Zeit weit voraus; ihre Geschützgießereien (*topchane*) sind berühmt und sichern ihr die Überlegenheit über die Armeen Asiens, ja selbst der Christenheit. Hervorragend organisiert sind das Ingenieurkorps, der Troß und die Heeresverwaltung. Die Qualität der Heeresverwaltung und die große Genügsamkeit der Soldaten erklären vielleicht die hohe Truppenstärke. Erst im 17. Jahrhundert gibt es in Europa, unter Wallenstein, Armeen von mehr als hunderttausend Mann.

Das alles sind die Merkmale einer »seltsamen Modernität«, die das erste stürmische Heer der *ghazi* verdrängt haben; nur von den *sipahis* aus den Provinzen könnte man vielleicht behaupten, daß sie die Tradition der *ghazi* fortsetzten. Was die neue Armee vor allem auszeichnet, ist die reibungslose Organisation, die im übrigen für alle osmanischen Verwaltungen charakteristisch ist. Im 16. Jahrhundert besteht ihr Wert weniger in der angewandten Taktik, in der sich noch manche uralten Bräuche der türkisch-mongolischen Welt erhalten haben, als vielmehr in der exakt funktionierenden Versorgung dieses großen Heerkörpers im Alltag und während des Kriegs. Ungeachtet des Prunks, den noch heute die Prachtuniformen der Janitscharen im Museum von Belgrad dokumentieren, sei auf die ausgeklügelten Methoden der Mobilisierung und die genauen Instruktionen für den Marsch und die Stationierung der Truppen hingewiesen; von dem gesamten Schauspiel, das die türkische Kriegsmaschinerie bot, beeindruckte den Westen vor allem die Ruhe in den Feldlagern des zur Nüchternheit erzogenen Heeres.

Die Ordnung in den eroberten Ländern

Eine funktionstüchtige Armee reicht jedoch nicht, um die eroberten Länder dauerhaft unter der Gewalt der neuen Herrscher zu halten. Daß die Eroberer ihre Macht über die unterworfenen Völker langfristig festigen konnten, hängt unmittelbar mit ihrem Staatsverständnis zusammen.

Oberste Priorität hatten in diesem Staatsverständnis die Herstellung der Ordnung und ein funktionierendes Steuersystem. Um beides zu gewährleisten, änderten die Türken so wenig wie möglich an den bestehenden politischen und konfessionellen Verhältnissen. So war es möglich, daß Christen sich in den osmanischen Behörden durchsetzten und in den Genuß eines *timar* gelangten: einzige Voraussetzung war die Ergebenheit gegenüber dem Staat, nicht aber die muslimische Religionszugehörigkeit. Außerdem ließ die klassische osmanische Form der Provinzialverwaltung in Europa zahlreiche Ausnahmen zu, die es den lokalen Fürsten erlaubten, ihre Länder als Vasallen oder Tributpflichtige nach eigenem Ermessen zu regieren.

Zweifellos kam es auch zu Ausschreitungen, besonders während der Eroberung; aber als diese Wirren überstanden waren, sahen sich die Völker einer Staatsmacht gegenüber, die ihre Geschäfte weitaus besser führte als vor ihr das dekadente Byzanz oder die romanischen Staaten. Auch die Umsiedlungen, zu denen es vor allem während der ersten Eroberungen in Europa kommt, haben die Bevölkerungsstruktur der unterworfenen Regionen nur selten verändert. Auf jeden Fall kam es niemals zu systematischen Verfolgungen, im Gegenteil: das Reich, an der Spitze Istanbul, bot den Juden Zuflucht vor den europäischen Pogromen – den Juden Böhmens, Österreichs und Polens folgten nach 1492 die, die von den katholischen Spaniern vertrieben wurden.

Diesen Einwanderern erkannte das Reich stillschweigend den Status einer »Nation« (*millet*) zu, das heißt einer organisierten, geschützten Gemeinschaft eigenen Rechts. Alle Juden des Reiches unterstanden dem Hacham Baschi (Großrabbiner), der in Istanbul residierte und zum Staatsapparat gehörte. Noch mehr Anerkennung genossen die orthodoxe *millet*, die von dem griechischen Patriarchen in Istanbul geleitet wurde, und die armenische *millet*, die nicht weniger bedeutend war, denn ihr Patriarch besaß die Autorität über die Katholiken, Nestorianer, Jakobiten und alle nichtorthodoxen christlichen Gruppen. In der Praxis erlaubten es die örtlichen Verhältnisse den nicht offiziell anerkannten Gemeinschaften, ihre Eigenart und ihre konfessionelle Hierarchie zu bewahren, aber das war nicht immer der Fall.

Es herrschte unbestreitbar Ordnung, und diese Ordnung begünstigte den Handel. Die Griechen, die unter den orthodoxen Christen weitaus erfolgreicher waren als die Slawen, konnten sich sogar feste Positionen im Staatsapparat sichern. Ähnliches gelang den Armeniern und den Juden im Handel und den Kopten in Wirtschaft und Verwaltung Ägyptens. Fast nirgends gab es, abgesehen von der *devschirme*, Zwangsbekehrungen. Wenn es in manchen Gebieten Europas zur Islamisierung kam, dann war sie, wie in der gesamten Geschichte des Islam, das Ergebnis gesellschaftlicher Vorgänge, die sich von den Städten über das Land ausbreiteten: Man wollte zur führenden Schicht gehören, oder man rächte sich – in Bosnien – für die Verfolgungen durch die Katholiken oder die von der orthodoxen Kirche aufgebürdete Steuerlast. Eine Bewegung von so großem Ausmaß wie die Islamisierung Bosniens im 14. Jahrhundert hätte niemand mit dem Schwert durchsetzen können.

Kein Zweifel: Ganz anders als die christlichen Staaten Europas, in denen Verfolgungen an der Tagesordnung waren, scheint das Osmanische Reich in seiner Blütezeit während der ersten Hälfte des 16. Jahrhunderts für die verschiedenen Religionsgemeinschaften ein Hort des Friedens zu sein. Weder die »Nationen« noch die Bevölkerung der Provinzen werden von ihren vertrauten Traditionen abgeschnitten; das zeigt auch die Lebenskraft, die sie bis heute bewahrt haben.

2. Der Staat und die Macht

Die Ordnung an der Basis entsprach der Ordnung an der Spitze. Bis zum Tod Solimans des Prächtigen bewährt sich das von den Osmanen errichtete Gebilde und hält allen Prüfungen stand.

Byzanz oder der Islam?

Zunächst darf man keinesfalls alles, was der osmanischen Verwaltung glückte, dem byzantinischen Erbe zuschreiben. Mit Recht bemerkt C. Cahen zum speziellen Thema des Katasters: »Warum sollten die Osmanen nicht den byzantinischen oder den slawischen Kataster verwenden? Aber warum sollen sie unfähig gewesen sein, auch einen eigenen Kataster anzulegen, wo es keinen gab?« Fakt ist, daß die Osmanen sich bemühten, die bestehenden Einrichtungen, die sich auf den Bodenbesitz und das Privatrecht der verschiedenen konfessionellen Gemeinden stützten, so wenig wie möglich anzutasten, und daß sie, als sie ihren zentralisierten Staat aufbauten, zahlreiche Anleihen bei der muslimischen und der byzantinischen Vergangenheit machten. Fakt ist aber auch, daß dabei das muslimische Erbe, das zudem auch noch manchen türkischen Brauch bewahrte, bei weitem überwog.

Religiöses Gesetz oder weltlicher Staat?

Die Frage nach den byzantinischen und den islamischen Einflüssen geht ihrerseits auf eine andere zurück: In welchem Maß wird der osmanische Staat, dessen Siegeszug als Triumph des Islam über alte »ungläubige« Territorien und besonders über die glorreiche Hauptstadt des Ostens verstanden werden kann, von der Religion inspiriert, die ihm als Devise dient?

Wir haben die Stellung der *qadi* der Armee erwähnt. Sie und ihresgleichen, die Männer der Moscheen und der Medresen, verstehen sich weiterhin als Diener des religiösen Gesetzes, das in jedem Fall über dem Fürsten steht. Seit Soliman entsteht eine neue Bewegung, die danach strebt, an die Spitze aller Juristen, Theologen und

Richter des Reiches den Großmufti von Istanbul, den *scheich al-islam*, zu stellen, als lebendige Verkörperung des religiösen Gewissens in der Gemeinschaft und als die im Rang zweite Person der Verwaltungshierarchie nach dem Großwesir.

Dennoch: Auch wenn der *scheich al-islam* den Handlungen des Staates die Billigung des Gesetzes zuspricht, so liegt die Gesetzesinitiative doch nicht bei den geistlichen Behörden. Ebenso wie ihre Vorgänger im Islam brauchten auch die Osmanen eine weltliche Gesetzgebung, aber sie besaßen die Kühnheit, das offen zuzugeben. Was durch das Rechtsgutachten (*fatwa*) des *scheich* gebilligt wurde, war damit zwar ein Gesetz, das als dem Geist des religiösen Gesetzes entsprechend beurkundet war, es stammte aber aus einer anderen Quelle. Kurz: es war ein Gesetz des Staates, und so wurde es auch verstanden. Der Name, den man dafür wählte, bestätigt es: In dem Wort *qanun-name* erkennt man das griechische Wort *kanón* wieder.

Ein Feudalstaat?

So konnte sich ein osmanisches Recht entfalten, dessen Mischcharakter seine Originalität keineswegs beeinträchtigte. Gewiß, auch hier setzte die Steuergesetzgebung, um die es immer wieder ging, uralte Traditionen fort, nämlich die Unterscheidung zwischen dem muslimischen Zehnten und der Kopfsteuer der »beschützten« Untertanen, das Schwanken zwischen direkter Eintreibung und Verpachtung (*timar*), die Beibehaltung eines Tributs, der von den Vasallen an den Staat zu zahlen war, und schließlich neben den direkten Steuern die zahllosen weiteren Abgaben und Zölle; das alles wurde von den Finanzbeamten (*defterdar*) der Provinzen oder der Hauptstadt Istanbul Tag für Tag sorgfältig registriert.

Neu ist die Ordnung des Grundeigentums. Wenn der weitaus größte Teil des Landes regulär oder durch Eroberung vom Staat erworben wurde, so geschah dies aufgrund einer Vorstellung, die ganz und gar dem Verhältnis zwischen dem Sultan und seinen Untertanen entsprach: Ebenso wie die Untertanen seine Sklaven sind, ist auch das Land sein Besitz, und die zu zahlenden Steuern sind »private Abgaben«. Menschen und Ländereien, also der gesamte

Staat, wird – das muß nochmals hervorgehoben werden – das Eigentum des Fürsten.

Die Praxis des *timar*, die im Prinzip bestimmte Privilegien oder Unabhängigkeiten begünstigen konnte, änderte nichts an diesem Sachverhalt. Der *timar* ist nicht erblich, und sein Spielraum ist aufs knappste berechnet, so daß er seinem Inhaber bestenfalls den Unterhalt einer Handvoll Soldaten unter der stets sehr strengen Kontrolle des unmittelbar dem Staat verantwortlichen Gouverneurs ermöglichte. Nichts rechtfertigt also die Bezeichnung »feudal« für das osmanische Regime.

Die Behörden

Die Verwaltung der Hohen Pforte bestand aus einem Heer von Schreibern, Beamten und Würdenträgern unter Aufsicht des Großwesirs – ein hochkomplexes System mit verschiedensten Ämtern, Rängen, Titeln und Würdezeichen. Das augenfälligste Emblem war der Roßschweif, der auf alte asiatische Bräuche zurückgeht, während das dem Islam schon vertraute Symbol des Halbmonds, dessen religiöse Bedeutung sich nur sehr langsam herausbildete, erst zu Beginn des 19. Jahrhunderts zum Emblem des Reiches wird.

An der Spitze der Hierarchie standen hohe Zivilbeamte, die Leiter der Kanzlei, des Finanzwesens und der Innenpolitik, außerdem einige Militärs, der Großadmiral und der Führer (*agha*) der Janitscharen, schließlich die Wächter über das Gesetz, die beiden *qadi* der Armee und der *qadi* von Istanbul. Sie alle bildeten mit dem Großwesir zusammen den Rat des Fürsten, den Diwan, der sich viermal wöchentlich im Palast versammelte.

In der Provinz war die ranghöchste Persönlichkeit der *beylerbey*, der Gouverneur eines großen, seit etwa 1600 *eyalet* genannten Gebiets. Zu Rumelien, dem orthodoxen Teil des Balkans, und Anatolien, den beiden ältesten *eyalet*, kamen später weitere, die verschieden groß waren: Das bereits stark islamisierte Bosnien wurde 1580 von Rumelien abgetrennt, und das anfangs eine Einheit bildende »Arabien« wurde in drei *eyalet* aufgeteilt, in Aleppo, Damaskus und Kairo. Jeder dieser Teile war wiederum in mehrere *sandschaq* unterteilt, die die untersten Verwaltungseinheiten bildeten; nach einer offiziellen Urkunde aus dem Jahr 1520 waren es 87.

Der Sultan und seine Umgebung

Über allen stand schließlich der Sultan, die Seele des Reiches, der einzige und absolute Herr. Ein tiefgreifender Wandel hat sich in den politischen Sitten dieses Volkes vollzogen; die Wirren der Turkmenenzeit und die damit einhergehende territoriale Zersplitterung gehören endgültig der Vergangenheit an. Von jetzt ab sterben die Fürsten schneller als die Provinzen. Um ihre Macht zu sichern, wenden die Osmanen ein höchst wirkungsvolles Mittel an: Man ermordet alle männlichen Verwandten, die der Macht des Herrschers und seines mutmaßlichen Erben gefährlich werden könnten. Man bewundert sogar Mehmed II., weil er die Kühnheit besitzt, dieses Vorgehen unter Berufung auf einen stark umstrittenen Korantext durch ein *qanun-name* zu einem wesentlichen Gesetz des Staates zu machen.

Die Umwelt des Sultans ist der Palast, das Serail (*seray*). Hier lebt er, von seinen Pagen (*itschoghlan*) umgeben, zwei Schritte vom Harem entfernt, wo unter der Autorität der gefürchteten Sultanmutter (der *valide-sultan*) seine Familie und seine Dienerschaft wohnen. Es ist eine geschlossene und unzugängliche Welt, den Blicken der Menge entzogen; eine Welt, die in hinter hohen Mauern verborgenen Gemächern und Gärten lebt und sich nur anläßlich von Zeremonien zeigt, deren strenge Etikette und unerhörter Prunk die Fremden in Staunen versetzen. Es ist eine großartige Welt voll Hochmut und Luxus, die außerhalb des Palastes durch das Werk des großen Architekten Sinan verherrlicht wird, durch die wunderbaren Moscheen, die er fast überall unter dem osmanischen Himmel errichtet.

Seine letzte Weihe erhielt das Sultanat durch Selim I. Bevor der letzte Repräsentant der Abbasiden, die die Mamelucken als Relikt des Kalifats bei sich aufgenommen hatten, stirbt, legt sich Selim I. den alten Titel des »Oberbefehlshabers der Gläubigen« zu, und die heiligen Stätten erkennen ihn als ihren Beschützer an. Der Islam, wenigstens der größte Teil seiner Anhänger, kann sich von neuem als eine geeinte, von einem einzigen Oberhaupt geführte Gemeinschaft fühlen. In Ermangelung einer alidischen Abstammung oder eines regelmäßig zum Ausdruck gebrachten Willens der Gemeinschaft konnten die Erfolge dieses Oberhauptes als Beweis seiner geistlichen Legitimität gelten.

3. Vorboten des Niedergangs

Die Historiker fragen sich nach wie vor, warum ein so eindrucksvolles und dynamisch-expansives Machtgebilde derart verfallen konnte, daß aus dem Osmanischen Reich der berühmte »kranke Mann am Bosporus« wurde. Man sollte diese Entwicklung jedoch nicht zu früh ansetzen. Noch im 17. Jahrhundert leistete sich die Pforte den Luxus, die Botschafter des Westens prügeln zu lassen und Wien von neuem zu belagern, und auf geistigem Gebiet machte sich der Verfall kaum vor dem Ende des 18. Jahrhunderts bemerkbar.

Sind die Osmanen an diesem Niedergang allein schuld? Die Fortschritte der Forschung machen deutlich, daß der Zusammenbruch der türkischen Herrschaft im Kontext eines Kräftespiels zu sehen ist, auf das die Türken größtenteils keinen Einfluß hatten und das nicht nur das Osmanische Reich, sondern die ganze Welt umfaßte. Sicherlich kann man politische, wirtschaftliche und kulturelle Ursachen des Verfalls ausmachen, aber all diese Aspekte hängen mit den entscheidenden Veränderungen der Weltgeschichte zusammen, die mit dem 16. Jahrhundert einsetzen. Das Osmanische Reich ist nicht einfach eines natürlichen Todes gestorben – Europa hat ihm die Luft abgeschnitten und seinem Untergang nachgeholfen.

Die Schwäche der Sultane

Die bewunderungswürdigen osmanischen Archive spiegeln bis hin zur Qualität des verwendeten Papiers die Kurve des Niedergangs getreu wider. Die Leistungsfähigkeit der Verwaltung läßt schon im 17. Jahrhundert nach, aber erst im 18. Jahrhundert, als nach der Belagerung Wiens (1683) und der vollständigen Eroberung Kretas

(1668) die noch einmal ruhmreiche Zeit unter Murad IV. (1623-1640) und dem Wesirat der Köprülü (von 1656 an) abgeschlossen ist, geht es rapide abwärts.

Vor allem fällt die Machtlosigkeit der Sultane auf – von nun an ist ihnen die Schwäche wie angeboren. Gegen Ende des 16. Jahrhunderts ersetzt man das Gesetz des Brudermordes durch die noch schlimmere Praxis der »Käfige«: Das sind in einem Winkel des Palastes verborgene Verschläge, in denen die männlichen Erben des verstorbenen Sultans bis zu ihrem Tod ein elendes Leben als Gefangene fristen. Falls sie Sklavinnen haben, finden die damaligen Möglichkeiten zur Empfängnisverhütung Anwendung, und gegen die Mängel dieses Verfahrens sichert man sich durch »Entbindungstechniken«, die kurzen Prozeß machen und die Schattenfürsten jeder Nachkommenschaft berauben. Manchmal jedoch schleppt man sie – sei es, daß es die Notwendigkeit gebietet, Zufälle der Nachfolge im Spiel sind oder wieder einmal eine Palastrevolution stattgefunden hat – auf den Thron, auf dessen Anforderungen sie in keiner Weise vorbereitet sind.

Kein Wunder, daß ihnen die Macht entgleitet; sie wird von der gefürchteten Sultanmutter und vom Großwesir übernommen. Ganz im Gegensatz zu dem, was viele Europäer glaubten, ist die Hohe Pforte, hinter der die Sitzungen des Diwan vom 17. Jahrhundert an immer häufiger stattfinden, die des Sitzes des Großwesirs; die andere, die Kaiserliche Pforte des Palastes, öffnet sich nur noch für die Prunksitzungen.

Ferner geht die zivile Macht wieder einmal an die Garden über, diesmal an die Janitscharen. Seit Mehmed II. erhalten sie bei der Thronbesteigung eines Sultans eine Geldprämie. Das ist eine gefährliche Praxis; aber die entscheidende Wendung tritt erst am Ende des 16. Jahrhunderts ein, als man ihnen erlaubt zu heiraten und als man wahllos jeden zu diesem Elitekorps zuläßt. Von da an revoltieren die Janitscharen unaufhörlich, ernennen und entmachten Sultane und Wesire und terrorisieren die Bevölkerung.

Wie aussagekräftig diese Zeichen des Verfalls auch sein mögen, sie allein können den Niedergang der Osmanen nicht erklären. Zumindest muß man den Rahmen weiter spannen, muß Istanbul verlassen, um sich ein Gesamtbild über die Wirkungen des Machtverfalls verschaffen zu können. Denn zweifellos profitieren die Pächter des *timar* fast überall vom Nachlassen der Kontrolle; sie unterdrücken die bäuerlichen Massen, deren Los sich weiter verschlimmert, als die Bodenkrise durch eine Währungskrise noch verschärft wird. Auch hier vollzieht sich die Wende im 17. Jahrhundert, als sich das Land »zugunsten« der Städte entvölkert.

Auch der autoritäre Regierungsstil der ersten Zeit hatte auf die Dauer verderbliche Folgen für den inneren Frieden. Um nur ein Beispiel zu nennen: die Unterstellung aller orthodoxen *millet* unter die Jurisdiktion des Patriarchen von Konstantinopel und die gegenüber den anderen orthodoxen Völkern privilegierte Stellung, die sich die Griechen hierbei – mit dem Segen der Pforte und auf Kosten der Slawen – sichern konnten, lösten eine starke Opposition aus, die die griechenfeindliche Tendenz des Nationalbewußtseins in den Balkanländern des 19. Jahrhunderts besser verständlich macht.

So erwacht der alte Partikularismus wieder, der sich durch Waffengewalt oder durch Forderungen nach kultureller Eigenständigkeit Gehör verschafft; er wird durch den Zerfall der Autorität begünstigt und durch die Bodenkrise und die konfessionellen Gegensätze verstärkt. Die Katholiken im albanischen Bergland, die Drusen im Libanon und die Armenier werden durch die römische Propaganda aufgehetzt, die auch bei der Mehrzahl der Serben und Bulgaren aufgrund der Abneigung gegen den griechischen Klerus und die türkischen Herren auf fruchtbaren Boden fällt.

Den äußeren Feinden und den Rivalen in Europa leistet die Armee immer weniger Widerstand. Im 17. Jahrhundert macht dort die Technik der Artillerie derartige Fortschritte, daß die Osmanen, die auf diesem Gebiet früher so hervorragend waren, nicht mehr Schritt halten können. Wie die Bewaffnung, so erstarrt auch die Taktik; der Mut der Truppen wird dem konzentrierten Feuer des Gegners geopfert.

Im Frieden von Karlowitz (1699) tritt das Reich zum erstenmal Gebiete ab, vor allem den größeren Teil Ungarns. Ein Jahrhundert später wird es im Vertrag von Kütschük-Kainardschi von Rußland gezwungen, seine Gebiete an den nördlichen Ufern des Schwarzen Meeres aufzugeben.

Das sind keine bloßen Episoden einer wechselvollen Kriegsgeschichte, in der große Gestalten wie Johann Sobieski, Prinz Eugen und Peter der Große immer eine Wende herbeiführen können, sondern es sind die Folgen von Umwälzungen, die sich im globalen Maßstab vollziehen: Die Türken erleiden »das große Schicksal der Nomaden« (F. Braudel). In den letzten Jahren des 17. Jahrhunderts wird Rußland mit seiner ganzen Wucht zum Symbol für die »langsame Umkehrung der Sanduhr« in Europa; die »zivilisierten Völker« verdrängen die nomadischen »Kulturen«, so sehr diese auch Widerstand leisten. So werden zum Beispiel die Krimtataren durch die neuen Kanonen bezwungen und von den Kosaken mittels ihrer eigenen Taktik der beweglichen Kampfführung und der Überraschungsangriffe geschlagen.

Man darf natürlich das Osmanische Reich nicht als eine rudimentäre Kulturstufe abwerten, als »eine Kultur, die ihre Reife, ihren Höchststand nicht erreicht und ihre Entwicklung nicht gemeistert hat«. Doch es ist kein Zufall der Geschichte, daß die osmanische Kultur dort widerstanden und überlebt hat, wo sie wirklich zu Hause war, dort, wo die Türken Zeit hatten, den »alten Adam«, den erobernden Nomaden, abzutun und ein seßhaftes Volk zu werden, kurz: in der heutigen Türkei, also in Anatolien und Thrakien. In allen anderen Ländern war ihr administratives und militärisches System anscheinend ebenso wie der in ihm lebendige Geist des *ghazi* nur darauf ausgerichtet, unaufhörlich zu siegen und Grenzen zu durchbrechen.

Will man die Geschichte der Osmanen im Gesamtüberblick beurteilen, so muß man sagen: Obwohl sie im Unterschied zu vielen anderen ehemaligen Nomaden die Unstetigkeit zu bändigen vermochten, die den nomadischen Gesellschaftstyp prägt, haben sie schließlich doch das typische Los des Nomaden erlitten; sie sind überall gescheitert, wo dieser Expansionsdrang eingedämmt wurde, überall, wo der Raum vor ihnen verschlossen blieb – nicht nur der Bewegungsraum für den Krieger, sondern auch, wie wir sehen werden, der Bewegungsraum für den Kaufmann.

Wäre der osmanische Vorstoß nach Europa ebenso stark gewesen, wenn das Reich im Orient erfolgreicher gewesen wäre? Es war eine weitere Tragödie für das Reich, daß es zu spät in die lebenswichtige Region der südlichen Landengen vordrang, um die der große Welthandel einen weiten Bogen machte, sobald einmal der ununterbrochene Seeweg ums Kap der Guten Hoffnung erschlossen war, der Europa direkt mit Indien verband.

Wir dürfen aber auch hier die Dinge nicht überstürzen. Die Umschiffung Afrikas durch die Portugiesen hat sich keineswegs unmittelbar katastrophal ausgewirkt. Das Rote Meer und der Persische Golf beförderten weiterhin einen großen Teil der Waren bis zur Landenge von Suez, nach Mesopotamien und zu den Häfen Syriens. Erst später, in dem wieder einmal entscheidenden 17. Jahrhundert, als die Portugiesen den Holländern, Engländern und Franzosen weichen mußten, zogen die Routen über die offenen Ozeane den Orienthandel immer mehr an sich und nahmen ihn den Ländern der Osmanen weg.

Zweifellos haben die Osmanen nicht untätig zugesehen; sie erkannten die neue Sachlage mit voller Klarheit, was der hartnäckig betriebene Flottenbau, die Weitsicht der osmanischen Historiker und Geographen, die Schutzherrschaft über die heiligen Stätten und die Besetzung des Jemen beweist. Zudem kämpften die Osmanen mit den Portugiesen um den großen indischen Handelshafen Diu, und sie planten einen Kanal zwischen Don und Wolga, als Hauptstück eines Weges, der mit Hilfe des Vasallenstaates der Krimtataren den Zugang nach Asien zu Land ermöglicht hätte, da man auf den Meeren die Behinderung durch die Portugiesen nicht beseitigen konnte.

Das Unglück wollte es, daß Rußland zur gleichen Zeit nach Süden zum Meer drängte und der Westen zunehmend unternehmungslustiger wurde und fast überall vorstieß, wo der Handel lockte. Als ein Hauptakteur im Kräftespiel der europäischen Großmächte und als Herrscher über Länder, die im Handelsverkehr mit Indien trotz allem noch eine gewisse Rolle spielten, war das Osmanische Reich zu sehr Unternehmungen und Kontrollen ausgesetzt, die man verschämt als Allianzen und Sonderrechte bezeichnete; der Islam nennt sie »Privilegien«.

Die »ungleichen Verträge«, die auf diese Weise besiegelt oder erneuert werden, vor allem seit der zweiten Hälfte des 16. Jahrhunderts, führen nicht nur zu einer – unmittelbar oder über christliche Schutzbürger erfolgenden – Einmischung des Auslands in die inneren Angelegenheiten des Staates. Der Machtverfall wird dadurch noch verstärkt, daß das Ausland, besonders aus Anlaß von Flaggenstreitigkeiten, die Kontrolle über den Außen- und sogar über den Binnenhandel des Reiches übernimmt. Im 18. Jahrhundert ist die Umkehrung des Warenstroms in die Richtung von West nach Ost vollendete Tatsache. Zu Land bekämpft, zur See gelähmt, durch die von den Botschaftern, Konsuln und Kaufleuten des Westens mit Hilfe von Komplizen und Schutzbürgern gewobenen Netze gefesselt, war die osmanische Welt zur Ohnmacht verurteilt.

Der Zusammenbruch der Währung

Ebenso wie den militärischen und kommerziellen Unternehmungen Europas war das Osmanische Reich auch den Krisen der internationalen Konjunktur ausgesetzt. Es verwendete für seine Ausgaben und die Berechnung der Einkünfte hauptsächlich die Silberwährung, den Asper (*aqtsche*). Dennoch darf man nicht annehmen, die Währung sei nur auf ein einziges Metall gegründet gewesen: Die Goldzechine (Sultanin) war kaum weniger geschätzt als der Dukaten Venedigs, und Ägypten blieb für das Gold eine bedeutende Münzwerkstatt.

Bis zum Ende der Regierung Solimans war die Währungspolitik der Sultane darauf ausgerichtet, einer eventuellen Verknappung des Silbers entgegenzuwirken; sie förderte den Tauschhandel, verschärfte die Kontrolle über die Minen und importierte Silber in Münzen und in Barren. Man tat also alles, was seit langem Routine war.

Das Mittelmeer zwischen Amerika und Orient

Der Gegenwind kam aus Amerika. Das Osmanische Reich war daran gewöhnt, der Verteuerung des Silbers entgegenzusteuern. Es hatte keinen Anlaß, mit einem Kursverfall zu rechnen, und es war daher völlig unvorbereitet, als von 1550 an die Krise hereinbrach, die durch die Silberförderung in den Minen der Neuen Welt ausgelöst wurde. Das Silber kam über Spanien, Genua und Ragusa und löste um 1584 totale Verwirrung aus. Das Gold wurde knapp, der Silberwert stürzte. Unter Selim I. wurde der Asper noch mit einem Sechzigstel des Sultanin bewertet, am Ende des 16. Jahrhunderts war er auf die Hälfte seines Wertes gesunken. Die Münzen enthielten immer weniger Silber und immer mehr Kupfer.

Die islamische Welt tritt damals in die dritte Phase ihrer Währungsgeschichte ein, die auf das sudanesische Gold und das erste Einströmen von Edelmetall aus Amerika folgte: in die Phase der »Kupferinflation«, des »Falschgeldes, das, amtlich anerkannt oder nicht, am Ende des 16. Jahrhunderts zunächst zaghaft aufkommt und in den ersten Jahrzehnten des 17. Jahrhunderts alles überschwemmt« (F. Braudel).

Das Osmanische Reich, das damals an »der allgemeinen Vergiftung des Meeres« durch minderwertiges Geld teilnimmt, ist dadurch gezwungen, auf die Münzen Europas »Jagd zu machen«. Istanbul kauft »kistenweise« spanische Goldtaler und Silberreales. Die Münzen des Westens sind auf den Märkten Algeriens, Kairos, Syriens und der Türkei sehr gefragt: vor allem die Goldmünzen, aber ab dem 18. Jahrhundert auch wieder die Silbermünzen, die wegen der Goldförderung in Brasilien erneut an Wert gewinnen.

Im Reich macht sich also endgültig ein hoffnungsloser Mangel an harter Währung bemerkbar, der durch die immer größeren Anforderungen der Behörden und Truppen sowie durch die wachsenden Importe noch verschlimmert wird. Das Osmanische Reich ist nicht nur im christlichen Europa, sondern, wie dieses, auch in Persien und Indien verschuldet. So wird seine schon während des 18. Jahrhunderts im Westen defizitäre Bilanz auch im Osten negativ, die »Devisen«, die aus dem Mittelmeerhandel abgezogen werden, werden in Barren umgegossen und nehmen so den Weg nach Osten. Wiederum ist das Geschick des Osmanischen Reiches mit dem Weltgeschehen verbunden, mit dem Strom der Edelmetalle, der von Europa nach dem Fernen Osten fließt, diesmal aber mit dem wesentlichen Unterschied, daß die Nachfrage nach ausländischen Produkten weder durch den Geldumlauf noch durch expandierende Wirtschaftskraft gedeckt ist.

Land wertbeständiger als Geld

Es ist also kein Wunder, daß die mit entwertetem Geld bezahlten Soldaten und Beamten murren und daß der Besitz von Land wertbeständiger wird als Geld. Man kann sich zwar fragen, ob der seit 1600 wachsende Einfluß der Aristokratie auf das Agrarland, wie im Donauraum und im slawischen Gebiet, nicht vielleicht damit zusammenhängt, daß Neuland für den Weizenanbau gewonnen werden muß – eine Urbarmachung, die um so dringender, maßloser und unersättlicher wird, als der Druck der Überbevölkerung stetig wächst. Tatsache ist jedoch, daß die Steigerung des Bodenwerts im Osmanischen Reich genau mit der großen Währungskrise des ausgehenden 16. Jahrhunderts zusammenfällt, und der Wunsch nach Landbesitz bringt das System des Grundeigentums völlig durcheinander. Der Verfall des Systems des *timar*, der nun Höflingen und sogar Frauen gewährt wird, führt zur Entstehung richtiger Lehnsgüter, einer Institution, die so gefestigt ist, daß ihre Nutznießer beruhigt in ihren Stadthäusern leben können – ein Zeichen dafür, wie gut man die Bauernschaft in der Hand hat. Ein weiteres Symptom für die Lage: Unter der Bezeichnung *tschiftlik* – »ein Stück Erde«, das vom Sultan als Privatbesitz zugeteilt und garantiert wird, das aber früher an das System des *timar* gebunden war – entsteht im 17. Jahrhundert und festigt sich im 18. Jahrhundert echtes, vor allem aus Neuland bestehendes Privateigentum, mit dem Würdenträger, Soldaten und Wesire bedacht werden. Überall also kommt es vom 17. Jahrhundert an zu Wuchergeschäften mit dem Boden und zur »Großen Wanderung« der Bauern, der hungrigen Mäuler und der Arbeitslosen.

Handwerk und Handel

Es ist auch kein Wunder, daß der Westen gerade die blühendsten Industrie- und Handelszweige des Reiches im 18. Jahrhundert mit harter Währung versorgt. Er braucht ihre Erzeugnisse: Seide, Baumwolle und Wolle, Farbstoffe und Leder sowie Pottasche aus Akko, die für die Glasmanufakturen in Venedig benötigt wird. Und es ist kein Zufall, daß der osmanische Handel immer mehr in die Hand jener Gemeinschaften übergeht, die gute Beziehungen zu den in

Gold und Silber zahlenden europäischen Ländern unterhalten: in die Hände der Griechen und Armenier, und natürlich in die Hände der Juden, die zwar von niemandem besonders geschützt werden, aber überall bekannt sind.

Der Fall Nordafrika

Und schließlich ist es abermals kein Wunder, daß sich die Währungskrise negativ auf die Treue der Provinzen auswirkt. Der Fall ist am Beispiel der rumänischen Fürsten untersucht worden. Man hat festgestellt, daß sie in dem Augenblick zu den Waffen griffen und an der Seite der Österreicher gegen die Osmanen kämpften, als sie zwischen 1585 und 1591 gezwungen wurden, Weizen und Vieh zu Zwangspreisen an die Pforte zu verkaufen.

Ein weiteres Beispiel für die möglichen Auswirkungen der Krise liefert Nordafrika, das nie völlig unterworfen worden war. Alle seine Garnisonen, von Algier bis Tripolis, befanden sich fern der Macht des Sultans. Seine Politik der Piraterie machte es von der Pforte immer unabhängiger, und durch Krieg und Handel kam es mit der Christenheit in engeren Kontakt als mit Istanbul. Nordafrika ging seine eigenen Wege und gewann vor allem aus dem Rückkauf der auf See gemachten Gefangenen durch Spanien und andere Länder gutes ausländisches Geld.

Mit Recht kann man einwenden, daß das spezielle, aber sehr einträgliche Wirtschaftssystem der Seeräuberei seine Wurzeln nicht in der osmanischen Krise hat und auch nicht aufgebaut wurde, um gegen die Auswirkungen dieser Krise vorzugehen, denn die Piraterie blüht seit mindestens 1560/1570. Das spricht aber nicht dagegen, daß die osmanische Wirtschaftskrise, eben weil der Reichtum der erste Schritt zur Unabhängigkeit ist, am Ende des Jahrhunderts die Kluft zwischen der Pforte und ihren weit entfernten reichen Städten im Südwesten weiter vertiefte.

Die Tatsachen liegen klar zutage: Die Währungskrise um 1600 fällt mit der zweiten Welle der Piraterie zusammen, die von 1601 an weit in den Atlantik hinein ausgreift. Als die Welt sich vor den Osmanen verschließt, öffnet sie sich für Algier, die internationale Stadt. Ist es da ein Wunder, daß das große Algier des 17. Jahrhunderts

»der Türkei den Rücken kehren« kann und daß Nordafrika wieder einmal vom Orient politisch unabhängig wird?

Der türkische Sunnismus

Die historische Überlieferung führt als tiefsten Grund für den osmanischen Niedergang an, daß der Sunnismus immer abweisender und strenger geworden sei. Seine konservative Haltung habe die Tatkraft und die geistige Auseinandersetzung gehemmt. Tatsache ist, daß die Anerkennung des hanafitischen Islam als Staatslehre dem juristischen Formalismus Vorschub leistet, die freie Forschung im Bereich der Theologie wie auch auf anderen Gebieten einengt und zu einer Art Selbstschutzhaltung führt, durch die man alle Neuerungen abwehren will.

Ein berühmtes Beispiel hierfür ist die Buchdruckerkunst. Ob sie nun über die Turk- und Mongolenvölker Zentralasiens und Rußlands aus China gekommen ist, das sie schon seit dem 9. Jahrhundert praktiziert, oder ob Europa sie abermals erfunden hat: das Osmanische Reich lernt sie jedenfalls über Europa kennen – durch jüdische Flüchtlinge oder durch venezianische Händler, die den Balkan durchwandern. Aber wie so vieles andere berührt die Buchdruckerei die türkische Gesellschaft nur am Rand, genauer nur die, die in ständiger Beziehung mit dem Westen stehen. Das sind beispielsweise Christen in Syrien, die im 17. und 18. Jahrhundert den Buchdruck betreiben, oder Juden, Armenier und Griechen in Istanbul. Die Osmanen hingegen bleiben gegenüber dieser »Erfindung des Teufels« sehr reserviert.

Die Osmanen oder der Islam? Tatsächlich ist die Tradition des Mißtrauens ebenso alt wie hartnäckig. Denken wir nur an das rasch verschwundene Papiergeld der Ilkhane von Persien, an die ebenso trostlose wie rätselhafte Existenz jener Handvoll gedruckter Dokumente aus Ägypten, die vor 1350 entstanden sind – alles folgenlose Experimente in einer feindlich gesinnten Umgebung. Die streng sunnitische Welt der Osmanen läßt sich von den ersten Drucken des Koran, die Ende des 15. Jahrhunderts in Europa erscheinen, nicht beeindrucken und weigert sich kategorisch – durch den Mund ihrer Gelehrten –, einen Text, den ihre gesamte Theologie als die

Wiedergabe einer *geschriebenen* Urform darstellt, mechanischen Verfahren anzuvertrauen. Die Ablehnung geht aber noch viel weiter: Sie trifft auch theologische, juristische und sogar historische Werke. Die Druckerei, die Ibrahim Muteferriqa, ein ehemaliger ungarischer Sklave, 1729 gründet, bleibt für lange Zeit ein beschränktes, gefährliches Abenteuer mit ungewissen Zukunftsperspektiven; nach einer ersten Unterbrechung von sechs Jahren stellt sie die Arbeit 1742 endgültig ein.

Kann man mit T.-F. Carter sagen, der Islam sei ein Hindernis für die Ausbreitung der Buchdruckerkunst gewesen? Sicher, der Widerstand währte nicht ewig, und auch der Islam gab später dieser Kunst die gebührende Ehre, wobei er, zumindest für den Koran, eine entschiedene Vorliebe für die Lithographie entwickelte. Aber letzten Endes betrug der Rückstand – und das auf einem derart wichtigen Gebiet – fast 400 Jahre.

Der Islam wurde für die Osmanen nie zum Hemmnis – solange sie vom Glück der Geschichte begünstigt waren. Ganz im Gegenteil: Sie drehten und wendeten ihn nach Gutdünken und legten ihn zu ihrem eigenen Vorteil aus; man denke nur an das Gesetz des Brudermordes oder die *devschirme*, die sich so unbekümmert über den muslimischen Status der geschützten Untertanen hinwegsetzte.

Solche Praktiken fanden ihre Rechtfertigung im »Geist des Glaubenskampfes«, in einem expansiven, selbstbewußten Islam. Wenn dieser Geist erlahmt, wenn der Islam, um seine Gelehrten geschart, seinen Zusammenhalt immer mehr in Abwehrhaltungen sucht, und das in dem Augenblick, als die Expansion ein Ende findet und Europa seinen Druck verstärkt, dann muß man daraus schließen, daß nicht der Islam das Reich lähmte, sondern daß das Reich, im Klammergriff Europas, den Islam lähmte.

Das Verhalten gegenüber der Buchdruckerkunst war mehr als ein religiöses Phänomen und kein isolierter Fall; es beweist, daß die Osmanen mit dem Westen, den sie einst sehr beeindruckt hatten, nicht mehr Schritt halten konnten. Von Zeit zu Zeit nahmen sie zwar einen neuen Anlauf, vor allem im 19. Jahrhundert, als der große »kranke Mann« sich verzweifelt und bewunderungswürdig anstrengte, wieder jung zu werden. Doch es war zu spät. Seit der Zeit Solimans hatte sich die Welt verändert, die Geschichte hatte einen anderen Rhythmus angenommen. Wenn man das Osmanische Reich jedenfalls danach beurteilt, wie es sich vom 14. bis zum 18. Jahrhundert entwickelt hat, dann kann man sagen, daß es die Renaissance zwar überwältigt, aber niemals bewältigt hat.

4. Islamische Einflüsse außerhalb der osmanischen Welt

Mit seiner riesigen Masse überschattet das Osmanische Reich in der Zeit zwischen dem 15. und dem 18. Jahrhundert die übrige muslimische Welt. Doch die Geschichte des Islam spielt sich nicht nur in ihm ab. Außer Istanbul gibt es noch das Persien der Sufis, das Indien des Großmoguls und das Marokko der Schorfa – drei Staaten, die mit der Geschichte Zentralasiens, des Indischen Ozeans und Nordafrikas verknüpft sind.

Persien unter den Safawiden

Die Geschichte des neuen Persien ist wenigstens in ihren Anfängen eng mit der türkischen Geschichte verbunden. Aber kann man wirklich von einem *neuen* Persien sprechen? In Wahrheit zeigt sich vielmehr, daß ein altes und unerschütterliches Nationalgefühl fortbesteht, gegen das alle fremden Herrscher, die dieses Land im Zentrum des Orients unter ihre Kontrolle bringen wollen, machtlos sind. Man kann höchstens insofern von einem neuen Persien sprechen, als das Land sich damals den Raum und die Wesenszüge zu eigen gemacht hat, die es heute noch besitzt.

Um zu verstehen, wie es zum Aufstieg der Safawiden kam, muß man sich die Lage der iranischen Länder im 15. Jahrhundert vergegenwärtigen. Im Osten beherrschten die Nachfolger Tamerlans von ihren bedeutend verschönerten Hauptstädten Samarkand und Herat aus den östlichen Iran, Afghanistan und Transoxanien.

Die Zeit der Timuriden war gekennzeichnet durch den Gegensatz von politischen Wirren und geistiger Blüte. Auch im Geistesleben stehen Fürsten an erster Stelle: Zwei Söhne Schahruchs, des Nachfolgers Tamerlans, gehen in die Geschichte der Astronomie und der Buchmalerei ein, Ulugh Beg und Baysonghor. Unter der aufgeklärten Schirmherrschaft der Timuriden kommt es zu einem wahren Wettstreit zwischen Türken und Persern; die Türkei ist durch den Dichter Ali Schir vertreten, Persien durch die Historiker Hafiz-i Abru und Mirkhond, durch den Dichter Dschami und vor allem durch Bihzad (geboren um 1450/1460), mit dem die Miniaturmalerei ihren Höhepunkt erreicht.

Im Zentrum wird das unruhige Gebiet zwischen Iran und Irak von den Timuriden, den unvermeidlichen lokalen Dynastien und dem aus Aserbaidschan kommenden turkmenischen Stammesbündnis des Schwarzen Widders (Qara-Qoyunlu) umkämpft, das in dieser Auseinandersetzung gesiegt zu haben scheint. Es findet aber bald in dem verfeindeten Bündnis des Weißen Widders (Aq-Qoyunlu) aus dem oberen Tigristal seinen Meister. Zumindest das Ergebnis dieser verwirrenden und wenig erforschten Geschichte steht fest: Die Kämpfe der beiden rivalisierenden turkmenischen Dynastien haben dazu geführt, daß die politische Landkarte der Region um 1500 viel übersichtlicher wird.

Die Anhänger des Weißen Widders werden im Süden vom mameluckischen Syrien in Schranken gehalten und sind im Westen dem osmanischen Druck ausgesetzt; sie werden nach Osten zurückgeworfen, und dort gelingt es ihnen, den Schwarzen Widder aus Täbris, das sie zu ihrer Hauptstadt machen, zu verdrängen. Ihr Fürst Uzun Hasan, »der Lange« (gestorben 1478), ein großer Feldherr und Baumeister, der Verbündete Venedigs, tritt in den territorialen Streitigkeiten zwischen den Osmanen und anderen Mächten eine Zeitlang als Schiedsrichter auf; er herrscht über die Länder von Armenien bis zum Persischen Golf. Wird es seine Dynastie sein, die Persien seine neue Gestalt gibt?

Zum Unglück für die Nachfolger Hasans überdauert der Kampf zwischen dem Sunnismus des Weißen Widders und dem Schiismus des Schwarzen Widders den Sturz der Dynastie des letzteren. Die schiitische Propaganda war in dessen Gebieten zu fest verwurzelt; sie stützte sich auf Sekten und religiöse Orden, die dem Volk deshalb nahestanden, weil es in ihren Lehren egalitäre und messianische Botschaften wiederfand, aber auch unter dem Schleier des Islam manche Nachklänge aus anderen Religionen, vor allem aus dem Christentum. Die »Rotköpfe« (Qizil-basch) unterschieden sich durch ihre roten Mützen bis nach Anatolien hin von den osmanischen Anhängern mit weißer Kopfbedeckung; sie fanden zahlreiche Anhänger unter den Kurden und den turkmenischen Volksgruppen.

Nachfolger der bald zerfallenden Turkmenenherrschaft in Täbris wurde der Schiite Ismail, Scheich eines Derwischordens. So entstand das safawidische Königreich: Ismail behauptete, durch Safi ad-Din, seinen Vorfahren und den Namensgeber der Dynastie (gestorben 1334), von Musa, dem siebten alidischen Imam, abzustammen, und sammelte um 1500 einige Tausend fanatische Anhänger um sich. Damit begann eine erstaunliche Zeit großer Feldzüge – im Osten gegen die Völker Zentralasiens, im Westen gegen die Osmanen, die wiederholt Aserbaidschan besetzten; ihr Sieg bei Tschaldiran (1514) wurde schon erwähnt. Unter Abbas I., dem Großen (1587-1629), ist Persien etwa in seinen heutigen Grenzen gefestigt.

Der safawidische Staat

Viele Erscheinungen in der safawidischen Politik erinnern uns an die osmanische Welt, sei es die Ermordung potentieller männlicher Thronerben oder die Bildung einer Leibwache, die mehr und mehr aus georgischen, tscherkessischen und armenischen Gefangenen gebildet wird; es sind etwa 18 000 Mann (nach Tavernier), die auch nach ihrer Bekehrung Sklaven bleiben.

Doch der Vergleich muß differenziert werden; denn in Persien gilt der Schiismus traditionell nicht nur als Glaubensbekenntnis, sondern auch als ein Kennzeichen der nationalen Eigenart innerhalb der islamischen Gemeinschaft. Die Safawiden, der Abstammung nach Turkmenen, waren so klug, den sunnitischen Osmanen gegenüber als Bewahrer eines schiitischen und persischen Erbes aufzutreten.

Die Errichtung eines Zentralstaates nach türkischem Vorbild und die Anlehnung an die iranische Tradition bestimmen die Grundlinien der safawidischen Politik. Der Imamismus der Zwölferschia wird zwangsweise als offizielle Lehre eingeführt; von der anfänglichen »Klostermonarchie« der Mystiker und Sufis geht man seit Abbas I. zur Autokratie klassischen orientalischen Stils über: Die Autonomiebestrebungen der Stämme, Völkergruppen und Provinzen werden zugunsten einer zentralisierten Verwaltung unterdrückt; der

Staat, seine Bürger und seine Reichtümer werden Eigentum des Fürsten. Das alles hat seine großartigen Aspekte, freilich weniger in der Literatur, die durch die Bigotterie des offiziellen und militanten Schiismus verfälscht wird, als in der Pracht Isfahans und im Aufblühen der Miniaturmalerei. Hier, im safawidischen Iran, beendet Bihzad seine Laufbahn und sein Leben, von zahlreichen Schülern umgeben, die sein Werk zumindest während der ganzen Regierungszeit Abbas' I. fortsetzen und seine Schule bis nach Zentralasien und Indien verbreiten. Persien stellt in dieser Zeit eine internationale Macht dar, und die Christenheit träumt davon, sich mit dieser Macht gegen das Osmanische Reich zu verbünden. Experten, Kaufleute, Reisende aus dem Westen besuchen das Land, Missionare lassen sich nieder. Über den neuen Hafen Bandar Abbas am Persischen Golf verbindet Persien ein lebhafter Handel mit Europa, und die Kassen des Schahs füllen sich mit dem Gewinn aus dem Seidenhandel, in dem die Armenier als Zwischenhändler auftreten.

Das 18. Jahrhundert: Ende und Bilanz des safawidischen Persien

Fast der gesamte Handel geht allerdings durch fremde Hände. Nachdem die Portugiesen aus dem Persischen Golf vertrieben sind, werden sie von den englischen, französischen und holländischen Handelskompanien aus Indien abgelöst. Selbst den Kaffee, den Mokka Arabiens, bezieht man von Holländern. Und schon erscheint im Norden der beunruhigende und riesige Schatten Rußlands.

Der innere Zerfall hat aber noch andere Ursachen: Die Fürsten degenerieren und werden zu traurigen Marionetten des Harems, die Eunuchen und die Mutter der Fürstin bestimmen immer mehr die Politik. Es ergeben sich Spannungen zwischen dem ursprünglichen »Sufi«-Geist und der Konzeption des neuen autokratischen Königtums, zwischen der eigentlichen Staatsverwaltung und dem ständig wachsenden Privatbesitz des Herrschers sowie zwischen den verschiedenen Verbänden des Heeres.

Die schlimmsten Bedrohungen kommen aber wie im Osmanischen Reich von außen, von den Rivalen und Gegnern, die Persien durch seine außergewöhnliche strategische Lage anlockt. Von Süden her bedrängen die Kaufleute des Westens, die das Meer beherrschen, das persische Reich; aber noch bedrohlicher wird die Lage auf dem Festland.

Kaum ist der osmanische Vorstoß schlecht und recht abgewehrt, da tauchen die Afghanen auf. Diese waren während der gesamten Safawidenzeit den Angriffen der Perser und der Inder ausgesetzt, die das Land unter sich aufteilten. Der Sturz der Safawiden zieht die Afghanen nach Westen; acht Jahre lang gehört ihnen Persien. Alsbald erscheinen die Türken und die Russen, die, von England und Frankreich argwöhnisch und wachsam beobachtet, die nordwestlichen Provinzen unter ihre Kontrolle bringen (1724). Es ist, als wäre man bereits im 19. Jahrhundert.

Zum Glück für Persien stellt der safawidische General Nadir an allen Fronten die Ordnung wieder her; er entreißt Afghanistan den Moguln aus Indien und stößt sogar bis Delhi vor (1739). Inzwischen hat er sich zum König ausrufen lassen.

Obwohl sich seine Dynastie nur kurze Zeit halten kann, bleiben die Staaten der iranischen Welt bestehen. Im Osten hat sich Afghanistan nach dem Tod Nadirs von der persischen Vormundschaft befreit, aber die Unruhe seiner Stämme richtet sich nicht mehr gegen den Westen. Die Trennung zwischen den beiden Teilen des Iran ist endgültig; der östliche Teil, Afghanistan, wendet sich stärker der türkischen Welt Zentralasiens und Indien zu. Wieder einmal, nach dem Tod Nadirs, verlockt Indien zur Expansion, und doch ist es nur so etwas wie ein letzter Akt nomadischer Invasion, den das 18. Jahrhundert erlebt. Dann wendet sich auch hier das Blatt: Afghanistan ist seinerseits dem Druck Rußlands auf Asien und Englands auf Indien ausgesetzt; es wird zum Pufferstaat zwischen diesen beiden Mächten. Nachdem es aber so auf sein »natürliches« Gebiet beschränkt ist, erstarkt es zu einer geschlossenen Nation – eine Entwicklung, ohne die der Staat, auch als Pufferstaat, vielleicht nicht von Bestand gewesen wäre.

Noch mehr festigt sich die persische Nation. Daß Nadir 1747 ermordet wird, ist zum großen Teil eine Gegenreaktion auf seine Politik, die in der Diplomatie wie in der Lehre die Annäherung an den Sunnismus der Hohen Pforte suchte. Von nun an werden Schiismus und Iranismus instinktiv gleichgesetzt und vom übrigen Islam unter osmanischem Zepter abgesondert. Als der größte Erfolg der safawidischen Politik ist somit die Entstehung Persiens anzusehen.

Ein Blick auf Zentralasien

Seit dem 15. Jahrhundert wird die Macht der Timuriden in Zentralasien durch die Vorstöße eines Turkvolks, der Usbeken, unterhöhlt. Aber ebensowenig wie ihren Vorgängern gelingt es diesen nomadischen Eindringlingen, am Oxus ein einheitliches Reich zu errichten, das auf Dauer Bestand gehabt hätte. Trotz kurzfristiger Erfolge, etwa im Khanat Chiva in Choresm (16.-17. Jahrhundert), gewinnen bald wirtschaftliches Siechtum, die Anarchie der Stämme und kultureller Niedergang die Oberhand.

Im übrigen entgleitet den Völkern Zentralasiens nach und nach die Kontrolle über die Geschicke ihrer Heimatregion. Die große Zeit der Nomaden ist unbestreitbar vorbei. Als die Usbeken am Anfang des 16. Jahrhunderts, wie viele andere vor ihnen, den Weg nach Persien einschlagen, stoßen sie auf den Widerstand der Safawiden. Doch im 17. und 18. Jahrhundert wächst die Gefahr noch weiter: Zwei Kolosse haben diese isolierten, verfeindeten, mehr oder weniger stark islamisierten Völker, die Turkmenen, Usbeken, Tadschiken, Kasaken und Kirgisen, ins Visier genommen: im Norden Rußland längs der gesamten Südgrenze Sibiriens, das es beherrscht; im Osten China unter der Dynastie der Mandschu. Während Rußland zum Pazifik vorstößt, dringt China möglichst weit nach Zentralasien vor und sichert seine Grenzen durch Eroberungen in der Mongolei und in Turkestan. Eine Zeitlang beabsichtigt es sogar, die Kirgisen und die Kasaken zu unterwerfen, mit anderen Worten: gefährlich nahe an das Kaspische Meer heranzukommen.

Im 19. Jahrhundert werden diese Pläne vor allem durch Rußland vereitelt. Inzwischen erinnert in den anarchischen und zerrütteten islamischen Ländern Zentralasiens, die nach der Verlagerung der Handelswege zwischen Rußland und China nach Norden weithin isoliert sind, fast nichts mehr an die glorreichen Zeiten der Seidenstraße.

Indien unter den Großmoguln

Über hundert Jahre nach der Eroberung durch Tamerlan bricht über Indien, in dem das Sultanat Delhi nur mehr eins von zahllosen Fürstentümern ist, die letzte Invasion mongolischer Nomaden herein. Aus dem Gebiet von Ferghana taucht 1526 der große Fürst Babur in Delhi auf. Väterlicherseits stammt er von Tamerlan ab, mütterlicherseits von Dschingis Khan. Als er vier Jahre später stirbt, hinterläßt er zwei gewaltige Werke: seine wunderbaren, in türkischem Tschaghatai geschriebenen Memoiren und ein Reich, dem eine zweihundert Jahre dauernde Erfolgsgeschichte bevorsteht.

Die Grenzen des Islam in Indien

Zwei bedeutende Herrscher ragen aus der Geschichte dieser Zeit hervor: Akbar, der Kaiser und Philosoph (1556-1606), und Aurangseb (1658-1707), unter dem sich das mongolische Herrschaftsgebiet in Indien am weitesten ausdehnt: im Osten bis Assam, im Süden bis Calicut (Kozhikode) und Tanjore (Thanjavur). Nur Ceylon und die äußerste Südspitze des Subkontinents bleiben ausgespart.

Dieses riesige Reich war wie alle seine Vorgänger auf dem Boden des in der Bevölkerung fest verwurzelten Hinduismus errichtet. Natürlich erschließen sich dem Islam durch Krieg, Handel und Einwanderung fast überall neue Wirkungsbereiche. Selbst Ceylon wird von Muslimen aus Bombay und Madras beeinflußt. Doch so bedeutend manche Stützpunkte wie Gujarat, das Gangesbecken oder das Gebiet von Hyderabad auch gewesen sein mögen, sie bleiben doch innerhalb ganz Indiens verschwindend klein. Außerhalb der Hochburgen am Indus und in Bengalen sind nur die privilegierten Klassen – die Fürsten und Soldaten, die Beamten und Händler – dem Islam ergeben. Es gelingt ihm nicht, tiefer in das indische Volk einzudringen, das sich an seine Religion klammert und in ihr den immerwährenden Ausgleich für sein immerwährendes Elend findet.

Letztendlich konnte der Islam im festgefügten indischen Gesellschaftssystem nur überleben, wenn er Zugeständnisse machte. Akbar, ebenso bedeutend als Philosoph wie als Staatsmann, begriff diese Aufgabe besser als jeder andere und entwarf ein System, in dem

Islam, Brahmanismus und iranische Mystik vermengt wurden und die Dogmen und Riten hinter dem Begriff des Göttlichen als zweitrangig zurücktraten. Doch der Versuch Akbars blieb ohne Dauer und Wirkung. Er bewies allerdings, in welchem Maß sich der Islam, durch das Beispiel eines seiner aufgeklärtesten Vertreter, genötigt sah, auf die geistige Situation des Landes einzugehen, um sich Gehör zu verschaffen.

Zweifellos gibt es im indischen Islam genauso auch das Bedürfnis, die muslimische Lehre und Kultur in ihrer unverfälschten, ursprünglichen Form zu bewahren. Diese Tendenz verstärkt sich im 19. Jahrhundert und hat heute an der Uthmaniya-Universität von Hyderabad ihr Zentrum. Doch die meisten Muslime Indiens, zum größten Teil Sunniten, richten sich im Grenzbereich zwischen Islam und Hinduismus ein. Die Bruderschaften nehmen hier wie bei den Türken Rücksicht auf die Volksanschauungen aus vorislamischer Zeit, und die hochentwickelte Verehrung der Heiligen bietet den Gläubigen beider Religionen eine gemeinsame Grundlage.

Handel, Geld und Bildung

Letzten Endes decken sich die Grenzen des indischen Islam mit den Grenzen der mongolischen Macht. Der riesige über Indien geworfene Mantel weist jedoch zahlreiche Löcher auf. Selbst zur Zeit ihrer größten Machtentfaltung erhalten die Herrscher von Delhi nicht alle Abgaben, die ihnen theoretisch zustehen. Der Sieg Baburs, der Sieg der »Menschen mit der weißen Haut und dem Schießpulver«, wird vor allem ein Sieg des Handels sein.

Nicht der Binnenhandel, sondern der Handel mit dem Ausland ist entscheidend. Wie das Steuerwesen und die Verwaltung, die die Massen, vor allem die Bauern, nach den ewig gleichen Mustern ausbeuten, ist auch das Handelssystem darauf ausgerichtet, die Spitze der Staatspyramide zu unterhalten: den Großmogul und seinen Hof. Hinzu kommt noch das Heer: Fußsoldaten, schwere und leichte Artillerie, Kavallerie und Elefanten, die in zunehmendem Maß für den Transport und zu Prunkzwecken verwendet werden.

Der Staats- und Heeresapparat ist groß und kostet viel Geld; allein die Kavallerie stellt 200 000 einsatzbereite Männer. Um den ungeheuren Bedarf an Edelmetall zu decken, exportieren die mongolischen Herrscher hauptsächlich Textilien: Seidenwaren, Baumwollstoffe, Säcke und Tuche aus Jute (vom 17. Jahrhundert an). Zentrum der Produktion ist Gujarat, das die Seide, die es verarbeitet, teilweise sogar einführen muß. Aber was den Staat vor allem reich machen wird, ist die Baumwolle. Von Gujarat her breitet sich die Baumwollindustrie in die Länder am Ganges aus. Im 18. Jahrhundert überschwemmen ihre Erzeugnisse, »Kattun« und »Musselin«, den europäischen Markt (Musselin wird nach Mossul, dem großen Markt am Tigris, benannt). Durch seine Exporte wird Indien ein aktives Zentrum im großen Welthandel, besonders weil es durch die Kaufleute und Seefahrer von Gujarat und Bengalen über die Malaiische Halbinsel und Indonesien Anschluß an den chinesischen Handel findet.

Im Gegenzug erhält der Großmogul Gold und Silber aus China, japanisches Gold und europäisches Geld über die Handelskontore des Westens und über die osmanischen und iranischen Zwischenhändler. Indien »zieht Geld aus der ganzen Welt an« (F. Braudel).

Aber zuviel Geld, besonders wenn es »Geld aus der ganzen Welt« ist, ist gefährlich. Außerdem wird das Finanzwesen durch die Anhäufung von Geld seitens der Fürsten kompliziert – man denke nur an die Schätze von Golkonda –, ebenso durch die Geldwirtschaft der Gebiete, die mit Kupfer- und Muschelgeld (den berühmten Kaurimuscheln) arbeiten. Das Geldwesen läßt sich nicht für ganz Indien einheitlich ordnen. In diesem Riesenreich prägen zahllose lokale Behörden, die von Delhi weit entfernt liegen, immer mehr Münzen und bringen sie in Umlauf. Auch Ausländer, zum Beispiel die Portugiesen, tragen zum Chaos bei.

Indien wurde für ausländische Devisen ein Faß ohne Boden, und weil es von zahllosen Währungen überschwemmt wurde, war es den Stürmen des Welthandels in besonderem Maße ausgesetzt. Im 17. Jahrhundert erliegt es ihnen ebenso wie Europa und die Türkei; und als sich das England der industriellen Revolution daran macht, selbst große Webereien aufzubauen, legt diese Konkurrenz die indische Baumwollindustrie im 18. Jahrhundert mit einem Schlag lahm.

Muß man also auch im Fall des Mogulnreiches dem Ausland die Schuld am Niedergang geben? Sicherlich lag im damaligen Indien, genauso wie in der osmanischen Türkei oder im safawidischen Persien, der Handel mit dem Westen nicht allein in den Händen der Landesherren. Holländer, Franzosen, Portugiesen und Engländer haben um diese gewaltige Beute das lückenlose Netz ihrer Handelskontore gelegt – damals beginnt die Zeit der britischen Besetzung, und schon 1765 liegt die Verwaltung der Länder Bengalens in den Händen der *East India Company*. Aber das Indien der Moguln hat dieser Entwicklung auch Vorschub geleistet, und sei es nur durch seine unaufhörlichen Kriege und durch seine Unfähigkeit, seinen zahlreichen Völkerschaften eine stabile Ordnung zu geben. Fünfzehn Jahre lang (1540-1555) kämpften die Afghanen um Delhi und entrissen dem Sohn und Nachfolger Baburs, Humayun, die Herrschaft. Muß man also die Schuld beim Islam selbst suchen? Tatsächlich ist es hier, anders als in Anatolien oder in Persien, nicht gelungen, auf der Grundlage des Islam eine neue Nation zu schaffen.

Freilich war die Aufgabe hier auch anders gelagert und schwieriger, und das nicht nur deshalb, weil sie so ungeheuerlich groß war: Der Hinduismus blieb für die mongolischen Eroberer stets Religion, soziale Ordnung und ererbte Kultur zugleich; er war über zwei Jahrtausende alt und in der millionenfachen indischen Bevölkerungsmasse tief verankert. Unmöglich konnten mehrere zehntausend oder auch mehrere hunderttausend Muslime diesen Hinduismus ausrotten, erst recht nicht mit Waffengewalt. Sieht man einmal von den Ländern am Indus ab, die seit Beginn des 8. Jahrhunderts ununterbrochen von islamischen Herrschern besetzt waren, und sieht man des weiteren von Bengalen ab, wo der Islam das Vakuum ausfüllte, das durch die Verfolgung der Buddhisten entstanden war, so muß man feststellen, daß allein ein dauerhafter Friede der muslimischen Religion die Chance hätte bieten können, im Herzen des indischen Kontinents heimisch zu werden.

Dennoch dürfen die Folgen der islamischen Herrschaft in Indien nicht unterschätzt werden. Sie sind hier weitaus eindrucksvoller als in China, dem anderen riesigen Raum der mongolischen Herrschaft. Während der mongolischen Phase hat der indische Islam die entscheidenden Grundlagen geschaffen, die es ihm heute ermöglichen, in Nordindien, Pakistan und Bangladesh fast 400 Millionen Menschen – mehr als ein Viertel der Gesamtbevölkerung des Subkontinents – zu erfassen.

Ebensowenig dürfen die Leistungen, die die Kultur der Moguln in Indien hervorgebracht hat, unterschätzt werden. Kurz bevor Babur zur Eroberung ansetzt, hat der Islam – zum Beispiel in der Gestalt Kabirs, eines legendären, auch von den Hindus verehrten Mystikers des 15. Jahrhunderts – die Grenzen seines kulturellen Horizonts gewaltig erweitert und darüber hinaus mindestens zwei wichtige neue Sprachen in die muslimische Literatur eingeführt: zum einen das Bengali, das es in der Dichtung, die am Hof von Delhi kultiviert wird, mit dem Persischen aufnehmen kann und in den religiösen Wissenschaften gleichwertig neben dem Arabischen steht; zum anderen das Urdu, eine Sprache aus indischen, iranischen und arabischen Elementen, die im Werk des großen Dichters und Derwischs Mir (1713-1810) zu ihrer vollendeten Form findet.

Auch in der Kunst wachsen die Kulturen ineinander und vermischen sich. Das persische Erbe spielt dabei eine besondere Rolle, auch wenn osmanische und europäische Einflüsse nicht völlig in Vergessenheit geraten und es vor allem auch zu Anpassungen an lokale Traditionen kommt. Die Backsteinverkleidungen der iranischen Moscheen weichen in Indien dem Naturstein, der schon an sich ein wirkungsvolles Schmuckelement ist – so zum Beispiel der weiße Marmor im berühmten, von allen Baumeistern bewunderten Tadsch Mahal von Agra, das durch die harmonische Verbindung von Bauflächen, Wasser und Vegetation an die Architektur im fernen Spanien erinnert.

Wer solche Prachtwerke betritt, stößt im Innern, im Wechselspiel von Licht und Schatten, wieder auf das Blumendekor der persischen Fayencen, das hier allerdings durch eine verschwenderische Fülle von Edelsteinen ergänzt wird. Auf persischen Einfluß gehen wohl auch der Grundriß mancher Moscheen, das monumentale Mitteltor und die aneinandergereihten großen Kuppelsäle zurück. Und was ist mit den einander übersteigenden Türmen und Säulenhallen? Sind auch sie persischen Ursprungs? In Wirklichkeit überlagern sich hier die verschiedensten Einflüsse, unter anderem Einflüsse aus Zentralasien und Elemente der jainistischen und der buddhistischen Architektur – die Verschmelzung verschiedener Stile ist so offensichtlich, daß manche pedantischen Muslime, allen voran angeblich Aurangseb selbst, ihre Bedenken äußerten.

Schließlich ist noch auf die Miniaturmalerei einzugehen. Die große iranische Tradition Bihzads und seiner Schüler wird offiziell gefördert und gewinnt in den unvergleichlich realistischen Fresken von Adschanta neues Leben. Es entsteht eine Kunst für die Mächtigen und Reichen, eine Kunst äußerer Pracht, aber auch intimer Szenen, mit Blumen, mit Landschaften am Indus, mit Menschenpaaren, die auf den Terrassen und im Dunkel unbeweglichen Laubwerks wandeln. Eine eindrucksvolle Reihe von Porträts stellt Herrscher, Adlige und Derwische dar. Sie erlauben uns – was nur ganz selten möglich ist –, von der Geschichte des Islam einmal etwas anderes als nur Namen kennenzulernen, nämlich lebendige Gesichter.

Der Islam im indonesischen Raum

Ab dem 15. Jahrhundert breitet sich der Islam im Bereich des Indischen Ozeans und am Rand des Pazifiks immer weiter aus. In diesem Teil der Welt, der sich zum zentralen Knotenpunkt des Handelsverkehrs entwickelt, werden viele Länder zu muslimischen Stützpunkten, zu Vorposten der islamischen Expansion.

Die Malediven werden endgültig islamisiert, auf Ceylon und in Birma entstehen muslimische Minderheiten – ein Verdienst der indischen Händler. Und auch die Malaien tragen bereits kurz nach ihrer Bekehrung den Glauben weiter: am Ende des 14. Jahrhunderts auf die Philippinen, im 15. Jahrhundert in den Süden Indochinas, um 1550 nach Kambodscha und in geringem Ausmaß auch nach Siam. Der größte Erfolg aber wird auf Java errungen. Im 15. und 16. Jahrhundert dringt der Islam von der Küste aus vor; das große hinduistische Reich von Madschapahit, das im 14. Jahrhundert die umliegenden Meere und Länder von Singapur bis nach Neuguinea beherrscht hat, verschwindet, und an seine Stelle treten kleinere muslimische Königreiche.

Charakteristisch für den Islam in Indonesien ist es, daß die Fürsten, die sich zu ihm bekennen, in ihm weniger eine Religion sehen als vielmehr ein Mittel, sich politisch abzugrenzen – gegenüber Madschapahit, aber auch gegenüber den Fremden, den Portugiesen und Holländern. Nachdem der Islam sich anfangs durch den Handel ausgebreitet hatte, spielen später Machtkämpfe die Hauptrolle. Besonders der Konflikt mit den Holländern im 17. Jahrhundert endet mit einem entscheidenden Vorstoß der Muslime.

Handelt es sich hierbei aber wirklich noch um den Islam? Manche (wie etwa C.-C. Berg) vertreten die Ansicht, wenn man unter »Bekehrung« einen grundlegenden Wandel der Verhältnisse versteht, könne man in bezug auf Indonesien eigentlich nicht von einer echten Bekehrung sprechen. Vielmehr habe sich das Land den Islam einfach einverleibt, so wie es im Lauf der Jahrhunderte auch Elemente des Buddhismus, des Hinduismus und der westlichen Zivilisation in sich aufgenommen hat.

Aber auch wenn der Islam in der indonesischen Welt gewissermaßen nur ein Adoptivkind ist, erweist er sich bei seinem Vordringen auf die Malaiische Halbinsel und nach Java als außergewöhnlich angriffslustig: Das 15. Jahrhundert ist die große Zeit des Sultanats von Malakka; nur Bali entgeht seinem unaufhaltsamen Vormarsch. Am Ende des 15. Jahrhunderts faßt der Islam auf den Molukken Fuß, der neuen Operationsbasis der Missionare, die von hier aus zum Predigen auf die Kai-Inseln ausschwärmen. Am Ende des 16. Jahrhunderts erreicht er Celebes (Sulawesi), im folgenden Jahrhundert die Südspitze von Sumatra; doch hier widersetzt sich der größte Teil des Landes seinem Eindringen. Im Norden Sumatras schließlich entsteht das Sultanat Atjeh (Aceh), das mit den Osmanen Gesandtschaften austauscht und im 17. Jahrhundert durch Piraterie und Sklavenhandel zur Blüte gelangt.

Wir sprachen bereits oben davon, daß sich die gesamte Region zum zentralen Knotenpunkt des Weltverkehrs entwickelt: die Straße von Malakka führt nach Indien und dem Mittleren Osten, die Sundastraße zum Weg ums Kap der Guten Hoffnung. Es ist also nicht verwunderlich, daß Indien und China, der Islam und der Westen so außerordentliches Interesse für diese Meere zeigen. Jedenfalls ist der europäische Imperialismus hier sehr früh am Werk. Nach den Portugiesen, die 1511 Malakka erobern, treten die Holländer auf den Plan; nachdem sie sich in Java festgesetzt haben (Gründung Batavias 1619), vertreiben sie im Jahr 1641 die Portugiesen. So werden sie die Herren über beide Meerengen und errichten in Indonesien ein beachtliches Kolonialreich, trotz der englischen Konkurrenz in Malakka, das die Holländer nach und nach (1795-1818) an die Briten verlieren und 1824 endgültig aufgeben. Ähnlich wie am anderen, westlichen Ende seines damaligen Machtbereichs ist es auch im Osten Spanien, das dem Islam seine äußerste Grenze setzt: Gegen Ende des 16. Jahrhunderts führt es auf den Philippinen eine neue *reconquista* durch, die die Ausbreitung des Islam im Pazifik auf Mindanao und die Suluinseln beschränkt.

Aus dieser langen und verschlungenen Geschichte von Kriegen und Unterwerfungen geht doch eins klar hervor: Die Intervention fremder Mächte hat den Fortschritt des Islam auf den indonesischen Inseln nicht aufhalten können; vielmehr ist er fast überall zum Symbol des Zusammenschlusses und des Widerstands gegen die Ausländer geworden. Im Namen des Heiligen Kriegs (*dschihad*) halten die Sultanate von Mindanao dem spanischen Angriff stand; wiederum im Namen des *dschihad*, der von den überaus einflußreichen Gelehrten (*ulama*) des Islam gepredigt wird, führt das unbesiegbare Sultanat Atjeh von 1873 bis 1910 gegen die Holländer Krieg. Auch wenn sich der Islam dieser Region im Religiösen manchmal vom traditionellen Islam entfernt, so übernimmt dennoch seine indonesische Variante schon damals deutlich jene politische Rolle als Vorkämpfer der nationalen Unabhängigkeit, die bereits auf die Geschichte des 20. Jahrhunderts vorausweist.

Vorstöße nach Ostafrika

Der »Islam der Monsunwinde« hat sich nicht nur nach Osten hin ausgebreitet. Richtung Afrika trifft man wieder auf Inder und Malaien, die die vom Monsun begünstigten Seewege seit langem nützen; man trifft sie zusammen mit den Persern, Arabern und den neu hinzugekommenen Türken an. Hier lebt der multiethnische Islam, auf den Inseln – auf Sansibar und den Komoren – und an den Küsten, auf Madagaskar und in den Handelskontoren Ostafrikas, unter denen Mombasa eine Führungsposition, wenn nicht sogar eine Vormachtstellung innehat.

Der Einfall der Portugiesen ändert die Situation grundlegend. Sie sichern sich auf den Spuren Vasco da Gamas seit 1500 die Kontrolle über die afrikanischen Küsten. Um das riesige Netz zu halten, das sie über den gesamten Ozean gespannt haben, müssen die Portugiesen Härte beweisen. Die Städte, die den Tribut verweigern, bekommen diese Härte bitter zu spüren. Mombasa erlebt wiederholte Male einen wirtschaftlichen Zusammenbruch. Und dennoch sind die Maschen dieses Netzes zu weit; selbst als es am dichtesten ist, wird die portugiesische Blockade von holländischen, türkischen, französischen und arabischen Freibeuterschiffen durchbrochen – ein Beweis dafür, daß das muslimische Afrika weder wirtschaftlich noch kulturell ganz vom übrigen Islam abgeschnitten ist. Im übrigen ist die Herrschaft der Portugiesen nur von kurzer Dauer. Als sie im 17. Jahrhundert zusammenbricht, wenigstens im Norden von Mosambik, entsteht unter der Führung des Sultans von Oman eine mächtige arabische Seeherrschaft, deren Mittelpunkt Sansibar ist. Letzten Endes hat das portugiesische Zwischenspiel die Kontinuität des islamischen Handels an den afrikanischen Küsten niemals wirklich unterbrochen, und es hat ihn auch nicht ins Hinterland zurückgeworfen, das der Islam nie wirklich beherrschen konnte oder wollte.

Weiter im Norden dringt der Islam jedoch tief in das Innere des Kontinents ein. Hier löst der Konflikt zwischen den Osmanen und den Portugiesen, die die Umschlagplätze am Roten Meer unter ihre Kontrolle bringen wollen, eine Kettenreaktion aus. An der Spitze der Somali und Danakil (Afar) bemächtigt sich Ahmad Gran, ein Stammesführer, fast ganz Äthiopiens (1529). Er wird von den Portugiesen, die den Christen in Afrika zu Hilfe eilen, geschlagen und fällt in der Schlacht (1543); es gelingt ihm, dem Nomaden, nicht, das koptische Bollwerk des Christentums in Nordostafrika für immer zu zerstören.

Aber er hat dessen Grenzen enger gezogen, und sein Unternehmen hat weitreichende Folgen: Es führt zu einer verstärkten Islamisierung der Danakil und der Somali in den östlichen Randgebieten Äthiopiens, und es bereitet die spätere Bekehrung eines Teils der Oromo (Galla) vor, die zur gleichen Zeit wie Gran aufbrachen, um das abessinische Hochland zu erobern. Die große – mit friedlichen oder kriegerischen Mitteln durchgesetzte – Rückkehr des Islam im 19. Jahrhundert wird so bereits ein Stück weit vorweggenommen.

Das neue scherifische Königreich

Im letzten Kapitel über den Islam im äußersten Westen ging es um den Kampf gegen die Vorstöße der Christenheit. Diese Vorstöße gewinnen neue Kraft, als sich die Portugiesen im 15. Jahrhundert die Kontrolle über die atlantische Küste und, von Ceuta aus, über das Mittelmeer sichern.

Diese Erfolge der Ausländer führen das Ende der Merinidenherrschaft herbei. Im Jahr 1420 müssen sie einer Nebendynastie, den Banu Wattas, Platz machen, den Feldherren des Heiligen Kriegs (*dschihad*). Von nun an tritt der militante Islam der durch die Marabut fanatisierten Volksmassen zunehmend in den Vordergrund, dessen Temperament die marokkanische und die maghrebinische Geschichte im 15. und 16. Jahrhundert prägen wird.

Im von der übrigen islamischen Welt immer mehr abgeschnittenen Marokko findet diese Bewegung bald ihre eigenen politischen Formen: Mit Beginn des 16. Jahrhunderts trägt sie die Schorfa (von *schurafa*, Einzahl: *scherif* = »Edler«, Nachkomme des Propheten) an die Macht, denen ihr echter oder vorgeblicher Vorzug, Erben Alis und Fatimas zu sein, die Gunst der Massen sichert. Auf die Sadi, die in Marrakesch residierten, folgen um die Mitte des 17. Jahrhunderts die Hasani (oder Alawiten), die Vorfahren der heute regierenden Herrscher. Sie machen Meknes zu ihrer Hauptstadt.

Wie die Scherifen im Marokko der Sadi unter al-Mansur (1578-1610) und im Marokko der Hasani unter Ismail (1672-1727) und Muhammad III. (1757-1790) ihre Macht ausüben, das läßt sich an der Finanzverwaltung (*makhzen*) ablesen, an der Organisation eines prächtigen Hofes, für dessen Etikette Istanbul als Vorbild dient, und an der Aufstellung einer regulären Armee aus türkischen Deserteuren und muslimischen Andalusiern, die im 16. und 17. Jahrhundert in Massen ins Land kommen (1609 Vertreibung der Mauren durch Philipp III.), außerdem an der schwarzen Garde, die als persönliches Eigentum des Fürsten gilt.

War Marokko vielleicht doch nicht ganz und gar von der Christenheit, von Afrika und von der osmanischen Welt isoliert? Zunächst kann man natürlich auf die konfliktreichen Beziehungen zu den Portugiesen und Spaniern hinweisen, in deren Schatten sich die marokkanische Piraterie entwickelt, die von einigen unbezwingbaren Stützpunkten wie Larache, Sala und Rabat aus operiert, wobei Rabat in den Händen andalusischer Emigranten zu einer praktisch unabhängigen Seefahrerrepublik wird. Doch Ende des 18. Jahrhunderts hört die Seeräuberei auf, und die Portugiesen werden endgültig ausgeschaltet. Mazagan, ihre letzte Bastion, fällt 1769.

Die angebliche Isolierung Marokkos wird außerdem durch die Beziehungen Muhammads III. zu Skandinavien, England und Frankreich widerlegt, auch dadurch, daß der neue Hafen von Mogador den ausländischen Kaufleuten geöffnet wird. Doch die Mißbräuche im Finanzwesen des Landes, mehr noch die Voreingenommenheit Marokkos und seiner Herrscher gegenüber der Christenheit, verurteilen diesen halbherzigen Versuch, sich der Welt zu öffnen, zum Scheitern. Marokko war ein unsicherer »Zusammenschluß von Gruppen«, der nur durch die Autorität des Herrschers – falls eine solche bestand – zusammengehalten, sonst aber von den aufrührerischen Berbern und der schwarzen Garde in ständiger Unruhe gehalten wurde. Marokko blieb auf sich selbst gestellt, in einer Form des Islam befangen, die die »alidische Ideologie« und den Sufismus mit strengstem Malikismus verband. Vom Hanafismus, den weiter im Osten die Türken in die Städte Tunesiens trugen, blieb es unberührt. Wieder einmal wurde der Islam zum bestimmenden Faktor für die Selbstdefinition eines Volkes, ja sogar einer Nation, die sich gegen ausländische Eingriffe wehrte.

Eroberungen im Nigerbecken

Seine einzige große Expansion führt Marokko damals nach Schwarzafrika. Das Pendel der Almoraviden schwingt zurück, auf den Gold- und Sklavenstraßen dringt Marokko jetzt nach Süden vor. Im Jahr 1590 nehmen die marokkanischen, genauer: die andalusischen Truppen mit ihrer leichten, auf Kamelen transportierten Artillerie Timbuktu ein. Die Länder am mittleren Niger verbleiben bis 1750 in lockerer Bindung an die scherifische Lehnsherrschaft: wieder einmal ein Triumph des Schießpulvers, und natürlich ein Sieg Marokkos, in das nun Gold und Sklaven strömen, während Timbuktu seinerseits von den Eroberern einen reichen Wortschatz übernimmt und sich in der Kleidung und Architektur nach ihrem Vorbild richtet.

Doch verhilft dieser Sieg Marokko zu einer besseren Position im Welthandel? Ist das Land nun wirklich für die Welt offen? Die portugiesische Präsenz im Atlantik zieht einen Teil des Goldhandels an die Küsten ab und schadet den Handelswegen durch die Sahara. Und Timbuktu, das den westlichen Reisenden des 15. Jahrhunderts bekannt und über Tripolitanien und Tunesien mit Europa verbunden war, verschwindet nach dem 16. Jahrhundert immer mehr aus dem Blickfeld des Abendlandes – für lange Zeit wird es die Stadt, »in der man niemals ankommt«. Ist daran Marokko schuld oder der durch die portugiesische Intervention ausgelöste Drang zu den Küsten? Wie dem auch sei, man kann auch jetzt nur mit Vorsicht von einer »Öffnung« sprechen: Das scherifische Marokko blieb argwöhnisch in sich selbst verschlossen und war nur auf das Horten von Reichtümern bedacht, und die eroberten Gebiete im Nigerbecken waren weder ein Fenster zur Welt, noch brachten sie die Wirtschaft in Schwung, vielmehr dienten sie in einem geschlossenen Kreislauf als eine Art Vorratskammer, die ihre Bestimmung aufgrund immer knapper werdender Ressourcen jedoch bald nicht mehr erfüllen konnte.

Die Auswirkungen des Islam in Schwarzafrika

In der Geschichte des Islam südlich der Sahara ist die marokkanische Eroberung selbstverständlich nur ein Zwischenspiel. Schon lange zuvor erlebte hier das muslimische Songhayreich seine Blüte, das gegen Ende des 14. Jahrhunderts über Mali siegte. Es wurde zuerst von der Dynastie der Sonni regiert, deren großer Repräsentant von 1464 an Ali ist: Er ist innerhalb der muslimischen Tradition übel beleumdet, weil er vor allem einen *modus vivendi* »zwischen dem Islam und der Tradition der Songhay« suchte. Nach 1493 kommt dann die neue Dynastie der Askia an die Macht – fanatische Muslime, die Timbuktu zum Zentrum des schwarzen Islam machen. Sie und viele ihrer Untertanen werden im Zuge der marokkanischen Eroberung liquidiert – trotz der Proteste der marokkanischen *ulama*, die über eine derartige Behandlung von Muslimen empört sind. Das zeigt, daß der Islam – oder zumindest die Gelehrten, die sich zu seinem Sprachrohr machen – diesen Sieg nicht als seinen Sieg anerkannt hat.

Auch unter diesem Vorbehalt muß man im Rückblick auf das scherifische Zwischenspiel sagen, daß Kriege in der Geschichte des afrikanischen Islam eine nicht unwichtige Rolle spielen. Aus der großen Zahl weiterer Kriege ist der Kampf Kanem-Bornus gegen seine Nachbarn hervorzuheben. Seit dem 16. Jahrhundert breitet sich das Reich Kanem-Bornu mit Hilfe türkischer Musketen sowie mit Hilfe des Islam, der seinem Staat, seinem Rechtswesen und seinen Hierarchien eine feste Gestalt gibt, immer weiter aus. Zu erwähnen sind auch die Ereignisse im Osten, in den Ländern des oberen Niltals, wo im Gebiet um Sennar das Reich der Fung seine Blütezeit erlebt, die letzten Spuren der christlichen Fürstentümer Nubiens verschwinden und Äthiopien an seiner westlichen Flanke heftigen Angriffen ausgesetzt ist.

All diese Ereignisse sollte man jedoch im Zusammenhang mit der Gesamtentwicklung des großen Gebiets südlich der Sahara sehen, im Zusammenhang mit dem allgemeinen Zug zur Islamisierung in der Zeit von 1400 bis 1800. Wie überall breitet sich der Islam auch hier über mehrere Wege aus: zunächst natürlich über Eroberungen, aber auch über Migrationen, zum Beispiel über die Auswanderung der arabischen Stämme Oberägyptens nach Nubien. Diese sehr alte Wanderbewegung erreicht im 15. Jahrhundert einen Höhepunkt, als sie auf die Fung stößt – Nomaden und Viehzüchter, die aus dem Süden stammen und infolge dieser Begegnung islamisiert werden. Bedeutsamer jedoch ist die große Wanderung der Fulbevölker, die zum wesentlichen Träger des Reiches von Futa-Dschalon in Guinea werden.

Diese Bewegungen wirken sich zum Nachteil der etablierten Religionen aus, des afrikanischen Animismus ebenso wie des nubischen Christentums im Osten, das bei diesem Ansturm untergeht. Überall verschafft der Islam diesen Völkern, sobald sie ansässig werden, den für die Entstehung fester, hierarchisch gegliederter Gesellschaftsformen nötigen Rahmen; manchmal dienen dabei Städtegründungen als Fundament. Aber zu den wichtigsten Stützen des Islam gehört natürlich der Handel. Sklavenhandel, Goldhandel und Pilgerverkehr treffen auf den beiden großen Verkehrswegen zum Niltal hin (von Süden nach Norden und von Westen nach Osten) zusammen; über das marokkanische Oasengebiet von Tafilelt erreichen die Pilger aus der Sahara und Schwarzafrika die maghrebinische Karawanenstraße.

Aus diesen Konflikten und Wanderbewegungen heben sich bis zum Jahr 1800 zwei Kräftegruppen heraus, die eine für, die andere gegen den Islam. Zu den Anhängern des Islam zählen die Länder der Tukulor und der Fulbe (auch Futa genannt): Futa-Toro am Fluß Senegal und Futa-Dschalon in Guinea; außerdem der nigerianische Sudan, die Länder am Tschadsee und Nordnigeria, im Osten schließlich die arabischen Stämme und die Fung des Sudan am Nil. Gegen den Islam oder abseits von ihm stehen die Wolof des Senegal, die erst am Ende des 19. Jahrhunderts in Massen zum Islam übertreten, die Gruppe der Amara um Segu und Njoro zwischen dem oberen Senegal und dem oberen Niger und die Mossi aus dem Voltabecken.

So mächtig und angriffslustig der afrikanische Islam auch ist, es gelingt ihm nicht, die alten animistischen Glaubensvorstellungen und die lokalen Sprachen zu verdrängen; aber wenigstens erreicht er zu Beginn des 19. Jahrhunderts eine gewisse Reife. Denn auch in Afrika hat er jene Rolle übernommen, an der man ihn in der ganzen Welt erkennt: als Faktor politischer Differenzierung, vor allem gegenüber Ausländern, wird er zur Grundlage einiger großer Bewegungen in der Geschichte des kolonisierten Afrika.

So rundet sich – auch wenn der schwarze Islam hierbei zugegebenermaßen etwas zu kurz kommt – der Überblick über die muslimische Geschichte vom Jahr 1000 bis zum 19. Jahrhundert ab. Man könnte die Frage stellen, ob diese Spanne nicht vielleicht zu ausführlich besprochen wurde. Schließlich wird dieser Zeitraum, der fast achthundert Jahre und somit zwei Drittel der islamischen Geschichte umfaßt, von einer bestimmten orientalistischen Tradition, die dazu neigt, den Islam nur nach seiner arabischen Ausprägung zu beurteilen, oft etwas von oben herab behandelt. Für besagte Richtung markiert dementsprechend die hier dargestellte Zeitspanne nur eine Übergangsphase, in der der Islam zwischen seiner abbasidischen Glanzzeit und seiner Erneuerung im 19. Jahrhundert dahindämmert – ganz so, als habe er zwischenzeitlich aufgehört zu existieren, sich zu entfalten, sich auszubreiten. Vielleicht hilft die nachfolgende Bilanz, sich ein fundiertes Urteil zu bilden.

Viertes Kapitel

Die Bilanz einer Epoche: Verfall oder Neubeginn?

Die Zeit zwischen 1050 und 1800 war zwangsläufig eine entscheidende Phase in der Geschichte des Islam. Wie hätte es über so viele Jahre und über so große Räume hinweg auch anders sein sollen? Im bisherigen Verlauf der Darstellung wurden bereits einige neuere Ausprägungen des Islam skizziert; diese verstreuten Bemerkungen sollen im folgenden systematisch zusammengefaßt und präzisiert werden.

Zunächst eine ebenso grundsätzliche wie selbstverständliche Feststellung: In der Zeit zwischen 1050 und 1800 hat der Islam sich bewegt – er hat sich ausgedehnt und sich den Platz in der Welt erobert, den er auch heute noch einnimmt.

1. Der Islam nach zwölf Jahrhunderten

Auch wenn der tausendste Jahrestag der Hedschra (19. Oktober 1591), der fast mit dem Höhepunkt der osmanischen Machtentfaltung zusammenfällt, für die muslimische Welt ein symbolisches Datum ist, sollten wir als Stichtag für eine territoriale Bilanz der Verbreitung des Islam ein späteres Datum wählen, damit auch die neuen Fortschritte in Südostasien und in Afrika berücksichtigt werden können – nämlich den 4. November 1785, den ersten Tag im Jahr 1200 nach der Hedschra.

Wie sieht die Landkarte zu dieser Zeit aus? Immer noch dehnen sich die islamischen Länder über die ungeheuer große tropische und subtropische Zone der Wüsten Afrikas und Asiens aus. An den Nordrändern liegen der Maghreb, Ägypten, die Länder des Fruchtbaren Halbmonds und die iranische Hochebene, im Süden die Sudanzone und Südarabien. Im Osten hat sich der Islam in den Steppenzonen und Wüstenregionen Zentralasiens und der Länder am Indus festgesetzt.

Am Rand dieser allgemeinen West-Ost-Achse gibt es, von vereinzelten Handelsniederlassungen in Ostafrika abgesehen, nur zwei islamische Gebiete, die weiter nach Norden beziehungsweise Süden vorstoßen: im Nordwesten erstreckt sich ein Ausläufer nach Anatolien und in die gemäßigte Zone Europas, im Südosten zum äquatorialen Indonesien.

Die Geschichte hat dem Islam also im ganzen nur »schwierige«, oft unfruchtbare und sogar öde Gebiete überlassen. Auf den Meeren ist sein Los damals schon dasselbe wie heute. Allein beherrscht er nur zwei Binnenmeere: den Persischen Golf und das Rote Meer. Vom Mittelmeer, dem Schwarzen und dem Kaspischen Meer hat er lediglich die Südküsten unter Kontrolle, und auf den großen Ozeanen ist er vom internationalen Handel überflügelt worden.

Der Islam ist also auf die Region der Landengen zurückgeworfen worden und beschränkt geblieben, wo er sich allerdings hartnäckig behauptet hat. In dieser Hinsicht typisch ist sein Agieren im Mittelmeerraum, man denke nur an seine Unternehmungen in Spanien, auf Sizilien, Kreta und Zypern. Ob er nun die Nordküsten dieses Meeres wirklich nicht unterwerfen konnte oder es nicht wollte: Tatsache bleibt, daß er sich nach seinen Niederlagen im Norden im Süden des Mittelmeeres festgeklammert hat, diesseits der durchlässigen Grenze, die sowohl er als auch seine Gegner in beiden Richtungen überschreiten – er mit seinen Unternehmungen auf See, seine christlichen Gegner mit den Kreuzzügen und Invasionen in seine Territorien. Die Grenze war vielleicht durchlässig, aber letztendlich ist sie unverändert geblieben. Hier, an der Südküste des Mittelmeeres, fühlt sich der Islam zu Hause; hier, wo es dem Sunnismus an vielen Orten und unter verschiedenen Formen abermals gelingt, durch seine Stärke und seine Widerstandsfähigkeit alle muslimischen Kräfte hinter sich zu vereinigen.

2. Der Islam und die Muslime

Es ist ein schwieriges Unterfangen, auf nur wenigen Seiten die unzähligen Einzelheiten darzustellen, die die Grundlagen einer Kultur ausmachen; hier können sie deshalb nur in groben Zügen aufgezeigt werden. Eins steht jedoch von vornherein fest: Wie alle Kulturen stützt sich auch der Islam zunächst auf eine materielle Basis.

Alte und neue Muslime

Wieder einmal müssen wir die Entwicklungen bis zum Ende des 18. Jahrhunderts verfolgen. Hierbei können wir uns jedoch kurz fassen, denn die Karte der Völkerschaften des Islam ist in etwa die gleiche geblieben.

Gewiß, es hat Veränderungen gegeben: Mindestens 300 000 Mauren wurden aus Spanien vertrieben, in Indien begegnen wir persischen, afghanischen und türkischen Emigranten, Inder, Araber und Perser sitzen in den Handelskontoren Ostafrikas und in fast allen Städten des Osmanischen Reiches sind türkische Militärs und Beamte tätig. Das fällt jedoch auf globaler Ebene nicht ins Gewicht. Wichtiger ist demgegenüber der arabische Vorstoß nach Nordafrika und in die nubischen Länder, ebenso die Wanderung der Fulbe und vor allem die dauerhafte Ansiedlung von Türken in Aserbaidschan, Anatolien, Thrakien und der Dobrudscha. Nachdem diese letzten Migrationsbewegungen abgeklungen sind, nehmen die großen Blöcke des Islam überall feste Gestalt an: der arabische, der berberische, der schwarzafrikanische, der türkische, der iranische, der indische und der malaiische Islam.

Bedeutsamer noch als der Umfang der Wanderbewegungen ist das Ausmaß der Bekehrungen. Selbst dort, wo die Islamisierung noch in ihren Anfängen steckt, schreitet sie mit Riesenschritten voran, so daß sie schnell ganze Länder, ja sogar Weltregionen erfaßt: Anatolien, Albanien und Bosnien, Schwarzafrika, Indien, Indonesien und Zentralasien.

Neue Lebensgewohnheiten?

Haben die Türken, die unter den neu hinzugekommenen Muslimen die bevölkerungsreichste und mächtigste Gruppe stellen, im Alltagsleben das äußere Erscheinungsbild des Islam verändert? Zu Beginn, als sie aus Zentralasien aufbrachen, erregte ihre Kleidung das Staunen der Völker, und ein Chronist, der den Einzug Tughrilbegs in Nisabur schildert, erwähnt »das dicke, auffällige Gewand, den einfarbigen Turban, die Filzstiefel«. Danach traten die Türken jedoch bis nach Marokko hinein vor allem als Vermittler einer bereits bekannten, von den Persern übernommenen Tracht auf. Das betrifft den Kaftan – prächtige Exemplare davon enthalten die Sammlungen Istanbuls –, aber auch die mal bauschige, mal enge Hose, die ihrer Bequemlichkeit halber bei den Soldaten sehr beliebt ist und wie der Kaftan als Ehrenkleid getragen wird.

Wie steht es mit der Gestaltung der Bauwerke? Der türkische Stil spielt gern mit dem Wechsel zwischen Naturstein und Backstein und verändert auch die gewohnte Anordnung der Innenräume um den Innenhof. Er verschiebt das Ganze der Anlage so, daß der Hof mit Zugang und Empfangsraum zu einer Art architektonischem Prolog des Hauses wird. Diese neue Einteilung kann man auf der Spur der Eroberer bis nach Syrien, Ägypten und Algerien verfolgen.

All diese Dinge waren allerdings nur eine Sache der Fürsten, jedenfalls der Reichen. In Indien zum Beispiel ist das mongolische Festgewand, wie zu erwarten, auf die – muslimischen oder nichtmuslimischen – Fürstenhöfe beschränkt geblieben. In einer Bevölkerung, die zu 80 bis 95 Prozent aus Bauern besteht, bleiben Tracht und Haus in ihrer Ärmlichkeit unverändert, und das Mobiliar ist nach wie vor auf wenige Gegenstände beschränkt: die Familientruhe und die Matten. Die Unterkünfte aus Lehm oder ungebranntem Ton bestehen oft aus einem einzigen Raum. In einem solchen kargen Heim gibt es weder Ofen noch Tisch noch Stuhl. Hierbei handelt es sich aber nicht einfach um Entbehrungen, sondern vielfach um etablierte Gewohnheiten, für die gerade die oberen Schichten oft beispielgebend sind. Die ganze Gesellschaft erkennt diesen einfachen Lebensstil an und wünscht auch keine Veränderungen, da alte Traditionen einen hohen Stellenwert haben.

Ähnliches gilt auch für die Kochkunst. Sie ist eintönig und überaus bescheiden, trotz raffinierter Eßkultur an den Höfen und trotz der berühmten landestypischen Spezialitäten, die geradezu zu einem kulinarischen Patriotismus führen und die Sehnsucht all derer wekken, die nicht zu Hause sein können: der maghrebinische Kuskus, die gekochten Bohnen in Ägypten, der persische und türkische Pilaf. Überall ist das Fleisch knapp, selbst in Istanbul, der privilegierten Stadt; der »Traum vom Pilaf« (wohlverstanden mit viel Fleisch) ist eine persische Metapher, die in etwa der deutschen Redewendung von den »Luftschlössern« entspricht.

Was ißt man? In Indien Reis, sonst Weizen, der zu schlechtem Brot oder zu Brei verarbeitet wird, daneben vor allem Gemüse und Milchprodukte wie sauren Käse und minderwertige Butter, etwa in Nordafrika und Unterägypten. Diese Nahrung ist nach Zusammensetzung und Menge unzulänglich und oft fade, sie verlangt deshalb Zusätze und Gewürze, die ihren Geschmack verbessern, sowie »Stimulantien«, obwohl diese immer wieder verboten werden. Aus China kommt der Tee, und der Kaffee wird, obwohl er aus Äthiopien stammt, unter der verlockenden südarabischen Bezeichnung »Mokka« zu einer Art Nationalgetränk des Islam. Von Indien aus gelangt das Opium nach Südostasien und zu den Türken, aus Amerika kommt der Tabak, aus Ostafrika und dem Jemen das Kat. Der Wein ist zwar verboten, aber von den Fürsten sehr geschätzt und überall bis nach Indien hin beliebt. Außerdem stellt man auch Spirituosen her, brennt Arak aus Datteln oder Reis (*araq*, *araqi*), denn in der geheimnisvollen Kunst der Destillation kennt man sich aus.

Abschließend muß noch ein Wort über die Krankheiten und Plagen gesagt werden, die die islamische Welt regelmäßig heimsuchen: Fast überall sind der schleichende Hunger oder akute Hungersnöte ein Dauerzustand, vor allem in Indien (große Hungersnöte 1472, 1596 und 1630), und altbekannte wie auch neue Krankheiten durchziehen die islamischen Länder am Schnittpunkt der internationalen Handelswege in allen Richtungen, so daß die Krankheitserreger unablässig weitergetragen werden.

Zu den großen Geißeln gehört die Pest, die aus ihren Brutstätten in China und Indien von Osten nach Westen vordringt und regelmäßig nach Europa übergreift. Ein berühmtes Beispiel ist der Schwarze Tod, der im 14. Jahrhundert mindestens ein Fünftel – vielleicht sogar ein Drittel (J. Le Goff) – der Christenheit dahinrafft. Aber auch die islamischen Länder sind betroffen; zwischen 1416 und 1513 wütet die Pest im mameluckischen Ägypten zwölfmal. Von Westen nach Osten wandert die afrikanische und die amerikanische Malaria, die im 18. Jahrhundert Indonesien heimsucht, und aus Amerika, das Christoph Kolumbus gerade entdeckt hat, kommt die Syphilis, die um 1500 in Europa Fuß faßt und im Jahr 1506 das Land erreicht, aus dem zuvor die Pest kam: China.

Der Mittlere Orient ist die Brutstätte der Cholera. Sie verbreitet sich bis nach Indien, wo sie zu einer ständigen Gefahr wird, und gelangt 1832 nach Europa. Hinzu kommen noch die im 18. Jahrhundert grassierende indische Tuberkulose, Filariosen, Bilharziosen und Leishmaniosen sowie zahllose andere Krankheiten. Man kann die Aufzählung hier abbrechen und sich mit der Feststellung begnügen, daß Krankheiten in dieser Zeit keine Störungen des Alltags sind, sondern – ebenso wie die Nahrungsknappheit, über die der Schriftsteller Maqrizi eine Abhandlung verfaßt hat – zu dessen wesentlichen Merkmalen gehören.

Überall regiert also dieses biologische »Ancien Régime«, das F. Braudel als die gleichmäßige Verteilung der Chance auf Tod oder Leben charakterisiert, als einen »Teufelskreis«, den erst die industrielle Revolution am Ende des 18. Jahrhunderts durchbricht, indem sie »dem Menschen seinen Wert und die Möglichkeit zu arbeiten und zu leben« wiedergibt. Dies trifft allerdings lange Zeit nur auf Europa zu, denn zumindest in einigen Gebieten der islamischen Welt dreht sich der Teufelskreis bis zur Mitte des 20. Jahrhunderts weiter.

Die Fluktuation der Bevölkerungszahl

Bis zum Ende des 18. Jahrhunderts lebt jedenfalls die ganze Menschheit unter den gleichen Bedingungen. Man beurteilt ihre Situation gern mit Thomas Robert Malthus nach dem berühmten Gesetz der Schere, das heißt nach der immer größer werdenden Diskrepanz zwischen Bevölkerungsentwicklung und verfügbaren Nahrungsressourcen. Zumindest im großen und ganzen gilt dieses Gesetz bis zur Zeit der industriellen Revolution, die durch ihre technischen Fortschritte das Kräfteverhältnis zugunsten des Menschen umkehrt; in Europa vom 18. Jahrhundert an, in den islamischen Ländern, in denen das ökonomische und biologische »Ancien Régime« in Form der Unterentwicklung fortbesteht, sehr viel später.

Was Europa betrifft, sind die großen Phasen dieser Geschichte bekannt. Zwischen dem 11. und dem 13. Jahrhundert endet die Zeit der Unterbevölkerung, die Zahl der Menschen steigt erst langsam, später immer schneller an. Der Bevölkerungsdruck beschleunigt die Urbarmachung des Bodens, das Anwachsen der Städte und das Steigen der Preise. Doch am Ende des 13. Jahrhunderts erfaßt eine lange andauernde Rezession die Alte Welt, die Preise sinken, die Neulandgewinnung hört auf, das Land wird entvölkert, die Bevölkerungskurve sinkt. In der biologisch schwachen und unterernährten Menschheit wütet die große Pest und läßt die Bevölkerungskurve steil abstürzen.

Deutlicher als in Spanien, wo die Einwanderung aus den von der Christenheit zurückeroberten Provinzen eine kompliziertere Lage schafft, bestätigen sich die geschilderten Tendenzen des 13. bis 15. Jahrhunderts in Ägypten: In der Zeit der Mamelucken fallen die Preise für Brot, Honig und Zucker, die Zinsen stagnieren und etwa 200 Dörfer werden verlassen – alles Hinweise auf ernste wirtschaftliche Schwierigkeiten oder offene Krisen wie im 15. Jahrhundert, die nach E. Ashtor auf den Bevölkerungsschwund und auf den Rückgang der Nachfrage zurückzuführen sind.

Aber kann das europäische Modell auch auf frühere Perioden der ägyptischen Geschichte übertragen werden? Um die frühen Entwicklungen zu verstehen, muß man sich die spezifischen Bedingungen des ägyptischen Wirtschaftslebens vor Augen führen: Es ist ganz und gar vom Nil abhängig und muß stets um sein empfindliches Gleichgewicht ringen. Seine Landwirtschaft hat zwar den großen Vorteil, über fruchtbare Böden zu verfügen, aber sie ist ständig dadurch gehemmt, daß diese nur in Monokultur bewirtschaftet werden können. Dadurch wird wiederum der traditionelle Export bestimmter Lebensmittel wie Weizen und Reis erschwert, und diese beiden sind die Hauptfaktoren des ägyptischen Außenhandels. So entstehen plötzliche Krisen, wie die in der Mitte des 11. Jahrhunderts. Wenn das Nilwasser zu früh zurückgeht, dann schnellen die Preise für

Weizen und Brot in die Höhe. Man muß zwar nicht soweit gehen wie D. S. Goitein und behaupten, die Bevölkerung habe von der Eroberung durch die Araber bis zum 19. Jahrhundert hin ständig abgenommen. Aber lange Zeit konnte die Bevölkerung sich nicht vermehren, weil die verfügbaren Lebensgrundlagen bestenfalls konstant blieben. Darum blieben auch die Preise, hier wie im ganzen Nahen Osten, ziemlich stabil, und wenn sie einmal anstiegen, dann nicht in dem Übermaß, wie es die Geschichte des Westens kennt.

Wir wenden uns wieder Europa zu. Mit den Aderlässen des 14. Jahrhunderts und dem demographischen Rückgang der Jahre 1350 bis 1450 schließt sich die Schere wieder, und die Diskrepanz zwischen den verfügbaren Nahrungsmitteln und der Bevölkerungszahl wird geringer. Daraufhin setzt ein erneutes Bevölkerungswachstum ein, besonders in der Zeitspanne von 1450 bis 1650. Zwischen 1650 und 1750 läßt dieser Trend nach, droht sogar umzuschlagen, aber am Ende des 18. Jahrhunderts zeigt die Kurve wieder nach oben.

Gilt dieses europäische Modell mit den drei Phasen Wachstum, Höhepunkt und vorübergehender Rückgang auch für den Islam? Im großen und ganzen ist es für Anatolien und die europäische Türkei vom 15. bis zum 17. Jahrhundert gut belegt. Doch dann ändern sich die Dinge, und es kündigt sich die künftige Kluft zwischen dem reichen Westen und den armen Entwicklungsländern an, zu denen auch die islamischen Länder gehören. Ebenso wie sich im 18. Jahrhundert der Entwicklungsabstand zwischen dem türkischen Reich und dem sich bereits auf die industrielle Revolution zubewegenden Europa vergrößert, wächst auch die Differenz der Bevölkerungszahl. Gegenüber dem Zuwachs im Westen bleibt die Entwicklung im Islam, wie wir später sehen werden, noch ganz dem Gesetz von Hunger und Krankheit unterworfen; die Bevölkerungszahl stagniert oder geht in verschiedenen Regionen sogar zurück.

Einige Anhaltspunkte: Das Osmanische Reich erfährt im 16. Jahrhundert einen sehr starken Bevölkerungszuwachs von etwa 40 Prozent (nach Ö.-L. Barkan), der das Land und die Städte, die geschützten Untertanen und die Muslime gleichermaßen erfaßt. Dokumentiert ist dieses Wachstum für die überwiegend bäuerliche Provinz Anatolien und für Albanien. Die Städte erreichen im 16. Jahrhundert Rekordzahlen: Ankara 95 Prozent Zuwachs, Sofia 101 Prozent,

Bursa 102 Prozent, Skopje 113 Prozent, Konya 151 Prozent, Sivas 203 Prozent, Sarajevo 317 Prozent.

Seit der Regierungszeit Solimans (1520-1566) wird man jedoch auf die Gefahr der Entvölkerung der ländlichen Gebiete aufmerksam. Zeitgenössische Dokumente machen dafür eine zu hohe Belastung durch Steuern verantwortlich, und vermutlich haben sie recht. Wie im Frankreich des 16. Jahrhunderts weist diese Landflucht bereits auf die kommende Überbevölkerung hin, die für die Osmanen im 17. Jahrhundert große Schwierigkeiten zur Folge hat: die Agrarkrise, die zunehmende Erschöpfung der Böden durch die Pächter der *tschiftlik* und die große Abwanderung der überzähligen Bauern in die Stadt.

Die islamische Weltbevölkerung zwischen 1600 und 1800

Es ist schwierig, genaue Zahlen anzugeben, wenn man zugleich die territoriale Ausbreitung des Islam vom 11. bis zum 18. Jahrhundert, die Verschiedenheit der örtlichen Verhältnisse und die spätestens seit dem 17. Jahrhundert relevant werdenden Unterschiede zwischen den muslimischen Ländern und Europa berücksichtigen will.

Trotzdem soll im folgenden versucht werden, für das Ende des 16. Jahrhunderts eine vorsichtige Zwischenbilanz der islamischen Weltbevölkerung zu erstellen. Man schätzt die damalige Bevölkerung des türkischen Reiches einschließlich der Besitzungen in Nordafrika auf 30 bis 35 Millionen (Ö.-L. Barkan). Wir wählen die höhere Zahl und nehmen an, daß sie auch Marokko und Arabien mit einbezieht. Zu dieser Zahl ist zunächst die Bevölkerung der iranisch-afghanischen Gebiete hinzuzurechnen. Von heutigen Daten zurückgerechnet, ist sie, grob geschätzt, als etwa anderthalbmal so groß wie die des asiatischen Teils der Türkei anzusetzen, in dem (nach Barkan) während der Zeit von 1520 bis 1535 etwa 4 700 000 Menschen leben – eine Zahl, zu der bis zum Jahrhundertende die oben erwähnte Zuwachsrate von 40 Prozent addiert werden muß. Hieraus ergibt sich für die europäische Türkei eine Gesamtbevölkerung von 6 600 000 und demzufolge für die afghanischen und iranischen

Gebiete von 9 900 000, unter zusätzlicher Berücksichtigung der Nomaden Zentralasiens von 11 000 000.

Für die Gesamtbevölkerung Indiens, um das es am Ende des 16. Jahrhunderts schlecht bestellt ist, dürfte die von F. Braudel angenommene Zahl von 100 Millionen wohl der obere Grenzwert sein. Allerdings ist der Islam in Indien damals noch lange nicht so weit verbreitet wie heute, wo er mehr als ein Viertel der Bevölkerung des Subkontintents umfaßt. Am Ende des 16. Jahrhundert dürfte der maximale muslimische Bevölkerungsanteil bei 15 Millionen liegen.

Die Zahl der Muslime im schwarzen und im östlichen Afrika ist mit annähernd drei Millionen anzusetzen. Nimmt man für die Bevölkerung des südlichen Afrika (mit F. Braudel) eine zehnmal höhere Zahl als für Ägypten oder das übrige Nordafrika an – die Gesamtbevölkerung Nordafrikas (ohne Ägypten) wird auf 3 500 000 geschätzt, diejenige Ägyptens auf 2 500 000 (J.-C. Russell) beziehungsweise auf 4 500 000 (Barkan) –, so ergeben sich folgende Resultate in Millionen:

	Ägypten	übriges Nordafrika	nichtarabisches Afrika	Gesamtafrika
Russell	2,5	3,5	19-29	25-35
Barkan	4,5	(3,5)	27-37	35-45

Die für den schwarzafrikanischen Islam angenommene Zahl von drei Millionen Anhängern liegt, grob gerechnet, zwischen einem Sechstel und einem Zwölftel der nichtarabischen Bevölkerung Afrikas und scheint einen angemessenen Annäherungswert darzustellen. Sie bleibt jedenfalls in jener Zeit lange vor dem 19. Jahrhundert, in dem der Islam einen entscheidenden Zuwachs verzeichnet, weit hinter der heutigen, etwa ein Viertel der Bevölkerung umfassenden Zahl zurück.

Diesen Berechnungen zufolge zählt der Islam am Ende des 16. Jahrhunderts also etwa 64 Millionen Menschen, mit seinen Anhängern im malaiischen Raum und in China 67 oder vielleicht 68 Millionen. Diese Zahlen lassen sich besser einordnen, wenn man Vergleichswerte für einen früheren und einen späteren Zeitpunkt berechnet. Legt man die Wachstumsraten zugrunde, die F. Braudel für die demographische Entwicklung in Europa ansetzt, kommt man für die Zeit von 1300 bis 1350 auf eine Gesamtzahl von etwa 46 Millionen Muslimen (die Zahl liegt etwas höher, wenn man auch das Königreich Granada berücksichtigt), und für das Jahr 1450, nach den Rückschlägen des 14. Jahrhunderts, auf etwa 37 Millionen. Für die Zeit um 1800 käme man nach dem europäischen Modell (das ein jährliches Bevölkerungswachstum von 2,1 Prozent zugrunde legt) auf eine Gesamtzahl von 136 Millionen Menschen.

Hier drängt sich jedoch sofort ein ernstzunehmender Vorbehalt auf: Die angenommene Zahl setzt den europäischen Bevölkerungszuwachs um 1600 auch für die islamische Welt voraus. Man müßte aber daneben noch die sonstige muslimische Bevölkerungszunahme berücksichtigen, die aus den Eroberungen und den Bekehrungen in Indien, Nordafrika und Indonesien resultiert. Wie verhält es sich mit diesen Ländern?

Wenn wir für Indien im Jahr 1797 nach einer französischen Schätzung eine Bevölkerung von 155 Millionen Menschen annehmen und unter Berücksichtigung der fortgeschrittenen Islamisierung dem Islam ein Fünftel davon zurechnen, so kommen wir auf etwa 30 Millionen indische Muslime. Für den afrikanischen Kontinent nehmen wir mit anderen Autoren die gewiß übertriebene Zahl einer Gesamtbevölkerung von 100 Millionen an und ziehen von ihr die Bevölkerung Ägyptens mit (nach Volney) 2 300 000 sowie die Bevölkerung des übrigen Nordafrika ab, die bei analoger Bevölkerungsentwicklung wie in Europa (das im Jahr 1600 100 Millionen, im Jahr 1800 211 Millionen und im Jahr 1850 266 Millionen Einwohner hat) von 3,5 Millionen im Jahr 1600 auf sieben Millionen im Jahr 1800 und auf neun Millionen im Jahr 1850 hätte steigen müssen. Diese Zahl wurde jedoch erst 1880 erreicht (auch wenn die Schätzungen stark schwanken, besonders was Marokko betrifft). Im Vergleich zu Europa ist also das Wachstum geringer. Wir schätzen somit die Bevölkerung des außerägyptischen Nordafrika um 1800 auf 6,5 Millionen, so daß für das nichtarabische Afrika ungefähr 91 Millionen Menschen mit rund zwölf Millionen Muslimen (etwas mehr als ein Achtel der Gesamtbevölkerung) übrigbleiben.

Was die Bevölkerung des malaiisch-indonesischen Raums angeht, kommt man, wenn man im Ausgang von heutigen Größen zurückrechnet und sie mit der damaligen Bevölkerungszahl von Indien und China in Relation setzt (Indien im Jahr 1797 155 Millionen, China 1800 300 Millionen) auf eine Zahl zwischen 25 und 45 Millionen Menschen. Unter Berücksichtigung der stark zugenommenen Verbreitung des Islam in diesem Raum, über die wir für weite Bereiche allerdings nichts Genaueres wissen, kommt man für Indonesien auf die Zahl von 15 Millionen Muslimen und unter Einschluß Chinas – für das sichere Zahlen fehlen – auf vielleicht 20 Millionen.

Nun ist noch die islamische Bevölkerung im Komplex des Osmanischen Reiches einschließlich Nordafrikas, Arabiens, Persiens und Zentralasiens abzuschätzen. In Analogie zur europäischen Zuwachsrate würden die 46 Millionen des Jahres 1600 auf 96 Millionen im Jahr 1800 ansteigen – zweifellos eine optimistische Schätzung. Denn alle zeitgenössischen Zeugnisse stimmen darin überein, daß die Bevölkerung dieser Länder damals dahinsiecht, mit der einzigen Ausnahme Nordafrikas, wo die Notzeiten besser überstanden wurden.

Zunächst war eine katastrophale Agrarkrise zu überstehen. Kriege, Plagen – 1757 verwüsten die Heuschrecken das obere Tigristal –, Gewalttaten und die Ausbeutung seitens türkischer und anderer Machthaber machen aus den ländlichen Regionen ein Gebiet, das selbst im Vergleich zu den am schwächsten bevölkerten Gegenden Europas eine menschenleere Einöde ist. So zumindest schildert es ein guter Kenner des Osmanischen Reiches im ausgehenden 18. Jahrhundert, der Konsul der britischen Krone, William Eton. Er schreibt – und er ist nicht der einzige, der so denkt: »Auf dem Land war die Entvölkerung zuerst zu bemerken. Noch wurden die Städte von neuen Einwohnern übervölkert, die ihre Dörfer verließen, um hier Unterhalt zu finden. Aber als selbst die Städte veröden, ohne daß man die Ursache dafür im Zusammenbruch eines besonderen Handelszweigs, eines Manufakturgewerbes oder ähnlichem finden kann, sondern lediglich darin, daß der Zuzug vom Land ausbleibt, wird deutlich, daß die allgemeine Entvölkerung des Landes ihren Höhepunkt erreicht hat.« Eton bekräftigt seine Behauptungen durch die Beschreibung der entvölkerten Städte vom Irak und von Syrien bis hin zum europäischen Teil der Türkei: dezimierte, zu groß gewordene Städte mit verfallenen Häusern und verlassenen Basaren. Nur wenige Inseln gibt es in dieser Einöde: Istanbul, das durch Fleisch- und Weizenimporte künstlich am Leben erhalten wird, die Handelsstadt Smyrna, die Randgebiete an der Adria und einige Bezirke Bulgariens. Überall herrschen Hungersnöte; alle zehn bis zwölf Jahre bricht, wie in Aleppo, die Pest aus und rafft – nach Eton – ein Zehntel bis ein Viertel der Bevölkerung dahin, wenn nicht sogar noch mehr. 1736 wütet sie in Kairo, in Südostanatolien tritt sie 1757 zusammen mit den Heuschrecken auf, und 1773 erreicht sie Bagdad.

Was sind die Folgen? In Ägypten bleiben noch 2 300 000 Einwohner übrig (nach Volney). Syrien geht es nicht besser: Zur Zeit der Kreuzzüge zählte es (nach Russell) 2 700 000 Menschen; um 1500 hatte es sich von der großen Schwarzen Pest erholt und zählte 2 000 000 Einwohner (nach Barkan), und um 1600 waren es, wenn man eine Zuwachsrate von 40 Prozent pro Jahrhundert zugrunde legt, 2 800 000 Einwohner. Aber der mit dem Ende des Jahrhunderts einsetzende Rückgang fällt hier besonders auf: Das Land verliert seine Bewohner an die nahen Berge des Libanon, den steten Zufluchtsort der Minderheiten und der Unterdrückten, und um 1800 ist es nur noch von 1 500 000 Menschen bewohnt (nach Lammens). Der Irak hat im 16. Jahrhundert weniger als fünf Millionen Einwohner (nach Russell) und, wenn seine Bevölkerung in gleichem Maß abgenommen hat, am Ende des 18. Jahrhunderts nicht mehr als 2,5 Millionen. Das ist die Folge eines allgemeinen Niedergangs, der durch das Vorrücken der Wüste und des Sumpflandes noch beschleunigt wird. In Anatolien und im europäischen Teil der Türkei ist die Lage so trostlos, daß die muslimische Bevölkerung des Kontinents zwischen dem 16. und 18. Jahrhundert um vier Fünftel zurückgegangen sein soll (nach Eton).

Zweifellos ist das übertrieben. Eton ist den Osmanen nicht wohlgesinnt und hat über keine genaueren Angaben verfügt als wir. Deshalb überschätzt er die Wirkung der Pest einerseits und die Bevölkerungszahl am Ende des 16. Jahrhunderts andererseits. Dennoch heben sich aus den Beobachtungen Etons und seiner Zeitgenossen zwei Tatsachen heraus: Nach dem starken Zuwachs im 16. Jahrhundert gerät der Mittlere Osten in eine ernste und lang anhaltende Bevölkerungskrise. Noch schlimmer ist, daß die Auswirkungen dieses Bevölkerungsrückgangs in der zweiten Hälfte des 18. Jahrhunderts, insbesondere seit 1770, durch Epidemien verschlimmert werden. Zu dieser Zeit zählt Eton auf dem Weg von Ankara nach Istanbul oder nach Smyrna und auf der Reise von Istanbul über Edirne und Sofia nach Belgrad Hunderte zerfallener Dörfer und erklärt wörtlich: »Es ist leicht zu beweisen, daß zumindest in letzter Zeit die Entvölkerung der Türkei rapide fortgeschritten ist.« Und er schließt daraus: »Wenn die Entwicklung so weitergeht, wird das türkische Reich in einem Jahrhundert fast ganz verschwunden sein.«

Hier irrte Eton; denn etwa ein Jahrhundert später hatte sich die Lage jener Länder, die von 1600 bis 1800 einen Niedergang ihrer Bevölkerung erlebten, wieder verbessert. Am Ende des 19. Jahrhunderts haben Anatolien und Syrien (nach V. Cuinet) zwölf beziehungsweise 2,7 Millionen Einwohner, und Ägypten hat zur gleichen Zeit (nach Baedeker) sieben bis acht Millionen. Das sind Anzeichen für eine kräftige Erholung, selbst wenn man anhand der Bevölkerungsstatistik um 1800 annimmt, daß dieser Aufwärtstrend erst im Lauf des 19. Jahrhunderts richtig einsetzen konnte. Auch in Bagdad zeichnet sich zu Beginn des Jahrhunderts eine Erholung ab, doch wird sie aufgrund von Epidemien und Überschwemmungen (1831) unterbrochen; erst nach 1850 setzt ein erneutes Wachstum ein.

Wir wollen für das Jahr 1800 einige Zahlen zusammenstellen und dabei für den Komplex der europäischen Türkei, Anatoliens, Arabiens sowie der iranischen und zentralasiatischen Länder ein Optimum annehmen, das heißt den unveränderten Stand von 1600.

Am Ende des 18. Jahrhunderts ergibt sich dann für die islamische Weltbevölkerung einschließlich Afrikas, Indiens und des Fernen Ostens eine maximale Gesamtzahl von 105 Millionen Menschen, das entspricht einem Achtel oder einem Neuntel der damals 835 bis 915 Millionen umfassenden Menschheit.

Aus diesen trockenen, unsicheren, aber notwendigen Berechnungen geht eins mit Gewißheit hervor: das Wachstum der Zahl der Muslime in den zwei Jahrhunderten zwischen 1600 und 1800 spiegelt lediglich die gewachsene Ausbreitung des Islam auf der Landkarte wider. Durch Bekehrungen und Gebietszuwachs sind weniger Menschen hinzugekommen als unter »europäischen Verhältnissen« auch ohne diese Expansion hinzugekommen wären. Dieser Menschenmangel erklärt die damals so starke Nachfrage nach Sklaven.

Um 1800 sind weitaus die meisten Muslime Bauern. Sie arbeiten mit den uralten Techniken der »Völker des Hackbaus«, kennen aber auch den Ziehbrunnen und den Hakenpflug.

Die Gartenpflanzen aus dem Orient dringen über Italien und die Landschaften des Roussillon und des Comtat immer mehr in die europäischen Gärten ein. Aber nicht nur sie erobern Europa: der Reis kam bereits im 10. Jahrhundert nach Madagaskar und breitet sich jetzt auf dem türkischen Balkan aus, der Kaffee wird seit dem Ende des 15. Jahrhunderts immer beliebter, der Mais wird von den Portugiesen aus Amerika nach Marokko gebracht und verbreitet sich dann auf dem Balkan. Allein der Tee – die Teepflanze, nicht der genußfertige Tee – gewinnt nur wenig an Boden. Er bleibt in der Hauptsache auf China beschränkt und findet, wenn auch zunächst noch nicht in Indien, so doch auf Ceylon und Java, erst ab dem 19. Jahrhundert neue Anbauflächen. Aus der Gruppe der Pflanzen, die zur Stoffgewinnung dienen, kommt die Baumwolle nach Zypern und Kreta, und der Weiße Maulbeerbaum zur Zucht der Seidenraupen gelangt im 16. Jahrhundert aus China in den Süden Frankreichs und macht dort dem Schwarzen Maulbeerbaum aus Persien Konkurrenz.

Zu den Tieren, die nach Europa gelangen, gehört der Wasserbüffel, der den wandernden »Zigeunern« nachzieht, und das Kamel, das die Türken in die Balkanländer bringen, wo es allerdings nicht dauerhaft heimisch wird. Das Merinoschaf breitet sich in Spanien aus, Colbert bringt es nach Roussillon und Daubenton am Ende des 18. Jahrhunderts schließlich nach Burgund; sein Name läßt sich vielleicht von den »Meriniden« ableiten, den Züchtern seiner maghrebinischen Vorfahren. Vor allem aber kommen die Berber- und Araberpferde nach Europa, um die sich die Gestüte der Herrscher und Mächtigen Europas reißen.

Der Orient, der so viele Gaben ausstreut, bleibt selbst jedoch unverändert und weiterhin in jahrtausendealten Gewohnheiten verankert, auf Gedeih und Verderb vom unregelmäßigen Regen und der schwankenden Wasserführung der Flüsse abhängig. Klima, Boden und Gewohnheiten – alles zusammen trägt dazu bei, die Distanz zwischen dieser sich auf eingefahrenen Bahnen bewegenden Welt und Europa zu vergrößern, das ständig neues Land urbar macht, leistungsfähigere Pflüge konstruiert und die Anbaumethoden verbessert.

Unverändert bleiben auch die großen menschenleeren Räume dieser Länder. Jahrhundertelang zieht der Nomade – zusammen mit dem Krieger ein typischer Vertreter des Islam seiner Zeit – durch die ländlichen Regionen, für die er, neben den Seuchen, der erdrükkenden Steuerlast und den Hungersnöten, zu einer weiteren Bedrohung wird. Von Nordafrika bis nach Zentralasien läßt er Land hinter sich zurück, das kaum wieder besiedelt wird. Die Wildnis breitet sich aus, und daß überall ungestört wilde Tiere leben, ist ein Anzeichen, wie wenig Menschen in diesen Regionen, die sie nur schlecht ernähren können, zu Hause sind.

Die Straßen des Islam und die Straßen der Welt

Diese beiden Bezeichnungen sind nicht mehr in der Weise austauschbar, wie sie es zuvor gewesen sind. Die islamische Welt besetzt zwar immer noch wichtige Positionen im Straßennetz der Welt, aber ihre frühere Vormachtstellung hat sie verloren. Die Meer- und Landengen sind zwar nicht völlig bedeutungslos geworden, aber der Handelsverkehr wurde zu einem großen Teil auf andere Routen umgeleitet. An drei Fronten ist ein Wandel eingetreten: Im Norden läuft der Handel über das russische Sibirien, im Osten verbindet der direkte Seeweg um das Kap der Guten Hoffnung die europäischen Länder mit Indien und im Westen hat sich der Warenverkehr von den Sahararouten an die westafrikanischen Küsten verlagert. Übrigens darf man weder die Chronologie dieser eingetretenen Veränderungen systematisieren noch ihre Auswirkungen überschätzen. Zum Beispiel wurden die muslimischen Gebiete im Zeitalter der Entdeckungen nicht zum erstenmal umgangen. Bereits die kurzlebige *pax mongolica* hatte den direkten Weg von Rußland nach China eröffnet und die traditionellen Handelswege durch das iranische Hochland rechts liegen lassen. Gewiß war das nur das Vorspiel zum entscheidenden 16. Jahrhundert, aber man sollte daraus nicht folgern, daß die große Zeit der europäischen Seefahrer sofort einschneidende und bleibende Auswirkungen auf die islamische Welt zur Folge hatte. Erst ein Jahrhundert später bekamen die alten Handelswege des Roten Meeres, des Persischen Golfs, des Mittelmeeres und die alten Knotenpunkte des Handels in Ägypten, im Irak und in Persien die Folgen zu spüren. Sie alle spielten noch lange eine beachtliche Rolle, ebenso wie das Handelszentrum Buchara im 17. und 18. Jahrhundert im Rahmen des Warenaustauschs mit Rußland und Sibirien.

Die Schiffe der islamischen Seefahrer, die langen Kamelreihen und die Karawansereien, die zugleich Ställe und Gasthöfe für die Rast am Abend sind, wurden bereits dargestellt. Bekannt sind auch die Handelswaren: Ägypten zum Beispiel leidet immer Mangel an Holz, das es vor allem aus Kleinasien bezieht, Schwarzafrika braucht Salz aus der Sahara, Ostafrika importiert Stoffe aus Indien – beide zahlen mit Gold und mit Sklaven. Aber die Zeiten haben sich geändert: Die Bedeutung Istanbuls sowie die Bedürfnisse und der Geschmack des neuen Europa gehören jetzt zu den bestimmenden Faktoren im muslimischen Binnen- und Außenhandel.

Zunächst geht es darum, die Städte zu ernähren. Während beispielsweise Venedig Reis und Weizen aus Ägypten importiert, benötigt Istanbul dringend das Fleisch der Donau- und Balkanländer, aber auch den ägyptischen Weizen, den es manchmal allerdings wieder den Italienern überläßt. Man sieht: Dieser Handel ist oft ungeordnet, gelegentlich – unter dem Druck der Verhältnisse – sogar inkonsequent, aber immer bringt er Gewinn.

Ein weiterer Schlüsselposten in diesem Handel sind die anregenden Genußmittel, Duftstoffe und Gewürze, für die der Islam sowohl Abnehmer als auch Lieferant ist. Vom 17. Jahrhundert an blüht der Handel mit Tee und Kaffee, der Handel mit Pfeffer aber geht zurück, wenigstens was das Abendland betrifft.

Schließlich nimmt der Handel mit Roh- und Fertigtextilien eine besondere Stellung ein. Fast überall im islamischen Gebiet, in Indien und in Europa herrscht Nachfrage nach Wolle, die im Iran, in Nordindien, in Armenien und im Maghreb erzeugt wird. Die in Südeuropa in großen Mengen produzierte Seide reicht nicht aus, so daß außerdem Seide aus Persien, Syrien, Indien und der Türkei mit ihren Manufakturen in Smyrna, Chios und Bursa importiert wird. Doch eine noch wichtigere Rolle nimmt im Textilverkehr der Handel mit Baumwolle ein. Venedig, der große Umschlagplatz, importiert sie aus Nordsyrien in Ballen oder gesponnen, aus Aleppo auch in groben blauen Webstoffen. Das zweite Zentrum des Baumwollhandels ist nicht Ägypten, das erst in der zweiten Hälfte des 19. Jahrhunderts unter englischem Druck mit einer Produktion größeren Ausmaßes beginnt, sondern Indien. Von dort werden Kattunstoffe nach Ostafrika und Europa ausgeführt, wo man auf diese Ware förmlich versessen ist.

Insgesamt gesehen ist der islamische Handel zwischen 1050 und 1800 – wenn man ihn zum Beispiel mit dem der abbasidischen Glanzzeit vergleicht – zumindest von Wechselfällen geprägt. Das einschneidende Ereignis dabei ist zweifellos, daß nach den großen Entdeckungen, vor allem aber nach 1620, die Weltmeere mit ihren Schiffen und Häfen dem Mittelmeer und den islamischen Binnenmeeren den Rang ablaufen. Handelt es sich hierbei um einen allgemeinen Niedergang? Kaum, denn die alten Seewege wurden niemals ganz aufgegeben. Obwohl sie weniger benutzt wurden, blieben sie sowohl für den internationalen Handel als auch für die weiten Gebiete, die sich die islamische Welt trotz vieler Fehlschläge unbedingt erhalten wollte, unentbehrlich: für die seldschukischen, ayyubidischen, mongolischen und mameluckischen Staaten und für das Osmanische Reich, das allein durch seine Größe einige der großen traditionellen Handelsströme erhalten, wiederbeleben oder neu ordnen konnte. Hierher gehören etwa der Weg vom Roten Meer zum Nil und weiter nach Kairo, Alexandria und Rosette, wo der aus dem Jemen kommende Kaffee verladen wurde, sowie die Land- und Seewege von Ägypten nach Istanbul mit den großen Stützpunkten Antalya (Adalia), Smyrna, Bursa und vor allem Aleppo, das den Angelpunkt zwischen den türkischen und den arabischen Teilen des Reiches bildete und zugleich am Endpunkt der großen Karawanenstraße über Mossul oder Bagdad nach Persien lag.

Die Städte und das Gewerbe

Vom Handel kann man nicht sprechen, ohne die Städte zu schildern, die je nach den Zeitumständen mehr recht oder mehr schlecht die Verwaltung des Landes tragen und ihre Bedeutung im Kreislauf von Produktion, Transport und Verbrauch bewahren. Fast alle haben gelitten, manche fürchterlich; Kriege und Invasionen brachten politische und wirtschaftliche Umwälzungen mit sich. Viele kleine Städte sind untergegangen oder langsam erloschen. An ihre Stelle sind aber andere getreten, denn der Islam bringt in dieser Zeit, wie früher, unaufhörlich neue städtische Kultur hervor, die von seinem Wesen geprägt ist.

Wir kennen diese Städte gut. Oft sind sie zu groß, um allein von ihrer Umgebung versorgt werden zu können; sie sind von Befestigungsmauern umschlossen, die bis in die osmanische Zeit hinein immer mehr ausgebaut werden, dann aber, abgesehen von gefährdeten Orten und Grenzstädten, mit der Zeit verfallen. Es sind Städte mittelalterlicher Bauart. Der Schachbrettgrundriß der antiken Vorgängerstädte ist kaum noch zu erkennen, und dieses Muster wird, anders als in der europäischen Renaissance, auch nicht wiederentdeckt. Immer sind diese Städte mit ihrem Standort unzufrieden, zumindest in Zeiten des Aufschwungs – man denke nur an das muslimische Delhi, das zwischen 1200 und 1650 siebenmal oder sogar noch öfter sein Zentrum verlagert.

Überall findet man das gleiche Bild der engen Gassen, der Suks, der zur Straße hin fensterlosen und niedrigen Häuser, die allerdings, wenn die Bevölkerung zunimmt und es an Platz fehlt, in die Höhe schießen, so wie in Kairo, wo sie nach dem Bericht eines arabischen Geographen »hoch wie die Leuchttürme« werden. Das Ganze wird von den Minaretten der Hauptmoschee und von der Zitadelle überragt, die in der osmanischen Zeit allgemeine Verbreitung findet. Ein herausragendes Beispiel bildet etwa die Zitadelle von Aleppo. Um dieses Bauwerk als Sitz und Symbol der Macht gruppieren sich wie im Kairo der Ayyubiden die Wohnviertel, aber in unruhigen Zeiten, wie im 17. und 18. Jahrhundert, halten sie wieder Abstand.

Das Herz der Stadt, ihre feste Mitte, ist die Moschee. Um sie herum gliedert sich die Stadt in konzentrische Kreise, an denen man die absteigende Hierarchie der Berufsgruppen ablesen kann: von den Parfümhändlern über die Weber und Goldschmiede bis zu den Handwerkern, die Eisen und Leder bearbeiten. An den Toren werden die Bürger der Stadt von anderen Bevölkerungsgruppen abgelöst: von den Bauern, die dort die Erzeugnisse ihres Bodens verkaufen, und den Kameltreibern der Karawanen.

Doch ist dies nicht die einzige Form der Gliederung der Stadt. Sie teilt sich zugleich auch nach Wohnvierteln (*hara*) auf, die die verschiedenen ethnischen Gruppen, die Religionen und sogar die Berufe voneinander trennen. Jedes Viertel wacht hinter seinen Toren, die jeden Abend geschlossen werden, eifersüchtig und ängstlich über seine Eigenständigkeit und lebt wie eine Stadt in der Stadt – mit eigener Moschee oder eigenen Gebetshäusern, mit eigenen Brunnen und Bädern, mit eigener Karawanserei und eigenem Markt.

Das Gewerbeleben beruht auf dem System der Zünfte (Einzahl *sinf*) mit seiner klassischen Hierarchie von Meistern, Gesellen und Lehrlingen. Sie unterstehen der moralischen Autorität ihres jeweiligen Oberhauptes, das die von den Behörden als Gesamtsumme festgesetzte Steuer auf die Zunftgenossen umlegt, Streitigkeiten schlichtet, über den Ehrenkodex des Berufsstands wacht und Richtpreise festsetzt.

Diese Zünfte haben sich mit der Zeit »säkularisiert«, aber viele von ihnen, vor allem die Gerber, haben während der osmanischen Zeit eine gewisse Religiosität bewahrt, die mit dem Geist und der Überlieferung der alten tugendhaften *fityan* oder *achis* (so heißen sie in Anatolien) verwandt blieb. Die ursprünglich aus dem Iran stammende Institution des *futuwwa* (Mehrzahl *fityan*) bleibt im gesamten muslimischen Mittelalter bestehen. Auch wenn sie im 15. Jahrhundert, als das Osmanische Reich ihre Dienste nicht mehr braucht, zu verschwinden scheint, überlebt sie in den Körperschaften, die von ihrem Geist geprägt oder mitgeprägt wurden: in den Bruderschaften der Derwische und der Sufis, in den Zünften, den Verbänden der Janitscharen und, fast wie zuvor unter dem Abbasiden an-Nasir, im Staatsapparat selbst.

Istanbul: Juwel und Moloch zugleich

Istanbul, das von den Osmanen um einen hohen Preis eroberte und dann umbenannte Konstantinopel, ist um 1700 mit etwa 700 000 Einwohnern zusammen mit London und Paris eine der drei größten Städte Europas. Es ist »ein Moloch von Stadt«, ein »Riesenmagen«, wie in geringerem Maß auch etwa Delhi oder Mekka, der durch Zufuhr von Weizen, Reis, Hammelfleisch, Geflügel, Gemüse und Milchprodukten künstlich ernährt wird. Die Stadt wird zu einem riesigen Markt von Lebensmitteln, auf dem, oft unter Zwang, die Länder an der Donau und am Schwarzen Meer, Thrakien und die Balkanländer, Anatolien und das ferne Ägypten miteinander konkurrieren. Nur Fisch ist an Ort und Stelle reichlich vorhanden, denn die Strömungen zwischen dem Marmarameer und dem weniger salzhaltigen Schwarzen Meer machen den Bosporus zu einem regelrechten Fischparadies.

Den Mittelpunkt dieses riesigen Marktes bildet die Geschäftsstadt des großen Basars. Sie umschließt die beiden Basare der Stoffhändler (*bedesten*, eine Abwandlung von *bezzazistan*, *bezestan*) – riesige geschlossene Kuppelhallen für Tuche und Luxusgüter – sowie 61 Straßen, 18 Tore, fünf Moscheen und 4000 Stände, an denen die Waren gehandelt werden, die die Stadt einführt, verbraucht oder produziert. Im 17. Jahrhundert zählt man – und die tatsächlichen Zahlen dürften noch sehr viel höher gelegen haben – 158 Zünfte, die für den städtischen, den osmanischen oder den ausländischen Markt arbeiten. Im übrigen gibt es in der Hauptstadt auch ein staatliches Gewerbe: Manufakturen und ihnen angeschlossene Zünfte, die Kanonengießerei (*topchane*) und die Werft der Flotte, Waffenschmieden und Pulverfabriken sowie ein ganzes Heer von Handwerkern, die mehr oder weniger ausschließlich und ständig beim Palast angestellt sind – Klempner, Schreiner, Maler, Schneider, Töpfer, Glas- und Steingutbrenner. Im staatlichen Bereich arbeiten in 31 Manufakturen 10 000 Menschen, während im privaten Sektor 80 000 Gewerbetreibende in etwa 23 000 Werkstätten und Läden beschäftigt sind.

All dies, und insbesondere den Umstand, daß es sich mit solchem Elan ausbreitet, verdankt Istanbul seiner Stellung als Zentrum der Macht. Und welch einer Macht! Über drei Kontinente erstreckt sich das Osmanische Reich, und so ist es ein Mosaik von Völkern, Religionen und Sprachen, das sich in seiner Hauptstadt widerspiegelt. Deren Bewohner sind zu 58 Prozent türkische Muslime und zu 42 Prozent Minderheiten: Griechen, Armenier, Juden, Ägypter, Albaner, »Zigeuner« und Moldauwalachen, außerdem Ausländer, so die Venezianer im Stadtteil Galata, der »Stadt der Ungläubigen«, die an Bedeutung verliert, als Neuankömmlinge – Franzosen, Engländer und Holländer – in Pera Botschaften einrichten.

Diese Riesenstadt, ein kleines Universum für sich, ist ein typisches Kind seiner Zeit – der gleichen Zeit, die auch Sankt Petersburg, London, Neapel und Paris geprägt hat. Der Schmutz der Gassen und die Pracht der Paläste, der unerhörte Luxus der Reichen und das Elend der Massen, auch die häufigen Großbrände (die Stadt wird allein im 17. Jahrhundert zweiundzwanzigmal von Feuersbrünsten heimgesucht) sind für Istanbul genauso kennzeichnend wie für die Stadt des »Ancien Régime«, die gleichermaßen überfüllt und übergroß ist, fast von ihren Bewohnern erstickt wird und große Mühe hat, für öffentliche Sicherheit, hygienische Verhältnisse und genügend Nahrung zu sorgen.

Doch ihre bis heute prägende Vergangenheit mit all ihren Licht- und Schattenseiten verleiht der Stadt auch ihren unerhörten Glanz. Die byzantinische und die osmanische Zeit haben Istanbul gleichermaßen ihren Stempel aufgedrückt, die »ewige« Silhouette der Hagia Sophia genauso wie die Minarette der Moscheen, die Sinan erbaute. Kein Zweifel: Als die Osmanen die Stadt Konstantinopel mit ihrer einzigartigen Lage am Bosporus und am Goldenen Horn übernahmen, sie ausbauten und umgestalteten, folgten sie, wie ihre Vorgänger, gewissermaßen dem Gebot der Natur, die hier die optimalen Voraussetzungen für einen der größten Handelsplätze und einen der besten und schönsten Häfen der Welt geschaffen hat.

3. Der Islam und seine »Schulen«

Während der langen Zeit vom 11. bis zum 18. Jahrhundert, in der sich der Islam in etwa auf das Gebiet ausbreitete, das er auch heute noch umfaßt, sind seine Grundlagen immer die gleichen geblieben. Mitunter hat er sein Aussehen gewandelt, aber stets ohne seine Wesenszüge verändern zu müssen.

Das Kalifat und die religiöse Landkarte des Islam

Die Staaten, die zwischen dem 11. und dem 18. Jahrhundert in der muslimischen Welt entstanden, stützten sich jeweils auf unterschiedliche Schulen des Islam. (Die einzige Ausnahme von dieser politischen Praxis bilden die Mongolen, doch auch hier muß man differenzieren, man denke nur an den religiösen Opportunismus der Ilkhane Persiens.) Aufgrund dieser Differenzen zwischen den jeweiligen Herrschern kam es zu langjährigen Auseinandersetzungen und Entwicklungsprozessen, deren Ergebnis eine konfessionelle Entflechtung und somit eine Vereinfachung der religiösen Landkarte des Islam war: Das islamische Gebiet wurde entsprechend den verschiedenen Richtungen des muslimischen Glaubens aufgeteilt. Hierzu trugen vor allem die Osmanen bei, die das den Islam seit seinen Anfangstagen begleitende Problem der mangelnden Einheit auf drastische Weise zu lösen versuchten, indem sie das Kalifat nach Istanbul verlegten.

Die Nutznießer dieser Entwicklung sind die Sunniten, die ohnehin die überwältigende Mehrheit der Muslime stellen. Ihre Bastionen sind Nordafrika, das fest in den Händen der Malikiten ist, die hanafitische Türkei und außerdem Syrien und Ägypten, wo bei der Wahl der Schulen zwar differenzierter vorgegangen wird, dennoch aber der durch die starke hanbalitische Bewegung verkörperte Sunnismus stets unangefochten bleibt. Der Sunnismus beherrscht unter dem Einfluß des maghrebinischen Malikismus auch Indien und Schwarzafrika, ist dort jedoch keineswegs von Einflüssen älterer Religionen frei. Das Höchstmaß an Synkretismus wird offenbar in Indonesien erreicht.

Was kann der Charidschismus diesem riesigen Block entgegensetzen? Kaum einige Inseln oder Grüppchen im Mzab, auf der Insel Djerba, in Oman und auf Sansibar. Der Schiismus in seinen verschiedenen Formen bleibt im wesentlichen auf seine Hochburgen in Persien beschränkt und in geringerem Maß auf den Irak und den zaiditischen Jemen. Sonst erfaßt er nur Minderheiten, die in der Masse der Muslime meist verschwindend klein bleiben.

Seitdem sich die Osmanen, ohne auch nur den Tod des letzten Abbasiden in Kairo (1543) abzuwarten, den Titel des Kalifen zulegten oder verleihen ließen – eine Weihe, die sie natürlich nicht ihrer Abstammung, sondern ihrer Machtposition verdankten –, hat der siegreiche Sunnismus, vom mongolischen Indien abgesehen, nur einen einzigen geistigen Führer. Dieses Auftreten, für das es in Ansätzen bereits in der Mongolenzeit ein Vorbild gab, beweist jedenfalls den politischen Realismus der Osmanen. Übrigens nützten sie als Herren des neuen muslimischen Reiches und als Beschützer seiner heiligen Stätten den gewonnenen Vorteil dazu aus, sich im Vertrag von Kütschük-Kainardschi (1774) auch die geistliche Oberhoheit über die Krimtataren von Rußland anerkennen zu lassen, obwohl sie die politische Autorität über die Tataren damals verloren hatten. So gilt der Sultan im 19. Jahrhundert als eine Art »Papst« des Islam, als Beschützer der muslimischen Religion, wo immer sie Anhänger hat.

Eins ist sicher: Die Osmanen haben die Institution des Kalifats wiederhergestellt und seine Idee in einem solchen Maß erneuert, daß es im Denken des reformistischen Islam um 1880 eine wichtige Position einnehmen kann.

»Neue Götter« am Himmel des Islam

Für eine monotheistische Religion wie den Islam ist die obige Überschrift blasphemisch. Sie trifft jedoch das Glaubensverständnis gewisser islamischer Randgruppen, die zu Hypostasierungen neigen – eine Tendenz, die zwischen dem 11. und 18. Jahrhundert immer mehr zunimmt.

Hierbei ist den Kurden ein besonderer Platz einzuräumen, vor allem den Yeziden von Persien, im Gebiet von Mossul und in Syrien. Sie gingen aus einer ketzerischen proomayyadischen Bewegung hervor und wurden seit dem 12. Jahrhundert zu einer mächtigen Gemeinschaft, die – je nach Region – entweder dem sunnitischen Dogma folgte oder aber eine fast nicht mehr als Islam erkennbare Volksreligion pflegte.

Auch im Schiismus gibt es verlorene Söhne des Islam: die Hurufi des Iran mit ihren symbolischen Ausdeutungen von Buchstaben und Zahlen; die Ahl-i-Haqq, Zwölferschiiten aus Westpersien, die sich von der traditionellen Zwölferschia jedoch immer weiter entfernen; die geheimnisvollen Nussairier (Alawiten) in Syrien, die den schweigenden Spiegel der Gottheit, Ali, über das lebendige Wort, Muhammad, stellen. Der Extremismus dieser und vieler anderer Häresien, ihre Neuerungen, ihre synkretistischen Ansätze reißen die traditionellen Schranken zwischen den großen Schulen des Schiismus nieder, aber auch die Schranken zwischen dem Islam und anderen Religionen, wie dem Christentum, dem Manichäismus, dem Parsismus und der Gnosis.

Kommen wir, wenn wir uns nun den Drusen zuwenden, dem Islam wieder näher? Zumindest begeben wir uns wieder auf ein bekannteres Feld. Als Verehrer des fatimidischen Kalifen al-Hakim, der 411/1021 in einer Nacht des Monats Chawwal/Februar spurlos verschwand, bilden die Drusen eine mächtige und verschworene Gemeinschaft mit eigenen sozialen Strukturen, eigenen Glaubensprinzipien und eigener Moral. Sie sind in Südsyrien ansässig und tragen während der osmanischen Herrschaft zusammen mit den maronitischen Christen, die mal ihre Gegner, mal ihre Verbündeten sind, intensiv zum Erwachen der libanesischen Nation bei.

Ein weiterer Ableger der Ismailiten beruft sich auf al-Mustansir (487/1094), einen anderen fatimidischen Kalifen. Die Parteigänger seines Nachfolgers und jüngeren Bruders al-Mustali leben in den Buhara Indiens weiter. Aber ihre Rivalen, die Anhänger des älteren Bruders Nisar, sind berühmter geworden als sie: Sie errichteten zunächst den Staat der Assassinen, der bis zur Mongolenzeit bestand; ihr großer Meister und Lehrer residierte in der Feste Alamut, und sein Vertreter in Syrien war der berühmte »Alte vom Berge«, wie ihn die Geschichtsschreiber der Kreuzzüge nennen. Danach etablierten sich die indischen Hodschas und einige andere Gemeinschaften, vor allem unter Hindus und Afrikanern. Sie stehen unter der geistlichen Autorität ihres eigenen Imams, des Aga Khan.

Der Zwölferschiismus und die Schlagkraft des militanten Sunnismus

In seiner überwältigenden Mehrheit bleibt der Schiismus der Reihe der zwölf Imame treu. Ein Gegengewicht zum zersplitterten Ismailismus bilden weniger die zwölferschiitischen Gemeinschaften Indiens und Zentralasiens als die viel mächtigere und im übrigen strengere Gemeinschaft im Libanon (Metuali) und vor allem der kompakte Block des safawidischen Persien und des Irak, in dem die Zwölferschiiten den Schiismus in die Lage versetzen, über den sunnitischen Islam die Oberhand zu gewinnen.

In seiner Gesamtheit erreicht der Schiismus bei weitem nicht die Zahlenstärke des Sunnismus. Die »Orthodoxie«, die von einer beeindruckenden Zahl von teilweise sehr mächtigen Regierungen und mehr noch von ihren Gelehrten verteidigt wird, wird in diesen schwierigen Jahrhunderten wieder frisch und jung.

Im übrigen lebt sie mit dem Zwölferschiismus in dauerndem Wettstreit. Es waren bedeutende Männer nötig, um dem glänzenden Wissenschaftler und Theologen Nadschm ad-Din at-Tusi (gestorben 672/1274) und seinem Schüler Hilli, den beiden Speerspitzen der Zwölferschia unter der Mongolenherrschaft, Paroli zu bieten. Auf seiten des hanbalitischen Sunnismus lassen sich ihnen, schon vor der Ankunft der Mongolen, Ibn al-Jausi (597/1200) und Ibn Taimiya (728/1328) entgegenstellen.

Deshalb wäre nichts verkehrter als die Annahme, der sunnitische Sieg in den meisten islamischen Ländern sei von intellektueller Stagnation begleitet gewesen. Noch mitten im 18. Jahrhundert gründet Ibn Abd al-Wahhab im Herzen Arabiens, im Nadschd, die nach ihm benannte Schule des Wahhabismus. Diese »zugleich religiöse und politische, arabische und muslimische« Bewegung sucht die ursprüngliche Reinheit des Islam wiederherzustellen und als Antwort auf den iranischen Schiismus und den Verfall der sunnitischen Macht der Osmanen einen sunnitischen Staat zu gründen, der sich nicht nur über den Nadschd, sondern über alle arabischen Länder hätte ausbreiten sollen. Mit dem für diese Lehre gewonnenen Herrscher Muhammad Ibn Saud begann die Dynastie, die noch heute über den größten Teil der Arabischen Halbinsel herrscht.

Derwische, Heilige und Philosophen

In seiner Sorge um die ursprüngliche Reinheit des Islam wandte sich der Wahhabismus gegen den mit volkstümlichen Formen des Aberglaubens und der Magie verbundenen Heiligenkult, der vom 11. bis zum 18. Jahrhundert ein Hauptelement des sunnitischen wie des nichtsunnitischen Islam blieb. Der Heilige (*waliy*, Mehrzahl *awliya*), der »in groben Wollstoff gekleidete« Mystiker (*sufi*) und der »Marabut« Nordafrikas lebten zunächst allein oder inmitten einer sehr kleinen Zahl von Jüngern. Die entscheidende Wende trat wohl in der unruhigen Zeit zwischen dem 12. und dem 13. Jahrhundert mit der Gründung von Orden (*tariqa*, Mehrzahl *turuq*) ein, die den orientierungslos gewordenen Menschen einen neuen Halt boten und deren Mitglieder sich Derwische (*darwisch*) oder Brüder (*ichwan*) nannten.

Diese Vereinigungen nahmen verschiedene Formen an, meistens waren es männliche Orden, die sich einer festen Regel unterworfen hatten, obwohl der Islam auch Frauenklöster, Dritte Orden und Bettelorden kannte, wie etwa die indischen Madari und vor allem die Qalendar, die aus Persien kamen und in Indien, Syrien und der Türkei bekannt waren. Aus der Fülle an Bruderschaften, die auf Neugründungen und Spaltungen zurückgehen, wurden bereits die Mawlawi, die Bektaschi und die Mönchsdynastie der ersten Safawiden erwähnt. Zusätzlich zu nennen wären etwa noch die Ahmadi in Ägypten, die Qadiri im Irak, im Maghreb die Schadhili, in Indien und Java die Tschischti und die Schattari sowie in Persien die schiitischen Nimatallahi und die Naqschbandi, deren Verbreitung und Blüte mit dem sunnitischen »Kreuzzug« Tamerlans in Verbindung stand. Der Vielfalt der Gruppen entspricht eine Vielzahl von Lehren und Riten: Massignon zählt mehr als 200 von ihnen auf, die bedeutend gewesen sind. Vereinfacht gesagt stellt sich der Sufismus als eine Religion des Gefühls, eine »Wissenschaft des Herzens« dar, die durch die Wiederholung des Namens Gottes (*Allah*) in verschiedenen rituellen Formen die Empfängnis der Gnade ermöglicht. Aber es ist ein weiter Weg von den einfachen Frömmigkeitsübungen zu den Formen der Trance, in die die Gläubigen mittels Musik und Tanz versetzt werden können, ebenso wie es vom »orthodoxen« muslimischen Glauben der ersten Asketen ein weiter Weg zu den philosophischen und dogmatischen Entwicklungen ist, die die Mystik unter fremden Einflüssen, vor allem hellenistischen und christlichen, später ausformte. So entstand oft eine gewisse Indifferenz gegenüber den Grenzen der Religionen (Jesus zum Beispiel wurde, in Analogie zu Muhammad, dem »Siegel der Propheten«, zum »Siegel der Heiligen«) wie auch eine gewisse Indifferenz gegenüber den vorgeschriebenen Praktiken der Religionsausübung, die zugunsten der *tariqa* aufgegeben wurden – also zugunsten des Weges, der zur Aufnahme in das Wesen Gottes, zur mystischen Vereinigung (*unio mystica*), führt.

In seiner überwältigenden Mehrheit distanzierte sich der Schiismus von einer Bewegung, die den Gläubigen zur unmittelbaren Verbindung mit Gott führen wollte und ihn damit zum Verzicht auf die Hilfe der Imame verleitete. Die Sunniten dagegen, ob Herrschende oder Philosophen, zogen es vor, sich mit dem Sufismus zu arrangieren, zumindest mit dem gemäßigten Sufismus. Denn dessen Vorzug war, daß er manchen Gruppen des Volkes und sogar des Staates entweder unmittelbar oder (seit dem 11. Jahrhundert) mittels der Strukturen und des Geistes der *futuwwa*-Gemeinschaften ihre spezifische Lebensform gab, wie zum Beispiel am Anfang der osmanischen Zeit den Janitscharen und den Zünften. Schließlich war der Staat daran interessiert, diese Bewegungen unter Kontrolle zu halten, ihre Kräfte zu kanalisieren oder sie auszunutzen. Nach diesem Muster verfuhren die einander ablösenden Herrscher in Indien ebenso wie die Ayyubiden und die Mamelucken, die Safawiden, die Osmanen und in Marokko die Schorfa.

Auch die Philosophie sprach ein Wort mit, zunächst in Gestalt der Mystiker selbst, die ihre inneren Erfahrungen in allen Einzelheiten schilderten und sie konsequent zu Ende dachten. Im Rahmen der Darstellung der Ayyubidenzeit haben wir die Werke des Suhrawardi, des Dichters al-Farid und des Ibn Arabi sowie die durch sie hervorgerufenen Aufregungen besprochen. Gegen diese Auswüchse, wenn nicht gegen den Sufismus überhaupt, der als »Versuch innerer Selbstentäußerung und moralischer Selbstläuterung« verstanden wurde, wandte sich die dogmatische Theologie (*kalam*), die von dem hervorragenden Fachr ad-Din ar-Razi (gestorben 606/1209) angeführt wurde.

Es ist jedoch einem anderen Theologen vorbehalten geblieben, der Mystik neben der Tradition und dem an die *ratio* gebundenen Denken ihren echten Platz im muslimischen Denken zuzuweisen – einem der größten Denker des Islam, Abu Hamid al-Ghazali (450-505/1058-1111), der gleichzeitig schafiitischer Rechtsgelehrter (*faqih*) und Sufi war. Ghazali ist, wie viele andere Geister in diesen unruhigen Zeiten, vor allem bemüht, eine allgemeine Versöhnung im Islam zu erreichen, wobei er von dessen am wenigsten anfechtbaren Fundamenten ausgeht: vom Koran und von der Überlieferung des Propheten (*sunna*). Diese bildeten auch für den Glauben die grundlegenden Voraussetzungen. Erst wenn man eine umfassende und gründliche Kenntnis der Offenbarung erworben habe, könne und solle man jenes andere, ebenso unentbehrliche Wissen »des Herzens« entfalten. Wenn sich das eine Wissen auf das andere stütze, dann könne man den Auswüchsen der griechischen Philosophie (*falsafa*), der dogmatischen Theologie und der Esoterik entgehen, und erst dann könne man die »formalen Regeln« der sozialen oder kultischen Praxis mit neuem Leben füllen – das heißt den *fiqh*, der ohne tiefempfundenen Glauben seinem letzten Zweck, dem Streben nach dem ewigen Leben, entfremdet bleibt.

Wie viele andere muslimische Philosophen hatte Ghazali also vor allem den Anspruch, den Islam zu verteidigen und ihn zu einem geschlossenen Gedankensystem auszubauen. Allerdings verfolgte er dieses Ziel noch konsequenter als seine Vorgänger. Auf jeden Fall bedeutet sein Werk für die erste, griechisch beeinflußte Periode der muslimischen Philosophie – der Philosophie eines al-Kindi, eines al-Farabi und eines Avicenna – das Ende. Man könnte einwenden, diese Verurteilung der Philosophie sei eben der Preis gewesen, der zu zahlen war, um das spekulative Denken des Islam den Versuchungen des Schiismus entziehen und es wieder zur »Orthodoxie« zurückführen zu können, es also gegenüber der Autorität des Sunnismus zu legitimieren. Es ist aber nicht so sicher, ob Ghazali wirklich Erfolg hatte, denn immer noch können wir den wahren Einfluß seines Werks nur schlecht ermessen.

Wie dem auch sei, wir müssen feststellen, daß sich nach Ghazali das neuplatonische Erbe – wenn überhaupt – nur bei einigen Mystikern und Schiiten erhalten hat, die ohnehin in anderen Traditionszusammenhängen standen und für die die Lehre Ghazalis keine Bedeutung hatte. Sie hielten an den weniger rationalen Aspekten der Philosophie Avicennas fest. Im Sunnismus und der dogmatischen Theologie (*kalam*) verzettelt sich die *falsafa* – mit Ausnahme des ausgesprochen originellen Fachr ad-Din ar-Razi – in ständigen Wiederholungen. Es gelingt ihr nicht, die Bedenken des traditionalistischen Islam, auch des aufgeklärtesten, auszuräumen. Wie Ghazali macht auch Fachr ad-Din ar-Razi Vorbehalte gegenüber Avicenna und den »Philosophen« im allgemeinen, aber er zählt auch Ghazali zu ihnen.

Ist es also auf Ghazali zurückzuführen, daß der große Einfluß des neuplatonischen Denkens, zumindest seiner rationalen Formen, im Orient ein Ende findet? Einige, die vielleicht Ghazalis Einfluß überschätzen, glauben in der Tat, er habe der rationalen Philosophie die Flügel beschnitten. Oder ist vielmehr dem Orient selbst die Schuld zu geben, den physischen und geistigen Kämpfen, die der Islam hier führen mußte – ein kämpferischer und mißtrauischer Islam, der wenig geneigt war, auch nur den lauteren und »weisen« Bemühungen eines Ghazali Gehör zu schenken? Wenn letzteres der Fall ist, läßt sich diese Situation nur mit derjenigen vergleichen, in der sich der muslimische Westen befand – der Westen, in dem unter den Almoraviden und Almohaden der gleichermaßen mißtrauische Malikismus für den sunnitischen Islam kämpfte. Auch hier endete eine lange Tradition spekulativen Denkens mit unversöhnlichem Streit, ja sogar mit der Vernichtung von Büchern, auch wenn diese von einem treuen muslimischen Denker stammten, der, selbst im malikitischen Recht erzogen, für die Kritik Ghazalis an der *falsafa* empfänglich und außerdem bemüht war, in seiner Philosophie wie auch in seinem Amt als Richter mit dem Gesetz des Islam in Übereinstimmung zu bleiben; dieser Mann war Averroes (Ibn Ruschd).

Der christliche Westen übernimmt aus Italien und vor allem aus Spanien die Hinterlassenschaft des Averroes und des Ghazali sowie ihrer Vorgänger und tritt im rechten Augenblick ihre Nachfolge an. So geht die große muslimische Philosophie dem Islam verloren und wird in einem anderen Kulturkreis heimisch.

4. Wissenschaften, Literatur und Künste

Die lange Zeitspanne vom 11. bis zum 18. Jahrhundert, die erfüllt war von Unruhen, blutigen Kriegen und heftigen Krisen, war keineswegs – und schon gar nicht für alle Länder – eine Zeit der Verfinsterung und der dunklen Nacht, wie zähe Vorurteile uns das weismachen wollen. Die Wege des Islam lassen sich nicht aus der Geschichte eines seiner Länder ableiten, seine Entwicklung ist vielmehr nur im großen Zusammenhang und in der Abfolge seiner verschiedenen Kulturen zu beurteilen. Deshalb sollten wir uns vor Augen halten, daß es in diesem riesigen Raum in all der Zeit trotz allgemeinen Niedergangs immer zumindest *ein* Land, *eine* Form der Kunst oder des Denkens, *ein* großes Werk der Literatur gegeben hat, was im Kampf gegen die Verfinsterung den Fortbestand des Islam in seinen besten Traditionen sicherte. Selbst die strenge Kontrolle des osmanischen Sunnismus über das geistige Leben vermochte durchaus nicht, die Leistungen des Geistes und die Lebenskraft der Kunst zu unterdrücken.

Tradition, Forschung, Enzyklopädismus

Die zahlreichen Mächte, die sich zwischen dem 11. und dem 18. Jahrhundert in der islamischen Welt ablösen, sind allesamt Förderer der Kultur und begünstigen die Wissenschaften. Wie in den vorangegangenen Zeiten haben die Mathematik – hauptsächlich in Form der Astronomie – und die Medizin dabei den unbestrittenen Vorrang.

Berühmte Lehrstätten der Mathematik gibt es in Spanien, im mameluckischen Ägypten und in anderen Gebieten des Orients. Durch die Philosophen Avempace, Ibn Tufail und Averroes, auch durch Zarqali (Arzachel), Dschabir Ibn Aflah (Geber; er wird manchmal mit seinem Namensvetter, einem Chemiker der Abbasidenzeit, verwechselt), Bitrudschi (Alpetragius) und viele andere läßt Spanien im Namen des Aristoteles die Epizykeltheorie des Ptolemäus bekämpfen.

Im Orient wird die Astronomie der Armillarsphären, Erdglobusse, Astrolabien und Sternwarten durch Neugründungen der Seldschuken und der persischen Ilkhane gefördert. Während dieser Zeit steht die muslimische mit der chinesischen Astronomie in fruchtbarem Austausch. Drei große Persönlichkeiten ragen aus all diesen wissenschaftlichen Bemühungen heraus: der Perser Umar Chayyam (gestorben gegen 520/1126), der freilich mehr Algebraiker und Dichter als Astronom ist, der Perser Nadschm ad-Din at-Tusi (672/1274), der Verteidiger des Zwölferschiismus, und schließlich der letzte große Astronom des Islam, der Timuridenfürst Ulugh Beg (853/1449), der Begründer der Sternwarte von Samarkand, die eine Schar illustrer Wissenschaftler anzog.

Die klinische Medizin wahrt fast überall eine lebendige Tradition, das berühmte Krankenhaus von Damaskus unter Nur ad-Din haben wir schon als Beispiel genannt. Daß der Ägypter Ibn an-Nafis (13.

Jahrhundert), von dem griechischen Arzt Galen ausgehend und lange vor Michel Servet, die große Entdeckung des Lungenkreislaufs machte, geschah allerdings nur aufgrund theoretischer Überlegungen.

Diese bedeutende Entdeckung blieb indes folgenlos. Ansonsten wurden die größten Fortschritte im Westen der islamischen Welt gemacht: in Spanien unter den Almoraviden und Almohaden, wo auf medizinischem Gebiet die Familie der Ibn Zuhr (Avenzoar) tonangebend war. Die Medizin nimmt nun den gleichen Weg wie die Philosophie: Zu einer gewissen Zeit verlagern sich ihre wichtigsten Wirkungsstätten in den muslimischen Westen, von wo sie dann, immer zusammen mit der Philosophie, von der benachbarten Christenheit übernommen wird. Sehr oft betreiben die Gelehrten beide Wissenschaften zugleich: so Avempace, Ibn Tufail, Averroes und der verbannte Jude Maimonides, die alle die große Tradition Avicennas bewahren. Am östlichen Ende der islamischen Welt gesellt sich ihnen außerdem noch Fachr ad-Din ar-Razi hinzu.

Im Schatten dieser großen Wissenschaften stehen ihre weniger bedeutenden Schwestern, die natürlich nur uns weniger bedeutend erscheinen: die Agronomie und Botanik in Spanien, die Pferdekunde und Pferdeheilkunde, die unter den Nasriden und den Mameluken hoch in Ehren standen, die Mechanik und Hydraulik bei Chazani (ebenfalls ein Astronom), die Alchimie, die Astrologie, die Mineralogie, die Chiromantie und die Physiognomik, die allesamt durch Fachr ad-Din ar-Razi berühmt wurden.

Und wie steht es unter den Osmanen mit den Wissenschaften? Auch dort geben die klinische und die theoretische Medizin sowie die Mathematik, vor allem die astronomische Tradition Ulugh Begs, das Startzeichen für den Aufschwung der Wissenschaften, besonders unter Mehmed II. Einige bemerkenswerte Details hierzu: die Medresen werden für den Unterricht der Laien geöffnet, im Jahr 1579 wird auf dem Hügel von Topchane eine Sternwarte gegründet, es werden Weltkarten angefertigt und Portulane (Segelhandbücher) ausgearbeitet.

Aber was heißt in diesem Zusammenhang »Aufschwung der Wissenschaften«? Welcher Disziplin sie sich auch zuwandten, immer machten es sich die osmanischen Gelehrten zur Aufgabe, der türkischen Welt die Kenntnisse der muslimischen Wissenschaft zur Verfügung zu stellen. Doch handelte es sich dabei höchstens darum, vorhandene

Kenntnisse aufzuspüren, nicht um eigentliche Entdeckungen und wahren Fortschritt. So wird der Rückstand gegenüber Europa immer größer. Die europäische Renaissance wird zunächst ignoriert, und später im 17. Jahrhundert ist auch ein so aufgeklärter Geist wie Hadschdschi Chalifa nicht mehr als ein »Vorläufer der Renaissance«, der im wesentlichen »in der philosophischen Tradition des Orients, das heißt in einer aristotelischen Schulphilosophie, befangen« bleibt. Ähnlich macht es sich zu Beginn des 18. Jahrhunderts die Medizin von Bursa zur Aufgabe, neben der hartnäckigen Tradition von Galen und Avicenna die Lehre des Paracelsus einzuführen – europäisches Wissen aus dem 16. Jahrhundert.

Immer, selbst noch am Ende des 18. Jahrhunderts, bleibt die Wissenschaft des Islam im Rückstand. Natürlich muß man vom 16. Jahrhundert an den zunehmenden negativen Einfluß des hanafitischen Sunnismus in Rechnung stellen, der vom Staat überall unterstützt wird: Das Observatorium von Topchane wird nach nur kurzem Bestehen vom Großmufti verdammt und daraufhin in einer Nacht zerstört. Nicht selten rollen die Köpfe der Gelehrten. Im Schatten einer mißgünstigen und pedantischen Orthodoxie gedeihen offenbar nur die kanonischen Disziplinen und die weniger gefährlichen Formen des profanen Wissens, in diesem Fall der Enzyklopädismus, der die Wissenschaften der Vergangenheit bewahrt und dessen berühmtester Vertreter der bereits erwähnte Hadschdschi Chalifa ist.

Im übrigen ist die Vorliebe für das überlieferte Wissen, das auf dem Gesetz des Glaubens oder auf den traditionellen Sitten und Bräuchen beruht, keine spezifisch osmanische oder – allgemeiner gesprochen – sunnitische Einstellung. Im besonderen Fall der religiösen Wissenschaften ist dieses Interesse bei den Schiiten, der Gegenpartei im jahrhundertealten Streit des Islam, nicht weniger lebendig geblieben. Handelt es sich dabei um einen Stillstand oder gar um einen Rückschritt? Das hieße, zu sehr nach unseren Maßstäben urteilen und vergessen, daß sich hier Kulturen in ihren eigenen Sprachen und Wissenschaften ausgestalten und weiterleben. Das safawidische Persien zum Beispiel konzentriert sich voll und ganz auf das religiöse Streben. Es kennt kaum größere literarische Werke. Aber die außerordentliche Blüte der dogmatischen Literatur, die aus der schiitischen Apologetik hervorgeht, und das Bestreben, möglichst vielen Gläubigen die Lehrmeinungen zu vermitteln, spielen eine entscheidende Rolle bei der Herausbildung einer geschmeidigeren, weniger steifen Prosa, in der schon das moderne Persisch zu erkennen ist.

Auch bei den Enzyklopädien, Handbüchern, Wörterbüchern und Sammelwerken sollten wir ein strenges Urteil vermeiden. Sie waren oft von hoher Qualität, und von ihnen lebt die Orientalistik noch heute und wohl noch für lange Zeit. Einige Beispiele aus der Mameluckenzeit wurden erwähnt, aber bei den vorhandenen Beständen könnte man die Aufzählung beliebig fortsetzen. Zu nennen wäre zum Beispiel das im 18. Jahrhundert in Indien entstandene Werk von Bahr al-Ulum, dem »Ozean der Wissenschaften«, einem unermüdlichen Kommentator der traditionellen, allerdings vor allem religiösen Wissenschaften. Im Bereich der Profanwissenschaften sind die Hauptbücher des philologischen, geographischen und biographischen Wissens die Nachschlagewerke, die für alle Muslime in arabischer Sprache gesammelt wurden. Sie wurden von dem Choresmier Zamachschari aus Jakut, einem bekehrten byzantinischen Sklaven, und von Safadi, dem Abkömmling einer türkischen Familie, verfaßt. Für die Philologie allein sind außerdem noch die didaktischen Handbücher anzuführen: von dem Ägypter Ibn Hischam, dem Berber Ibn Adschurrum, ferner die Grammatik in 1000 Versen des Spaniers Ibn Malik. Dazu kommen für die Geographie die kosmographische Enzyklopädie von Zakariya Ibn Muhammad Qazwini und für die Geschichtsschreibung die meisterhafte Universalgeschichte von Ibn al-Athir.

Wir haben bis jetzt nur von arabisch geschriebenen Werken gesprochen, einschließlich der großen Enzyklopädie von Hadschdschi Chalifa und eines großen Teils des Werks von Bahr al-Ulum. Doch Sammelwerke gibt es auch in persischer Sprache, zum Beispiel das Werk des Aufi, ebenso Wörterbücher wie das des Dichters Asadi und die Geographie und Kosmographie des anderen Qazwini (Hamd Allah al-Mustawfi), eines Beamten der Ilkhane. Was das Türkische anbelangt, so darf man nicht vergessen, daß Hadschdschi Chalifa, der Arabisch, Persisch und Türkisch beherrschte, außer seinem Hauptwerk etwa zwanzig weitere Bücher geschrieben hat: ein biographisches Lexikon, Kompilationen, Sammelwerke und Kommentare. Im übrigen war er nicht der erste türkisch schreibende Gelehrte. Im 16. Jahrhundert hat Ahmed Taschköprüzade eine

Enzyklopädie auf arabisch geschrieben, die sein Sohn Mehmed ins Türkische übertrug.

Märchen und lyrische Formen

Die von der Religion ausgeübte Kontrolle erstreckt sich nicht auf alle Gebiete des geistigen Lebens. Besonders die volkstümliche Literatur entzieht sich ihr leicht. Damals im 14. und 15. Jahrhundert sind in Syrien und Ägypten die Märchen aus *Tausendundeiner Nacht* endgültig zusammengestellt worden. Die hier auftretenden Gestalten aber und viele andere, die im Kapitel über die Mamelucken erwähnt wurden, sind nur der arabische Teil einer riesigen Palette von Figuren und Motiven aus den verschiedenen Völkern des Islam. Von Nordafrika bis zum Nahen Osten, in der seldschukischen und der osmanischen Türkei, im safawidischen Persien und in Bengalen floriert eine reichhaltige Literatur, die erbauliche Erzählungen aus dem Leben des Propheten und seiner Gefährten, der Heiligen und der Begründer der Dynastien anhäuft – und in der Türkei erlebt das Theater für Schattenspiele in der Stadt Karagöz seine Hochzeit.

Aus dem kollektiven Erbe entwickelt sich – über das Heldengedicht und die Mystik – oft die Poesie. Im seldschukischen Iran knüpft die Heldendichtung an die mächtige Tradition des Firdausi an, die von Asadi fortgesetzt wird. Doch mit Gurgani entwickelt sie höfische Züge, und in der zweiten Hälfte des 12. Jahrhunderts wird sie bei Nizami zur raffinierten Hofkunst, die der Liebeslyrik näher steht als dem traditionellen Heldengedicht. Die mystische Lyrik, der die Lehrdichtungen Sanais, eines Zeitgenossen der letzten Ghaznawiden, vorausgehen, blüht besonders im 13. Jahrhundert: in den Werken Attars, Dschalal ad-Din ar-Rumis und Sadis, bei dem sie zu einem eher traditionellen Moralismus neigt. Die höchst lebendige Tradition einer epischen und mystischen Poesie erlebt im Sultanat von Delhi durch Amir-i Chosrau einen Höhepunkt, der das Werk Nizamis fortsetzt, sowie durch Dschami am Hof der Timuriden in Herat.

Alle diese Namen stehen für die große *mathnawi*-Dichtung. Das charakteristische Merkmal dieser Dichtform ist der Doppelvers, der nach Sinn, Syntax und Rhythmus ein in sich geschlossenes Ganzes bildet, in dem sich die Halbverse aufeinander reimen, der sich aber als Ganzes nicht mit den anderen Versen reimt. Der *mathnawi* ist allerdings nicht die einzige Dichtform der persischen Lyrik. Eine wichtige Rolle spielen auch die aus der arabischen Literatur übernommenen Gattungen: die *qasida* (Kasside), das Gedicht mit nur einem, sich stets wiederholenden Reim und das *ghazal* (Gasel), das »erotisch-elegische« Liebeslied. Ersterem gibt der Ismailit Nasir-i Chosrau den ganz persönlichen Ton eindringlicher gläubiger Meditation. Aber Nasir ist eine Ausnahme. Im allgemeinen sind *qasida* und *ghazal*, besonders im Preis- und Loblied, Gedichtformen einer eher konventionellen Tradition, die in der Samanidenzeit von Rudaki begründet und von Unsuri, Manutscheri und Farruchi unter den Ghaznawiden Afghanistans und Indiens fortgesetzt wird (ein noch späterer Vertreter ist Masud-i Sad Salam, der Dichter des Gefängnisses). Ihnen folgen am Ende der Buyidenzeit und am Anfang der Seldschukenzeit Qatran, dann Azraqi, Amir-i Muizzi und Anvari, »der Meister der persischen *qasida*«. Watwat (Raschid ad-Din) besingt die Fürsten von Choresm, während in Baku der Dichter Chaqani wirkt, der Anvari den Ruhm streitig macht. In der Zeit der Mongolen schließlich lebt der berühmte Hafiz, der Meister des *ghazal* und des Lobliedes, dessen schwieriges und außergewöhnlich modern wirkendes Werk, das zugleich realistisch und symbolistisch zu sein scheint, Gegenstand endloser Kontroversen geblieben ist.

Die dritte Perle der persischen Lyrik ist der *rubai*, ein Vierzeiler, der möglicherweise aus der Turkdichtung Zentralasiens stammt. Sehr gekonnt verwenden ihn in der persischen Literatur die Mystiker Abu Said Ibn Abi l-Chayr und Baba Taher (erste Hälfte des 11. Jahrhunderts) und besonders Umar Chayyam (gestorben um 520/1126), dessen weitgespannter Humanismus alle Schattierungen aufweist: Realismus, Skeptizismus, Pessimismus und Mystizismus.

Im 16. und 17. Jahrhundert verlagert die iranische Poesie ihr Hauptzentrum nach Indien, von wo aus sie noch einmal nach Zentralasien ausstrahlt. Der große Name Saib beherrscht diese Periode, in der die formale Harmonie der klassischen Lyriksprache zerbricht und man systematisch nach dem Abstrakten, nach schwer zu entschlüsselnden Allegorien und Symbolen strebt. Saibs Werk wird außerhalb Persiens mindestens ebenso bekannt wie in seiner Heimat, in Isfahan, wohin der Dichter vor seinem Tod (1080/1677) zurückkehrt.

Hier wurden nur einige der Schmuckstücke aus dem reichen Schatz der persischen Poesie herausgegriffen. Weniger bedeutend ist die muslimische Dichtung in Bengalen, aber auch hier entstehen wichtige Werke. Zu nennen sind neben zahlreichen epischen Texten vor allem die halb bengalischen, halb persischen Mischgedichte des Nur Qutb-i Alam (Ende des 16. Jahrhunderts), ferner, aus der Zeit der Mongolenherrschaft, die Lyrik Sayyid Sultans und Alawals. Die Urdudichtung erreicht ihren ersten großen Höhepunkt nach 1700. Ihre Zentren sind Delhi und Lucknow, in denen Vali, ihr eigentlicher Schöpfer, wirkt, und nach ihm der Dichter Hatim und seine Schüler, die »vier Säulen« der klassischen Urduperiode: Sauda, Mazhar, Dard, bei dem die religiösen Akzente überwiegen, und Mir, der größte von allen, der Dichter der Melancholie.

Abschließend ist noch die Dichtung der Türken zu berücksichtigen: Für die Zeit vom Beginn des 12. bis zum Beginn des 15. Jahrhunderts stehen die schon genannten Namen Yesewi, Yunus Emre, Ahmedi, Nesimi und Ali Schir sowie das Heldengedicht *Danischmend* für die erste Blüte der türkischen Literatur in ihren beiden Hauptgebieten Zentralasien und Anatolien. Aber ihren Höhepunkt erreicht die türkische Lyrik offensichtlich in der Glanzzeit der osmanischen Herrschaft, die mit der Eroberung Konstantinopels beginnt. Diese Dichtung greift auf die Formen des *mathnawi*, der *qasida*, des *ghazal* und des Vierzeilers zurück und orientiert sich dabei am persischen Stil, der für viele Jahrhunderte zu einem fast »kanonischen« Vorbild wird.

Bleiben wir zunächst bei der klassischen Periode: Neben Ahmedi ist noch Ahmed Dai zu nennen, der lange Zeit und zu Unrecht für einen Dichter minderen Ranges gehalten wurde, ferner Sulaiman Tschelebi, der eine berühmte Hagiographie des Propheten geschrieben hat – das Glanzstück der gesamten teils profanen, teils religiösen Literatur, in der das türkische Volk sein Erbe besingt.

Durch den Aufschwung der osmanischen Kultur nach dem Fall Konstantinopels erhält auch die höfische Dichtung ihren stärksten Impuls. Sie ist gleichzeitig panegyrisch, erotisch und mystisch. Ihre herausragenden Vertreter sind Ahmed Pascha, Nedschati, Baqi und der Iraker Fuzuli. Eigenständigere Akzente setzen der bacchantische

Dichter Revani, Oberaufseher der Küchen Selims I., der Albaner Mesihi, der mit der ihm eigenen Ironie das Thema Lebenslust besingt, und Dschem Sultan, Sohn Mehmeds II. und unglücklicher Thronprätendent, der als Verbannter im christlichen Europa stirbt und in seine elegische Dichtung allerlei westliche Einflüsse aufnimmt. Wie der osmanische Staatsapparat besteht auch diese große Literatur nach ihrer Glanzzeit fort, ohne sich irgendwie zu erneuern, und gerät immer mehr unter den Einfluß persischer Formen. Aber sie lebt während des 17. Jahrhunderts weiter: in Atai, dann in Nefi, dem besten Vertreter der »neupersischen« Lyrik, und im überaus realistischen und originellen Werk des Bosniers Thabit, der völlig unbestechlich und wegen seines Sarkasmus gefürchtet ist. Als man am Anfang des 18. Jahrhunderts unter Ahmed III. und seinem Großwesir Ibrahim Pascha Feste und Bankette feierte und oft europäische Gäste hatte – man nannte diese Zeit die »Periode der Tulpen«, weil die Osmanen auf diese Blumen ganz versessen waren –, zeichnete sich Nedim aus, der Sänger der Lebensfreude und einer der größten türkischen Dichter.

Während die Konjunktur der osmanischen Dichtung viel der Großzügigkeit der Herrscher zu verdanken hat, sind die Bedingungen in Arabien dem poetischen Schaffen weniger förderlich. Nachdem die Araber die politische Vorherrschaft und vor allem auch ihre Fürstenhöfe verloren haben, an denen man sich für die Geheimnisse und Schwierigkeiten der Dichtung interessierte, ergeht sich die arabischsprachige Poesie immer mehr in Wiederholungen und Erinnerungen. Wenn man von den mystischen Versen eines Ibn Farid und eines Ibn Arabi absieht, entfalteten die Araber nur im Westen, vor allem in Spanien, eine eigenständige Lyrik.

Reiseberichte und Geschichtsschreibung: Ibn Battuta und Ibn Chaldun

Die arabische Prosa beziehungsweise Epik hingegen ist sehr lebendig. Zum Beispiel setzt al-Hariri (gestorben 516/1122) mit seinen in Reimprosa verfaßten Makamen die von Hamadhani begründete Tradition der »Sitzungen« (*maqamat*) fort. Und die einfache Prosa ist die Form der religiösen Wissenschaften und zweier weiterer besonders produktiver Gattungen der Literatur: des neu aufkommenden Genres des Reiseberichts (*rihla*) und der Geschichtsschreibung, die zwar schon auf eine lange Tradition zurückblicken kann, sich aber mit Ibn Chaldun, einem der größten Schriftsteller aller Zeiten, nun auch der Weltgeschichte zuwendet.

Die *rihla* entsteht in Spanien, als muslimische Autoren beginnen, die auf der Pilgerfahrt nach Mekka gesammelten Erlebnisberichte aufzuzeichnen. Die Spanier Abu Hamid al-Gharnati (an der Wende vom 11. zum 12. Jahrhundert) und Ibn Dschubair (an der Wende vom 12. zum 13. Jahrhundert) sind die großen Pioniere dieser Literatur, die mit dem Tunesier Tidschani (Anfang des 14. Jahrhunderts) ihren Höhepunkt erreicht. Ebenso bedeutend wird Leo »der Afrikaner«, ein Hispano-Marokkaner, der in die Hände der Christen gerät und getauft wird, dann aber nach Tunis zurückkehren darf, um auf muslimischem Boden zu sterben. Er heißt »der Afrikaner« nach dem Kontinent, in dem er seine Jugend verbrachte und der ihn zu seiner berühmten *Beschreibung* inspirierte, die uns in einer italienischen Fassung bekannt ist.

Sehr bald dient die *rihla* dazu, die Größe muslimischer Wissenschaft und Religion in den bereisten Ländern – orientalischen und anderen – darzustellen. In diesem Geist schreiben die Marokkaner Abdari (Ende des 13. Jahrhunderts), Ayyaschi (17. Jahrhundert) und Zayyani (zweite Hälfte des 18. Jahrhunderts) sowie der Palästinenser Abd al-Ghani an-Nabulusi (Wende vom 17. zum 18. Jahrhundert).

Der unbestrittene Meister der *rihla* ist Ibn Battuta. Er steht noch über dem Perser Nasir-i Chosrau, der uns schon als Dichter begegnet ist, und dem Türken Ewliya Tschelebi, der das Osmanische Reich des 17. Jahrhunderts beschreibt. Im Jahr 725/1325 verläßt Ibn Battuta seine Heimat Marokko und kehrt erst vierundzwanzig Jahre später zurück, nachdem er viele Reisen gemacht hat: nach Konstantinopel und zur Goldenen Horde, an den oberen Nil und in die Handelskontore Ostafrikas, nach Indien und in die chinesischen Häfen. Aber er hat immer noch nicht genug. Kaum ist er zu Hause, bricht er zu einer letzten Reise in die Länder des Nigerbeckens auf. Er sucht Abenteuer und Gefahren – auch in seinem Privatleben: er heiratet sogar »auf Reisen« –, und auf den Malediven ist er mehr als ein Jahr lang Kadi. Von diesen unaufhörlichen Weltreisen, die Ibn Battuta von einem Ende der islamischen Welt bis zum anderen führten, erzählt seine in vielem ungewöhnliche, bunte und lebendige *rihla*.

Doch dieser Erfolg der Reiseberichte geht auf Kosten der traditionellen Geographie, die trotz der Leistungen des Spaniers Bakri (zweite Hälfte des 11. Jahrhunderts) und trotz eines Idrisi am Hof der normannischen Könige Siziliens einen zunehmenden Verfall erlebt und auf Kompilationen in Form von Lexika und Kosmographien beschränkt bleibt. Man liest lieber wirklichkeitsnahe Schilderungen. Die große Rivalin der Geographie, die Geschichtsschreibung, stellt in der Zeit vom 11. bis zum 18. Jahrhundert den größten Teil der muslimischen Prosa.

Anläßlich der Darstellungen der Ayyubiden-, Mongolen-, Mamelucken- und Timuridenzeit wurden bereits einige Beispiele aus der Menge der arabischen und iranischen Biographien, Annalen, Historiographien, der regionalen und der Weltchroniken aufgezählt. Mehrere Autoren sind aber noch hinzuzufügen: für Spanien der große Historiker der Nasriden von Granada, Lisan ad-Din Ibn al-Chatib, der von Maqqari abgelöst wird, für Marokko der für seine *rihla* bedeutende Zayyani, für den Islam Indiens im 13. Jahrhundert Dschuzdschani und an der Wende vom 16. zum 17. Jahrhundert Asafi al-Ulughchani, für den schwarzafrikanischen Islam schließlich Sadi von Timbuktu (17. Jahrhundert). Auch die Geschichtsschreibung in türkischer Sprache darf nicht übergangen werden: In Tschaghatai-Türkisch sind die Memoiren Baburs abgefaßt, Osmanli-Türkisch schreiben Tursun Beg und Kemal Pascha Zade (gestorben 1535), der Historiograph Mehmeds II. – er war zugleich Dichter, Philologe und Enzyklopädist, und um die osmanische Geschichte bis zur Eroberung Ungarns zu beschreiben, entlehnte er Stilformen des Epos. In der zweiten Hälfte des 16. Jahrhunderts tritt dann Ali hervor, ein leidenschaftlicher Verfechter der Wahrheit und Gerechtigkeit. Im 17. Jahrhundert folgen Hadschdschi Chalifa und Hezarfenn, der zu westlichen Gelehrten Verbindung hatte und auf griechische und lateinische Quellen zurückgriff, sowie schließlich Naima aus Aleppo, der eine objektive, gründliche und ungekünstelte Geschichtsschreibung anstrebte.

Zu den größten Historikern der Welt zählt man mit Recht den in Tunis geborenen Ibn Chaldun (732/1332). Er entstammte einer aus Spanien emigrierten Familie, nahm aktiven Anteil am politischen

Geschehen in Nordafrika und Spanien und ist sogar Tamerlan begegnet; er führte also keineswegs ein welt- und zeitfremdes Leben. Er war ein Anhänger des malikitischen Islam und starb als Großkadi in Kairo. Der umfassende Horizont, der sein Leben kennzeichnet, spiegelt sich auch in der Anlage seines Werks wider, das in der Tradition der Universalgeschichte steht.

Der hohe dokumentarische Wert der Passagen über die Geschichte des Maghreb und der Berber ist allgemein anerkannt. Aber sein höchstes Ansehen verdankt Ibn Chaldun der berühmten *Muqqadima*, dem in »meisterlicher Knappheit« geschriebenen Vorwort des Werks. Hierin stellt er – zwar nicht als erster arabischer Schriftsteller, aber als erster, der seine Gedanken hierzu in ein System faßte – Betrachtungen über die menschliche Gesellschaft und ihre Entwicklung an, und arbeitete ein Gesetz heraus, das seiner Auffassung nach Aufstieg und Untergang der Weltreiche und Staaten bestimmt. Sein anspruchsvolles, pessimistisches Denken stützt sich insbesondere auf Beispiele aus der Geschichte des nordafrikanischen Islam, wo die beiden Hauptkräfte der muslimischen Geschichte – die Welt der Städte und die der Nomaden – aufeinandertreffen. Sein grandioser Versuch, aus diesem Geschehen die allgemeinen Gesetze menschlicher Entwicklung abzuleiten, brachte Ibn Chaldun das Interesse aller (auch der marxistischen) Gesellschaftstheoretiker ein und qualifizierte ihn als bedeutenden Soziologen, Nationalökonomen, Geschichtsphilosophen und Meister der Völkerpsychologie. Gerade aber die Genialität seines Denkens machte ihn auch zu einem isolierten Denker – auf jeden Fall zu Lebzeiten. Später wurde er von türkischen und europäischen Wissenschaftlern wiederentdeckt. Sie erst brachten ihn der Kultur wieder näher, die ihn hervorgebracht hatte.

Die Moschee und ihre Welt

Fast acht Jahrhunderte muslimischer Kunst – in einen Raum, der die halbe Welt umfaßt! Das Thema ist so unerschöpflich, und man weiß zudem noch so wenig über die Kunst- und Bauwerke selbst, über den Zweck ihrer einzelnen Teile und über die Geschichte der Techniken und Motive, daß mindestens ein ganzes Buch darüber zu schreiben wäre. Angesichts einer solchen Fülle müssen wieder einmal einige flüchtige, punktuelle Hinweise genügen.

In der Zeit vom 11. bis zum 18. Jahrhundert entsteht eine große Zahl architektonischer Formen, die sich immer mehr ausbreiten und den Lebensraum in Stadt und Land prägen: das Kloster (*chanqah*), die Medrese (*madrasa*), das Krankenhaus (*bimaristan*), die *imaret* (eine Art Volksküche) und schließlich das Mausoleum (bei den Türken *türbe*, bei den Arabern *qubba* genannt). Aus der Verbindung mit einem oder mehreren von diesen oder auch von alltäglicheren Gebäudetypen – dem Markt und der Poststation, der Karawanserei (*chan*) und dem Befestigungswerk – empfängt die Moschee, die stets das Herzstück der Stadt oder des Stadtviertels bleibt, oft ihren spezifischen Charakter. Aber auch politische und religiöse Zwänge können das Aussehen der Moscheen beeinflussen. Für die Seldschukenzeit ist zum Beispiel nachgewiesen (J. Sauvaget), daß in bereits bestehende Moscheen konsequent Kuppelhallen eingebaut wurden, um den Platz des *mihrab* hervorzuheben und damit »eine Art Sonderraum« für den Repräsentanten der Macht abzugrenzen, der durch diesen vornehmen, der Menge nicht zugänglichen Platz gleichzeitig erhöht und geschützt wurde.

Oft verwischen oder verfälschen diese Neuerungen das ursprüngliche Erscheinungsbild der alten Moscheen »arabischen« Stils mit ihrem großen Gebetssaal samt Säulenumgang und Balkendecke. Jedenfalls setzt sich in weiten Gebieten des muslimischen Ostens immer mehr der Typ der iranischen Moschee mit dem Mittelhof und dem runden Minarett mit Balkon durch, ein Typ, dessen Erfolg ebenfalls mit der Seldschukenzeit zusammenhängt. Denn der Bau paßt hervorragend zur sunnitischen Politik der neuen Herrscher, besonders was den Unterricht in der *madrasa* angeht. Zum gemeinsamen Hof hin öffnen sich vier große Kuppelsäle (*iwan*) und, neben ihnen oder ein Stockwerk höher, die Zellen der Studenten – eine Anordnung, die die Ayyubiden und Mamelucken in Ägypten höchst bequem finden, da sie jeder der vier Rechtsschulen des Sunnismus einen *iwan* zuweisen können. Dieser Tradition verdanken wir eines der schönsten Monumente Kairos, die Grabmoschee mit *madrasa* des Sultans Hasan aus dem 14. Jahrhundert.

Außerdem gibt es im Iran der Timuriden den Typ der vollständig von einer Kuppel überdachten Moschee. Das berühmteste Beispiel ist die Blaue Moschee von Täbris. Übrigens ist dies nur eine von vielen Verwendungsmöglichkeiten für das architektonische Motiv der Kuppel. Sie kann auch mit einem Langschiff verbunden werden wie in Veramin im mongolischen Persien (14. Jahrhundert) oder im türkischen Anatolien (12. und 13. Jahrhundert), oder man kombiniert sie, wie in Ayasoluk bei Ephesus (zweite Hälfte des 14. Jahrhunderts), auf syrische Art mit einem Giebeldach. Selbstverständlich wird die Kuppel in den verschiedenen Bautypen auch in ihrer traditionellen Verwendungsweise als Überdachung für den *mihrab* oder für das Grab des Stifters oder eines Heiligen gebraucht.

Der Baumeister Sinan und die osmanischen Moscheen

Während der Zeit der türkischen Fürstentümer (12. bis 14. Jahrhundert) sind in Anatolien die drei Bautypen des Säulensaals, der *madrasa* mit auf den Hof gehenden *iwan* sowie die Kuppelmoschee bekannt. Die Gebäude sind manchmal befestigt und oft eher schmucklos, abgesehen von einigen bevorzugten Teilen: So werden die Portale, wie etwa bei dem Hospitalanbau in Divrigi, von üppigen Steinornamenten eingerahmt, in denen manche Motive wiederkehren, die aus Armenien und vielleicht aus den Steppen Asiens übernommen sind. Ein weiteres charakteristisches Merkmal der anatolischen Architektur sind die Säulenhallen als Übergang vom offenen Raum des Hofes in den abgeschirmten Bereich der *iwan* und der Zellen.

In Bursa, Edirne und Istanbul gestalten die Osmanen diese Grundformen weiter aus. Sie nehmen die Traditionen von Anatolien und Byzanz wieder auf und erneuern und übersteigern sie derart, daß sie einen völlig neuen architektonischen Raum schaffen. Viel später sollte Le Corbusier, als er wie viele andere von der Pracht am Bosporus überwältigt aus der Türkei zurückkehrte, von diesem Raum sagen, er gehöre »in die Zeichenmappe« aller Städtebauer.

Das Prinzip der Moscheen von Bursa lautet: Der Bau soll keine künstlich vom Raum des Hofes und seinen Brunnen abgetrennte, abgeschlossene Welt sein. Unter freiem Himmel oder unter der Kuppel liegt das Wasserbecken, das Zentrum des Baus, entweder als Mitte des großen Säulensaals oder als Mitte in der Vierung der kreuzförmigen Moschee, in der die anschließenden Räume etwas höher liegen. Hieran ist deutlich zu erkennen, daß dieses mittlere Geviert eine Weiterentwicklung des Innenhofs ist, den wir von der anatolischen Medrese mit *iwan* kennen – ein Hof, der gewissermaßen mit der Moschee verschmolzen ist.

Doch so interessant diese und andere Baumotive auch sein mögen – zum Beispiel die Fenster mit Skulpturenschmuck, die vermutlich das italienische 14. Jahrhundert zum Vorbild haben, die Logen der Sultane und die Säulenportale –, sie müssen hinter dem ungeheuren Einfallsreichtum zurücktreten, mit dem die Osmanen die Kunst des Kuppelbaus entwickeln. Schon in Bursa hatten sie die Kuppel auf alle Gebäudetypen übertragen, aber erst in Istanbul findet diese Kunst in der Hagia Sophia eine neue Inspirationsquelle und in Sinan ihren großen Meister.

Sinan, der aus der *devchirme* stammt, baut während seiner langen Lebenszeit, die sich fast mit dem 16. Jahrhundert deckt, 131 Moscheen und Bethäuser, 62 Medresen oder Koranschulen, 19 Mausoleen, 20 Hospitäler oder *imaret*, 21 Karawansereien und Lagerhäuser, acht Brücken, sieben Aquädukte und Wasserreservoire, 33 Bäder und 33 Paläste – eine unvergleichliche Leistung, die durch das Zusammenwirken einer Reihe von glücklichen Umständen ermöglicht wird: durch die lange Lebensdauer des Meisters, die enorme Wirtschaftskraft des Staates, den Bauwillen des Sultans und der Reichen und schließlich durch die zahllosen Arbeiter, die in die Zentren des türkischen Lebens gezogen oder getrieben werden und ihre jahrtausendealten Traditionen mitbringen.

Aus dieser Verbindung entsteht der Typus der großen Moschee mit Zentralkuppel, die von kleineren Kuppeln und Halbkuppeln, von Strebemauern und Gewölbebogen flankiert wird. Äußerlich fallen die wuchtigen, hochschießenden Baumassen auf, deren Wirkung durch die Schäfte der Minarette, ihre Balkone und Spitzhüte noch gesteigert wird, und der Innenraum beeindruckt, weil er sich ideal zum Gebet eignet: Die Pfeiler weichen in die Mauern zurück, und der Blick kann frei zur Kuppel hinauf schweifen. Die größte ihrer Art ist die Kuppel der Selimiyye-Moschee in Edirne mit einem Durchmesser von 31 Metern.

Doch über diesen Glanzstücken darf man nicht den Überfluß an architektonischer Schönheit vergessen, den die islamische Welt während dieser langen Zeitspanne all ihren anderen Bauten verdankt, die sich meist um die Moschee gruppieren.

Nur einige Beispiele seien genannt: die Befestigungsanlagen Kairos, die der Wesir der letzten Fatimiden, Badr al-Dschamali, geschaffen hat, sowie die fast überall anzutreffenden Zitadellen, bei denen noch ungeklärt ist, wie ihr Stil mit der Kunst der Kreuzfahrer zusammenhängt; des weiteren die verschiedenen Typen von Mausoleen (zum Beispiel der kleine Rundbau armenischen Stils bei den Seldschuken in Anatolien, der große Bau mit überhöhter Kuppel, Loggien und verschieden großen Minaretten bei den Mamelucken und der Prunkbau mit Zwiebelkuppel bei den Timuriden); die Bäder und Springbrunnen, denen die Araber – in Anspielung an eine Quelle des koranischen Paradieses – den hübschen Namen *salsabil* gaben; außerdem die monumentale Karawanserei des seldschukischen Anatolien, mit dreiteiligem Mittelschiff oder Innenhof und großer Längsstraße; ferner die Pavillons in den Parks der Safawiden und die Brücken Isfahans, deren berühmteste, mit 33 Bogen, von Allahwardi Khan erbaut wurde; sowie schließlich das Wohnhaus des mameluckischen Ägypten, das sich durch Gitterfenster (*maschrabiya*) behutsam zur Straße hin öffnet.

Kommen wir zu einem Fazit: Über acht Jahrhunderte hinweg wird die islamische Kunst, wie schon zuvor, durch Verkehr und Handel, durch die Begegnung der Menschen und Länder geprägt. Im Zentrum dieses Netzes von Beziehungen steht der Iran, genauer Chorasan, dessen Einfluß sich über die Knotenpunkte des Verkehrs unablässig nach allen Himmelsrichtungen ausbreitet, wo er sich unter den Ghaznawiden, Ghuriden, Seldschuken und ihren Nachfolgern mit den Einflüssen anderer Kulturen vermischt. Allerdings sind dieser allseitigen Ausstrahlung auch Grenzen gesetzt. Erstens ist einschränkend zu sagen, daß aufgrund der Isolierung des Maghreb vom Orient der iranische Einfluß, zumindest in der osmanischen Zeit, immer weniger den islamischen Westen erreicht, der seine eigene, spanisch-maurische Kunst hervorbringt. Diese Kunst baut zwar auf einem Formenbestand auf, in den auch iranische Elemente eingeflossen sind, aber ihr Schwerpunkt liegt doch eindeutig auf der »syrisch-arabischen« Tradition der Moschee: der Säulenmoschee mit viereckigem Minarett, vereinzelten Fenstern und durchbrochenem Mauerwerk. Auf jeden Fall handelt es sich hierbei um eine eigenständige Kunst, die zum Wahrzeichen des Maghreb wird und unter dem Namen *mudejar* in den vom christlichen Spanien zurückeroberten Provinzen weiterlebt.

Zweitens gab es eine ähnliche Entwicklung ebenso am anderen Ende der islamischen Welt, in Indien. Auch hier spielen persische Einflüsse zwar eine Rolle, aber sie verschmelzen mit anderen Stilen zu neuen Mischformen, die für das muslimische Indien typisch und im übrigen so vielgestaltig sind wie Indien selbst. Vergleichbares gilt für das mameluckische Ägypten, wo die Ausprägung eines eigenen Stils zweifellos durch die von den Mongolen in Mesopotamien gezogene Trennungslinie begünstigt wurde.

Nach allen Seiten werden dem mächtigen iranischen Einfluß also durch die jeweilige Anpassung des persischen Stils an die einheimischen Traditionen Grenzen gesetzt, was fast überall zur Entstehung eigenständiger Stile geführt hat, durch die sich die einzelnen Bereiche und Kulturen des Islam voneinander unterscheiden. Das gilt für Persien selbst, aber auch für den Maghreb und Indien, für das von steter Unruhe erfüllte syrisch-ägyptische Gebiet, für Ägypten, das die Seldschuken und Zengiden beerbt, sowie für Syrien, das seinerseits das Erbe des mameluckischen Ägypten antritt. Und schließlich gilt es auch für den osmanischen Stil, der sämtliche unter der Oberherrschaft der Pforte vereinigten Länder dominiert und sich zum Beispiel auch in den Kuppelmoscheen in Syrien (die berühmte Sulaymaniyya von Damaskus, die nach den Plänen Sinans erbaut ist), in Tunesien und in Algerien manifestiert. Im übrigen bleibt auch letzterer dem synkretistischen Charakter der islamischen Kunst treu. Als er im 18. Jahrhundert mit Europa in Berührung kommt, schmückt er sich mit zierlichem Barock, wie zum Beispiel in den Räumen der Sultanmutter Selims III. im Topkapi-Palast; später übernimmt er, was zu einer weniger geglückten Mischung führt, den Empirestil.

Das Kunsthandwerk erlangt zunächst in Form von Stein- und Backsteinarbeiten für Moscheen und die kaiserlichen und fürstlichen Paläste Bedeutung. Zu nennen wären die *muqarna* (meist unzureichend mit »Stalaktiten« wiedergegeben) der Moscheen Persiens, die sich bis nach Europa verbreiten, die Gips- und Stuckarbeiten, die Verzierung mit Backstein, Naturstein und natürlich mit kostbaren Steinen – hierher gehört der Einsatz von Marmor und die geschliffenen Edelsteine an indischen Bauwerken. Auch Keramik dient als Bauschmuck: Berühmt sind die Arbeiten aus ar-Rayy (Rages), die sich durch einen metallisch glänzenden goldgrünen Ton auszeichnen, sowie die Arbeiten aus Keschan (ebenfalls Persien) mit ihren charakteristischen tiefen Blautönen und Pflanzenmotiven. Kennzeichnend für die Arbeiten aus Iznik (Nizäa) zwischen Istanbul und Bursa ist ein zinnoberroter Farbton sowie der überschwengliche Realismus ihrer Zypressen-, Reben- und Blumenmotive. Spanien schließlich ist für seine Einlegearbeiten aus Fayence (*azulejo*) bekannt. Bemerkenswert sind auch die Holzarbeiten an großen Toren und die Glasarbeiten. Im mameluckischen Ägypten werden aus emailliertem Glas wunderbare Lampen für Moscheen gemacht, während in der osmanischen Periode farbige Fenster mit epigraphischen, geometrischen und Blumenmotiven entstehen.

Kunsthandwerkliche Arbeiten dieser Art werden übrigens nicht nur für Prunkbauten verwendet, man findet sie auch im Alltag, wo sie vom verfeinerten Geschmack der Oberschicht zeugen. Um deren Luxus zu bedienen, werden Stein, Holz, Keramik und Glas verarbeitet; in Syrien und Spanien findet auch das Leder, in Mossul und Damaskus Elfenbein und Metall Verwendung. Die beiden letztgenannten Städte sind zudem für ihre Kupferarbeiten berühmt.

Musterstücke der Textilmanufaktur sind die golddurchwirkten Seidenkaftane in den Museen Istanbuls, mit prächtigen Pflanzenmotiven, und die Knüpfteppiche, die anscheinend mit den großen Nomadenwanderungen aus Zentralasien aufkommen. Obwohl die ersten Teppiche im Islam nicht vor dem 13. Jahrhundert bezeugt sind, haben sie zweifellos die Seldschuken aus dem Westen Turkestans übernommen und vom 11. Jahrhundert an verbreitet.

Die Zentren der Teppichherstellung vermehren sich rasch. In Anatolien entstehen ab dem 15. Jahrhundert vor allem Arbeiten mit geometrischen Mustern, Ägypten verfertigt die sogenannten »Damaskusteppiche« und greift dabei auf koptische Motive zurück. Das safawidische Persien bringt Teppiche hervor, die in Komposition und Thema oft die Miniaturmalerei kopieren und ihr an Schönheit gleichkommen, zum Beispiel in den Teppichen von Täbris, Kirman und Keschan – die Seidenteppiche aus Keschan sind unendlich fein geknüpft, aus bis zu einer Million Knoten pro Quadratmeter. Die Osmanen holen Arbeiter aus dem eroberten Aserbaidschan nach Istanbul und Bursa und erschließen der ägyptischen Produktion in den türkischen Städten einen neuen Markt; aus Kairo kommen die besten »türkischen« Teppiche. Ein anderes berühmtes Produktionszentrum ist Uschaq, wo die sogenannten »Smyrnateppiche« entstehen. Spanien kennt Teppiche seit dem 12. Jahrhundert und entwickelt im 15. Jahrhundert ein höchst originelles längliches Modell mit Wappen.

In der Buchkunst erleben Illustration und Miniatur eine Blütezeit, zumal im safawidischen Persien und im mongolischen Indien. Für die türkische Variante dieser Kunst, die den Themen und dem Geist der Steppen Asiens verwandt ist, wäre Siyah Kalem (15. Jahrhundert) hervorzuheben.

Die Kalligraphie gilt fast als heilige Kunst, denn ihr Stoff ist das Medium der Offenbarung, die arabische Sprache. Wie die epigraphischen Verzierungen zum Schmuck der Moscheen unerläßlich sind, so ist die Behandlung der Schrift in ihren verschiedenen Formen eine echte, große Kunst. Seit jeher wird sie von großen Könnern ausgeübt: Den Meistern der Abbasidenzeit, Rihani und Ibn Muqla (9. und 10. Jahrhundert) folgen im Irak Yakut al-Mustasimi (13. Jahrhundert), im Iran Muhammad Rawendi und Mir Ali von Täbris (12.-14. Jahrhundert), dann Ali Rida-i Abbasi in der Safawidenzeit und schließlich in der osmanischen Türkei die beiden Größten unter einer ganzen Schar, nämlich Hamd Allah (gestorben 936/1530) und Hafiz Uthman (1110/1698).

In der Musik schließlich werden weiterhin theoretische Forschungen betrieben, in denen sich besonders Safi ad-Din (Abd al-Mumin Ibn Fachir, gestorben 692/1294) hervortut. Letztendlich schöpfen diese Theorien freilich, ob sie nun von Arabern, Persern oder Türken »erfunden« werden, aus der griechischen Tradition, die die großen Mathematiker und Philosophen, besonders al-Farabi, vom 10. bis zum 16. Jahrhundert vermittelten. Auch hier neigt die Forschung zur steten Wiederholung, ohne jedoch ihren Schwung je ganz zu verlieren, denn die Musik hat im Islam wie überall den Vorzug, daß sie nicht nur gedacht, sondern auch gespielt wird.

Magie, Mystik, Epos und Liebeslied beleben und prägen weiterhin alles, was man bis hin zum Maghreb als »orientalische« Musik bezeichnet. Sie bleibt durchaus lebendig und kraftvoll, auch wenn einige pessimistische europäische Theoretiker zu Beginn des 20. Jahrhunderts ihr baldiges Erlöschen, besonders im Maghreb, voraussagten. Ihre nicht zu verleugnende Eigenart, die Araber, Perser und Türken verbindet, unterscheidet sie offenkundig von der Musik des Westens – etwa darin, daß sie grundsätzlich die temperierte Tonleiter ablehnt und Melodie und Unisono der harmonischen Begleitung sowie die Kopfstimme der Bruststimme vorzieht. Auch hier hat die islamische Welt trotz zahlreicher fremder Einflüsse unbeirrt ihre kulturelle Eigenart bewahrt.

5. Orient und Okzident

Der Islam hat sich, wie bereits mehrfach unterstrichen, nicht nur durch Kriege ausgebreitet. Zumindest im Mittelalter hat er dem Westen seine schönsten Errungenschaften auf friedliche Weise weitergegeben. Die Geschichte dieser Beeinflussung ist schier unerschöpflich, und vieles liegt noch im dunkeln, ist kaum erforscht. Außerdem ist diese Geschichte nur noch zu einem geringen Teil diejenige des Islam, denn in seiner neuen Umgebung verändert sich das weitergegebene islamische Erbe fast bis zur Unkenntlichkeit. In diesem Buch, das vor allem darauf abzielt, die Geschichte des Islam aus seiner eigenen Perspektive zu erzählen, können die vermittelten Einflüsse, ihre Wege und ihre Grenzen nur sehr summarisch dargestellt werden.

Hauptsächlich vollzieht sich der Austausch zwischen dem Islam und dem Westen über den Handel, nur nebenbei manchmal auch durch die Mitbringsel, die christliche Missionare oder Pilger auf ihren langen Reisen in den Orient gesammelt haben, zum Beispiel der berühmte Adelard von Bath (11.-12. Jahrhundert), der zwischen der Levante und den wichtigen Verbindungszentren Salerno und Sizilien umhergereist ist. Der Frieden ist oft schwer bedroht – so zwischen Venedig und den Mamelucken –, die Spannungen nehmen zu; Europa geht zu Drohungen und Vergeltung über, um seine verletzten Interessen zu schützen und seine getöteten Kaufleute zu rächen. Der Mammon ist das Hauptmotiv seiner spektakulären Überfälle, die oberflächlich mit politischen oder religiösen Vorwänden gerechtfertigt werden.

Dennoch nimmt der Austausch zu – sowohl von materiellen wie von geistigen Gütern. Demgegenüber haben die Kreuzzüge nur geringe Auswirkungen, außer im Festungsbau – aber hier weiß man nicht, wer der Gebende und wer der Empfangende ist. Die aus den Hochebenen des Iran und Tibets stammende Windmühle wird vom Islam nach Spanien und Europa gebracht und kehrt mit den christlichen Eroberern nach Syrien zurück. Nur ganz vereinzelt gibt es im Land der Kreuzfahrer westliche Gelehrte, die Arabisch lernen und aus dem Arabischen übersetzen; hierzu gehören der schon erwähnte Adelard sowie Stephan von Pisa, der auch Stephan von Antiochia heißt.

Die negativen Aspekte der europäischen Feldzüge und die gleichgültige Haltung der Eroberer darf man aber nicht verallgemeinern. Unter den Normannen Siziliens und in der spanischen *reconquista* kommt es dazu, daß die europäischen Gelehrten mit der unter westlicher Herrschaft lebenden muslimischen Bevölkerung Kontakt aufnehmen und sich eifrig deren Kenntnisse aneignen. Eine entscheidende Wende in diesem Prozeß bedeutet 1085 die Einnahme von Toledo durch das christliche Abendland. Die Übersetzung arabischer Werke ins Lateinische und Hebräische wird bald fieberhaft betrieben und dann in der zweiten Hälfte des 13. Jahrhunderts von Herrschern wie Alfons X. gefördert. Philosophie, Astronomie und Medizin empfangen wichtige Anregungen; es erfolgt das große Erwachen des westlichen Denkens. In der Reihe der unermüdlichen Übersetzer erscheinen Konstantin der »Afrikaner«, der Begründer der Schule für Medizin in Salerno, der 1087 auf dem Monte Cassino gestorben ist, Gerhard von Cremona (gestorben 1187 in Toledo) und die jüdische Familie der Ibn Tibbon, die im 12. und 13. Jahrhundert zum großen Vermittler zwischen Spanien und dem Languedoc um Montpellier wird. Unter der Feder der drei großen Übersetzer des 13. Jahrhunderts – Leonhard von Pisa, Arnaldus von Villanova und Raimundus Lullus – erwacht die arabische Wissenschaft und Philosophie schließlich zu einem neuen Leben und geht ganz und gar in die Tradition des europäischen Wissens über.

Kenntnis ohne Verständnis

Bei allen europäischen Übersetzungsarbeiten seit dem Mittelalter handelt es sich einzig und allein darum, in den arabischen Texten, die mit Hilfe der Grammatiken von Wilhelm Postel und Erpenius entschlüsselt werden, die griechische Wissenschaft wiederzuentdekken; um ein wie auch immer geartetes Verständnis des Islam geht es dabei nicht. Gewiß versuchen vereinzelte hervorragende Geister, die Menschen der anderen Seite gründlicher zu studieren – auf diese Weise gelangen sogar manche Themen der muslimischen Eschatologie in die *Göttliche Komödie* –, aber alle, auf welcher Seite sie auch stehen mögen, sind zutiefst von der Richtigkeit ihrer jeweils eigenen Religion überzeugt.

Vielleicht hatten Okzident und Orient auf weniger hoher Ebene mehr Gelegenheit, sich verstehen zu lernen: beim Austausch von Waren, Fachausdrücken, Pflanzen, technischem Know-how – kurz, auf der Ebene des alltäglichen Lebens; etwa in Spanien, wo die Bevölkerungsgruppen verschiedenen Glaubens zusammenleben. Das Arabische beeinflußt die iberischen Sprachen, besonders ihre Dialekte, die damals arabisch geschrieben werden; man nannte sie *aldschamia* (von *al-adschamiyya* = Sprache der Barbaren). Weit mehr noch prägt der Orient die romanische Kunst, und zwar nicht nur über die dekorativen Motive, die man auf den Spuren von Emile Mâle zum Beispiel in Le Puy entdecken kann, sondern auch durch die tatkräftige Hilfe muslimischer Künstler aus Spanien, die den christlichen Arbeitern zumindest in Katalonien und im Roussillon zur Seite standen. Diesen christlichen Arbeitern, die »nicht mehr wußten, wie man den Stein behaut und formt, halfen die Omayyaden, die Technik des Mauerverbands, der Steinbearbeitung und der architektonischen Einbeziehung der Kapitelle wieder zu erlernen«.

Doch auch dieses enge Zusammenleben im Alltag wurde von den Konflikten der »großen« Geschichte gestört. Die Kurve dieser Entfremdung führt vom Kalifat von Cordoba und von den ersten, noch toleranten christlichen Fürsten in den wiedereroberten Provinzen zur Zeit des Cid über die Heldengedichte, in denen die gegenseitige Achtung und die Erinnerung an gemeinsame Friedenszeiten neben dem Haß auf die »Sarazenen« und Muhammad stehen, zur Begeisterung für die Kreuzzüge in Europa und zum traurigen Epilog der Vertreibung der Mauren aus Spanien. Selbst der Bewunderer der absoluten Monarchie orientalischen Stils, Friedrich II., zeigt sich unerbittlich, sobald es darum geht, jede Spur der früheren arabischen Besetzung von sizilianischem Boden zu tilgen. Und das, obwohl er mit dem Ayyubiden al-Malik al-Kamil, der ihm Jerusalem kampflos überließ, verbündet ist, obwohl er als Freund der arabischen Kultur an seinem Hof in Sizilien die hervorragendsten europäischen, arabischen und jüdischen Gelehrten um sich sammelt – Übersetzer, die mit dem Orient und Spanien in Verbindung stehen – und obwohl er ein passionierter Liebhaber der orientalischen Falknerei, Astronomie, Astrologie, Optik, Mathematik und Metaphysik ist.

Im 15. Jahrhundert beginnt eine neue Phase. Westliche Künstler leben am Hof von Istanbul, an ihrer Spitze Gentile Bellini. Später imitieren die Türken die europäische Kunst des 18. Jahrhunderts, und die italienische Malerei und die deutsche Gravierkunst dringen bis nach Indien vor. Im Gegenzug liefern der osmanische und der maghrebinische Islam der westlichen Malerei neue Themen. Die Malerei stellt die geistige Begegnung mit dem Orient dar (man denke an die *Drei Philosophen* des Giorgione), noch häufiger aber die Kriegsereignisse. Die Spanier malen die Kämpfe mit den Mauren, und ihre Bilder gelangen bis nach Amerika. Die Kämpfe gegen die Türken, an erster Stelle die Seeschlacht von Lepanto, werden von der katholischen Liturgie verherrlicht; sie tauchen überall in den Motiven der Marienverehrung auf, in den Fresken und Votivtafeln deutscher Barockkirchen, sie geben zum Beispiel der Kanzel von

Irsee im bayerischen Schwaben die Form eines Schiffs und bestimmen den Stil der Monstranz in der Kirche Sankt Maria Victoria in Ingolstadt. Muslimischer Bauschmuck erscheint an der Barockkirche San Lorenzo in Turin und selbst an der Kirche San Francisco im kolumbischen Cali oder am *camarin* der spanischen Kirchen. Hier kann man (mit P. Charpentrat) die muslimische Rippenkugel wiedererkennen, die »Silhouette« des almohadischen Minaretts mit seinen vielfarbigen Fayencen und die vielgeschwungenen Spitzbogen in den »geflammten *mihrab* von Cordoba«. In Europa wird es eine Mode, das »Türkische« nachzuahmen: in Schauspielen, Musik, Kostümen und Waffen. In Polen baut man Pseudominarette und Moscheen, wobei erträumtes China und phantasierter Islam vermengt werden.

Doch ob Phantasie oder solide Kenntnis am Werk sind, immer werden nur unmittelbar verwendbare Anleihen gemacht, die das Gesicht der europäischen Gesellschaft nicht verändern und nicht zu einem Verständnis der als Modell herangezogenen Kultur führen. Diese Tendenz tritt in den Beziehungen der Türkei zu Europa noch stärker hervor. Die osmanische Versessenheit auf Barock und auf Tulpen ist nur die ästhetische Seite eines Nachahmungstriebs, mit dem die Pforte dem Fortschritt in Europa hinterherläuft und ein gleiches wirtschaftliches und technisches Niveau erreichen will, ohne aber die Grundlagen der muslimischen Gesellschaft zu verändern.

Eine wirkliche, tiefgreifende Wende zeichnet sich erst im 18. Jahrhundert ab; sie geht aber fast nur von Europa aus. Die Reiseberichte des 17. Jahrhunderts, zum Beispiel von Chardin und Tavernier, erwecken neue Sympathie für die muslimische Lebensweise – eine Sympathie, die ab 1704 durch die Veröffentlichung der Geschichten aus *Tausendundeiner Nacht* durch Jean-Antoine Galland noch verstärkt wird. Die Philosophie der Aufklärung schließt sich dieser Tendenz an: In ihrer Opposition gegen die »scheinheilige Ethik« Europas sind die großen Geister der Aufklärung nur zu willig, die wahre Weisheit und die »natürliche« Philosophie im Orient zu verorten. Sicher begründen diese Schwärmereien Montesquieus, Voltaires und Lessings nicht die Aufklärung, aber sie liefern ihr zumindest Argumente und Themen, die zwar naiv oder gewaltsam interpretiert werden, die aber eben in der Übertreibung beweisen, daß die Zeit der grundsätzlichen Vorbehalte gegenüber dem Islam vorbei ist.

Viel mehr fällt ins Gewicht, daß sich nun auch der Sinn für ein vertieftes, objektives Verstehen (im Sinne Volneys) entwickelt: die eigentliche Orientalistik in all ihren Formen entsteht am Ende des 18. Jahrhunderts.

Sieht man einmal von diesem späten Neubeginn ab, so muß man konstatieren, daß Orient und Okzident trotz einer letzten Endes positiven Bilanz ihre Chancen zwischen dem 11. und 18. Jahrhundert bei weitem besser hätten nützen können. Was hätte bei einem tieferen Verständnis füreinander nicht alles erreicht werden können! Etwa, wenn die Buchdruckerkunst in der osmanischen Welt den gleichen Erfolg wie in Europa gehabt hätte? Oder wenn die muslimische Seeschiffahrt sich anderen Zielen zugewandt hätte als den altbekannten? Immerhin besaß sie ein reiches nautisches Wissen, war bestens ausgerüstet und hat berühmte »Dynastien« von Lotsen und Steuermännern hervorgebracht, darunter Ibn Madschid, den Lehrer Vasco da Gamas. Was wäre geschehen, wenn diese Schiffahrt nicht allein auf die Zone der Monsune ausgerichtet gewesen wäre, wenn sie ihre Grenzen durchbrochen hätte und über Mosambik, den äußersten Punkt des lukrativen Gold- und Sklavenhandels, hinaus vorgestoßen wäre?

»Verpaßte Gelegenheiten« der Geschichte? Bleiben wir lieber auf dem Boden historischer Tatsachen und stellen uns die Frage, ob die Spanne zwischen dem 11. und dem 18. Jahrhundert für die muslimische Welt eine Zeit des Verfalls gewesen ist. Sie läßt sich nur mit Vorsicht beantworten. Schließlich kann man von Verfall nur sprechen, wenn man als Maßstab den Fortschritt Europas ansetzt, das auf der Bühne des Weltgeschehens eine immer wichtigere Rolle spielt und im 19. Jahrhundert seinen Vorsprung weiter vergrößert. Beurteilt man hingegen das Werden des Islam für sich, dann wird man weniger von Verfall als von einer vollständigen Wandlung sprechen müssen: Der Sunnismus hatte in weiten Gebieten gesiegt, ein tiefer Riß war zwischen dem mediterranen Sunnismus und dem persischen Schiismus entstanden, und im Kontakt mit der schwarzen, der indischen und der malaiischen Welt hatte der Islam völlig neue Wege eingeschlagen.

Diese großen Veränderungen wirkten sich überwiegend zum Schaden der arabischen Sprache aus, wenn auch das Arabische für alle, die den muslimischen Glauben vertiefen wollten, die Sprache *par excellence* geblieben ist und darum in Schwarzafrika und in Indien neue Anhänger gewann. Diese Entwicklungen haben dem Arabischen in seinem traditionellen Raum nicht geschadet. Man kann zwar einwenden, der Aufschwung der persischen, der türkischen und der Urduliteratur hänge mit dem Niedergang der arabischen Literatur zusammen, die sich in der permanenten Rekapitulation ihres vergangenen Ruhms erschöpfe. Aber diese Beschränkung erwies sich in späterer Zeit immerhin als beträchtliches Kapital; die defensive Haltung und die eifersüchtige Bewahrung des Erbes trugen in der »Renaissance« des ausgehenden 19. Jahrhunderts ihre Früchte.

Für den Islam ist das Arabische auch weiterhin die privilegierte Sprache, an deren Gestalt er stets gebunden bleibt. Er mußte schon außerordentliche Widerstandskraft besitzen, um den mongolischen Schock zu verarbeiten und den christlichen Vorstoß aufzuhalten. Selbst als er diese Schwierigkeiten überwunden hatte, die ihm seine Lage am Schnittpunkt der Kontinente einbrachte, fand er noch genug Kraft, um seinen Einflußbereich zu erweitern und den Bevölkerungsmangel durch Eroberungen wettzumachen. Man darf also eine Kultur wie diese nicht bloß nach ihren materiellen Grundlagen beurteilen und dabei außer acht lassen, welches Kapital sie – und nur sie – daraus zu schlagen vermag. Jedenfalls war der Islam auf die Prüfungen und Leiden, die ihm das 19. und 20. Jahrhundert brachten, besser vorbereitet, als es der Westen wahrhaben wollte und noch heute wahrhaben will.

Vierter Teil

Imperialismus und arabische »Renaissance«: 19.-20. Jahrhundert

Erstes Kapitel

Der Islam im Mittelmeerraum: Rückschläge und Erfolge (bis 1880)

Die Zeitspanne, die mit dem Aufbruch Napoleons nach Ägypten (Mai 1798) beginnt, verändert weit mehr als nur den territorialen Besitzstand des Islam: Die Wucht des Zusammenpralls verändert sein Wesen. Von nun an werden die Muslime auf eigenem Boden herausgefordert und gezwungen, gegenüber dem Westen, der ihnen brutal und ohne aus seinen Absichten ein Hehl zu machen entgegentritt, ein neues Selbstverständnis zu finden. Die islamische Welt erlebt eine quälende Zeit der Orientierungslosigkeit und der Unsicherheit über die eigene Bestimmung.

1. Der Sieg des Imperialismus

Während der ersten acht Jahrzehnte des 19. Jahrhunderts zwingen die Ambitionen der europäischen Mächte, deren Interessenkonflikte im östlichen Mittelmeerraum gemeinhin unter dem Stichwort »Orientfrage« zusammengefaßt werden, den Islam zu einem immer weiteren Rückzug. Zwei Staaten spielen in dieser schwierigen Zeit die Hauptrolle: die auf Reformen (*tanzimat*) bedachte Türkei und Ägypten, bevor es von den Engländern besetzt wird. Aber trotz der herausragenden Stellung dieser beiden Länder muß der Islam auch in dieser Phase seiner Geschichte als Gesamtphänomen betrachtet werden. Die aufkommenden neuen Tendenzen, insbesondere der Modernismus, sind nicht nur für diese oder jene Nation von Bedeutung, sondern auch für den Islam als Ganzes.

Die Orientfrage: von Kongreß zu Kongreß

Eine Zeitlang sind Großbritannien, Österreich und Rußland zu sehr mit dem Kampf gegen die Französische Revolution und das französische Kaiserreich beschäftigt, um ihre Konflikte im Nahen Osten auszufechten. Aber schon nach kurzer Zeit flammt die alte Rivalität wieder auf. Allen dreien steht Istanbul im Weg: das Osmanische Reich versperrt Rußland den Seeweg zum Mittelmeer, hindert Österreich an einem weiteren Vorstoß in die Donau- und Balkanländer und vereitelt Großbritannien eine totale Kontrolle des Seewegs nach Indien. Frankreich wiederum ist keineswegs geneigt, die traditionellen Grundlagen seiner Außenpolitik aufzugeben. Es braucht Ägypten als Schlüssel zum Handel über den Indischen Ozean und will nicht auf seine Beziehungen zur Hohen Pforte und zu den christlichen Bevölkerungsgruppen des Orients verzichten.

Welche Folgen haben diese Spannungen, die eigentlich eine europäische Angelegenheit sind, für die Landkarte der muslimischen Mächte? Nach den Verträgen von Swischtow und Jassy (1791/1792) bilden die folgenden Länder die Grenzen des türkischen Herrschaftsgebiets in Europa: Montenegro, Serbien, die Walachei, das Moldaugebiet und Bessarabien. Letzteres wird 1812 an Rußland abgetreten. Im Jahr 1821 bricht der griechische Aufstand aus, der nach der türkischen Niederlage in der Seeschlacht von Navarino (1827) durch die Konferenz von London (Februar 1830) beendet wird. Griechenland wird unabhängig.

Mit dem Kongreß von Paris (1856), der dem Krimkrieg ein Ende bereitet, verliert das Osmanische Reich, obwohl es mit Großbritannien und Frankreich gegen Rußland verbündet ist, auch das Moldaugebiet und die Walachei, die sich bald zu einem neuen Staat, Rumänien, zusammenschließen. Der Kongreß von Berlin (1878), auf dem die neue Gleichgewichtspolitik Bismarcks siegt, hat für die Türkei ebenfalls schlimme Folgen: Die armenische Provinz Kars wird an Rußland abgetreten, Bosnien und die Herzegowina an

Österreich, Thessalien an Griechenland, die Dobrudscha an Rumänien und Zypern an die Briten. Montenegro und Serbien erhalten ihre Unabhängigkeit.

Aber die muslimische Macht in Europa wird nicht nur durch Gebietsverluste eingeschränkt. Denn auch im Hoheitsgebiet des Osmanischen Reiches, dessen Grenzen in den Verträgen doch klar definiert werden, ist das Ausland am Werk. Im Kräftespiel der Mächte kann dieses Reich, zumindest in Europa, nur noch überleben, weil die anderen es brauchen, um sich gegenseitig zu schaden. Und überall sonst geht der Imperialismus noch weiter, besonders in den Provinzen, die der Oberherrschaft der Hohen Pforte nicht unmittelbar unterstellt sind. Auf dem Weg zu den lebenswichtigen Gebieten des Indischen Ozeans, beim Eindringen nach Afrika – wo auch immer Europa auf den Islam stößt, setzt es sich über ihn hinweg oder zwingt ihn unter seine Kontrolle.

Der Islam zwischen Europa und Indien

Nach der Schlacht von Plassey bei Kalkutta (1757) wird die Eroberung Indiens von den Briten so rasch vorangetrieben, wie es die ungeheure Größe des Gebiets überhaupt zuläßt. Schon 1765 verwaltete die *East India Company* Bengalen und weiter südlich große Gebiete an der Ostküste des Dekkan. Kaum ein Jahrhundert später kontrolliert das Vereinigte Königreich unmittelbar oder unter dem Deckmantel der Schutzherrschaft den ganzen Subkontinent einschließlich Ceylon. Einer der letzten Akte dieses ungeheuren Unternehmens war die Eroberung des Pandschab (1849).

Die Unterwerfung Indiens ging nicht ohne Schwierigkeiten vor sich. Im Landesinnern mußte man die *Company* durch das *India Office* ablösen und in Kalkutta einen Vizekönig als Vertreter der Krone einsetzen. Zudem galt es, den blutigen Aufstand der einheimischen Soldaten, der Sepoys (türkisch *sipahi* = Soldat), niederzuschlagen, wozu man die verschiedenen Völkergruppen und Glaubensrichtungen gegeneinander ausspielte. Und nach außen mußten die Briten die Zugänge nach Indien schützen. Darum besetzten sie Aden (1839) und Birma, stießen weiter in Richtung Tibet vor und dehnten ihren Einflußbereich auf die Küstenländer des Persischen

Golfs und Südarabiens aus. Nach dem Bau des Suezkanals mußten sie Ägypten besetzen (1882). Nicht zu vergessen Zypern, das die Türkei ihnen vier Jahre zuvor hatte abtreten müssen.

In den für seinen Handel lebenswichtigen Gebieten des Indischen Ozeans traf Großbritannien auf die Niederlande, die über den indonesischen Archipel herrschten, und auf Frankreich, das Indochina in Besitz genommen und damit seine traditionelle Macht im Indischen Ozean gefestigt hatte. Frankreich betonte gegenüber England, daß die Briten keinen Alleinanspruch auf diese Seewege hätten, und war entschlossen, bestimmte Zugänge zu ihnen zu überwachen und sogar zu beherrschen. Die französische Intervention in der Levante (1860), die die maronitischen Christen vor dem Massaker der Drusen retten sollte, mußte den Eindruck weiter reichender Ambitionen erwecken. So sah es jedenfalls England und zwang darum Frankreich, sich zurückzuziehen. Zwei Jahre später kaufte Napoleon III. an der Aden direkt gegenüberliegenden afrikanischen Küste den Hafen Obok, der zum Kern der späteren Kolonie Dschibuti wurde, und 1869 weihte die Kaiserin Eugénie den Suezkanal ein.

Außerdem mußte Großbritannien seine Macht im Nordwesten Indiens sichern, um so den russischen Ausdehnungsdrang eindämmen und in Persien und Afghanistan den *status quo* aufrechterhalten zu können.

Nach dem Vertrag von Finkenstein (1807), der den Iran zum Verbündeten Frankreichs gegen Rußland und England machte, glaubte man, mit dem Frieden von Tilsit würde eine neue Zeit anbrechen. Sowohl Napoleon als auch der Zar hofften, Indien zu erobern. Nach dem Sturz Napoleons zwang Rußland den Iran, seine Grenze bis zum Fluß Araks zurückzuverlegen (Vertrag von Turkmentschei 1828). Das genügte, um das Mißtrauen Londons gegenüber einem für Beeinflussungen aus dem Norden allzu empfänglich scheinenden Persien zu wecken. Als die Dynastie der Quadschar (Kadjaren), die nach dem Tod von Nadir Schah auf den Thron gelangt war, Neigungen an den Tag legte, den Westen Afghanistans zu erobern, brachte ein kurzer, im Frieden von Paris (1857) beendeter Krieg die Dinge wieder in Ordnung.

Denn auch Afghanistan ließen die Briten nicht aus den Augen, zumal an dessen Nordgrenze ein entschlossener russischer Imperialismus auf den Plan trat. Um 1880 waren die Zaren endgültig

Herren über fast alle Gebiete, die später die muslimischen Republiken der Sowjetunion bilden sollten. Die Unruhen in Afghanistan und die Absichten Rußlands zwangen Indien zu handeln. Es schob dem Ausdehnungsdrang der Afghanen, die zwischen 1748 und 1767 schon mehrmals indisches Gebiet ins Visier genommen hatten, einen Riegel vor und intervenierte 1839, 1842 und 1878 in Kabul selbst. Afghanistan mußte nun zwischen den britischen und den russischen Interessen – aber mehr zum Vorteil der ersteren – als Pufferstaat dienen. Dies wurde in einer am 31. August 1907 zwischen den beiden europäischen Mächten abgeschlossenen Konvention geregelt.

Auf vorderstem Posten in Afrika

Großbritannien, das den Indischen Ozean und den Atlantik beherrscht, ist auch in Afrika präsent. Es erscheint auf Sokotra und in Somalia, kämpft bereits gegen die Buren, besetzt Ägypten und beginnt im Osten wie im Westen des Kontinents, seine künftigen Kolonialgebiete mit Hilfe der Missionsgesellschaften (*Universities' Mission to Central Africa* 1864) und Handelskompanien (*Royal Niger Company* 1878) auszubauen. Italien seinerseits kauft 1869 einem kleinen Sultan den Hafen von Assab am Roten Meer ab – hier beginnen sich bereits die italienischen Kolonialpläne abzuzeichnen, die später in Eritrea und zeitweise auch in Äthiopien konkrete Formen annehmen.

Aber die Macht, die Afrika am meisten zu schaffen macht, ist Frankreich. Im Kampf gegen Frankreich wird sich der Islam jedenfalls als die Hauptkraft des afrikanischen Widerstands gegen die westlichen Eindringlinge erweisen. In Senegal muß General Faidherbe zwei muslimische Führer bezwingen, den Mauren Muhammad al-Habib und al-Hadschdsch Umar, dessen Tukulor (Tekrur) – negride Savannenbauern – den französischen Vorstoß beinahe zum Scheitern bringen.

Und was spielt sich in Algerien und Tunesien ab? Auch hier stießen die französischen Eroberer und das neue Regime auf große Schwierigkeiten: auf den erbitterten Widerstand des Abd al-Qadir, den Aufstand der Kabylen, der von den Marschällen des Zweiten Kaiserreiches mit aller Härte unterdrückt wurde, aber 1871 unter der

Führung von Mokrani wieder aufflammte; auf die Bu-Amama-Erhebung des im Süden des Departements Oran 1881 und auf die tunesische Revolte unmittelbar nach dem Vertrag von Bardo (12. Mai 1881). Alle diese kriegerischen Ereignisse zeugen von einer tiefverwurzelten, anhaltenden Bereitschaft zum Widerstand. Unter der Führung der Marabuts wehren sich die Massen gegen alle Formen der Besetzung, sei es Kolonialisierung durch brutale Gewalt à la Bugeaud, sei es Assimilierung oder Protektorat. Zur Veranschaulichung ein einziges, erhellendes Beispiel: In der Zeit des »arabischen Königreiches« Napoleons III. stellen in fünf Jahren nur 200 Muslime den Antrag, Bürger unter dem Schutz des französischen Gesetzes zu werden.

2. Die Türkei zwischen Reformen und Tradition

Während das Osmanische Reich in Europa und in seinen fernen Vasallenstaaten des Nahen Ostens und Nordafrikas dem Druck des Westens ausgesetzt ist, verhält es sich durchaus nicht wie der passive »kranke Mann am Bosporus«, von dem in den Schulbüchern die Rede ist. Von Istanbul aus gesehen bietet die Türkei ein anderes Bild, das Bild einer Macht, die kämpft und sich wehrt.

Die unruhigen Provinzen

Die Grenzen, die dem Osmanischen Reich durch die erwähnten Verträge aufgezwungen wurden, schützen es keineswegs gegen die Übergriffe des Auslands. Außer in den Meerengen, über deren Nutzung 1841 in London ein (1856 auf dem Pariser Kongreß erneuertes) Abkommen unterzeichnet wird, wird der Westen mittels Handelsunternehmen, besonders Eisenbahngesellschaften, sogar im Innern des Reiches aktiv. Den Löwenanteil sichern sich Engländer, Deutsche, Franzosen und Belgier, und zwar auf der Grundlage von Verträgen, die für sie außerordentlich vorteilhaft sind. So setzt der Vertrag von 1838 die Steuern des Warenverkehrs von Europa in die Türkei auf fünf Prozent, in der umgekehrten Richtung aber auf zwölf

Prozent fest. Das hat unter anderem zur Folge, daß in vielen Gebieten der Türkei die Seidenproduktion innerhalb eines halben Jahrhunderts um 90 Prozent absinkt.

Der »Schutz der Minderheiten« ermöglicht andere Einmischungen: Rußland wacht über das Schicksal der Orthodoxen, Frankreich dagegen verteidigt seine besondere Rolle im Heiligen Land und wird vom Berliner Kongreß offiziell als Schutzmacht für die christliche Bevölkerung des Orients bestätigt. Auch Österreich steht nicht zurück: Aufgrund von Verträgen festigt es seinen Einfluß auf die Katholiken des Balkans – zum großen Leidwesen der Russen.

Das Ergebnis dieser Interventionen ist, daß »Nationen« entstehen, die theoretisch Vasallenländer der Hohen Pforte sind, sich aber unter der wachsamen Aufmerksamkeit der Großmächte mehr oder weniger großer Unabhängigkeit erfreuen. So verfolgt zum Beispiel das durch den Vertrag von Berlin geschaffene Bulgarien unter der Regierung seines christlichen Fürsten eine eigene Politik zwischen Moskau und Istanbul, und der Sultan muß 1885 die bulgarische Annexion des zunächst beim Osmanischen Reich verbliebenen Ostrumelien anerkennen. 1864 wird, auf Betreiben Frankreichs, der Libanon zur autonomen Provinz erklärt und einem christlichen Gouverneur unterstellt, dem ein gewählter Staatsrat aus Vertretern der verschiedenen Gemeinschaften zur Seite steht. Kreta erhält 1868 einen Sonderstatus mit paritätischer Staatsverwaltung; Griechisch wird hier neben dem Türkischen als Amtssprache anerkannt. Die Einführung entsprechender Bestimmungen war dem Osmanischen Reich nach Artikel 23 des Berliner Vertrags auch für Makedonien vorgeschrieben.

Für Bulgarien, das sich dem Wüten irregulärer türkischer Verbände ausgesetzt sah, brachen schlimme Zeiten an, umgekehrt aber auch für den europäischen Islam. Tscherkessen und Tataren werden von den Russen, den Rumänen und schließlich den Bulgaren immer wieder zur Flucht gezwungen. Die schmerzhafte Geburt der Nationen auf dem Balkan beweist jedenfalls die Zählebigkeit der alten Völkergruppen, die sich auf ihre eigenen Sprachen und Konfessionen stützten, also auf jene *millet* (zugelassene Religionsgemeinschaften), die das Osmanische Reich seinerzeit hatte bestehen lassen, damit sie nicht die etablierte Ordnung des Staates und vor allem des Steuerwesens störten. Im übrigen ist das Überleben regionaler partikularistischer Bestrebungen auch im islamischen Teil des Reiches zu beobachten. Jene Tendenzen werden durch Intrigen der manchmal landfremden Aristokratie gefördert, gegebenenfalls mit Hilfe und Wissen des Westens. Ein Beispiel bietet Albanien, wo der berühmte »Pascha von Janina«, Ali – der Lord Byron empfing, den Titel eines Monarchen führte und eine wesentliche Rolle bei der Islamisierung seiner Untertanen spielte – 1822 mit Waffengewalt bezwungen werden mußte. Aber auch in den arabischen Ländern herrscht Unruhe. Ein Paradebeispiel ist natürlich Ägypten, aber auch in Syrien gibt es Gebiete, die sich in ständiger Revolte befinden, und im Herzen des alten Arabien ist es der nicht zu beseitigende Wahhabismus, der die bewegte Geschichte der saudischen Dynastie des Nadschd nicht zur Ruhe kommen läßt.

Der aufgeklärte Despotismus

Die Osmanen verhalten sich in ihrem gefährdeten Reich keineswegs nur passiv. Sie wehren sich vielmehr zunächst mit Waffengewalt, und ohne den gewaltigen Druck der europäischen Großmächte hätten sie dem Separationsstreben der Balkannationen sicher ein Ende gesetzt. Anderswo hatten sie mehr Erfolg, vor allem in Ostarabien und auf den Seewegen des Roten Meeres. Im Jahr 1813 entriß Ägypten unter Muhammad Ali, im Auftrag der Hohen Pforte, dem saudischen Wahhabismus die heiligen Stätten des Islam und unterstellte sie wieder der Oberherrschaft Istanbuls. Der Bau des Suezkanals zwang die Türken dazu, noch weiter vorzudringen, und ab 1870 festigten ihre Truppen die osmanische Herrschaft über den Jemen.

Trotz allem lag den verschiedenen Sultanen – Selim III. (1789-1807), Mahmud II. (1808-1839), Abdul Madschid (1839-1861), Abdul Aziz (1861-1876) – besonders die innere Reform des Reiches am Herzen. Hierbei wurden sie oft von hervorragenden Hofbeamten, Großwesiren wie Ali Pascha und Provinzgouverneuren wie Midhat Pascha, unterstützt.

Die Reform des Reiches, die in der sogenannten Zeit der *tanzimat* (Verordnungen) unter Abdul Madschid noch intensiviert wird, hat in ihrer Systematik etwas Grandioses, manchmal trägt sie allerdings auch regelrecht barbarische Züge. Die Reorganisation ergreift alle Gebiete, zuerst die Armee. Um den Konservatismus der Janitscharen zu brechen, metzelt man sie nieder und läßt dann in großer Zahl europäische Ausbildungsoffiziere kommen, die mit Hilfe des neuen Rekrutierungsgesetzes (1843) eine moderne Armee auf die Beine stellen, die an Stärke nur noch von der preußischen übertroffen wird. Sie besteht aus 300 000 Mann mit fünfjähriger Dienstzeit, dazu kommen 150 000 Reservisten aus sieben Jahrgängen, die einmonatige Reserveübungen machen müssen.

Durch den Erlaß neuer Gesetze weht neuer Wind auch im Justizwesen. Handelsgerichte werden geschaffen, und es wird das Prinzip proklamiert, daß jeder nur nach Recht und Gesetz gerichtet werden darf. Schließlich wird die Rolle der religiösen Gerichte eingeschränkt, denen Strafrechtsfälle und teilweise auch Befugnisse im Zivilrecht entzogen werden.

Im Erziehungswesen wird die sechsjährige Schulpflicht und die Bezahlung der Lehrer durch den Staat eingeführt. In Istanbul entsteht eine Universität, in den größeren Städten werden höhere Schulen gegründet. Für die künftigen Beamten des Reiches wird 1868 die Eliteschule von Galata Seray eröffnet – mit französischer Tradition und Leitung und mit Französisch als Unterrichtssprache.

Noch weitere Bereiche werden von den *tanzimat* erfaßt: So werden auch die *millet* reorganisiert – zumindest, was die armenischen (1860-1863) und die jüdischen (1864) Gemeinschaften betrifft. Die Verwaltung des Reiches wird durch Einsetzung eines Staatsrats und eines Obersten Gerichtshofs von oben nach unten grundlegend reformiert. Beide Instanzen setzen sich aus christlichen und aus muslimischen Vertretern zusammen. Nach europäischem Vorbild werden zudem Ministerien gebildet. Sie stehen unter der Autorität des Großwesirs, der jederzeit durch den Sultan abberufen werden kann. Außerdem wird eine neue Verwaltungseinheit, der *vilayet* (arabisch *wilaya*), geschaffen (1864), der an die Stelle des früheren *eyalet* tritt und, jedenfalls was die Finanzen angeht, stärker von Istanbul abhängig ist. Die Verpachtung der Steuern wird 1838 abgeschafft; die Steuern werden jetzt direkt an den Staat gezahlt.

Ein neuer Geist erfaßt auch die Sitten und Gewohnheiten: Seit Mahmud II. beginnen die europäische Kleidung und der Fez die traditionellen Gewänder zu verdrängen. Die Sultane und ihre Wesire sprechen fremde Sprachen. Man restauriert die Hagia Sophia, ein

Theater wird erbaut, ein Reichsalmanach erscheint. Als Krönung der Reformen proklamiert die sogenannte »Charta von Gül-Chane« (1839) den Bruch mit dem traditionellen muslimischen Religionsgesetz: Alle osmanischen Untertanen, gleichgültig welchem Volk und welcher Religion sie angehören, sind nun vor dem Gesetz gleich und der gleichen Steuer unterworfen. Es gibt keine geschützten Untertanen (*dhimmi*) mehr, beziehungsweise bezeichnet dieser Ausdruck nur noch die Zugehörigkeit zu einer nichtmuslimischen, offiziell anerkannten Konfession.

Auf dem Weg zur türkischen Nation

Nicht ohne Risiko ließen sich dem alternden Organismus der traditionellen Türkei europäische Aufklärung und napoleonische Prinzipien einimpfen. Die religiösen Kreise reagierten heftig. Sie behinderten die Reformen, und manchmal gelang es ihnen sogar, sie zu verhindern. Der Widerstand kam sogar in den Gesetzestexten selbst zum Zug, denn die *tanzimat* unterstreichen und stärken in mancher Hinsicht von neuem den muslimischen Charakter des türkischen Staates, zum Beispiel die Bodenordnung von 1858 oder das weitgehend vom hanafitischen Recht inspirierte Zivilgesetzbuch von 1869.

Eine Prüfung der 46 Gesetze, die zwischen 1839 und 1879 erlassen werden, läßt ernsthafte Mängel der *tanzimat* in bezug auf die Finanzpolitik erkennen, die nur in den Verordnungen für die Osmanische Bank (1856 und 1863) berücksichtigt wird. Doch soll uns das Fehlen diesbezüglicher Reformen nicht täuschen: Das Osmanische Reich erlebt eine schleichende Finanzkrise, die mehrmals von schweren Erschütterungen begleitet ist (1861/1862 und 1876) und die schließlich dazu führt, daß der bankrotte Staat seine Finanzen dem Ausland ausliefert. Seit 1881 übernehmen Briten und Franzosen die Kontrolle über die Staatsschulden des Reiches und lassen sich als Gegenleistung für investiertes Kapital die Einkünfte aus bestimmten Monopolen überschreiben, zum Beispiel aus denen für Salz, Tabak, Briefmarken, Spirituosen und Seidenwaren. Das System wird dadurch vervollständigt, daß an Großbritannien und Frankreich sowie an weitere Nationen steuerfreie Konzessionen für Bergwerke, Häfen und Eisenbahnen vergeben werden, lediglich Einfuhrzölle werden erhoben. Bis zum Ersten Weltkrieg geht dieser Ausverkauf des Osmanischen Reiches ungehindert weiter.

Das Eindringen Europas in den Staatsapparat und die Wirtschaft des Landes stößt nicht nur die Muslime, sondern alle Türken vor den Kopf. Um 1867 entsteht eine Bewegung, deren Ideologie nur schwer zu definieren ist, die sich aber rasch entfaltet: Diese vor allem islamisch orientierten »Jungtürken« sind davon überzeugt, daß die Quelle allen Wohlstands nur in der Gerechtigkeit und einer guten Regierung liegt. Aber der Zeitgeist setzt Gerechtigkeit mit Freiheit gleich, anders ausgedrückt: mit einer Beschneidung der Macht der Sultane. In diesem geistigen Klima kommt ein großer liberaler Wesir an die Macht – ein in jeder Beziehung bemerkenswerter Mann – Midhat Pascha, der aufgeklärte und energische Gouverneur einiger der schönsten Provinzen des Reiches. Auf sein Betreiben erhält die Türkei 1876 ihre erste Verfassung und ein Parlament mit zwei Kammern.

Den Jungtürken geht es also weitaus mehr um Politik und Reformen als um die Nation. In bescheidenen Ansätzen entwickelt sich zwar auch eine Art türkisches Nationalgefühl – schon die Charta von Gül-Chane gebraucht den Ausdruck *vatan* (arabisch *watan* = Vaterland) –, aber es bleibt doch noch bei der grundsätzlichen Unterscheidung zwischen muslimischer Bevölkerung und den Gemeinschaften anderer Glaubensrichtungen (*millet*). Erst später, als das nichtmuslimische Nationalgefühl erstarkt und die *millet* zu Nationen werden und sich außerdem die von Europa übernommenen ideologischen Konzepte in letzter Konsequenz gegen Europa selbst kehren, gewinnt das Wort *vatan* in der türkischen Presse seinen nationalen Sinn und wird durch den offiziell durch das Gesetz von 1869 eingeführten verwandten Begriff *osmanli millet* verstärkt, der »die osmanische Nation«, aber auch »die osmanische Nationalität« bedeutet.

In Wirklichkeit war diese Bezeichnung doppeldeutig, weil sie ohne Unterschied auf alle – türkische und nichttürkische, muslimische und nichtmuslimische – Untertanen des Reiches angewandt wurde. Sie zeigt letztlich, daß man innerhalb der islamischen Welt noch nicht von echtem modernem Nationalismus sprechen kann. Bis 1876 geht es weder für die Türken noch für die Araber darum, im Namen der Nationen den Zerfall eines Reiches zu riskieren, das sich, bei allen Reformen, stets als Sammelbecken verschiedener

Nationen und sogar Konfessionen unter der unveränderten Führung des Islam verstanden hat. Manche Türken gehen sogar noch weiter und träumen vom Panislamismus, einem zumindest geistigen Zusammenschluß aller Muslime der Welt unter der Führung des Sultans und Kalifen.

Dieser Gedanke, der bereits mit dem Vertrag von Kütschük-Kainardschi (1774) seine diplomatischen Weihen erhielt, inspiriert auch die Außenpolitik des neuen Sultans Abdul Hamid II., der 1876 den Thron besteigt und der die Trumpfkarte des Islam beziehungsweise des Panislamismus gleichzeitig gegen die Liberalen, die Reformen verlangen, wie gegen die Nationalisten aller Schattierungen ausspielt. Abdul Hamid II. setzt 1878 die Verfassung außer Kraft und verfolgt Midhat Pascha mit seiner Rache; er wird verbannt und 1883 schließlich ermordet. Die durch den autoritären Sultan ausgelöste Krise setzt im Jahr 1879 der Zeit der *tanzimat* ein Ende und bleibt nicht ohne Einfluß auf den türkischen und den arabischen Nationalismus, der damals einen neuen Abschnitt der Geschichte einleitet.

Die Bilanz der »tanzimat«

Obwohl sie unvollendet blieben und in Mißkredit kamen, lassen sich die *tanzimat* zumindest als Teilerfolg verbuchen. Die Reformen haben in die Verwaltung Theorie und Praxis der Zentralisierung eingeführt, dazu ein gewisses Staatsbewußtsein, kurz: sie haben einen unleugbaren Fortschritt gebracht, von dem die osmanische Türkei bis zu ihrem Ende zehrte. Trotz der Ausbeutung durch ausländische Gesellschaften konnte dem Land ein wirtschaftlicher Unterbau gegeben werden, ja man kann behaupten, daß die Türkei zu einer Art geistigen Größe zurückgefunden hat.

Dieser neue Geist, der die Türkei beseelt, ist seiner selbst zwar noch unsicher, und er schwankt zwischen Europa, Islam und türkischem Erbe hin und her, aber er ist dennoch eine starke Kraft, die durch eine neue, reiche Literatur den Weg zu aufgeklärtem Denken gefunden hat. In dieser neuen Prosa tun sich Schinasi, Ahmed Wafiq Pascha, Namiq Kemal, Ziya Pascha und Ahmed Midhat hervor, in der Lyrik besonders Abdul-Haqq Hamid. Die junge türkische

Literatur ist von westlichen, besonders von französischen Einflüssen durchdrungen, verleugnet aber auch nicht die alten türkischen Gattungen, zum Beispiel das Märchen, und die traditionelle Prosa, etwa die Geschichtsschreibung, die durch den eher konservativen Ahmed Dschewdet Pascha berühmt wird, und sie eröffnet den Lesern den Zugang zur Kritik, zum Roman, zum politischen Essay und schließlich zum Theater, das mit Namiq Kemals berühmtem Schauspiel *Vatan* Triumphe feiert. Die intellektuelle Wiedergeburt wird durch die Entwicklung des Bildungswesens und die Gründung von Museen und Bibliotheken ergänzt und vertieft, und vor allem hält endlich die Buchdruckerkunst ihren Einzug im Osmanischen Reich; von 1831 an beginnt der Aufschwung der Presse in türkischer, arabischer und französischer Sprache.

Auch diese große Bewegung der Erneuerung und der Freiheit leidet durch die Thronbesteigung Abdul Hamids II. Unter seiner Regierung erreicht die Zensur einen geradezu bestürzenden »Grad von Dummheit«. Aber ist die absolutistische Staatsmacht allein dafür verantwortlich zu machen? Die Krise, die mit der autoritären Herrschaft Hamids beginnt, wird durch außenpolitische Drohungen verschärft, wenn nicht verursacht, so durch den russisch-türkischen Krieg, der das Vorspiel zum katastrophalen Vertrag von Berlin ist. Ohne die ständigen Bedrohungen von außen, ohne die politischen und wirtschaftlichen Übergriffe des Auslands im Innern und ohne die Reaktionen, die dadurch ausgelöst wurden, wäre die Zeit der *tanzimat* wohl anders verlaufen. Das Osmanische Reich war keineswegs ein »kranker Mann«, es wollte, wenigstens in seinem türkischen Teil, mit allen Kräften leben – leben um jeden Preis, wie ein wieder verjüngter Körper, der nur unter den Schmerzen des neuen Wachstums litt. Doch der Kranke (wenn er überhaupt krank war) war fremden Händen ausgeliefert und wurde von Ärzten behandelt, die nicht gerade auf seine Genesung bedacht waren.

3. Das neue Ägypten

Das Ägypten, das Napoleon 1798 erlebt, unterscheidet sich noch kaum vom Ägypten des Mittelalters. Unter der Autorität der Paschas, die von der Hohen Pforte eingesetzt sind, wird das Land auch weiterhin von der Militärkaste der Mamelucken ausgebeutet. In diesen Halbschlaf des osmanischen Ägypten bricht das Abendland wie ein Donnerschlag ein; ein Donner, der erst weit hinter den Grenzen des Nillandes verhallt. Die islamische Welt verarbeitet diesen Schock schließlich, aber sie kann fortan dem plötzlich offenbar gewordenen Problem ihres technischen Rückstands nicht mehr ausweichen.

Napoleon am Nil

Nicht die militärische oder politische Geschichte des Bonapartismus in Ägypten ist hier zu rekapitulieren, was interessiert, ist vielmehr ihre Bilanz. Was ist von dem französischen Abenteuer übriggeblieben, nachdem Napoleon heimgekehrt, Kléber ermordet und Menou von den britischen und türkischen Truppen besiegt war? Vor allem wurden die Wesenszüge des späteren Staates Ägypten vorgezeichnet, zunächst was seine außenpolitische Geschichte anbelangt, die lange Zeit durch die Rivalität zwischen London und Paris bestimmt sein wird. Napoleon hatte die Bedeutung der Landenge von Suez richtig beurteilt; er wollte den antiken Kanal vom Nil zum Roten Meer wiederherstellen oder sogar »den Isthmus durchschneiden ..., um der Französischen Republik den freien und ausschließlichen Besitz des Roten Meeres zu sichern« (Beschluß des Direktoriums vom 23. Germinal des Jahres VI). Innenpolitisch erschütterte Napoleons Feldzug die Grundlagen der Autorität der Hohen Pforte, stärkte die lokalen militärischen Machthaber und bewies die Leistungsfähigkeit des Westens, die sich Muhammad Ali alsbald zum Vorbild nehmen sollte.

Jenes westliche Leistungsvermögen, das den muslimischen Reformismus so sehr anspornen sollte, war nicht nur am Erfolg der Waffen zu messen, sondern gerade auch an den Werken des Friedens. Auf beiden Gebieten zeichnete sich Conté, der Ingenieur »für alles«, aus. Die von ihm angeregten und geleiteten Industriewerkstätten lieferten Heißluftballone, brünierte Gewehrläufe, Feuerwehrpumpen, Säbel, Trompeten, Pulver, Uniformen; optische, topographische und chirurgische Instrumente; Kartonagen, Kerzen, Druckerpressen, Münzapparaturen, Windmühlen und sogar einen Telegrafen zwischen Kairo und Alexandria.

Die Franzosen wollten Ägypten genau studieren, und Napoleons Offiziere wurden zu Geographen, Landvermessern und Archäologen. Zahlreiche Gelehrte und Künstler nahmen an der sogenannten »Ägyptischen Expedition« teil: Monge, Fourier, Berthollet, Desgenettes, Geoffroy Saint-Hilaire, die beiden Orientalisten Venture de Paradis und Amédée Jaubert. Viele von ihnen traten in das am 22. August 1798 gegründete *Institut d'Egypte* ein; sie waren die Kerntruppe bei der Erkundung, Erfassung und Beschreibung des Landes. Vier Bände über die alte Geschichte des Landes, drei über die zeitgenössische, zwei über die Naturgeschichte und ein Atlas in zwölf Bänden bildeten die 1825 vollendete monumentale *Description de l'Egypte*, die alles Wissen über Geschichte und Leben des Nildeltas zusammenfaßte – bis in die Details des Alltags hinein, wie sie die bemerkenswerten Sammlungen Contés aus Kunst und Handwerk festhielten.

Dieses gewaltige Unternehmen brachte der westlichen Wissenschaft natürlich großen Gewinn: Champollion entzifferte den berühmten »Stein von Rosette« und begründete die Ägyptologie. Sicherlich sollte die Buchdruckerkunst, der Napoleon große Aufmerksamkeit schenkte, vor allem den Okkupanten nützen, und sie bediente sich auch deren Sprache; aber immerhin bemühten sich die Franzosen ernsthaft, den Islam und Ägypten zu verstehen. Paradis' Übersetzung des legendären Briefs des arabischen Eroberers Amr Ibn al-As an den Kalifen Omar über die Reichtümer des Nillandes, die von Napoleon den Bräuchen des Landes gegenüber bezeugte Achtung sowie der Bericht Donzelots, des Gouverneurs von Mittelägypten, »über die Araber als Freunde« kennzeichnen deutlich das Ende einer Ära und das Bemühen, den Gegner – wie manche glauben: den künftigen Partner – gründlicher kennenzulernen. Das Interesse am Islam geht nun deutlich über die bloße Faszination des Fremdartigen hinaus. Die Reisen in den Orient werden genutzt, um die Lebensweise früherer Menschen zu entdecken und eine andersartige Kultur richtig beurteilen zu können; so bereisen Chateaubriand, Lamartine und Nerval das Land mit neuem, aufgeklärtem Interesse und Sympathie.

Dennoch hat Ägypten die französischen Erwartungen kaum erfüllt. Der Feldzug scheiterte nicht nur an der militärischen Niederlage in Syrien und an dem teuer erkauften Sieg Desaix' in Oberägypten, sondern auch am Widerstand der ägyptischen Massen gegen die fremden, ungläubigen Besatzungstruppen. Die Bauern am oberen Nil und im Nildelta leisteten Gegenwehr, und im Oktober 1798 erhob sich die Bevölkerung von Kairo. Trotz mancher Annäherung, trotz der Einsetzung eines Rats von wichtigen Persönlichkeiten Ägyptens, dem ersten Schritt zum feierlich erklärten Ziel eines (zumindest vom Osmanischen Reich) unabhängigen Ägypten, blieb das Land für die französischen Generäle stets ein Unruheherd. Nachdem Napoleon abgereist war und General Kléber ihn abgelöst hatte, dachten auch sie in ihrer Enttäuschung daran, das Land wieder zu verlassen. Um sie auch wirklich dazu zu zwingen, verstärkten die Ägypter Rebellion und Mordanschläge, denen als erster Kléber selbst zum Opfer fiel.

Was ist für Ägypten nun der Ertrag dieser achtunddreißig Monate dauernden Besetzung (Juli 1798 bis September 1801)? Frankreich hat Ägypten mit der westlichen Technik bekanntgemacht und es gleichzeitig veranlaßt, sich im Licht seiner eigenen Geschichte neu zu begreifen. Diese Wiederentdeckung half dem Land, sich sowohl gegenüber dem durch Frankreich vertretenen ungläubigen Westen als auch gegenüber der osmanischen Türkei seiner Eigenart bewußt zu werden. In der traditionellen arabischen Geschichtsschreibung kommt nun ein neuer Ton auf: Die Kommentare Dschabartis schwanken zwischen Vorurteilen gegenüber den Okkupanten, der gelegentlichen Anerkennung ihrer Verdienste und der Ernüchterung, die auf die Wiedereinsetzung der osmanischen Herrschaft folgt. Auf der Grundlage all dieser diffusen und latenten Empfindungen entwirft Muhammad Ali seine neue Politik.

Von Muhammad Ali bis zum saint-simonistischen Ägypten

Der Mann, der Ägypten seinen Platz an der Spitze der Mächte der islamischen Welt und des Mittelmeeres zurückgibt, ist ein albanischer Feldherr der türkischen Armee. Er ist Analphabet, aber ausgesprochen intelligent. Sehr schnell lernt er es, zwischen seinen

Landsleuten, den Mamelucken, den Türken und den Engländern zu lavieren. Nachdem die Engländer zwei Jahre nach ihrem Sieg über die Franzosen unter Menou abgezogen waren, kehrten sie im Jahr 1807 zurück und besetzten Alexandria, als Antwort auf das neue Bündnis zwischen Paris und Istanbul. Nachdem Muhammad Ali sie gezwungen hatte, das Land wieder zu räumen, ließ er sich von Istanbul als Pascha von Ägypten anerkennen, festigte seine eigene Macht und vernichtete die der Mamelucken, indem er auf einen Schlag etwa fünfhundert ihrer Führer ermorden ließ.

Die Reformen Muhammad Alis

In mehr als einer Beziehung nimmt der neue Herr Ägyptens das von Napoleon begonnene Werk wieder auf und setzt es fort. Doch die Erneuerung wird jetzt – unter Mithilfe von Ausländern und Christen, die zu Beys (Fürsten) oder Ministern ernannt werden – von innen her und durch einen Muslim durchgeführt, der zwar kein gebürtiger Ägypter ist, das Land aber aus persönlichen Interessen zu seiner Wahlheimat gemacht hat. Sein Verdienst ist es, daß er die außergewöhnlichen strategischen Vorzüge der Lage Ägyptens erfaßt und die Mittel der großen Politik, von deren Umsetzung er träumt, zu seinem eigenen Vorteil wie zu dem des Landes anwendet. Sein Unternehmen – oft zu stürmisch, oft zu brutal und meist nur unter dem Gesichtspunkt des Nützlichen in Angriff genommen – muß sehr differenziert beurteilt werden. Er versucht zwar, einige der technischen Errungenschaften des Westens zu übernehmen, beschränkt dessen Einfluß aber voller Mißtrauen allein auf diesen technischen Bereich. Religion und Gesetz des muslimischen Ägypten bleiben streng und unverändert. Nichtsdestoweniger führt er Ägypten als erstes arabisches Land auf den Weg der Modernisierung.

Absolutismus und Zentralisierung sind die beiden Triebfedern seiner Innenpolitik. Die Ordnung sichert er dadurch, daß er die Polizei reorganisiert, neue Verwaltungseinheiten schafft und die Ministerien wiederherstellt. Nachdem er den Staatsapparat in Gang gebracht hat, kann Muhammad Ali Ägypten nach Belieben erschließen. Er führt systematisch die alte Ordnung wieder ein, indem er sich zum alleinigen Herrn des gesamten Bodens und Handels im

Land erklärt. So kann er frei schalten, kontrollieren und regieren. Die landwirtschaftliche Anbaufläche wird um ein Fünftel vergrößert, neue Methoden werden angewandt, besonders der Anbau von Baumwolle nach der Methode des Franzosen Jumel. Gleichzeitig will Muhammad Ali das Land mindestens von einem Teil seiner Importe an Produkten des sekundären Sektors unabhängig machen. Unter Mitwirkung europäischer Ingenieure und Arbeiter gründet er Industrien, baut Waffenfabriken, Branntweinbrennereien und vor allem Baumwollspinnereien. Dieses für damalige Verhältnisse vergleichsweise gigantische Unternehmen, das dem Ägypten seiner Regierungszeit einen reichen Etat beschert, wird indes durch den Mangel an eigenen Spezialisten, durch den Mißbrauch der Staatsmonopole und durch den Widerstand der Bauern gefährdet. Die Bauern sind immer weniger an der Bestellung des Bodens interessiert, an dem sie nur noch ein Nutzungsrecht haben.

Die Leistungen im Bereich der Infrastruktur jedoch sind zukunftsweisend: Die Bewässerung macht beachtliche Fortschritte, und Linant de Bellefonds plant einen großen Staudamm an der Spitze des Deltas, dessen Bau 1842 in Angriff genommen wird. Immer mehr Werften, Eisenbahnlinien und Straßen entstehen. Bellefonds und Mougel beginnen mit der umfangreichen Planung für den Bau des Suezkanals, und 1833 trifft unter der Führung Enfantins die erste Gruppe von Saint-Simonisten ein, die dem großen Projekt den entscheidenden Impuls geben sollten. Gesundheits- und Erziehungswesen werden mit Hilfe französischer Missionare großzügig ausgebaut. Im Bereich der öffentlichen Bildung werden ehrgeizige, zweifellos überzogene und übereilte Pläne entworfen, die jedoch im Behördenleben Ägyptens für immer den Grundsatz festschreiben, daß Bildung die Basis alles materiellen und technischen Fortschritts sein muß. Die Gründung einer nationalen Druckerei stellt dem arabischen Publikum Übersetzungen europäischer Autoren, Geschichtswerke, eine Fülle technischer Schriften und Handbücher zur Verfügung, die das intellektuelle Leben im erneuerten Ägypten intensiv fördern.

Der entscheidende Fehler des gesamten Unternehmens ist jedoch, daß Heer und Flotte, die von den Franzosen de Sèves (Soliman Pascha) und de Cerisy reorganisiert werden, einen zu großen Teil der Anstrengungen und Einkünfte des Landes verschlingen. 130 000

Mann reguläre Truppen, 41 000 Matrosen und Werftarbeiter, elf große Kriegsschiffe, drei Dampfschiffe und achtzehn andere Schiffseinheiten sind für ein Land von drei Millionen Einwohnern eine allzu schwere Last, selbst wenn das Defizit auf diesem Sektor teilweise durch die von den Beschäftigten in Waffen- und Tuchfabriken und Werften geleistete Arbeit ausgeglichen wird.

Doch den neuen Machthaber störte das nicht. Alles, was er erreichen wollte, waren die nötigen Mittel, um in der großen, internationalen Politik mitmischen zu können – und die eignete er sich mit Hilfe Frankreichs in kurzer Zeit an. Muhammad Ali sah in Frankreich einen geeigneten Verbündeten, schon weil es ihm weniger gefährlich als England schien, da es 1815 eine Niederlage erlitten hatte und außerdem in Algerien stark eingespannt war. Über Unzulänglichkeiten, Fehleinschätzungen und überhastete Vorbereitungen hinweg war sein Blick nur auf Größe und Prestige gerichtet. »Gewiß sind wir noch Kinder«, sagte er, »aber wir sind Kinder, die wachsen, und wir müssen unsere Kleider größer machen, damit sie uns später passen.«

Vor allem die Türkei mußte den Preis für diese Wachstumsbeschwerden bezahlen.

Erfolg und Mißgeschick des ägyptischen Hegemonialstrebens

Muhammad Ali, der sich auf hervorragende Feldherren (seine Söhne Tusun, Ismail und Ibrahim) stützen kann, verfolgt außenpolitisch die gleichen Ziele, wie sie vor ihm die Fatimiden, die Ayyubiden und die Mamelucken verfolgten: er will nach Süden und nach Syrien vorstoßen. Der Vorstoß nach Süden geschieht mit der Zustimmung und dem Segen der Hohen Pforte. Von 1811 bis 1818 bekämpft Ägypten die wahhabitische Saud-Dynastie auf der Arabischen Halbinsel, zwischen 1835 und 1838 kehren seine Truppen mehrmals dorthin zurück und dringen sogar bis zum Jemen vor. Nach 1820 folgt der große Vormarsch an den oberen Nil und das Rote Meer, die Besetzung des riesigen Sudan und das Ende des Königreiches der Fung in Sennar, 1832 dann die Gründung der neuen Hauptstadt Khartum, anschließend der Vorstoß an die Grenzen von

Eritrea und die Überwachung der Küsten bis nach Massaua. Dann lockt der Traum von der Kontrolle über den Gold- und Sklavenhandel. Auch hierbei bedient sich das neue Ägypten der Hilfe von Europäern. Der Engländer Waddington bringt von seinen Reisen eine Karte des Nils mit, der Franzose Cailliaud entdeckt die Ruinenstätte Meroë, und drei von Muhammad Ali finanzierte Expeditionen erkunden den Weißen Nil bis zum Äquator (1839-1841).

Im Mittelmeer bändigt Ägypten, im Auftrag der Hohen Pforte, den Aufstand Griechenlands, erhält als Belohnung für seine Dienste Kreta und träumt davon, im Bündnis mit Frankreich (Polignac) Tripolitanien, Tunesien und Algerien zu unterwerfen.

Zum Bruch mit Istanbul kommt es, als Ägypten Syrien angreift. Die Geschichte dieses Kriegs spielt sich in zwei Phasen ab: Ende 1831 beginnt Ibrahim, der Sohn Muhammad Alis, den Kampf. Er siegt bei Akko – wo Napoleon gescheitert ist –, schlägt die Türken in mehreren Schlachten, dringt nach Kleinasien ein und vernichtet im Dezember 1832 bei Konya die letzten Gegner. Bei den Friedensverhandlungen in Kütahiya (April 1833) tritt Istanbul ganz Syrien und den Distrikt Adana in Kilikien an Ägypten ab.

Doch Europa ist über diese Entwicklungen beunruhigt. Rußland hat sich im Vertrag von Unkiar Skelessi (Juli 1833) zu einem Defensivbündnis mit dem Sultan entschlossen und dabei einige Zugeständnisse in bezug auf die Passage der Meerengen erreicht. Frankreich und das Vereinigte Königreich sind angesichts dieses Erfolgs des Zaren alarmiert und intervenieren, sobald die Krise wieder ausbricht und die Türken, die wieder zu den Waffen gegriffen haben, bei Nezib in Nordsyrien von Ibrahim geschlagen werden (Juni 1839). Muhammad Ali muß für die europäischen Interessenkonflikte und die Ungeschicklichkeiten der französischen Diplomatie teuer bezahlen. Die Folgen des Londoner Vertrags (15. Juli 1840) sind katastrophal: Muhammad Ali muß die Oberhoheit des Sultans anerkennen und behält nur Ägypten und den Sudan, ersteres erblich, letzteren theoretisch auf Lebenszeit.

Auch wenn der große Traum Muhammad Alis nicht in Erfüllung gehen sollte, so hat er doch auf dem Boden wie im Wesen Ägyptens Spuren hinterlassen. Die zur türkischen Sprach- und Kulturgemeinschaft gehörende Militärkaste kontrollierte den Staatsapparat zwar weiterhin, mußte ihn aber – in Ägypten – im zivilen Bereich sowie zumindest in den unteren militärischen Rängen auch für die arabischen Bürger öffnen oder – wie in Syrien unter Ibrahim – neue Kompromisse eingehen. Zwar war der entstehende Nationalismus, wie 1834 der Generalkonsul Frankreichs, Mimaut, bemerkte, ebensosehr ägyptisch wie arabisch, das heißt, er spiegelte die Doppelgesichtigkeit eines Landes wider, das mehrere Völkergruppen umfaßte, das aber gleichzeitig in seiner Landschaft und Geschichte einheitlich und original genug war, um allen seinen Kindern etwas Gemeinsames zu geben. Aber es ließ sich dabei doch nicht leugnen, daß es das arabische Volk war, aus dem die ägyptische Nation hervorgehen sollte. Auch Ibrahim trug seine Vision von einem künftigen Ägypten unter arabischen und arabisierten Offizieren vor.

Rund um den Suezkanal

Nachdem es im Mittelmeerraum auf Widerstand gestoßen ist, dringt Ägypten weiter in den Sudan ein, der von Elfenbein- und Sklavenhändlern, katholischen Missionaren und Forschern überlaufen wird. Wenn auch im Süden des Sudan das Rätsel der Nilquellen in den sechziger Jahren gelöst wurde, so bleibt im Norden noch viel zu tun. Die von Kairo ernannten Gouverneure, die oft Europäer sind – wie Samuel Baker, Gordon und vor allem Schnitzer (Emin Pascha) –, werden in diesem Bereich Großes leisten und eine fieberhafte Tätigkeit entfalten: Sie legen gemeinsam mit ihren europäischen und ägyptischen Mitarbeitern den Sklavenjägern nach Möglichkeit das Handwerk, erforschen und unterwerfen ein riesiges Gebiet, legen seine noch heute bestehenden Grenzen fest und dringen sogar noch weiter nach Süden bis zu den ostafrikanischen Seen und nach Westen bis zum Becken des Ubangi vor. Sie inspizieren, organisieren und kartographieren das Land und legen naturwissenschaftliche Sammlungen an. Durch ihre Leistungen wird Ägypten unter den Nachfolgern Muhammad Alis in ein afrikanisches Abenteuer von bisher unbekannten Ausmaßen verwickelt. Weiter im Osten setzen die bis ins Somaliland vorgedrungenen Ägypter von den Häfen des Roten Meeres aus wiederholt zum Angriff gegen das äthiopische Hochland an. Wenn auch diese Versuche mit militärischen Niederlagen enden, so hat der Druck Ägyptens auf die Grenzen Eritreas doch entscheidende Folgen: Zahlreiche Stämme im Tigre-Hochland werden in den Jahren 1840 bis 1880 islamisiert.

In Ägypten beginnt der Bau des Suezkanals. Nach den Plänen der Saint-Simonisten Enfantin, Michel Chevalier und Talabot und dank der Hartnäckigkeit von Ferdinand de Lesseps wird schon 1869 die neue Wasserstraße eröffnet, die die Karte der Seewege einmal mehr verändert und Ägypten wieder zu einem bedeutenden Transitgebiet auf dem Weg nach Indien und das Mittelmeer zu einem der meistbefahrenen Meere der Alten Welt macht. Doch auch Ägypten selbst ist an diesem Werk beteiligt. Das Land hat sich allen Einwänden Istanbuls und allen Zornesausbrüchen Englands zum Trotz die Verantwortung für den Bau nicht nehmen lassen und viel Geld dafür aufgebracht. Ägyptische Arbeiter haben den Kanal, besonders in den ersten fünf Jahren, mit ihren eigenen Händen gegraben.

Nach den Wirren der letzten Regierungsjahre Muhammad Alis – der geisteskrank wurde –, nach dem frühzeitigen Tod Ibrahims, der ein Jahr vor seinem Vater stirbt, und nach einem antieuropäischen Zwischenspiel unter Abbas (1848-1854) treibt Ägypten unter seinen neuen Herrschern, denen die Hohe Pforte 1867 offiziell den Rang des Khediven (*khadiw*) oder Vizekönigs zuerkennt, die Modernisierung weiter voran. Unter Muhammad Said (1854-1863) und Ismail (1863-1879) baut das Land intensiv Eisenbahnen, Bewässerungsanlagen und Wasserleitungen, verbessert die Infrastruktur der Städte, etwa was Beleuchtung und Verkehr angeht (1874 wird es in den Weltpostverein aufgenommen), und fördert das Kreditwesen; verschiedene Kreditinstitute nehmen ihre Tätigkeit in Ägypten auf: *Bank of Egypt* (1856), *Anglo-Egyptian Bank* (1864), Osmanische Bank (1867) sowie *Crédit Lyonnais* (1875).

Unter Ismail werden etwa 650 000 Hektar an Neuland gewonnen, die Zuckerproduktion wird ausgeweitet, so daß vierzehn neue Fabriken entstehen, und während des amerikanischen Sezessionskriegs erlebt die Baumwollindustrie einen Boom, weil der europäische Markt nicht mehr von seinem traditionellen überseeischen Lieferanten bedient werden kann. Im Jahr 1861 werden 29 800 Zentner Baumwolle exportiert und im Jahr 1865 125 350 Zentner; das sind 90 Prozent des gesamten ägyptischen Exportvolumens. In diesen Zahlen und Mengen kommt bereits der Reichtum und die Gefährdung der ägyptischen Wirtschaft zum Ausdruck.

Diese große Entwicklung ging nicht vor sich, ohne die Sitten und die Geisteshaltung des Landes zu verändern. Die Regierung wollte ein Beispiel geben, indem sie offiziell ihr Handels- und Bodenmonopol abschaffte; sie gab Landwirtschaft, Handel und Warenverkehr frei. 1866 berief Ismail wie zuvor Napoleon eine Art Senat, eine beratende Bürgerversammlung, ein. Nach langwierigen Verhandlungen mit den europäischen Mächten setzte er 1875, um den Privilegien für Nichtägypter, die aus der Konsulargerichtsbarkeit für Ausländer resultierten, ein Ende zu machen, gemischte Gerichtshöfe ein, die beauftragt waren, Streitfälle zwischen in Ägypten wohnenden Ausländern oder zwischen Ägyptern und Ausländern zu verhandeln. Schließlich sorgte Ismail nachhaltig für die Ausbildung seiner Untertanen. Er erhöhte die Zahl der Grundschulen auf 4000, gründete höhere Fachschulen, eine Bibliothek, eine Sternwarte und ein Museum in Kairo, förderte die Arbeiten Mariettes in der Ägyptologie und rief durch Buchdruck und Presse eine gewaltige literarische Renaissance ins Leben, auf die wir noch zurückkommen werden.

Die Bevölkerung begann stark anzuwachsen (um eine Million Einwohner allein während der Regierungszeit Ismails, um etwa sieben Millionen bis zum Jahr 1882). Nun drängte Ägypten wieder einmal darauf, sich im Ausland Ansehen zu verschaffen. Durch eine Revision des Konzessionsvertrags brachte Ismail 1864 die 60 000 Hektar Land, die an die Kanalgesellschaft verpachtet waren, gegen Entschädigung wieder in ägyptischen Besitz. Er verweigerte der Gesellschaft die bisher eingesetzten ägyptischen Arbeitskräfte und zwang sie, bei den Bauarbeiten stärker zu mechanisieren und auf europäische Arbeiter zurückzugreifen.

Ägypten wagte sich noch weiter vor, über seine Landesgrenzen hinaus. Es intervenierte auf der Krim, bei der Revolte von 1866 auf Kreta, ja zusammen mit den Truppen Napoleons III. sogar in Mexiko. Daneben beteiligte es sich an der Weltausstellung von 1867 in Paris. Ohne die Einwilligung Istanbuls einzuholen, das dagegen wetterte, reiste Ismail zum Beispiel nach Europa oder empfing bei der Einweihung des Kanals die Repräsentanten einiger großer Höfe des Westens, an der Spitze die Kaiserin Eugénie und den Kaiser von Österreich.

Die Verschuldung, die Engländer und der heraufziehende Nationalismus

Lebt in den genannten Entwicklungen, diesmal allerdings auf einem solideren Fundament, die große Politik Muhammad Alis wieder auf? Keineswegs, wie es scheint: Dreizehn Jahre nach der Einweihung des Suezkanals geriet Ägypten unter britische Herrschaft. Wie kam es dazu? Lag es an den Schwächen des Verwaltungssystems, am autoritären Regierungsstil der Khediven, deren Verschwendungssucht gewiß einer Kontrolle bedurft hätte? Dies wäre eine zu einfache Erklärung. In Wirklichkeit zeigen Schätzungen, daß der reguläre Staatshaushalt Ägyptens ausgeglichen war, selbst wenn man die sudanesischen Feldzüge, die Reisen und Abordnungen nach Europa, die Ausgaben für Repräsentationszwecke und die »Schenkungen« mit einbezieht. Soweit es überhaupt Verschwendungssucht und Unvernunft gab, betrafen sie die außerordentlichen Ausgaben etwa für technische Anlagen und den Suezkanal. Ismail war zu kühn und zu ehrgeizig, weil er zu fest auf die unmittelbare Rentabilität der unerläßlichen Modernisierungen setzte. Seine Fehlrechnung wurde durch den wachsenden Einfluß einer Vielzahl ausländischer Abenteurer auf das Wirtschaftsleben Ägyptens noch verschlimmert. Diese »gerissenen Geschäftsleute, Profitmacher und Ausbeuter« verstanden es, die Märkte an sich zu reißen, indem sie Darlehen und andere finanzielle Hilfen anboten, um dann beim geringsten Anlaß den raffiniert formulierten Vertrag für nicht eingehalten zu erklären und riesige Entschädigungssummen einzufordern. So trieben Anleihen und Schulden einander in die Höhe, und im Jahr 1880 ging das Staatsdefizit in die Milliarden.

Doch die spezielle Erfindung des Imperialismus, die »Staatsschuldentilgungskasse«, die von Tunis bis Istanbul operierte und 1876 auch die Kontrolle über die ägyptischen Staatsfinanzen übernahm, scheint den Appetit des Auslands nicht befriedigt zu haben – nicht denjenigen Frankreichs und noch weniger denjenigen Großbritanniens, das 1875 die 176 000 Kanalaktien der ägyptischen Regierung aufkaufte und so im richtigen Augenblick den Platz eroberte, den ihm seine feindselige Haltung gegenüber dem Kanalprojekt bisher versperrt hatte. Für England und Frankreich war Ägypten nach dem Bau des Suezkanals als Baumwollproduzent, Geldmarkt und Durchgangsland zum Sudan abermals zu einem vielversprechenden Streitobjekt geworden, auf das man um so mehr erpicht war, als niemand in Europa mehr an die territoriale Integrität des Osmanischen Reiches und die Abhängigkeit Ägyptens von der Hohen Pforte glaubte.

Von nun an überstürzen sich die Ereignisse: Mit der Ernennung von Vertretern der beiden Großmächte zu khedivischen Finanz- und Bauministern erweitert sich die gemeinsame Kontrolle der Staatsfinanzen zu einem französisch-britischen Kondominium. Der Widerstand Ismails, den Istanbul 1879 unter europäischem Druck zugunsten seines Sohnes Taufiq absetzt, kann den Lauf der Dinge nicht mehr aufhalten. Da Frankreich eine gemeinsame militärische Aktion ablehnt, überfällt England im September 1882 Ägypten allein, besiegt es bei Tell el-Kebir und begründet damit seine Herrschaft über das Land am Nil.

In den Jahren zuvor war in Ägypten eine grundlegende Veränderung eingetreten. Gegen die Khediven, denen man zu große Nachgiebigkeit und Schwäche gegenüber dem Ausland vorwarf, hatte sich ein entschlossener und fanatischer Widerstand erhoben. Ägypten, hieß es, werde »nicht mehr von seinem Herrscher, sondern von anderen Männern angeführt«; Männer, die aus dem Land selbst stammten, arabische Offiziere, traten gegen jede europäische oder türkische Einmischung auf. Ein Bauernsohn aus dem Nildelta, der Oberst Ahmad Urabi, war im Februar 1882 Kriegsminister geworden und organisierte von nun an den Widerstand gegen die tscherkessischen Offiziere und gegen den Khediven, den er samt seiner Dynastie zu stürzen androhte und gegen dessen Willen er die Bildung eines Abgeordnetenhauses und dann einer Nationalversammlung durchsetzte, die schließlich ihn, Urabi, zum wahren Herrn des Staates machte. Als England Alexandria unter Beschuß nahm, um die ausbrechenden Unruhen niederzuschlagen, erklärte Urabi den Briten den Krieg, rief zur allgemeinen Mobilmachung und organisierte jenen Widerstand, der dann bei Tell el-Kebir gebrochen wurde.

Hat Urabi versagt? Als er verurteilt und verbannt war, ließen sich viele Gründe für seine militärische Niederlage finden: die erdrückende Übermacht des Feindes und die Schwäche des ägyptischen Heeres – das seit Muhammad Ali beträchtlich verringert worden war und nur noch 12 000 Mann reguläre Truppen und 50 000 hastig rekrutierte Soldaten umfaßte –, schließlich aber auch Urabis

Fehleinschätzungen. Doch immerhin hatte er wie kein anderer vor ihm mit dem Losungswort »Ägypten den Ägyptern!« den Unabhängigkeitswillen des Landes geweckt, der sich nunmehr gleichzeitig gegen die ausländische Einmischung, gegen die Staatsmacht im eigenen Land, die sich mit ihr abfand, und gegen die türkische Oberhoheit, die sie zuließ, wandte. Und das ist nicht alles: Indem er den Islam gegen Europa und seine eigene Zugehörigkeit zu einem anderen Volk, das eine andere Geschichte und Sprache hatte, gegen die muslimische Türkei ausspielte, schuf Urabi neben oder vielmehr im Herzen der traditionellen Gemeinschaft (*umma*) der Gläubigen eine zweite *umma* der Araber, die später als Nation verstanden wurde.

4. Der Islam und die Araber

Aus diesen Ereignissen ist leicht zu ersehen, daß sich das Geschick der muslimischen Welt wieder einmal größtenteils an den Küsten des Mittelmeeres entscheidet. Hier sieht sich der Islam, der durch die Intervention des Westens völlig unvorbereitet in den Sog der modernen Welt geriet, in der Tat mit einem doppelten Problem konfrontiert. Er muß erstens sein Verhältnis zum fortgeschrittenen, technisierten Europa grundlegend neu bestimmen und zweitens im Verhältnis zu Europa und dessen Nationalitäten seine eigenen Nationalitäten und deren Beziehungen untereinander neu begreifen.

Wenn auch der Nahe Osten die Hauptrolle in diesen Bemühungen, Kämpfen und Auseinandersetzungen spielt, so fällt ihm diese Aufgabe doch nicht allein zu; bis nach Indien hin erfassen Reformismus und Nationalismus das Denken des Islam.

Der Iran und das muslimische Indien

Kann man im Iran von Reformismus sprechen? Tatsächlich treten die im Jahr 1844 gegründete Sekte des Babismus und der zwanzig Jahre später entstehende Bahaismus zunächst vor allem das Erbe des Sufismus und des schiitischen Messianismus an. Abgesehen vom erneuerten messianischen Gedanken, der auf seine Weise ebenfalls eine Krise im Islam des 19. Jahrhunderts aufzeigt, entfernen sich die Ideen dieser beiden Bewegungen weit vom traditionellen Islam. Trotz ihrer muslimischen Färbung folgen die Hauptideen des Bahaismus dabei zweifellos dem Geist der Zeit: so in der Verwerfung des Heiligen Kriegs, in der Betonung der Gleichheit aller Religionen und der unverzichtbaren Einheit von Glauben und Wissen sowie schließlich in der besonders klaren Antwort des Bahaismus auf die Ereignisse seines Jahrhunderts – er verdammt den Nationalismus und will den weltweiten Frieden.

Der Geist des 19. Jahrhunderts macht sich noch stärker im fremder Gewalt unterworfenen Indien bemerkbar. Dort findet der Protest gegen die Fremdherrschaft häufig die Unterstützung des Islam, so zumindest teilweise bei der Revolte der Sepoys. Anfangs träumen die muslimischen Theoretiker wie Ahmad Khan Bahadur von einer einzigen indischen Nation, die Islam, Hinduismus und Christentum vereinen sollte. Aber sehr bald zwingt sie der hinduistische Nationalismus dazu, eine Neuordnung der islamischen Gemeinschaft zu verkünden. Die Rückkehr zur Tradition und zu den strengen Weisungen des Koran und dem Vorbild des Lebens des Propheten beleben den Reformismus und den Nationalismus im indischen Islam.

Für seine Erneuerung muß Indien – auf dem Weg über das Englische – bei den Wissenschaften des Westens in die Lehre gehen. In diesem Geist wurde auf Veranlassung von Ahmad Khan Bahadur in Indien das Kolleg von Aligarh (1875) und in Ceylon eine englische Schule (1872) gegründet, etwas später unter der Schirmherrschaft des aus Ägypten verbannten Urabi die *Madrasa Zahira* (Zahira-Kolleg, 1892). Doch so sehr die Erneuerungsbewegung die westliche Tradition des wissenschaftlichen Fortschritts begrüßt, so sehr lehnt sie den Merkantilismus und den Materialismus ab, die dieser Fortschritt mit sich bringt, die aber der Geist des Koran und die Tradition mißbilligen. Unter diesem doppelten Aspekt steht der Reformismus des indischen Islam vor allem bei Ahmad Khan Bahadur, und im gleichen Sinn lebt er in Muhammad Iqbal (gestorben 1938) fort, dem Vater der Idee eines muslimischen indischen Staates, die nach dem Zweiten Weltkrieg unter Muhammad Ali Dschinna und Liaqat Ali Khan verwirklicht wird.

Doch dieser Staat – Pakistan – ist auch die Frucht eines eigenständigen religiösen Nationalismus, der, in Abgrenzung zum Hinduismus und zum ganzen Westen, den Islam zur Voraussetzung der Staatsangehörigkeit macht. Der Durchbruch des muslimischen Patriotismus in Indien führt trotz der englischen Handelssprache zu einer Blüte des Urdu, das in dem großen Dichter Ghalib Mirza (1797-1869) seinen Meister findet und später zur Amtssprache Pakistans wird. Er führt aber zugleich auch zur Ausdehnung des Unterrichts im Arabischen, vor allem in Hyderabad, wo die lebendige Tradition des Arabischen durch die Gründung der berühmten Universität von Uthmaniya (1918) gekrönt wird.

Der Nahe Osten und die kulturelle Renaissance Arabiens

Auch die arabische Welt wird von den reformistischen Tendenzen ergriffen, besonders in Form jener muslimischen Erneuerung, die für viele nur die reine und schlichte Rückkehr zum strengen Gesetz des Islam sein soll, zu jenem Ideal, das in Arabien die Wahhabiten predigen und in der Cyrenaika die ersten Anhänger der Senussi. In Tunesien wiederum nimmt der Reformismus einen eher modernistischen Charakter an, zum Beispiel bei Chayr ad-Din und Muhammad Bayram sowie im Kollegium Sadiqi, das 1875 gegründet wird und sowohl seine Organisation als auch sein Unterrichtsprogramm nach europäischem Vorbild einrichtet.

Jedenfalls bringt der Nahe Osten im 19. Jahrhundert die Diskussion über die Erneuerung des Islam in Gang, ebenso die Diskussion über die Rolle, die die Araber dabei spielen – zwei Themen, die niemals ganz voneinander getrennt werden können. Den besten Einblick in diese Entwicklung bietet eine – wenn auch schematische – Übersicht über die großen Phasen dieser Bewegung.

Betrachten wir zunächst, was in Ägypten unter Muhammad Ali passiert. Hier ermöglichen die Presse, der öffentliche Unterricht und die Entsendung von Stipendiaten nach Frankreich die erste Befruchtung durch neue Ideen. Rifaa at-Tahtawi regt eine großzügige Übersetzertätigkeit an. Er ist Journalist und versteht es, den modernen Westen allgemeinverständlich darzustellen.

Um 1840 findet dieses Erneuerungsstreben, das man als Renaissance (*an-Nahda*) bezeichnen wird, seinen fruchtbarsten Boden im Libanon. Die Erklärung hierfür ist einfach: Mehr noch als die Diplomatie des Fürsten Baschir II., des Förderers ständiger Beziehungen zu Frankreich und zur Christenheit, ist es die Reise von Muhammad Alis Sohn Ibrahim durch Europa, die die Fenster zum Westen weit öffnet. Von fast überall her kommen nun ausländische Missionare, und ihr Bekehrungseifer veranlaßt sie, besonders die Protestanten, Unterricht in Arabisch einzuführen, arabische Übersetzungen der Bibel (1840) und einer großen Anzahl europäischer Werke zu drukken und zu verbreiten sowie weitere Schulen zu gründen, aus denen dann die Amerikanische Universität und die jesuitische Saint-Joseph-Universität hervorgehen. Die libanesische Reaktion auf diese Anregungen ist prompt und fruchtbar. Im Jahr 1863 entsteht eine nationale Hochschule, das Pressewesen und die Übersetzertätigkeit blühen auf, diesmal unter den Händen der Araber selbst. Drei Männer, alle Christen, sind damals tonangebend: Nasif al-Yazidschi (1800-1871), Butrus al-Bustani (1819-1883), der ein Wörterbuch und eine Enzyklopädie verfaßt, und Faris asch-Schidyaq (1804-1887), der später zum Islam übertritt.

Um 1876 treiben die durch die Thronbesteigung und die reaktionäre Politik Abdul Hamids verursachte Enttäuschung und die resultierenden Unruhen die Intellektuellen in Ägypten zu Ismail, wo die kulturelle Revolution in vollem Gang ist. Der Aufschwung der ägyptischen Presse in arabischer Sprache datiert im wesentlichen aus dieser Zeit der großen ägyptischen und syrisch-libanesischen Vorkämpfer. Im Jahr 1876 erscheint in Alexandria zum erstenmal die Zeitung *al-Ahram*. Nun nimmt die Bewegung, ohne die rein kulturellen Probleme zu vernachlässigen, entschieden politische, richtiger: politisch-religiöse Formen an. Sie gerät von jetzt an mehr oder weniger unter das Patronat Dschamal ad-Din al-Afghanis, des großen Verfechters des muslimischen Modernismus. Er läßt sich 1879 in Kairo nieder und legt den Grundstein zu einer neuen Schule des Islam.

Wird die Erneuerung muslimisch oder arabisch ausfallen? Tatsächlich sind es Christen, die das Startzeichen für die *Nahda* geben, und zwar aus der besonderen Situation des syrisch-libanesischen Zusammenlebens heraus. Die Intellektuellen stellen zunächst fest, daß der Konfessionalismus an der Aufgabe scheitert, eine geeinte Nation zu schaffen. Daraus erwächst das Bestreben, die verschiedenen Religionsgruppen in einem gemeinsamen Bewußtsein zu vereinen, das über sie hinausgeht; manche stehen dem freimaurerischen Ideal nahe, mit dem die Logen nun auch den Orient vertraut machen, und wünschen sich einen von Grund auf weltlichen Staat.

Doch wie sollte man die Nation, die entstehen will, definieren? Offenbar nur durch ihre Vergangenheit, durch ihre Traditionen. Darum besinnt sich der Arabismus auf die arabische Identität und die gemeinsame arabische Sprache als ungeteiltes Erbe der Muslime und der Christen. Arabische Lyrik und Prosa zu schaffen, die schlummernde große literarische Tradition wiederzuerwecken und ihr zum alten Glanz zu verhelfen, das ist der erste Punkt des neuen syrisch-libanesischen patriotischen Programms, das sich hierfür so ferne Vorläufer sucht wie Germanus Farhat, den maronitischen Erzbischof von Aleppo (1670-1732).

Man kann sich leicht vorstellen, daß ein Islam, der ebenfalls seine Erneuerung durch die Rückkehr zum klassischen Erbe suchte, zu dessen Hauptelementen selbstverständlich das Arabische gehört, diesen Ideen eine sehr positive Aufnahme bereitete. Die Muslime (Ali Pascha Mubarak in Ägypten und die Familie der Alusi im Irak) nehmen also an dieser literarischen Renaissance und an diesem Bemühen, die arabische Vergangenheit wiederzuentdecken und wiederzuverbreiten, aktiven Anteil, und ihr Beitrag wird nach 1880 noch stärker.

Aber Islam bleibt Islam! Er bleibt eine Religion mit universaler Berufung. Selbst wenn die arabische Welt im »revolutionären Panislamismus« eines Dschamal ad-Din al-Afghani eine herausragende Rolle spielt, beschränken sich die Ziele der Bewegung keineswegs nur auf eine Stärkung der Araber.

Darum verfolgen Arabismus und Reformismus bis zum Jahr 1880 bald konvergierende, bald divergierende Wege. Beide Strömungen entstehen in den gleichen Zentren: in Syrien-Libanon und in Ägypten, besonders gegen Ende des Jahrhunderts aber auch in London und in Paris. Gemeinsam ist ihnen beiden das Interesse am Werk der kulturellen Erneuerung und an einem Arabisch, das durch den Kontakt mit der modernen Welt neu belebt werden, aber den wesentlichen Gesetzen seiner Sprachgestalt und Syntax treu bleiben soll. Des weiteren nehmen sie, wenn auch mit feinen Unterschieden, dem Westen gegenüber die gleiche Haltung ein: Beide haben sie den Wunsch, sich von seinen technischen und politischen Fortschritten anregen zu lassen und nach seinem Vorbild die Verwaltungsstrukturen des Nahen Ostens zu liberalisieren, beide fürchten aber auch, daß die Ideale des Islam von Materialismus und Geschäftsgeist infiziert werden könnten (die man mit dem europäischen Wesen gleichsetzt). Gemeinsam ist Arabismus und Reformismus schließlich auch, daß ihnen nie der Gedanke an einen totalen Bruch mit Istanbul kommt. Dschamal ad-Din al-Afghani läßt die Hohe Pforte als Sitz des Kalifats bestehen, und selbst die entschiedensten Verfechter der arabischen Ideen denken bei all ihrer scharfen Kritik am Absolutismus der Sultane und an der türkischen Vormachtstellung nicht an eine Sezession – vielleicht an Autonomie, jedoch nicht an Unabhängigkeit, zumindest jetzt noch nicht. Es ist noch kein panarabisches Ideal, was ihnen vorschwebt, sondern lediglich ein arabischer – syrisch-libanesischer oder ägyptischer – Patriotismus. Sie nehmen also eine zögernde Mittelstellung ein, die Butrus al-Bustani mit den Worten charakterisiert: »Das Reich ist unser Vaterland (*watan*), aber unser Land (*bilad*) ist Syrien.«

Es bleibt also, bei aller Ähnlichkeit der Bestrebungen, ein Dilemma bestehen: Kann die Gemeinschaft (*umma*) beides sein – die schon in Grundzügen erkennbare (arabische) Nation *und* die traditionelle Vereinigung aller Muslime, der arabischen wie der nichtarabischen, von deren Rückkehr al-Afghani träumt? Wenn das orientalische Christentum sich mit dem Gedanken der Nation, zu deren Entstehung es so stark beigetragen hatte, anfreunden konnte, war es dann nicht gezwungen, sich gegenüber dem der Vereinigung aller Muslime reserviert zu verhalten? Man muß das um so eher annehmen, als der rechtliche Sonderstatus der Christen und die militärischen Interventionen des Auslands, bisweilen auch der Bekehrungseifer der Missionare, manche christliche Gemeinschaften wirtschaftlich und kulturell an den Westen banden, was sie wiederum dem Unmut der muslimischen Massen aussetzte, wie 1882 in Alexandria und vorher, 1860, in Damaskus. Mehr als ein Christ verdankte sein Leben dem großherzigen Abd al-Qadir, der in Damaskus als Verbannter lebte.

Die syrisch-libanesischen Intellektuellen sahen bei dieser Renaissance der arabischen Literatur ihre besondere Aufgabe im Bestreben, eben diesen Bruch zu verhüten und das Christentum des Orients an seinem eigentlichen Platz, im Orient selbst, zu verankern – eine Haltung, die zumindest im Libanon um so verständlicher ist, als die Muslime damals dort nicht die Mehrheit stellen. In einem multikonfessionellen Ganzen war hier der Islam nur eine von vielen Religionen, die ein gemeinsames Heimatland hatten, das unter dem gleichen arabischen Banner vereint werden sollte. Man ahnt aber, daß sich die Lage in einem Land mit starker muslimischer Mehrheit, wie in Ägypten, sehr viel anders darstellte. Selbst wenn der dortige Patriotismus von den nichtmuslimischen Minderheiten keine unwesentliche Unterstützung erhielt, über kurz oder lang mußte er doch vor allem eine Angelegenheit der Muslime werden. Es ist verständlich, daß sie in der neuen arabischen Literatur ein zunehmendes Übergewicht bekommen und daß dieses literarische Aufblühen mit einem neuen Nachdenken über den Islam und die Philosophie al-Afghanis und seiner Schüler zusammenfällt. Für diesen muslimischen Reformismus sind die »Gemeinschaft der Gläubigen« und das »Vaterland der Bürger« ohne weiteres vereinbar, wobei sich das »Vaterland« natürlich in den größeren Rahmen der muslimischen Glaubensgemeinschaft einpaßt.

Beschließen wir den Überblick über die Zeit um 1880, indem wir den Ereignissen etwas vorgreifen: Wie der engere Rahmen der libanesischen Welt beweist, decken sich arabische und islamische Erneuerung in ihren Prinzipien nicht unbedingt und nicht vollkommen. Diese Deckungsgleichheit gibt es, wie zu erwarten, in Arabien allein dort, wo das Umfeld rein muslimisch geprägt ist (um so mehr als der Laizismus damals noch keine Rolle spielt). Wenn wir jedoch in den achtziger Jahren des 19. Jahrhunderts bleiben, dann entsteht die Frage, ob man denn schon damals latente Unterschiede zwischen Arabismus und Islamismus annehmen kann. Wenn ja, dann wurden sie jedenfalls von der Dynamik einer Geschichte verwischt, die in zunehmendem Maße vor allem durch das Gewicht des muslimischen Elements bestimmt wird. Die Geschichte treibt fast überall die kulturelle Erneuerung des Arabischen voran und bringt alle Araber in dem gemeinsamen Ideal einander näher, aus dem Nahen Osten – einer Zone mit großer muslimischer Majorität – ein Ganzes zu machen, das sich als Einheit versteht und als solche verstanden werden will, von dem also etwa auch das Christentum im Libanon, so lange es sich als arabisch definiert, sein Schicksal nicht lösen kann. Darum kann man mit Sicherheit behaupten, daß in den Jahren um 1880 nur eine allzu theoretische Analyse das gemeinsame Streben hätte sprengen können, um so mehr, als der Druck des türkischen Autoritarismus und des europäischen Imperialismus zunahm und die Opposition, sei sie nun vom Arabismus, sei sie vom Islamismus geprägt, immer stärker zusammenschweißte.

Zweites Kapitel

Der Aufstieg des Nationalismus: Von den achtziger Jahren bis zur Zeit nach dem Ersten Weltkrieg

Der Erste Weltkrieg von 1914 bis 1918 löst die nationalistischen Bewegungen nicht aus, aber er wirkt auf die Kräfte ein, die sich ohnehin regen, auch wenn sie manchmal noch keine klar definierten Ziele haben. Der Krieg hat deutlich gemacht, wie die Dinge liegen: Die von der muslimischen Bevölkerung der Kolonialreiche gebrachten Opfer waren vergeblich, die gemachten Versprechungen werden nicht eingehalten, der Appetit des Westens wächst nach dem Krieg wieder, und den großen osmanischen Staat und bald auch das Kalifat (1924) gibt es nicht mehr. Das sind neue gewichtige Tatsachen, die die Entwicklung des Nationalismus im Islam beschleunigen.

1. Der ungebremste Vorstoß Europas

Die Türkei und der Erste Weltkrieg

Zwischen 1880 und 1920 erweitert das westliche Europa sein Einflußgebiet auf dem Balkan und in den Kolonialgebieten immer mehr. Die von Unruhen erschütterte Türkei, die vom Erfolg der *tanzimat* lebt – ein Erfolg, der allerdings vom Absolutismus Abdul Hamids II. blockiert wird –, schrumpft in demselben Maß zusammen, wie der

Appetit der konkurrierenden europäischen Mächte wächst. Der osmanische Balkan wird derweil gleichzeitig von nationalistischer Propaganda und einer tief verwurzelten Griechenfeindlichkeit beeinflußt. Erstere wird vom türkischen Panislamismus verschärft und von Agitatoren der europäischen Großmächte geschürt. Die Feindschaft gegen die Griechen wiederum geht auf die Zeit zurück, als die Hohe Pforte deren Patriarchen in Istanbul eine privilegierte Stellung einräumte. Es gibt also Zündstoff genug im Pulverfaß Balkan. 1897 entfesselt die Revolte auf Kreta den Griechisch-Türkischen Krieg, der durch die Intervention der Großmächte rasch beendet wird. Kreta wird unter der Regierung des Prinzen Georg von Griechenland autonom. Die Makedonier stehen nicht zurück; sie erreichen, daß ihnen durch das Abkommen von Mürzsteg (1903) eine europäische Gendarmerie zugestanden wird. 1909 erkennt Istanbul die Unabhängigkeit Bulgariens an, das bereits seit 1885 Ostrumelien besitzt.

Im Jahr 1912 setzt dann das Vorspiel zum Ersten Weltkrieg ein. Die gegen die Türkei vereinten Balkanstaaten erhalten bei den Friedensverhandlungen in London am 30. Mai 1913 fast alle europäischen Gebiete des Osmanischen Reiches zugesprochen, einschließlich Adrianopel (Edirne). Doch die Teilung der Beute läßt unter den Siegern die alten Streitigkeiten wieder aufleben. Der Krieg zwischen Bulgarien und seinen vormaligen Verbündeten wird durch den Frieden vom 10. August 1913 beendet. Die Türkei erhält Adrianopel zurück, aber nicht ihren alten Besitzstand, Makedonien wird zwischen Bulgarien, Griechenland und Serbien aufgeteilt, der *sandschaq* (Unterprovinz) Novi Pazar unter Serbien und Montenegro. Kreta und die Inseln der Ägäis werden griechisch, außer Rhodos und der Dodekanes, die schon 1912 italienisch wurden. Albanien wird für autonom erklärt und erhält einen deutschen Fürsten als Herrscher, der aber bald wieder fliehen muß.

Inzwischen ist bereits der Weltkrieg ausgebrochen. Er verändert die Grenzen der neuen Türkei zunächst nicht wesentlich, wenn man einmal den Vertrag von Sèvres (10. August 1920) ignoriert und berücksichtigt, daß hier der Krieg erst durch den Vertrag von Lausanne (24. Juli 1923) wirklich beendet wird. In den drei Jahren zwischen diesen beiden Verträgen ist der Türkei in der Außenpolitik ein spektakulärer Wiederaufbau gelungen: Sie hat Griechenland von der Ostküste des ägäischen Meeres verdrängt und mit Athen das Minderheitenproblem durch wechselseitige Vertreibungen geregelt, sie hat die Aufhebung der Konsulargerichtsbarkeit für Ausländer erreicht, ihre beherrschende Position an Bosporus und Dardanellen behauptet und ihre Ostgrenzen konsolidiert, indem sie die Unabhängigkeit Kurdistans und Armeniens verhinderte. 1926 tritt die Türkei dann das Gebiet von Mossul an den Irak ab, und 1939 erhält Frankreich als Schutzmacht in Syrien den *sandschaq* Alexandrette, heute Iskenderun.

Die Wechselfälle des Kriegs sind bekannt: der türkische Kriegseintritt an der Seite der Mittelmächte, die Schlachten im Kaukasus, am Suezkanal, an den Dardanellen und im Irak und der arabische Aufstand von 1916. Doch der Erste Weltkrieg ist für die Türkei vor allem eine Zeit großer innerer Wandlungen. Hinter dem äußeren Geschehen der Schlachten und Verträge kämpfen die Kräfte der Erneuerung gegen den Sultan und die konservativen Kreise. Unter dem Vater der neuen Türkei, Mustafa Kemal (Atatürk), werden diese Kräfte seit 1919 gebündelt. Der letzte Akt zwischen den Verträgen von Sèvres und Lausanne spielt an zwei Fronten: Am 1. November 1922 wird der Sultan gestürzt, und im gleichen Jahr werden die Griechen nach einer gefährlichen Gegenoffensive endgültig besiegt; schon 1921 waren sie zweimal bei Inönü geschlagen worden. Mit dem Frieden von Lausanne hat sich die Türkei ihre äußere und innere Freiheit erkämpft.

Der unersättliche Imperialismus

Inzwischen hatte der Imperialismus die Reste des Osmanischen Reiches unter sich aufgeteilt: 1911 bis 1912 nahm Italien die Küsten Tripolitaniens und der Cyrenaika, Rhodos und den Dodekanes in Besitz. Syrien kam unter das Mandat Frankreichs, der Irak und Palästina unter das Mandat Großbritanniens.

Zu den unterjochten Nationen zählt auch Marokko. Innerlich zerrissen und nach außen verschuldet, war es zum Spielball französischer, deutscher, spanischer und englischer Interessen geworden. Nachdem Deutschland im Jahr 1911 seinen Verzicht erklärt hat, wird Marokko zwischen Frankreich und Spanien aufgeteilt. In den

Jahren 1880 bis 1900 kommen die Sahara, das Nigergebiet und der Tschad unter französische und britische Kontrolle. In Ostafrika setzen sich Deutschland und England fest, das durch den Vertrag von Versailles dann auch die deutschen Kolonien übernimmt. Italien bleibt benachteiligt: Eritrea (1882) und Somaliland (1889) sind nur die Überbleibsel aus der großen Beute des Imperialismus und wiegen die Niederlage gegen die Äthiopier bei Adua (1. März 1896) keineswegs auf.

In andere Länder dringen die europäischen Mächte unauffälliger ein: Engländer und Russen regeln am 31. August 1907 vertraglich die Zukunft Zentralasiens. England verzichtet auf Tibet, dafür zieht sich Rußland aus Afghanistan zurück; in Persien werden eine russische Interessenzone im Norden und eine britische im Süden festgelegt. Im übrigen werden die eine regelrechte Ausbeutung ermöglichenden Eisenbahntrassen zu Kennzeichen der Gewinnsucht Europas. Während die Hedschasbahn, die 1908 bis nach Medina ausgebaut wird, vor allem einen Gewinn für die muslimische Gemeinschaft darstellt und erst in zweiter Linie den strategischen und wirtschaftlichen Interessen der Türkei dient, manifestiert sich mit dem Bau der Bagdadbahn offensichtlich eine der am meisten Vorteil bringenden Formen des neuen Expansionismus. Die Baukonzession von 1903 erlaubt den Deutschen nicht nur das Verlegen der Gleise und sichert ihnen Vorzugszölle, sondern gesteht ihnen auch das Recht zu, in einem zwanzig Kilometer breiten Streifen beiderseits der Bahnlinie Märkte zu gründen und Minen auszubeuten.

Wenn all das bereits in einem theoretisch unabhängigen Land möglich ist, kann man sich vorstellen, welchen Einfluß die europäischen Wirtschaftsinteressen erst auf die Kolonialgebiete nehmen. Zwei Beispiele mögen genügen: In Algerien war der Weizen bis 1881 die »Pflanze der Kolonisation«. Nun treten Zitrusfrüchte und die Weinrebe an ihre Stelle, und ihr Anbau liegt fast ganz in den Händen französischer Siedler. Nachdem die Reblausplage überwunden ist, dehnt sich der Weinbau in der durch die Erklärung der finanziellen Autonomie des Landes bewirkten Euphorie um die Jahrhundertwende noch schneller aus. In diesem überwiegend muslimischen Land wächst die Anbaufläche für Wein im Jahr 1880 auf 23 000 Hektar an, 1896 auf 123 000 Hektar und bis 1930 schließlich auf 250 000 Hektar. In Ägypten, das für die Baumwollindustrie Manchesters zu einem wahren Segen wird, verdrängt die Baumwolle den bisher üblichen Anbau von Nahrungsmitteln. Am Ende des Jahrhunderts nimmt der Baumwollanbau 400 000 Hektar Fläche ein, im Jahr 1929 fast das Doppelte.

Die Anfänge des Zionismus

In den gleichen historischen Zusammenhang von imperialistischem Westen und kolonialisiertem Orient muß man die Anfänge des Zionismus stellen. Der Westen ist bereits durch sein Rüstungspotential und seinen erdrückenden Reichtum der Feind der muslimischen Welt. Er wird es noch mehr durch den Dorn, den er dieser Welt ins Fleisch stößt. Ob es einem gefällt oder nicht: man muß zugeben, daß es eine Kolonialmacht – nämlich Großbritannien – ist, die Palästina zum Sitz einer »nationalen Heimstätte für das jüdische Volk« macht, indem es willkürlich über das Schicksal eines von ihm besetzten Gebiets entscheidet. Die Balfour-Deklaration vom 2. November 1917, die später von Frankreich, Italien und den Vereinigten Staaten gebilligt wird, führt zu zahllosen Schwierigkeiten, für die wieder einmal die betroffenen Völker die Kosten tragen. Die Lage war um so schwieriger, als das Dokument die jüdische Einwanderung förderte. Die Zahl der Juden in Palästina stieg von 25 000 im Jahr 1880 auf 80 000 im Jahr 1914 und auf 400 000 im Jahr 1939. Und das alles geschah, ohne daß das Problem zu Ende gedacht worden war. Handelte man aus Unachtsamkeit, oder war es Absicht? War das Problem zu vertrackt, oder trieb man bewußt ein Doppelspiel? In keinem Fall durfte die Deklaration einfach über die Versprechungen hinweggehen, die man den Arabern gemacht hatte, als man in den schweren Zeiten des Ersten Weltkriegs ihre Hilfe suchte und sie zum Aufstand gegen die Türken veranlaßte. Wo blieb der unabhängige und geeinte Staat, mit dessen Errichtung man sie gelockt hatte? Im Herbst des Jahres 1917 wurde alles Falle und Köder zugleich: Die Juden, die die Erlaubnis erhalten hatten, eine »nationale Heimstätte« zu schaffen, durften nicht von einem richtigen Staat träumen, sofern man das Wort »Heimstätte« wörtlich nahm. Die Araber, die seit dem Ende des Jahrhunderts widerspruchslos jüdische Siedler aufgenommen hatten, mußten nun feststellen, daß diese Siedler ein Hindernis waren, das der Gründung eines arabischen Staates entgegenstand. Die Feindseligkeiten, die 1928 ausbrachen, leiteten die tragische Entwicklung ein, die im weiteren Verlauf des 20. Jahrhunderts so bedrohliche Formen angenommen hat und noch nicht abgeschlossen ist.

2. Der muslimische Widerstand

Angesichts dieser Übergriffe heben überall in der islamischen Welt neue Aufstände an. Bisher hatte der Westen die islamischen Unruhen nur als Zwischenfälle bei seinen kolonialen Abenteuern beurteilt. Auch wenn sich in ihnen manchmal der im Entstehen begriffene Nationalismus Bahn bricht, der an Kraft gewinnen will, bleibt doch die Seele des Widerstands die islamische Religion. Unter ihrem Banner versammeln sich alle Kräfte des Protests. Von den Marabut und den Gelehrten (*ulama*, Ulema) wird dieser Widerstand geführt und angespornt, und er benutzt ein ganzes Netz von Agenten, um seine Losungen heimlich zu verbreiten: Kaufleute, Studenten und vor allem die Erzähler (*qussa*) erbaulicher Geschichten, für die der nordafrikanische *maddah* das Vorbild ist. Wenn man die Jahre 1880 bis 1920 im islamischen Gesamtrahmen betrachtet, zeigen sie die zunehmende Auflehnung einer unterdrückten, aber nicht bezwungenen Welt.

Der arabische Raum

Zunächst ein Blick auf den islamischen Kampf innerhalb des arabischen Territoriums. In Marokko, wo sich der Frieden nur mit Mühe aufrechterhalten läßt und das immer wieder von Krisen geschüttelt wird, verläßt Abd el-Krim 1925 seinen Schlupfwinkel im Rifgebirge. In Libyen fachen die Senussi den Widerstand gegen die italienischen Eindringlinge an. Im Iran kommt es am 30. Juli 1920 zu einer allgemeinen Erhebung gegen die Briten; die Aufständischen haben 8450 Tote oder Verwundete zu beklagen. In Syrien löst der Einzug der französischen Truppen in Damaskus am 25. Juli des gleichen Jahres den Aufstand am Dschebel Druz aus. Auf der Arabischen Halbinsel schließlich wird Husain, der Schützling der Engländer, der sich Scherif von Mekka und dann König nennt, endgültig vom sittenstrengen Wahhabismus besiegt; mit Abd al-Aziz erhält die saudische Dynastie ihren ersten »König des Nadschd und des Hedschas«.

Wer ist hier am Werk? Der Islam oder der Arabismus? Wieder einmal und nicht zum letztenmal müssen wir diese Frage stellen. Auch wenn man den Aufstand der Wahhabiten und des Senussiordens in der Tat überwiegend auf religiöse Motive zurückführen kann, so zeigen sich anderswo im Schatten des Islam neue Bestrebungen, die allmählich ihre eigenen Formen annehmen. So ist es im Irak, in Syrien und in Marokko. Wird diese Art des Widerstands noch deutlicher hervortreten, sobald der Kampf ideologische Formen annimmt und den politischen Vereinigungen mit ihren im Westen geschulten Führern die Hauptrolle überläßt? Die Bewegungen, die sich nun abzeichnen, sind symptomatisch für das Entstehen neuer sozialer Klassen: Führungskräfte der Industrie und des Bankwesens, Beamte, vor allem aber Intellektuelle und Angehörige der freien Berufe, bilden den Kern der am 4. Juni 1920 in Tunesien gegründeten »Destour«-Partei wie auch – nach dem Ersten Weltkrieg – der »Jungen Algerier« sowie der »Jungen Marokkaner« (die sich um 1925 um Ahmed Balafrey sammeln) und schließlich der ägyptischen »Wafd«-Partei, die 1918 gegründet wird.

Trotz allem handelt es sich für den größten Teil des Volkes noch nicht um reinen Nationalismus, allenfalls in Syrien und im Irak. Einerseits wirkt das westliche, durch die Kolonisation vermittelte Modell so stark, daß manche Intellektuelle, wie in Algerien, den politischen Liberalismus – selbst im Rahmen einer kolonialen Fremdherrschaft – über die Forderung nach nationaler Eigenständigkeit stellen. Andererseits kann man bei der »Wafd«-Partei und bei den anderen Vereinigungen keineswegs von modernen, säkularen Parteien sprechen, denn alle sind im Schutz des muslimischen Reformismus eines Dschamal ad-Din al-Afghani groß geworden, und für alle ist die im Kampf gegen den Okkupanten gesuchte nationale Identität offensichtlich untrennbar mit der Religion verbunden, die eine ihrer tragenden Säulen bleibt. Die Bewegung der Intellektuellen, die Fortschritt und Unabhängigkeit fordern, bleibt ihrerseits unlöslich mit dem Widerstand der religiösen Kreise verbunden. Die »Jungen Algerier« wollen die Bannerträger ihrer muslimischen Gemeinschaft sein. Ein späteres Beispiel dafür sei hier schon vorweggenommen: Als die französische Protektoratsmacht 1930 den berühmten »berberischen *dahir*« proklamiert, der einen großen Teil der marokkanischen Bevölkerung der Jurisdiktion der Kadis entzieht, um so den Einfluß des Islam zu schwächen, schweißt sie damit die Freunde Ahmed Balafreys und den religiösen Reformismus eines Allal al-Fasi erst recht zusammen.

Die Länder am Indischen Ozean

Auch sonst bleibt der Islam überall der Rahmen und die Stütze des nationalen Protests. In Somalia predigt um 1900 Muhammad Abdille Hassan den *dschihad* gegen die Engländer. In Indonesien setzt das Sultanat von Atjeh (Aceh) bis 1910 den Widerstand gegen die niederländischen Truppen fort. In Indien münden die ersten Versuche, der muslimischen Gemeinschaft in Abgrenzung vom Hinduismus eine politische Gestalt zu geben, in der *All India Muslim League* (1906). In ihr entwickelt sich die Vision eines pakistanischen Staates, deren Umsetzung um 1930 von Muhammad Iqbal entscheidend vorangetrieben wird. In Persien vermischt sich der nationale Protest gegen die Übergriffe der Russen und der Engländer mit den politischen Bestrebungen der Intelligenz, der Handwerks- und der Industriekreise, vor allem auch mit der religiösen Propaganda der Mullahs, die einen soziale Gerechtigkeit fordernden Schiismus verkünden. Mit dem Jahr 1906, in dem eine Verfassung bewilligt wird und die Sitzung einer Nationalversammlung (*madschlis*) stattfindet, beginnt eine Zeit großer Veränderungen, die mit den inneren Unruhen und den ausländischen Interventionen des Ersten Weltkriegs endet. Nach dem Krieg erhält das Land politische Unabhängigkeit, die durch die Aufnahme in den Völkerbund bestätigt wird. Ein eigenes Heer wird aufgestellt und die Dynastie Quadschar, das Symbol der überholten Vergangenheit, gestürzt. 1926 besteigt Reza Schah Pahlewi den Thron; er beginnt, die industrielle Struktur des Iran zu modernisieren und – Zeichen der neuen Zeit – eine laizistische Nation zu formen.

Daß der Islam als Revolutionär und Einiger der vielen Bruderschaften am Werk ist, können wir in Afrika noch besser beobachten. Alten Stammesgesellschaften, die in Wandlung begriffen sind, liefert er eigene politische Strukturen, während er zugleich die Konflikte untereinander und mit den Kolonisatoren anfacht. In der ersten Hälfte des 19. Jahrhunderts trifft dies besonders auf den *dschihad* der Fulbe unter Osman Dan Fodio zu (1804-1810) und auch auf die Dina (arabisch *din* = Religion), die Versammlung von vierzig Marabut, die unter der Führung des Seku Amadu den Kern des Fulbereichs von Massina bilden. Die Dina, eine »theokratische Gesellschaft«, wird 1862 von den Tukulor (Savannenbauern) des al-Hadschdsch Umar zerstört; er selbst ist Marabut, ein Gegner von General Faidherbe, aber auch der animistischen Bambara und der Fulbe, denen vorgeworfen wird, ihr Islam sei heuchlerisch.

Nach dem Tod al-Hadschdsch Umars (1864) wird sein Sohn Ahmadu, der erst zwischen 1890 und 1893 von den Franzosen besiegt wird, noch eine Zeitlang versuchen, im Gebiet der drei Flüsse Niger, Senegal und Gambia eine große muslimische Gemeinschaft aufzubauen. Aber die Folgen dieses Unternehmens sind weniger tiefgreifend, als die damit einhergehende territoriale Expansion vermuten lassen könnte. Die muslimischen Tukulor besetzen eine Zeitlang die traditionellen Bastionen des Animismus, sie unterwerfen sie, aber sie können sie nicht bezwingen und für ihren Glauben gewinnen. Die Kriege al-Hadschdsch Umars haben für den Fortschritt der Islamisierung Westafrikas weniger Bedeutung als die Massenbekehrungen der Wolof am Ende des Jahrhunderts im Senegal. Aber seine Unternehmungen liefern den abermaligen Beweis dafür, daß es unter dem Banner des Islam möglich ist, neue Gesellschaften aufzubauen und den Widerstand gegen die Übergriffe des Auslands zu organisieren. Das gleiche gilt, mit der notwendigen Differenzierung, für das Reich von Rabah im Tschad und für Samory, den Einiger des Reiches der Mandingo zwischen dem Niger und der Regenwaldzone, der 1898 von den Franzosen besiegt und gefangengenommen wird. Auch wenn Samorys Islam machmal etwas undurchsichtig erscheint, so ist er dennoch ein entscheidender Faktor im Kampf gegen die am Animismus festhaltenden Stammesführer wie auch gegen die Kolonisatoren und eine wichtige Grundlage für den Aufbau einer Verwaltung mit Steuerwesen und Heer.

Im Osten Afrikas steht der ganze Sudan unter der Autorität Muhammad Ibn Abd Allahs, der sich selbst zum Mahdi erklärt. Seine egalitäre und expansionistische Lehre schöpft aus Schiismus, Sufismus und Wahhabismus. Er greift Äthiopien an und plündert sogar dessen alte Hauptstadt Gondar, aber vor allem erhebt er sich gegen die englischen und ägyptischen Eroberer. Abd Allah, der sich als Nachfolger Muhammads versteht, fällt in Ägypten ein, wird aber 1889 geschlagen. Sieben Jahre später beschließt Großbritannien die Wiedereroberung des Sudan. Von Lord Kitchener am 2. September 1898 bei Ummdurman geschlagen, stirbt der Mahdi Abd Allah ein Jahr darauf in einer letzten Schlacht. Ist der Mahdismus also gescheitert? Tatsächlich hat diese Bewegung im sudanesischen Islam einen gewissen Unabhängigkeitsdrang verankert. Im Gegensatz zu anderen Gruppen des Islam, die für die Idee der politischen Einheit aller Nilländer empfänglicher waren, hat der Mahdismus die Eigenständigkeit des Sudan betont; und wenn seine Ambitionen so weit reichten, wie der Nil fließt, so zeigt das nur, daß er versuchte, die Richtung dieser Einigung zugunsten des Sudan umzukehren. Trotz ihres Siegs 1898 konnten die britischen Truppen weder das Andenken des Mahdi auslöschen noch verhindern, daß der arabische Einfluß im Sudan in den Jahren von 1880 bis 1900 wieder erstarkte. Abd Allah, der aus den arabischen Stämmen zwischen Nil und Tschad stammte, hat einigen dieser Stämme im Zentralsudan eine neue Heimat geschaffen.

Neue Zielsetzungen des Islam

Der Mahdismus muß wie alle anderen muslimischen Bewegungen der damaligen Zeit unter einer längerfristigen Perspektive betrachtet werden. Gewiß, die Kämpfe, die die islamische Welt in den Jahren 1880 bis 1920 führte, endeten mit Niederlagen. Doch das ist nicht nur darauf zurückzuführen, daß die Aufständischen wesentlich schlechter ausgerüstet waren als die europäischen Truppen, so daß Ummdurman »mehr zu einem Massaker als zu einer Schlacht« wurde. Man muß vielmehr noch zwei andere Faktoren in Rechnung stellen. Weder der Panislamismus, der die Idee eines gemeinsamen Kampfes gegen den gleichen Gegner propagierte, noch der Nationalismus – beides Bewegungen, aus denen die muslimischen Länder später die Kraft schöpften, ihre Unabhängigkeit durchzusetzen – sind zu diesem Zeitpunkt als politische Konzepte bereits ausgereift; sie sind unter Führung ihrer Gelehrten erst auf dem Weg dahin.

Betrachten wir zunächst die allen islamischen Ländern gemeinsame Gesamtsituation. Weltweit ist der Islam mit drei Problemen konfrontiert: mit dem Problem der Erneuerung, mit dem Problem der Einheit und mit dem Problem der Expansion. Einige der Bewegungen, die die Religion durch eine Besinnung auf ihre Ursprünge erneuern wollten, wurden bereits genannt: der Wahhabismus der Arabischen Halbinsel und die Senussi in Libyen, auch von den iranischen Sekten der Babiten und der Bahai, die vom traditionellen Islam abweichen, war die Rede. In einem ähnlichen Zusammenhang entsteht in Indien 1889 eine neue Bewegung unter Führung von Ghulam Ahmad, der sich zum Mahdi der Muslime und zum Messias der Christen erklärt.

Doch die meisten glauben, daß eine Erneuerung nur möglich ist, wenn der Islam sich der Auseinandersetzung mit dem Westen stellt. So setzen sich zum Beispiel im russischen Zentralasien die *dschedid*, das heißt die Anhänger eines neuen Geistes, durch, aber sie, die selbst Gegner der religiös konservativen Kreise sind, werden ihrerseits durch die Revolution in Rußland überholt.

Aber die Hochburgen der reformistischen Kräfte liegen im Nahen Osten. Aus Ägypten stammt zum Beispiel Muhammad Abduh, der große Schüler Dschamal ad-Din al-Afghanis. Abduh hilft al-Afghani in Paris bei der Gründung einer Zeitschrift und einer internationalen muslimischen Gesellschaft, die beide auf den Namen *al-Urwa al-Wuthqa* (Das unlösliche Band) getauft werden. Nach Ende dieses kurzlebigen Projekts beherrscht der zum Großmufti ernannte Abduh, eine umstrittene, aber bedeutende Persönlichkeit, bis zu seinem Tod 1905 das muslimische Denken. Er hat inzwischen die Gedanken al-Afghanis in eindeutig reformistischer Richtung umgestaltet. Abduh möchte die islamische Renaissance gegenüber dem Westen nicht durch bewaffneten Aufstand, sondern durch die Besinnung des Islam auf sich selbst erreichen. Für ihn trägt der

Islam, weil er Duldung und Vernunft kennt, die nötigen Antriebe zum Guten und zum Fortschritt in sich selbst; er ist deshalb durchaus nicht den technischen Errungenschaften und Neuerungen des Westens feind, vielmehr greift er sie auf und überholt sie sogar, denn er hat ja auch früher schon durch die von ihm ausstrahlenden Kräfte das Denken des Westens wiederbelebt.

Das andere große Problem ist die Einheit des Islam, anders ausgedrückt: die Idee des Kalifats. Um dieses Thema kreist das Denken des Syrers Raschid Rida, der 1898 in Kairo eine Zeitschrift gründet, die im Denken des zeitgenössischen Islam noch große Bedeutung gewinnen soll, den *Manar* (Leuchtturm). Vorher hatte bereits Abd ar-Rahman al-Kawakibi, ein anderer Syrer, scharfe Kritik am osmanischen Sultan geübt und von einem neuen Kalifat geträumt, das wieder die geistige Führung der muslimischen Gemeinschaft übernehmen und sich auf eine internationale islamische Vereinigung stützen sollte. Sowohl Kawakibi als auch Raschid Rida sprachen offen aus, daß die arabischen Länder bei der Wiedergeburt des Islam die Hauptrolle spielen sollten, und umgekehrt wollten sie auch den »politischen Arabismus« nicht vom Islam, seinem Rahmen und seiner Seele, trennen. Ihre Haltung verdeutlicht, daß die nationalistischen und die religiösen Bestrebungen immer mehr konvergierten.

Im Denken des Reformislam ist der Kalif untrennbar mit der von ihm gelenkten Gemeinde verbunden; was bereits anklang, als vom Programm eines globalen Zusammenschlusses aller Muslime die Rede war. Der Islam bleibt sich in der Tat dessen bewußt, daß er wie jede Religion zu weltweitem Wirken berufen ist, freilich nunmehr weniger durch den Heiligen Krieg als durch die Kraft des Denkens, des kulturellen Einflusses und der Mission. Dieses Bewußtsein wird durch die Übergriffe des Westens noch gefördert und nimmt in den Jahren 1880 bis 1920 verschiedene Formen an. Es gibt den Panislamismus der Theoretiker – den revolutionären Ansatz eines Dschamal ad-Din al-Afghani und den reformorientierten, intellektuellen Ansatz eines Muhammad Abduh; es gibt die Vertreter des missionarischen Panislamismus, die in den Jahren 1905 bis 1935 glauben, daß Japan, der Sieger über Rußland, ein neues Expansionsgebiet für den Islam werden könnte. Und schließlich gibt es den türkischen Panislamismus: Sultan Abdul Hamid II. sucht gegenüber den europäischen Mächten als Schutzherr aller Muslime aufzutreten; er sieht die Osmanen als die Beschützer der heiligen Stätten des Islam und fördert den Bau der Hedschasbahn, die zur neuen Pilgerstraße der Gläubigen wird – all diese Tatsachen deuten auf eine panislamische Gesinnung der Hohen Pforte hin. Der Panislamismus, der aus einer Protesthaltung gegen den Westen und gegen den Nationalismus der vom Westen beschützten Minderheiten entstanden ist, führt nun seinerseits gegen Ende des Jahrhunderts zu einer latenten Christenfeindlichkeit, die, sobald die Christen sich regen, in Massaker ausarten kann. Es kommt zu Übergriffen geringeren Umfangs in Makedonien und Kreta sowie zur grausamen und systematischen Verfolgung der Armenier. Letztere waren durch den Export von Baumwollprodukten aus Manchester nach Asien zu Reichtum und Ansehen gelangt und hatten sich gut organisiert. Ihr erwachender Nationalismus stößt beim absolutistischen Abdul Hamid II. und bei ihren kurdischen Nachbarn auf Mißtrauen. Der Sultan »löst« das Problem mit einem Massenmord: drei Verfolgungswellen (August 1894, September 1895, August 1896) überziehen das gesamte Reich und fordern 250 000 Opfer.

Es bleibt jedoch fraglich, ob diese Gewaltausbrüche nur dem Erwachen des Islam zuzuschreiben sind. Die Türkei reagiert im Grunde auf die nationalistischen Bestrebungen der christlichen Gruppen in ihrem Staat, kaum auf das Christentum selbst, das sie als Weltreligion betrachtet. Es war zu erwarten, daß der europäische Nationalismus sich in der Türkei noch auswirken würde, denn er hatte dieses Reich heftig bekämpft und dazu beigetragen, daß es erwachte und zum Gegenschlag ausholte. Eine neue Generation der Jungtürken, die von 1895 an die erste »Junge Türkei« (von 1867) ablöst und ihre Zugehörigkeit zum Islam noch stärker betont, leitet nun eine durchgreifende Periode der Veränderung ein, nicht nur für die Türkei selbst, sondern auch für die Araber.

3. Die Entstehung des Nationalismus

Zu Beginn des 20. Jahrhunderts rückt die Türkei immer mehr zwar nicht vom Islam, aber vom Panislamismus ab, den die Sultane ihr aufdrängen wollen. Dieser Rückzug der Türkei auf ihr eigenes Territorium gibt dem Nationalismus, und zwar sowohl dem türkischen als auch dem arabischen, neuen Auftrieb.

Die türkische Nation und das Kalifat

Der Autoritarismus Abdul Hamids II. hatte die Tendenzen nicht ersticken können, aus denen die Verfassung von 1876, die Krönung der Politik der *tanzimat*, hervorgegangen war. Der konstitutionelle und modernistische Traum war nicht zu Ende, sondern er beschäftigte auch weiterhin das Denken der neuen sozialen Klassen, die durch die Modernisierung der Türkei immer größeren Anteil am Leben des Landes gewonnen hatten. Dabei bewegte er weniger die Bürgerschicht der Kaufleute – unter ihnen waren ohnehin viele Ausländer – als vielmehr die Beamten, die Offiziere und die Intellektuellen, von denen die letzteren sich an der französischen Literatur des ausgehenden 19. Jahrhunderts gebildet hatten und sich nun um Chalid Ziya und um Taufiq Fikret sammelten, um in Lyrik und Prosa eine neue Sprache zu schaffen.

Über den hamidischen Absolutismus und die häufigen außen- und innenpolitischen Mißerfolge der Hohen Pforte verbittert, schritten die Jungtürken, die 1890 die Geheimorganisation »Einheit und Fortschritt« gegründet hatten, von den osmanischen Militärbasen in Europa aus zur Tat: Die Rebellion Niyazis und Envers in Monastir und Saloniki leitete die Revolution von 1908 ein, die den Sultan zwang, zur Verfassung von 1876 zurückzukehren. Beginnt damit die parlamentarische Demokratie, die Liberalisierung des Staates für alle Völker des Reiches?

Von den Jungtürken bis Mustafa Kemal

Als die erste Hochstimmung abgeflaut war, stellte man bald fest, daß die neue Regierungsform weder die Ordnung wiederherstellte noch die versprochene Freiheit brachte. Vielmehr bestimmten anhaltende Machtkämpfe das politische Geschehen (1908-1913). Ein Versuch, den Absolutismus abermals herzustellen, endete mit dem Eintreffen von Truppen aus Saloniki in Istanbul und mit der Absetzung Abdul Hamids II. (1909). Der neue Sultan, Mehmed V. (1909-1918), wurde der erste konstitutionelle osmanische Monarch, aber der Druck der Jungtürken ließ nicht nach: 1913 kam die Türkei unter die quasidiktatorische Gewalt eines »Triumvirats«, das sich aus Enver, Talaat und Dschemal zusammensetzte. Die beiden ersteren, die für deutsche Beeinflussung sehr empfänglich waren, betrieben den Eintritt der Türkei in den Krieg an der Seite der Mittelmächte.

Wo war der Geist von einst geblieben, der zwar darauf bedacht war, das türkische Ansehen in Europa wiederherzustellen, der aber auch vom westlichen Liberalismus durchdrungen und zu inneren Reformen bereit war? Die Jungtürken, die sich gegen das autoritäre Regime des Sultans aufgelehnt hatten, nahmen, als sie selbst an der Macht waren, die Traditionen dieses Regimes wieder auf, und zwar sowohl in der Hauptstadt als auch in den Provinzen. Allerdings muß man differenzieren: Zwar gibt es tatsächlich eine Kontinuität zwischen der Politik des Sultans und der Politik des Triumvirats, aber das Aktionsfeld und die Motive dieser Politik sind neu.

Blicken wir zunächst auf das Aktionsfeld: Da das Reich, nachdem es in den Balkankriegen seine europäischen Besitzungen verloren hat, nur noch Asien und seine muslimischen Völker umfaßt, werden die auf nationalistischen Bestrebungen beruhenden Konflikte nun hauptsächlich zwischen zwei Völkern ausgetragen: den Türken und den Arabern (eine Ausnahme stellt die erneute Armenierverfolgung von 1915 dar, die allerdings ihre Wurzeln zweifellos bereits in den düsteren Ereignissen der Jahre 1894 bis 1896 hatte). Den Höhepunkt des Konflikts zwischen Türken und Arabern bildet der Tod von 32 Arabern, die 1915/1916 auf Befehl Dschemals, der damals Generalissimus an der syrischen Front ist, gehängt werden, sowie der arabische Aufstand von 1916.

Wenn in diesem Zusammenhang von nationalistischen Bestrebungen die Rede ist, dann deshalb, weil sich nicht nur das Aktionsfeld, sondern auch der Geist und die Motive des Kampfs geändert haben. Auf türkischer, besser gesagt jungtürkischer Seite ist die Entwicklung leicht zu verfolgen, denn sie verläuft parallel zu den territorialen Veränderungen des Reiches. Anfangs träumen bestimmte Jungtürken noch von einer osmanischen Nation, die verschiedene Völker umfassen soll. Doch mit dem fortschreitenden Zusammenbruch des europäischen Herrschaftsbereichs geht dieser Traum bald unter. Daraufhin suchen die Jungtürken ihr Heil entweder im Panislamismus oder im Panturanismus, der die Einheit aller türkischen Völker anstrebt.

Die Geschichte lehrt, daß es der islamischen Welt, die unbestreitbar eine geistige und kulturelle Einheit bildet, vom 8. Jahrhundert an nie mehr gelungen ist, ihre Spaltungen zu überwinden und auch politisch zu einer Einheit zusammenzuwachsen. Das Osmanische Reich, beziehungsweise das, was am Anfang des 20. Jahrhunderts davon übriggeblieben ist, liefert dafür ein weiteres Beispiel. Die panislamische Idee hätte Araber und Türken zusammenführen können, doch diente sie nach Meinung der Araber den Türken nur als bequemer Vorwand, die politische Vorherrschaft zu behalten. Hatte nicht das Programm der Jungtürkischen Partei von 1911 jede nationale Autonomie abgelehnt? Jedenfalls beweist das gegenseitige Mißtrauen unter Anhängern der gleichen Religion, daß der Islam hier nicht fähig war, die differierenden Nationalgefühle zu überwinden. Das brachten die Zusammenstöße zwischen Arabern und Türken im Jahr 1916 wieder deutlich in Erinnerung.

In einem jungtürkischen Manifest von 1914 wurde neben der Einheit der Muslime auch die Einheit der Türken als Kriegsziel genannt. Hatte wenigstens das zweite dieser Ziele eine Chance, erreicht zu werden? Die Kaukasusoffensive war wohl mit der Absicht verbunden, bei einer Niederlage der Russen auch alle übrigen von Turkvölkern bewohnten Gebiete Asiens zu erobern, doch es ist bekannt, was aus diesem neuen Traum wurde. Die Türkei mußte sich schließlich mit dem Gebiet von Anatolien begnügen, und als Enver 1922 in einem Gefecht gegen die russischen Truppen in Tadschikistan fiel, war der Panturanismus endgültig an der Realität gescheitert.

So fand das türkische Nationalgefühl seine Verwirklichung weder in einem Vielvölkerstaat noch im Panislamismus, noch im Traum von Turan, sondern dort, wo es hingehörte: in der Türkei.

Die Anfänge Mustafa Kemals

Mustafa Kemal, der durch die Beinamen Gazi (der Siegreiche) und Atatürk (Vater der Türken, 1935) geehrt wird, spielt in der inneren Geschichte der Türkei zwischen 1919 und 1924 die herausragende

Rolle. Zwischen den Verträgen von Sèvres und von Lausanne gelingt es der Türkei, die armenischen und kurdischen Gebiete in Anatolien wiederzugewinnen. Zur gleichen Zeit werden die Grundlagen des künftigen Staates entwickelt: der Nationalismus und der Laizismus. In diesen Bereichen war es Kemals Verdienst, nur das anzustreben, was auch erreicht werden konnte. Das Reich und das Kalifat, die schon vor dem Ersten Weltkrieg in den letzten Zügen lagen, hatten vom Krieg den Gnadenstoß bekommen, nur die Türkei, die eigentliche Türkei, konnte noch gerettet und regeneriert werden. Wenn diese letzte Bastion standhielt, dann bot sie ein um so festeres Fundament für den Prozeß der Genesung.

Erst am 22. Juni 1919 betritt Mustafa Kemal, damals 38 Jahre alt und Befehlshaber der Nordarmee, die Bühne der Geschichte. An diesem Tag veröffentlicht er in Amasya, etwa achtzig Kilometer vom Schwarzen Meer entfernt, eine Proklamation gegen die Politik Istanbuls. Auf die Konferenzen von Erzurum und Sivas folgt am 23. April 1920 die Sitzung der Großen Nationalversammlung in Ankara, die sich zum Repräsentanten des Volkes macht und einen Ministerrat einsetzt, dessen Präsidentschaft Mustafa Kemal zusammen mit dem Präsidentenamt der Nationalversammlung übernimmt. Bis 1922 sind die neuen Kräfte, die den vom Sultan unterzeichneten Vertrag von Sèvres ablehnen, vom Krieg gegen die Unabhängigkeitsbestrebungen in Anspruch genommen, den der Waffenstillstand von Mudanya (11. Oktober 1922) und der Vertrag von Lausanne (24. Juli 1923) beenden. 1922 wird das Problem der Regierungsform gelöst: Am 1. November läßt Mustafa Kemal durch Volksabstimmung das Sultanat abschaffen, Mehmed VI. wird abgesetzt und sein Vetter aufgefordert, das Amt des Kalifen zu übernehmen, das sich als reines Ehrenamt noch eine Zeitlang halten kann. Im Sommer 1923 wird die zweite Nationalversammlung gewählt, und am 29. Oktober wird die Republik ausgerufen. Mustafa Kemal wird zum Präsidenten ernannt, und Ismet, der später den Beinamen Inönü erhält – er hatte bei Inönü die Griechen besiegt – wird Premierminister. Zum Wahrzeichen der neuen Türkei, die durch die Abtretung der letzten außeranatolischen Gebiete in Asien nach einer Reise von mehreren Jahrhunderten zu ihren anatolischen Ursprüngen zurückgekehrt ist, wird die neue Hauptstadt Ankara.

Der letzte Akt des Schauspiels ist die Abschaffung des Kalifats am 3. März 1924. H. Lammens erinnert daran, daß Mustafa Kemal bei dieser Gelegenheit erklärte: »Der jahrhundertealte Traum der Muslime, daß das Kalifat die islamische Regierung für alle Muslime werden solle, konnte niemals Wirklichkeit werden. Er ist im Gegenteil zur Ursache des Zwists, der Anarchie und des Kriegs unter den Gläubigen geworden. Der wahre Vorteil für alle ist nun ein für allemal klar geworden: Die Muslime müssen unter verschiedenen Regierungen leben. Das wahrhafte geistige Band zwischen ihnen ist die Überzeugung, daß *alle Gläubigen Brüder sind* (Koran 49, 10).«

Dieser Text ist von herausragender Bedeutung, denn er schafft nicht nur Raum für den Nationalismus und den Laizismus, auf die Mustafa Kemal die neue Türkei gründen will, er legitimiert auch die nationalistischen Bestrebungen anderer Völker, in erster Linie der Araber. Die Erschütterung über die Abschaffung des Kalifats bleibt nicht aus, denn es stand immerhin für die Kontinuität der an Sternstunden reichen islamischen Geschichte. Raschid Rida, der sich in Presseartikeln zu diesem Thema äußerte, aber auch die protestierenden Muslime Indiens sowie Husain, der König des Hedschas, der den Kalifentitel zwischen dem 5. März 1924 und seiner Flucht vor den Saudis am 13. Oktober des gleichen Jahres trug – sie alle hielten die Wiedereinführung des glanzvollen Amts für möglich. Ihre Mühe war vergeblich: Auch wenn der Islam als traditionelles Gerüst der arabischen Gesellschaften selbstverständlich weiterbestand, konnte er den politischen Strukturen, die diese Gesellschaften entwickeln sollten, doch nicht mehr als einziges Fundament dienen.

»Nation« und Nationen bei den Arabern

Die Einzelheiten der gegenseitigen Beeinflussung zwischen dem türkischen und dem arabischen Nationalismus während ihrer entscheidenden Wandlung im 19. und zu Beginn des 20. Jahrhunderts sind noch ungeklärt und lassen beim gegenwärtigen Stand unserer Kenntnisse nur Fragen zu. Hierfür zwei Beispiele: In welchem Maß hat das Aufkommen des arabischen Nationalismus die Entwicklung der türkischen Intellektuellen vom »Osmanismus« über den Panislamismus zum reinen Nationalismus beeinflußt? Und ist es umgekehrt reiner Zufall, daß das Thema des »Vaterlandes« (*vatan*, *watan*) zuerst dem Türken Namiq Kemal 1872 zum Titel für ein Drama dient und daß es dann einige Jahre später vom Ägypter Abd Allah an-Nadim, ebenfalls für ein Drama, wieder aufgegriffen wird?

Auf alle Fälle entwickeln sich beide Bewegungen parallel und bleiben dabei gleichzeitig ihrem je eigenen Charakter treu. Bei den Arabern ist das Entstehen der nationalen Bewegung nicht von der Erneuerung des Islam zu trennen, die die Reformer anstreben. Die Reformer schreiben den Arabern eine immer größere Rolle bei der religiösen Erneuerung zu; eine Akzentverschiebung, die in der Entwicklung der Erneuerungsbewegung deutlich sichtbar wird. Der »revolutionäre Panislamismus« Dschamal ad-Din al-Afghanis gab keinem Volk den Vorzug vor einem anderen, al-Afghani selbst lebte in mehreren Ländern: in Afghanistan, in der Türkei, in Ägypten, Indien, Persien und im Irak; Muhammad Abduh, Kawakibi und Raschid Rida sind hingegen alle Araber und räumen der Welt, aus der sie kommen, bei der Reform des Islam und des Kalifats den Vorrang ein.

»An-Nahda«: die kulturelle Wiedergeburt der arabischen Welt

Die kulturelle Bewegung ist für die Entwicklung des arabischen Nationalgefühls von außerordentlicher Bedeutung. Die in Gang gekommene arabische Renaissance (*an-Nahda*) greift nunmehr über die Meere hinweg. In den Jahren 1890 bis 1910 erreicht die syrisch-libanesische Auswanderung, die bis dahin auf Ägypten und Westeuropa beschränkt war, auch Westafrika, Australien und vor allem Amerika. Vor allem letzteres bietet ein riesiges Betätigungsfeld. Man zählt dort in der Zeit von 1890 bis 1929 nicht weniger als 268 Publikationen arabischer Einwanderer, darunter 205 Zeitungen, und auch die Literatur erlebt eine Blüte. Mit Khalil Gibran, Amin ar-Rayhani und anderen Immigranten erheben sich neue Stimmen, die das Schicksal der Entwurzelten und die Erinnerung an die verlorene Heimat besingen und die sich oft in den modernen Formen des Prosagedichts oder des freien Verses äußern.

Diese aus dem Ausland stammenden Beispiele sind nur einige Anzeichen dafür, wie sehr die damalige arabische Welt nach Gestaltung drängt und wie groß ihr Lesehunger ist. Ab 1908 hatte sogar Mekka seine eigene Zeitung. Als weitere Belege unter vielen sei noch die Gründung zweier ägyptischer Zeitschriften herausgegriffen: *al-Manar* – die zuerst *al Muqtataf* (Die Ernte) hieß und ab 1877 zuerst in Beirut, später in Kairo erschien – und *al-Hilal* (Der Halbmond, 1892).

In allen arabischen Ländern herrscht fieberhafter Wissensdurst: 1907 erhält Kairo seine erste Universität, die 1925 Staatsuniversität wird; Damaskus folgt 1923, macht aber auf einem anderen, ebenso wichtigen Gebiet den Anfang und gründet 1919 die erste Akademie der arabischen Sprache, dreizehn Jahre bevor eine solche Akademie auch in Kairo entsteht. Ihre Aufgabe soll es sein, die arabische Sprache zu modernisieren, ohne ihre Grundstrukturen zu verändern. Und überall beginnt die neue Generation der Intellektuellen der *Nahda*, die sowohl der arabischen Kultur als auch den ausländischen Einflüssen gegenüber offen sind, ein gewaltiges Werk der Verarbeitung und der Übersetzung. Von der *Ilias* bis zum *Leben Jesu* und zum naturalistischen Roman Frankreichs werden zahlreiche Werke ins Arabische übertragen, und auch die englische und die russische Literatur bleiben nicht ausgeschlossen (aus dem Russischen übersetzt der nach Amerika ausgewanderte Libanese Michail Nuaima). Es geht dabei vielleicht in jugendlichem Eifer etwas chaotisch zu, aber wenn man von den ersten Jahrhunderten der großen abbasidischen Periode einmal absieht, so ist diese Anstrengung ohne Beispiel. »Ohne die Übersetzer des 19. Jahrhunderts hätte die moderne arabische Literatur niemals ins Leben gerufen werden können« (I. Kratschkowsky).

Durch ihre Weltoffenheit gewinnt die arabische Literatur zwei neue Gattungen: das Drama und den Roman. Die Verbreitung des Theaters beschränkt sich zunächst auf Adaptionen europäischer Stücke für Volkstheater und Schulbühnen und lernt so, auf eigenen Füßen zu stehen. Auf diese Weise entsteht das berühmte *al-Watan* des Abd Allah an-Nadim. 1912 wird in Kairo eine Schauspieltruppe gegründet. Diese Anfänge sind allerdings mühevoll. Dem arabischen Theater macht, vor allem ab 1917, die Konkurrenz des frühen ägyptischen Kinos sowie das Sprachproblem zu schaffen – klassische

Sprache oder Dialekt? Schließlich entscheidet man sich für die Sprache des Publikums. Trotz aller Schwierigkeiten faßt die dramatische Kunst weiter Fuß, und schon um 1920 wird Muhammad Taimur der erste arabische Theoretiker der Dramaturgie.

Der Roman hat mehr Erfolg, besonders der psychologische, der historische und der soziale Roman. Hier sind mit Vertretern wie Yaqub Sarruf, Manfaluti, Farah Antun und Dschirdschi Zaidan Ägypten und der Libanon tonangebend. Zwei Erfolge übertreffen alle andern: Die Verserzählung *Hadith Isa Ibn Hischam* von Muwailihi – der Autor bezeichnet sie im Titel als »Bericht« (*hadith*) – läßt als Hauptfigur einen Pascha aus der Zeit Muhammad Alis auftreten, in deren Rahmen er den Konflikt der Generation im Ägypten des 19. und des beginnenden 20. Jahrhunderts behandelt. *Hadith* ist zugleich Übergangswerk und ein Hauptwerk der modernen arabischen Literatur. Das Thema ist neu, formal knüpft *Hadith* mit seiner Versform aber an die Erzählweisen des Mittelalters an. Die eigentliche Revolution bringt im Jahr 1914 der Roman *Zainab* von Muhammad Husain Haikal, der die Geschichte einer jungen Bäuerin aus dem Niltal erzählt. Das Buch ist halb realistisch, halb in Form eines Schäferromans geschrieben und verwendet in seinen Dialogen auch die ägyptische Umgangssprache. Daneben tritt Mahmud Taimur (1894-1973), der Bruder Muhammad Taimurs, als Meister der realistischen Novelle hervor und wird auch als solcher gefeiert.

Der arabischen Kultur geht es bei all diesem Schaffenseifer nicht nur um das Thema der Erneuerung, sondern auch um die arabische Sprache, die sich der modernen Zeit anpassen, aber genauso ihrem Wesen treu bleiben soll. Für das Zeitgeschehen von größerer Bedeutung als literarisch wertvolle Romane, Novellen und Theaterstücke, wo die kunstvolle Prosa manchmal zum Selbstzweck werden kann, ist dabei die riesige Menge an Texten, die tagtäglich unter dem akuten Druck der Notwendigkeiten geschrieben werden und bei denen sich der Stil solcher Formen bedienen muß, die vor allem eine praktische Wirkung garantieren. Darum gewinnen Presse, Wissenschaft und Kritik überragende Bedeutung. Hier zeichnen sich etwa Taha Husain, Kurd Ali, der Gründer der Akademie von Damaskus, sowie Dschirdschi Zaidan aus, der sein umfangreiches Wissen auf gemeinverständliche Weise vermittelt. Das Bemühen um die neue Form der Sprache wird durch Vorträge, Abhandlungen und

Lehrschriften vorangetrieben. Hier wirken die religiösen Erneuerer – und mit welchem Erfolg! – sowie die politischen Redner, wie Sad Zaghlul, und die Publizisten, wie Mustafa Kamil, Salama Musa, der Begründer der ägyptischen sozialistischen Partei (1920), und Qasim Amin, der sich für die Emanzipation der Frau einsetzt.

Dieser Kampf um die Erneuerung ist eine Domäne der Prosa. Die in der klassischen Tradition dominierende Lyrik tritt demgegenüber sowohl dem Umfang nach zurück als auch hinsichtlich der formalen und thematischen Innovationsbereitschaft. Sie zahlt nun gewissermaßen den Preis für ihre lange Vorherrschaft. Als letzte Bastion des Klassizismus wird sie von den Anforderungen der Zeit weniger in Anspruch genommen und öffnet sich den westlichen Einflüssen nur langsam. Mehr als der Ägypter Schauqi, der »Fürst der Dichter« (1868-1932), interessiert sich sein Landsmann Hafiz Ibrahim, der »Dichter des Nils«, für die Welt, in der er lebt, und für ihre sozialen Probleme.

Auch er bleibt aber, zumindest was seine Modernität betrifft, hinter der libanesischen Schule der nach Amerika oder Ägypten (wie Chalil Matran) Ausgewanderten sowie hinter dem irakischen Dichter Zahawi zurück, der seine Lyrik mitten ins Leben seiner Zeit stellt und sie gleichzeitig vom Zwang der herkömmlichen Metrik befreien will. Doch die eigentliche Revolution, die die Fesseln der Tradition wirklich sprengt, findet hier erst in der Zeit zwischen den beiden Weltkriegen statt.

Die Intellektuellen und der Gedanke der Nation

Prosaschriftsteller und Lyriker nehmen also aktiv an den Wandlungen der Zeit teil. Sie gehen sicherlich nicht alle die gleichen Wege, einige bleiben gemäßigt, ja konservativ. Doch alle sind sie politisch engagiert und nehmen oft Verbannung oder Gefängnis in Kauf. Trotz dieser oder jener Meinungsverschiedenheiten ist es vor allem ihr Ziel, einen gemeinsamen und unmittelbaren Sinn für das erneuerte Erbe der arabischen Literatur zu wecken. Mit anderen Worten: Sie alle spiegeln die Veränderungen wider, die sich im kollektiven Bewußtsein der arabischen Völker – vielleicht sogar bereits *des* arabischen Volkes – vollziehen, und treiben sie voran.

Den erwachenden Nationalismus erfaßt man am besten, indem man seine Manifestationen nach außen hin untersucht: seinen Widerstand und sein Selbstverständnis nicht nur gegenüber Europa, sondern mehr noch gegenüber der Türkei, die ein muslimischer Staat und vor allem der Sitz des Kalifats ist. Zuerst bricht sich das Nationalgefühl um 1905 in Syrien und im Irak Bahn, später in den Ländern, die der osmanischen Macht nicht unterworfen sind, wie in Ägypten, dessen reiche und vielfältige Entwicklungen gesondert dargestellt werden müssen.

Der Arabismus in Syrien und im Irak

Aus den Anstrengungen der Intellektuellenkreise in den syrisch-libanesischen Städten waren verschiedene literarische und manchmal auch politische Gesellschaften entstanden, die nach dem Vorbild der Freimaurer oft geheim waren, wie jene Gesellschaft in Beirut, die um 1880 durch Plakate öffentlich zum Kampf gegen die Hohe Pforte aufrief. Zunächst waren deren Aktionen auf kleine Gruppen beschränkt, sie erfaßten aber bald weitere Kreise. Um 1905 geht die von Negib Azuri gegründete »Liga des arabischen Vaterlandes« sogar noch weiter; sie nimmt das Kawakibi so teure Thema eines neuen Kalifats wieder auf, das im Hedschas errichtet werden sollte, und erklärt, daß die Araber nach Nationalität, Geschichte und Volkscharakter einander gleich seien, daß sie sich vom Osmanischen Reich lösen und sich als »unabhängiger Staat konstituieren« müßten. Diese Ideen, die Azuri in seinem Buch *Das Erwachen der arabischen Nation* (1906) und dann in der von ihm gegründeten Zeitschrift *Die arabische Unabhängigkeit* (1907) weiter ausarbeitet, finden weder ein unmittelbares noch ein einstimmiges Echo. So manche Araber setzen auf den jungtürkischen Reformismus und träumen noch von der »arabisch-osmanischen Brüderlichkeit«. Der Arabische Kongreß von Paris im Juni 1913 wagt es noch nicht, die Autorität Istanbuls in Frage zu stellen.

Doch ab etwa 1905 beginnen die zeitgeschichtlichen Ereignisse ihre prägenden Spuren zu hinterlassen. Zu nennen ist hier etwa der arabische Aufstand mit all seinen Opfern, seinen Erfolgen und der resultierenden Verbitterung. Auch die britisch-französischen Intrigen, die fragwürdigen Träumereien eines Lawrence von Arabien und die Revolte des Scherifs von Mekka, Husain, 1916 sind zu erwähnen, selbst wenn sie für das Erwachen des arabischen Selbstbewußtseins sicherlich weniger bedeutsam sind als die tiefe Enttäuschung in den Kreisen der Intellektuellen und im breiten Volk über den sich in der Ermordung von Arabern durch Dschemal abzeichnenden Wandel in der Haltung der Jungtürken sowie über die westliche Haltung, die in den zionistischen Plänen und den Friedensverträgen zum Ausdruck kommt. Die gleiche Zweideutigkeit – um es nicht schärfer zu formulieren –, die die Balfour-Deklaration kennzeichnet, war schon 1916 das typische Merkmal des sogenannten Sykes-Picot-Abkommens, das ohne jede arabische Mitsprache abgeschlossen wurde. Wenngleich dieses Abkommen aufgrund seiner sehr dehnbaren Formulierung den Gedanken nicht ausschloß, daß die Völker des Fruchtbaren Halbmonds in einem Staat vereinigt werden könnten, so lief es doch praktisch auf eine Teilung der osmanischen Beute zwischen Frankreich und England hinaus. Die Wünsche der Völker und die geographischen, historischen und volkswirtschaftlichen Gegebenheiten wurden einfach mißachtet.

Durch die Konferenz von San Remo im April 1920 kam es zur Errichtung des englisch-französischen Mandatssystems. Die Mandatsherren mußten, um sich durchzusetzen, abermals arabische Aufstände niederschlagen, doch unterschieden sie sich diesmal deutlich vom Aufstand von 1916, denn sie entglitten der Kontrolle der Fürsten und wurden von den Völkern selbst getragen. Zwei Konferenzen in Damaskus hatten im März 1920 die Unabhängigkeit des Irak – mit Abd Allah, dem zweiten Sohn Husains, als Herrscher – sowie die Unabhängigkeit Syriens, des Libanon und Palästinas in Form eines einheitlichen souveränen Staates proklamiert. Obwohl Faisal, der jüngere Bruder Abd Allahs, rechtmäßig zum König dieses neuen syrischen Staates gewählt wird, entgleitet ihm die Macht doch schnell wieder. Gegen seinen Willen und zu seinem Schaden kommt es 1920 zum Widerstand gegen die französische Besetzung, der sich auch auf den Irak ausdehnt und 1925 am Dschebel Druz und in Damaskus wiederauflebt. Damaskus wird am 18. Oktober von General Sarrail unter Beschuß genommen. Die Könige kehren zurück – im übrigen unter unterschiedlichen Umständen, Faisal im August 1921 in den Irak, Abd Allah 1923 in ein von Palästina abgetrenntes Transjordanien –, doch diese Rückkehr vermag weder den Appetit des Westens zu stillen, noch den Groll zu beschwichtigen, den er durch den Bruch seiner Versprechen erregt hat. Nachdem sich die Türkei aus dem Geschehen im Nahen Osten zurückgezogen hat, richtet sich der Zorn des Islam und des nunmehr politisch ausgereiften Nationalismus allein gegen Europa.

Der Maghreb nach dem Ersten Weltkrieg

In den Ländern, die wie Nordafrika der europäischen Herrschaft unmittelbar unterworfen sind, wird der arabische Nationalismus durch die Verhältnisse des Kolonialsystems gehemmt. Da der Kolonialherr hier gleichzeitig Gegner und Vorbild ist, wendet die Widerstandsbewegung die von ihm erhaltenen Lehren nun gegen ihn an und beruft sich vor allem auf eine Art politischen Reformismus, der darauf abzielt, die bisher von den Ausländern wahrgenommene Führung der Verwaltung auf die Elite des Landes zu übertragen. Selbst wenn sich diese Elite unter dem Einfluß des Westens weniger an die Gebote des Islam gebunden fühlt als das breite Volk, kann sie dennoch nicht völlig auf die Unterstützung des Islam verzichten, denn im Kampf gegen den Besatzer liefert er die große, stets verfügbare Protestmasse.

Die Berufung auf die muslimische Gemeinschaft, die auf diese Weise in den politischen Befreiungskampf miteinbezogen wird, nimmt nach dem Krieg in der Verbitterung darüber, daß der alte Status quo trotz der von der nordafrikanischen Bevölkerung für die Sache Frankreichs gebrachten Opfer aufrechterhalten wird, zunehmend konkrete Formen an. Die Bewegung der Selbstbesinnung und der Verteidigung des Islam erlebt einen deutlichen Aufschwung: in Marokko unter Allal al-Fasi (1925) sowie in Algerien mit den Aktivitäten der Ulema (*ulama* = Gelehrte, Weise), die Abd al-Hamid Ibn Badis 1931 in einer »Vereinigung« organisiert. Insofern er sich auf die muslimische Vergangenheit bezieht, unterscheidet sich der Islamismus natürlich stark vom westlich geprägten politischen Reformismus, trotzdem spielt er bei der Besinnung auf die nationale Eigenart eine wichtige Rolle; weiter oben wurde bereits der Schulterschluß reformistischer und religiöser Kräfte in Reaktion gegen die Berberpolitik des Protektorats in Marokko erwähnt.

Neben dieser religiösen Strömung des Widerstands erlebt auch der politische Reformismus in den Jahren 1925 bis 1930 in einer neuen Generation eine zweite Blüte. Außerdem treten die »Jungen Marokkaner« Ahmed Balafreys auf und auch die tunesische »Destour«-Partei, deren Führer Habib Burgiba 1930 die Zeitung *Die Stimme des Tunesiers* gründet; ferner zeigen sich die Anfänge der späteren »Vereinigungen der muslimischen Gewählten Algeriens«, und schließlich wird 1926 der »Nordafrikanische Stern« von Messali Hadsch gegründet, der die Unabhängigkeit Algeriens fordert. Und dennoch, trotz so vieler Bewegungen, die ohne ihn oder jedenfalls nicht mit ihm entstehen, spielt der Islam eine entscheidende Rolle. Durch ihn öffnet sich der Maghreb, mit einer gewissen Verspätung, den Ideen des Dschamal ad-Din al-Afghani und seiner Schüler, der Geschichte des Nahen Ostens und seiner Kämpfe und der Wiedergeburt der arabischen Literatur. Islam und Arabismus finden hier neue Wege. Zwei Daten: 1931 ist Tunesien auf dem Muslimisch-Arabischen Kongreß in Jerusalem durch den Großmufti Hadschdsch Amin al-Husaini vertreten, und 1936 verzichtet Messali Hadsch unter dem Einfluß des Wortführers der »arabischen Nation«, Schakib Arslan, auf die marxistische Perspektive, um die algerische Unabhängigkeit in den gemeinsamen Rahmen der Wiedergeburt des Islam und des Arabismus zu integrieren. Und die weitere Geschichte Nordafrikas dokumentiert, wie sich die muslimische, die arabische und eine ursprünglich maghrebinische Gemeinschaft im Befreiungskampf gegen die französische Kolonialmacht zusammenfinden.

Die besondere Entwicklung in Ägypten

Mit dem Ersten Weltkrieg machte Ägypten einen weiteren großen Schritt auf die Entstehung einer eigenen ägyptischen Nation hin. Als der Khedive Abbas II. 1914 die Ägypter und die Sudanesen aufrief, die Türkei durch Aufstände gegen ihre britischen Besatzer zu unterstützen, stellte England Ägypten unter sein Protektorat, setzte Abbas ab und dafür den Prinzen Husain Kamil ein, der damals den Titel eines Sultans annahm. Doch sobald der Krieg beendet war, forderte eine nationale »Delegation« (*wafd*) in Kairo die Unabhängigkeit des ganzen Niltals von Khartum bis zum Mittelmeer. Unruhen brachen aus, und Sad Zaghlul, der Führer des »Wafd«, wurde verbannt. 1922 war der Friede wiederhergestellt; Ägypten wurde für unabhängig und souverän erklärt, auch wenn es weiterhin britisch besetzt blieb. Im Jahr darauf wurde Sultan Fuad I. König, und das Land erhielt eine parlamentarische Verfassung mit Zweikammersystem.

So entstand die ägyptische Nation als politische Realität. Doch wie definierte sie sich? Die Situation war hier anders als in Syrien und im Irak. Ägypten hielt bis zum Ersten Weltkrieg die Erinnerung an die alte Zugehörigkeit zur Hohen Pforte lebendig, weil sie, obwohl sie nur noch rein formell fortbestand, der englischen Besatzungsmacht gegenüber eine gewisse Distanz ermöglichte. So entwickelte sich, von Mustafa Kamil angeregt, eine nationalistische Strömung, die die Sache Ägyptens an das Überleben einer starken Türkei band und offen Vorbehalte gegenüber dem Arabismus machte, der damals in den Istanbul feindlichen Kreisen der Intellektuellen in Syrien und im Irak um sich griff. Dabei ging es natürlich nicht nur um die Türkei, sondern gerade auch um das vieltausendjährige Ägypten. Ägypten war damals hin und her gerissen zwischen dem Panislamismus (dem es sich wegen der muslimischen Opfer des Imperialismus vom Rifgebirge bis Damaskus verpflichtet fühlte), dem Pharaonismus (der seinen Aufschwung nahm, als 1922 das Grab Tut-ench-Amuns entdeckt wurde) und seiner Bindung an Afrika, insbesondere an den Sudan, der zum ständigen Zankapfel zwischen Kairo und London wurde.

Auch hier spielten die schon bekannten Faktoren eine wichtige Rolle: die Niederlage der Türkei, die Abschaffung des Kalifats, der Aufschwung des Zionismus und die immer stärkere Fremdherrschaft, in Ägypten wie auch anderswo. Seit 1928 mehrten sich die gutachterlichen Stellungnahmen (*fatwa*) der religiösen Autoritäten, die daran erinnerten, daß die Lehre des Islam eine Lehre des Glaubens und nicht der Nation ist. Das zeigt, daß der Gedanke der interarabischen Annäherung in der Luft lag. Tatsächlich nahm seit 1930 die Diskussion darüber in der Presse immer mehr Raum ein. Die Idee einer arabischen Gemeinschaft, in der die Schüler Dschamal ad-Din al-Afghanis das Vorbild und den Entwurf für eine noch größere Gemeinschaft des ganzen Islam sehen wollten, nahm also im gleichen Land, das ihre Anfänge erlebt hatte, einen neuen Anlauf – und nun mit mehr Aussicht auf Verwirklichung. Denn während die Vereinigung aller Muslime ein ferner Traum war, schien die arabische Einheit in Reichweite zu sein. Als Erbe der Vergangenheit, das durch die arabische Wiedergeburt und den Kampf gegen die ausländischen Okkupanten neues Leben gewann, setzte sich die Idee der arabischen Einheit in den Köpfen der Menschen fest und wurde bald zum politischen Ziel. Einige Jahre später, zwischen 1936 und 1940, begann mit ihr ein neuer Abschnitt in der Geschichte des Nahen Ostens. Nachdem der Traum von einem arabischen Königreich in den Ländern des Fruchtbaren Halbmonds zu Ende war, übernahm Ägypten wieder, wie schon früher einmal, die ihm von Damaskus und Bagdad weitergereichte Fackel und wurde zum Träger einer großen Bewegung, die die arabische Einheit in Form eines Staatenbundes zum Ziel hatte: Unter ägyptischer Führung entsteht nach dem Zweiten Weltkrieg im Nahen Osten die Arabische Liga.

Die Krise der formellen Unabhängigkeit

Die letzten Abschnitte dieses Kapitels springen immer wieder zwischen zwei verschiedenen Zeitphasen hin und her, was daran liegt, daß diese Jahre auch in der Geschichte eine nicht klar trennbare Phase des Übergangs bilden. Wir können bereits in diesem Kapitel vorgreifend zum Beispiel von der Aufnahme des Irak und Ägyptens in den Völkerbund (1932-1937) oder vom englisch-ägyptischen Vertrag vom 26. August 1936 sprechen, denn diese Ereignisse sind gewissermaßen nur Nachträge zu einer schon vergangenen Zeit. Längst von den Tatsachen überholt ist etwa der Versuch, das Prestigestreben des Irak und Ägyptens zu befriedigen und beide im Rahmen des vom europäischen Kapitalismus gelenkten Systems abhängig zu halten. Ebenso überholt ist die geschwächte »Wafd«-Partei, die zwar zu einer politischen Partei geworden ist, aber ständig zwischen dem König und den Briten hin und her gerissen und durch ihre zeitweilige Regierungsbeteiligung mit gebundenen Händen desavouiert ist. Während der Westen bestenfalls im alten Stil weitermacht, reifen neue Kräfte heran, die eine wahre Unabhängigkeit ins Auge fassen und diese mit drei konkreten Zielen verbinden:

Die wirtschaftliche Abhängigkeit vom europäischen Westen muß durchbrochen werden, indem man die Güter des Landes an Ort und Stelle verarbeitet, der Ertrag der gemeinsamen Mühe muß gerechter auf alle verteilt werden, und man muß wieder Anschluß an die eigene Kultur finden, weil nur sie den verschiedenen durch die Kolonialisierung entstandenen Staaten das Gefühl geben kann, daß sie der größeren Gemeinschaft (*umma*) aller Araber angehören.

Diese Krise bezeichnet der Soziologe Anouar Abdel-Nialek als »Krise der formellen Unabhängigkeit«. Im Grunde ist sie die Krise der neuen sozialen Klassen, die sich in der Zwischenkriegszeit immer mehr etablieren. An die Seite oder an die Stelle des liberalen Bürgertums, das in der Zeit von 1880 bis 1920 tonangebend war, treten die Schichten des einfachen Volkes: Händler, Arbeiter, kleine Beamte sowie nicht zuletzt Studenten, die große Bedeutung gewinnen, weil sie die neuen Ideen und Bestrebungen bis in die ländlichen Regionen hineintragen, in denen viele von ihnen geboren wurden. Diese Veränderungen sind um so beträchtlicher, als die davon betroffenen Menschenmassen seit dem 19. Jahrhundert immer größer werden, und zwar besonders in den Städten, den Kulminationspunkten der Krisen.

Am Beispiel Ägyptens lassen sich die Vor- und die Nachteile der Kolonialzeit sehr deutlich aufzeigen. So gibt es zwischen 1880 und 1914 zweifellos Fortschritte auf dem Gebiet der Bewässerung. Der erste Staudamm von Assuan (1902) ermöglicht eine systematische Bewässerung und die Vergrößerung der Anbauflächen. Die jährliche Wachstumsrate der Agrarproduktion beträgt 1,6 Prozent; durch dieses schnelle Wachstum hält die Agrarproduktion mit der Zunahme der Landbevölkerung Schritt. Obwohl die Mobilmachung der Soldaten und Hilfstruppen in den Jahren 1914 bis 1918 auf die demographische Entwicklung einen dämpfenden Einfluß hat, wächst die Gefahr der Überbevölkerung. Das Nettoeinkommen des durchschnittlichen Landbewohners, das für 1914 auf einen Index von 15 angesetzt wird, sinkt in den Folgejahren deutlich und fällt mit dem Zweiten Weltkrieg auf 13, während der Überschuß an landwirtschaftlichen Arbeitskräften, der 1914 gleich Null ist, auf 15 Prozent der Landbevölkerung ansteigt.

Die städtische Wirtschaft hingegen erhält mit dem Ersten Weltkrieg eine neue Struktur. Bis dahin beruhte sie nur auf dem Handwerk, nun erlebt sie aufgrund von Kapitalinvestitionen (Gründung der Bankengruppe Misr 1920) einen unbestreitbaren Aufschwung. Die wirtschaftlichen Spannungen treten hier erst später, aber nicht weniger tiefgreifend als in der Landwirtschaft auf. Ihre Ursachen sind vielfältig. Die Übermacht des ausländischen Kapitals wäre hier ebenso zu nennen wie die verkrusteten Strukturen des Verwaltungsapparats, das ungehemmte Bevölkerungswachstum, der Druck der Inflation (seit dem Zweiten Weltkrieg) und schließlich die Entwicklung des Schulsystems, das mehr Fachleute ausbildet, als der Markt aufnehmen kann. In weniger als einem halben Jahrhundert geht die arbeitende Bevölkerung der Städte Ägyptens von 32 auf 22 Prozent der Gesamtbevölkerung zurück, und zur Arbeitslosigkeit in den Städten gesellt sich noch die auf dem Land. Man versteht, daß die Ablehnung der bestehenden Verhältnisse bei den notleidenden Massen zu Protesten führt, die sich sowohl gegen die Ausländer wenden, denen man die Schuld an der Gesamtsituation gibt, als auch gegen die Privilegierten, die aus der Lage ihren Nutzen ziehen oder sich ihr anpassen. Die neue Zeit bringt Ägypten wie anderen Ländern, wenigstens bis zu einem gewissen Grad, die Befreiung von beiden.

Und der Islam? Man würde sich sehr täuschen, wenn man meinte, er spiele in den Auseinandersetzungen dieser Jahre keine Rolle mehr. In Wirklichkeit eröffnet ihm die Entwicklung zu neuer politischer und wirtschaftlicher Unabhängigkeit mehrere Möglichkeiten. Manche wollen die Religion vom Staat trennen, andere wollen beweisen, daß der egalitäre Geist des Islam mit sozialistischen Zielen durchaus vereinbar ist, wieder andere lehnen diesen Weg ab und wollen den Fortschritt durch Wiederentdeckung der strengen muslimischen Lehre erreichen. Schon allein dadurch, daß er sich weiterhin laut zu Wort meldet, beweist der Islam, daß er immer noch ein wesentlicher Teil, wenn auch nicht mehr der einzige Motor der Gemeinschaften ist, die er im Lauf der Geschichte geformt hat.

Drittes Kapitel

Der Islam im 20. Jahrhundert: Die Entwicklungen seit dem Ende des Ersten Weltkriegs

Über die jüngste Geschichte des Islam müßte man nicht nur ein Kapitel schreiben, sondern mehrere. Zwar scheinen diese acht oder neun Jahrzehnte, gemessen an den vielen Jahrhunderten, die wir in diesem Buch durchlaufen haben, kaum ins Gewicht zu fallen, aber sowohl in der islamischen als auch in der übrigen Welt hat sich das Tempo der Geschichte drastisch erhöht, und in ferner Zukunft wird sich vielleicht zeigen, daß diese wenigen Jahrzehnte so schwer wiegen wie zuvor mehrere Jahrhunderte. Die Zeitspanne, die in den zwanziger Jahren des 20. Jahrhunderts beginnt, ist keineswegs ein Abgesang auf die Geschichte des Islam. Vielmehr zeigt sie ihn – vielleicht mehr noch als die vorangegangenen Zeiten – in seiner ganzen Vitalität, die ihn unablässig vorantreibt.

Warum also nur ein paar knappe Seiten? Zunächst deswegen, weil die jüngste Geschichte dem Leser besser vertraut ist und der Experte ihm das Feld überlassen kann. Der Leser kennt diese Geschichte, weil es seine eigene ist. Heute kann keine Kultur für sich bestehen und für sich betrachtet werden. Immer spielt die ganze Welt mit hinein. Aber vor allem stellt sich die Frage, ob der Experte sich seiner Sache so sicher sein kann, denn diese Geschichte ist noch nicht abgeschlossen, ihr Ausgang ist ungewiß. Die allen zugänglichen Medien unserer Zeit ermöglichen es jedem einzelnen, sich sein eigenes Bild vom Lauf der Welt zu machen. Mit welchem Recht kann man dem Leser also eine andere Sicht der Dinge nahelegen? Jetzt, wo er die Vorgeschichte kennt, soll er über die jüngste, in unsere Gegenwart hineinragende Vergangenheit selbst urteilen. Hier kann es daher lediglich darum gehen, einen Ausblick zu geben und einige wichtige Fakten hervorzuheben, die die Zukunft bestimmen könnten.

1. Der Islam in der Welt

Wie wir sie im Verlauf ihrer Geschichte kennengelernt haben, so begegnet uns die islamische Welt auch heute: Ihre Situation ist geprägt von den Gegensätzen einer Lage, die geographisch-klimatisch zwar benachteiligt, strategisch aber außerordentlich günstig ist. Allerdings muß dieses Bild im 20. Jahrhundert etwas korrigiert werden. Von der traditionellen langgestreckten Wüstenrandzone aus hat sich der Islam auf den Festlandgebieten und jenseits der Meere, ja der Ozeane ausgebreitet. Sein Zentrum ist die Region der »Land- und Meerengen« geblieben, aber diese haben im Kräftespiel der Länder neues Gewicht bekommen. Nachdem sie bereits zum unentbehrlichen Durchgangsland für bestimmte Straßen des Weltverkehrs geworden waren, erweisen sie sich immer mehr als ein unvorstellbar reiches Fundgebiet für Erdöl. Eine neue Erscheinung des ausgehenden 20. Jahrhunderts sind auch die immer größer werdenden Auswanderergemeinden in den westlichen Industrienationen, vor allem in Amerika und Europa.

Der Islam auf der Weltkarte

1976 stieg die Weltbevölkerung auf über vier Milliarden Menschen. Aber wie viele davon waren Muslime? 1970 waren es etwa 520 Millionen, das entsprach einem Siebtel der gesamten Menschheit. Mitte der achtziger Jahre schätzte man die Zahl der Muslime auf rund 900 Millionen, also auf etwa ein Fünftel der Weltbevölkerung. Anfang des 21. Jahrhunderts sind es weit über eine Milliarde Menschen – ein Zeichen dafür, daß der Islam im Weltgeschehen eine immer wichtigere Rolle spielt. Aber hinter dieser Gesamtzahl sind noch andere Faktoren zu beachten, zum Beispiel die Verteilung der Muslime auf verschiedene Weltregionen und deren Verhältnis zueinander. Ende des 20. Jahrhunderts ist festzustellen, daß ein Großteil der islamischen Welt sich in Blöcke gliedern läßt, die jeweils etwa 50 Millionen Menschen umfassen: die arabischen Länder im Nahen Osten, Ägypten, der Maghreb, der Iran, die muslimischen ehemaligen Sowjetrepubliken, Nordnigeria. Über diesem Mittelwert liegen, mit einer Einwohnerzahl von über 80 Millionen, Pakistan, Bangladesh und das muslimische Indien. Die Spitze bildet Indonesien mit über 150 Millionen Muslimen.

Der Schwerpunkt der islamischen Welt liegt also in Asien. Man darf jedoch der geographischen Ausbreitung nicht zuviel Bedeutung beimessen. Viel wichtiger ist eine Gliederung nach »Kulturkreisen« im weitesten Sinne des Wortes. Mit der Vorsicht, die bei solchen Aufteilungen geboten ist, können wir feststellen, daß die indische Welt an der Spitze steht. An zweiter und dritter Stelle stehen, etwa gleichauf, die arabische Welt und Indonesien, gefolgt von der türkischen Welt (einschließlich der Turkvölker der ehemaligen Sowjetrepubliken), Schwarzafrika und dem Iran.

In diese großen geopolitischen beziehungsweise kulturellen Gebiete ließe sich die islamische Welt heute einteilen. Man muß sich jedoch davor hüten, als einziges Beurteilungskriterium die Zahlenstärke gelten zu lassen. Lange Zeit hat man zum Beispiel daran zweifeln können, ob die Muslime der Sowjetunion im Islam das gleiche Gewicht hatten wie die Bewohner des Niltals oder der iranischen Region. Ebenso kann man daran zweifeln, ob der arabische Bereich sich wirklich nur auf die Länder des Nahen Ostens und des südlichen Mittelmeerraums beschränkt, wenn man berücksichtigt, daß das Arabische vom einen Ende der muslimischen Welt bis zum anderen der bevorzugte Ausdruck der islamischen Kultur und das Medium des Glaubens ist, daß es dort überall zumindest in bestimmten Kreisen gesprochen oder gelesen wird und daß es sich noch heute, wie in manchen Gebieten Afrikas, weiter ausbreitet und dabei neue, manchmal aufsehenerregende Erfolge vorweisen kann.

Das sind Fragen, die für die Gegenwart und die unmittelbare Zukunft von Bedeutung sind. Aber die aktuellen Entwicklungen werfen noch andere Fragen auf. Von den 520 Millionen Muslimen, die es 1970 gab, lebten etwa 375 Millionen in Ländern, in denen der Islam entweder die einzige oder zumindest die vorherrschende Religion war. Aber von den übrigen 145 Millionen bildeten viele in ihren Ländern eine Minderheit, und die anderen gehörten zur weltweiten Diaspora. Etwa ein Drittel bis ein Viertel aller Muslime lebt mittlerweile also in Koexistenz mit anderen Gemeinschaften. Aber natürlich stehen viele von ihnen dabei gleichzeitig in enger Verbindung zu jenen Gesellschaften, die aus einer wesentlich vom Islam bestimmten Geschichte hervorgegangen sind und die auch heute noch – ob offiziell oder nicht – auf den Grundsätzen des Islam aufbauen. Betrachtet man die Weltkarte, so erscheint der Islam also nicht nur als ein prägendes Merkmal verschiedener Staaten. Weil er in vielen Gebieten als Religion einer Minderheit aufblüht, bildet er auch die Verbindung dieser Staaten zum Rest der Welt.

Neue Grenzen

In den letzten Jahrzehnten hat sich die Weltkarte verändert. Beginnen wir im Osten. Das pakistanische Experiment einer zugleich modernen und die Grundlagen des Islam achtenden Gesellschaft wird weiterhin fortgesetzt, aber das Staatsgebiet Pakistans, das sich von 1947 bis 1971 aus den räumlich weit getrennten Teilen Westpakistan und Ostpakistan zusammensetzte, beschränkt sich heute auf den westlichen Teil des indisch-muslimischen Raums, aus Ostpakistan ist der eigenständige Staat Bangladesh geworden. Diese Staatsgründung verlief nicht ohne Schwierigkeiten, und sie hatte schwerwiegende Folgen für die internationale Politik. Für viele Länder der sogenannten Dritten Welt und für viele islamische Länder hängt das Problem der Staatsgrenzen von der Vereinbarkeit oder Unvereinbarkeit der folgenden drei Grundsätze ab: Unverletzlichkeit der von den Kolonialmächten übernommenen Grenzen, Selbstbestimmungsrecht der Völker und Besinnung auf die vorkoloniale Vergangenheit.

Das ehemalige Spanisch-Sahara war lange Zeit von Algerien und Marokko umkämpft, wobei sich Algerien auf die beiden erstgenannten Grundsätze berief und Marokko im Verbund mit Mauretanien auf frühere Hoheitsrechte verwies. Anlaß zu weiteren Konflikten, Rechtsstreitigkeiten und Feindseligkeiten boten, um nur einige zu nennen, das südliche Grenzgebiet zwischen Marokko und Algerien, Eritrea, die Gegend um Alexandrette (Iskenderun), die Syrien während der französischen Mandatszeit an die Türkei abtrat, der Persische beziehungsweise Arabische Golf, über den der Iran die alleinige Kontrolle ausüben wollte, Kaschmir, der ewige Zankapfel zwischen Pakistan und Indien, die Paschtunenfrage, die Pakistan und Afghanistan entzweit, der latente Separatismus der Belutschen sowie die Autonomiebestrebungen der Kurden, die vor allem in der Türkei, im Irak und im Iran leben. In anderen Regionen führten die Grenzziehungen der Kolonialherrn zur Entstehung neuer Staaten, so an der Südküste der Arabischen Halbinsel, auf dem Gebiet der Afar und der Issa (Dschibuti) und auf den Komoren, obwohl die Insel Mayotte nach wie vor zu Frankreich gehört.

Das größte Problem wird jedoch auch in Zukunft der Palästinakonflikt sein. Ob Geiselnahmen, Flugzeugentführungen oder andere aufsehenerregende Aktionen – die Palästinenser betrachteten die von ihnen angewandte Gewalt als Antwort auf die von ihnen erlittene Gewalt; als Antwort auf die Vorenthaltung eines Territoriums, einer Heimstätte, wie sie auch das jüdische Volk von der Weltgemeinschaft für sich eingefordert hatte. Die amerikanische Friedensinitiative führte 1978 zum Camp-David-Abkommen und zur Vertragsunterzeichnung in Washington. Aber nachdem der Konflikt mit Ägypten beigelegt war, versuchte Israel 1982, die PLO im Libanon zu zerschlagen. Der Libanonkrieg forderte viele Opfer unter der Zivilbevölkerung und führte zu keinem anderen Ergebnis, als daß Israel in die Kämpfe zwischen den kampferprobten Bürgerkriegsparteien verwickelt wurde. Nach der Räumung der israelisch besetzten libanesischen Gebiete (1985) erinnert die Intifada daran, daß es bei diesem Konflikt weniger um die Gegensätze zwischen den Großmächten oder die Auseinandersetzungen zwischen Israel und den arabischen Staaten geht als um den Kampf zweier Völker um dasselbe Land. Der Stein, den ein palästinensischer Jugendlicher wirft, bringt jede Friedensinitiative zum Scheitern, sofern sie allein auf ein Abkommen zwischen bestehenden Staaten abzielt und die Interessen des palästinensischen Volkes, das als nationale Einheit existiert, nicht berücksichtigt. Nach der Ausrufung eines eigenen Staates (1988) haben die Palästinenser eine Teilung des Landes vorgeschlagen. Es ist noch immer nicht klar, ob Israel diese historische Chance nutzen oder ob es weiterhin hartnäckig an Gebieten festhalten wird, die es gegen den Willen ihrer Bewohner besetzt hält. Werden die gescheiterten Friedensbemühungen und das selbstzerstörerische Verhalten beider Seiten zu einer Destabilisierung der ganzen Region führen und in den arabischen und den anderen muslimischen Ländern die Stimme des Volkes, das von den autoritären Regimen lange geknebelt worden war, wieder laut werden lassen?

Das Palästinenserproblem war eine der Ursachen des Libanesischen Bürgerkriegs, und der Libanon setzt sich für das Rückkehrrecht der Palästinenser ein, in der Hoffnung, daß diese das libanesische Territorium verlassen werden. Für den gesamten Nahen und Mittleren Osten bedeutet das Fehlen eines umfassenden Friedensabkommens und eines kollektiven Sicherheitssystems, daß der Rüstungswettlauf weitergeht und Massenvernichtungswaffen (Langstreckenraketen, chemische und biologische Waffen und Atombomben) hergestellt werden, die auch für den Rest der Welt eine Gefahr darstellen. Die Anwendung von Gewalt ist kein Ersatz für eine politische Lösung, die das unveräußerliche Recht des palästinensischen Volkes auf Selbstbestimmung und somit das Recht auf ein eigenes Territorium berücksichtigt – auf ein eigenes Territorium, das nicht nur aus mehr oder weniger autonomen Verwaltungsbezirken besteht, die an reservatsähnliche Bantustans erinnern.

Die Bevölkerungsentwicklung

Ein weiteres Problem, dessen Lösung indes allein in den Händen der Muslime selbst liegt, ist das Problem der Überbevölkerung. Selbst wenn es in diesem Bereich je nach Kultur gewisse Schwankungen geben kann, so folgen doch alle muslimischen Länder der globalen Entwicklung des sogenannten »demographischen Übergangs«. Für das Problem der Überbevölkerung gilt der inzwischen zur Binsenweisheit gewordene Grundsatz: Der Bevölkerungsdruck muß gesenkt werden, damit der Lebensstandard wachsen kann. Aber einer solchen Senkung standen von Anfang an viele Hindernisse im Weg. Dazu gehörten etwa das traditionelle muslimische Bekenntnis zur Vermehrung des Lebens – das bewußte und stolz bekundete Streben nach einer möglichst zahlreichen Nachkommenschaft – wie auch das in den entlegenen Gebieten der islamischen Welt vorherrschende Unwissen über die grundlegenden Mechanismen der Fruchtbarkeit.

Aber ein weiteres Hindernis war, daß zur Zeit der Unabhängigkeitsbewegungen und des Aufbaus der Nationen eine möglichst hohe Bevölkerungszahl als Ideal galt. Auf der Konferenz von Bukarest 1974 vertraten einige der innovationsfreudigsten Länder die Auffassung, die wichtigste Ressource eines Landes sei seine Bevölkerung. Man fragt sich, wieso diese These den Westen damals überraschte – Mirabeau und Rousseau hatten im 18. Jahrhundert auch nichts anderes behauptet. Und wenn der Westen heute eine andere Sprache spricht, so liegt es möglicherweise auch daran, daß die sogenannte Dritte Welt ein viel stärkeres Bevölkerungswachstum zu verzeichnen hat als er, der einstige Weltbeherrscher, der eines großen Teils seiner Macht beraubt wurde und dem jedes Mittel – ob Menschen oder Technik – recht wäre, um sie nicht ganz zu verlieren.

Bis Mitte der sechziger Jahre kann man ein schnelles Bevölkerungswachstum feststellen, was einerseits auf eine anhaltend hohe Geburtenzahl, andererseits auf einen Rückgang der Kindersterblichkeit infolge der Fortschritte in der Gesundheitspflege zurückzuführen ist. Mit anderen Worten heißt das, »daß hier die Sterblichkeitsrate Europas von 1880 und eine Geburtenrate, die dort höchstens in den besten Zeiten des Mittelalters erreicht wurde«, zusammenwirken. Das ist eine Situation, die um so explosiver ist, als hier nicht, wie einst für Europa, Auswanderung und Kolonien Entlastung schaffen können. In vielfacher Hinsicht erscheint das Jahr 1947, zumindest für Ägypten, als die große Wende, weil von nun an die Sterblichkeit durch den Einsatz von Antibiotika vermindert wurde. In den folgenden Jahren sank das Pro-Kopf-Einkommen auf dem Land. In den Städten und im Gesamtdurchschnitt blieb es zwar gleich, aber die Kluft zwischen arm und reich wurde größer: Das Produktionsaufkommen war zwischen Stadt und Land, aber auch innerhalb jedes dieser beiden Bereiche zwischen den Privilegierten und denen, die kaum oder keine Beschäftigung hatten, ungleich verteilt. Bereits als in Ägypten die Revolution von 1952 ausbrach, war der Kampf ums Überleben akut. Es ging darum, einer möglichst großen Zahl von Menschen durch eine gerechtere Einkommensverteilung einen bescheidenen Wohlstand zu sichern und so ein ganzes Volk »aus der unerbittlichen Zone des Hungers« herauszuhalten.

Ab den siebziger Jahren wird das explosionsartige Bevölkerungswachstum eingedämmt. Von den auf der Konferenz in Bukarest 1974 angegebenen Zahlen können wir folgende festhalten: In Nordafrika sinkt die Geburtenrate von 4,6 Prozent in den Jahren 1960 bis 1965 auf 4,5 Prozent in den Jahren 1965 bis 1970; in Südostasien sinkt sie von 4,6 Prozent in den Jahren 1950 bis 1960 auf 4,5 Prozent in den Jahren 1960 bis 1965 und auf 4,4 Prozent in den Jahren 1965 bis 1970. Ähnlich sind die Raten und die Entwicklung in Südwestasien, während die Geburtenrate in Westafrika konstant 4,8 Prozent betrug. Die Zahlen sind also, wie man sieht, sehr hoch, vor allem wenn man sie mit den Zahlen für Europa vergleicht: 1,97 Prozent in den Jahren 1950 bis 1955, 1,92 Prozent in den Jahren 1955 bis 1960, 1,86 Prozent in den Jahren 1960 bis 1965 und 1,76 Prozent in den Jahren 1965 bis 1970. Für Tunesien, eins der Länder, in denen am meisten für die Ziele der Familienplanung geworben wurde, liegen folgende Zahlen vor: In den Jahren 1960 und 1961 betrug die Geburtenrate 4,62 Prozent, zwischen 1965 und 1969 4,09 Prozent, im Jahr 1970 3,62 Prozent und 1971 3,48 Prozent.

Was auffällt, ist der hohe Anteil der Jugend an der Gesamtbevölkerung in den vorrangig von Muslimen bewohnten großen Weltregionen. Die Familien sind zudem oft noch übergroß, und ihre Wachstumsrate beträgt mehr als 2,5 Prozent im Jahr. Hierzu einige Beispiele: Die Einwohnerzahl der Türkei stieg von 12 Millionen im Jahr 1925 innerhalb von dreißig Jahren auf das Doppelte an, 1973 betrug sie schon 40 Millionen, 1985 48 Millionen und 1999 66,3 Millionen. In Ägypten stieg die Gesamtbevölkerung von 13 Millionen im Jahr 1920 auf 30 Millionen 1965, dann auf 36 Millionen 1973, auf 50 Millionen 1986 und schließlich bis 1999 auf 69,8 Millionen. Im Iran stieg sie von 15 Millionen im Jahr 1954 auf 34 Millionen 1973. 1986 waren es bereits 42 Millionen und 1999 dann 66,1 Millionen. Und die Einwohnerzahl von Pakistan und Bangladesh stieg von 75,8 Millionen im Jahr 1961 über 113 Millionen 1965 und 140 Millionen 1978 auf 188,5 Millionen 1985. 1999 waren es dann 278,5 Millionen Einwohner. Überall erleben auch die Städte ein übermäßiges Wachstum. 1950 gab es in Afrika zwei Millionenstädte, zwanzig Jahre später waren es acht, in Asien stieg die Zahl im gleichen Zeitraum von 21 auf 63. Ein Paradebeispiel für die islamische Welt ist Kairo: Von 570 000 Einwohnern im Jahr 1900 wächst die Stadt bis 1960 auf das Sechsfache an, 1966 steigt die Einwohnerzahl auf über vier Millionen. Heute schätzt man die Bevölkerung des gesamten Ballungszentrums einschließlich Gizeh auf über fünfzehn Millionen, das entspricht fast einem Viertel der ägyptischen Gesamtbevölkerung.

Diese Riesenstädte lösen das Bevölkerungsproblem jedoch nicht oder nur zum Teil. Ein beträchtlicher Teil ihrer Bewohner kommt aus ländlichen Regionen, deren übergroßer Bevölkerungszuwachs die Lage nur verschlimmert. In Ägypten lebten zu viele Menschen auf dem Land, als daß die Bodenreform von 1952 wirklich hätte Früchte tragen können; selbst die völlige und radikale Aufteilung des ägyptischen Ackerlandes auf alle Bauernfamilien hätte jeder von ihnen nach neuerer Schätzung nur 1,6 Feddan (0,67 Hektar) zuweisen können, nicht einmal die Hälfte der Bodenfläche, die zum Lebensunterhalt nötig wäre. Und der Assuanstaudamm? Er hat die Ansiedlung von 400 000 Familien ermöglicht, also von zwei oder drei Millionen Menschen; es hätten aber zehn Millionen sein müssen.

Am Ende des Jahrhunderts ändert sich das Bild. Aus Gründen, die von Land zu Land unterschiedlich sein können, ist überall ein Geburtenrückgang zu verzeichnen. Es zeigt sich, daß es keine typisch islamische Bevölkerungsentwicklung gibt. Vielmehr gibt es große, überstaatliche Zonen, in denen die demographischen und wirtschaftlichen Trends korrelieren, während die kulturellen und religiösen Traditionen der einzelnen Staaten sich durchaus voneinander unterscheiden können.

Fassen wir zusammen: Als Teil Afrikas und Asiens leistet die islamische Welt einen immer größeren Beitrag zur Zunahme der Erdbevölkerung, die heute überwiegend aus jungen Menschen besteht. Wie sich die Probleme in Zukunft entwickeln, hängt davon ab, ob und in welchem Maß die Menschenmassen weiterwachsen und vor welche Herausforderungen sie in Zukunft gestellt sein werden. Tatsächlich kommt hierbei vor allem den voraussichtlichen Entwicklungen im ersten Viertel des 21. Jahrhunderts eine entscheidende Rolle zu. Nach und nach wird der Anteil der unter 15jährigen abnehmen, während der Anteil der über 64jährigen nur sehr langsam ansteigen wird. Wird die Masse der Erwachsenen, die heute vielfach lesen und schreiben können, Arbeit finden, sobald der Druck dieser unproduktiven Altersklassen nachläßt? Das 21. Jahrhundert wird das Jahrhundert der demographischen Stabilisierung sein, und einige Experten sagen für die islamische Welt einen ähnlichen Bevölkerungsrückgang voraus, wie ihn die europäischen Industrienationen bereits erleben. Die größte Herausforderung besteht heute darin, die zahllosen Jugendlichen ins Berufsleben zu integrieren, damit sie ihren Lebensunterhalt sichern können. Viele werden heute vom trügerischen Glanz der Industriestaaten angelockt. Wenn die übermäßige Verjüngung der muslimischen Gesellschaften erst einmal überwunden ist, wird vielleicht auch die Zeit der Migrantenströme vorbei sein.

2. Das Streben nach wirtschaftlicher Unabhängigkeit

Die Probleme der islamischen Staaten sind die Probleme aller Entwicklungsländer. Im 20. Jahrhundert erbten die muslimischen Länder veraltete Gesellschafts- und Wirtschaftsstrukturen und ein Handelssystem, das auf den Regeln des westlichen Kapitalismus basierte. Das Streben nach Eigenständigkeit ging mit einer Übertragung der Macht auf neue Gesellschaftsschichten einher, die eine moderne Bildung erhalten haben.

Fast überall war die Bodenreform an der Tagesordnung, sei es durch eine Obergrenze für den Grundbesitz (200 Feddan = etwa 84 Hektar in Ägypten 1952, 1961 sogar nur noch 50 Feddan) oder durch Einführung von Genossenschaftssystemen (die entweder, wie in Algerien, systematisch durchgesetzt, oder, wie im dritten pakistanischen Fünfjahresplan, 1965-1970, staatlich gefördert wurden). Überall mußten die Anbaumethoden geändert, die Erträge erhöht werden, überall mußte man entsprechend dem Zuwachs der Bevölkerung Neuland gewinnen, die Erosion, den Treibsand, die Versumpfung bekämpfen und Bewässerungsanlagen bauen. Von Indonesien bis Marokko wurde der Staudamm – manchmal noch aus der Kolonialzeit stammend – zum Symbol der neuen Zeit. Die Dämme, die alle anderen überragen, sind der Damm von Tarbela in Pakistan, der Euphratdamm in Syrien und der Riesendamm von Assuan; er ist 110 Meter hoch und 3,6 Kilometer lang, staut 130 Milliarden Kubikmeter Wasser und bringt etwa 500 000 Hektar zusätzliches Kulturland – das sind 30 Prozent der vorherigen Anbaufläche. Außerdem liefert er jährlich etwa 10 Milliarden Kilowatt Strom.

In manchen Fällen sind die landwirtschaftlichen Errungenschaften bedroht, weil die Bevölkerung zu schnell wächst und das Bauland immer größer wird. Aber schlimmer ist, daß nach dem Ende der großen Wassergewinnungsprogramme die Ressource Wasser wieder knapp wird, während der Bedarf von Stadt und Land stetig zunimmt.

Wirtschaftliche Autonomie setzt eine freiwillige Industrialisierungspolitik voraus, die darauf abzielt, die eigene Wirtschaft von Einfuhrprodukten unabhängig zu machen. Auf allen Gebieten muß um jeden Preis auf eine solche Autonomie hingearbeitet werden, die die nationalen Ressourcen im eigenen Land verarbeitet, andere Wirtschaftszweige hervorbringt, ohne Importe von ausländischen Fertigprodukten auskommt und das Land nach außen wettbewerbsfähig macht. Die ehrgeizigen diesbezüglichen Programme der islamischen Staaten haben zweifellos zu Erfolgen geführt, aber im Zeitalter der Globalisierung sind die Binnenmärkte zu klein, um auf dem Weltmarkt mit den alten und neuen Industriemächten konkurrieren zu können. In Zeiten der »strukturellen Angleichungen«, die durch internationale Wirtschaftsorganisationen (Internationaler Währungsfonds, Weltbank) vorangetrieben werden, muß man nach neuen Entwicklungsmöglichkeiten suchen. Man muß privatisieren und sich auf bestimmte Produkte spezialisieren, die sich auf dem Weltmarkt behaupten können.

Entwicklung fordert Märkte, Kapital, Fachkräfte. Die jungen Volkswirtschaften der islamischen Welt haben sich in der zweiten Hälfte des 20. Jahrhunderts auf dem freien Markt oder durch Handelsverträge um die unerläßlichen Absatzmärkte bemüht, natürlich bei den reichen Nationen des Westens, aber auch in den kommunistischen Ländern und in der sogenannten Dritten Welt. Alle Araber – speziell der Maghreb – träumen bis heute von einem gemeinsamen Markt. Diese Träume sind zwar vernünftig, aber vorerst scheitern sie noch an der Wirklichkeit. Der Kampf ums wirtschaftliche Überleben endet in einem Teufelskreis: Man verkauft und kauft erst dann, wenn man einen bestimmten Lebensstandard erreicht hat, und den erreicht man nur durch wirtschaftliche Entwicklung. Diese wiederum setzt Investitionen, also Geld voraus, und so steht man wieder vor der Notwendigkeit, zu verkaufen. Oder man nimmt zur Überbrückung Anleihen auf und schlüpft in die undankbare und gefährliche Rolle des Schuldners, der das Volk zu mehr Leistung antreibt, weitgehend auf ausländische Hilfe verzichtet und die notwendigen Investitionsmittel aus dem eigenen Land herausholt. Aber die Lücke bleibt immer zu groß, denn die verfügbaren Spargelder reichen nie, um den enormen Investitionsbedarf sofort zu decken.

Das Erdöl: Wirklichkeit und Perspektiven

Wer »Arabien« hört, denkt an Erdöl – diese Assoziation ist mittlerweile fest verankert im kollektiven Bewußtsein des Westens, der selbst Unmengen an Energie verbraucht und sogar verschwendet. Doch eigentlich müßte man die Assoziation ausweiten und von »Islam« und »Erdöl« sprechen. Denn auf das schwarze Gold stieß man nicht nur im Mittleren Osten, in Algerien und in Libyen, sondern auch in Nigeria, im Iran, in Indonesien und in den Ländern am Kaspischen Meer. In den islamischen Ländern gibt es soviel Erdöl wie in allen anderen Ländern zusammen, und bereits 1974 deckte der Nahe Osten allein 40 Prozent des weltweiten Bedarfs. Es gibt keinen Zweifel: Die Erdölförderung führt zur Schaffung von Arbeitsplätzen und neuen Wirtschaftszweigen, zu höheren Investitionen und – über die Suche nach Grundwasser und den Bau von Entsalzungsanlagen – zu einer Verbesserung der Lebensqualität. Neue Schulen, neue Krankenhäuser, sprunghafter Anstieg des jährlichen Pro-Kopf-Einkommens und des Lebensstandards – diese Nachrichten wandern durch die Medien wie ein Loblied auf den Schatz eines fremden, aber nahe gelegenen Eldorados. Eine Zeitlang glaubte man, im Welthandel könnten die Rollen getauscht werden, einige Länder würden nicht mehr wie früher nur Rohstoffe exportieren und Fertigprodukte kaufen, sondern ihre Bodenschätze vor Ort verarbeiten und ihr Geld sogar in westliche Unternehmen investieren.

Aber spätestens seit der Gründung der OPEC (1960) weiß man, daß Erdöl auch ein politisches Druckmittel ist. Dies zeigte sich besonders in den siebziger und achtziger Jahren an den Embargodrohungen, an dem in regelmäßigen Abständen vorgebrachten Gedanken, die Energieversorgung des Westens von einer Lösung des Palästinakonflikts abhängig zu machen, an der wachsenden Bedeutung Saudi-Arabiens im internationalen Kräftespiel und nicht zuletzt an der Absicht, den Westen durch regelmäßige Preiskorrekturen den gleichen Gesetzen der Marktwirtschaft zu unterwerfen, für die er selbst immer so leidenschaftlich geworben hat.

Allerdings bringt das Erdöl nicht immer nur Vorteile und Machtzuwachs. Natürlich haben die muslimischen Staaten den internationalen Konzernen die Kontrolle über die Produktion im eigenen Land entrissen. Schon der von Mossadegh 1951 bis 1953 regierte Iran, später der Irak, Algerien, Libyen und andere arabische Länder machten geltend, daß der Staat über die Ressourcen auf seinem Territorium selbst verfügen müsse. Während der ersten Ölkrise (1973-1974) stieg der Ölpreis um das Vierfache, während der zweiten (1979) wurde er verdoppelt, aber der Gegenschlag in den achtziger Jahren war nicht weniger verheerend. Das saudische Einkommen aus dem Ölgeschäft sank genauso schnell, wie es zuvor angestiegen war: 949 Millionen US-Dollar im Jahr 1969, 2,745 Milliarden 1972, 22,574 Milliarden 1974, 86,5 Milliarden 1977, 101,2 Milliarden 1981, aber nur noch 20 Milliarden im Jahr 1986. Diese drastischen Schwankungen führten zu sozialen Unruhen, wie sie zum Beispiel Ende der siebziger Jahre den Iran und Ende der achtziger Jahre Algerien erschütterten.

Außer in den Golfstaaten, die riesige Erdölfelder haben, aber nicht sehr dicht bevölkert sind, gibt es kaum irgendwo unerschöpfliche »Goldgruben«. Wer den Preis zu sehr nach oben treibt, ermutigt die Suche nach neuen Ölquellen in Gebieten, die nicht zur OPEC gehören (Alaska, Nordsee), oder muß hinnehmen, daß Öl durch andere Energiequellen ersetzt wird. Nach recht gut koordinierten Preisabsprachen in den siebziger Jahren brach die Disziplin im darauffolgenden Jahrzehnt zusammen. Jeder handelte nur noch für sich – eine Haltung, die durch den blutigen Irak-Iran-Krieg (1980-1988) noch verstärkt wurde.

Die ölreichsten Länder streben eine industrielle und kommerzielle Entwicklung an, die es ihnen ermöglichen soll, neue Ressourcen zu erschließen. Aber allzuoft geraten sie über Umwege doch wieder in die Abhängigkeit von ihrer Hauptenergiequelle: So haben die Golfstaaten zum Beispiel eine petrochemische Industrie aufgebaut, für die es vielleicht keinen Absatzmarkt gibt. Allzulang haben die sprudelnden Kapitalquellen über die tatsächlichen Produktionskosten hinweggetäuscht, so daß unnötige Ausgaben gemacht wurden, die weniger für das Interesse an rentablen Investitionen zeugen als vielmehr für Klientelwirtschaft und Korruption.

Im Augenblick kommen zudem die berühmten Royalties, die Abgaben der ausländischen Erdölgesellschaften, nicht jedem zugute. Sie tragen vielmehr dazu bei, innerhalb der islamischen Welt die Spannungen zwischen reichen und armen Ländern zu vergrößern, und verleiten die letzteren dazu, von einer allgemeinen Verteilung der Erdölgewinne im Sinne des muslimischen Egalitarismus zu träumen. Aber der Reichtum entzweit nicht nur die Länder untereinander, er wirkt sich auch innerhalb der einzelnen Staaten verderblich aus (oder zumindest innerhalb einiger von ihnen), indem er den Graben zwischen der Armut des Volkes und dem Luxus der herrschenden Oberschicht noch vertieft, zumal letztere die Gewinne oft nicht für produktive Zwecke anlegt, sondern für Verbrauchsgüter oder Prestigeobjekte ausgibt. In den letzten Jahren versucht man allerdings, diese Spannungen zumindest zu reduzieren: Die Produktionsmittel werden verstaatlicht, und sowohl die liberalen als auch die sozialistischen oder autokratischen Staaten bemühen sich, den Lebensstandard zu heben und immer zahlreichere Menschen am Profit aus dem Ölgeschäft zu beteiligen; die Staaten, allen voran Saudi-Arabien, helfen anderen Staaten und scheinen sogar darauf zu achten, daß sie Länder ohne Ölvorkommen nicht durch zu hohe Rohölpreise benachteiligen.

Allerdings ist das Streben nach Solidarität und nach einer allgemeinen Stabilität, die durch das Glück des Volkes erreicht werden soll, nicht immer vereinbar mit einem schnellen wirtschaftlichen Wachstum auf der Grundlage von natürlichen Ressourcen, die heute sehr wohl vorhanden sind, über die aber niemand sagen kann, wie es auf lange Sicht um sie bestellt sein wird.

Dennoch spielen die islamischen Länder auch zu Beginn des 21. Jahrhunderts noch eine wichtige Rolle in der Gruppe der erdölexportierenden Länder.

Das Bildungswesen

In der Phase des Umbruchs nach dem Ende der Kolonialzeit setzte die muslimische Welt ihre Hoffnung auf die Jugend. Diese Hoffnung ist aber nur berechtigt, wenn die jungen Menschen, sobald sie das Erwachsenenalter erreicht haben, den Fortschritt vorantreiben können und durch ihre erdrückende Überzahl nicht zu einer zusätzlichen Belastung für die Bevölkerung werden. Deswegen zählen Bildung und Ausbildung auch heute noch überall zu den vorrangigen Aufgaben des Staates. Zunächst ging es darum, die Schulbesuchsquote zu erhöhen. So wurde etwa in Algerien seit 1963 die Zahl der Schulbesucher durch einen umfangreichen Bildungsplan auf ein Vielfaches gesteigert, die Gesamtzahl der algerischen Gymnasiasten hat sich allein zwischen 1968 und 1974 verdreifacht, und die Zahl der Studenten stieg nach der Unabhängigkeit 1962 innerhalb von zehn Jahren von 2908 auf 20 048 im Jahr 1973 (hinzu kamen noch etwa 13 000 Stipendiaten).

Ausbilden, das heißt zunächst, daß man die Führungskräfte der Zukunft auf ihre Arbeit vorbereitet, damit die Abhängigkeit von der Entwicklungshilfe langfristig sinkt. Dazu müssen vor allem die technischen Wissenschaften gestärkt werden, was Algerien ebenfalls energisch in Angriff nahm. Ausbilden heißt aber auch, daß man sich der Welt öffnet, und das heißt in diesem Fall: zunächst den anderen islamischen Ländern. Im Bildungswesen hat das Hocharabische nach dem Ende der Kolonialzeit überall an Bedeutung gewonnen. Auch beim Arabischunterricht geht es natürlich in erster Linie darum, neue Fähigkeiten und Kenntnisse zu vermitteln, aber auch darum, den Dialekten, die den Volksmassen in der Kolonialzeit als Umgangssprache dienten, ein modernes Hocharabisch zur Seite zu stellen: eine Verkehrssprache für den Dialog zwischen Arabern verschiedener Herkunft und eine Weltsprache, die in den internationalen Institutionen als solche anerkannt wird. Doch diese Aufgeschlossenheit zeigt sich nicht nur in der Durchsetzung des Hocharabischen, die dem allgemeinen Trend zum Unterricht in den Nationalsprachen folgt, sondern auch darin, daß die Sprachen der ehemaligen Kolonialmächte auch weiterhin gepflegt werden – Sprachen, die nützlich sind, wenn man mit anderen Kulturen kommunizieren will, angefangen bei den nichtarabischen Kulturen der islamischen Welt. Im Maghreb zum Beispiel wurde nie so intensiv Französisch unterrichtet wie nach dem Erlangen der Unabhängigkeit. In der Anfangsphase ließ das Niveau dieses Unterrichts vielleicht noch zu wünschen übrig, aber es mußte damals auch schnell gehandelt werden, und eine flächendeckende Beschulung sollte ja gerade dazu beitragen, daß eines Tages überall gute Lehrer zur Verfügung stünden.

Insgesamt läßt sich sagen, daß beachtliche Anstrengungen unternommen wurden, um ein aus der Kolonialzeit stammendes Erziehungssystem in ein Instrument der Massenbildung umzuwandeln und in diesem neuen Rahmen den zukunftsweisenden Fächern den Vorrang zu geben. Sicherlich gibt es noch Unzulänglichkeiten, insbesondere was das Verhältnis zwischen Neuerung und Tradition betrifft, aber kulturelle Gewohnheiten lassen sich eben nicht von heute auf morgen umkrempeln. Außerdem kann die intensive Heranbildung von Technikern nicht im luftleeren Raum erfolgen. Sie ist in jeder Phase der Entwicklung vom Stellenangebot der Wirtschaft und von den qualitativen und quantitativen Fortschritten im Schulsystem abhängig, und oft genug muß sich dieses Schulsystem vor allem der gewaltigen und dringlichen Aufgabe der Alphabetisierung widmen. Das alles verursacht sehr viele Schwierigkeiten, aber es läßt sich nicht bestreiten, daß die islamischen Länder diese mit großer Entschlossenheit angehen.

3. Aufstieg und Niedergang des Sozialismus

Da die Planung der Zukunft vor allem in den Händen des Staates liegt, ist es nötig, die Regierungsformen der heutigen muslimischen Welt zu untersuchen. Eine eingehende Darstellung der verschiedenen Länder und ihrer politischen Regime würde den Rahmen dieses Buches sprengen. Es kann nur ein knapper Überblick gegeben werden – zunächst über die im eigentlichen Sinne muslimischen Länder, dann über die Länder, in denen der Islam mit anderen gesellschaftlichen und kulturellen Systemen zusammenlebt. Abschließend sollen die gemeinsamen Merkmale herausgearbeitet werden.

Der Islam der Monarchien

Die Monarchie erscheint heute vielen Beobachtern nur noch als ein isoliertes Phänomen. Libyen, Afghanistan und der Iran sind seit längerem ins Lager der Republiken gewechselt. Und selbst dort, wo die Monarchie sich behauptet, muß sie ihre traditionellen, geschichtlich gewachsenen Strukturen teilweise aufgeben. Das gilt für Jordanien und besonders auch für Marokko; ein Land mit einer starken geistigen Elite, in dem eine selbstbewußte Monarchie die innere Ordnung durch ein strenges Überwachungssystem zu sichern versucht und zugleich die Wirtschaft des Landes auf Grundlage der industriellen Hinterlassenschaft der Kolonialzeit weiterentwickelt. Es gilt auch für die Golfemirate und für Saudi-Arabien, wo die Anwendung des islamischen Rechts mit einem radikalen Kapitalismus einhergeht und der wachsende Wohlstand mit den alten Gesellschaftsformen der Stammeskultur in Einklang zu bringen ist. Diese Verbindung von traditionellem Islam und neuem Zeitgeist ist wohl eher ein Nebeneinander als ein Miteinander, aber man darf nicht vergessen, daß Saudi-Arabien daneben tatsächlich auch ein Zentrum der Verbreitung des islamischen Glaubens ist; weltweit wird der Bau von Moscheen mit Ölgeldern finanziert, und die Imame, die in den heiligen Städten des Königreiches ausgebildet werden, predigen auf allen Kontinenten. Gegenüber dem von Autodidakten verkündeten Islamismus betont der strenge Wahhabismus des saudischen Königreiches, daß fundierte theologische Kenntnisse unverzichtbar sind, und der König selbst legte 1986 den Titel »Hoheit« ab, um sich »Diener der beiden heiligen Stätten des Islam« zu nennen – eine wohlbedachte Anspielung auf den Titel der alten Kalifen. Das Beispiel der 1979 gestürzten iranischen Monarchie hat einfach zu deutlich gezeigt, wie gefährlich es ist, wirtschaftliche und gesellschaftliche Modernisierungsmaßnahmen mit offener Feindschaft gegenüber den islamischen – in diesem Fall schiitischen – Institutionen zu verbinden. Sofern sie ihre Herrschaft durch eine geschichtliche Tradition legitimieren, die auf dem Islam beruht, können die heutigen Monarchien den islamischen Protestbewegungen wohl wirksamer begegnen als die Republiken. Ob dies allerdings auch in Zukunft so sein wird, bleibt abzuwarten.

Nassers Ägypten war der erste Staat, in dem der Islam eine Verbindung mit dem Sozialismus einging. Das Land hatte es verstanden, seine politische Unabhängigkeit herzustellen, und nun strebte es danach, aus eigener Kraft zu leben. Der Suezkanal, der große Staudamm von Assuan, die Sozialwohnungen in Kairo, das Neuland, das der Wüste zwischen der Hauptstadt und Alexandria abgerungen wurde, die urbanen Zentren entlang des Nils – das alles sind Symbole für den Fortschritt in den Entwicklungsländern. Um seine Ziele zu erreichen, setzte Ägypten auf einen Sozialismus eigener Prägung, der weder dem westlichen noch dem marxistischen Modell verpflichtet war. Er sollte der arabischen Identität gerecht werden und vor allem die nationale und menschliche Würde eines Volkes wiederherstellen, das zu lange vom Ausland und von der eigenen Oberschicht beherrscht worden war. Das Doppelbekenntnis zu Sozialismus und Arabismus galt, über alle Ähnlichkeiten oder Gegensätze hinweg, auch in anderen Ländern: im 1962 neu entstandenen, ehrgeizigen Algerien, einem Land mit prosperierendem Ackerbau und reichen Ölvorkommen, das 500 Kilometer weit über den Wendekreis des Krebses hinaus ins Innere des afrikanischen Kontinents vordringt; in Syrien, einem alten Agrarland, das sich aber ebenfalls der Industrialisierung verschrieben hatte; schließlich im Irak, wo – von der Außen- und Innenpolitik bis zu den Versuchen, die großen Ströme zu zähmen – vieles an Ägypten erinnerte, obwohl die Entwicklung des Landes an Euphrat und Tigris natürlich auch mit dessen Besonderheiten zusammenhing: mit der Ölförderung, den Problemen der kurdischen Minderheit und der Nachbarschaft zum iranischen Kulturkreis, die nicht nur in der Kunst durchscheint, sondern auch im hohen Anteil der Schiiten an der irakischen Bevölkerung.

Eine Sonderstellung im arabischen Raum nahm der Südjemen ein, der sich eindeutig im sozialistischen Lager positionierte. Eigene Wege ging auch Libyen. Dieses riesige, aus den drei historischen Landschaften Tripolitanien, Cyrenaika und Fessan bestehende Land, in dem die Nomaden nach dem Abzug der Italiener wieder bis zur Küste vordrangen, verfügt über große Erdölvorkommen und scheint zumindest im Grenzbereich zu Tunesien offen für die liberalen Tendenzen des Nachbarstaates. Aber was Libyen vor allem charakterisiert, ist ein politisches Modell, in dem soziale Gerechtigkeit und sozialer Fortschritt als genuin islamische Tugenden interpretiert werden.

In der Geschichte der islamischen Welt stellt der Sozialismus jedoch nur eine Etappe dar. Nach der Befreiung von den Kolonialmächten diente er als Mittel zum Aufbau des Staates, aber sein wirtschaftliches Entwicklungspotential war schnell erschöpft. Schon in den siebziger Jahren wird in Ägypten Sadat zum Vorreiter einer neuen Politik der wirtschaftlichen Öffnung. Die Entfaltung einer Zivilgesellschaft, die zu lange vom Polizeiapparat unterdrückt worden war, setzte die Einführung der freien Marktwirtschaft voraus. Im Rahmen eines Mehrparteiensystems mit einer unverhohlen starken Präsidialgewalt fand Ägypten unter Mubarak zu einer – eingeschränkten – Meinungsfreiheit zurück. Auch in Syrien und im Irak gab es Ende der achtziger Jahre zaghafte Ansätze zu einer wirtschaftlichen Umorientierung, während Algerien bei der Einführung eines pluralistischen Systems unter dramatischeren Umständen noch weiter ging, schließlich aber auch starke Rückschläge hinnehmen mußte. Im Jemen ging die Vereinigung zwischen dem Norden und dem Süden mit einer Abwendung vom Marxismus einher, der im Süden lange Zeit als offizielles politisches Credo gegolten hatte.

Seit dem Untergang der Sowjetunion werden die sozialistischen Experimente arabischer Staaten nicht mehr aus dem Ausland unterstützt. Die Globalisierung drängt die Länder immer mehr zum Aufbau eines liberalen Wirtschaftssystems. Aber die Regierungen versuchen, diese Entwicklung aufzuhalten. Die Führungsschichten erheben Anspruch auf die wirtschaftlichen Ressourcen ihrer Länder und dulden keine Konkurrenten, die neben ökonomischen auch politische Ziele verfolgen könnten. Häufig weicht die Hoffnung auf einen demokratischen Regierungswechsel der ernüchternden Feststellung, daß die Macht auch in Republiken nach dem Prinzip der Erbfolge weitergegeben wird.

Islam und Laizismus

In der Türkei vollzog sich mit dem Laizismus die Trennung von Islam und Staat – zwei Kräfte, die bis dahin eng verbündet waren. Durch Gesetze und Verordnungen schaffte Mustafa Kemal den Schleier und die religiösen Gerichte ab, übernahm das lateinische Alphabet sowie den Gregorianischen Kalender und führte nach europäischem Vorbild Gesetzbücher und Familiennamen ein. Damit wurde der Laizismus eine der Grundlagen der modernen Türkei. Dennoch blieb der Islam auf dem Land und in manchen Städten wie Bursa sehr lebendig, und schon in den Jahren 1950 bis 1960, in denen die Religion wieder Einfluß auf das öffentliche Leben gewann, hat er weitgehend zum Erfolg der Demokratischen Partei beigetragen. Der Sturz der diktatorischen Regierung Dschelal Bayar/Menderes 1960 und die ein Jahr später erfolgende Verabschiedung einer neuen, dem Werk Atatürks treu bleibenden Verfassung haben die Lebensfähigkeit des türkischen Laizismus bewiesen. Nach den Unruhen in den siebziger Jahren machte die Armee durch einen Staatsstreich deutlich, daß sie am Erbe Kemal Atatürks festzuhalten gedachte, und führte erst nach einer Übergangszeit die Demokratie wieder ein. Heute ist der Islam in der Türkei lebendiger denn je, aber zugleich will das Land als Vollmitglied in die Europäische Union aufgenommen werden und stellt damit seine laizistische Linie unter Beweis. Zu diesem sehr autoritären Laizismus gesellt sich ein radikaler Nationalismus, der die ethnische Vielfalt des Landes nicht anerkennt und – selbst auf die Gefahr hin, dadurch einen möglichen EU-Beitritt zu verspielen – nahezu ausschließlich auf das Mittel der Unterdrückung setzt.

In der Türkei ist der Laizismus am stärksten ausgeprägt, aber laizistische Tendenzen, die zu einem Konflikt mit dem Islam führen können, gibt es auch in anderen muslimischen Staaten. Von den Verfassungstexten bis zur Regierungspraxis deutete vieles einige Zeit lang darauf hin, daß der Islam in diesen Staaten an Boden verlor, daß er mit den Gemeinschaften, die er hervorgebracht hatte, zwar vereinbar blieb, aber nicht mehr als ihr einziger Motor fungierte. Der aus Europa stammende Sozialismus lieferte dafür den besten Beweis. Aber andererseits haben sich etliche Regierungen auch auf den Islam berufen, um ihre Politik zu rechtfertigen, und in vielen

Ländern wird das islamische Recht (Scharia) wieder zur wichtigsten Gesetzesquelle, vor allem im Bereich des Persönlichkeitsrechts. Der Islamismus der siebziger und achtziger Jahre hat im Namen einer zu bewahrenden Authentizität gefordert, man solle im Einklang mit der eigenen Tradition und der eigenen Kultur leben. Doch ist alles eine Frage der Interpretation: Diejenigen, die Religion mit einer starren Anwendung von Regeln und Geboten gleichsetzen und sich dabei über den Geist dieser Vorschriften und die von diesem Geist ausgehende Spiritualität hinwegsetzen, sind vielleicht weiter von der islamischen Tradition entfernt als diejenigen, die eine flexiblere Anwendung der religiösen Vorschriften empfehlen, um den Anforderungen der Moderne und dem Anspruch auf individuelle Freiheiten gerecht zu werden.

Der Islamismus

Der Islamismus, die Benutzung des Islam als Mittel der Politik, ist keine neue Erscheinung. Schon im ausgehenden 18. Jahrhundert machten die osmanischen Sultane von ihm Gebrauch, um sich gegen die Vorstöße des imperialistischen Europa zu wehren. Später prägte er auch den Reformislam und ab 1930 die Bewegung der Muslimbruderschaft. Doch in der arabischen Welt, die neben Pakistan zu seinen wichtigsten Zentren gehörte, mußte er dem arabischen Nationalismus und dem Sozialismus weichen, die ihn durch den Erfolg ihrer neuen Ideen und mit Hilfe von Polizeigewalt in den Untergrund trieben. Als diese beiden Bewegungen allerdings einen Teil ihres Programms umgesetzt hatten und zugleich zur Legitimationsbasis autoritärer Regime geworden waren, verloren sie ihren revolutionären Charakter, und so blieb als einzige Protestdoktrin wiederum nur der Islamismus.

Man muß allerdings zwischen verschiedenen Formen des Islamismus unterscheiden. Die weltweit aktiven saudischen Prediger wollen – mit Hilfe von Erdöleinnahmen – den Wahhabismus verbreiten, dessen Wirkungskreis sich lange Zeit auf die Arabische Halbinsel beschränkte. Diese Missionstätigkeit ist das Werk von Theologen, die in den heiligen Städten ausgebildet wurden, und ihre Lehre ist keineswegs revolutionär. Vielmehr zeigt sie die Sehnsucht nach einer Zeit, als das islamische Gesetz noch das Gesetz des Staates war und die Geistlichen als Berater des Fürsten fungierten.

Von ganz anderer Art ist der Islamismus in den großen sunnitischen Ballungszentren. Hier waren Theoretiker wie Sayid Qutb oder der Pakistani Abu Ali al-Mawdudi am Werk, die sich ihre theologische Bildung im Selbstunterricht angeeignet hatten und die Unterwürfigkeit der Geistlichen gegenüber den Machthabern scharf verurteilten. Ihre Lehre ist radikal. Sie entwirft das utopische Modell einer Gesellschaft, aus der jede Form von Politik verbannt wird und in der einzig und allein das Gesetz Gottes gilt. Ihre Schüler mischen die utopischen Ideale und die islamistisch umgepolten marxistischen Konzepte des Proletariats und der Revolution zu einem ideologischen Gebräu, dessen innere Stimmigkeit und dessen Zusammenhang mit dem klassischen Islam nicht immer ersichtlich sind. Diese Strömung, die in der Welt des sunnitischen Islam allgegenwärtig ist, hat es bis jetzt aber noch nirgends geschafft, die Macht zu ergreifen, auch wenn sie in der Gesellschaft eine gewisse Rückkehr zu den Normen des Islam durchgesetzt hat und auf die westlichen Medien einen großen Eindruck macht. Um sich gegen diesen Islamismus zu wehren, schreckte ein Land wie Syrien nicht vor Repressalien zurück, die Tausende von Opfern forderten. Algerien folgte dem syrischen Beispiel, allerdings mit deutlich weniger Erfolg. Eine Zeitlang unterstützte der Westen großzügig die muslimischen »Freiheitskämpfer« in Afghanistan. Aber aus dem *dschihad* gegen die Sowjetunion entwickelte sich in den neunziger Jahren ein blutiger Kampf gegen die westliche Vorherrschaft in der gesamten muslimischen Welt. Seine Netzwerke erweiterten ihren Aktionsradius auf die westlichen Länder, und das 21. Jahrhundert beginnt mit einem Krieg gegen den Terror, dem seine Basis in Afghanistan entzogen wurde und der sich daher in den Strukturen der globalisierten Welt eingerichtet hat (Al-Qaida).

Davon zu unterscheiden ist der revolutionäre Schiismus. Zunächst ist er aus einer ganz anderen theologischen Tradition hervorgegangen. Im Lauf der Jahrhunderte haben die großen schiitischen Ulemas, die *mudschtahid*, mehr und mehr sich selbst die Funktionen zugesprochen, die bis dahin dem verborgenen Imam vorbehalten waren: das Recht, die Texte zu deuten, und eine Vorbildfunktion für die Gläubigen. Das einzige, was ihnen fehlte, ist die Unfehlbarkeit. So ist der Geistliche (*faqih*) zu einer Art Abgesandten des verborgenen Imams geworden, zu einem »Vize-Imam« (*naib al-imam*). Schon zu Beginn des 20. Jahrhunderts forderten die Geistlichen im Iran das Recht ein, zu überprüfen, ob die staatlichen Gesetze auch mit dem Islam im Einklang stünden. Doch die Pahlewis haben diese Forderung zurückgewiesen und die Autorität der Geistlichen drastisch eingeschränkt.

Im Irak standen die schiitischen Geistlichen in einem gefährlichen Konkurrenzverhältnis zu den Kommunisten. Sie reagierten auf diese Situation, indem sie eine breit angelegte Gesellschafts- und Wirtschaftsdoktrin ausarbeiteten, die sowohl den Kapitalismus als auch den Kommunismus verwarf. In den sechziger Jahren entwikkelten der irakische Ayatollah (*mudschtahid*) Baqr al-Sadr und der als Gegner des Schah im Exil lebende iranische Ayatollah Khomeini bei einem Treffen in der heiligen Stadt Nadschaf eine neue politische Theorie (*wilayat al-faqih*), die das islamische Gesetz über alle Handlungen der Menschen stellte. Dieses Gesetz könne aber nur von denen umgesetzt werden, die dazu befähigt seien, nämlich von den Geistlichen. Der islamische Staat der Zukunft wird als eine Art konstitutionelle Theokratie definiert: Auf der einen Seite befindet sich der Vize-Imam (der schnell einfach Imam genannt wird), er wird von einem Rat gelehrter Geistlicher ernannt und legt als Oberhaupt der gesamten islamischen Gemeinde die Richtlinien der staatlichen Politik fest. Auf der anderen Seite befindet sich die Staatsmacht, ein mit weitreichenden Befugnissen ausgestattetes Parlament und ein Präsident der Republik, die die Vorgaben des Imam in die Tat umsetzen. Es kann mehrere islamische Republiken geben, aber es gibt nur einen Imam.

Abgesehen von dieser Festschreibung der Lehre gelang es der Gruppe von Nadschaf, im Untergrund Netzwerke von Geistlichen und Laien aufzubauen, die die Masse der iranischen »Entrechteten« anführen sollten. Sie verstanden es, den emotionalen Gehalt der schiitischen Religion geschickt zu kanalisieren und in den damaligen Geschehnissen die für ihre Religion prägende Tradition des Märtyrertums wiederaufleben zu lassen. Als das imperiale System des Iran in einer Vertrauenskrise steckte, gelang es den schiitischen Revolutionären, sich an die Spitze der Protestbewegung zu setzen und die Macht zu ergreifen.

Die islamische Revolution sollte ursprünglich in die gesamte islamische Welt hineingetragen werden. Doch andere islamistische Strömungen, vor allem der Wahhabismus, erkannten diesen Anspruch nicht an, weil er mit wesentlichen Elementen des sunnitischen Glaubens kollidierte. Die Verehrung der Imame zum Beispiel stellt den Glauben an die Einzigkeit Gottes in Frage. Der grausame Krieg zwischen dem Irak und dem Iran stoppte die Ausbreitung der Bewegung, die nur noch im vom Krieg gebeutelten Libanon auf fruchtbaren Boden fiel. In den neunziger Jahren verlor die Islamische Republik ihren revolutionären Charakter und ließ einen gewissen Pluralismus zu. Die Auseinandersetzungen zwischen den Konservativen und den Reformern gehen mit neuen theologischen Denkansätzen einher, die im 21. Jahrhundert einen wesentlichen Einfluß auf den Islam ausüben könnten.

Der Islamismus darf nicht darüber hinwegtäuschen, daß der Islam auch noch in anderen Formen fortbesteht. Nach wie vor beeinflußt zum Beispiel die modernistische Strömung die Amtsführung zahlreicher Regierungen, und in vielen Ländern sind die Bruderschaften ein fester Bestandteil der Volkskultur, auch wenn das den westlichen Medien entgeht, deren sorgenvolle Aufmerksamkeit einzig und allein der »Bedrohung durch die Fundamentalisten« gilt.

Islam und Kommunismus

Lange Zeit kaschierte der Kommunismus das Fortbestehen der islamischen Kultur in den Ländern, die er beherrschte. In China ließ der Islam viel Raum für die Sitten und Bräuche des Landes – von der Pagodenmoschee über den Genuß von Schweinefleisch bis zum Ahnenkult. Die Kulturrevolution hatte dem Islam einen schweren Schlag versetzt, aber in der danach einsetzenden »liberalen« Periode scheint sich die Religion vom Schock erholt zu haben. Die Zahl der Gläubigen läßt sich nur schwer schätzen. 1997 soll es in China angeblich neun Millionen chinesischsprachige und achtzehn Millionen türkisch- und iranischsprachige Muslime gegeben haben. Bei den Letztgenannten verbinden sich die religiösen Forderungen mit den im Pekinger Machtbereich von vielen nichtchinesischen Völkern gestellten Forderungen nach nationaler Eigenständigkeit.

In Europa trat der Islam nach dem Zusammenbruch der kommunistischen Regime auf dem Balkan vor allem in Albanien, Bosnien und Herzegowina sowie in Bulgarien wieder auf den Plan. Die wiedererwachten religiösen Gefühle sind echt, aber die Zugehörigkeit zum Islam kann – besonders im Bürgerkrieg – auch zu einem Merkmal der nationalen Identität umfunktioniert werden.

Wie die europäischen Kolonialreiche war auch die Sowjetunion – mit ihren Muslimen im Kaukasus, in Zentralasien, im Südural und am Mittellauf der Wolga – zu einer Bastion des Islam geworden. Zu Beginn der sowjetischen Ära gab es sogar einen revolutionären Islam: In den Jahren 1917 bis 1928 träumte Sultan Galiev davon, die sowjetischen Muslime in einem eigenen Staat zusammenzuführen, den Islam mit dem Marxismus zu verbinden und mit diesem Modell ein Vorbild für alle künftigen Revolutionen in Asien zu liefern. Die Konflikte der Stalinzeit, die Säuberungen und die Deportationen (vor allem die Deportation der Krimtataren, die der Kollaboration mit den Deutschen beschuldigt wurden), der strenge Laizismus und die antireligiöse Propaganda sowie der wachsende Einfluß der russischstämmigen Bevölkerung bis in die Republiken Zentralasiens hinein und schließlich die Fortschritte in Erziehung, Sozialpolitik und Technik – all das wirkte sich negativ auf den Zusammenhalt der traditionellen islamischen Gemeinschaft aus, die ein Rädchen im Getriebe der sowjetischen Gesellschaft werden mußte, um zu überleben. Das ganze Leben spielte sich in der sowjetischen Welt ab; Kontakte zu Muslimen im Ausland waren stark eingeschränkt. Die spezifisch muslimische Lebensart spielte nur noch im privaten Bereich eine Rolle, auch wenn sie stark genug blieb, um die Vermischung der Bevölkerungen – insbesondere durch Mischehen – zu verhindern.

Durch das Wachstum der muslimischen Bevölkerung in der vom Geburtenrückgang betroffenen Sowjetunion wurde der europäische Einfluß immer mehr zurückgedrängt. Die eher aufgedrängte als eingeforderte politische Unabhängigkeit hat diesen Trend sogar noch verstärkt. Die muslimischen ehemaligen Sowjetrepubliken weisen heute alle Merkmale souveräner Staaten auf und entwickeln nationalistische Tendenzen, die sie gegeneinander aufbringen könnten. Allmählich kehren diese Länder, deren Wirtschaft und Politik immer noch sowjetisch geprägt sind, in den Schoß der islamischen Welt zurück; sie betreiben eine konservative Reislamisierung der Gesellschaft, versuchen den offiziellen Islam in ihren Machtapparat einzugliedern, um ihn besser kontrollieren zu können, und müssen gegen den radikalen, aufsässigen Islam der Protestbewegungen ankämpfen.

4. Der Islam im Zusammenleben mit anderen Kulturen

Die meisten Länder, die wir soeben betrachtet haben, gehören seit geraumer Zeit zu den sichersten Heimstätten des Islam, jedenfalls sind es Gebiete, in denen er bis in jüngere Zeit unbestritten die Vorherrschaft hatte, das heißt bis er mit von außen kommenden Ideologien wie Laizismus, Sozialismus und Kommunismus konfrontiert wurde. In anderen Ländern jedoch sind die Muslime – ebenfalls seit geraumer Zeit – daran gewöhnt, mit anderen Gesellschaften und Kulturen zusammenzuleben.

Der Libanon

Der Libanon war lange Zeit ein Musterbeispiel für ein solches Zusammenleben. Seine Bevölkerung besteht etwa zur Hälfte aus Muslimen und zur Hälfte aus Christen verschiedener Konfessionen und bildet ein Mosaik von Gruppen, deren jede für sich in der Minderheit ist, die aber alle im öffentlichen Leben zu Wort kommen. Seit dem Zweiten Weltkrieg ist diese Tradition in einem parlamentarischen System verankert, dessen Grundlage der konfessionelle Proporz ist. 1958 gefährdete eine erste Krise die nationale Einheit, und lange mußte man befürchten, daß sie im Bürgerkrieg endgültig zerbrechen würde. Aber trotz aller Krisen erinnert der Libanon ständig daran, wozu ihn seine besondere Lage prädestiniert: Seit jeher ist er ein Zufluchtsland für Menschen, und er kann und will sich weder vom arabischen Nahen Osten lösen noch von Europa, mit dem ihn die lange Tradition französischer Kultur und der Einfluß der Christen römischen Glaubens, besonders der Maroniten (etwa ein Drittel der Bevölkerung), verbinden. Die heutige Situation des

Libanon ist durch drei Grundsatzentscheidungen gekennzeichnet: Erstens ist er eine Brücke zwischen Europa und der arabischen Welt, aber seine grundsätzliche Zugehörigkeit zur letzteren wird dadurch nicht in Frage gestellt; das zeigt schon die Tatsache, daß die ungelöste Palästinafrage immer noch das Hauptproblem des Libanon darstellt. Zweitens entscheidet er sich für den Fortschritt, aber nicht mehr für den Fortschritt, dem er sich früher verpflichtet fühlte, den Fortschritt eines allzu liberalen Wirtschaftssystems, in dem die breite Masse, ob christlich oder muslimisch, nicht am Wohlstand beteiligt wird. Und drittens scheint der Konfessionalismus immer mehr hinter den Patriotismus und die Sorge um die nationale Einheit zurückzutreten. Denjenigen, die auf die Kämpfe zwischen den Konfessionen im Bürgerkrieg hinweisen, muß man entgegnen, daß es eben gerade gilt, diese Konflikte zu überwinden, um im Libanon eine solidarische Gesellschaft aufzubauen, die aufgrund der Trennung zwischen Staat und Religion auch zum Vorbild für ein künftiges Palästina werden könnte.

Der indische Subkontinent

Ein weiteres Beispiel für das Zusammenleben des Islam mit anderen Religionen liefert der indische Raum, wo die Verschmelzung verschiedener Kulturen die Regel ist. Wird dieser Trend zum Synkretismus die heutige Gliederung des Subkontinents in drei Staaten überleben? Man könnte sehr vereinfacht sagen, daß die etwa 120 Millionen Muslime, die in Indien geblieben sind (rund zwölf Prozent der Bevölkerung) die Tradition der friedlichen Auseinandersetzung mit anderen Kulturen fortführen, während die pakistanischen Muslime, die sich in einem islamischen Staat zusammengeschlossen haben, genau dadurch ihren Zusammenhalt und in gewissem Sinn ihre Unbeugsamkeit beweisen wollen.

Doch das ist wohl allzu schematisch gedacht. Die Teilung – oder die Trennung, wenn man so will – schuf eine viel komplexere Situation. Während viele indische Muslime sich als Minderheit immer stärker an den Islam klammern, über den sie sich definieren, zeigte sich Pakistan zwischenzeitlich offen für Einflüsse aus aller Herren Länder. Auf den Spuren Iqbals bekannte es sich zu Glauben, Fortschritt, sozialer Gerechtigkeit und Toleranz und war aufgeschlossen für die moderne Welt wie für die verschiedenen Religionen des Westens und Indiens. Und außerdem gibt es neben der Sprache Pakistans, dem Urdu, in Bangladesh die Sprache Tagores, das spezifisch indoarische Bengali, das durch seine Schrift und durch seine reiche literarische Vergangenheit dem unvergänglichen Indien zugehört.

Wir müssen also diesen Islam im Rahmen des gesamten Subkontinents beurteilen; das ist umsichtiger und entspricht weit mehr seiner großen Tradition. Wenn die Probleme von heute, vor allem die Kaschmirfrage, gelöst sind, dann wird dem Islam in Indien vielleicht noch eine große Zukunft bevorstehen. Allerdings muß man aus heutiger Sicht darauf hinweisen, daß die Radikalisierung der Muslime und der Hindus in der Weltöffentlichkeit mit wachsender Sorge wahrgenommen wird, zumal Indien und Pakistan heute über Atomwaffen und Trägerraketen verfügen.

Die malaiische Welt

Die malaiische Welt ist gewissermaßen ein Ableger oder eine »Erweiterung« Indiens. Im Zentrum dieser Vielzahl von Inseln und Landzungen liegen Malaysia (58 Prozent Muslime) und Indonesien (87 Prozent Muslime). Muslimische Minderheiten findet man auf den Philippinen (fünf Prozent von 77 Millionen), in Birma (vier Prozent von 47 Millionen), in Thailand (3,5 Prozent von 62 Millionen) und in Kambodscha (2,5 Prozent von 13 Millionen). Insgesamt sind das etwa 200 Millionen Menschen. Den Zahlen nach ist der Islam hier also ebensostark vertreten wie in den arabischen Ländern, und tatsächlich ist er in Malaysia Staatsreligion. Aber wichtiger ist, daß es sich, vor allem in Indonesien, um einen äußerst »gastfreundlichen« Islam handelt, oder richtiger gesagt: um einen Islam, der sich im Haus eingerichtet hat, ohne dessen erste Bewohner, den Animismus und den Hinduismus, daraus zu vertreiben.

Es finden also auch hier Vermischungen und Begegnungen statt, und diese Tradition lebt heute noch weiter, denn das moderne Indonesien hat den Islam in den Rahmen der fünf großen Prinzipien der Republik miteinbezogen: Glaube (bei Gewissensfreiheit),

Nation, Demokratie, soziale Gerechtigkeit und Kultur. Hervorzuheben ist vor allem der Status der Frau. In Indonesien sind Polygamie und Schleier fast überall verbannt, Frauen finden in großer Zahl Zugang zu Bildung und verantwortlichen Positionen, was sich für die Zukunft des indonesischen Islam gewiß als wertvoll erweisen wird. Innerhalb der islamischen Welt ist Indonesien ein mächtiges Land – bei der jährlichen Pilgerfahrt nach Mekka sind die Indonesier immer in großer Zahl vertreten –, und dem Gastgeber der Bandungkonferenz von 1955 kommt auch innerhalb der Entwicklungsländer insgesamt eine besondere Rolle zu. Zum Teil ist es sicher auf die Nähe dieses mächtigen muslimischen Staates zurückzuführen, daß der Islam auch auf den Philippinen zu einem wichtigen politischen Faktor geworden ist. Das Problem, das sich heute vor allem stellt, betrifft die innere Situation des Landes: Wird der zahlenmäßig überlegene Islam, der sich so stark in das politische Leben des Landes zu integrieren wußte, in der Lage sein, diesem zwischen Java und Sumatra, zwischen Tradition und Moderne hin und her gerissenen Land, den inneren Zusammenhalt zu geben, den es braucht?

Der Islam in Schwarzafrika

In Afrika südlich der Sahara leben etwa 150 Millionen Muslime, davon fast 40 Prozent allein in Nigeria, der Hochburg des »schwarzen Islam«, während der Rest sich etwa gleichmäßig auf den Westen und den Osten des Kontinents verteilt: In Mauretanien, Senegal, Mali, Guinea, Niger und Somalia wird er von der Mehrheit oder der Gesamtheit der Bevölkerung praktiziert, in Gambia, Nigeria und dem Tschad etwa von der Hälfte, sonst ist er überall in der Minderheit. So stellt er zum Beispiel in Äthiopien ein Viertel oder ein Drittel der Gesamtbevölkerung und in Tansania etwa ein Sechstel. Der Sudan nimmt eine besondere Position ein: Ein Viertel seiner Bewohner, etwa drei Millionen Menschen, hält im Süden an den lokalen Sprachen, dem Animismus oder dem Christentum fest, während der muslimische Norden sprachlich und kulturell vom nördlichen Niltal oder vom gegenüberliegenden Ufer des Roten Meeres beeinflußt ist, was immer wieder zu Konflikten und Bürgerkriegen führt. Der Sudan, das Land einer »africanité sans négritude« (J. Berque), einer Rückbesinnung auf afrikanische, aber nicht unbedingt schwarzafrikanische Wurzeln, ist Mitglied der Arabischen Liga.

Angesichts der Vielfalt seiner Strömungen ist es schwierig und in jedem Fall zu früh, konkrete Aussagen über die Zukunft des afrikanischen Islam zu treffen. So läßt sich zum Beispiel nicht voraussagen, wie sich das traditionelle System der Bruderschaften (Tidschaniten, Qadiriten) entwickeln wird. Manche Länder und Schichten wollen es bewahren, andere bekämpfen es, und wieder andere versuchen, es den Anforderungen der Moderne anzupassen. Ein berühmtes Beispiel sind die Muriden im Senegal, die in diesem Land die Hälfte der Erdnußproduktion kontrollieren.

Obwohl der Islam manchmal zum Kennzeichen einer unbestreitbaren Arabisierung wird, achtet er das alte Erbe Afrikas und auch seine aktuellen Interessen. Eines ist sicher: Der »tolerante und offene« afrikanische Islam, der »der Frau, der Mutter, einen hervorragenden Platz einräumt«, ist demographisch und missionarisch in voller Entfaltung und wird die Zahl seiner Anhänger weiter erhöhen.

Gemeinsame Merkmale

Abschließend soll ein Überblick über die Merkmale gegeben werden, die den islamischen Ländern, aber darüber hinaus auch vielen weiteren Entwicklungsländern gemeinsam sind. In allen Gesellschaften gibt es den Gegensatz zwischen der Moderne, die oft als Anbiederung an den Westen gilt, und dem Kulturerbe, das allzuhäufig mit Authentizität gleichgesetzt wird. Der Islam fungiert sicherlich als Bindeglied zwischen vielen Ländern, aber das darf nicht darüber hinwegtäuschen, daß das Prinzip der Nationalstaatlichkeit sich überall durchgesetzt hat. Erneuerung und Weiterentwicklung waren die großen Herausforderungen in der zweiten Hälfte des 20. Jahrhunderts. Die Massenbewegungen predigten Fortschritt und soziale Gerechtigkeit, und trotz der Enttäuschung und Ernüchterung, die sich am Ende des Jahrhunderts eingestellt hatte, sollte man nicht vergessen, was damals alles erreicht wurde: ein deutlicher Anstieg der Lebenserwartung, eine Senkung der Analphabetenquote insbesondere unter den jungen Generationen und eine größere Handlungsfähigkeit des Staates.

Die unmittelbare Folge dieser Entwicklung war der Aufstieg der autoritären Regierungsformen. Außer in einigen wenigen Ländern wurde die parlamentarische Demokratie schon kurz nach der Unabhängigkeit durch ein Präsidialregime oder eine Diktatur ersetzt. Diese Regime führten den Staat mit starker Hand. Alle Macht sollte in den Händen einer Einzelperson, einer Regierung oder einer Partei vereinigt sein, in der das Volk seine eigenen Ziele, Hoffnungen und Abneigungen wiedererkennen konnte. Der erste indonesische Staatspräsident Sukarno hatte es 1957 treffend formuliert: »Wir haben ein falsches System benutzt, den Regierungsstil, den wir als westliche Demokratie bezeichnen ..., eine aufgepfropfte Demokratie, die nicht im Einklang mit der Seele der Nation steht.«

Diese Regime geraten heute immer mehr unter Druck. Es besteht allerdings die Gefahr, daß sie nicht etwa durch eine liberale Demokratie ersetzt werden, die im Prinzip mit dem Islam durchaus vereinbar wäre, sondern durch Regierungen, die auf einer Radikalisierung jener Ressentiments aufbauen, die durch die ungezügelte Globalisierung und das manchmal verantwortungslose Verhalten der amerikanischen Weltmacht heraufbeschworen werden.

5. Der kulturelle Wandel

Eine Nation ist sowohl eine historisch gewachsene Einheit als auch eine Gemeinschaft, die in der Gegenwart lebt. Was sie zusammenhält, ist die Erinnerung, aber auch das tägliche Streben nach Wohlstand und Gerechtigkeit. Sie muß also einerseits wiederentdeckt und andererseits aufgebaut werden. Auf beiden Ebenen, jener der Vergangenheit wie jener der Gegenwart, spielt der Islam in den hier behandelten Staaten nach wie vor eine wichtige Rolle, die allerdings von Nation zu Nation variieren kann, je nachdem, wie lange er sich in der betreffenden Nation schon etabliert hat.

Für Nationen wie die der Araber, der Iraner und der Türken, die den Islam schon lange kennen, gehört er unbestreitbar zu den wesentlichen Bestandteilen der eigenen Geschichte. Zugleich mit ihrer Vergangenheit entdecken und verherrlichen diese Völker zwangsläufig auch den Islam. So haben zum Beispiel Taha Husain (1889-1973) und Taufiq al-Hakim (1898-1987), zwei große Vertreter der modernen arabischen Literatur, in ihren Dramen und Erzählungen die frühen Sternstunden des Islam besungen.

Zu Gegensätzen kommt es erst, wenn die Religion in die Bemühungen um die soziale Erneuerung hineinreden will. In diesen Fragen gehen die Meinungen weit auseinander: Die nordafrikanischen Ulemas (*ulama*) und die 1928 von Hasan al-Banna gegründete Muslimbruderschaft des Nahen Ostens weigerten sich, diese Erneuerung von der Rückbesinnung auf den Islam zu trennen. Andere greifen moderne Ideen aus anderen Kulturen auf, wollen sie aber vom Islam absegnen lassen (das gilt zum Beispiel für viele arabische Länder). Und die Laizisten und Marxisten erkennen zwar die überragende Bedeutung des Islam für die Geschichte an, aber der soziale Wandel soll ihrer Meinung nach von der Politik und nicht vom Islam ausgehen.

Dort, wo der Islam sich erst in neuerer Zeit ausgebreitet hat, zum Beispiel in Schwarzafrika, muß man genauer differenzieren. Die Islamisierung gilt zwar vielfach als Höhepunkt der Nationalgeschichte, aber sie ist nicht die dominierende Konstante, die alles andere in den Schatten stellt. Manchmal tritt der Islam in den Vordergrund, wie in der Zeit des Kampfes gegen die Kolonialmächte, aber dann wird er wieder zum bloßen Bestandteil der Geschichte. Selbst wenn der Islam einige Strukturen des alten Afrika verändert hat, selbst wenn er – nach marxistischer Sicht – in der Kolonialzeit ein tragendes Gerüst für den gesellschaftlichen und wirtschaftlichen Umbau geliefert hat, so liegt sein Erfolg doch weitgehend auch darin begründet, daß er umsichtig genug war, die vorgefundenen Traditionen nicht nur zu achten, sondern sich ihnen sogar anzupassen. Diese doppelte Verwurzelung in der Tradition und in der Geschichte setzt das Maß für die künftigen Erfolge des Islam in den afrikanischen Gesellschaften, die sich immer weiter entwickeln und sich zugleich immer mehr um die Herausbildung einer eigenen Identität bemühen. Es ist sicher kein Zufall, wenn sich heute, zum Beispiel bei bestimmten Bruderschaften, die Kritik vor allem gegen die starrsten und sich am hartnäckigsten gegen Neuerungen sperrenden Formen des schwarzen Islam richtet.

Vielleicht gilt das gleiche von den Gebieten im und um den Indischen Ozean. Auch hier hat der Islam seinen festen Platz in der Geschichte, den gegenwärtigen Strukturen und Entwicklungstendenzen der eingesessenen Völker, und zwar schon wesentlich länger als in Schwarzafrika, aber bei weitem nicht so lange wie bei den Arabern, Iranern und Türken.

Rückbesinnung auf die eigene Kultur

Wie auch immer diese Unterschiede in der islamischen Welt zu beurteilen sind, keinesfalls kann die Nation, so wie sie geschichtlich gewachsen ist und nun wiederentdeckt werden soll, ihre Vergangenheit von der Geschichte des Islam trennen, der ihr Werden begleitet und oft sogar ihr Entstehen bewirkt hat. Im Unterschied zum dogmatisch schwierigeren Christentum liefert der Islam einfache, geschmeidige Glaubensinhalte, die sich den alten, vorgefundenen Strukturen anpassen; im Unterschied zum Christentum, das oft durch die Kolonialpolitik des Westens in Mißkredit geraten ist, wird der Islam zum Synonym für die Forderung nach Freiheit, Gerechtigkeit und Selbständigkeit. Die Rückkehr zu den Quellen der eigenen Geschichte, die Rückbesinnung auf das eigene Erbe und die eigenen Sprachen, mit einem Wort: die kulturelle Erneuerung – das ist die Antithese zur »Entwurzelung« durch den Imperialismus und die unerläßliche Ergänzung zur staatlichen und wirtschaftlichen Unabhängigkeit.

Massenmedien

Die kulturelle Erneuerung ist das gemeinsame Ziel der islamischen Länder und vieler anderer Entwicklungsländer. Doch die Vielfalt und die Kontinuität der verschiedenen Einstellungen wie auch der hohe Stellenwert der großen muslimischen Geschichte machen die islamischen Staaten – und hier besonders die arabischen – zu den Vorreitern dieses großen Regenerationsprozesses.

Man kennt die Instrumente der kulturellen Erneuerung: das Unterrichtswesen, die Presse, das Buch und die audiovisuellen Medien, in erster Linie Film und Fernsehen. Weniger bekannt ist das Ausmaß der Bemühungen, mit denen diese Erneuerungen vorangetrieben wurden. In der zweiten Hälfte des 20. Jahrhunderts erschienen in Pakistan 1375 Zeitungen und Zeitschriften, im Libanon waren es etwa hundert. Nach der Zahl der Filme zu urteilen, gehört die ägyptische Filmindustrie zu den größten der Welt (an zehnter Stelle, was die Produktion, an achter, was den Export angeht), und kaum zu zählen sind die Bücher, die in einer Stadt wie Kairo alljährlich zu niedrigen Preisen auf den Markt kommen. Bereits in den sechziger Jahren hat hier das mit der Veröffentlichung populärwissenschaftlicher Standardwerke und arabischer Literaturklassiker betraute ägyptische Presse- und Verlagsamt Wichtiges geleistet.

Entwicklung einer Gemeinsprache

Durch diesen Bildungshunger kann sich auch die Sprache, das Medium des nationalen Bewußtseins, weiterentwickeln; ihre überkommenen Formen werden im alltäglichen Gebrauch und unter dem Eindruck der modernen Kultur erneuert, bereichert und verändert. Im Zentrum dieser Entwicklung steht das Arabische, allerdings weniger in Gestalt der Dialekte, die es im Lauf seiner Geschichte ausgebildet hat, als in Form einer Gemeinsprache (J. Berque). Dieses »Gemeinarabische« ist eine Sprache, die gleichermaßen zum Besitz aller arabischen Völker gehört und daher einen wichtigen einigenden Faktor darstellt, aber auch eine Sprache, die eine Mittelstellung zwischen Literatur- und Alltagssprache einnimmt; eine Sprache, die die morphologischen und syntaktischen Merkmale des klassischen Arabisch mit einem modernen Wortschatz verbindet.

Im übrigen hat sich diese Gemeinsprache noch keineswegs überall durchgesetzt. Den Befürwortern des Gemeinarabischen treten nicht nur die unbeugsamen Puristen entgegen, sondern auch die Anhänger der Dialekte, die diese in Filmen, Theaterstücken und Romanen zu

Ehren kommen lassen wollen. Hinzu kommt auch das Problem der von den Kolonialmächten übernommenen Fremdsprachen, die die Intellektuellen vor das Dilemma der Mehrsprachigkeit stellen. Doch ist das wirklich ein Dilemma oder nicht eher eine Bereicherung? Die Werke eines Yacine Kateb, eines Georges Schehadé oder eines Fuad Gabriel Naffah bereichern nicht nur die französischsprachige Literatur, sondern sie gehören auf jeden Fall genauso auch zum Kulturgut der Araber und ihrer Länder. Dennoch werden die »Frankophonen« immer wieder mit dem Vorwurf konfrontiert, daß diese sprachliche »Entwurzelung«, ganz unabhängig von Inhalt und künstlerischem Wert der Werke, eben eine Entwurzelung bleibe und daher keinen Gewinn für das nationale Erbe darstelle, das allein in der ihm eigenen Sprache ausgedrückt werden könne.

Auseinandersetzungen gibt es darüber hinaus auch unter den Anhängern des Gemeinarabischen selbst. Die Akademien (in Damaskus, Bagdad oder Kairo) hinken der Entwicklung der lebendigen Sprache, vor allem der Sprache der Presse, oft hinterher. Die Anstrengungen und Vorschläge der Akademien werden von der Alltagssprache regelmäßig ignoriert oder abgelehnt. Wie soll man unter den sich so schnell verändernden Verhältnissen auch entscheiden, wie man die von außen eindringenden Wörter übernimmt und an das Arabische anpaßt? Wie soll man einer bestimmten Bedeutung ein muttersprachliches Wort zuordnen, das sich in allen arabischen Ländern durchsetzen kann? Woher soll man dieses Wort nehmen? Soll man es Glied für Glied aus der fremden Sprache übersetzen, soll man es aus dem klassischen Arabisch des Mittelalters entlehnen, oder soll man es morphologisch ableiten?

Trotz all dieser Gegensätze und Unsicherheiten können wir hier mit J. Berque einen Ausblick wagen: Das Gemeinarabische, das auf den älteren Sprachstufen aufbaut und sich im Wandel eingerichtet hat, das »den bewundernswerten Strukturen« der Offenbarungssprache, in denen »vielleicht heute noch Gott wohnt«, treu bleibt und dennoch für die notwendigen Veränderungen offen ist, kündigt heute, ohne sich selbst zu verleugnen, eine neue Einheit an – eine Einheit, die allerdings nicht mehr nur »metaphysisch« sein kann, sondern »immer mehr auf die Erforschung der Welt und das weltliche Streben des Menschen« ausgerichtet ist.

Man kann sich vorstellen, daß der Aufbau einer Gemeinsprache sich vor allem in der Prosa vollzieht, und tatsächlich suchen die Araber, und zwar vor allen anderen Muslimen, heute den Weg zu einer neuen Prosa.

Die Lyrik hingegen tritt auf der Stelle. Sie schwankt zwischen der Nachahmung der überkommenen Vorbilder, dem gesellschaftskritischen Realismus und symbolistischen und surrealistischen Strömungen, die die Sprache aus ihren letzten Fesseln befreien. Die Dichter – Aqqad, Bischara al-Chuni, Elias Abu Schabaki, der mit fünfundzwanzig Jahren gestorbene Tunesier Schabi, Umar Abu Rischa, Said Aql oder Ali Said (Adonis) – zeigen durch ihr bisweilen zähes Ringen um eine kunstgerechte Form, daß die ägyptische, die syrisch-libanesische und die nordafrikanische Lyrik in einer Krise steckt. Aber inmitten dieser Ratlosigkeit erhebt sich eine neue Stimme, die Stimme der Palästinenser. Mahmud Darwisch und eine ganze Schule von jungen Dichtern besingen in ihren Texten die Liebe zur verlorenen Heimat.

Insgesamt jedoch tritt die Lyrik hinter der weitaus produktiveren Prosa zurück, die sich in ihren verschiedenen Gattungen täglich weiterentwickelt: In der Literaturkritik glänzten im 20. Jahrhundert die Ägypter Ahmad Amin und Taha Husain; ein herausragender Dramatiker war Taufiq al-Hakim, ebenfalls ein Ägypter, der für Experimente offen war und sich speziell auch von westlichen Autoren wie Beckett, Ionesco und Adamov inspirieren ließ – aber als bevorzugte Ausdrucksformen der arabischen Welt scheinen sich der Roman und die Novelle durchzusetzen. In diesen Gattungen waren der Irak und Ägypten lange Zeit führend: Der Irak in der schonungslosen Realistik eines Abd al-Malik an-Nuri, eines Dhu an-Nun Ayyub oder eines Fuad at-Takarli, Ägypten mit Taha Husain, mit Scharqawi, dem Autor des großen Romans der Nilbauern, *al-Ard* (Die Erde), mit Yahya Haqqi und schließlich mit dem Nobelpreisträger von 1988, Nagib Machfus, dem umfassendsten, vielseitigsten und produktivsten von allen.

Diese Aufzählung von Autoren ist zugegebenermaßen lückenhaft. Wo soll man zum Beispiel die 1934 geborene Libanesin Layla Baalbaki einordnen, deren *Ana ahya* (Ich lebe) 1958 wie der Aufschrei einer aufgewühlten, fordernden und idealistischen Jugend wirkte? Wo das symbolistische Drama des Tunesiers Mahmud Mesadi und die Novellen des Syrers Abd as-Salam al-Udschaili? Wo die Autoren des Sudan, Marokkos und Algeriens? Zu erwähnen wäre auch die gewaltige Produktion an Essays aller Art, ebenso die politischen Reden und Schriften, in denen die arabische Rhetorik wieder auflebt, die *balagha*, die Kunst, schön zu sprechen, zu bezaubern und zu überzeugen, in der das klassische Arabisch seine hauptsächliche Berufung sah. Im Rahmen einer neuen Gemeinschaft (*umma*), nämlich der Gemeinschaft der Nation, stellt die Rhetorik somit eine unentbehrliche Verbindung zur Vergangenheit her.

In den übrigen Bereichen jedoch versucht die moderne Prosa, ihr Publikum durch andere Mittel zu erreichen. Vor tausend Jahren wetteiferte die arabische Prosa mit der Dichtung um die schöneren Klangeffekte. Heute haben Roman, Theater, Essay und Kritik diesen vergeblichen Wettbewerb längst aufgegeben. Die arabische Prosa ist mündig geworden und legt genausoviel Wert auf Inhalt wie auf Form. Heute prägt sie das Denken und die Ausdrucksweise der Araber in gleichem Maße wie die Lyrik.

Die obige Aufzählung beschränkte sich auf arabische Beiträge zur Literatur des 20. Jahrhunderts und wäre noch um eine kurze Auswahl weiterer islamischer Autoren zu ergänzen. So sind die großen Vertreter der türkischen Lyrik der ersten Jahrhunderthälfte der 1932 gestorbene Ahmed Haschim sowie Orhan Veli (gestorben 1920), Yahya Kemal Beiatli (1884-1958) und Nazim Hikmet (1902-1963). Zu den großen türkischen Prosaschriftstellern, die vor allem als Romanciers in Erscheinung treten, gehören Omar Seyfettin (gestorben 1920) und Husain Rahmi (gestorben 1944), später Yakub Kadri und der 1930 geborene Mahmut Makal. Nicht zu vergessen sind auch das muslimische Indien und der Iran. Die iranische Literatur orientiert sich teilweise an der eigenen Klassik, teilweise an russischen, englischen und französischen Vorbildern und schwankt zwischen Ästhetizismus und engagierter Parteinahme in nationalen und sozialen Kämpfen. Teheran, das 1788 unter den Quadschar zur Hauptstadt wurde, löste die alten Provinzzentren ab und gibt nun den Ton an. Auch hier nur ein paar Namen: Die Lyrik ist im 20. Jahrhundert durch den 1922 in die Sowjetunion emigrierten Lahuti (Lochuti) vertreten, ferner durch Parvin Etesami – die bedeutendste moderne iranische Dichterin –, Mirza Taqi Chan Bahar, Raschid Yasemi und Nima Yuschig; die Prosa durch Muhammad Ali Dschamalzade und Sadeq Hadayat, der von seiner Heimat, von Kafka und von Paris (wo er 1951 auf tragische Weise ums Leben kam) geprägt ist und nacheinander Realist, Phantast, Besessener und Künder des Unheils war, wie in seinem berühmtesten Werk *Buf-e kur* (Die blinde Eule).

Die heutigen Medien

Auch über die arabische Sprachgemeinschaft hinaus wird das Arabische heute wieder stärker als Sprache der Religion wahrgenommen. Das Erstarken des Islam in den ehemals kommunistischen Ländern ging mit einem spektakulären Anstieg des Arabischunterrichts einher. In der gesamten muslimischen Welt führen die Fortschritte im Schulwesen zu besseren Kenntnissen in der Sprache der Offenbarung. Von China bis Albanien war der Anteil der Arabischsprechenden nie so hoch wie heute.

Die neuen Massenmedien verändern die bestehenden Verhältnisse grundlegend. Für eine kleine Minderheit wird das Internet heute schon zu einem Fenster zur Welt. Einen wesentlich größeren Einfluß hat aber das Satellitenfernsehen. In einer ersten Phase konnte man über Satellit nur westliche Sender empfangen, was zu einem verstärkten Kulturschock führte, weil auf diese Weise ein unvollständiges Bild über die westliche Welt verbreitet wurde. Mittlerweile wurde auch der Empfang der islamischen und arabischen Sender möglich. Die Migranten konnten den Kontakt zu ihrer Heimat halten, und zugleich erlebten die Zuschauer im Fernsehen einen Informationspluralismus, der bis dahin in der islamischen Welt völlig unbekannt gewesen war. Nach den Anschlägen vom 11. September 2001 hat *Al-Jazira* den US-amerikanischen Sender CNN als Informationsquelle weitgehend verdrängt.

Abstrakt oder gegenständlich? Die muslimische Kunst hat immer zwischen diesen beiden Polen geschwankt, je nach dem Geist, der sie zu verschiedenen Zeiten beherrschte, vereinfacht gesagt: je nachdem, wie weit das Heilige vom Profanen getrennt wurde. Manchmal glaubt man, dieses Hin und Her auch heute noch zu erkennen. Auf der einen Seite könnte man zum Beispiel das geometrische Ornament an den öffentlichen Gebäuden in Damaskus als Indiz dafür ansehen, daß man das Bilderverbot nach wie vor achtet, auf der anderen Seite ließen sich überall Anklänge an die Tradition der türkischen, persischen und indischen Miniaturmalerei finden.

Doch in Wirklichkeit wird diese wesentliche Unterscheidung heute von anderen Kontroversen überdeckt. Die erste betrifft wieder einmal die Einstellung zur westlichen Kultur: Soll man sich ihr öffnen, oder soll man sich auf die eigenen, orientalischen Wurzeln besinnen? Bei der zweiten Streitfrage geht es um die Funktion der Kunst – ob sie zweckfreies Spiel der Formen sein darf, oder ob sie zur Herausbildung einer nationalen Eigenart beitragen soll. Die Entwicklungsmöglichkeiten der islamischen Kunst hängen davon ab, welchen Standpunkt die Künstler gegenüber diesen Streitfragen einnehmen.

Die Übernahme westlicher Kunsttechniken führte einzelne Maler im Irak, im Libanon oder in Ägypten zu gegenständlicher Darstellung, und in der Architektur zeigen sich westliche Einflüsse vor allem in der strengen Schönheit des Mausoleums von Atatürk in Ankara und in modernen Bauexperimenten, etwa in der pakistanischen Hauptstadt Islamabad. Andere bildende Künstler gehen, im westlich geprägten Geist einer Kunst, die sich als nie endende Suche nach ihrem eigenen Wesen versteht, eher in Richtung von Surrealismus und abstrakter Malerei. Exemplarisch sei hier das Werk des Irakers Dschamil Hammudi genannt. Meistens dient das in Europa gesuchte Vorbild jedoch vor allem als technische Hilfe. Man nutzt das Fremde, um sich selbst besser ausdrücken zu können. Das zeigt sich beispielsweise in den Skulpturen Muchtars, die einen typisch ägyptischen Stil erkennen lassen, in den Bagdader Stahlbetonbauten, die das Motiv des sassanidischen Bogens aus den Palästen von Ktesiphon wieder aufnehmen, und in der Malerei des Tunesiers Hatim al-Makki, deren Farben sich in subtiler Weise mit einer Schriftkunst verbinden, die an die uralte Tradition des Orients erinnert. Daneben gibt es aber auch die reine, von allen Fremdeinflüssen freie Unbefangenheit des Natürlichen, die zum Beispiel in den Arbeiten aus den Teppichwebereien des Kopten Ramses Wisa Wasef hervortritt.

Die gleichen Tendenzen und Unsicherheiten begegnen uns auch in der Musik. Einerseits wird die Musik des Westens übernommen – sei es, daß man sie als solche genießt, wie etwa in der Oper von Kairo, der traditionellen Heimstätte des Belcanto, sei es, daß man versucht, sie den Motiven, dem Klang und dem Empfinden des Orients anzupassen, wie in den Kompositionen des Libanesen Taufiq Sukkar oder des Ägypters Abu Sakr Chairat der Fall. Dem steht andererseits die uralte Tradition der Instrumentalmusik (*taqsim*), aber auch die Musik der Sänger und Sängerinnen gegenüber. Ihre wichtigsten Vertreter waren – in den frühen Jahrzehnten des Jahrhunderts – der Komponist Sayyid Darwisch, der wie nach ihm der 1991 verstorbene Muhammad Abd al-Wahhab durch das Volkstheater berühmt geworden ist, sowie später der Sänger und Komponist Farid al-Atrasch und vor allem Umm Kulthum, die mit ihrer wunderbaren Stimme und ihren Liedern das Volk bezauberte.

Sicherlich ist die orientalische Musik in ihrer psalmodierenden Art wie eine »zweite Sprache« des Herzens und der Gefühle; sie ist nicht zum Schweigen zu bringen. Andererseits hat sich unter den Intellektuellen auch eine starke Gegenbewegung gebildet, die diese Musik im Vergleich zur sich ständig weiterentwickelnden Literatur für rückständig hält, ihr die echte Ausdrucksfähigkeit abspricht und statt dessen die sinfonische Musik und den Jazz bevorzugt, die künstlerisch wertvoller und expressiver seien. Ist dieser Streit zwischen alter orientalischer Tradition und Beeinflussung durch die europäische Moderne nur eine Kontroverse unter Intellektuellen? Man wird darauf hinweisen, daß die Modernisierer wohl noch lange in der Unterzahl sein werden, aber auch hier sind, wie bei der Sprache, bereits umfassende Veränderungen im Gang.

6. Schlußbetrachtung

Wir sind am Ende dieses Buches angelangt. Der Islam setzt seine Geschichte fort. Wir hoffen, in diesem letzten Kapitel – wenn auch nur schematisch und flüchtig – gezeigt zu haben, daß die Probleme der islamischen Welt und die zu ihrer Lösung unternommenen Anstrengungen beispielhaft jene Schwierigkeiten repräsentieren, welche die gesamte sogenannte Dritte Welt bewegen. Wer könnte mit Sicherheit sagen, wie der Islam von morgen aussehen wird? In jedem Fall hängt seine Zukunft von den Antworten ab, die die islamischen Länder auf zwei wesentliche Fragen geben werden: Die eine betrifft die Rolle des Islam als einheitsstiftende Kraft, die andere sein Verhältnis zur modernen westlichen Welt, mit der die Muslime heute konfrontiert werden.

Der Islam und die Nationen

Es war auf den letzten Seiten häufig von »Nationen« die Rede. Diesen Begriff zu verwenden hieß anzuerkennen, daß sich die Völker der islamischen Welt im 20. und 21. Jahrhundert über einen Kontext definieren, in dem sich nicht mehr alles auf die Religion bezieht oder auf sie zurückführen läßt, auch wenn der Islam natürlich nach wie vor ein wesentlicher Bestandteil dieses Kontexts bleibt.

Der heutige Islamismus kann nicht darüber hinwegtäuschen, daß der Einzelstaat mittlerweile zu einer festen Größe geworden ist. Das Ziel der Islamisten ist es, die Macht zu ergreifen und auszuüben. Sogar der revolutionäre Schiismus schließt nicht aus, daß es unter der Aufsicht eines einzigen geistigen Führers mehrere islamische Republiken geben könne. In vielen Ländern verbindet der Islamismus seine Politik mit der Forderung nach demokratischer Mitsprache und betrachtet sich als Inbegriff der Zivilgesellschaft gegenüber dem Leviathan Staat. Auch wenn die Sprache der Politik heute islamische Begriffe benutzt, die sie für ihre Zwecke ummünzt, ist nicht zu übersehen, daß seit dem 20. Jahrhundert der Bürger immer mehr an die Stelle des Gläubigen tritt. Heißt das, daß der Islam – zwar nicht als Religion, aber als Daseinsgrund und Motor menschlicher

Gesellschaften – über kurz oder lang zum Untergang verurteilt ist? Der Krieg zwischen dem Irak und dem Iran hat bewiesen, daß der nationale Zusammenhalt stärker war als die zu erwartende Solidarität zwischen den Schiiten beider Länder. Dagegen beweist die Gründung Pakistans die Stärke des islamischen Zusammenhalts in der Auseinandersetzung mit Nichtmuslimen. Die Araber, die ersten Anhänger des Islam, werden ihrem Glauben natürlich treu bleiben, aber ihre gegenwärtige Geschichte ist im ganzen offensichtlich viel stärker vom Nationenproblem bestimmt als von der Religion. Man spricht von der »Nation auf zwei Ebenen«, von der jeweiligen Nation der Einzelstaaten und von der einheitlichen arabischen Nation, die dazu berufen ist, als Ersatz oder Ergänzung der alten Gemeinschaft des muslimischen Glaubens die neue Gemeinschaft (*umma*) zu werden.

Die strenge Lehre des Islam ordnet sich dem Nationalgedanken über; sie kann es nicht akzeptieren, daß sich die Situation zu Ungunsten des Islam ins Gegenteil verkehrt und daß die Nationen über ihn gestellt werden – über ihn, der doch über ihnen allen stehen will. Außerdem muß man auf die inhärente Problematik der nationalstaatlichen Organisationsform menschlicher Gesellschaften hinweisen. Die von Schakib Arslan verkündete Idee eines Zusammenschlusses aller Araber, die 1945 mit der Gründung der Arabischen Liga zum erstenmal Gestalt annahm, konnte Spannungen nicht verhindern: Spannungen zwischen Syrien und Ägypten nach dem Zerfall der Vereinigten Arabischen Republik im Herbst 1961, zwischen Ägypten und Tunesien wegen der Kompetenzen der Liga, zwischen Algerien und Marokko wegen Grenzstreitigkeiten und der Verwaltungshoheit in der Westsahara, Spannungen zwischen Ägypten und Libyen, zwischen Syrien und dem Irak, und die Liste ließe sich noch fortsetzen. Heute zieht man dem gesamtarabischen Modell daher auch pragmatischere Lösungen auf regionaler Ebene vor. Zu nennen sind der Golfkooperationsrat, die Maghreb-Union, der vereinigte Jemen und der Rat für arabische Kooperation.

Dennoch werden die Verfechter des Nationalismus argumentieren, daß der Gedanke der Zusammengehörigkeit von Nation und Religion in der Geschichte des Islam nicht neu ist und daß es dem Islam nur einmal gelungen ist, alle seine Gläubigen unter einheitlicher Leitung zusammenzufassen und sie in einer einzigen Gemeinschaft zu vereinigen. Bekanntlich brachen damals sehr bald Konflikte zwischen den Arabern und anderen Muslimen aus, vor allem den Persern, die über die Religion hinaus in ihren eigenen Traditionen verwurzelt waren. Und dies geschah, lange bevor auch nur der Begriff, geschweige denn das Gefühl der Nation existierte und zu einer Zeit, in der sich der Islam – trotz der sich aus dem Fehlen einer einheitlichen Staatsgewalt ergebenden politischen und ideologischen Differenzen – in der Person des Kalifen zumindest auf ein Symbol und eine Hoffnung berufen konnte. Hat der Islam heute, wo das Kalifat verschwunden ist, mehr Chancen?

Man ist geneigt, diese Frage für den Islam als politisches Phänomen pauschal zu verneinen. Man braucht nur auf die Geschichte des 20. Jahrhunderts hinzuweisen, auf die Spannungen zwischen der Türkei und Syrien wegen Alexandrette (Iskenderun), auf Djakartas Aktionen gegen die Föderation Malaysia, auf die unterschiedlichen Einstellungen zu Israel, die Ölpreisdivergenzen oder den blutigen Krieg zwischen dem Irak und dem Iran.

In der Politik nahmen die islamischen Länder lange Zeit unterschiedliche Haltungen ein – entsprechend den Auffassungen, die sie von ihrer Position in einer in zwei Blöcke geteilten Welt hatten. Die meisten Staaten tendierten zur Neutralität, wie sie neben Tito und Nehru auch Nasser in Ägypten und Sukarno in Indonesien verfochten haben. Doch Länder wie die Türkei, der Iran und Pakistan haben in verschiedener Form, manchmal in regelrechten Bündnissen, enge Beziehungen zum Westen unterhalten. Heute, wo der Ost-West-Konflikt der Vergangenheit anzugehören scheint, weist die mehrpolige Welt, die uns erwartet, zahlreiche Unbekannte auf, sowohl für uns als auch für die muslimischen Führer selbst. Ein Land wie der Irak schien über viele Jahre hinweg politisch, wirtschaftlich, militärisch und sogar technologisch ein solches Maß an Unabhängigkeit erreicht zu haben, daß er als Regionalmacht hätte auftreten können, ohne jemandes Satellit zu sein. Hingegen steckt Ägypten wegen seiner Überbevölkerung und trotz der pragmatischen Politik seiner Führung in der Schuldenfalle, hat im Bereich der Finanzen und der Versorgung seine Unabhängigkeit verloren und muß die Vereinigten Staaten und Europa um Hilfe bitten.

Der Islam ist nur das, was die Muslime aus ihm machen. Ist das eine Schwäche? Das ist keineswegs gesagt. Seine Anpassungsfähigkeit bürgt für seine Widerstandskraft und seine Fähigkeit zum Zusammenhalt. Muß man aus den Schwierigkeiten des Islam, sich über alle seine Gebiete hinweg in einer gemeinsamen politischen Struktur zu organisieren, notwendigerweise schließen, daß er unfähig ist, seine Gläubigen unter verschiedenen und festen Formen zusammenzubringen? Tatsächlich hat der Islam seine religiösen und kulturellen, ja selbst wirtschaftlichen Kongresse durchgeführt, und er bietet im Fall der Uneinigkeit zwischen seinen Nationen den Ausweg, daß eines seiner Mitglieder als Vermittler auftritt oder daß an die gemeinsame Überzeugung appelliert wird. Die heilige Zeit und der heilige Ort der Muslime, der Monat Ramadan und das Mekka der Pilger, erfüllen weiterhin ihre – von Nasser in der *Philosophie der Revolution* erwähnte – Aufgabe, die Zugehörigkeit zur gleichen Kultur zu festigen. Man wird ebensowenig der arabischen Nation die Erinnerungen an die historische islamische Gemeinschaft nehmen können, wie man die islamische Gemeinschaft von heute daran hindern kann, sich, zumindest ansatzweise, im Zusammenschluß der Araber, die nun einmal die ersten Muslime waren, wiederzuerkennen.

Die gleiche Kultur – worin besteht sie? Wenn man den Islam nach einer strengen »Grammatik der Kulturen« untersucht, entzieht er sich aufgrund der fast unendlichen Vielfalt, die er in Vergangenheit und Gegenwart aufweist, einer einheitlichen Analyse. Man muß dem lebendig empfundenen und erlebten Islam auf den Grund gehen, wenn man den besten und beständigsten Teil der Kultur bestimmen will, der er seinen Namen gibt. Er ist eine Gemeinschaft des Empfindens und des Lebens, die gleichzeitig auf Erinnerung und auf Hoffnung gründet.

Die Grundlage, die immer noch übrigbleibt, wenn man den Islam aller im Kontakt mit fremden Kulturen erworbenen Eigenschaften entkleidet, ist die Erinnerung – die Übereinstimmung in Glaubensvorstellungen, Sitten, Lebensweise und Geschmack, in den Themen der Literatur und Kunst und vor allem in der arabischen Sprache als dem Medium der Offenbarung. Das ist eine tief verwurzelte, uralte und unzerstörbare Übereinstimmung. Und die Hoffnung beruht – über alle politischen Unterschiede hinweg – auf dem Gefühl der Gemeinsamkeit, gegenwärtig besonders des gemeinsamen Willens zur Entwicklung. In ihm ist der Islam identisch mit der Forderung nach Würde, kultureller Eigenständigkeit und Gerechtigkeit.

Der Islam und der Fortschritt

Das rührt an die zweite der beiden oben gestellten Fragen, an die Frage nach dem Verhältnis des Islam zur modernen westlichen Welt. Es ist nämlich eine Sache, den Fortschritt zu wollen, eine andere, wie man ihn verwirklichen will. Nun ist dieser Fortschritt, ob man will oder nicht, zunächst ein technischer Fortschritt westlicher Prägung, was wiederum die Frage aufwirft, in welchem grundsätzlichen Verhältnis der Islam zu dieser Art von Fortschritt steht. Eine Kultur beschränkt sich natürlich nicht auf den Einsatz von Maschinen (F. Braudel), und die maschinelle Arbeitsweise hat die alten Strukturen des Westens, bei dem sie zuerst auftrat, nicht zerstört oder von Grund auf verändert. Europa hatte bereits vor der industriellen Revolution andere Erschütterungen überstanden, hatte den Konflikt zwischen dem Glauben und dem Ansturm von Wissenschaft, Rationalismus und Laizismus ertragen. Der Islam aber muß diese Prüfungen beinahe alle auf einmal über sich ergehen lassen. Deshalb ist es begreiflich, daß er oft eine abwartende Haltung einnahm oder noch einnimmt, zumal in der Auseinandersetzung mit dem Marxismus, denn dieser fügt dem Glauben an die Technik noch den Materialismus hinzu, der dem Wesen des muslimischen Geistes ganz und gar widerstrebt.

Der Islam will weder auf das Glück verzichten, noch sein Wesen verlieren. Der mittlere und eigene Weg, den die meisten Staaten der islamischen Welt zusammen mit vielen anderen Entwicklungsländern im 20. Jahrhundert gegangen sind, ohne sich für Kapitalismus oder Marxismus, für den Westen oder den Osten zu entscheiden, dieser nicht weniger schwer zu bestimmende als einzuhaltende Weg der Neutralität kann auch unter veränderten Bedingungen fortgesetzt werden. So fordert zum Beispiel die Entwicklung nicht nur die Befreiung der Frau, sondern auch ihre aktive Teilnahme am öffentlichen Leben. All diejenigen in den Reihen des Islam, die wissen, daß ein modernes Land nicht auf die Kraft der Hälfte der Bevölkerung verzichten kann, geben sich nicht damit zufrieden, die Beseitigung der letzten Überbleibsel der Polygamie und ein Ablegen des Schleiers zu fordern. Sie wollen die Frau völlig emanzipieren, ihr freien Zugang zu Bildung und Berufsleben verschaffen, sie über ihre Bestimmung selbst entscheiden lassen. Doch ist die Frau im Islam, wie auch sonst, traditionell die höchste Hüterin der überlieferten Sitten, die sie in den Zeiten der Fremdherrschaft eifersüchtig bewahrt hat; sie ist, wie J. Berque sehr schön gesagt hat, das »Licht in der Nacht der Kolonialzeit« gewesen. Auch hierin liegen die Gründe für die vielfach zögernde, neutrale Haltung des Islam unter dem Leitmotiv: Emanzipation ja, doch mit Rücksicht auf die bestehenden kulturellen Unterschiede.

Diesen Frauen und Männern der islamischen Welt kann der Westen nur wünschen, daß sie ihren Weg finden und ihn glücklich zu Ende gehen. Sein Interesse und seine Schuldigkeit gebieten dem Westen aber auch, ihnen bei dieser Aufgabe zu helfen. Das Ziel von morgen ist das Ziel der ganzen Welt: Wohlstand und Gerechtigkeit. Die Pflicht von heute ist die Zusammenarbeit aller, ohne Einschränkung und ohne Vorbehalte. Der Islam hat sich immer, in seiner Geschichte wie in den neueren Ideen seiner kulturellen Wiedergeburt, als eine Brücke zwischen den verschiedenen Gruppen der Menschheit verstanden. Warum sollte er heute nicht in der Lage sein, sobald er erst einmal seine eigene Bestimmung mit der der Welt in Einklang gebracht hat, die Tradition der alten Beziehungen und der Dialoge, die niemals hätten unterbrochen werden dürfen, nach allen Seiten wieder aufzunehmen?

Bibliographie

Abdel-Malek, Anouar: Ägypten: Militärgesellschaft. Das Armeeregime, die Linke und der soziale Wandel unter Nasser. Frankfurt/M. 1971.

Abdullah, Muhammad Salim: Was will der Islam in Deutschland? Gütersloh 1993.

Abu Zaid, Nasr Hamid: Ein Leben mit dem Islam. Freiburg 1999.

Abu Zaid, Nasr Hamid: Islam und Politik. Kritik des religiösen Diskurses. Frankfurt/M. 1996.

Abu-Lughod, Ibrahim: Arab Rediscovery of Europe. A Study in Cultural Encounters. Princeton 1963.

Ahmed, Akbar S.: Islam Today. A Short Introduction to the Muslim World. London/New York 1999.

Alderson, A. D.: The Structure of the Ottoman Dynasty. Oxford 1956.

Ali, Tariq: Bush in Babylon. Die Re-Kolonisierung des Irak. München 2003.

Allam, Fouad: Der Islam in einer globalen Welt. Berlin 2004.

Allemann, F. R. (Hg.): Die arabische Revolution. Nasser über seine Politik. Frankfurt/M. 1958.

Altheim, F./Stiehl, R. u.a.: Die Araber in der Alten Welt (5 Bde.). Berlin 1964-1968.

Anderson, John: Producers and Middle East Internet Technology. Getting Beyond »Impacts«. In: The Middle East Journal, Washington, 54 (Summer 2000) 3, S. 419-431.

Andrae, T.: Islamische Mystiker. Stuttgart 1960.

Andrae, T.: Mohammed. Sein Leben und sein Glaube. Göttingen 1932.

Antonius, George: The Arab Awakening. The Story of the Arab National Movement. Beirut 1969.

Arkoun, Mohammed: Der Islam. Annäherung an eine Religion. Heidelberg 1999.

Arnold, T. W. u.a. (Hg.): Enzyklopaedie des Islam. I. Ausgabe. Leiden/Leipzig 1913-1934.
Atiyeh, George Nicholas: The Contemporary Middle East 1948-1973. A Selective and Annotated Bibliography. Boston 1975.
Aust, Stefan/Schnibben, Cordt (Hg.): 11. September. Geschichte eines Terrorangriffs. Stuttgart/München/Hamburg 2002.
Aust, Stefan/Schnibben, Cordt (Hg.): Irak. Geschichte eines modernen Krieges. München 2003.
Avnery, Uri: Ein Leben für den Frieden. Klartexte über Israel und Palästina. Heidelberg 2003.
Azmeh, Aziz Al-: Die Islamisierung des Islam. Imaginäre Welten einer politischen Theologie. Frankfurt/M. 1996.
Badeau, J. S.: The Emergence of Modern Egypt. New York 1953.
Baljon, J. M. S.: Modern Muslim Koran Interpretation. Leiden 1961.
Barakat, Halim: The Arab World. Society, Culture, and State. Berkeley/Los Angeles/Oxford 1993.
Barthel, Günter/Stock, Kristina (Hg.): Lexikon Arabische Welt. Kultur, Lebensweise, Wirtschaft, Politik und Natur im Nahen Osten und Nordafrika. Wiesbaden 1994.
Becker, C. H.: Islamstudien. Vom Werden und Wesen der Islamischen Welt (2 Bde.). Leipzig 1932.
Bernstein, Reiner: Der verborgene Frieden. Politik und Religion im Nahen Osten. Berlin 2000.
Berque, Jacques: Der Koran neu gelesen. Frankfurt/M. 1996.
Berque, Jacques: Le Maghreb entre Deux Guerres. Paris 1962.
Berque, Jacques: Les Arabes d'Hier à Demain. Paris 1960.
Berque, Jacques/Charnay, J. P. u.a.: Normes et Valeurs dans l'Islam Contemporain. Paris 1966.
Bidwell, Robin: Dictionary of Modern Arab History. An A to Z of over 2000 Entries from 1798 to the Present Day. London/New York 1998.
Blachère, Régis: Histoire de la Littérature Arabe des Origines à la Fin du XVe de J.-C. (3 Bde.). Paris 1952-1966.
Blachère, Régis: Le Coran. Paris 1966.
Blachère, Régis: Le Problème de Mahomet. Paris 1952.
Bloch, Ernst: Avicenna und die Aristotelische Linke. Frankfurt/M. 1963.
Bobzin, Hartmut: Der Koran. München 1999.

Bobzin, Hartmut: Mohammed. München 2000.
Boer, T. J. de: The History of Philosophy in Islam. London 1965.
Bonn, Gisela: Das doppelte Gesicht des Sudan. Wiesbaden 1961.
Bosworth, C. E.: The Islamic Dynasties. A Chronological and Genealogical Handbook. Edinburgh 1967.
Bourdieu, Pierre: Sociologie de l'Algérie. Paris 1958.
Braudel, F.: Civilisation Matérielle et Capitalisme. Paris 1967.
Braudel, F.: La Méditerranée et le Monde Méditerranéen à l'Epoque de Philippe II. 2. Aufl., Paris 1966.
Brisard, Jean-Charles/Dasquié, Guillaume: Die verbotene Wahrheit. Die Verstrickungen der USA mit Osama bin Laden. Zürrich/München 2002.
Brockelmann, C.: Geschichte der arabischen Literatur (2 Bde.). 2. Aufl., Leiden 1943-1949.
Brockelmann, C.: Geschichte der islamischen Völker und Staaten. München/Berlin 1939.
Browne, E. G.: Arabian Medicine. Cambridge 1921 (Nachdruck 1962).
Brumlik, Micha: Weltrisiko Naher Osten. Moralische und politische Perspektiven in einem Konflikt ohne Ende. Hamburg 1991.
Bürgel, J. Christoph: Allmacht und Mächtigkeit. Religion und Welt im Islam. München 1991.
Burgmer, Christoph (Hg.): Der Islam. Eine Einführung durch Experten. Mainz/Frankfurt/M. 1996.
Büttner, Friedemann: Der fundamentalistische Impuls und die Herausforderung der Moderne. In: Leviathan, Opladen, 24 (Dezember 1996) 4, S. 469-492.
Büttner, Friedemann/Scholz, Fred: Islamisch-orientalische Welt. Kulturtradition und Unterentwicklung. In: Nohlen, Dieter/Nuscheler, Franz (Hg.): Handbuch der Dritten Welt. Nordafrika und Naher Osten (Bd. 6), Bonn 1993, S. 16-66.
Cahen, C. (Hg.): Der Islam I. Vom Ursprung bis zu den Anfängen des Osmanenreiches. (»Fischer Weltgeschichte« Bd. 14). Frankfurt/M./Hamburg 1968.
Cahen, C. (Hg.): Jean Sauvaget's Introduction to the History of the Muslim East. A Bibliographical Guide, Based on the Second Edition. Berkeley/Los Angeles 1965.
Cahen, C.: Preottoman Turkey. London 1968.

Concise Enzyclopaedia of Arab Civilization (2 Bde.); Bd. I : The Arab East. Amsterdam/Djambatan 1959; Bd. II: The Arab West. Amsterdam/Djambatan 1966.
Cooley, John K.: Unholy Wars. Afghanistan, America and International Terrorism. London 1999.
Courbage, Youssef/Fargues, Philippe: Christians and Jews under Islam. London 1997.
Crespi, Gabriele: Die Araber in Europa. Stuttgart/Zürich 1992.
Creswell, K. A. C.: A Bibliography of the Architecture, Arts and Crafts of Islam to 1st January 1960. Kairo 1961.
Croitoru, Joseph: Der Märtyrer als Waffe. Die historischen Wurzeln des Selbstmordattentats. München 2003.
Daniel, N.: Islam and the West. The Making of an Image. Edinburgh 1960.
Dekmejian, R. Hrair: Islam in Revolution. Fundamentalism in the Arab World. 2. Aufl., Syracuse 1995.
DeSomogyi, J.: A Short History of Oriental Trade. Hildesheim 1968.
Dozy, R.: Die Geschichte der Mauren in Spanien. Darmstadt 1965.
Elger, Ralf (Hg.): Kleines Islam-Lexikon. Geschichte, Alltag, Kultur. München 2001.
Ende, Werner/Steinbach, Udo (Hg.): Der Islam in der Gegenwart. 4. Aufl., München 1996.
Esposito, John L.: Islam and Politics. Syracuse 1991.
Esposito, John L. (Hg.): The Oxford Encyclopedia of the Modern Islamic World (4 Bde.). New York/Oxford 1995.
Ettinghausen, R.: Arabische Malerei. Genf 1962.
Faath, Sigrid (Hg.): Konfliktpotential politischer Nachfolge in den arabischen Staaten. Hamburg 2000.
Fanon, Frantz : Die Verdammten dieser Erde. Frankfurt/M. 1966.
Farmer, H. G.: A History of Arabian Music to the XIIIth Century. London 1967.
Farouk-Sluglett, Marion/Sluglett, Peter: Der Irak seit 1958. Von der Revolution zur Diktatur. Frankfurt/M. 1991.
Flottau, Heiko: Die Bande der Clans. Die arabische Welt besser verstehen. Freiburg 1992.
Flottau, Heiko: Vom Nil bis an den Hindukusch. Der Nahe Osten und die neue Weltordnung. München 2004.

Frishman, Martin/Khan, Hasan-Uddin: Die Moscheen der Welt. Frankfurt/M. 1995.

Fürtig, Henner: Das Al-Ahram-Zentrum für Strategische und Politische Studien und die neue Weltordnung. Arabisches konzeptionelles Denken nach dem Ende des Ost-West-Konflikts. In: Orient, Opladen, 40 (September 1999) 3, S. 393-426.

Fürtig, Henner: Kleine Geschichte des Irak. Von der Gründung 1921 bis zur Gegenwart. München 2003.

Gabrieli, F.: Geschichte der Araber. Stuttgart 1963.

Ghareeb, Edmund: New Media and the Information Revolution in the Arab World. An Assessment. In: The Middle East Journal, Washington, 54 (Summer 2000) 3, S. 395-418.

Gibb, H. A. R./Bowen, H.: Islamic Society and the West. London/New York/Toronto 1957.

Goichon, A. M.: La Philosophie d'Avicenne et son Influence en Europe Médiévale. 2. Aufl., Paris 1951.

Goitein, S. D.: Studies in Islamic History and Institution. Leiden 1966.

Goldziher, Ignaz: Die Richtungen der islamischen Koranauslegung. Leipzig 1920.

Goldziher, Ignaz: Vorlesungen über den Islam. 2. Aufl., Heidelberg 1925.

Gray, B.: Persische Malerei. Genf 1961.

Gresh, Alain: Israel – Palästina. Die Hintergründe eines unendlichen Konflikts. Zürich 2002.

Gresh, Alain/Vidal, Dominique: An A to Z of the Middle East. London/New Jersey 1990.

Griffin, Michael: Reaping the Whirlwind. The Taliban Movement in Afghanistan. London 2001.

Grobe-Hagel, Karl: Krieg gegen Terror? Al-Qaeda, Afghanistan und der »Kreuzzug« der USA. Köln 2002.

Grohmann, A.: Arabien. München 1963.

Grunebaum, G. E. von (Hg.): Der Islam II. Die islamischen Reiche nach dem Fall von Konstantinopel. (»Fischer Weltgeschichte« Bd. 15), Frankfurt/M. 1971.

Grunebaum, G. E. von: Der Islam im Mittelalter. Zürich 1963.

Grunebaum, G. E. von: Der Islam in seiner klassischen Epoche (622-1258). Zürrich/Stuttgart 1966.

Haarmann, Ulrich (Hg.): Geschichte der arabischen Welt. München 1987.

Hafez, Kai (Hg.): Der Islam und der Westen. Anstiftung zum Dialog. Frankfurt/M. 1997.

Hafez, Kai/Schäbler, Birgit (Hg.): Der Irak. Land zwischen Krieg und Frieden. Heidelberg 2003.

Halliday, Fred: Arabia Without Sultans. Harmondsworth 1974.

Halliday, Fred: Die Krise in der arabischen Welt. In: Israel und Palästina, Edenkoben, Nr. 1 (1991), S. 22-30.

Halliday, Fred: Islam and the Myth of Confrontation. Religion and Politics in the Middle East. London/New York 1995.

Halm, Heinz: Der Islam. Geschichte und Gegenwart. München 2000.

Halm, Heinz: Der schiitische Islam. Von der Religion zur Revolution. München 1994.

Halm, Heinz (Hg): Geschichte der arabischen Welt. 4. Aufl., München 2001.

Handbuch der Orientalistik. Leiden 1961.

Hartmann, M.: Der Islam. Geschichte, Glaube, Recht. Ein Handbuch. Leipzig 1909.

Hattstein, Markus/Delius, Peter (Hg): Islam. Kunst und Architektur. Köln 2000.

Hay, Sir Rupert: The Persian Gulf States. Washington 1959.

Heller, Erdmute/Hassouna, Mosbahi (Hg.): Islam, Demokratie, Moderne. Aktuelle Antworten arabischer Denker. München 1998.

Hennig, M.: Der Koran. In deutscher Übersetzung. Stuttgart 1960.

Hesse, Reinhard: Ground Zero. Westen und islamische Welt gegen den globalen Djihad. München 2002.

Hippler, Jochen/Lueg, Andrea: Feindbild Islam. Hamburg 1993.

Hiro, Dilip: Dictionary of the Middle East. London 1996.

Hirschberg, J. W.: Jüdische und christliche Lehren im vor- und frühislamischen Arabien. Krakau 1939.

Historical Atlas of the Muslim People. Amsterdam 1957.

Hitti, Philip K.: History of Syria. Including Lebanon and Palestine. New York 1951.

Hitti, Philip K.: History of the Arabs. London 1964.

Hitti, Philip K.: Islam and the West. A Historical Cultural Survey. Princeton 1962.

Hitti, Philip K.: Lebanon in History. London 1957.

Hitti, Philip K.: The Near East in History. A 5000 Year Story. New York 1960.

Hottinger, Arnold: Die Araber. Zürich 1960.

Hottinger, Arnold: Die Araber vor ihrer Zukunft. Geschichte und Problematik der Verwestlichung. Zürich 1988/Paderborn 1989.

Hottinger, Arnold: Islamischer Fundamentalismus. Paderborn/ München 1993.

Hottinger, Arnold: Rebellen oder Amerikas Musterknaben. Die neue Polarisierung der arabischen Welt nach dem Rückzug der Sowjetunion. In: Nirumand, Bahman (Hg.): Sturm im Golf, Reinbek bei Hamburg 1990, S. 27-42.

Hourani, Albert: Arab Thought in the Liberal Age. Oxford 1962.

Hourani, Albert: Der Islam im europäischen Denken. Frankfurt/M. 1994.

Hourani, Albert: Die Geschichte der arabischen Völker. Frankfurt/M. 1992.

Hourani, Albert: Syria and Lebanon. A Political Essay. New York 1946.

Hudson, Michael: Arab Politics. In Search for Legitimacy. London/ New Haven 1977.

Hunke, Sigrid: Allah ist ganz anders. Enthüllung von 1001 Vorurteilen über die Araber. Bad König 1990.

Hunke, Sigrid: Allahs Sonne über dem Abendland. Unser arabisches Erbe. Frankfurt/M. 1990.

Ibn Batuta: The Travels of Ibn Batuta. A. D. 1325-1354 (2 Bde.). Cambridge 1958-1962.

Ibn Ishaq: Das Leben des Propheten (Aus dem Arabischen übertragen und bearbeitet von Gernot Rotter). Tübingen/Basel 1976.

Ibn Khaldun: Prolégomènes (3 Bde.). Paris 1862-1868.

Ibn Khaldun: The Muqaddimah (3 Bde.). London 1958.

Ibrahim, Fouad/Ibrahim Barbara: Egypt. An Economic Geography. London 2003.

Ingrams, Harold: The Yemen. Imams, Rulers and Revolutions. London 1963.

Jahn, K.: History of Iranian Literature. Dordrecht 1968.

Kedouri, Elie: Politics in the Middle East. Oxford/New York 1992.

Kellerhals, E.: Der Islam. Seine Geschichte, seine Lehre, sein Wesen. 2. Aufl., Basel 1956.

Kepel, Gilles: Allah im Westen. Die Demokratie und die islamische Herausforderung. München 1996.

Khadduri, Majid: Modern Libya. A Study in Political Development. Baltimore 1963.

Khalil, M.: The Arab States and the Arab League (2 Bde.). Beirut/London 1962.

Khalil, Samir al- (Kanan Makiya): Republic of Fear. The Inside Story of Saddam's Iraq. New York 1989.

Khashan, Hilal: Arabs at the Crossroads. Political Identity and Nationalism. Gainesville 2000.

Khatibi, Abdelkebir/Sijelmassi, Mohamed: Die Kunst der islamischen Kalligraphie. Köln 1995.

Khella, Karam: Geschichte der arabischen Völker. Hamburg 1988.

Khoury, Adel Theodor/Hagemann, Ludwig/Heine, Peter: Islam-Lexikon. Geschichte, Ideen, Gestalten (3 Bde.). Freiburg 1991.

Khoury, Raif Georges: Der Islam. Religion, Kultur, Geschichte. Mannheim 1993.

Kilmburg, M.: Afghanistan. Das Land im historischen Spannungsfeld Mittelasiens. Wien 1966.

Kirchner, Henner: Internet in the Arab World. Towards Information Society or Knowledge Gap? In: Nord-Süd aktuell, Hamburg, 14 (3. Quartal 2000) 3, S. 483-493.

Klemm, Verena/Hörner, Karin (Hg.): Das Schwert des »Experten«. Peter Scholl-Latours verzerrtes Araber- und Islambild. Heidelberg 1993.

Korbani, Agnes G.: The Political Dictionary of the Modern Middle East. Lanham 1995.

Krämer, Gudrun: Die arabische Welt im 20. Jahrhundert. In: Noth, Albrecht (Hg.): Der islamische Orient. Grundzüge seiner Geschichte, Würzburg 1998, S. 439-502.

Krämer, Gudrun: Gottes Staat als Republik. Reflexionen zeitgenössischer Muslime zu Islam, Menschenrechten und Demokratie. Baden-Baden 1999.

Kreiser, Klaus/Wielandt, Rotraud (Hg.): Lexikon der Islamischen Welt. Überarb. Neuaufl., Stuttgart 1992.

Kubbig, Bernd W. (Hg.): Brandherd Irak. US-Hegemonieanspruch, die UNO und die Rolle Europas. Frankfurt/M./New York 2003.

Kühnel, E.: Die Kunst des Islam. Stuttgart 1962.

Landau, J. M.: Arabische Literaturgeschichte. Zürich 1968.
Landeszentrale für politische Bildung (Hg.): Der Vordere Orient an der Schwelle zum 21. Jahrhundert. In: Der Bürger im Staat, Stuttgart, 48 (1998) 3, S. 113-177.
Laroui, Abdallah: La Crise des Intellectuels Arabes. Paris 1974.
Laqueur, Walter: Communism and Nationalism in the Middle East. London 1956.
Laurent, Eric: Die Kriege der Familie Bush. Die wahren Hintergründe des Irak-Konflikts. Frankfurt/M. 2003.
Lerch, Wolfgang Günter: Allahs neue Krieger. Braunschweig 1991.
Lerch, Wolfgang Günter: Brennpunkt Naher Osten. Der lange Weg zum Frieden. München/Berlin 1996.
Lerch, Wolfgang Günter: Halbmond, Kreuz und Davidstern. Nationalitäten und Religionen im Nahen und Mittleren Osten. Frankfurt/M. 1992.
Lewis, Bernard: Der Atem Allahs. Die Islamische Welt und der Westen – Kampf der Kulturen? München 1994.
Lewis, Bernard: Die Araber. Aufstieg und Niedergang eines Weltreichs. Wien/München 1995.
Lewis, Bernard: Die Assassinen. Zur Tradition des religiösen Mordes im radikalen Islam. Frankfurt 2001.
Lewis, Bernard: Die Wut der arabischen Welt. Warum der jahrhundertelange Konflikt zwischen dem Islam und dem Westen weiter eskaliert. Frankfurt/New York 2003.
Lewis, Bernard: The Arabs in History. London 1950.
Lewis, Bernard: The Emergence of Modern Turkey. London 1961.
Lewis, Bernard: The Middle East and the West. Bloomington 1964.
Lipsky, George A. u.a.: Saudi Arabia, its People, its Society, its Culture. New Haven 1959.
Lohlker, Rüdiger: Cybermoschee – Islam im Internet. In: Orient, Opladen, 39 (Juni 1998) 2, S. 205-218.
Lohlker, Rüdiger: Cyberpolitik. Islamische politische Organisationen im Internet. In: Orient, Opladen, 40 (Juni 1999) 2, S. 195-209.
Longrigg, S. H.: Oil in the Middle East. 3. Aufl., London/New York/Toronto 1968.
Lopez, R.-S.: La Révolution Commerciale dans l'Europe Médievale. Paris 1974.

Lüders, Michael: Das Lächeln des Propheten. Eine arabische Reise. Hamburg 1996.
Lüders, Michael: Im Herzen Arabiens. Stolz und Leidenschaft. Begegnung mit einer zerrissenen Kultur. Freiburg/Basel/Wien 2004.
Lüders, Michael: »Wir hungern nach dem Tod«. Woher kommt die Gewalt im Dschihad-Islam? Zürich/Hamburg 2001.
Lüders, Michael (Hg.): Der Islam im Aufbruch? Perspektiven der arabischen Welt. München 1992.
Maalouf, Amin: Der Heilige Krieg der Barbaren. Die Kreuzzüge aus der Sicht der Araber. München 2001.
Maaly, Khalid Al-: Die arabische Welt. Zwischen Tradition und Moderne. Heidelberg 2004.
Maaly, Khalid Al-/Naggar, Mona: Lexikon arabischer Autoren des 19. und 20. Jahrhunderts. Heidelberg 2004.
Mahdi, M.: Ibn Khaldun's Philosophy of History. A Study in the Philosophic Foundation of the Science of Culture. London 1957.
Maier, Bernhard: Koran–Lexikon. Stuttgart 2001.
Malik, Iftikhar H.: Islam and Modernity. Muslims in Europe and the United States. London 2004.
Mansfield, Peter: Nasser's Egypt. London 1965.
Mansfield, Peter: The Arabs. Harmondsworth 1976.
Marlowe, John: The Persian Gulf in the 20th Century. London 1962.
Massarrat, Mohssen: Amerikas Weltordnung. Hegemonie und Kriege um Öl. Hamburg 2003.
Massé, H.: L'Islam. Paris 1948.
Medienprojekt Tübinger Religionswissenschaft (Hg.): Der Islam in den Medien. Gütersloh 1994.
Menasce, P. J. de: Arabische Philosophie. Bern 1948.
Mez, A.: Die Renaissance des Islams. Heidelberg 1922.
Miquel, André: La Géographie Humaine du Monde Musulman. Paris 1967.
Monteil, V.: L'Islam Noir. Paris 1964.
Mujeeb, M.: The Indian Muslims. London 1967.
Müller, A.: Der Islam im Morgen- und Abendland (2 Bde.). Wien 1875-1877.
Müller, Harald: Amerika schlägt zurück. Die Weltordnung nach dem 11. September. Frankfurt/M. 2003.

Müller, Harald: Das Zusammenleben der Kulturen. Ein Gegenentwurf zu Huntington. 5. Aufl., Frankfurt/M. 2001.
Nagel, Tilman: Der Koran. Einführung, Texte, Erläuterungen. München 1983.
Naipaul, V. S.: Jenseits des Glaubens. Eine Reise in den anderen Islam. München 2002.
Nasser, Abdel Gamal: Philosophie der Revolution. Kairo 1968.
Nicholson, R. A.: A Literary History of the Arabs. Cambridge 1953.
Niemetz, Alexander: Brennpunkt Nahost. München 1991.
Nirumand, Bahman: Persien. Modell eines Entwicklungslandes. Hamburg 1967.
Nohlen, Dieter/Nuscheler, Franz (Hg.): Handbuch der Dritten Welt. Nordafrika und Naher Osten (Bd. 6). Bonn 1993.
Noth, Alexander: Heiliger Krieg und heiliger Kampf im Islam und Christentum. Bonn 1966.
Noth, Alexander (Hg.): Der islamische Orient. Grundzüge seiner Geschichte. Würzburg 1998.
Nuseibeh, H.: The Ideas of Arab Nationalism. Ithaca 1956.
Oestreich, Heide: Der Kopftuch–Streit. Das Abendland und ein Quadratmeter Islam. Frankfurt/M. 2004.
Oppenheim, Max Freiherr von: Die Beduinen (3 Bde.). Leipzig 1939.
Otto-Dorn, K.: Kunst des Islams. Baden-Baden 1964.
Papadopoulo, Alexandre: Islamische Kunst. Freiburg 1977.
Paret, Rudi: Der Koran. In deutscher Übersetzung. Stuttgart 1966.
Paret, Rudi: Mohammed und der Koran. Geschichte und Verkündung des arabischen Propheten. 5. Aufl., Stuttgart/Berlin/Köln/Mainz 1980.
Pawelka, Peter: Der Vordere Orient und die Internationale Politik. Stuttgart/Berlin/Köln 1993.
Pawelka, Peter: Politische Systeme im Vorderen Orient. Analysekonzepte und Forschungsstrategien. In: Orient, Opladen, 41 (September 2000) 3, S. 389-413.
Pearson, J. D.: Index Islamicus. 1906-1955. A Catalogue of Articles on Islamic Subjects in Periodicals and Other Collective Publications. Cambridge 1958.
Perthes, Volker: Geheime Gärten. Die neue arabische Welt. Berlin 2002.
Peters, R.: Geschichte der Türken. Stuttgart 1961.

Pfannmüller, G.: Handbuch der Islamliteratur. Berlin/Leipzig 1923.
Pfeffer, K. H.: Pakistan. Modell eines Entwicklungslandes. Opladen 1967.
Philby, H. St. J. B.: Saudi Arabia. London 1955.
Pirenne, J.: La Grèce et Saba. Une Nouvelle Base pour la Chronologie Sudarabe. Paris 1955.
Planhol, Xavier de: Les Fondements Géographiques de l'Histoire de l'Islam. Paris 1968.
Polk, W. R. (Hg.): Beginnings of Modernization in the Middle East. The 19th Century. Berkeley 1968.
Pott, Marcel: Allahs falsche Propheten. Die arabische Welt in der Krise. Bergisch Gladbach 1999.
Rashid, Ahmed: Taliban. Afghanistans Gotteskrieger und der Dschihad. München 2001.
Reuter, Christoph: Mein Leben ist eine Waffe. Selbstmordattentäter – Psychogramm eines Phänomens. München 2002.
Rice, Tamara Talbot: Die Seldschuken. Köln 1963.
Richards, Alan/Waterbury, John: A Political Economy of the Middle East. Boulder 1996.
Robinson, Francis (Hg.): Islamische Welt. Frankfurt/M./New York 1997.
Rodinson, Maxime: Die Araber. Frankfurt/M. 1981.
Rodinson, Maxime: Die Faszination des Islam. München 1985.
Rodinson, Maxime: Islam und Kapitalismus. Frankfurt/M. 1971.
Rodinson, Maxime: Israel and the Arabs. Harmondsworth 1968.
Rodinson, Maxime: Mohammed. Harmondsworth 1971.
Rondot, P.: Der Islam und die Mohammedaner von heute. Stuttgart 1963.
Rosenthal, F.: Das Fortleben der Antike im Islam. Zürich 1965.
Rotter, Gernot: Allahs Plagiator. Die publizistischen Raubzüge des »Nahostexperten« Gerhard Konzelmann. Heidelberg 1992.
Rotter, Gernot (Hg.): Die Welten des Islam. Neunundzwanzig Vorschläge, das Unvertraute zu verstehen. Frankfurt/M. 1993.
Rotter, Gernot/Fathi, Schirin: Nahostlexikon. Der israelisch-palästinensische Konflikt von A - Z. Heidelberg 2001.
Rudolph, W.: Die Abhängigkeit des Korans vom Judentum und Christentum. Berlin/Leipzig 1922.

Ruf, W. K.: Der Burgibismus und die Außenpolitik des unabhängigen Tunesien. Bielefeld 1969.
Runciman, St.: Geschichte der Kreuzzüge (3 Bde.). München 1957-1960.
Rypka: Iranische Literaturgeschichte. Leipzig 1959.
Said, Edward W.: Frieden in Nahost? Essays über Israel und Palästina. Heidelberg 1997.
Said, Edward W.: Orientalismus. Frankfurt/M. 1981.
Salibi, Kamal S.: The Modern History of Lebanon. New York 1964.
Sarkisyanz, E.: Geschichte der Orientalischen Völker Rußlands bis 1917. München 1961.
Sauvaget, Jean: Introduction à l'Histoire de l'Orient Muselman. Eléments de Bibliographie. Paris 1961.
Schacht, J.: An Introduction to Islamic Law. Oxford 1960.
Schami, Rafik: Mit fremden Augen. Tagebuch über den 11. September, den Palästinakonflikt und die arabische Welt. Heidelberg 2002.
Schiffauer, Werner: Die Gottesmänner. Türkische Islamisten in Deutschland. Eine Studie zur Herstellung religiöser Evidenz. Frankfurt/M. 2000.
Schimmel, Annemarie: Der Islam. Eine Einführung. Stuttgart 1990.
Schimmel, Annemarie: Die Welt des Islam. Zu den Quellen des muslimischen Orients. Eine Reise nach Innen. Solothurn/Düsseldorf 1995.
Schimmel, Annemarie: Die Zeichen Gottes. Die religiöse Welt des Islam. München 1995.
Schmidt, Renate (Hg.): Naher Osten. Politik und Gesellschaft. Berlin 1998.
Scholl-Latour, Peter: Allah ist mit den Standhaften. Begegnungen mit der islamischen Revolution. Stuttgart 1983.
Scholl-Latour, Peter: Lügen im Heiligen Land. Machtproben zwischen Euphrat und Nil. Berlin 1998.
Scholl-Latour, Peter: Weltmacht im Treibsand. Bush gegen die Ayatollahs. Berlin 2004.
Schulze, Reinhard: Geschichte der Islamischen Welt im 20. Jahrhundert. München 1994.
Schulze, Reinhard: Islamischer Internationalismus im 20. Jahrhundert. Leiden 1990.

Seale, Patrick: The Struggle for Syria. London 1965.
Sela, Avraham (Hg.): Political Encyclopedia of the Middle East. Jerusalem/New York 1999.
Serauky, Eberhard: Im Namen Allahs. Der Terrorismus im Nahen Osten. Berlin 2000.
Sezgin, F.: Geschichte des arabischen Schrifttums. Leiden 1967.
Sharabi, H.: Nationalism and Revolution in the Arab World. Princeton 1966.
Shimoni, Yaacov: Biographical Dictionary of the Middle East. Jerusalem/New York 1991.
Simon, Karl Günter: Islam. Und alles in Allahs Namen. 2. Aufl., Hamburg 1991.
Simon, Reeva S. (Hg.): Encyclopedia of the Modern Middle East (4 Bde.). New York 1996.
Sluglett, Peter/Farouk-Sluglett, Marion (Hg.): The Times Guide to the Middle East. The Arab World and its Neighbours. London 1993.
Smith, W. C.: Der Islam in der Gegenwart. Frankfurt/M. 1963.
Später, Jörg (Hg.): ...alles ändert sich die ganze Zeit. Soziale Bewegung(en) im »Nahen Osten«. Freiburg 1994.
Sponeck, Hans von/Zumach, Andreas: Irak. Chronik eines gewollten Krieges. Wie die Weltöffentlichkeit manipuliert und das Völkerrecht gebrochen wird. Köln 2003.
Spuler, Bertold: Der Vordere Orient in Islamischer Zeit. Bern 1954.
Spuler, Bertold: Die Chalifenzeit. Enstehung und Zerfall des islamischen Weltreiches. Leiden 1952.
Spuler, Bertold: Die goldene Horde. Die Mongolen in Rußland 1223-1502. Leipzig 1965.
Spuler, Bertold: Die Mongolenzeit. Leiden 1953.
Spuler, Bertold: Geschichte der islamischen Länder (3 Bde.). Leiden 1952-1959.
Stein, Georg/Windfur, Volkhard (Hg.): Ein Tag im September – 11.9.2001. Hintergründe, Folgen, Perspektiven. Heidelberg 2002.
Steinbach, Udo (Hg.): Arabien. Mehr als Erdöl und Konflikte. Opladen 1992.
Steinbach, Udo/Robert, Rüdiger (Hg.): Der Nahe und Mittlere Osten. Politik, Gesellschaft, Wirtschaft, Geschichte, Kultur (2 Bde.). Leverkusen 1987.

Stephens, I.: The Pakistanis. London 1968.
Stiftung Entwicklung und Frieden (Hg.): Brücken in die Zukunft. Ein Manifest für den Dialog der Kulturen. Frankfurt/M. 2001.
Stüwe, F.: Die Handelszüge der Araber. Berlin 1836.
Taeschner, F.: Geschichte der Arabischen Welt. Stuttgart 1964.
Terasse, H.: Histoire du Maroc des Origines à l'Etablissement du Protectorat Française (2 Bde.). Casablanca 1949-1950.
The Cambridge History of Islam. Herausgegeben von P. M. Holt, Ann K. S. Lambton und Bernard Lewis.
The Encyclopaedia of Islam. CD-ROM-Edition, Leiden 1999.
The International Who's Who of the Arab World. 3. erw. Aufl., Surrey 1987/88.
Theveßen, Elmar: Schläfer mitten unter uns. Das Netzwerk des Terrors und der hilflose Aktionismus des Westens. München 2002.
Thumann, Michael (Hg.): Der Islam und der Westen. Berlin 2003.
Tibi, Bassam: Der Islam und Deutschland. Muslime in Deutschland. Stuttgart/München 2000.
Tibi, Bassam: Der wahre Imam. Der Islam von Mohammed bis zur Gegenwart. München 1996.
Tibi, Bassam: Die arabische Linke. Frankfurt/M. 1969.
Tibi, Bassam: Die Verschwörung. Das Trauma arabischer Politik. Hamburg 1993.
Tibi, Bassam: Konfliktregion Naher Osten. Regionale Eigendynamik und Großmachtinteressen. München 1991.
Tillmann, H.: Deutschlands Araberpolitik im Zweiten Weltkrieg. Berlin 1965.
Ulfkotte, Udo: Der Krieg in unseren Städten. Wie radikale Islamisten Deutschland unterwandern. Frankfurt/M. 2003.
Vatikiotis, P. J. A.: A Modern History of Egypt. New York 1966.
Walther, Wiebke: Kleine Geschichte der arabischen Literatur. Von der vorislamischen Zeit bis zur Gegenwart. München 2004.
Watt, W. M.: A History of Islamic Spain. Edinburgh 1965.
Weekes, R.: Muslim Peoples. A World Ethnographic Survey. Westport/London 1978.
Weil, G.: Geschichte der Chalifen. Mannheim 1842-1848.
Weiss, Walter M./Westermann, Kurt-Michael: Der Basar. Mittelpunkt des Lebens in der islamischen Welt. Geschichte und Gegenwart eines menschengerechten Stadtmodells. Wien 1994.

Wellhausen, J.: Das arabische Reich und sein Sturz. 2. Aufl., Berlin 1960.

Zayyat, Montasser al-: The Road to Al-Qaeda. The Story of bin Ladens's Right–Hand Man. London/Sterling 2004.

Zimmer-Winkel, Rainer (Hg.): Die Araber und die Shoah. Über die Schwierigkeiten dieser Konjunktion. Aphorisma Kulturverein, Trier 2000.

Zeitschriften

al-Andalus, Madrid
al-Machriq, Beirut
Acta Orientalia, Budapest
Acta Orientalia, Leiden
Annales de l'Institut d'Etudes Orientales de l'Université d'Alger, Paris/Algier
Annuaire de l'Afrique du Nord, Aix-en-Provence/Paris
Arabica, Leiden
Archiv Orientalny, Prag
Ars Islamica, Ann Arbor
Bibliotheca Orientalis, Leiden
Bulletin d'Etudes Orientales de l'Institut Français de Damas, Damaskus
Bulletin de l'Institut d'Egypte, Kairo
Bulletin de l'Institut Français d'Archéologie Orientale du Caire, Kairo
Bulletin of the Faculty of Arts, Alexandria
Bulltin of the School of Oriental and African Studies, London
Cahiers de l'Orient Contemporain, Paris
Cahiers de Tunisie, Tunis
Der Islam, Straßburg/Berlin
Dirasat al-Islamiyya, Karatschi
Hesperis, Rabat/Paris
Ibla, Tunis
Islamic Culture, Hyderabad
Islamic Studies, Karatschi
Journal Asiatique, Paris

Journal of the American Oriental Society, New Haven
Journal of the Economic and Social History of the Orient, Leiden
Journal of the Near Eastern Studies, Chicago
Journal of the Royal Asiatic Society, London
Majallat al-Azhar, Kairo
Majallat Majma al-lughat al-arabiyya, Kairo
Majallt al-Majma al-ilmi al-arabi, Damaskus
Majallt al-Majma al-ilmi al-iraqi, Bagdad
Mélanges de l'Institut Dominicain d'Etudes Orientales, Kairo
Mélanges de la Faculté Orientale de l'Université Saint Joseph, Beirut
Middle East Journal, Washington
Mitteilungen des Seminars für Orientalische Sprachen, Berlin
Oriens, Leiden
Orient, Paris
Orientalia, Rom
Orientalistische Literaturzeitung, Leipzig
Oriente Moderno, Rom
Revue Africaine, Algier
Revue de l'Occident Musulman, Aix-en-Provence
Revue des Etudes Islamiques, Paris
Rivista degli Studi Orientali, Rom
Rocznik Orientalistyczny, Warschau
Sovietskoye Vostokovedenye, Moskau
Studia Islamica, Paris
The Islamic Quaterly, London
The Middle East and North Africa, London
Türk Tarih Kurumu Belleten, Ankara
Zeitschrift der Deutschen Morgenländischen Gesellschaft, Leipzig

Forschungseinrichtungen/Directories Bibliographien/Dokumente

Aman, Mohammed: Arab Periodicals and Serials. A Subject Bibliography. New York/London 1979.

Arabisch-Islamisches Biographisches Archiv. Microfiche-Edition. München.

Arbeitskreis Moderne und Islam (Hg.): Bestandsaufnahme: Kultur- und sozialwissenschaftliche Forschung über die muslimische Welt in der Bundesrepublik Deutschland. Deutsches Orient-Institut, Hamburg 1999.

Dokumentationsdienst Vorderer Orient: Ausgewählte neuere Literatur. Deutsches Übersee-Institut, Übersee-Dokumentation, Referat Vorderer Orient, Hamburg (erscheint vierteljährlich seit 1969).

Gebhardt, Marion: Institutionen der gegenwartsbezogenen Orient-Forschung und -Information in der Bundesrepublik Deutschland und Berlin (West). Forschungsinstitute, Bibliotheken, Dokumentationsstellen und Archive. Dokumentationsdienst Vorderer Orient, Hamburg 1991.

Gost, Roswitha: Directory of Near and Middle East and North Africa Research Institutions in Western Europe (Except Federal Republic of Germany). Bielefeld/Hamburg 1993.

Hartmann, Angelika/Schliephake, Konrad (Hg.): Angewandte interdisziplinäre Orientforschung. Stand und Perspektiven im westlichen und östlichen Deutschland. Deutsches Orient-Institut, Hamburg 1991.

Rudolph, Ekkehard: Bestandsaufnahme. Kultur- und sozialwissenschaftliche Forschung über die muslimische Welt in der Bundesrepublik Deutschland. Deutsches Orient-Institut, Hamburg 1999.

Simon, Reeva: The Modern Middle East. A Guide to Research Tools in the Social Sciences. Boulder 1978.

Transkriptionshinweis

Die Transkription arabischer Wörter ist nicht einfach, da es im Arabischen mehr Phoneme (bedeutungsunterscheidende Laute) gibt als im Deutschen. Da sich dieses Buch an ein breites Publikum wendet, wurde zur Vereinfachung anstelle der wissenschaftlichen die phonetische Transkription gewählt. Sie entspricht weitgehend der anerkannten englischen sowie deutschen Schreibweise.

Bei Begriffen, für die eine eingedeutschte Variante existiert, wurde das Transkriptionssystem verlassen. Um eine gewisse Einheitlichkeit zu wahren, wurden außerdem Artikel und Präpositionen, die im Arabischen an den Anfang des Bezugsworts angehängt werden, kleingeschrieben und mit Bindestrich vom Bezugswort abgesetzt. Ebenfalls aus Gründen der Einheitlichkeit wurden die arabischen Begriffe – außer Eigennamen – kleingeschrieben. Etwaige Abweichungen in der Umschrift resultieren aus Sonderfällen.

Register

Abbas 112
Abbas I. 296, 297
Abbas II. 428
Abbasi, Ali Rida-i 361
Abbasiden 86, 104, 105, 110-112, 122, 124, 128, 131, 133, 135, 139, 143, 147, 153, 256, 282, 333
Abd al-Wadiden 261-263
Abdari 352
Abduh, Muhammad 413, 414, 421
Abdul Aziz 377
Abdul Hamid II. 381, 382, 398, 403, 414-417
Abdul Madschid 377
Abraham 49, 59, 66
Abru, Hafiz-i 295
Abu Bakr 53, 74, 85
Abu Hanifa 119
Abu l-Atahiya 175
Abu l-Fida 258
Abu Nuwas 175
Abu Said Ibn Abi l-Chayr 349
Abu Talib 52
Abu Tamman 175
adab 175, 178
Aden 29, 31, 155, 211, 254, 372, 373
adhan 97
adib 176
Adil, Malik al- 213
Adonis (Ali Said) 468
adscham 10
Adschanta 305
Afghani, Dschamal ad-Din al- 399, 400, 409, 413, 414, 421, 428
Afghanistan 21, 195, 199, 207, 209, 235, 294, 298, 373, 374, 406, 421, 437, 448, 454
Aga Khan 338
agha 281
Aghlabiden 128, 129
Ägypten 16, 74, 75, 84, 89, 91, 94, 100, 104, 107, 111, 124, 127, 130, 131, 150, 152, 157, 159, 182, 183, 190-194, 204, 206, 210-213, 215, 216, 219, 223, 227, 229, 232, 236, 244, 249, 251-259, 264, 288, 292, 315, 317-320, 323, 326, 327, 330, 331, 334, 336, 340, 344, 348, 355, 358, 359, 360, 361, 370, 371, 373, 374, 377, 382-401, 406, 412, 413, 421, 423-425, 428-430, 432, 435, 437, 439-442, 450, 451, 468, 471, 474, 475
ahl al-kitab 61, 88
Ahl-i-Haqq 337
Ahmadi 340
Ahmed Pascha 350
Ahmed Yesewi 238

Ahmedi 350
Ahram, al- 398
Ahwaz, al- 155
Aibak, Qutb ad-Din 208
Aischa 56, 74, 75
Akbar 300, 301
Akhtal, al- 99
Akko 155, 213, 252, 290, 389
Aksumiten 43, 44
Al-Azhar-Moschee 191, 193, 204
Alawiten 309, 337
Aleppo 123, 131, 132, 155, 212, 213, 254, 259, 281, 326, 330-332, 353, 399
Alexander der Große 86, 87, 140, 170, 184
Alexandria 74, 85, 92, 155, 213, 218, 255, 331, 384, 386, 394, 398, 401, 450
Alfons VI. 219, 221
Algier 291
Alhambra 190, 265, 266
Alhazen 180
Ali 11, 53, 72, 75-77, 110, 119, 311, 337, 353
Ali, Muhammad 377, 383, 385-391, 393, 394, 397, 423
Aliden 78, 83, 112, 120, 128, 142
Allah 49, 60, 61, 65, 340
Almohade 222
Almohaden 222, 223, 225, 343, 345
Almoraviden 220, 221, 223-225, 228, 229, 310, 343, 345
Alpetragius (Bitrudschi) 344
»Alte vom Berg«, der 338
Amin, Ahmad 468
amir 144
Amselfeld 270
Anatolien 205, 206, 209, 210, 236-238, 248, 271, 272, 281, 286, 295, 303, 315, 316, 321, 326, 327, 333, 334, 350, 356, 358, 361, 418, 419
Andalus, al- 188, 190
Andrea Doria 275
Animismus 39, 260, 267, 312, 411, 460, 461
Ankara 237, 271, 272, 321, 326, 419, 471
Antara 99, 258
Antar-Roman 99, 173
Antiochia 104, 131, 206, 210, 252
Antun, Farah 423
Anvari 349
Arabien 20, 23, 28-31, 33, 39, 41-45, 47, 51, 54, 56, 57, 66, 70, 73, 74, 76, 80, 83, 85, 89, 90, 99, 100, 111, 123, 130, 139, 145, 155, 166, 175, 180, 191, 193, 281, 297, 322, 325, 327, 339, 351, 377, 397, 401, 444
Arabische Einheit 19, 56, 281, 430
Arabische Halbinsel 28, 30, 32, 41, 43, 44, 46, 47, 49-51, 58, 70, 82, 84, 89, 99, 101, 104, 113, 167, 339, 388, 409, 413, 437, 453
Arabische Liga 425, 430, 462, 474
Arabische Literatur 12, 41, 64, 70, 118, 148, 166, 172, 189, 251, 258, 349, 368, 401, 422-424, 428, 464
Arabische Sprache 11, 37, 63, 64, 84, 90, 98, 145, 158, 199, 214,

220, 261, 268, 347, 361, 368, 398, 399, 422, 423, 470, 476
Aramäisch 49, 50, 157
Aristoteles 173, 178, 179, 344
Aristotelismus 226
arkan 65
Armenien 21, 74, 87, 88, 131, 153, 157, 201, 295, 330, 356, 405
Armenier 93, 125, 156, 157, 193, 215, 216, 278, 285, 291, 292, 297, 334
Armenierverfolgung 415, 417
Arslan, Alp 201, 202
Arslan, Kilidsch 206
Artuqiden 206
Arzachel (Zarqali) 344
As, Amr Ibn al- 384
asabiya 38
Asadi 347, 348
Aserbaidschan 127, 155, 200, 202, 205, 235, 248, 273, 295, 316, 361
assasssin 244
Assassinen 203, 243, 338
Assyrer 43
Astronomie 173, 181, 294, 344, 363, 365
Atai 351
Atatürk (Kemal, Mustafa) 405, 416, 418-420, 452, 471
Äthiopien 45, 253, 259, 308, 312, 318, 374, 412, 461
Atrasch, Farid al- 472
Attar 348
Aufi 347
Aufklärung 366, 379
Aurangseb 300, 304
Avempace (Ibn Badschdscha) 226, 344, 345
Avenzoar (Ibn Zuhr) 226, 227, 345
Averroes (Ibn Ruschd) 226, 343-345
Avicenna (Ibn Sina) 178, 180, 195, 227, 342, 345, 346
Ayyaschi 352
Ayyubiden 210, 212-216, 251, 254, 264, 332, 353, 355, 365, 388
Azraqi 349
Azraqiten 109
Azuri, Negib 425

Babismus 395
Babiten 413
Babylon 95, 136, 184, 204
Bagdad 23, 86, 91, 112, 113, 116, 124, 126-131, 133, 135-139, 143-145, 153, 155, 160, 162, 165, 167, 172-174, 185, 186, 189, 192-194, 196, 198, 199, 201, 204, 208, 211, 223, 231, 232, 246, 251, 256, 273, 326, 327, 331, 430, 467, 471
Bagdadbahn 406
Bahadur, Ahmad Khan 396
Bahai 413
Bahaismus 395, 396
Bahrain 123, 131
Bahriten 252
bait al-hikma 174
bait allah 49
Bakri 353
Balafrey, Ahmed 409, 410, 428

balagha 469
Balearen 129, 161, 185, 218, 223
Balfour-Deklaration 407, 426
Banu Chazrun 130
Banu Chorasan 221
Banu Ghaniya 223
Banu Haschim 52
Banu Hilal 219, 220, 223
Baqi 350
Bari 129
Barididen 127
Barmakiden 141, 142
Baschir II. 398
basmala 61
Bath, Adelard von 363
batin 60, 121
Battani (Albatenius) 180
Bayazid I. 270-272
Bayazid II. 253, 273
Baybars 252, 259
Baysonghor 294
Beduinen 31-36, 39, 41, 57, 83, 88, 146, 162
Beg, Ulugh 294, 344, 345
Bejaia 220, 263
Bektaschi 238, 276, 340
Belagerung Wiens 283
Berber 15, 87, 88, 93, 111, 122, 123, 125, 128-130, 138, 152, 157, 186, 187, 199, 218, 220-225, 262, 310, 347, 354
beylerbey 281
Bibliothek von Alexandria 85
Bidpai 145
Bihzad 250, 295, 297, 304
bimaristan 180, 215, 355
Biruni (Aliboron) 181, 196
Bitrudschi (Alpetragius) 344
Brahmanismus 301
Bruderschaften 171, 174, 224, 257, 301, 333, 340, 411, 456, 462, 465
Buchara 23, 133, 137, 155, 167, 194, 195, 330
Buchari 174
Buchdruckerkunst 292, 293, 367, 382, 384
Buchkunst 361
Buddhismus 113, 240, 245, 306
Buhturi 175
Burdschiten 252
Burgiba, Habib 428
Bursa (Brussa) 237, 270, 322, 330, 331, 346, 356, 357, 360, 361, 452
Buyiden 123, 132-134, 145, 194, 196, 201
Buzdschani (Abu l-Wafa) 180
Byzanz 41, 45, 81, 82, 94, 96, 99, 102, 103, 131, 133, 144, 149, 150, 153, 154, 157, 159, 161, 183, 184, 187, 190, 191, 201, 202, 206, 217, 218, 254, 270, 271, 277, 279, 356

Cadiz 263
Chadidscha 40, 53-55, 111
Chaldschi, Ala ad-Din 239
chalifa 72
Chalifa, Hadschdschi 346, 347, 353
Chalil 175
Champollion 384
chansons de geste 228
Chaqani 349

Charidschismus 128, 336
Charidschiten 15, 74-78, 85, 109, 111, 118, 128, 129, 156, 224
Chatib, Lisan ad-Din Ibn al- 353
Châtillon, Renaud de 213
Chayyam, Umar 344, 349
chilafa 118
China 41, 107, 133, 150, 153, 157, 162, 199, 200, 209, 231, 232, 242, 243, 245, 247, 249, 250, 292, 299, 302, 303, 305, 306, 318, 319, 323, 325, 328, 329, 366, 456, 470
Chodschand 155
Chorasan 23, 80, 89, 104, 112, 132, 133, 165, 194, 200, 201, 208, 249, 358
Choresm 200, 208, 209, 248, 251, 299, 349
Chosrau, Amir-i 241, 348
Chosrau, Nasir-i 349, 352
Christentum 48, 57, 61, 209, 215, 245, 253, 295, 308, 312, 338, 396, 400-402, 415, 461, 465
Chuzistan (Susiana) 132
Chwarizmi 180
Cid 365
Cordoba 23, 112, 116, 128-130, 133, 137, 138, 150, 155, 162, 176, 173, 183, 185-187, 189, 190, 221, 223, 365, 366

Dai, Ahmed 350
Damaskus 12, 23, 45, 74, 76, 86, 91, 92, 96-99, 104, 106, 107, 110-113, 126, 151, 152, 155, 167, 170, 210-213, 215, 232, 254, 259, 281, 344, 359, 360, 401, 408, 422, 423, 426, 429, 430, 467, 471
Danischmend 205, 206, 237, 350
dar al-harb 69
dar al-islam 69
Dard 350
darwisch (Derwische) 236, 304, 305, 333, 339, 340
Darwisch, Mahmud 468
Darwisch, Sayyid 472
dawawin 143
Delhi 23, 208, 239-241, 249, 298, 300-304, 332, 333, 348, 350
»Destour«-Partei 409, 428
Dhahabi 258
dhimmi 88, 94, 379
Din, Chair ad- (»Barbarossa«) 274, 275
Din, Muizz ad- 208
Din, Nur ad- 210, 344
Din, Raschid ad- (Watwat) 250, 349
Din, Safi ad- 296
diwan 93, 143, 281, 284
diya 38
Drusen 192, 285, 338, 373
dschahiliya 60, 70
Dschahiz 144, 174, 176, 177
Dschaihani 195
Dschamali, Badr al- 211, 358
dschami 164
Dschami 295, 348
Dscharir 99
Dschat 109
Dschidda 155
dschihad 67, 128, 185, 216, 262, 307, 309-411, 454

Dschingis Khan 195, 232-234, 248, 300
dschinns 39, 40
dschizya 88, 94, 101
Dschuwaini 250
Dschuzdschani 353

East India Company 303, 372
Edessa 206, 210
Emre, Yunus 238, 350
Erdöl 434, 444, 445
Erster Weltkrieg 380, 403-405, 407, 409, 410, 419, 424, 427-429, 431, 433
Euphrat 19, 31, 45, 95, 108, 131, 136, 155, 235, 442, 450
Europa 19, 21, 24, 25, 113, 149-151, 154, 157, 159, 162, 164, 180, 185, 188, 191, 193, 194, 199, 213, 219, 237, 248, 251, 252, 255, 259, 269-274, 276-278, 283, 285-289, 292, 293, 297, 302, 311, 315, 319-322, 324, 325, 328, 330, 331, 333, 346, 351, 359, 360, 363, 365-367, 371, 372, 375, 380, 381, 389, 392-395, 398, 403, 406, 416, 417, 425, 427, 434, 439, 440, 452, 453, 457-459, 471, 475, 477
Exilarch 139

Faisal 426
falasifa 179
faqih 257, 341, 455
faqir 257
Farabi 132, 178
Farabi, al- 342, 362
Farazdaq, al- 99
Farruchi 349
Fars (Persis) 91, 109, 132
Fasi, Allal al- 410, 427
Fatima 53, 77, 110, 119, 120, 123, 211, 309
Fatimiden 123, 124, 129-133, 137, 154, 159, 160, 186, 187, 191, 193, 201, 211, 213, 219, 254, 358, 388
fatwa 280, 429
Felsendom 96
Fes 23, 123, 128, 137, 138, 187, 262, 265
Firdausi 195, 348
Friedrich II. 365
Friedrich Barbarossa 206
Fünf Säulen des Glaubens 65, 93, 119
Fustat, al- 91, 95, 96, 106, 137
Fuzuli 350

Gabriel (Erzengel) 62
Galen 173, 226, 345, 346
Galland, Jean-Antoine 366
Gasel (*ghazal*) 349, 350
Geographie 160, 180, 181, 219, 226, 258, 347, 353
Georgien 204, 235
Ghafiqi 226, 227
Ghana 162, 221, 229, 267
Gharnati, Abu Hamid al- 352
Ghassaniden 45
ghazal (Gasel) 349, 350

Ghazali, Abu Hamid al- 203, 341, 342
Ghazan 243, 246, 250
Ghazna 132
Ghazna, Mahmud von 195, 200
Ghaznawiden 132, 195, 200, 204, 207, 208, 348, 349, 358
Ghuriden 207, 208, 358
Gibran, Khalil 421
Globalisierung 443, 451, 463
»Glückliches Arabien« 29, 41, 42
Goldene Horde 235, 249, 250, 254, 352
Granada 190, 262-266, 324, 353
Griechen 43, 173, 174, 278, 285, 291, 292, 334, 404, 405, 419
Griechenland 86, 126, 145, 177, 179, 270, 371, 372, 389, 404
Großemir 134, 145, 146
Großwesir 280, 281, 284, 351, 377, 378

Hacham Baschi (Großrabbiner) 278
Haddsch, Messali 428
hadith 67, 72, 105, 174, 423
Hadramaut 29, 43, 109
hadschdsch 66
Hadschdschadsch, al- 92, 100, 106, 108, 109
Hafiz 250, 349
Hafsiden 261, 263, 264
Hagia Sophia 335, 357, 378
Haikal, Muhammad Husain 423
Hakam, al- 100
Hakim, al- (Kalif) 192, 258, 338
Hakim, Taufiq al- 464, 468
Halladsch, al- 174
Hamadhani 166, 173, 177, 195, 351
Hamd Allah al-Mustawfi 347, 361
Hamdaniden 123, 130, 132, 134
Hamid, Abd al- 176
Hamid, Abdul-Haqq 381
Hammadiden 129, 220, 221
Hanafismus 119, 310
Hanafitischer Sunnismus 16
Hanbalismus 119, 257
Hanbaliten 124, 125, 199, 203
Harem 282, 297
Hariri, al- 351
Hasan 110, 123, 211
Hasan, Uzun 295
Hasani 309
haschischin 243, 244
Hatim 350
Hedschas 29, 30, 41, 42, 45, 48, 50, 64, 91, 99, 106, 109, 211, 409, 420, 425
Hedschasbahn 406, 415
Hedschra 25, 52, 54, 69, 84, 91, 198, 314
Heiliger Krieg 128, 185, 216, 221, 222, 414 (s. auch: *dschihad*)
Hezarfenn 353
Hikmet, Nazim 469
Hinduismus 239, 240, 300, 301, 303, 306, 396, 397, 410, 460
Hippokrates 173
Hira 53
Hohe Pforte 269, 281, 283-285, 291, 298, 359, 366, 371, 372, 376, 377, 383, 388, 389, 391,

394, 400, 404, 415, 416, 425, 429
Hülägü 232, 235, 243, 248, 251
Hulwan 106
Hurufi 238, 337
Husain 110
Husain, Taha 423, 464, 468
Husaini, Hadschdsch Amin al- 428

Ibaditen 109, 122
Ibn Abd Allah, Muhammad 412
Ibn Abd Rabbih 189
Ibn Adschurrum 347
Ibn Aflah, Dschabir (Geber) 344
Ibn al-Athir 347
Ibn al-Awwam 227
Ibn al-Baitar 227, 264
Ibn al-Farid 214, 341, 351
Ibn al-Furat 141
Ibn al-Haytham 180, 192
Ibn al-Jausi 339
Ibn al-Muqaffa 145, 176
Ibn al-Mutazz 118, 175
Ibn an-Nadim 172
Ibn an-Nafis 344
Ibn Anas, Malik 119
Ibn Arabi 214, 264, 341, 351
Ibn Badis, Abd al-Hamid 427
Ibn Badschdscha (Avempace) 226, 344, 345
Ibn Bassal 227
Ibn Battuta 236, 239, 249, 267, 351, 352
Ibn Burd, Baschar 175
Ibn Chaldun 220, 229, 264, 265, 267, 351-354
Ibn Challikan 258
Ibn Chuhaid 189
Ibn Churdadhbeh 180
Ibn Dschubair 226, 352
Ibn-Hafsun, Umar 187
Ibn Hanbal 119
Ibn Harun, Sahl 176
Ibn Hauqal 130, 158, 160, 165, 180, 194
Ibn Hazm 189
Ibn Hischam 347, 423
Ibn Hubaira 201
Ibn Isa, Ali 141
Ibn Ishaq 174
Ibn Iyas 258
Ibn Kathir 258
Ibn Malik 347
Ibn Mansur 258
Ibn Marwan, Abd al-Aziz 106
Ibn Masarra 189
Ibn Miskawaih 170
Ibn Muawiya, Abd Allah 110
Ibn Munqidh, Usama 214
Ibn Muqla 361
Ibn Qurra (Tuabit) 174
Ibn Qutaiba 145, 176, 177, 179
Ibn Qutulmisch, Sulaiman 205
Ibn Quzman 228
Ibn Ruschd (Averroes) 226, 343-345
Ibn Saud, Muhammad 339
Ibn Sina (Avicenna) 178, 180, 195, 227, 342, 345, 346
Ibn Taimiya 252, 257, 339
Ibn Taschfin, Yusif 221
Ibn Tibbon 364
Ibn Tufail 226, 344, 345
Ibn Tughluq, Muhammad 239

Ibn Tulun 130, 133, 137, 181
Ibn Tumart 222-224
Ibn Yasin 221
Ibn Yunus 192
Ibn Zaidun 189
Ibn Zuhr (Avenzoar) 226, 227, 345
Ibrahim, Hafiz 424
Ichschididen 130
Idrisi 219, 353
Idrisiden 123, 128, 129
idschtihad 121, 122, 177
Ifriqiya 128
Iletmisch, Schams ad-Din 239
Ilkhan 235, 236, 243, 244, 250, 252, 254, 336, 344, 347
imam 65, 72, 77
Imam 77, 110, 119-123, 296, 338, 341, 449, 454-456
Imamiten 120
Imperialismus 306, 369, 370, 372, 373, 393, 402, 405, 406, 429, 465
Indien 15, 21, 25, 41, 43, 45, 74, 87, 130, 132, 150-152, 155, 159-162, 173, 191, 193-196, 207, 208, 235, 238-240, 249, 250, 257, 259, 287, 289, 294, 297, 298, 300-304, 306, 316-319, 323-325, 327-331, 336, 338, 340, 341, 347, 349, 352, 359, 361, 365, 368, 371-374, 391, 395-397, 410, 413, 421, 435, 437, 459, 460, 469
Indonesien 302, 305, 306, 315, 316, 319, 324, 325, 336, 410, 435, 442, 444, 460, 461, 475
Indus 19, 23, 86, 87, 109, 132, 155, 167, 196, 209, 235, 300, 303, 305, 315
Intifada 437
Iqbal, Muhammad 396, 410, 459
Irak 12, 21, 29, 47, 74, 75, 81, 91-93, 95, 100, 104, 107-109, 111, 116, 123, 130, 132, 133, 145, 150, 151, 175, 189, 193, 199, 201, 205, 209, 249, 295, 325, 326, 330, 336, 338, 340, 361, 399, 405, 409, 421, 425, 426, 429, 430, 437, 445, 450, 451, 455, 456, 468, 471, 474, 475
Irak-Iran-Krieg 445, 456, 474, 475
Iran 74, 84, 104, 111, 125, 126, 132, 144, 145, 150, 159, 162, 170, 173, 177, 180-182, 184, 194, 195, 199, 207, 208, 210, 232, 244, 247, 250, 294, 295, 297, 298, 330, 333, 337, 348, 355, 358, 361, 363, 373, 395, 408, 410, 435, 437, 440, 444, 445, 448, 455, 456, 469, 474, 475
Iranier 10, 93, 112, 132, 144, 194, 207, 209, 236, 241
Isfahan 209, 251, 297, 350, 358
Isfahani, Abu l-Faradsch, al- 173
Isfahani, Imad ad-Din al- 214
Islamische Republik 455, 456, 473
Islamismus 401, 402, 427, 449, 453, 454, 456, 473
Ismael 46
Ismail 120, 123
Ismail (Scheich) 396

Ismailismus 121, 123, 165, 170, 243, 338
Ismailiten 120, 121, 165, 170, 215, 243, 338
Israel 437, 475
Istanbul 273, 277, 278, 280, 281, 285, 289, 291, 292, 294, 309, 317, 318, 325, 326, 330, 331, 333-336, 356, 357, 360, 361, 365, 371, 375-378, 386, 389, 391, 393, 394, 400, 404, 416, 429
Iznik (Nizäa) 205, 237, 360

Janitscharen 275, 276, 281, 284, 333, 341, 378
Jausi, Ibn al- 339
Jemen 29, 41, 43-45, 47, 48, 50, 56, 57, 109, 123, 211, 213, 253, 254, 287, 318, 331, 336, 377, 388, 451, 474
Jerusalem 55, 61, 85, 96, 151, 210, 211, 215, 216, 365, 428
Jesus 52, 59, 61, 174, 340
Judaismus 48
Juden 16, 55, 59, 61, 67, 156, 157, 186, 188, 189, 193, 215, 277, 278, 291, 292, 334, 407
Judentum 57, 61, 88
Jungtürken 380, 415-418, 426

Kaaba 49, 54, 56, 66, 111
Kabylei 123
Kafur 130
Kaikaus 206
Kairo 23, 79, 91, 95, 116, 130, 133, 137, 138, 154, 155, 160, 162, 167, 181, 185, 186, 191-193, 211, 213, 223, 224, 230, 243, 246, 254, 256, 259, 267, 274, 281, 289, 326, 331, 332, 336, 354, 361, 384, 385, 390, 392, 398, 414, 422, 429, 440, 450, 466, 467, 472
Kairuan 23, 91, 95, 96, 128, 129, 137, 138, 155, 167, 181
Kaisaniten 110, 112
Kaiqubad, Ala ad-Din 206
kalam 174, 341, 342
Kalifat/Kalifenamt 73-76, 82, 85, 86, 95, 98, 103-105, 107, 118, 122-126, 128-135, 142, 143, 145, 147, 170, 186, 191, 192, 196, 199, 201, 211, 224, 246, 282, 335-337, 365, 400, 403, 414, 416, 419-421, 425, 429, 475
Kalifen 12, 53, 72-75, 82, 84, 86, 92, 96, 97, 100, 101, 106, 116, 117, 125, 127, 129, 134, 136, 140-143, 145, 146, 172, 192, 199, 201, 203, 208, 244, 246, 257, 236, 381, 475
Kalligraphie 79, 360, 361
Kamil, Malik al- 213
Karthago 128
Kaschmir 21, 437
Kasside (*qasida*) 349, 350
Kateb, Yacine 467
Kemal, Mustafa (Atatürk) 405, 416, 418-420, 452, 471
Kemal, Namiq 381, 382, 421
Kerbela 110

Khan 235
Khediven 391, 393, 394, 428
Khomeini, Ayatollah 455
Kilikien 152, 206, 216, 389
Kindi 178
Kindi, al- 342
Kisai 175
Klan 35, 38, 39, 52, 78, 93, 111, 122, 262
Kleinarmenien 206, 216, 235, 249, 252, 254
Komnenos, Manuel 206
Königreich von Saba 43
Konstantinopel 45, 46, 81, 87, 91, 159, 162, 186, 187, 193, 199, 205, 206, 273, 285, 333, 335, 350, 352
Konya 206, 236, 237, 322, 389
Köprülü 284
Kopten 125, 215, 278, 472
Koran 11, 17, 49, 50, 55, 56, 58-65, 67-71, 77-79, 104, 121, 142, 172, 174, 292, 293, 341, 396, 420
»kranker Mann am Bosporus« 269, 283, 375
Kreuzritter (Kreuzfahrer) 206, 210, 211, 213-217, 252, 255, 358, 363
Kreuzzüge 152, 180, 199, 205, 215-218, 315, 326, 338, 363, 365
Krim, Abd el- 408
Ktesiphon 41, 44-46, 81, 94, 136, 153, 472
Kubilai 232, 245
Kurden 125, 204, 224, 296, 337, 437
Kurdistan 405
Kuwait 29

Lachmiden 45, 46
Laizismus 401, 419, 420, 452, 457, 458, 477
Lawrence von Arabien 426
Leo »der Afrikaner« 352
Lepanto 274, 365
Libanesischer Bürgerkrieg 438, 458, 459
Libanon 21, 91, 174, 257, 285, 326, 338, 376, 398, 400-402, 423, 426, 437, 438, 456, 458, 459, 466, 471
Libanonkrieg 437
Libyen 88, 152, 153, 408, 413, 444, 445, 448, 450, 451, 474
Lombard, Maurice 26, 149, 154, 162
Ludwig der Heilige 252, 263
Lullus, Raimundus 364

Maarri, Abu l Ala al- 175
Machfus, Nagib 468
maddah 408
madhahib 119
Madharaiden 127
madrasa (Medrese) 204, 355-357
Maghreb 12, 111, 124, 152, 162, 182, 191, 193, 219-221, 225, 226, 255, 262-266, 268, 274, 315, 330, 340, 354, 358, 359, 362, 427, 428, 435, 443, 447, 474

Mahdi 77, 120, 121, 123, 222, 412, 413
Mahdismus 412
Mahmud 132, 195, 196, 200
Mahmud II. 377, 378
Maimonides 226, 345
Malakiten 229
Malakka 306
Malaysia 161, 460, 475
Mali 229, 266, 267, 311, 461
Malik 189
Malik Abd al- 90, 93, 100, 101, 104, 111
Malikismus 119, 189, 221, 222, 224, 310, 336, 343
Malikiten 189, 336
Mamelucken 213, 216, 231-233, 236, 243, 246, 249, 251-257, 259, 274, 282, 320, 341, 348, 353, 355, 358, 363, 383, 386, 388
Mamun, al- 117, 151, 174
Manfaluti 423
Manguberti, Dschalal ad-Din 209, 232
Manichäismus 126, 338
Mansur, al- 116, 136, 187, 219, 309
Mansura, al- 132, 155
Manutscheri 349
maqamat 173, 177, 351
Maqqari 353
Marabut 224, 309, 339, 408, 411
Marco Polo 249
Marokko 87, 123, 129, 152, 199, 224, 262, 266, 294, 309-311, 317, 322, 324, 328, 341, 352, 353, 405, 408, 409, 427, 428, 436, 442, 449, 474
Maroniten 216, 458
Marrakesch 221, 222, 224, 225, 309
Masdakismus 82
Maskat 155
Materialismus 396, 400, 477
Mathematik 173, 344, 345, 365
mathnawi-Dichtung 348-350
Mauren 264, 309, 316, 365
mawali 93, 101, 111, 139
Mawdudi, Abu Ali al- 454
Mawlawi 236, 340
Mazdaismus 126
Mazhar 350
Medina 25, 29, 41, 54-56, 71, 74, 75, 96, 106, 110, 155, 169, 189, 406
Medizin 13, 173, 180, 226, 227, 344-346, 363, 364
Medrese (*madrasa*) 204, 355-357
Mehmed I. 271
Mehmed II. 273, 282, 284, 345
Mehmed V. 417
Mekka 29, 40-42, 44, 48, 49, 53-56, 65, 97, 106, 110, 111, 155, 167, 230, 253, 333, 352, 409, 422, 426, 461, 476
Meknes 309
Meriniden 262, 263, 267, 328
Mesihi 351
Mesopotamien 28, 31, 41, 45, 51, 84, 126, 136, 150, 152, 153, 173, 190, 231, 244, 251, 255, 273, 287, 359
Midhat, Ahmed 381
Midrariden 122, 128, 130

mihrab 65, 97, 355, 356, 366
Mikaliden 127
millet 278, 285, 376, 378, 380
minbar 65
Mir 304, 350
Mirkhond 295
Mirza, Gahlib 397
Mittelmeer 20, 21, 28, 41, 57, 73, 74, 91, 92, 128, 129, 131, 138, 149-151, 154, 160, 161, 184, 185, 193, 199, 211, 213, 253-255, 261-264, 273, 275, 288, 309, 315, 330, 331, 371, 385, 389, 391, 395, 429
Mittlerer Osten 201, 306, 438, 444
Modernisierung 275, 386, 391, 393, 416
Modernismus 177, 371, 398
Mogadischu 162, 260
Molukken 306
Mongolen 19, 25, 88, 124, 167, 199-201, 207, 209, 216, 231-234, 236, 239, 240, 242-250, 252, 253, 255, 269, 335, 339, 349, 359
Moses 59
Mossul 123, 132, 134, 155, 210, 302, 331, 337, 360, 405
Mozaraber 186, 187
Muawiya 75, 76, 83, 86, 100, 101, 119
mudejar 359
mudschtahid 121, 454, 455
Muezzin 97
Muhammad 11, 17, 27, 28, 46, 48, 50-57, 59-63, 65, 71, 72, 74, 76, 78, 83, 85, 105, 112, 119, 121, 337, 340, 365, 412
Muhammad III. 309, 310
Muhammad Ibn Tughluq 239
Muizzi, Amir-i 349
Mulk, Nizam al- 201, 202, 204, 214, 244
Mumin, Abd al- 222, 223
Muqaddasi 155, 160, 170, 172, 174, 180, 204
muqarna 360
Muqla, Rihani 361
Muqqadima 354
Muqtadir, al- 137, 142
murabit 224
murabitun 221
Murad I. 270
Murad II. 271
Murad IV. 284
muruwwa 50
Musik 183, 189, 340, 360-362, 366, 471, 472
Muslimbruderschaft 453, 464
Mustali, al- 338
Mustansir, al- 338
Mustasimi, Yakut al- 361
Mutadid, al- 117, 137
Mutamid, al- 117, 138
Mutanabbi 132, 175
Mutawakil, al- 117, 124, 137
Mutaziliten 174
Muteferriqa, Ibrahim 293
Muwaffaq, al- 117
muwahhid, al- 222
Muwailihi 423
muwalladun 186, 187
muwaschschah 189, 228

Nabatäer 49
Nabulusi, Abd al-Ghani an- 352
Nadim, Abd Allah an- 421, 422
Nadschaf 110, 455
Nadschd 29, 56, 150, 339, 377, 409
Naffah, Fuad Gabriel 467
Nahda, an- 398, 399, 421, 422
Naher Osten 427, 428, 430, 435, 458, 464
Naima 353
Napoleon 370, 373, 375, 382-386, 389, 392
Naqschbandi 340
Nasir, an- 201, 252, 253, 333
Nasriden 262, 345, 353
Nedim 351
Nedschati 350
Nefi 351
Nesimi 238, 350
Nestorianer 157, 173, 278
Nestorianismus 243
Neuplatonismus 179
Nigeria 266, 444, 461
Nil 23, 162, 193, 213, 229, 253, 267, 313, 320, 331, 352, 383, 385, 388, 389, 394, 412
Nizäa (Iznik) 205, 237, 360
Nizamiyya 204
Nizariten 243
Nomaden 21, 32, 34, 35, 47, 57, 75, 80, 82, 88, 98, 105, 195, 198-200, 220, 234, 241, 286, 299, 300, 308, 312, 323, 354, 450
Nomadentum 50, 105, 164
Nordafrika 14, 15, 21, 23, 74, 87, 88, 90, 109, 111, 129, 137, 156, 186, 188, 219, 220, 222, 223, 225, 261, 263, 266, 274, 291, 292, 294, 316, 318, 322-325, 329, 336, 339, 348, 354, 375, 427, 428, 440
Nubien 87, 167, 253, 254, 259, 312
Nur Qutb-i Alam 350
Nussairier 337
Nuwari 256

Oghusen 200, 205, 270
Oman 29, 43, 109, 308, 336
Omar 53, 74, 84, 85, 93, 384
Omar II. Ibn Abd al-Aziz 101, 106
Omayyaden 75, 86, 96, 99, 100, 107-109, 112, 120, 129-131, 133, 139, 146, 147, 150, 181, 185, 186, 188, 225, 365
Omayyadenkalifat 85, 86, 95, 103, 104, 109, 119
OPEC 444, 445
Orchan 270
Orient 12, 14, 20, 24, 43, 57, 73, 81, 83, 94, 117, 131, 132, 135, 138-140, 142, 148, 149, 151-154, 157, 162-164, 167, 173, 180, 182-184, 188, 190, 199, 202, 210, 217, 218, 222, 226-228, 242, 264, 287, 288, 292, 294, 319, 328, 343, 344, 346, 358, 362-367, 371, 376, 384, 399, 401, 407, 472
Orientalistik 14, 124, 149, 347, 367
Orientfrage 370, 371

Osman (Othman) 53, 74, 75, 78, 79, 82, 97, 270
Osmanen 19, 25, 194, 199, 203, 236-238, 247, 252, 253, 255, 258, 269-275, 279, 280, 282, 283, 285-287, 291-293, 295, 296, 306, 308, 322, 326, 333, 335-337, 339, 341, 345, 351, 356, 357, 361, 377, 415
Osmanisches Reich 207, 270, 275, 278, 283, 286, 288-290, 292-294, 297, 316, 321, 325, 331, 333, 334, 352, 371, 372, 375, 376, 379, 380, 382, 385, 394, 404, 405, 418, 425
Osmanli-Literatur 238, 251
Othman (Osman) 53, 74, 75, 78, 79, 82, 97, 270

Pakistan 240, 303, 397, 435-437, 440, 442, 453, 459, 460, 466, 474, 475
Palästina 93, 106, 107, 213, 405, 407, 426, 459
Palästinafrage 459
Palästinakonflikt 437, 444
Palmyra 44, 97
Panislamismus 381, 399, 404, 413-415, 418, 420, 421, 429
Panturanismus 418
Papyrus 91, 153, 172
Parsismus 126, 338
Pascha, Ahmed 350
Pascha, Ahmed Dschewdet 382
Pascha, Ahmed Wafiq 381
Pascha, Midhat 377, 380, 381
Pascha, Ziya 381
Perser 43, 144, 156, 157, 249, 251, 295, 298, 307, 316, 317, 361, 362, 475
Persien 10, 16, 20, 24, 45, 81, 91, 96, 126, 132, 140, 150, 182, 190, 194, 206, 208, 235, 236, 243, 244, 250, 253, 255, 273, 289, 292, 294-299, 303, 325, 328, 330, 331, 336-338, 340, 346, 348, 349, 356, 359-361, 373, 406, 410, 421
Persische Poesie 350
Persischer Golf 29, 31, 45, 91, 95, 123, 133, 138, 149, 155, 156, 160, 161, 193, 202, 209, 249, 287, 295, 297, 315, 330, 373, 437
Petra 44, 49
Pharaonismus 429
Pharisäer 67
Philippinen 305, 307, 460, 461
Pisa, Leonhard von 364
Platon 173, 178
PLO 437
Poitiers 87
Prinz Eugen 286
Ptolemäus 173, 180, 344
Pythagoras 173

qadi 143, 164, 276, 279, 281
Qadir, Abd al- 374, 401
Qadir, al- 117, 125
Qadiri 340
Qadisija 74
Qahira, al- 95, 137
Qaida, Al- 454
Qaim, al- 117, 125, 199

Qais, Imru al- 99
Qaisiten 101
Qaitbey 252, 253
Qalqaschandi 256
Qara-Qytai 209
Qarachaniden 200, 201, 209
Qaramaniden 236, 237
Qarmaten 123, 124, 131
qasida (Kasside) 349, 350
Qatran 349
Quraischiten 40, 41, 45, 54, 55
Quran 62
qussa 124, 408
Qutb, Sayid 454

Rabat 225, 309
rachidun 74
Radi, ar- 117
Rahman III., Abd ar- 185, 186
Ramadan 53, 65, 66, 476
Raschid, Harun ar- 116, 131, 141, 142
Rasuliden 211
Rawendi, Muhammad 361
Ray 121
Razi (Razes) 178
Razi, Fachr ad-Din ar- 341, 342, 345
reconquista 225, 263, 264, 307, 363
Reformislam 15, 414, 453
Reformismus 257, 383, 395-397, 399-401, 409, 410, 425, 427, 428
Reislamisierung 458
Renaissance 179, 195, 294, 332, 346, 368, 369, 392, 397-399, 401, 413, 421
Revani 351
Rida, Raschid 414, 420, 421
rihla 226, 352, 353
Rom 44, 45, 82, 129, 153
Römer 43, 190
Römisches Reich 81, 170
rubai 349
Rub al-Khali 29, 31
Rudaki 349
Rum-Seldschuken 205, 206, 236
Rumi, Dschalal ad-Din ar- 236, 348
Rumma, Dhu ar- 99
Rußland 194, 206, 235, 245, 286, 287, 299, 329, 330, 337, 371, 373, 376, 389, 406, 413, 414
Rustemiden 122, 128

sab'iyya 120
Saba 43
Sabbah, Hasan as- 244
sadaqa 67, 93
Sadi 250, 309, 353
Sadr, Baqr al- 455
Safadi 347
Safawiden 244, 273, 294, 296, 298, 299, 340, 341, 358, 361
Saffariden 132
Sahara 20, 87, 88, 129, 138, 149, 152, 155, 162, 220, 224, 262, 264, 268, 311, 312, 330, 406, 461
Saib 349
Said, Ali (Adonis) 468
Salah ad-Din (Saladin) 210-214, 223
Salam, Masud-i Sad 349

salat 65
Samaniden 132, 133, 194, 195, 200, 204
Samanidenzeit 245, 349
samar 172
Samarkand 23, 137, 138, 155, 185, 194, 235, 250, 294, 344
Samarra 91, 126, 130, 137, 138, 145, 160, 162, 181, 183, 219
Samosate 104
San Remo, Konferenz von 426
sandschaq 281, 404, 405
Sandschar 208, 209
saqaliba 163
Sarazenen 151, 365
Sardinien 129, 161
Sarruf, Yaqub 423
Sassaniden 43, 45, 79, 82, 108, 152, 159
Sassanidenzeit 139, 153, 209
Sauda 350
saum 65
sayyid 37-39
schaair 67
Schabankara 204
Schadhili 340
Schafii, asch- 119
Schafiismus 119
Schafiiten 203
Schah, Malik 201, 202, 208
Schah Pahlewi, Reza 410
schahada 65
scharia 143, 453
Schauqi 424
Schehadé, Georges 467
scheich 37, 280
scheich al-islam 280
scherif 211, 309
Scherif von Mekka (Husain) 409, 426
Schiismus 11, 12, 14, 77, 85, 110, 119-122, 124, 139, 178, 191, 210, 211, 219, 222, 224, 234, 238, 243, 244, 295-298, 336-339, 341, 342, 367, 410, 412, 454, 473
Schiiten 15, 18, 60, 72, 74, 76-78, 109-112, 118, 119, 124, 129, 141, 156, 191, 257, 342, 346, 450, 474
Schinasi 381
Schir, Ali 295, 350
Schiras 155, 172
Schleier 69, 452, 461
Schorfa 294, 309, 341
Schwarzafrika 16, 228-230, 262, 266, 310-312, 316, 330, 336, 368, 435, 461, 464, 465
Schwarzer Stein 40, 54, 66, 111, 123
Schweiz 129
Seidenstraße 133, 233, 299
Seldschuken 147, 196, 198-201, 203-211, 233, 236, 237, 244, 247, 257, 269, 344, 358-360
Selim I. 273, 274, 282, 289, 351
Selim III. 359, 377
Senegal 220, 263, 267, 313, 374, 411, 461, 462
Senussi 397, 408, 413
Serail (*seray*) 118, 282
Sevilla 155, 186, 187, 225, 227, 265
Sèvres, Vertrag von 404, 405, 419
Sibawaih 175
Siebenerschia 120

Sinan 282, 335, 356, 357, 359
Sindbad der Seefahrer 91, 158
Siradschan, as- 155
Sizilien 92, 129, 151-154, 161, 191, 193, 199, 211, 217-220, 228, 315, 353, 363, 365
Sklaven 34, 38, 41, 54, 57, 67, 74, 109, 111, 125, 129, 130, 133, 150, 157, 162, 163, 186, 188, 194, 195, 198, 210, 230, 240, 251, 252, 256, 260, 273, 280, 296, 310, 327, 330, 347
Sklavenhandel 188, 306, 312, 367, 389
Sokrates 178
Soliman der Prächtige 273, 276, 279, 288, 293, 322
Sowjetunion 374, 435, 451, 454, 457, 469
Sozialismus 448, 450-453, 458
Spanien 14, 84, 86-89, 93, 108, 111, 128, 151-153, 155, 157, 159, 162, 163, 167, 181-183, 185-191, 193, 199, 217-221, 223, 225-228, 261, 262, 264-266, 289, 291, 304, 306, 315, 316, 320, 328, 343-345, 351-354, 359-361, 363-365, 405
Spanisch-Sahara 436
Strabon 173
Sudan 129, 149, 313, 388-390, 394, 412, 429, 461, 469
Suezkanal 21, 373, 377, 387, 390, 391, 393, 405, 450
suf 170
Sufis 170, 203, 294, 296, 333
Sufismus 214, 224, 257, 310, 340, 341, 395, 412
Sufriten 109
Sufyaniden 100
Suhrawardi 214, 341
Sulaiman II. 273
Suleiman 106
Sultan 201-205, 209, 256, 280, 282, 290, 337, 374, 376, 378, 381, 389, 405, 414-416, 419
Sultan, Dschem 351
Sultan, Sayyid 350
sunna 37, 67, 78, 341
Sunnismus 11, 14, 16, 77, 78, 117, 119-122, 124, 128, 130, 133, 134, 139, 174, 191, 192, 196, 203, 204, 207, 209-211, 213-217, 222-225, 234, 240, 243, 244, 256, 257, 265, 292, 295, 298, 315, 336, 338, 339, 342, 344, 346, 355, 367
Sunniten 15, 18, 74, 76-78, 85, 118, 119, 129, 156, 179, 191, 207, 301, 336, 341
sure 62
Suyuti 258
Sykes-Picot-Abkommen 426
Syrien 20, 29, 45, 47, 74, 75, 81, 84, 91, 93, 100, 101, 104, 107, 111, 119, 127, 130, 131, 136, 152, 153, 155, 157, 183, 185, 191, 199, 201, 206, 210-216, 232, 244, 252, 253, 255, 257, 258, 274, 287, 289, 292, 295, 317, 325-327, 330, 336-338, 340, 248, 359, 360, 363, 377, 385, 388-400, 405, 408, 409, 425, 426, 429, 436, 442, 450, 451, 454, 474, 475

Tabari 170, 174
Tabaristan 122
Täbris 235, 249, 295, 296, 356, 361
Täbris, Mir Ali von 361
Taha, Husain 423, 464, 468
Taher, Baba 349
Tahiriden 132
Tahtawi, Rifaa at- 397
Taimur, Mahmud 423
Taimur, Muhammad 423
Tamerlan (Timur-Leng) 195, 232, 234-237, 239, 244, 248, 250, 251, 255, 271, 294, 300, 340, 354
Tanger 186
Tanuchi 178
Tanzende Derwische 236
tanzimat 370, 377-379, 381, 382, 403, 416
tariqa 257, 340
Taschkent 155
Tauhidi, Abu Hayyan at- 178
Tausendundeine Nacht 141, 173, 193, 259, 348, 366
tawa'if 187
Teppichherstellung 361
Thaalibi 178
Thabit 351
Theosophie 214
Tidschani 352
Tigris 31, 108, 131, 136, 137, 155, 302, 450
Timbuktu 268, 310, 311
Timbuktu, Sadi von 353
Timuriden 235, 250, 255, 259, 294, 295, 299, 348, 355, 358
Toledo 186, 187, 219, 221, 227, 363, 364
Transjordanien 97, 427
Tripolitanien 74, 80, 89, 124, 211, 223, 311, 389, 405, 450
Troubadour 189, 228
Tschaghatai 235, 250, 300, 353
Tschaghatai-Literatur 250
Tschatasch, al- 155
Tschelebi, Ewliya 352
Tschelebi, Suleiman 350
Tscherkessen 376
Tughrilbeg 199, 201, 202, 317
Tuluniden 130, 150, 182
Tunesien 21, 80, 87, 89, 95, 128, 152, 190, 191, 211, 219, 229, 253, 262, 310, 311, 359, 374, 389, 397, 409, 428, 440, 450, 474
Tunis 23, 92, 95, 128, 155, 188, 219, 221, 229, 261, 264, 352, 353, 393
Turanier 198
Türkei 16, 199, 207, 236, 237, 250, 286, 289, 292, 295, 302, 321, 322, 325-327, 330, 336, 340, 348, 356, 361, 366, 370, 371, 373, 375, 376, 379-381, 385, 388, 395, 403-406, 415-421, 425, 427-429, 437, 440, 452, 475
Türken 19, 75, 116, 125, 133, 134, 195, 196, 198-200, 203, 205-207, 209, 218, 220, 223, 224, 233, 237, 239, 248, 249, 251, 259, 269-274, 277, 283, 286, 295, 298, 301, 307, 310, 316-318, 328, 350, 355, 362, 365,

377, 380, 381, 386, 389, 407, 417, 418, 464, 465
Turkestan 152, 153, 155, 162, 238, 249, 299, 360
Turkmenen 201, 202, 205, 206, 224, 236, 296, 299
Tusi, Nadschm ad-Din at- 339, 344
Tusi, Nasir ad-Din at- 244
Tyros, Marinos von 180

Ügedai 232
ulama 121, 140, 307, 311, 408, 427, 464
Ulughchani, Asafi al- 353
Ulum, Bahr al- 347
Umar Ibn Abi Rabi' a 99
Umara, amir al- 134, 145
Umari, Ibn Fadl Allah al- 256, 267
Umm Kulthum 472
umma 69, 395, 400, 431, 469, 474
Unsuri 349
Urabi, Ahmad 394-396
Urdudichtung 350
Urduliteratur 368
Urwa al-Wuthqa, al- 413
Usama Ibn Munqidh 214
Usbeken 299
Uthman, Hafiz 361

Vali 350
vilayet 378
Villanova, Arnaldus von 364

»Wafd«-Partei 409, 430
Wahhab, Muhammad Abd al- 472
Wahhab, Ibn Abd al- 339
Wahhabismus 339, 377, 409, 412, 413, 449, 453, 456
Walid I., al- 96, 97
Walid II., al- 97
waqf 203, 257
Wassaf 250
Watwat (Raschid ad-Din) 250, 349
Wesir 139, 141-145, 192, 201, 211, 250, 284, 290, 358, 378, 380
Wesirat 141-143, 145, 284
Wien 199, 274, 283

Yasan, Saif Ibn Dhi 259
Yazid I. 110, 111
Yazid II. 109
Yesewi, Ahmed 238, 350
Yeziden 337

Zabid 155
zadschal 228
Zahawi, Jamil 424
Zahrawi 189
Zaidan, Dschirdschi 423
Zaidismus 110, 120
Zaiditen 120, 122
Zaituna 128
zakat 67, 93
Zamachschari 347
Zarqali (Arzachel) 344
Zayyani 352, 353

Zengi 210
Zengiden 210, 211, 214, 359
Zeniten 129
Zenobia 170
»Zigeuner« 109, 151, 328, 334
Zikkurat 181
Zionismus 407, 429
Ziriden 129, 220, 221
Ziryab 189
Zott 109, 151, 163
Zubair 111
Zweiter Weltkrieg 25, 396, 424, 430-432, 458
Zwölferschia 120, 123, 244, 296, 337, 339
Zwölferschiismus 133, 338, 339, 344
Zwölferschiiten 120, 134, 337, 338
Zypern 91, 152, 153, 161, 252, 274, 315, 328, 372, 373

Rafik Schami
Mit fremden Augen – Tagebuch über den 11. September, den Palästinakonflikt und die arabische Welt
152 Seiten · 13,5 x 21 cm · Gebunden
€ 19,90 (D) · € 20,50 (A) · SFr 35,90
ISBN 3-930378-44-2
»Rafik Schami hat ein erfreulich unkonventionelles Buch geschrieben, das mit umso größerem Gewinn zu lesen ist, als er nicht mit der Attitüde des besserwisserischen Islam- oder Nahostexperten daherkommt, den wir aus den Medien kennen.«/Süddeutsche Zeitung (Frank Niess)
»Ein sehr lesenswertes und ausgesprochen schönes Buch.«/Rhein-Neckar-Zeitung (Heidelberg)

Khalid Al-Maaly (Hg.)
Die arabische Welt
Zwischen Tradition und Moderne
300 Seiten · 13,5 x 21 cm · Broschur
€ 19,90 (D) · € 20,50 (A) · SFr 34,90 · ISBN 3-930378-56-6
Das Buch vermittelt ein detailliertes Gesamtbild über Politik, Religion, Kultur und Gesellschaft der arabischen Welt.

Edward W. Said
Frieden in Nahost? Essays über Israel und Palästina
Vorwort von Felicia Langer
Aus dem Amerikanischen von Michael Schiffmann
Register · Karte · 280 Seiten · 13,5 x 21 cm · Broschur
€ 9,90 (D) · € 10,20 (A) · SFr 18,30 · ISBN 3-930378-15-9
»Said bezieht eindeutig Stellung; seine Analyse des Friedensprozesses ist überzeugend.«/Süddeutsche Zeitung
»Saids Essays geben viele Denkanstöße und fordern zur Diskussion geradezu heraus.«/Westdeutscher Rundfunk

Gisela Dachs (Hg.)
Deutsche, Israelis und Palästinenser – Ein schwieriges Verhältnis
Vorwort von Joschka Fischer
296 Seiten · 13,5 x 21 cm · Broschur
€ 17,90 (D) · € 18,40 (A) · SFr 32,50 · ISBN 3-930378-25-6
»Mit diesem Band stellt sich der Palmyra Verlag ein mutiges Zeugnis aus.«/Das Parlament

Mahmoud Darwisch
Palästina als Metapher – Gespräche über Literatur und Politik
Vorwort von Hassouna Mosbahi
Nachwort von Nathan Zach
Aus dem Französischen von Michael Schiffmann
Glossar · Register · 280 Seiten · 13,5 x 21 cm · Gebunden
€ 19,90 (D) · € 20,50 (A) · SFr 35,90 · ISBN 3-930378-16-7

»Darwisch besticht nicht nur durch seine wunderschöne Sprache, sondern auch durch seine unbeirrbare Friedfertigkeit. Das Buch ist Zeitgeschichte und bedrückende Gegenwart zugleich. Darwisch ist nicht nur Anwärter auf den Literaturnobelpreis, sondern auch der bedeutendste Schriftsteller der arabischen Welt.«/Saarländischer Rundfunk

Mitri Raheb/Fred Strickert
Bethlehem 2000 – Eine Stadt zwischen den Zeiten
Fotos von Garo Nalbandian
Vorwort von Yassir Arafat und Hans-Jürgen Wischnewski
Bildband · 160 Seiten · 130 Farbfotos · 4 Karten · 22,5 x 29 cm
Gebunden · Fadenheftung · € 29,90 (D) · € 30,80 (A) · SFr 53,-
ISBN 3-930378-18-3
Das Buch ist auch in einer englischen Ausgabe erhältlich

»Ein faszinierendes, unvergleichliches Buch, das durch seine Texte und Bilder besticht.«/Frankfurter Rundschau
»Ein Bildband mit vorzüglichen Fotos.«/Der Spiegel
»Endlich gibt es ein gelungenes Buch über Bethlehem. Der Bildband enthält einen ausgesprochen sachlichen Text und ist vorzüglich bebildert – ein Buch, das in der Flut an einschlägiger Literatur guttut, ja Maßstäbe setzt. Der Palmyra Verlag hat sein Engagement und seinen Sachverstand für die Region erneut bewiesen.«/Katholische Nachrichtenagentur (KNA)

Amnon Kapeliuk
Rabin – Ein politischer Mord
Nationalismus und rechte Gewalt in Israel
Vorwort von Lea Rabin
Aus dem Französischen von Miriam Magall
Register · 240 Seiten · 13,5 x 21 cm · Broschur
€ 9,90 (D) · € 10,20 (A) · SFr 18,30 · ISBN 3-930378-13-2

»Spannend wie ein Kriminalroman; eine ausführliche Analyse, die manchen schockieren dürfte.«/dpa
»Für Israel-Interessierte sollte das Buch zur Pflichtlektüre werden.«/die tageszeitung (taz)

Danny Rubinstein
Yassir Arafat – Vom Guerillakämpfer zum Staatsmann
Aus dem Englischen von Torsten Waack
Zeittafel · Register · 208 Seiten · 13,5 x 21 cm · Gebunden
€ 17,90 (D) · € 18,40 (A) · SFr 32,50 · ISBN 3-930378-09-4
»Eine spannend zu lesende Mischung aus politischer Biographie und Psychogramm, wohltuend sachlich und unparteiisch im besten Sinne.«/Süddeutscher Rundfunk
»Rubinstein bringt Arafat auf den Punkt; ein kluger Entmythologisierungsversuch.«/Die Zeit

Uri Avnery
Ein Leben für den Frieden
Klartexte über Israel und Palästina
Vorwort von Sumaya Farhat-Naser
312 Seiten · 13,5 x 21 cm · Broschur
€ 17,90 (D) · € 18,40 (A) · SFr 32,50 · ISBN 3-930378-50-7
»Ich halte Uri Avnery für einen der wichtigsten Streiter für die Aussöhnung zwischen Israelis und Palästinensern. Sein Optimismus und sein langer Atem imponieren mir immer wieder.«/Johannes Rau

Uri Avnery
Zwei Völker – Zwei Staaten. Gespräch über Israel und Palästina
Vorwort von Rudolf Augstein
200 Seiten · 19 Schwarzweißfotos · 13,5 x 21 cm · Broschur
€ 9,90 (D) · € 10,20 (A) · SFr 18,30 · ISBN 3-930378-06-X
»Beredt und kundig gibt Avnery Auskunft über Hintergründe und Hoffnungen des nahöstlichen Friedensprozesses.« /Frankfurter Allgemeine Zeitung

Uri Avnery/Azmi Bishara (Hg.)
Die Jerusalemfrage – Israelis und Palästinenser im Gespräch
Zeittafel · Karten · 320 Seiten · 13,5 x 21 cm · Broschur
€ 17,90 (D) · € 18,40 (A) · SFr 32,50 · ISBN 3-930378-07-8

Mit Beiträgen von Teddy Kollek, Hanan Ashrawi, Amos Oz, Faisal Husseini, Ehud Olmert, Albert Aghazarian, Shulamit Aloni, Nazmi al-Jubeh, Meron Benvenisti, Ikrima Sabri und Michel Sabbah.

»Das Buch behandelt nahezu alles, was zu diesem Thema gedacht und diskutiert worden ist.«/arte-Themenabend zu Jerusalem

Ian Black/Benny Morris
Mossad · Shin Bet · Aman
Die Geschichte der israelischen Geheimdienste
Aus dem Englischen von Torsten Waack
Glossar · Register · 880 Seiten · 13,5 x 21 cm · Gebunden
€ 14,90 (D) · € 15,40 (A) · SFr 27,10 · ISBN 3-930378-02-7

»Ein Standardwerk über Israels Geheimdienste.«/Neue Zürcher Zeitung
»Die bislang seriöseste und umfassendste Geschichte des israelischen Geheimdienstes.«/New York Times

Yoel Cohen
Die Vanunu-Affäre – Israels geheimes Atompotential
Vorwort von Frank Barnaby
Aus dem Englischen von Josephine Hörl
Glossar · Register · 440 Seiten · 10 Schwarzweißfotos · 13,5 x 21 cm
Gebunden · € 12,- (D) · € 12,40 (A) · SFr 22,-
ISBN 3-930378-03-5

»Ein Atomthriller, der große Aktualität gewinnt.«/Focus
»Die detaillierteste und interessanteste Studie zur Vanunu-Affäre.«/ Frankfurter Allgemeine Zeitung

Ali H. Qleibo
Wenn die Berge verschwinden
Die Palästinenser im Schatten der israelischen Besatzung
Vorwort von Amos Oz
Aus dem Englischen von Arno Schmitt
280 Seiten · 13,5 x 21 cm · Gebunden
€ 12,- (D) · € 12,40 (A) · SFr 22,- · ISBN 3-9802298-8-2

»Ein faszinierendes Buch. Ali Qleibo ist eine einzigartige Mischung aus anthropologischer Dokumentation, Familiengeschichte, Reisebericht aus der eigenen Heimat und mitreißendem dichterischem Bekenntnis gelungen.«/Aus dem Vorwort von Amos Oz

Gernot Rotter
Allahs Plagiator – Die publizistischen Raubzüge des »Nahostexperten« Gerhard Konzelmann
180 Seiten · 13,5 x 21 cm · Broschur
€ 12,- (D) · € 12,40 (A) · SFr 22,- · ISBN 3-9802298-4-X
Das Buch zur Konzelmann-Affäre

»Rotter tranchiert den Autor von einem Dutzend Erfolgsbüchern rundum und kommt zu dem bitteren Schluß: Konzelmann entwerfe ein demagogisches Zerrbild der islamischen Welt.«/Der Spiegel

Verena Klemm/Karin Hörner (Hg.)
Das Schwert des »Experten«
Peter Scholl-Latours verzerrtes Araber- und Islambild
Vorwort von Heinz Halm
290 Seiten · 13,5 x 21 cm · Broschur
€ 9,90 (D) · € 10,20 (A) · SFr 18,30 · ISBN 3-9802298-6-6
Mit Beiträgen von Arnold Hottinger, Gernot Rotter, Petra Kappert, Sabine Kebir u.a.

»Als Warnung kommt die kritische Initiative der Islamkenner zur rechten Zeit.«/Prof. Dr. Udo Steinbach, Focus

Mohammed Arkoun
Der Islam – Annäherung an eine Religion
Vorwort von Gernot Rotter
Aus dem Französischen von Michael Schiffmann
Glossar · Register · 300 Seiten · 13,5 x 21 cm · Broschur
€ 17,90 (D) · € 18,40 (A) · SFr 32,50 · ISBN 3-930378-22-1

»Es ist dem Palmyra Verlag als hohes Verdienst anzurechnen, daß er dieses wichtige Buch auch dem deutschen Leser zugänglich macht.«/Aus dem Vorwort von Gernot Rotter
»Sachlich, lehrreich, eindringlich.«/Buchhändler heute

Kai Hafez/Birgit Schäbler (Hg.)
Der Irak – Land zwischen Krieg und Frieden
Vorwort von Hans Küng
300 Seiten · 13,5 x 21 cm · Gebunden
€ 19,90 (D) · € 20,50 (A) · SFr 35,90
ISBN 3-930378-48-5

»Das Buch bietet eine Fülle von profunden Informationen und Analysen, die auf die höchst komplexe Lage des Irak eingehen. Alles wird ohne ideologische Brille analysiert und gewertet. Das Buch leistet somit einen hervorragenden Beitrag zum Verständnis der aktuellen politischen Probleme, und daher wünsche ich ihm seinen verdienten Erfolg beim breiten Publikum.«/Aus dem Vorwort von Hans Küng

»Das Buch zeichnet ein vielschichtiges und differenziertes Bild von der Geschichte und den möglichen Zukunftsszenarien des Irak.«/Süddeutsche Zeitung

»Ein wichtiges Buch, in dem sehr differenziert über den Irak diskutiert wird.«/Bayerisches Fernsehen (Das politische Buch)

Georg Stein (Hg.)
Nachgedanken zum Golfkrieg
Vorwort von Robert Jungk
300 Seiten · 14 x 21 cm · Broschur
€ 14,90 (D) · € 15,40 (A) · SFr 27,10 · ISBN 3-9802298-2-3
Die erste kritische Gesamtdarstellung über Hintergründe und Auswirkungen des Golfkriegs. Mit Beiträgen von Johan Galtung, Horst-Eberhard Richter, Margarete Mitscherlich u.a.

»Ein sehr interessantes Buch. Besonders die Beiträge der Regionalexperten bieten fundierte Analysen und Hintergründe, die in dieser Dichte in den meisten Büchern zum Thema Naher Osten nicht zu finden sind.«/Süddeutscher Rundfunk

Georg Stein
Die Palästinenser – Unterdrückung und Widerstand eines entrechteten Volkes
Vorwort von Erich Fried
Begleittexte in Deutsch, Englisch, Französisch und Spanisch
Bildband · 160 Seiten · 140 Farbfotos · 23 x 26,5 cm · Gebunden
€ 9,90 (D) · € 10,20 (A) · SFr 18,30 · ISBN 3-930378-43-4

»Eindrucksvolle Photographie, die ohne Sensationslust scharf beobachtet.«/Die Zeit

»Durch die hohe Qualität der Fotos bietet der Band einen interessanten Beitrag zum Verständnis eines Konflikts, der täglich für Schlagzeilen sorgt.«/Frankfurter Rundschau

Khalid Al-Maaly/Mona Naggar
Lexikon arabischer Autoren des 19. und 20. Jahrhunderts
340 Seiten · 13,5 x 21 cm · Gebunden
€ 24,90 (D) · € 26,50 (A) · SFr 43,70 · ISBN 3-930378-55-8
»Das Buch ist ein Juwel unter den Lexika. Es ist eine Meisterleistung der beiden Autoren und stellt eine besondere verlegerische Entscheidung dar.«/Rafik Schami

Im Land der Pharaonen
Ägypten in historischen Fotos
Fotos von Rudolf Lehnert und Ernst Landrock
Vorwort von Nagib Machfus · Text von Walter M. Weiss
188 Seiten · 219 Schwarzweißfotos · 22,5 x 29 cm · Gebunden
€ 29,90 (D) · € 30,80 (A) · SFr 53,- · ISBN 3-930378-38-8
»Ich beglückwünsche den Palmyra Verlag und den Autor zu diesem gelungenen Kulturbeitrag.«/Aus dem Vorwort von Nagib Machfus

Frédéric Lagrange
Al-Tarab – Die Musik Ägyptens
Vorwort von Rabih Abou-Khalil
Aus dem Französischen von Maximilien Vogel
Glossar · Register · 192 Seiten · 26 Schwarzweißfotos · 13,5 x 21 cm
Gebunden · € 22,- (D) · € 22,70 (A) · SFr 39,50
ISBN 3-930378-31-0
»Für Freunde der ägyptischen Musik ist das Buch wichtig.«/die tageszeitung (taz)
»Eine umfassende und lesenswerte Darstellung der ägyptischen Musik bis heute.«/Blue Rhythm

Frank Tenaille
Die Musik des Raï
Aus dem Französischen von Maximilien Vogel
Gratis-CD · Glossar · Serviceteil · Register · 180 Seiten
22 Schwarzweißfotos · 13,5 x 21 cm · Gebunden
€ 22,- (D) · € 22,70 (A) · SFr 39,50 · ISBN 3-930378-49-3
»Das Buch enthält so ziemlich alles Wissenswerte über die Musik des Raï. Ein präzises, hervorragendes Standardwerk und echter Leckerbissen für Weltmusikfans – ein Buch mit Pfiff.«/Rhein-Neckar-Zeitung (Heidelberg)

NAHOSTARCHIV HEIDELBERG